·经／济／科／学／译／丛·

City Economics

城市经济学

[美] 布伦丹·奥弗莱厄蒂 （Brendan O'Flaherty） 著

谢呈阳　胡肖然　胡汉辉　译
胡汉辉　校

中国人民大学出版社
·北京·

《经济科学译丛》总序

中国是一个文明古国，有着几千年的辉煌历史。近百年来，中国由盛而衰，一度成为世界上最贫穷、落后的国家之一。1949 年中国共产党领导的革命，把中国从饥饿、贫困、被欺侮、被奴役的境地中解放出来。1978 年以来的改革开放，使中国真正走上了通向繁荣富强的道路。

中国改革开放的目标是建立一个有效的社会主义市场经济体制，加速发展经济，提高人民生活水平。但是，要完成这一历史使命绝非易事，我们不仅需要从自己的实践中总结教训，也要从别人的实践中获取经验，还要用理论来指导我们的改革。市场经济虽然对我们这个共和国来说是全新的，但市场经济的运行在发达国家已有几百年的历史，市场经济的理论亦在不断发展完善，并形成了一个现代经济学理论体系。虽然许多经济学名著出自西方学者之手，研究的是西方国家的经济问题，但他们归纳出来的许多经济学理论反映的是人类社会的普遍行为，这些理论是全人类的共同财富。要想迅速稳定地改革和发展我国的经济，我们必须学习和借鉴世界各国包括西方国家在内的先进经济学的理论与知识。

本着这一目的，我们组织翻译了这套经济学教科书系列。这套译丛的特点是：第一，全面系统。除了经济学、宏观经济学、微观经济学等基本原理之外，这套译丛还包括了产业组织理论、国际经济学、发展经济学、货币金融学、公共财政、劳动经济学、计量经济学等重要领域。第二，简明通俗。与经济学的经典名著不同，这套丛书都是国外大学通用的经济学教科书，大部分都已发行了几版或十几版。作者尽可能地用简明通俗的语言来阐述深奥的经济学原理，并附有案例与习题，对于初学者来说，更容易理解与掌握。

经济学是一门社会科学，许多基本原理的应用受各种不同的社会、政治或经济体制的影响，许多经济学理论是建立在一定的假设条件上的，假设条件不同，结论也就不一定成立。因此，正确理解掌握经济分析的方法而不是生搬硬套某些不同条件下产生的结论，才是我们学习当代经济学的正确方法。

本套译丛于 1995 年春由中国人民大学出版社发起筹备并成立了由许多经济学专家学者组织的编辑委员会。中国留美经济学会的许多学者参与了原著的推荐工作。中国人民大学出版社向所有原著的出版社购买了翻译版权。北京大学、中国人民大学、复旦大学以及中国社会科学院的许多专家教授参与了翻译工作。前任策划编辑梁晶女士为本套译丛的出版做出了重要贡献，在此表示衷心的感谢。在中国经济体制转轨的历史时期，我们把这套译丛献给读者，希望为中国经济的深入改革与发展做出贡献。

《经济科学译丛》编辑委员会

城市经济学

（中文版）序

　　我非常高兴中国人民大学出版社出版我的《城市经济学》中文译本，感谢东南大学胡汉辉教授为此书的翻译事宜所做的安排，感谢译者们，尤其是谢呈阳和胡肖然的努力。能够为世界历史上规模最宏大的迁徙——目前中国正在发生的人口从乡下到城市的迁移——提供想法和见解，对于任何一个城市经济学家来说，都是一项莫大的惊喜和荣耀。前年夏天，在胡教授的陪同下，我对南京和苏州城市发展的考察使我对中国以人为本的新型城镇化充满期待。

　　我不是中国人，甚至自己都不能读懂中文译文。我在美国新泽西长大，那是纽约城的郊区，绝大多数的时间我都生活在距离出生地方圆几公里的范围之内。我对纽约和新泽西非常了解。

　　那么，当我与中国读者成长在不同的语言和文化环境中且政府调控经济的机构的形式也不同的时候，我能为中文版的读者提供哪些有用的建议呢？城市运作的很多基本原则都是共通的。例如，要有城市，就要有一些因素把人们聚集到一个城市中生活；比如，为何在人口密集的环境里很多事情能做得更好？这一定是有原因的。一旦人们进入城市，他们就需要有房子居住，而绝大多数人将不仅仅满足于最基本的住宿条件。他们需要生儿育女，孩子需要去不同的学校上学，他们学习的方式最终将取决于人类神经系统的处理模式，对于这种模式世界各地的人们都大同小异。城市里的人们需要喝水和洗刷，他们会制造各种各样的垃圾。他们将与疾病、犯罪、噪音与污染作斗争。居民需要通勤到城市的不同角落，这样一来就会造成和遇到交通拥堵。交通拥堵看起来是各个城市的通病。

　　我尝试着概括出适用于这些方面的通用原则，这样读者就可以将这些原则应用于美国或中国，适用于 21 世纪的初期或中期。书里我所讲的很多理念都不是确定的，甚至在美国都存有争议，但是这些理念都是从通用原则上自然而然地推演出来的。我的目的并不是自己来回答关于城市的每一个问题，而是引导学生去解答这些问题。

　　一个重要的经验就是如果你仅仅照本宣科而不是了解城市本身，就不能解决特定城市的具体问题。例如，仅仅知道管制交通的方法是远远不够的，你还需要知道哪条路发生堵塞以及人们选择这条路出行的原因。我对中国的具体国情并不了解，也不想假装我有所了解。这取决于你们——本书中译本的读者们，我希望能够将这些通用原则在中国进行应用（修改和改进）。

　　城市是美好的（在本书的第 1 章中你会发现其原因）。城市经济学会让你欣赏到城市之美。我希望你能够喜欢这本书。

　　我还特别希望中国的大学生们能够喜欢这本书，不仅因为我曾将之用于美国哥伦比亚大学的课堂，而且我们相信世界的未来属于年轻人。中国大学生有些在城市中长大，但他（或她）或许并不一定真正认识自己似乎熟悉的现代城市；有些人或许只是因为上大学才来到城市，他（或她）需要适应城市并在其中生存。总之，城市将是他们（或她们）中的大部分人实现自己梦想的地方。

布伦丹·奥弗莱厄蒂

2014 年 11 月 1 日

前　言

假如你能说清楚如何让中国的交通事故率降低 2%，你就可能每年拯救比"9·11"事件的遇难者还要多的生命。假如你可以减轻美国城市中少数族裔扎堆居住的程度，非洲裔美国孩子就会更健康并且能受到更好的教育。当晚到的公共汽车接踵而来时，有时你甚至可以因较多而非较少的迟到站的公共汽车而节省更多的通勤时间。

这本书就是为想要研习这些话题的人们量身定制的。本书关注的是城市以及那些影响城市成为更好或是更糟的生活、工作和学习场所的公共政策。这一主题历来被称作"城市经济学"。

然而，本书并非一本传统意义上的城市经济学教材。对同一个问题有不同的解释方式。许多想对城市进行严谨思考的人并不习惯于经济学家之间交流的那套方式——数学方程、证明、复杂的图表，以及那套唯有行内人士才懂的语言。因此我尝试着为那些只有很少或者完全没有经济学背景或经济学家范式的读者而写作。书中你几乎找不到证明，方程式也只有寥寥几个。图表简洁易懂并且比大多数经济学读物少。我已经尽量减少了专业术语的使用，对于必须使用的术语，我也做了标注并在词汇表中进行了注释。例如，你将不会看到效用、竞标租曲线、替代性弹性或者生产函数这些术语。在每章的开头部分罗列了读者需要理解的经济学概念。

不过，虽然本书有意回避了理论经济学的大部分专业用词，但这些概念的精髓依然得以保留。因为很多想法复杂而微妙，因此总想抄近路或是急功近利的读者也许还是会觉得书中的一些部分依然复杂难懂。许多章后问题也颇有挑战性。我希望这本书可以吸引城市研究、城市规划、公共政策与公共管理的学生，以及经济学的本科生们。

主题的选择以及我在这些主题上的侧重也不同于以往。例如，本书有整整两章都在讨论种族问题，而这个问题通常只在此类书中占据两页纸的篇幅。类似的还有交通意外、有轨电车、供水设施、排水、消防、垃圾回收、警力、街头行为、儿童保育、住房条例、无家可归者、监禁、酗酒、毒品以及税收减免，等等，虽然这些话题即使在其他城市经济学书籍中也很少涉及，但在本书中你都可以找到。城市的扩张以及科技的进步等也是贯穿本书的主题，相比大多数经济学读物来说这些话题在本书受到了更多的关注。

在选择主题时，我问自己实际的城市参与者能从这些主题的严谨分析中获得什么。"实际的城市参与者"在我看来不仅仅是政府官员，也包括邻里协会、工会、商会、社区小组、教会以及非营利组织的领导们——即任何可以引起（或制止）城市变革的人。本书中的每个议题都可以追溯到我曾经在办公室、商店、厨房、会议室或是人行道上所进行的讨论。

（本书关注的大多数问题集中在美国的城市；只是很肤浅地提及了发展中国家的城市问题。这些城市面临的问题当然具有惊人的重要性，因为它们决定 21 世纪将如何发展。幸运的是，许多原理具有普适性，足以让那些熟悉发展中国家城市状况的人们从美国的经验中获益。）

除了注重主题之间的连贯性外，我还力求所涵盖主题间的一致性。因此，许多章节是相辅相成的。例如，关于公交车的讨论让我们了解了学校，最优税收的讨论让我们了解了土地价格，要求提供公共垃圾回收服务的论调与要求补助安全专业和娱乐性的麻醉品的论断如出一辙。

本书同样在政策的分析方法上以一贯之。在这个方面我们要比许多经典的书籍更为传统。在所有的讨论中，我几乎都是通过帕累托最优和潜在的帕累托最优而展开——政策如何影响人们的生活及其福祉，而不是如何影响诸如城市、经济体、增长率或是环境这样的抽象实体。如此传统主义的做法确实会导致一些激烈的讨论。例如，城市是否应该有警察和消防部门？住房所有者的税收优惠是否应该被废止？政府是否应该付给白人钱让他们搬迁到少数族裔社区抑或相反的举措？公立学校是否应该为它们的服务收费？

透过基本原理去思考问题同样会引发关于一些尚未主流的政策的严肃思考：对缴纳加油附加保费的机动车的保险、公交车的控制权、土地税、基于边际成本的供水定价、人行道的分区、住房合伙制以及美国食品与药品管理局对安全娱乐型麻醉品的授权。

那些自诩实用主义的人们可能会好奇于为什么我会对那些非常规的主题情有独钟。我这样做只是因为希望读者可以用新的方式去思考、获得清新的观察视角。一本仅仅针对我们熟知的政策的书籍将毫无裨益。每一个刚刚接触的新观念都会让你觉得奇怪——而这恰恰表明你正在学习。

终究，学习才是本书的目标。城市让我们的生活如此丰富多彩，以至于受过教育的人们都无法忽视城市的发展。系统化的思考可以使城市更加健康、更有效率、更少浪费、更多公平，也更为有趣。这本书告诉我们如何去实现这些。

致　谢

这本《城市经济学》已经酝酿了很久。我最早的关乎于此的记忆是 1954 年新泽西州的纽瓦克市政选举时罗斯维尔大道（Roseville Avenue）的投票点外绿色棕榈卡片的新鲜气味，这样的记忆还包括主干道上州 CIO 联合会总部宽阔的台阶和大量供应的粉笔。（棕榈卡片是一种在投票点发给选民指引其投票的卡片，通常用于选举一些较低层级的官员。）我的双亲，Annette 和 Charles O'Flaherty 很早就试图让我理解城市如何运作以及应当如何运作，他们从未放弃这种努力。

罗斯维尔大道选举过后的几十年间，Harry Wheeler，John Caufield，Ken Gibson，和 Tom Banker——以及类似的许多其他人——继续在纽约市政厅给我以教育。自此以后，在纽瓦克和艾塞克斯郡的多次大大小小的战役中，我也曾或参与或观望，或正确或错误，或曾是一个胜利者或为失败者（大多数时候是后者），不过无论如何我都在这个过程中对城市经济和政治有了更好的认识（虽然往往在事后回顾之时）。我也曾经受助于盟友和竞争对手。

我要特别感谢 Archie Williams 的贡献。过去 20 多年间他一直追问我许多问题，推动着我去寻求更好的答案，支持他的社区，并且常常将我从坠入道德和智慧的懈怠边缘拯救回来。

当我在 1986 年离开纽瓦克的市政工作岗位后，哥伦比亚大学接纳了我。在那里，Bill Vickrey 和 Lowell Harriss 孕育的城市经济学传统给了我另一个家园。协助 Richard Arnott 整理 Bill 的论文让我感受到了这一传统的深邃和微妙。Ken Jackson 作为一个没有受过太多经济学训练的历史学家，也对我在哥伦比亚大学的探索功不可没。我曾一度想将这本书写成如果 Ken 和 Bill 曾经合作过的话将会写成的那个模样，但我发现这是一个太过奢求以致无法抱有希望的目标。

更近的是，哈佛大学出版社的 Mike Aronson 从这本书的计划启动以来就一直和我合作，保障这本书一直不偏离它的轨道，不断地激活这本书，策划并确保除我之外还有人想阅读这本书。Ada Lee 和 Vanita Gowda 作为许多章节的研究助理很好地完成了他们的工作。我在哥伦比亚大学和巴纳德学院的同事们也帮我做了许多检查工作。每当我慌于创作手稿的时候，以 Angela Reid 为首的经济系的职员总能拯救我。Nancy Degnan 与 Ann Doherty 在我为公共管理硕士项目工作期间也扮演了类似的角色。

书中的部分或所有材料都曾在我哥伦比亚大学的课堂上（以及清华大学的一段课程上）使用过。他们都非常有礼貌，没有抱怨我。他们的评论——以及有时对无法理解内容的表达——都让这本书更加完善。我的助教们，特别是 Naoki Sudo 和 Ting Wu，解决了同学们的许多问题并做出了他们自己的贡献。

Ingrid Ellen 阅读了这本书的多个版本，将本书用于她在纽约大学瓦格纳学院的教学，提出了许多宝贵的意见。她对于本书的乐观让我在许多关键时刻受到了鼓舞。Ken Jackson 和许多匿名审稿人也对书稿提出了许多意见，Seth Weissman 也给了我许多有益的教学建议。

我的妻子，Mary Gallagher 一直在这本书内容的纷繁上取笑我，但是永远鼓励我多花一点时间去重写下一个章节。她的幽默、宽容以及支持才使得这本书得以完稿。Grete C. Gallagher 对书稿进行了多次审阅并提供了许多无价的协助。

最后，我要感谢那些曾经帮助过我而我因疏忽漏掉名字的人。

目　录

城市经济学

第 1 章

引　言

　　我们曾经在一个夏日的午后出了一起车祸，当时妻子和我从新泽西州开车去尼亚加拉大瀑布度假。就在离家 200 英里的 81 号州际公路上，我们的车子突然失控，撞上了护栏。庆幸的是我们都没有受伤，但我们的车却面目全非了。

　　当我们从车厢里爬出来时，知道正面临着很多棘手的问题：如何处理已被撞毁的汽车，如何处理保险，如何继续我们的行程，怎样得到食物，在哪儿过夜，友善的州警察赶到了事故现场，把我们送到了 8 英里外的纽约州宾厄姆顿（在此之前给我开了张罚单）。同时，车的残骸也被运到了那里。

　　为什么会去宾厄姆顿呢？因为那里是离我们的事故现场最近的大型社区，我们当时需要的应急服务设施在那里一应俱全：汽车修理厂、拖车公司、保险理赔员、租车公司、汽车旅馆和饭店。如果我们受伤了，还可以在那里得到医疗护理。然而，在我们出车祸的乡村路段周边却什么都没有。

　　为什么我们所需的许多服务大都被集中在一个方圆几英里的小区域内，而不是被均匀地分布在乡间呢？

　　不过，在宾厄姆顿也不是尽善尽美，我们仍然无法便捷地从一处到另一处（因为大部分租车公司都在机场，离闹市有 8 英里），我们住的汽车旅馆附近也没有任何一家中餐馆。为什么宾厄姆顿的服务设施也如此分散？为什么在汽车旅馆周边没有一家中餐馆？如果宾厄姆顿的布局更加紧凑，服务更加多样化，是不是会更好些呢？

　　这个小城自身的很多方面毫无吸引力。我们的汽车被拖到的那一家汽车修理厂在破旧的铁路岔道和一幢废弃的房子之间，院里还有一只足足有 150 英镑重的咄咄逼人的大狗，附近的两个垃圾箱满得都快溢出来了。车子周围还有很大的水坑，我们不得不用 2 英尺宽 6 英尺长的厚木板铺在上面，才能走到车子旁将车内的物品清理出来。然而这个地区却有着美丽的自然风光，树木丛生的小山丘散布在萨斯奎汉纳河畔。或许宾厄姆顿

1

城本来就不应该在这里，或许我们应该去斯克兰顿或锡拉丘兹，因为那两个城市都足够大以至于拥有我们需要的市区租车公司和中餐馆。

此外，宾厄姆顿还有一点与周边的乡村地区不同，那就是在周边的乡村地区只有不足 3％ 的人口是非洲裔或拉美裔美国人，然而宾厄姆顿城里的这一比例却是周边乡村的四倍。为什么少数族裔都聚集在这里呢？这样的种族分居会让拉美裔和非洲裔美国人生活得更糟吗？能让欧洲裔美国人生活得更好呢？

宾厄姆顿是一座城市，因为人们可以去那里进行商业交易或者签订法律合同、购买衣物或大麻、观看现场的棒球比赛、逛逛酒吧、参加社区学院或大学的活动、在办公室、工厂、汽车旅馆或者商店里工作。

本书与遍布于世界各地的城市有关。城市集聚区是一个伟大的创意，将很多活动集中在一个小范围内可以节约交通上的开销，带来很多便利、共享和规模经济，促进新创意的传播，满足人们对社会性的欲望。城市这个创意好在让现今世界上大多数人都住在一个被称为"城区"的地方，而在 1900 年仅有 16％ 的人住在那里（Bairoch，1988，p.502）。没有城市的生活将使我们较今天贫穷许多——不仅仅对城市居民而言，也包括那些正消费着在城市中研发和生产的产品和服务的人们，以及那些因为迁移到城市来工作而得到更高工资的人。这就几乎涵盖了当今世界上所有的人。

但是城市生活也有不尽如人意的一面。在人类历史上，公共卫生设施建设一直是一个基本的市政问题；居住在城市对人们的健康而言具有危险性。1880 年时，在纽约出生的人口的预期寿命仅约为 29 岁，和罗马帝国时期几乎一样。尽管 1910 年时纽约人的预期寿命已增至 45 岁（Meeker，1974，p.392），2000 年的城市人口死亡率总体上已低于乡村地区，即便在发展中国家也是如此，但是这一改善的实现只是来源于城市在污水管网、供水系统、医疗以及营养等方面的大规模投入（在城市里谋生的人们需要挣到更高的工资才能支付这笔开销）。

城市生活的另一个不尽如人意之处在于，人们在小空间范围内的活动越多，人与人间受到的干扰也就越多。交通阻塞、机场拥挤、公交拥堵、地铁延迟，这些问题都困扰着遍布全世界的城市。人们争论于学校该建在何处、酒吧何时打烊、何时及何地可以大声播放音乐、公寓可以建多高、停车有哪些规定，以及快餐店、加油站、医疗中心建在哪里。人们面临着谋杀、抢劫、行凶和诈骗；他们的住房、工厂、商店和办公室比其被建在乡间时更容易碰上火灾。

这些困难的出现都源于使得城市能够正常运转的地理位置的相邻性。你不可能只享受城市带来的便利而不遇到以上问题——正如你滑雪时不可能不弄湿衣裳，拼命锻炼时一般会有受伤的危险。人们常常感慨于城市生活，例如自己在和大量的无名氏打着交道。但这却和城市集聚区带给我们的好处紧密相连：部分引诱是在城市你可以和陌生人做买卖，如果没有这群陌生人，你就无法享受这个优势。如果你想远离疾病、拥堵、噪音、犯罪和种族仇恨，你可以隐居在山间，或是荒漠中。但是那时你将不得不放弃所有与人接触带来的乐趣、所有他人带给你的帮助和建议、所有他们所具有的技能，以及所有来自智能化生产组织的优势。你将不得不自己做衣服、种植自身需要的粮食、冶炼金属、造计算机、编写软件与互联网连接、处理垃圾、制作乐器、诊断并治疗自身的疾病。总之，你会过着原始而匮乏的生活。

如果拥有不同才能和背景的人们越频繁地聚集到一个较小的空间范围内，城市也就越适合人们工作和娱乐，只不过也就越可能发生疾病传染、交通阻塞、种族仇恨等问题。当然，许多不同的政策能够影响上述问题的严重程度，这些政策有些合意而有些则不一定。正如运动员做拉伸训练时如果小心一些，就可以（或可能）降低他们受伤的概率一样。倘若我们不去做一些解决那些问题的事情，也将无法享受城市生活带给我们的好处。

对城市问题的任何改善都将带给我们加倍的收益。更低的犯罪率不仅意味着更少的受害者，也意味着人们有更多的机会去会邻居、购物、参加社区会议、上夜校。改善种族关系不但可以减少种族歧视，而且对每个人而言，在各种交易中也会有更多的潜在合作伙伴。这些双倍收益将是我们学习城市经济学的一个极好的理由。

I. 城市经济学

人与人之间相互合作的许多优势在城市里被最大化。如果你认为经济学就是研究人与人之间如何相互合作的问题，那么城市经济学便最能体现经济学的这一特点。城市经济学是关于每天生活的经济学，这一点使得它更加重要。虽然平时很少有人接触到债券，即便是偶尔看到的人也很少，但几乎所有人都可能住在同一幢房子里或公寓里，都会冲马桶，都会出行去上班或开车去休闲度假地或夏季别墅，都会担忧安全问题，以及购物。在城市经济学的范畴里，这些都是你无法逃避的话题。

城市经济学在重视历史与忽视历史之间有着巨大的伸缩性，这也是城市经济学的一个特点。城市生活的某些方面几乎瞬息万变，比如说哪些居住区有值得购买的房产，那里住着什么样的人。然而有些方面却几个世纪都未曾变化，比如巴黎在法国城市中一直占据着首要地位。城市经济学面临着一个巨大的难题——有多少当代现象可以仅用当代的因素来解释，有多少当代现象最好被作为特有转变和历史变革的产物来进行理解呢？城市究竟更像每天重印的晨报，还是像不变的家族姓氏，源自遥远的过去呢？

过去一些约定俗成的习惯影响着我们的生活。人们用英语交流，使用夏时制，将周一后面的一天称为"周二"。人们沿用这些并不因为它是最好的方式，而是其他人都这样做，因此我们将这些做法称作"习俗"（严格定义参考 Lewis, 1969）。周二是用斯堪的纳维亚的远古之神蒂亚的名字来命名的，虽然我并不崇拜蒂亚神，但当和别人预约时间时，我还是会用周二这个词。因为我约的人也用这个词，即便他也不一定崇拜蒂亚神。如果人们将一周的第三天称作"猫王日"，我也会那样去称呼它，并且也会像现在一样快乐。

货币也是约定俗成的。如果将一张张印着总统和财长的绿票子变成蓝色，并在上面印上足球明星和诗人的图片，它也可以被用作钞票。只不过因为其他人接受了那样的绿色美钞，我也就接受绿钞罢了。人们使用信用卡也是同样的道理：商家会接受信用卡是因为很多人都随身携带信用卡；而很多人随身携带信用卡就是因为商家接受信用卡。货币让交易更加便捷，因为人人都接受货币，并知道其他人也会接受。这样，货币才能行使职能。

从很大程度上来说，城市也以同样的方式运转着。宾厄姆顿市的发展源于它的地理位置——位于希南戈运河和萨斯奎哈纳河的交汇处。但是对于州警察、汽车旅馆的老板以及我们而言，不会在意宾厄姆顿的地理位置，就如同人们不会在乎周二与蒂亚神之间的关系一样。因为人们出了车祸就会去宾厄姆顿，所以汽车旅馆和汽车修理厂都会在那里；又因为宾厄姆顿有汽车旅馆和汽车修理厂，所以人们出了车祸才会去那里。

可以肯定的是，城市并不完全是这种循环逻辑的产物，货币同样也不是。如果巧克力圣代成了交换媒介，如果大部分城市都建在活火山上，这样的社会就是很难想象的。但是，尤其是大城市，约定俗成的行为习惯发挥着重要作用。

我们来比较一下纽约市和尼亚加拉瀑布市。很显然，尼亚加拉瀑布市的地理位置更有吸引力。纽约没有任何自然风光能与尼亚加拉瀑布相媲美，也没有廉价的电力资源。但是纽约却是世界上最繁华、最富有的大都市，而尼亚加拉瀑布市只是一座萧条的小城。

历史对城市的发展也有重大的影响。在18世纪末和19世纪初，水路运输是最便宜的运货方式，因此在希南戈运河和萨斯奎哈纳河的交汇处需要建立一座城市——宾厄姆顿市便应运而生，今天宾厄姆顿仍然存在。

以奥尔班尼和布法罗为两端的伊利运河（可通过哈德逊河直航纽约）就是一个在城市的发展中历史究竟有多么重要的典型例子。虽然它只是一条10米宽的浅槽，但在21世纪已显得无足轻重。然而如果历史上（1817—1825年间）没有开挖伊利运河，如今的纽约就不可能在美国占据主导地位，芝加哥也未必是中西部的重要城市。只有了解历史，我们才能明白这两座城市的今天。

在伊利运河建成之前，纽约只不过是东海岸四大城市之一，另外三个是波士顿、费城和巴尔的摩。运河将纽约与另外三个城市相区分，只有纽约可以通过水运与西部联系。农民们将他们种植的产品从纽约州北部、宾夕法尼亚州西部、安大略州南部、俄亥俄州、印第安纳州和伊利诺伊州都用船运到纽约，因为这样比运到大西洋其他的港口更加便捷。无论是运往欧洲的粮食，还是来自欧洲生产的产品，都要途径纽约，因此远洋轮船和内河船只在纽约互相接驳。

因此，保险公司也都集中在纽约（运输是有风险的，你不得不为自己货物的每一段行程投保），银行和其他金融服务也追随保险业而来。纽约与欧洲的贸易量发生了非常明显的变化，到了19世纪50年代，纽约就是美国第一个也是唯一有定期货轮经营欧洲业务的港口。如果通过费城或波士顿运货，你就得等到码头上积攒了足够多的货物时才能发货。但是如果通过纽约发货，你就有明确的运输时间表，可以享受更快捷的服务，因为更多的人通过纽约出货。

一旦伊利运河使得纽约居于美国城市发展的前列，就更加刺激了纽约自身的发展。来自欧洲的公司如果要在美国找一个办公地点就一定会选择纽约。纽约也深深吸引着众多作家、记者和艺术家。显然，纽约是美国铁路的目的地，因为铁路是非常优越的交通连接工具，制造型公司发现纽约也是重要的交通枢纽。

伊利运河也为芝加哥的发展做出了贡献。假设现在是19世纪70年代，你是爱荷华州的一位农民，准备将粮食运往东海岸或欧洲。如果你先用船将货物运往圣路易斯或堪萨斯城，接下来就只能通过铁路向东运输了。铁路公司很清楚，如果不通过铁路运输，你的粮食只能囤积在圣路易斯，所以它们收取很高的运费。但是如果你先用船将货物运往芝加哥，铁路公司便不敢在运费上狮子大开口，因为你还可以用船通过五大湖和伊利运河来运货。同时由于水运的货运量大，既便宜又快捷，越来越多的人将货物运往芝加哥。因此，正是芝加哥和纽约——而不是圣路易斯和巴尔的摩——在伊利运河通航后的一个多世纪中成为美国东半部的重要城市，成就了它们的辉煌，而圣路易斯和巴尔的摩却失去了自己的经济价值。

我们虽然强调历史的重要性，但并不是说城市会一成不变。城市就像是报纸，是人们工作、生活和娱乐的工具。如果人们的工作方式、生活方式或者娱乐方式改变了，城市也会发生相应的变化。例如，在没有发明空调之前，夏天人们根本无法在休斯敦居住。19 世纪初，当还没有电车的时候，城市的大小仅限于人们大约用一个小时就能走完的范围以内。20 世纪初，只是随着电梯的发明和强大的公共交通系统的开发，摩天大楼才切实可行，才有大批员工被输送到摩天大楼的办公室里。第二次世界大战以后，冷冻食物和电视缩小了传统城市的诱惑：在冷冻食品出现之前，人们如果想购买新鲜的肉和食物，就不得不每天去购物，因此都想住在商店附近；在电视问世之前，如果你想看到世界级的运动员、音乐家和演员，就不得不生活在大城市或访问一个大城市。现在你可以住在离超市 50 英里的地方，每月只需购物一次，仍然可以每天吃到不错的食物。你还可以在一个农场的客厅里收看世界职业棒球大赛、世界杯或是超级橄榄球比赛。

毫无疑问，廉价的信息处理能力和互联网也会对城市产生重大的影响，改变城市的面貌。现在很难精确预料究竟会有怎样的影响，因为我们不知道未来将会发生怎样的技术革新。不过，本书的第 2 章还是包含了一些信息技术革命带来的影响。

因为历史和科技的因素，城市都有所不同。一个类似大西洋市的赌城肯定不同于塔尔萨般的石油城市。然而，或许本书讨论的主要差异将存在于美国城市与发展中国家的城市之间。在美国东部和中西部地区，很多城市在还没有发明汽车、冷冻食品和电视以前就发展起来了。很多人担心，这些城市是否发展得太慢或者萎缩得太快。另一方面，在过去的几十年中，发展中国家的很多城市人口迅速增长，但很多地区常常缺乏相应的供水系统、学校、住房以及便利的交通。人们担心，这些城市是不是发展得太大或太快了。

▌ Ⅱ. 城市的定义

城市是许多人在小范围内经常进行大量活动和互动的地点。因此，出于本书的目的，迪士尼乐园、新泽西州的英吉利镇（那里有跳蚤市场）、纽约州的沃特金斯峡谷（那里有赛马场）就和伦敦、上海以及宾厄姆顿一样被看作城市。迪士尼乐园、英吉利镇和沃特金斯峡谷之所以被视为城市，是因为大批人在同一时间处于同样的地方。

当然，这个定义是不标准的。大多数定义关注的是人们通常在哪里住宿。比如说，一些定义强调人口密度，例如关注每公顷居住的人数。不过，虽然很少有人会经常住在闹市区的曼哈顿或者中央公园，但是大多数人在联想到城市时仍会理所当然地认为这两个地方也是这类空间。同样，将城市定义为有一定的政府设施的地方也是不妥的。治安、消防、环卫就像住宿那样，都是非常重要的人类活动，但并不是人类的唯一活动。

当然，用城市这一术语来描述政治分区是一种通常的做法。在美国，当人类活动在一定区域密集的时候，就会开始出现一些为该地区提供公共服务的州立特许公司（主要是管理治安和街道照明）。这些公司和公司所在的一定地区被称作城市，在这些地区内，公司征税并提供一些服务。当时，除了一些大种植园，公司所在的地区是人们密集活动的唯一区域，这些区域的命名也具有专属性。

随着人们密集活动的区域类型逐渐增多，用城市来描述一个特定的政治分区让人们混淆不清。比如说，牙买加湾国家野生动物保护区就位于纽约市的地界内，威洛布鲁克商城位于新泽西州韦恩镇，但在威洛布鲁克有着比牙买加湾更多的人类活动，因此在本书中，威洛布鲁克比牙买加湾更适合我们讨论。

尽管在我对城市的定义中并没有提及，但是人类在哪里住宿以及如何管理活动也是城市经济学的研究范畴。本书的第 6 章将讨论人们在哪里住宿，以及区位论，第 7 章将讨论城市的市域扩张，第 13 章到第 15 章将讨论住房问题。

我们也将不得不谨慎地使用人口普查局和其他政府机构所收集的数据。此处涉及的关键术语是**都市区**（metropolitan area）。都市区指的是一个拥有大量人口的核心区，以及与之毗邻的、与核心区有着高度经济和社会一致性的众多社区。虽然关于这个定义有过多次修改（都市统计区、综合都市统计区等），2003 年联邦政府甚至停止使用简单的都市区概念，但是都市区的基本含义是一个明确的小区域，大量的人在那里进行与他们生活有关的几乎所有活动（睡觉、工作、吃饭和娱乐）。因此，当我提及圣安东尼奥时，讨论的话题将涉及克萨尔、科马尔、瓜达卢佩以及威尔逊县，而不仅仅是圣安东尼奥这个城市。当我说要比较一些城市时，就意味着比较的是都市区。

Ⅲ. 城市的品位

城市经济学与大多数其他的经济学有所不同，因为它关注人们日常的生活，关注相当复杂的协调性研究，关注很小事件可能造成的巨大差异，关注历史和传统习俗的重要性，以及科技发展造成的间接影响，但是城市经济学和其他的（新古典主义）经济学也有相同的特点。城市经济学的最重要之处是它的评头品足方式——这一方式使得城市经济学与其他有关城市生活的研究相区别。

就"评头品足"而言，我的意思是评判不同的政策和项目运作得到底怎么样。就经济学而言，主要关心单个人做得怎样，意味着人们在多大程度上实现了自己的目标以及满足了自己的愿望，而不去管这些目标和愿望是什么。

这一点可能听上去显而易见，也没什么争议，但事实却并非如此。我们只关注人意味着不会去关心猫、狗、建筑或环境——除非人们关心到它们或它们影响到人们。我们关注于目标的实现和欲望的满足意味着消费者至上。我自己关于究竟什么对人们有益或者他们应该怎样做的判断其实并不重要（人们同意我判断的情形除外）。虽然我可能反感大声喧哗、可卡因以及肉馅羊肚，但是如果有些人喜欢这些，我也会支持他们。

其实，人们设想和谈论的很多有关城市的话题并不是我们城市经济学研究的范畴。比如，人们说"宾厄姆顿已经看到好日子了"，"纽瓦克最后走了回头路"，或者"新加坡正在繁荣发展"。对于经济学家来说，这些表述就像"我厨房里的小桌糟糕透顶"、

"这趟地铁开得太快了"、"这些天圣安地列斯断层景区的天气正在转好"一样毫无意义。只有人才会处于过得更好还是更糟糕的状态，只有人是我们关注的对象，而城市并不是人。它们只是手段，而不是目的。倘若明天晚上纽约城所有的土地和其上的建筑都被湮没，但如果并没有人生活得更糟糕，一些人甚至过得更好（依照他们自己的看法），这个世界反而会变得更好，至少在经济学家看来是这样的。

同样，很多记者和政府官员所说的"经济问题"和"经济发展"其实也和经济学全然无关。因为他们的指向通常是诸如增加某个特定地区建筑的数量和规模，或者让哪些地方变得更加美观，或是提高特定的土地所有者的收入。也许这些项目帮助人们达到了他们的目的，更大程度上满足了他们的愿望，但可能他们的感觉也并非如此。在本书的第 18 章中我会深入探讨这个话题。建造更多的建筑和让这些地方变得更美观并不意味着人们会生活得更好。像我这样的经济学家将会使用意指后期活动而非先前活动的术语来加以描述。新古典经济学的伦理体系并不是极端现实主义和没有情感的，而是更接近于一定程度的体谅。

当然，采用通常经济学的准则并不能轻易解决很多城市生活中的问题，困难在于不知晓人们究竟担忧什么。假设我们正考虑在宾厄姆顿闹市区新建一条公路，我们应该关注哪一类人群：宾厄姆顿闹市区的司机？宾厄姆顿城区的居民？宾厄姆顿地区的居民？有可能来宾厄姆顿生活但若不修公路就不来的人们？有可能来宾厄姆顿生活但若修了公路反而不来的人们？还是那些永远不可能来宾厄姆顿过日子但其生活会受到有可能来宾厄姆顿的迁居者影响的人们？那些如果修路将可能使得父母因过度忙于修路、无暇顾及生育而永远不可能降生的孩子，还是那些因为不修路而将出生的孩子？

本书中，我通常会选择最广泛的群体。在对贸易和移民的研究中，这种方法被称为世界性的视角。世界主义也是本书在探讨城市经济发展时不同于报纸杂志上的讨论的另一个方面。我会试图清楚地说明哪些人获益了和哪些人会遭受损失，因为混在一起的讨论并非总有太大的意义。

■ Ⅳ．本书的构想

本书讲的是城市生活的优势如何在最大程度上帮助人们实现他们的愿望和达到自己的目标。下一章将以列举城市生活的优点，以及经济学家如何观测它们开始。它将向我们展示如果城市被疏于管理，世界将会成为怎样的图景。

第 3 章和第 4 章是关于汽车的讨论，第 5 章是关于公共交通的内容。通过对交通的了解，我们可以在第 6 章中分析土地的使用和土地价格。一块地将被如何使用以及它到底所值几何，取决于该地块所能提供的与人们想去之地的特征相接近的程度。

第 7 章介绍了一个经常被提及的话题，究竟美国的城市是否分布得过于分散以发展中国家是否要明智地避免美国式的市域扩张。该章探讨了城市间的外部性效应，观察了"逃离衰败"现象——中心城区的陈旧条件导致了市域的扩张。

第 8 章是关于抑制非和众行为的规则和管制。第 9 章针对社会不期望行为提供了一些对策，讨论了供水、排水、火灾扑救和垃圾清理。分区是第 8 章的主题，这两章都用审视的眼光对不当政策是否会导致逃离衰败和市域扩张提出了质疑。

教育是第 10 章的主题：推广合意政策的不易，城市的巨大优势，以及技术变革的影响。交通、住房、市域扩张、规模报酬递增等都对教育的分析有所贡献，先前各章讨论的各种类型的政策也都与该章相关联。

第 11 章指出种族和族群的分裂可能严重损害了城市生活带给人们的好处。第 12 章分析了缓解这些问题的政策。了解种族问题对于理解与低收入住房、犯罪以及经济发展相关的政策也十分必要。因此种族也就和市域扩张一样成为一个经常被谈论的话题。

随后的三章给了一种被大多数人用于在城市中得到现实的安全和更为舒适的生活的主要设施——住房。从第 13 章开始分析影响大多数美国人的政策：自用住房所得税的处理、租赁法律和租金监管，以及抵押贷款市场。这些因素对市域的扩张也有影响。

其他有关房屋的两章涉及穷人的住房问题。第 14 章讨论了为帮助穷人而设计的政策——至少从表面上看是这样——而第 15 章则讨论了无家可归者问题。

随后的两章涉及犯罪问题。犯罪是一个削弱了城市生活的好处并且可能会滋生市域扩张及种族仇恨的主要问题。第 16 章讨论存在受害者的犯罪。第 17 章的犯罪（酗酒、吸毒和违反枪支管理规定）并没有受害人。

第 18 章是有关城市经济的发展。该章再一次广泛涉及了之前的章节，主要因为大多数有利于城市经济发展的政策之前都已被讨论过了。

Ⅴ．你为什么要关注城市经济学？

生活中你无法逃避城市经济学。你要考虑上学、找地方娱乐、清扫厕所、饮水、被抢劫、担心被乞丐靠近、找工作、安家、购买食物和衣服、自我欣赏、保持健康、睡懒觉、和与你性格迥异的人相处。如果没有结婚证，你就不能有配偶；没有营业执照，你就不能开酒吧；没有犬类准养证，你就不能养狗。在你去世后，你的遗体必须以卫生体面的方式加以处置。

因为你必须去处理这些事情，所以在一个更加宽泛的背景下系统全面地思考这些问题就很有必要。学习城市经济学并不能教你如何修理漏水的龙头，也不能教你如何在家驯服一只宠物，但是城市经济学会让你知道这些行为的长期影响，让你明白为什么一些人会那样行动，究竟是多做还是少做这类事情，以及什么样的政策鼓励或阻碍着人们去那样做。

参考文献

Bairoch, Paul. 1988. *Cities and Economic Development：From the Dawn of History to the Present*. Chicago：University of Chicago Press.

Lewis, David K. 1969. *Convention：A Philosophical Study*. Cambridge，MA：Harvard University Press.

Meeker, Edward. 1974. "The Social Rate of Return on Investment in Public Health，1880—1910." *Journal of Economic History* 34：392-419.

第 2 章

集聚有什么好处①

地球上人类的大多数活动都集中在非常小的地块上。美国被开发的土地不到其国土的 5％。虽然最大的 25 个城市里居住着 12％的人口，但这些城市所占的土地只有全美的 0.2％。墨西哥城的占地面积还不到墨西哥国土的 0.1％，但却生活着该国近 10％的人口。如果美国总人口的密度和纽约一样高的话，全部的美国人口就都可以被容纳在马里兰一个州里。曼哈顿的亨特学院大约有 18 000 名学生，所有这些同学都被安置在列克星敦大道和东 68 街交接处几百英尺方圆内的建筑群中。而在整个怀俄明州，大学校园里只有 30 000 人。

这些集中区就是城市。理解城市的第一步是考察为什么活动都被集中在少数几个地方。这些地方有哪些优势能将所有活动聚集在一起？任何曾经被堵车所困扰、患过感冒或者被各种各样的怪人惹怒过的人都知道这种聚集方式会产生很多问题。只有当城市的优点抵消了其缺点时，城市才得以持续，一如其数千年来所表现的那样。

本章的目的在于界定城市的那些优点，换句话说，就是指出城市为何能够存在。用经济学的术语来说，城市的优点就是**规模报酬递增**，用以强调对同一类型的投入而言，被一起使用得越多，对产出就越有利。或者说这是**规模经济**，用以强调当大量投入时，生产更多产出的成本将会减小。这两句短语恰如同一枚硬币的正反面。一个说明对于等量的投入，你能得到更多产出，而另一个则说明等量的产出所需的投入会更少，因此你使用哪句短语并没有影响。

你应该广义地理解"投入"和"产出"。比如说，建立城市的一个最初的原因是实现军事保护。保护一座古代城市的投入是城墙、士兵和武器，是护城河、护城河里的兵

---

① 为了从本章中学习更多内容，你需要熟悉以下概念：外部性和比较优势。你能够在词汇表中找到这些术语。同样，本书词汇表中术语的含义在其第一次出现处加以解释。

船，等等。产出则是受到保护的地域面积、被保护的人口数量或者（用更复杂的话语说）受保护地域内产生的价值。

这个例子也表明规模报酬递增和规模经济的含义。假如城市是正方形的，城市中每一公顷土地上有同等数量的人口和净产值。产出与边长的平方成正比。用 O 表示产出——受保护的地域面积或者产自那个区域的价值，s 代表边长，则

$$O = s^2 \tag{1}$$

另一方面，投入依赖于周长（城墙需要多少石头，护城河中需要多少兵船），周长与边长成正比例（而不是边长的平方）。若以 I 代表投入的数量，则可用符号表示如下：

$$I = 4s \tag{2}$$

因为存在规模报酬递增，当加倍投入时，你能得到 4 倍的产出（而不只是两倍）。在代数意义上，结合式（1）与式（2），将有

$$O = I^2 / 16$$

显然，这里也存在规模经济。换一种方式来组合式（1）与式（2）可得

$$I = 4 * O^{(1/2)}$$

对于一个面积为 16 平方公里的城市，你需要投入 16 公里长的防护圈。对于一个面积为 9 平方公里的城市，你需要投入 12 公里长的防护圈，而不是 9 公里。在一个面积为 16 平方公里的城市中，每加一平方公里的保护区域需要增加 0.49 公里长的防护圈。而在一个面积为 9 平方公里的城市中，增加一平方公里的保护区域需要增加 0.65 公里长的防护圈。

此时，经济地实现保护的意图以及防御掠夺性蛮族军队，成为人们共同生活在一个个城市中的原因（虽然如今这已不是一个多么重要的原因，城市或许并不利于避免恐怖袭击，这与抵御掠夺性的蛮族军队刚好相反）。当然，并非所有活动都像城防那样。很多时候将有规模报酬不变或者规模报酬递减。比如说刷牙，真难以想象 100 000 人集中在运动场中一起刷牙会比各自分开刷能把牙齿刷得更好、用的牙膏更少或者更加享受身心愉悦的刷牙体验，因此这时的刷牙可能是规模报酬不变或者规模报酬递减的（因为人们会相互影响，在漱口时尤其是这样）。刷牙并不是建立一个城市的原因。

或许事实上大多数活动都不是建立城市的好理由。数理经济学的规范性结果被建立在所有生产都规模报酬不变或规模报酬递减这一假设之上。经济学家将规模报酬递增的活动视为特例。

我们希望知道哪些活动是规模报酬递增的，那些报酬是如何得来的，那些活动在决定城市的存在方面有多么重要，它们的影响有多大，会向何方向变化。规模报酬递增是城市发展的驱动力。就如同我们在考虑轿车将驶向哪里之前，需要知道是什么使得引擎工作一样。

我用最规范的一种报酬递增现象来开始本章的讨论：这种报酬递增经常发生在公司中。接下去我将寻找为何一些活动在较高密集度的环境中会表现得更好，甚至有时这些环境并不由一个公司所控制。然后，我将研究城市如何影响创新。最后，我将推断新技术的影响。就实质而言，这一章将是关于规模报酬递增来源的一个罗列。

然而，这里有一个本应在第 1 章中就显而易见的更深层次的动机：本章中描述的许多美好之处将随着过度的人口分散、有敌意的种族关系、差劲的公共健康或者愚蠢的政策而消失。本章主要讲述为什么你要关心城市。

▍Ｉ． 公司中的报酬递增

出现在单个公司内部的规模报酬递增可能是学习城市经济学时最难被提起兴趣的部分，但是相对于经济学的其他部分，这是学生最为熟悉的一类问题。一些活动只有在大批量完成时才会有更好的结果。

诸如酿造和化学制造一类的活动就是很好的例子。这些行业中的很大一部分工作包括把液体放置到各种容器中，并且对容器中的液体做一些加工。容器就是一笔明显的成本。因为容器是三维物体，假如你想在一个容器中放入 8 倍于其容积的液体，就需要使每一维的长度都要加倍（如果是球体，半径需要增加一倍；如果是立方体，每一边的边长均需要增加一倍）。这意味着容器的表面积只增加 4 倍。容器的表面积与用于制造容器所需的材料成正比。因此虽然你能处理的液体的体积将增加为原来的 8 倍，但成本却只上升为原来的 4 倍；出现了规模报酬递增。

这就是工程师们所说的**三分之二法则**的一个例子：在投入主要是容器，产出主要是容器的容积的活动中，产出变为原来的 x 倍，成本只是原来的 $x^{(2/3)}$ 倍。粮仓和仓库就服从三分之二法则，因为它们本质上都是容器。轮船也是容器，因此轮船的大小增加 1%，单位体积的运输成本下降 0.31% 就不足为奇了，或者说从东京到雅加达的一个只能停泊中型船只的港口的运输成本比到一个可停泊大型船只的新加坡港口的运输成本高70%，尽管它们两地到东京的距离相等（Mori and Nishikimi, 2002）。

初期投入成本是规模报酬递增的另一个原因。有时候第一次生产一件物品的成本很高，接下去成本就会下降。书和药品就是这样的例子：写作一本书及进行有条理的归纳是困难的，但一旦你完成了这些，同一本书的复制本就只需开销纸张和印刷的费用。探索如何研制一种新药或编写一些新软件程序的花费很高，而药品或软件的复制品则可以低价生产。

大型公司还能减少顾客的搜寻成本，因此可以用更低的成本为其消费者生产相同的产出。一家沃尔玛门店既卖书又销售纸尿裤，消费者可以一次性采购而不需要跑两趟。一个巨型影院为经常看电影的观众提供了更大的选择范围，当他们想看的电影已经没票可买时，可以得到更好的替代性选择。一个品牌也可以降低消费者的搜寻成本，因为他们不需要一而再、再而三地琢磨自己喜欢的产品到底怎么样。无论你在哪里找到麦当劳，它总会完美地符合你的预期。

然而，即使公司可以得到许多不同种类的规模报酬递增，公司规模也不会发展到特别庞大，市场经济环境下尤其如此。中等规模城市的收益会比最大的公司还要多。1993年美国最大的公司通用汽车年销售收入约为 1 340 亿美元，但当年生活在波士顿都市区的居民产出了大约 1 420 亿美元，还有 6 个美国大都市的收入高于波士顿。还是那一年，11 个美国公司的销售额超过 330 亿美元，而 25 个都市地区居民的个人收入超过了 330

亿美元（*World Almanac and Book of Facts*，1995；Slater and Hall，1996）。

为什么公司不能更充分地发挥规模报酬递增的优势呢？我们没有一个满意或完整的答案。一个原因可能是规模经济的技术限制。比如，越来越大的容器需要更多的支撑和更厚的器壁。最终，三分之二法则在重力面前将会失效。另一个原因可能是需求限制；像《亚拉巴马州西部的石英矿藏》（*Quartz Deposits in Western Alabama*）一类书籍的社会最优数量或许就很少。

最后，影响公司发展为大规模的另一个限制来自公司本身。公司是一批员工组成的集体，这些员工间的相互关联并不是通过市场或完整的特定合约，而是通过随机的指令，他们是市场经济大洋中的指令性经济孤岛。当一个上司要求其助手为 10 点钟召开的会议准备咖啡时，他们并不会协商如果助手泡了咖啡他是否会得到更多或更少的工资，助手的雇佣合同中也没有写明任何关于在特定时间为特定会议做这项特定工作的有关内容。

指令性经济具有有限性。因为那里没有市场，上司并不真正知道他的助手为会议泡咖啡的成本是多少，也许这并不是什么问题。上司的上司知道的更少——他可能以为助手正在和顾客聊天，而不是在准备咖啡——就这样一级级上去，每一步都累积一点无知，就可能出现大错误。类似于我和我的猫（它告诉我将做什么）之间那种运行良好的系统并不一定适用于成千上万的人。指令性经济积累的低效率是许多公司不能成长到巨大规模的一个主要原因。

▌ II. 集聚经济

就城市经济学而言，最重要的规模经济性并不体现在公司的内部，它们是集聚经济。当因为更多的活动在相邻地区进行使得生产成本降低时，就存在**集聚经济**。伴随着集聚经济，规模经济"在无形中"发挥着作用：人们不需要加入大型组织就可以利用其优势。在这一节中，我将关注集聚经济的几个不同来源。

集聚经济出自两种不同的情形。同一产业中出现了许多公司的集聚经济被称为**区位化经济**。马萨诸塞州的剑桥支撑了许多高端书店和专业电脑商店，并不是因为它是一个大型城市，而是因为附近有许多大学和咨询公司，这就是区位化经济的一个例子。而许多人聚集在一起，这些人是否从事同一个产业倒无关紧要，这样形成的集聚经济被称为**城市化经济**。纽约城能支持一家只卖怀孕新娘所需婚纱的商店。显然这样的一家商店在比纽约小的地方将无法存活，这就是城市化经济。

区位化经济和城市化经济的区别不仅仅是针对考试中的多选题而设置的一个学术性练习。假如城市化经济是城市运营的主要原因，那么像墨西哥城这样的大城市就全然不会有任何问题，在同一个城市中集中几类不同的产业也将有其意义。反之，如果区位化是城市运营的主要原因，那么每个产业应该有各自的城市。如果钢铁公司只帮助其他钢铁公司，苏打水公司只帮助其他苏打水公司，那么将钢铁公司与苏打水公司集合在一起就是愚蠢之举：苏打水公司为数众多的工人会妨碍钢铁工人的社会福利，抬高土地价格和房租；如果钢铁公司和苏打水公司在不同的城市里生产，每个人的状况都会好转。如果区位化是规模经济的主要来源，那么墨西哥城和发展中国家的其他类似城市的规模就太大了。

当我们探究不同种类的集聚经济时，区别区位化和城市化将会有所帮助。

□ A. 专业化

12月在纽约城能做的一件妙事就是去欣赏洛克菲勒中心的土巴号音乐会。那里大约有300名大号演奏者，每个人都穿着他自己的演出服（女大号演奏者较为稀少），站在广场上尽其所能地演奏着圣诞颂歌。

如果你想组织类似这样的大型土巴号音乐会，纽约城是一个好的选择。在12月份你从哪里还能找到300名大号演奏者整个下午都出来表演？就大型土巴号音乐会的组织者而言，纽约人可以比任何其他地方的组织者做得更好；就喜欢出席土巴号音乐会的人而言，他们的需求也可以在纽约得到比起其他任何地方更多的满足；就喜欢在大型土巴号音乐会上演奏的人而言，他们也可以在纽约表演得比其他任何地方更出色。

音乐会是专业化的一个例子。根据亚当·斯密（Adam Smith）所述："劳动的分工被市场的范围所限制。"进而导致专家需要支付启动成本（这恰是规模收益递增的体现之处）：你不得不设立一家商店，或者学习一项技能，或者建立一个组织。如果针对一个特定输出的需求只是罕见或者偶尔出现时，这样的投资就只在有很多人聚集的地方才显得合理。因此只有最大的城市才能支持大型土巴号音乐会、超级马拉松活动的组织机构和海图商店；略小一些的城市可以支持歌剧公司、高质量的书店和职业拳击赛；几乎任何地方都可以支持像7-11这样的便利店。

专业化使生产的支出更低、更顺畅。例如，我们可以体会一下威廉·克罗农（William Cronon，1991）如何在芝加哥牲畜饲养场通过确保充分利用牛的最后每一小部分以降低成本的故事。克罗农（Cronon，p.247）首次从1893年朱利安·拉尔夫（Julian Ralph）的文献中引用了一段话：

> 每一个部分——只要它不至于因与其他部分相贴过紧而无法被单独剔出来——属于已被屠宰的牛的每一个单独部分都被出售和尽其所用。牛角成为可交易的角；笔直的腿骨到了餐具制造商和其他可去之处；小肠被制成了香肠肠衣；内脏成为施肥材料；肝、心、舌、尾、胃（称为牛肚），在屠夫的特定专柜出售；关节骨被磨成用途各异的骨粉；牛血经干燥处理后作为具有商业用途的粉末出售；膀胱被干燥后出售给剂药师、卷烟制作者和有其他需要之人；脂肪制成了人造奶油，出自蹄、脚和其他部位的残料成为胶水、油和肥料。

然后他给出了自己的评论（第248页）：

> 任何一头动物身上可能被做如此细致加工的部位的比例是非常小的。一头公牛超过其体重一半的部分将成为加工好的牛肉，只有不足1%的部分被制成胶水、干血块或牛蹄油。没有一个普通屠夫负担得起用于这些小批量处理的资金投入，所以当使用传统方法宰杀时浪费就不可避免。

专业化并不是完全或主要发生在企业内部的事情。这就是我们称之为集聚经济的原因。海图商店能在纽约城苗壮成长，且海图的用户能在纽约城取得成功并不是因为它们是大公司的一部分，而是因为纽约是一个大城市。

区位化和城市化经济两者都可能由专业化而来。克罗农的牲畜饲养场是区位化的一个例子：如果饲养场被精品店、书店和家具制造商所包围，它们将无法运作得如此之好。另一方面，如果要建立一个超级马拉松选手的组织，比起其他类似组织的存在，城市的大小显得更为重要。所以，专业化也可以产生城市化经济。

□ B.　需求平稳

闲置的生产能力是一种浪费，但往往又不可避免，因为我们无法精确预测在特定的时间内生产能力将应对的需求。如果只在下雨的时候租一把雨伞，只在建筑物着火时有消防车，或者恰好在每周要开罐头的那几分钟有一个开罐器，那就太好了，但世界不是这样运行的。要想在你需要的时候有一把伞、一辆消防车或一个开罐器，你必须在尚不需要它们的时候就事先有所保有。

这是一种浪费。如果你能找到一些和邻居分享开罐器的方式，你们都会过得更好。因为你们不会巧到恰在同一时刻都需要开罐器，所以你们只需要一个开罐器而不是两个，这种安排的唯一成本就是你们需要将开罐器带来带去。这里有一个类似的事情：和相距 4 英尺、跨过一个走道的隔壁分享一个开罐器，要比和离你家 8 英里远的邻居共用一个容易得多。这种分享能力的提高是城市规模经济的一种体现。

并不是说纽约城的存在使其市民可以共享开罐器——实际上这种共享的收益如此之小以至于人们不值得去那样做（家庭内部的情形除外），不过纽约人确实在分享雨伞（无论愿意或者不愿意）、消防车、公路和下水道，还有大花园（它被称为中央公园）。他们也分享汽车（这种机制在这里被称为计程车），以及厨房和就餐的室内空间（餐馆）。不过还有不少分享更为精细，当有关需要集中出现时，排队的效果更佳。

要想理解这种方式，我们可以想想银行里沿柜台一溜排开的柜员和售票窗口前排着的一列列队伍。当有几个柜员和若干个售票窗口时，可能存在两种不同的排队方式。每个窗口都排着需由它办理的队伍（就像在一个超市里每个收银台前都有自己的队伍，或者在一个高速公路收费站的站前广场，每个收费岗亭前都有自己的队伍）；当顾客要去排队时，他们必须考虑去哪个窗口排队，这被称为收费岗系统。或者只排一列队伍，当轮到队伍最前端的人时，他可以去任何一个可最先提供服务的窗口。这被称为普通队系统。

在下文中，我们可以直观地看到普通队系统的效果比收费岗系统要好。在任何时间段中，普通队系统中的柜员完成的顾客处理工作至少要和收费岗系统中数量相同的柜员完成的等量，甚至更多。为什么呢？因为普通队系统中的柜员不会闲置。在普通队系统下，一个柜员只有在整个队伍里没有一个人的时候才会闲置，但在收费岗系统下，一个柜员只要当她的队伍里没人时就可以停下手来，即使此时其他窗口还有人在排队。[①]

---

① 此处假设在收费岗系统中，顾客即使发现他们选错了队列也无法更换队列；一个具有可换队功能的收费岗系统简直就等于一个具有类似功能的普通队系统。事实上在很多收费岗系统的案例中，更换队伍是很难的，因为存在风险（在拥挤的交通中更换车道）、可观测度（新泽西高速公路收费处的第 16 号出口如此之大，以至于你无法看仔细其他车道的情况）、关于换队的特殊限制（紧急变更车道或自动收费通道，超市的快速结账通道，业务专用通道）或者机械的限制（顾客在一个电话系统中的等待）。

这意味着从事零售业务的银行业中的规模报酬递增：如果同等数量的柜员机（或ATM 机）被安置在同一家银行而不是两家时，它们每小时可以为更多的顾客提供服务。相似的，一个 10 万人口城市中的两个钢琴调音师比他们分别位于两个 5 万人口的城市中时一年内可以调试更多架次的钢琴；在 100 万人口的城市中的两个心脏外科手术医生比其分别在两个 50 万人口的城市中时一年内可以做更多的心脏搭桥手术。一个城市中的两个心脏外科医生的优势和普通队系统的优势一样：只要队伍中还有任何一位病人，两位医生中的任何一个都不会被闲置，但是如果他们分别在两个相距较远的城市中，就可能一个医生被闲置而另一个医生那里的病人还在排队。这种规模报酬递增源自需求平稳。克罗农（Cronon，1991）对 1850—1880 年间五大湖区的木材贸易的描述可以说明其中的一些效果。

芝加哥木材堆场的经营者从威斯康星州和密歇根州北部的小伐木商手里购买木材，然后将其运向广袤腹地的农场。芝加哥吸引人的地方是什么？对伐木商来说，他们通常需要现金，巨大的诱惑是你总能卖掉船上的货，而芝加哥商人总是支付现金。虽然密尔沃基比芝加哥更近，但是伐木商不一定总能在那里把货脱手。写于 1883 年的《西北木材商》（*Northwest Lumberman*）中曾这样说："市场萧条后的某个时刻，一艘运送木材的小船被迫起锚驶向芝加哥，微利寥剩无几。"

在我们一直使用的排队的例子中，你可以把伐木商当作随机来到的顾客，把现金和存储能力视为柜员。对芝加哥大型经销商来说，把现金和储存能力掌控于手所需的成本更低，因为相比于密尔沃基的小型经销商，在芝加哥被闲置的可能性更小，而密尔沃基则代表着一种只看到少量木材船，甚至全然看不到一条船的可能性。从某种意义上来说，芝加哥商人提供了能够为全部伐木商分享的大量现金和储存能力（当然需要收取费用）。

这些优势同样可以扩展到对木材的需求上。在这里柜员的工作更加直接，因为非常多的人来芝加哥买木材，所以芝加哥经销商不需要担心木材的供给能力过剩或者卖不出去；这样他们扩展业务的成本就更少。在需求方同样存在另外一种效应：芝加哥用铁路运出木材的比例并不高，因为运输粮食进入芝加哥的回程载货车辆可以运输木材。粮食运送商和木材运送商可以有效地分担火车的运输成本。

最后，芝加哥也是伐木商招募工人的地方。他们对劳动力的需求有极端的季节性高峰，和其他雇主一起较长时间地共同雇佣工人。这种安排既帮助了雇主，也帮助了工人。工人们不需要担心自己接下来的工作去哪里找，也不用过度依赖于一个行业或者工厂的兴衰。

需求平稳同样通过其他方式发挥作用。需求平稳可以减少商店里开罐器、狗粮和汽车零部件的存货量。需求平稳在劳动力高度分工的市场中也发挥作用，不仅对钢琴调音师和心脏外科手术医生起作用，而且对洗衣机修理工、男演员、女演员和程序员也起作用。这也是城市不动产较农村不动产是更好的抵押品的原因（Helsley and Strange，1991）：如果建筑物的原定用途不起作用，那么在城市中比在农村中更容易找到一个替代的用途。

需求平稳是城市化经济还是区位化经济？可能更通常的理解是城市化经济——就像在银行、回程载货、不动产和伐木商处的共同雇佣工人的案例中所表现的那样——虽然并非总是如此。

□ C. 中间投入的规模经济

中间投入就是生产过程中用于产出其他产品的制成品，例如螺丝刀、电能、卡车、复印机、法律参考书、会计软件和有轨电车。规模经济出现在很多中间投入的生产中。这些规模经济产生于很多种我们都已讨论过的原因——三分之二法则（仓库、粮仓和运输过程）、专业化（维修服务）、需求平稳（复印店、图书馆和电影院）。从这个意义上说，已没有未曾被讨论过的原因了。

不过，我们需要特别注意中间投入，因为中间投入的规模经济可以吸引公司进行进一步的"延伸"生产，即便这些延伸性生产没有任何规模经济性时也是这样。因此，即使企业自身的生产为规模报酬不变或递减，它们也需要将产品汇集在州际公路出入口和机场进行快速交付。娱乐公司之所以设在洛杉矶、孟买和纽约，是因为那里有它们所需的劳动力。世间一切皆平等，如果交通成本高昂，规模经济就会出现在将所有相关联的生产阶段都合并为一个的时候。

中间投入的思路大致可以这样理解。几乎所有形式的生产都需要劳动力，工人必须生存下去。因此工人的生活必需品以及使工人生活更加愉悦的物品就是生产的中间投入。星巴克为许多办公室提供中间投入。存在于诸如工人得到的医疗护理、他们参加的体育赛事、他们自己或者他们的孩子就读的学校、他们喝的水、他们做礼拜的教堂或者他们寻找同伴的酒吧中的规模经济性，都是雇佣他们的企业要选址在相互靠近的地方的原因。

诸如这些的便利设施代表了城市化经济，不过其他的中间投入——例如，粮仓和电影放映设备——只被用于一个行业的内部。这些都是区位化经济的案例。

□ D. 外部效应

有时即使两家企业之间没有发生市场交易，一家企业的产出也会影响另一家企业的成本。一个传统的例子是蜜蜂和花朵：一个企业生产的蜂蜜越多，到处飞舞的蜜蜂也就越多，隔壁种植花朵的企业的成本也就越低。从城市的角度看，艺术家是一个更好的例子。虽然艺术家聚集在一起有许多理由（专业的美术用品商店，画廊空间的平稳需求，因为后续观摩一件艺术作品比第一次观看便宜许多而影响的启动成本），但有一个原因是艺术家往往需要相互欣赏彼此的作品。如果你是一个艺术家，在一个有许多其他艺术家为你带来更多观众的地方，你的作品就会得到更具洞察力的鉴赏，也会有选题更广泛的其他作品供你鉴赏和享受。这就是一个区位经济：一个城市中的艺术家越多，他们的每件作品就越具有创造性。

诸如此类，也许最重要的外部效应是知识。与生产同类产品的企业相近，可以让你看到它们是如何做的，并且模仿它们比你做得更好的地方（不是每一项技术都是专利，也不是每一项专利都坚不可破）。那时，位置相邻的企业在短期内就能够生产更多的产品，因为它们运用了更好的技术，从长远来看企业也将实现更快的增长，因为它们之间的知识传播得更快。这就是有关加利福尼亚州硅谷的故事。

知识也通过学习而传播。当你工作时，就在学习技能和理念——怎么识别一个撒谎的顾客或者一个被松鼠咬破的小洞，在哪里可以找到一家上乘的泰国餐厅或者廉价的轮毂，何时提交一份破产申请或者停止修理一个损坏的化油器——而且没有人能带走你已经学到的知识。城市里的工人比其他地方的劳动者更频繁地更换工作，他们将自己的知识带到一个新的企业并传播给他们的新同事。

□ E. 更低的搜寻成本

在城市寻找你要的东西常常比在乡村更容易，因为城市更容易被一眼扫净。在曼哈顿下城的运河街，60家珠宝店坐落在三个街区中，所以搜寻合意的戒指就相当容易。你可以毫不费力地一个下午逛20家门店。然而，在北达科他州，造访20家珠宝店将是一个很大的负担。

这种情形其实有几方面的含义。首先显而易见的是：那些大部分活动将涉及体力搜寻的商业是规模报酬递增的，应该设在城市里。例如股票和大宗商品交易市场，在互联网兴起之前尤其如此，娱乐业也是如此。在一个城市中想要进行特定交易的人越多，就越容易找到与你进行这种交易的人，所以你就越想待在这座城市中。这同样适用于人际关系和商业活动：城市是寻找同伴、婚姻伴侣以及这些的任意组合的一个好地方。较低的商品市场贸易的搜寻成本体现了区位化经济；而较低的生活伴侣的搜寻成本则是一种城市化经济。

更低的搜寻成本的第二个含义是更好的匹配。比起运河街，你在北达科他州更可能满足于一枚价格稍高且不尽如人意的戒指。在北达科他州，拒绝一只这样的戒指意味着你将行驶许多英里去寻找另一枚戒指；而在运河街上拒绝这样一枚戒指意味着你只要去隔壁或者另一条街。更好的匹配能使生产进行得更好。

最后一层含义是城市在避免**事后机会主义**这一问题上是一种低成本方式。事后机会主义是契约中的一个问题。它出现在交易一方进行了一项对另一方而言也有意义的投资之时——例如在铁矿旁建立一个钢铁厂，学习一个特定雇主的独特手艺，或者给一座特定的房子架设一条电话线。这就是所谓的**专用性投资**。一旦你已经进行了一项专用性投资，你就被粘上了。另一方完全掌握你从这项投资中获得了多少回报，自然希望你得到的回报尽可能地少。事后机会主义是相对于交易另一方利用交易一方已完成的一项具体投资所产生的诱惑而言的一种行为。

（当城市提供了一种避免事后机会主义问题的低成本方式时，它们并不是唯一方式。契约和公司是最流行的选择。）

城市提供了一种应对事后机会主义的好方式，因为只有当投资具有专用性时才会受制于机会主义；城市和它较低的搜寻成本使许多投资难以具有专用性。密歇根湖上载有木材的船舶驶向只有一个木材经销商的港口就是在进行一项专用性投资，此时最好能为抵达港口后的情形做好相应的准备；而一条船驶向芝加哥就全然不是在进行一项专用性投资了。如果不喜欢在芝加哥遇到的第一个经销商，你很容易去瞧瞧另一位。这类似于投资一项技能：如果你所在的镇上只有一家酒吧，你正在学习如何为这家酒吧做账，就是在进行一项专用性投资；如果那里有许多酒吧，这就不是一项专用性投资。低搜寻成本意味着对这里与你做交易的人而言，存在着很多他的替代者，所以你不太可能受制于他试图利用你的企图；所以你可以进行更广泛的投资而不用担心契约或者长期关系。在城市中，人们可以自由投资。

从这一点来说，城市是企业的替代物。例如地处农村地区的公司的工资总单上很可能有清洁工和会计师的名字；而在城市里，通过契约将这些服务外包是更普遍的做法。

□ F. 实证性证据

接下来是几个关于许多活动为什么会集聚在一起的不错的小故事。它们是真的吗？这是一个实证性问题。规模经济有多重要？区位化和城市化的相对重要性是什么？

原始的经验主义部分回答了上述问题。世界上有很多不同的城市，其中大部分没有特别的自然优势，所以必须靠规模经济来运行。城市的工资水平高于乡村地区，大城市的工资水平又高于小城市。这意味着娱乐不是人们来到城市的唯一原因。1994 年的美国，大都市地区的人均资金性收入要比非大都市地区的人均资金性收入高出 35%。纽约大都市地区家庭收入高于 10 万美元的家庭数比整个加拿大都多（Glied，1997，pp. 147-148）。保持许多其他个人特征不变，在美国大都市工作的工人收入要比在小型都市区工作的工人收入高 10%，比在都市区外的工人收入高 34%（Glaeser and Mare，1994）。在发展中国家，这种差距更大：贝罗奇（Bairoch，1988，p. 445）估计，在 20 世纪 70 年代，城市工厂中非熟练工的工资比农村地区非熟练工的工资平均高 80%~100%。

（是的，在城市居住的生活成本比较高，所以城里人的生活不一定比农村人的生活好。但实际上并不总是这样，城里人更幸福；关键在于他们更有效率，企业支付较高的薪水；如果城里人的生产效率不高，企业就会转移到农村地区并且支付较低的薪水。）

原始的经验主义表明城市化经济并不是故事的全部。如果是这样的话，每个城市将都有相同的规模，或者朝着这个规模发展。但是我们看到许多大小不同的城市，而且并未发现城市趋于同质化，那么区位化必定发挥着作用。还有其他区位化的证据：不同的行业集中在不同的城市。娱乐业集中在洛杉矶，广告业在纽约，汽车制造业在底特律，计算机业在硅谷。区位化经济造成了特殊行业的集中，城市化经济却不能。

人们开展了很多更细致的研究。例如，亨德森（Henderson，1988）对美国和巴西不同城市中众多行业的投入和产出进行了比较。他发现区位化经济存在于很多行业中，特别是重工业。以巴西为例，他估算在炼钢行业中就业每增加 10%，单位成本将减少 1%。他在轻工业中发现了较小规模的区位化经济，但没有找到城市化经济的证据。

有关工资的证据也支持了区位化经济在制造业中的重要性。如果你比较一个特定产业和职业中的美国工人，就会发现在特定类型的雇员占全国较大份额的城市的劳动力市场上该类型的工人挣得更多（Wheaton and Lewis，2002）。并不是城市的规模而是像他们那样的工人的数量提高了制造业工人的工资。

城市工资的溢价至少部分地来自于学习：工人在城市待的时间越长，他们在本职工作中就做得越好。格莱泽和梅尔（Glaeser and Mare，1994）发现，对老员工而言，工资溢价水平很高，或许因为他们在城市学习的时间更长。而来到城市的工人并不会立即实现城市工资的溢价，离开城市的工人也不会失去这一溢价。

城市经济学

Ⅲ. 创新

集聚不仅使得日常工作更简单；它也会带动创新。城市是创新的热土。超乎寻常多的专利起源于大城市。美国大约有 45％ 的新产品创新发生在四大都市地区——纽约、旧金山、波士顿、洛杉矶——只有约 4％ 发生在大都市圈外（Feldman and Audretsch，1999）。因对美国文化作出巨大贡献而获得肯尼迪国家终身成就奖的人中有四分之一出生于纽约（Glaeser，1998）。与其他行业相比，那些更需要研究和发展的行业更倾向于空间集中，相比于生产活动，创新活动更倾向于集中（Audretsch and Feldman，1996）。

□ A. 为什么要创新？

有几种不同的机制可以解释城市作为创新之地的优势。

我们早已看到人们在城市中相互学习；有效果的相互交流会产生新的想法。例如，19 世纪初，当爱尔兰和非洲文化聚集在人们似乎不太敢去的、被称为纽约五分区的贫民窟时，人们发明了踢踏舞——而在同一时期，在更受人尊敬的上城的一些社区里，荷兰和英国文化的相互影响诞生了我们今天所知的圣诞老人（和他的大部分驯鹿）。

创新集中在城市的另一个原因是，即使在今天，新知识也难以远距离传播。新鲜、奇怪、尚未被充分开发的想法通过面对面的讨论似乎能得到更好的交流（反馈更即时，表达更丰富），而非通过电话、电子邮件或出版物。因此，当杰夫、特拉亨伯格和亨德森（Jaffe, Trachtenberg, and Henderson，1993）考察 1975 年和 1980 年的专利申请中究竟是否有其他专利被引用的倾向时，他们发现当许多其他影响因素被加以统计学意义上的控制时，大都市中的专利被引用到一个新发明中的次数是都市以外地区的 5～10 倍。当专利随着时间的流逝变得越来越陈旧时，这种近邻优势也就逐渐弱化，这就是你所能想象的新信息传播缓慢时的情况。相比于 1975 年，随着信息技术的进步，1980 年时这种关系尤为明显。

另外两种对城市科技活力的解释强调从想法到发明的过程，而不是这些想法本身。他们认为城市能为新想法的实现提供更肥沃的土壤——使得理想的种子更容易生根和结果，而不是只把更多的种子撒落在地上而不问其结果。这些解释间是密切相关的。

海瑟里和斯特兰奇（Helsley and Strange，2001）认为，提供中间投入的供应商对发明的产生起了主要作用。如果你要装配一些凭空想象的东西，你就不知道自己正需要什么。因此，附近能被马上利用的五金店、工模具店、复印店、商店和软件工程师越多样化和专业化，你就能越快速完成自己的发明并将其投入市场。

而简·雅各布斯（Jane Jacobs，1969）则认为，城市为初创期的商业活动提供的自由氛围是成功的关键，丰富的中间投入供应商网络仅仅是自由氛围的一部分。

雅各布斯的经典故事是罗森塔尔夫人和她发明的胸罩。在 20 世纪 20 年代早期，美国妇女穿着各种不同形式的内衣。罗森塔尔夫人是纽约的一个替人做衣服的裁缝。她不喜欢自己缝制的衣服被随意地挂在客人身上的样子。为了使衣服更合身，她开始尝试做内衣，结果发明了胸罩。顾客喜欢她的胸罩，她开始定制与她的礼服相配的胸罩。这样工作了一段时间后，她找了一个合伙人，一起筹资开办了媚登峰公司，开始专职做胸罩，离开了传统意义上的制衣业。

用更抽象的术语来说，雅各布斯描述的这个世界是一个动态的、增长又促进新增长的地方。从一个增长的城市开始说起。因为增长打破了原先固定的成本壁垒，人们开始进入新的专业化。随着将那些先前尚无人精通的活动专门化，他们做出了新的突破，其中一些发现被证明将会有实际用途。发现者为了他们自己而将这些发现转化为经营实践，从而使增长持续下去。

有所发现者有能力为了他们自己而进行创业这一点十分重要。对雅各布斯来说，城市是实现新突破的正确的制度安排，而公司则不是。

公司不是正确的制度安排，是因为它们将任务与工人绑定得过于紧密。人们若想开始做全新的和创新的事情，就必须停止之前正在做的事情。而那些人则指望工人做手头的事情，若果真工人停止做那些以往一直做的事情，他们就会感到失望。公司的建立原本是为了避免这种失望的。他们建立规则和激励，是为了使自己能够依靠其他人持续地做他们正在做的工作。如果一个公司在乡村经营，那里的搜索成本很高，如果有人离开原位去尝试新事物，成本很高——在蒙大拿，如果你的老会计师离开你并加入媚登峰公司，要想找一个新的会计师并不是一件简单的事——所以公司不会轻易让员工离开（或者在公司做新的事情）。这些羁绊可能是舒适的（例如有养老金），但是它们仍然是束缚，因为减缓了技术变革的发生和进度。

相反，在城市中，人们更容易停止他们之前正在做的事情。大都市中人们换工作的频率高于都市区外的人。女装裁缝罗森塔尔夫人如果搬家了，她的客户虽会有点不开心，但他们并不至于只能穿着破衫旧裤行走街头。纽约以往和现在都有很多女装裁缝（不同于蒙大拿），所以对于罗森塔尔夫人的客户而言，换一个裁缝不是什么问题。因为她们知道找到替换罗森塔尔夫人的裁缝是一件简单的事情，当客户们开始和她做生意时，就没有坚持要罗森塔尔夫人保证不会从事另一职业。所以当创新时刻到来时，没有什么能阻挡罗森塔尔夫人的道路。这对于曾经为她工作的人也是一样。他们可以停止正在做的事情，这并不会产生大问题，因为他们也能容易地找到替代者。（值得一提的是，创新是有代价的。不过这个代价不会盘根错节、不可理喻。罗森塔尔夫人可以离开她的客户，因为她对于她的客户而言没什么价值，客户对于她而言也没什么价值。要想不沾湿，你就别冲浪。）

在 20 世纪 20 年代，雅各布斯有关罗森塔尔夫人的故事酷似 20 世纪 90 年代加州硅谷的计算机产业的故事。那时，创新以创办企业的形式存在，人们没有被大公司束缚住，中间商也是现成的，因而这些企业可以茁壮成长。对于安娜尼·萨克森尼安（An-naLee Saxenian，1994）而言，这是硅谷的计算机产业与马萨诸塞州沿 128 号公路分布的、缺乏活力的计算机行业之间最大的区别。她引用了一个听起来有点像简·雅各布斯的硅谷企业家的话（第 116 页）："如果数字设备公司（DEC）位于东海岸，我目前正在做的事就会变得非常困难。……在美国东部，一切都不得不依靠数字设备公司的中间商和功能组。……在东海岸，将一个新的工作站推向市场的同样的工作所花费的时间是在西海岸的两倍，而且所需的人手也比这里要多。在这里我可以依靠硅谷的其他公司。"

除了强调知识外部性的解释，所有关于城市是创新之处的解释都描述了城市不是作为区位化经济而是作为城市化经济促进创新：真正相关的是城市的大小和密度，而不是一些狭义活动中的人数。研究城市和产业发展的研究一般都支持这种说法。

例如，一批学者（Glaeser et al.，1992）研究了战后时期美国城市快速发展的原因。他们发现，多元化城市比专业化城市发展得更快。亨德森、昆科罗和特纳（Henderson，Kuncoro，and Turner，1995）观察了一个更短的时期，结果表明城市的多样性虽不会促进成熟行业的发展或不会使其运作得更好，但的确有助于吸引高科技行业，并使其繁荣起来。

因此，城市化经济仿佛在一个动态环境中更为重要；而区位化经济则在静态环境中更为重要。

IV．城市的未来

今天，城市显然是一个好的创意。但今后城市还会是个好的概念吗？今天我们拥有的城市是由现今（以及近期）的技术创造的；城市拥有宇宙的本质，并非一成不变。随着技术改变，城市也会改变。因为我们并不知道技术会如何变化，我们也不清楚20年后或100年后城市会变成什么样。但是可以肯定的是城市会变得与今有所不同。

一个流行学派的观点是，从当前的技术趋势可以推断出城市将会消失。随着传真机、电子邮件和万维网等的发明，电子信息的传递成本越来越低；远程办公、远程会议和家庭购物变得更加简单、高效；不用过多久，人们就可以舒舒服服地在家做他们想做的任何事情。本章讨论的城市生活的优点就会逐渐消失。当人们可以将纽约的体验运用到他们在火地岛的房间里时，人们就不再需要纽约了。这一观点可见于托夫勒（Toffler，1980）、奈斯比特（Naisbitt，1988）、内格罗蓬特（Negroponte，1995）和诺克（Knoke，1996）等未来学家和评论家的关于信息革命的作品。

然而，少有实证性论据支持这一观点。因为未来学家设想的技术变革只是对当前趋势的一种推断，而我们应该考察的是早已消失的城市优势，特别是在科技最发达的领域。相反，先进的技术，或至少是快速发展的技术，似乎有着重要的区位化经济。信息革命中心硅谷是一个城市（在我的定义里）——一个在先进技术的世界中如果没有借助于集聚就不可能存在的城市。软件工程师愿意为加利福尼亚山景城的一套普通房子花费100万美元，即使他们可以在火地岛买一套便宜得多的房子并且远程办公。这表明硅谷的实体性存在为生产力做出了贡献。信息革命正使城市看起来有所不同，执行不同的功能，但并不会使城市消失。

为什么低成本的信息传递不会淘汰城市？因为有些交易目前可能仍要实实在在的人工来完成，改进的信息技术使这些交易变得更加重要。举个小例子，马拉松赛跑要靠身体完成，有成千上万参与者的马拉松赛跑是典型的城市活动。但只有在信息技术使计算机化记分和进程监控成为可能时，举行这种规模的比赛才完全不成问题。

哪些交易可能在信息革命中留存下来？难以看出电信设备在饮食、性欲、唱赞美诗、换尿布、教某人如何打棒球，甚至在能传达如何安装和操作最新软件的详细信息方面有什么**比较优势**。进化使人类成为有生命的肉体，人们把快乐建立在有形的东西上，从情侣晚餐到家庭烧烤再到在中央公园听音乐会。对于建造一个门廊、进行心脏外科手术、理发、安装光纤网络甚至进行关于一个复杂交易的艰难谈判，亲临现场都是一个很大的优势，以后可能也依然如此。这并不是说，无法发明计算机系统来做这些事，或让这些事给远处的人做，或者甚至做得比人类更好。但请记住，经济学中最重要的是比较优势，而不是绝对优势。只要一台计算机或电子邮件系统在计算卫星轨道时比人类建设一座门廊需要折腾得更多，就会有计算机去计算卫星轨道而人类去建设门廊。

涉及人与人之间接触的交易在何种意义上会变得更为重要呢？考虑一下纸张这个例子。当计算机开始流行起来时，未来主义者认为计算机将代替纸张，因为电脑记录将是纸张记录的一个不错的替代品。它占据空间小，转录时不易出现错误，也不会因纸张的损害而被丢失。然而，随着时间的迁移，纸张却并没有消失。1980—1995 年，美国纸张的生产总体上增长了约 40％，与国内生产总值的实际增长率相同。

计算机代替了部分纸张，同时也刺激了等量的纸张需求。在我有一台电脑以前，我并没有理由在家里保有大量纸张，因为当时我没有办法把字写得如此之快，以致在不多的几年内用完那么多储备的纸张。当有了个人电脑以后，我可以每天打印几百页纸张，甚至并不觉得我是在浪费纸张。我可以在打印了 40 页后又决定把页码标在上方而不是底部，于是再重新打印一遍。电脑记录对于某些类型的纸张记录而言已经是一个很好的替代品，但随着文件制作成本的降低，电脑记录鼓励了纸张的其他用途。

加斯帕和格莱泽（Gaspar and Glaeser，1998）针对电信和面对面的互动使城市成为有价值的机构提出了一个类似的观点。他们指出新技术既可以是旧技术的一个代替品——例如可以替代多种类型的纸张记录，也可以使许多计算尺过时——或是一个对旧技术的补充——包括家用电脑用户购买大量的纸张。

虽然电信肯定会取代人们一些面对面的交往，但是这也使得人们相互间的联系及保持通讯更加简单（见专栏 2A）。人们将有更多的沟通伙伴，希望与其中一些人有面对面的互动。例如，手机使人们在音乐会上和节日里见面变得更为容易，相约出游也是这样。有了更好的电信手段，销售人员将能联络更多的人，寂寞的人将更有希望得到陪伴，学者们将有更多的潜在合作者，商人将会和更多的人尝试做生意。

专栏 2A

婚外情

在最初的电信革命带来电话的使用之前，同处一城的人们要安排见面是多么困难啊，想想都觉得有趣。如果有人住在两个街区外，你想邀请他们吃晚餐，你该怎么办呢？一个回答是你发一封信去，但这显然既贵又不保险。

西奥多·德莱塞的小说《嘉莉妹妹》（Sister Carrie）发表于 1900 年，小说向读者展示了 19 世纪晚期芝加哥的一对情人如何努力保持婚外情（感谢肯·杰克逊向我推荐这本书）。当他们想要见面时，主人公有时会写一些信给对方，但是这样做往往很危险，所以他们大多依赖于一个固定的约定，在一个特定的时间，在公园的一条特定的长椅上见面。而当其中一个没有如此这般露面时，另一个总会感到非常困惑，连着几个星期在那个点去那里等着，不知道究竟发生了什么事，或对方可能在哪里。

这是一个关于电话的到来如何增强城市生活相对于农村生活的优势的一个很好的例子。城市中的人们不仅相互间住得更近，而且现在也可以更快速、直接、谨慎地联系对方。

这些交往中的一部分会导致面对面的互动。如果这部分不会减少太多的话，面对面互动的总数将会增加，城市——这种互动的天然场地——将变得更为重要。如果我想要建造一个门廊，花费不希望超过 1 万美元，互联网将会使我更容易进行有关门廊建造所需的面对面的互动，因为我更容易找到愿意以低价做这项工作的承包商。在其他方面也有互补性：它使居住在纽约的人和居住在伦敦的人之间的交流更容易，这也使我更渴望去参加有关的聚会，在那里我能遇见伦敦人，他们中的一部分是我要保持联系的人。

替代效应和互补效应作用在相反的方向上，因此没有人可以推断电信革命究竟会增加还是降低面对面的互动量。（在 20 世纪初，铁路的高管们认为无顶货车将是有顶车的替代品——无顶货车更容易将货物运到铁路终端——因此游说需要更多更好的行车线路，但是他们错了。）加斯帕和格莱泽（Gaspar and Glaeser，1998）指出，在过去的二十年中，商务旅行的增长速度已显现出比国内生产总值（GDP）的实际增长速度更快，这正是电信迅速改善的时期。商务旅行的唯一原因是参与面对面的交流，因此似乎还没有证据表明电信是城市的主要替代品。

同样，艾伦和斯特德（Ellen and Hempstead，2002）发现，远程办公并没有降低城市的吸引力。他们发现，远程办公的人比其他员工更喜欢住在大都市地区，甚至继续保持恒定的有关个体的许多特征。也许这个故事指的是，当你在家工作时，更容易与诸如电脑维修人员、金考快印、联邦快递、史泰博办公用品、星巴克咖啡一类的中间投入供应商发生关联，中间投入供应业的增长就极具重要性。

当然，信息革命将影响到城市的外观及其服务的目的。有些城市将繁荣而另一些城市将衰退——加利福尼亚州圣何塞的人口早就几乎是纽约州布法罗的两倍。不过集聚仍有优势，所以仍然会存在城市。

■ Ⅴ．结论

城市因为具有大量活动集中在小块土地上进行的优势而存在。这些优势或被称为规模报酬递增或被称为规模经济。有时企业被组织起来利于实现规模经济，但通常情况下企业并不是这样。城市是企业的替代品，因为城市降低了交易成本，减少了事后机会主义的机会。城市鼓励专业化、平稳的需求、更低的搜索成本，使创新更容易。不同的城市有不同的优势，当技术改变时，城市存在的理由也将随之改变。由于电信能力的提高，城市将会发生变化，不过还没有证据表明城市有可能消失，或者在经济生活中变得不再突出。

问题

1. 按照贡献的大小将下列现象分类为区位化经济或城市化经济：

a. 农民用船只将粮食从艾奥瓦州运到芝加哥的较低的运费，因为可以在返程中运回建造栅栏和房屋所需的木材。

b. 硅谷地区大量的训练有素的计算机工程师。

c. 从纽约的纽瓦克机场到洛杉矶间的频繁的航班。

d. 一家位于哥伦比亚大学附近的"金考快印"（一家以印务为主要业务的全球连锁公司）门店。

2. 如果你生活在电话发明之前的19世纪的芝加哥，你的火炉坏了，你会怎么安排修理？如果你是修火炉的人，你如何去找客户？你将如何确保当你去修火炉时客户在家？请解释电话如何影响了城市的规模经济。

3. 解释汽车和货车在促进城市的规模报酬递增方面的两种方式。

4. 考虑水管问题。假设各种大小的所有水管都由一种有效厚度为零的强力材料制成（这使数学计算容易一些）。水管的输出量是一个月里流过水管的水的加仑数。这与横截面面积成正比。水管是圆柱形的。建造水管的成本与所用材料的数量成正比。

假设我们正在考虑从一个特定的水库到一个特定的城市建10英里长的水管。

a. 建造水管是规模报酬递增的吗？

b. 这个过程是否服从三分之二法则？

c. 成本和输出之间的数学关系是什么？

参考文献

Audretsch, B., and M. Feldman. 1996. "R&D Spillovers and the Geography of Innovation and Production." *American Economic Review* 86: 630-640.

Bairoch, Paul. 1988. *Cities and Economic Development: From the Dawn of History to the Present*. Chicago: University of Chicago Press.

Cronon, William. 1991. *Nature's Metropolis: Chicago and the Great West*. New York: Norton.

Ellen, Ingrid Gould, and Katherine Hempstead. 2002. "Telecommuting and the Demand for Urban Living." *Urban Studies* 39(4): 749-766.

Feldman, M., and B. Audretsch. 1999. "Innovation in Cities: Service-Based Diversity, Specialization, and Localized Competition." *European Economic Review* 43(2): 409-429.

Gaspar, J., and Edward Glaeser. 1998. "Information Technology and the Future of Cities." *Journal of Urban Economics* 43(1): 136-156.

Glaeser, Edward. 1998. "Are Cities Dying?" *Journal of Economic Perspectives* 12 (2): 139-160.

Glaeser, Edward, and D. Mare. 1994. "Cities and Skills," Hoover Institution Working Paper E94-11.

Glaeser, Edward, et al. 1992. "Growth in Cities," *Journal of Political Economy* 100: 1126−1152.

Glied, Sherry. 1997. *Chronic Condition: Why Health Reform Fails.* Cambridge, MA: Harvard University Press.

Helsley, Robert W. , and William C. Strange. 1991. "Agglomeration Economies and Urban Capital Markets. " *Journal of Urban Economics* 29(1): 96−112.

——. 2001. "Innovations and Input Sharing. " *Journal of Urban Economics* 51: 25−45.

Henderson, J. Vernon. 1988. *Urban Development: Theory, Fact, and Illusion.* New York: Oxford University Press.

Henderson, J. Vernon, A. Kuncoro, and M. Turner. 1995. "Industrial Development in Cities. " *Journal of Political Economy* 103(5): 117−143.

Jacobs, Jane. 1969. *The Economy of Cities.* New York: Random House.

Jaffe, A. , M. Trachtenberg, and R. Henderson. 1993. "Geographic Localization of Knowledge Spillovers as Evidenced by Patent Citations. " *Quarterly Journal of Economics* 108: 577−598.

Knoke, William. 1996. *Bold New World: The Essential Road Map to the Twenty-first Century.* New York: Kodansha International.

Mori, Tomoya, and Koji Nishikima. 2002. "Economies of Transport Density and Industrial Agglomeration. " *Regional Science and Urban Economics* 32(2): 167−200.

Naisbitt, R. 1995. *The Global Paradox.* New York: Avon.

Negroponte, Nicholas. 1995. *Being Digital.* New York: Knopf.

Saxenian, AnnaLee. 1994. *Regional Advantage: Culture and Competition in Silicon Valley and Route* 128. Cambridge, MA: Harvard University Press.

Slater, Courtenay M. , and George E. Hall. 1996. *1996 County and City Extra: Annual Metro, City, and County Data Book.* Lanham, MD: Bernan Press.

Toffler, Alvin. 1980. *Third Wave.* New York: Morrow.

Wheaton, William C. , and Mark J. Lewis. 2002. "Urban Wages and Labor Market Agglomeration. " *Journal of Urban Economics* 51: 542−562.

The World Almanac and Book of Facts. 1995. Mahwah, NJ: Funk and Wagnall's.

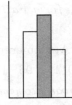

第3章

汽车、污染和事故①

城市经济学

　　上一章表明城市生活有许多优势并且将继续下去。然而想要把优势变为现实就需要交通，那是因为特定的城市是做某些特定事情而非所有事情的最佳地点。华尔街就是一个买卖股票的好地方，但对刷牙而言只是一个一般的地方而已。因此华尔街没有任何地方是用于刷牙的。如果华尔街的商人要刷牙了，他们可以去其他地方，这就是交通的用武之地。

　　生产也需要交通。华尔街商人需要纸张、电脑，但这些都不是在华尔街生产的。在生产过程的另一端，地区集中化经济意味着城市专门从事的特定制成品的生产量远大于这个城市的消费量。因此产出需要被运送到其他地方。如果西雅图生产的所有飞机都只用于西雅图的话，那么西雅图飞机的制造成本就不会低廉了。

　　如果运输货物和旅客的成本过高，城市就无法运转，也没有人能利用规模报酬递增效应。每个人都必须自给自足。交通成本是制约城市发展规模、规模报酬递增效应实现程度的重要因素之一。

　　与此同时，如果交通无需成本，城市就不可能存在。如果在任何两地间旅行就像在任何其他两点间旅行一样容易，那么毗邻就没有什么意义了：从莫斯科到白宫的距离就和从国会大厦到白宫的距离一样了。如果毗邻没有什么意义，它就没有价值。如果毗邻没有价值，城市也就失去意义了。城市依赖于既不会太高、也不是太低的交通运输成本。

　　人们使用着很多不同的交通方式：步行，跑步，划船，骑自行车和踩滑板车，驾驶飞机和直升机，用船、骡子和卡车载运货物。但城市里的大多数旅行使用轿车，因此本

---

　　① 为了从本章中学习更多内容，你需要熟悉以下概念：消费者剩余、外部成本、固定成本、边际成本、帕累托改进以及潜在帕累托改进。你能够在词汇表中找到这些术语。

章以及下一章将着重于轿车。然后，第 5 章会讲述公共交通，第 6 章和第 7 章将考察这样的观点：在美国的发展中过分强调了乘汽车出行，而对发展中国家而言最好鼓励多使用公共交通。

本章首先分析一个虚拟情形下的驾驶和公共政策，在这一情形中驾驶员承担所有成本。第 Ⅰ 节中还回顾了一些将在全书中一直使用的重要的微观经济学概念。随后两节讲述在这一虚拟情形下将会出现哪些问题，以及这些问题怎样能够被修正或者减轻。因此第 Ⅱ 节主要涉及道路维护和污染，第 Ⅲ 节主要是事故和汽车保险。在第 4 章中将讨论交通拥堵问题。

Ⅰ. 最简单的情形

想象一下在空旷的乡村公路上的一次汽车短途旅行。假定这一行程对于车里的人有一定的好处，但也有成本。一些成本是很明显的：汽油、车的磨损、出车祸的危险。这些都是由驾驶员承担的，或许她在决定是否要做此次旅行时就已经考虑到这些因素了。

另一项由驾驶员承担的成本虽不甚明显但可能更加重要。那就是驾驶员的时间成本。对于大多数人来说，驾驶汽车就像工作——为了达到另一个目的而做的事情，而不是驾驶本身的价值性和享受性（如果情况不是这样，驾驶员或许会尝试在高速路上开慢一点，会选择较远但不拥堵的路而不是寻找捷径）。驾驶使人们无法去做其他有意思或者有用的事情。花费在驾驶上的时间无法用于工作、照顾孩子、和猫玩耍、锻炼身体或是看电视。为了驾驶的 20 分钟，你必须放弃原本更想做其他事情的 20 分钟。你驾驶 20 分钟车的成本就是你本来能从将这 20 分钟用于从事其他有益活动中所能获得的最大收益。

经济学家在定义一个人花费在驾驶或用其他交通工具旅行方面的时间成本时，传统的做法是通过一些方式将从这段时间内可以做的其他事情中可获得的金钱收益进行折算。这使时间成为迄今为止在国道上驾车的出行成本中的最大部分。试想一下以每小时 50 英里的速度行驶 20 分钟，所能行驶的距离约为 17 英里，这将花费 0.5～1 加仑的汽油，这些汽油在 2000 年价值 0.5～1.5 美元。相比而言，2000 年私人企业的生产工人每小时的平均工资为 13.74 美元（U. S. Bureau of the Census，2002，table 616），因此驾车出行 20 分钟的平均工资成本为 4.58 美元，约是汽油成本的 3～9 倍。对于速度更慢的出行，时间成本部分将会更高。

然而这一结论应该从两方面进行修正。首先，对于很多人来说，驾驶并不是毫无价值的，只是减少了他们从事于乐意做的其他事情的空余时间。他们可以边开车边听音乐、听广播，欣赏沿途的风景、思索面临的问题，还可以做做白日梦。驾驶能带来工作所不能带来的欢乐，因此花费并不太高。

第二，在短期内并不是所有人都能自如地延长或缩短其工作时间。人们不能想工作多久就工作多久，因此旅行时间侵占的将是那些价值极低的工作时间。从长期看，尽管人们的确有相当大的灵活性——比如从事第二职业，找到有很好的度假计划的工作职位，换到有更高要求或较低要求的职业——而大多数我们考虑的更加令人关注的决策（比如在哪里生活）则是长期的决定。因此，认为人们可以随自己心意而多工作或少工作的想法所引起的错误可能很小，但这个问题的确存在。

经济学家开展了许多研究，试图从人们的行为中梳理出他们到底给自己的时间估价多少。有人花费 3 美元支付布朗克斯区和曼哈顿之间的亨利哈德逊大桥的通行费，以节约 15 分钟，而不是选择免费的百老汇通道，赋予她的驾驶时间至少每小时 12 美元的价值。有人采取相反的选择，赋予其驾驶时间低于每小时 12 美元的价值。20 世纪 70 年代和 80 年代研究的共识表明，美国人看待驾驶时间的成本约为他们小时工资的一半——也就是说，他们愿意放弃 1 小时工资的一半以避免 1 小时的驾驶时间（Small，1992）。这些研究开展于出现高质量的汽车音响和移动电话之前。在一定程度上，这些设备使驾驶时间更加富有成效和享受性，因而降低了更多的时间成本。

对于外部驾驶员而言，驾驶还有其他成本。但在列举和思考这些**外部成本**之前，有必要考虑如果驾驶只存在私人成本，那么将如何制定良好的公共政策。

考虑一段特定的岔路，很多潜在的驾车出行都会选择那一段路。对于每次潜在的出行都会得到一个预期收益——如果驾驶员可以免费地进行这趟驾车出行，你需要给驾驶员多少钱才能让他不去实施这趟旅行——这就是一个我们已经讨论过的成本问题。

注意，我正在将支出和收益都用货币来衡量，不过金钱需要通过做出选择的人来感知。是否存在一些非常重要以致无法用金钱来衡量的收益——比如参加你孩子学校的演出，或与你罗曼蒂克的伴侣在一起呢？记住我们只专注于某一段特定的岔路。如果去孩子学校的演出重要，你可能会请一个星期的假，在学校的礼堂里凑合着过日子，或提前离开工作岗位而私下开溜。所以这次旅行的收益就是要么留下来工作得更久，要么衣冠楚楚地参加学校的演出。如果一次旅行有无限的收益，那么采用何种公共政策就没啥关系——除非碰到突如其来的资金危机——因此我们不必担心公共政策会影响到那些驾车出行。

因此，对于每一次潜在的驾车出行，我们都可以考虑净收益——成本和收益之差。对于一些潜在出行，净收益为正，而对于另一些出行，净收益为负。根据几乎所有的伦理准则而言，最好的公共政策就是保证旅行的净收益为正，无一例外。假设某一项政策使一些旅行无法得到正的净收益——比如禁止周四下午驾车出行。解除禁令并让司机驾车开展净收益为正的出行将使司机更富有，而且对他人都无害（因为我们现在假设所有成本都由私人承担）。一个能使一些人更好同时又不会有任何一个人变差的改变称为一个**帕累托改进**（由维尔弗雷多·帕累托提出，他是 19 世纪晚期至 20 世纪早期的一位著名的瑞士—意大利双籍经济学家和社会学家）。虽然支持帕累托改进的人处于弱势，但似乎只有极端之人才会反对它，因此经济学家在考虑政策建议时经常采用这一标准。阻止人们开展净收益为负的驾车出行也是一个帕累托改进，因为那样做将可能使原本要做那些旅行的驾驶员有所收益，而对其他人则无害。

一个为民众服务的政府如何才能引导人们去做正确的驾车出行——所有旅行都有正的净收益且没有一个相反呢？其实很简单：别管他们。任何额外的政策将会使一些人变得更糟糕而同时又没有使其他任何人变得更好，因此那样的政策只会被极端之人所

城市经济学

支持。

　　一个小小的图示可以说明这一点。通过能从驾车出行中得到的净效益列出那些潜在的外出，以净效益最大的那次旅行为起点。对于每一次旅行，参照垂直轴表示出其净收益。列出许多潜在的出行，你就能作出一条类似于图3—1的图像。该图表明，如果只能做特定数量的出行，它们将是那些具有最大净收益的外出。

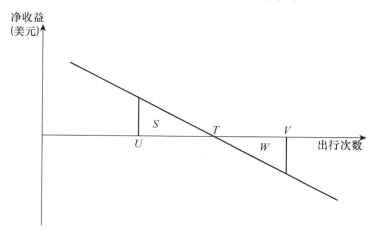

图3—1　寻找出行的最佳次数

　　显然，*T* 是能产生最大净收益的驾车出行次数。如果出行的次数比 *T* 少——比如 *U*——那么所有能从位于 *U* 和 *T* 之间的出行中产生的净收益就会失去——如图3—1中的三角形 *S*。如果做了多于 *T* 次的出行——比如说 *V* 次驾车外出——那么所有 *T* 和 *V* 之间的出行所造成的损害将大于其所值。如果这些驾车出行没有实施，那些出行的驾驶员就会保有三角形区域 *W*。

　　自然，如果让驾驶员自己选择，他们当然会准确选择做 *T* 次驾车出行。

　　所有这一切都是显而易见的，我只是正在把它写下来，以便我们以后能够理解更复杂和现实的情形。

　　如果所有成本都是私人承担，过路过桥费就总是一个坏主意，因为它们阻止了人们本想进行的一些驾车旅行。假设对每一次出行有一个一美元的过路费。那么只有净收益大于一美元的潜在旅行才会被付诸实施，净收益低于一美元的旅行即使曾经被考虑过，也将不可能成行。取消过路过桥费以及只要这些费用存在他或她将不得不给以支付的收费行为——虽然那些费用的收取与他或她是否真实进行那次出行本身并无关联——将使一些人的状况变好且没有人的状况会变坏。

　　图3—2说明了这个结论。费用的收取降低了每位驾驶员能从每一个潜在出行中所获得的净效益，所以如图所示，净效益下降。由于收费后的净效益影响了司机，出行次数将从 *T* 次下降到 *U* 次。我们已经看到 *U* 是错误的出行次数。当只进行 *U* 次旅行时，合起来看人们将失去三角形 *S* 所代表的净效益。三角形 *S* 被称为因收费而导致的**无谓损失**。由于收费员只能从真实进行的 *U* 次驾车出行中收到钱，所以无谓损失是一个任何人都得不到的收益。

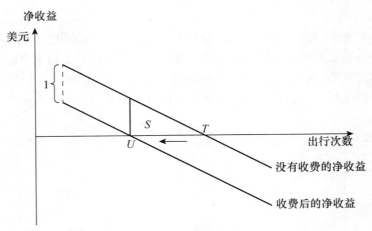

图 3—2　收费的影响

当道路已建成并实行有偿使用时，这些从短期的角度听起来并不错。但是，当需要决定建造哪些新路、如何支付修建这些道路的费用时将会出现什么情况呢？

首先，想想将修哪些路（或把道路建造成多宽）。建造一条道路的成本是明显的——土地、混凝土、劳动、工程费用。这些通常由政府承担。其收益将涉及所有单个使用者的净收益。假设所有净收益的总和大于建筑成本。此时，有一些项目融资方式可以使一些人比不实施这个项目时更加富有，而对其他人也没有坏处。如果所有净收益的总和小于建设成本，那么任何一种融资方式都会使一些人的利益受损。

一个净收益的总和大于建造成本的项目称为**潜在的帕累托改进**。在资金正常运转时进行一个这样的项目可能是一个帕累托改进。推荐存在潜在帕累托改进项目的道德要求并没有推荐存在帕累托改进项目那般强制，因为一个仅具潜在帕累托改进特点的项目可能使一些人变得更糟。当然，一个项目使一些人更糟糕并不会就自然而然地存在道德错误——大多数人认为第二次世界大战中希特勒的失败是一件好事，尽管这让他变得更加糟糕。但是在推崇潜在的帕累托改进方面，人们还是需要更多的思前虑后。

不过，在这本书中，我通常只需要粗略地标识潜在的帕累托改进，这就是经济学家通常的做法。然而，更重要的是清楚地判断能使其成为真实的帕累托改进的融资系统，如果融资体系无法实现，那么谁是赢家、谁是输家就说不清楚了。

因此，兴建新道路的基本问题就是，对潜在的用户而言，其净收益究竟有无超过建造的成本。人们不应该必须为使用道路付费，因为一旦道路建成，就没有理由（在我们目前假设的情形下）阻止其使用。一旦你已经买了一块蛋糕，就可以享用它，你就不应该为自己每吃一片蛋糕再次付费，如果要再次付费，其结果将是扔掉一部分蛋糕，因为这部分蛋糕不足以让你为它再次付费。对驾驶而言，在没有外部成本的情况下，过路费是愚蠢之举。

Ⅱ．道路维护和污染

当然，司机并没有承担开动汽车的所有成本。汽车的出行会污染空气和水、损坏道路、造成伤害他人人身及损害他人财产的事故。驾驶也会造成交通拥堵。

当人们不承担一项活动的所有费用时，他们通常会行为过度。因此，限制这类活动是一个潜在的帕累托改进：如果司机少开车，如果人们会因其驾驶行为向受到伤害的人支付一些费用，每个人都会更好一些。如果人们必须对因自己的驾驶行为而给他人造成的伤害付费补偿，他们就不会想开多久的车就开多久了。

要理解为什么是这样的情形，可以考虑一个简单的旅行的例子，假设每趟旅行产生1美元的外部成本。如果听任驾驶员自由行动，他就会使所有净收益在0～1美元之间的旅行进行得就如同所有净收益都超过1美元的旅行一样。但是伴随着自己所做的每一次净私人收益低于1美元的出行，驾驶员正在对别人造成的伤害要超过他们正在给予自己的帮助。如果司机们都不做这些旅行并得到适当的补偿支付，每个人都会变得更好。

图3—3解释了这种说法。假设旅行的真实净收益由通过T的普通直线所表示，不过司机的私人净收益更大。这是因为他们没有支付由他们造成的外部成本。因此，私人净收益直线经过V。因为驾驶员只关心自己的私人净收益，因此他们选择的驾车出行次数是V而不是T。位于T和V之间的出行会造成比驾驶员所得到的利益更多的成本，如果没有T到V之间的出行，则私人净收益状况将会因为没有产生三角形W而变好。因此，W代表外部的无谓损失。

当限制驾车出行的公共政策带来的好处远不及其造成的伤害时，这些政策的实施就会是不合意的，但如果所有成本都是私人承担时这些公共政策就会存在。事实上确实存在许多这样的政策：为进行道路维修而征收的汽油税，为处理污染而实施的排放标准和车辆检测，为处理伤害事故而制定的民事侵害法。现在的问题是，这些政策确实减少了足够多（或者过多）的正确的驾车出行了吗？

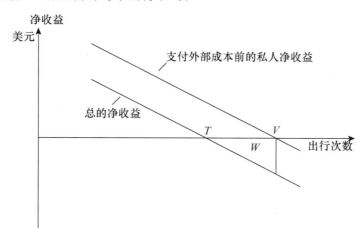

图3—3 外部成本的影响

答案是政策并不能减少足够多的驾车出行，对于美国尤其如此；通过使得每英里的驾驶费用更加昂贵能够实现潜在的帕累托改进。

考虑道路的养护与维修。汽车和卡车经过道路，会对道路造成损害。虽然任何一种交通工具所做的任何一次出行对道路造成的损害都不大，几乎都看不见，但是随着时间的推移，许多出行的累积效应就十分巨大。与此相反，停放着的车辆就不会损害道路。

对每英里路面的损坏取决于汽车每个轮轴承担的重量，而不是汽车的总重量。道路毁伤率的上升是负载上升的三次方——因此每轴重量增加一倍，对每英里道路的伤害将增加到原来的 8 倍。一辆典型的 13 吨重的货车对每英里道路造成的伤害是一辆典型的小轿车的上千倍。因此，卡车和大巴士几乎造成了全部的路面损坏。根据 20 世纪 80 年代后期的数字（Winston, 1991），一辆卡车大约会造成每英里 3 美分的道路损毁。（由于美联储征收卡车税是根据轮轴数量增加的，这种联邦的税收结构鼓励了在任何道路上使用更少的车轴，因而路面损坏更严重了。）

考虑一下污染。公路运输是空气污染的主要来源。在一些城市（例如墨西哥城、圣保罗、伦敦、洛杉矶），按空气污染物的重量计算，公路污染占 80％以上（Brown et al. , 1999）。汽车和卡车排放着一氧化碳和二氧化碳、颗粒物以及导致臭氧的化合物（特别是碳氢化合物和氮氧化物）（Tietenberg, 2003）。

治理颗粒物污染是治理车辆排放造成的空气污染中成本最高的部分，这些颗粒物出自燃烧的燃料和道路上的扬尘。对于人类而言，这些微粒加剧了呼吸系统和心血管方面的疾病，改变了人体防止异物损伤肺组织的防御系统，在某些情况下，甚至导致癌症。德卢基（Delucchi, 2000）估计，美国车辆造成的空气污染的后果的大约一半源自其对人类健康的影响。除了影响人类健康外，空气污染还会损害森林和建筑材料，降低能见度，导致全球气候变暖。驾驶同时也造成噪声，导致汽油和尾气的外溢而污染水资源。

欲评估单独的每车英里的污染成本是不可能的。一些因素会导致汽车污染成本的差别很大，这些因素包括诸如汽车的类型、地点（相比于农村的驾驶，城市里的机动车行驶会对更多的人造成污染）、时间（因为高浓度污染物的危险性大于低浓度污染物，因此高峰时段开车将比下班后时段的车辆出行危害更大）、驾驶的类型和速度。但是虽然这些后果难以量化，但它们无疑是真实存在的，即使是半夜时分在怀俄明州开动一辆崭新的小皮卡。斯莫尔和卡兹米（Small and Kazimi, 1995）估计了空气污染所带来的损失，1992 型汽车每英里在 3 美分左右，1977 型汽车每英里在 6 美分左右。这些估计没有包括全球气候变暖带来的危害。

虽然没有对污染直接进行收费，但是美国有着其他方面的针对减少由交通导致的空气污染的政策设计。那些政策集中于减少每英里驾驶的污染，而不是减少行驶的里程。这一系列政策中最成功的是通过 20 世纪 80 年代中期颁布的一系列联邦规制法案有效地消除了汽油中的铅。1982—1991 年铅的排放量下降了 90％，其在空气中的浓度下降了89％。即便是大气含铅量很低，也会对儿童的健康和发展造成相当严重的危害，所以这一政策的社会效益是巨大的。对于在美国人口密集的旧城区中成长起来的孩子尤其如此，因为在那些街区中交通是最拥挤的。大气中的铅也加剧了成年人的高血压发生率，而高血压与许多严重的疾病相关。

直接抑制由交通运输造成的污染的其他主要的联邦政策还有迫使制造商生产更清洁的汽车——这些汽车燃烧每加仑的汽油能行驶更多英里并产生较少的污染物。20 世纪70 年代到 90 年代间，这一政策催生了许多对环境更加友好型的新车。1970 年，上路的轿车平均 1 加仑汽油能行驶 13.5 英里，1998 年则每加仑能跑 21.4 英里（U. S. Bureau of Transportation Statistics，2002，table 4—11）。

然而，近来的两个趋势特别体现了这种变化，一是人们对汽车的使用期更长——1999 年美国车辆的平均年限为 8.3 年，与此相对应的 1970 年则为 4.9 年（U.S. Bureau of Transportation Statistics，2002，table 1—22）——二是他们正在购买更多的轻型卡车和运动型轿车（SUV）。（1980 年，新增运输车辆中只有 20% 的轻型卡车，世纪之交时它们占据了一半左右。）旧轿车和 SUV 会比新型客运车辆造成更严重的污染。虽然 1998 年上路的普通客车的每加仑汽油能行驶 21.4 英里，而"其他两轴四轮"车辆——其中包括 SUV——每加仑汽油能行驶 17.1 英里（U.S. Bureau of Transportation Statistics，2002，table 4—12）。

这两个不利趋势都至少部分地由于联邦政府选择了对抗空气污染。人们更长久地保有他们的老汽车，因为减少污染的要求使新车的价格更昂贵，符合排放标准和豁免规则的轻型卡车实质上比其他制造商的豪华车更便宜。由于法律要求企业整条客运车生产线的平均每加仑汽油行驶的英里数要达到一定数量，一个销售大陆林肯系列豪华车的公司表示，要想得到每加仑 21 英里就必须找到为它的其他汽车安装更加清洁的引擎的途径。这将是一个昂贵的局面——其他汽车的售价越贵，大陆林肯就卖出的越多——这样每卖一辆大陆林肯车就会增加公司的真实成本。一个转而出售一系列能跑出每加仑 21 英里的公司就不用面临这样的成本。

燃油效率标准也鼓励人们多开车。如果你用较少的汽油就能跑一英里，你就会行驶更多的里程，因为每英里的成本分摊就会更便宜。而行驶距离的增加抵消了一部分本因更高的燃油效率所能减少的污染——估计减少初始燃料使用的"回弹效应"介于 10%～20% 之间——也有意外事故和拥堵的影响（Portney et al.，2003）。

不过，尽管存在这些趋势和调整，公路旅行的污染毕竟已经较少。即使在车辆行驶里程上升了 137% 的 1970—1998 年间，一氧化碳排放量还是下降了 43%，挥发性有机化合物（它会导致臭氧）减少了 59%，颗粒物下降了 41%；二氧化硫减少了 59%。氮氧化物排放量虽有上升，但只上升 5%（U.S. Bureau of Transportation Statistics，2002，table 1—29，4—40，4—42，4—43，4—45，4—41）。

清洁的空气并不是免费的。这一代价已初步显示在新汽车的价格上涨方面。不过，虽然联邦的环境政策限制了你能购买的车辆，明显提高了价格以阻止一些购买行为，但一旦你有了车，这些政策就无法限制你按自己的意愿把车开出多远。您可以随心所欲地污染，只要你做到要么开得慢一些，要么开 SUV。

这并不是说目前的政策已经没用了——还远未到那个时候，尽管也有一些经济学家得出的结论是驾驶的成本已经超过了收益。问题是目前的政策无法阻止驾驶行为（当车主自己驾驶时），人们依旧驾车出行，即使这些出行通过污染对其他人造成的伤害已经超过他们从驾车出行中所得到的收益。

美国为减少来自汽车的空气污染所采取的种种高代价政策，未必是现今世界上空气污染问题最严重的城市的最好政策。现今世界上空气污染问题最严重的是发展中国家的城市，特别是亚洲和拉丁美洲。富裕国家可以承受不必要的高代价政策，但贫穷的国家就无法承受了。

Ⅲ. 事故

同样的结论适用于事故和保险。如果你有一辆汽车，在现行制度下几乎没有什么能迫使你认识到驾驶会对他人造成的危险，因此你就有动力更加经常地开车——你就会被卷入更多的意外中。（请注意，燃油效率的标准明确增加了事故的发生。它们使得人们多多开车，但它们并没有降低任一英里的行程中事故发生的可能性。）

当然，一个运作良好的法律系统能够处理这个问题。人们会对自己造成的事故中的所有损失负责，因此他们就有正确的激励以制约他们的驾驶行为并小心开车。遗憾的是，我们用于处理事故的法律条文是相当不完善的，这些法律条文因为用于处理民事主体所犯下的过错（法语称其为民事侵害）而被称作**民事侵害法**。即使没有任何汽车保险——如果说，事故是人们用自己的钱包支付得起的相对便宜的事件——避免事故的激励也很小。硬加上一个自身存在许多问题的汽车保险，就使得制度变得很糟糕。

民事侵害法本身有两个主要的弱点。第一个弱点是，它通常仅让出错者（民事侵害人）对因其所为而伤、又能够被赔偿的侵害承担责任。由于已死的人并不能接受赔偿，因此民事侵害人就不对因其所为而造成的伤害保有责任。可以肯定的是，在交通意外中丧生者的幸存亲属能获得赔偿，但金额相对较小——一般约 50 万美元。因此，当对过失致人死亡的诉讼请求只在很少的情形下能被获准时，几乎没有人会想死去。

死亡所造成的危害远远超过 50 万美元。经济学家试图通过计算要用多少金钱才能使人必然愿意接受参与到危险的活动和危险的工作中来估计这种危害的程度。他们发现，现代美国人自愿接受死亡的概率每增长 0.1%，就需要 3 000～7 000 美元（Aldy and Viscusi，2003）。为了简单起见，我们设定为 5 000 美元。如果一个司机要参与一些冒险的行为，使得明天令我死亡的概率增加 0.1%，如在阿姆斯特丹大道上以 90 英里每小时的速度行驶，且不顾红绿灯信号，此时如果他愿意为这一特别行动支付我 5 000 美元并的确付款给我，那么大家都会过得更好。但是，如果他不愿意为这会危及我生命的特别行动付给我 5 000 美元——也不愿意对面临类似危险的每一个人支付相似的费用——这时阻止他的超速驾驶就是一个潜在的帕累托改进。

民事侵害法如何能迫使他决定究竟超速对他而言是否至少值 5 000 美元呢？就是通过如果他撞死某个人就要支付 500 万美元（＝5 000/0.001）来做到的。这就是为什么经济学家说 500 万美元是"生命价值的统计值"，它是导致死亡的责任人需要赔偿的数额，这是为了阻止他们和其他任何人从事危害他人的活动。害死他人是非常糟糕的，让司机通过仅仅 500 000 美元就摆脱责任的民事侵害法无异于鼓励过度驾驶和鲁莽驾驶。

（他们还鼓励 SUV 的涌现，在事故中，SUV 比其他标准车辆更容易害死他人。民事侵害法使死亡的代价比涌现其他严重伤害的事故的成本低。所以，按经济学家的方式计算，SUV 的所为所造成的实际损失要比普通汽车严重得多，而且也没有人有激励去减少这种损失。）

如果一个驾驶员撞死了一个人要赔偿 500 万美元，那么他应该付给谁呢？为了使驾驶员能正确地驾驶，他们可以支付给死者的继承人，虽然目前还没有很好的道德原因能

城市经济学

说明为什么死者的继承人应该接受赔款；或者给指定的慈善机构；或者给政府（便可以减少每个人的税收）；或者付给我；或者他们将赔款扔进一个巨大的篝火中烧掉。相对于接受而言更重要的是赔偿。

这一原则引出了民事侵害法的第二大败笔：寻找赔偿接受者（他们是提出诉讼者）的律师忽视了经济学家关于谁应该支付的问题。想想两辆车猛力相撞，双方通常都会遭受损失，双方都可以有不同的方法以避免事故的发生。民事侵害法现在说，一方只有在他自己粗心大意而其他方没有的情况下才赔偿损失。如果你与一个比你还粗心大意的司机发生碰撞，你就不需要为你的鲁莽承担任何责任。（在共同过失原则下，如果你们双方都非常鲁莽，你不会在事故中没有任何损失。但你将永远不必对其他驾驶者的痛苦和遭遇负责，在一些州中，如果你撞到的司机比你还要粗心的话就不必赔偿。）

但是，在一次两车相撞的事故中，即使是相对安全的驾驶员也是事故的一个"相关"起因，因为他本可以采取一些措施以阻止事故的发生。因此，双方应各自对事故负担全部成本，只有这样双方才会得到适当的激励待在家中，出外时小心驾驶。这就是所谓的双重严格赔偿责任。正如维克瑞（Vickrey，1968，pp. 481-482）所认为的，

> 如果任何一方采取不同做法，事故所涉及的损害本可以完全避免，无论是通过"有罪的"驾驶族尽可能少的鲁莽，或是"无辜的"开车党更为谨慎的驾驶，或以某种全然不包括特定活动的方式完成有关目标，如通过乘坐火车而不是汽车、通过居住得离工作地点更近甚至于完全放弃旅行意图。就这一点赔偿双倍（三倍或者多倍）的计算是正确的，没有一次事故中所涉及的活动是经济合理的，除非他们能承担因为做了这些活动而没能避免的事故的全部成本⋯⋯就经济角度而言，对平稳谨慎驾驶而不是仅仅不疏忽的驾驶提供一种足量的激励，与对能够不疏忽的驾驶而不是莽撞的驾驶提供足量激励是同等重要的。

因此，即使在一个没有保险的系统里，民事侵害法里的两个主要缺陷仍然在鼓励着人们过量的（过分粗心大意的）开车。

汽车保险服务于两个目的：一是降低购车者所负担的风险，二是保证有充足的资源补偿受害者（以及他们的律师）。一场事故所造成的伤害（即使根据民事侵害法来度量）也能轻易地超过几乎所有家庭的财力，因此没有投保的汽车旅行受害者将无法得到他们应得的赔偿。在我看来一个更重要的方面是，由于财力水平所致的、在事故中所必须支付的赔偿上限会削弱人们待在家里以及保持谨慎小心的动机。如果你能在事故中失去的所有财富是 100 000 美元（因为这是你所有的财富），那么即使你会造成导致 500 万美元损失的事故，你可能还会就如你造成的最糟糕的事故仅仅产生了 100 000 美元的损失一样继续开车（或者不再开车）。普通人是风险厌恶和**无力履行判决**之人，因此他们不是良好的驾驶事故的承担者。

汽车保险将这些责任转移给了一个实体——保险公司——它既不惧怕风险（因为任何单个的风险被成千上万或上百万的股东所分摊），也不担心裁决（因为资产受到法律的保护）。大多数州（1997 年有 45 个）的责任险是强制的。责任转移是解决这两个问题的好办法，不过也有可能制造新的、更大的麻烦。

问题是将风险的控制与其责任主体相分离。已投保的个体仍然决定着是否让汽车发

生事故。如果保险公司不能对投保人的行为施加有效的影响，那么这个解决方案将比问题本身更为糟糕——没有投保、听任裁决的司机将比已投保的司机更加小心。

然而，保险公司采取了大量措施来影响司机的行为，他们设置了一些推断性条款。保险公司增加了曾发生事故的车主的保险费，对居住地离公司比较远且开车上班的人征收更高的保险费。同时对有安全气囊和防盗措施的车主予以补贴，对多人共驾、青年人驾驶的车，以及在交通拥挤的路上驾驶的车收取额外的费用。

不过，这些措施对小心谨慎或有节制的驾驶行为的激励是非常微弱的。免赔额也很少。我自己的车发生事故后，即使事故造成的损失超过了 10 000 美元，我缴纳的保险费也只会在几年中上涨几百美元而已，还不用考虑其他司机所遭受的耽误。驾车者关于开车去工作的说法几乎是从来没有被保险公司核查过的，而对那些确实开车去上班的人的保险费的差别也很小。青年人的保险金额确实不少，但是对这些青年人你是无能为力的。既然保险公司对于驾驶员承诺的行为的影响很小，究竟强制险是否比根本没有保险更好就是尚不清晰的事情了。禁止汽车保险或许是一个潜在的帕累托改进。

这些并不是不切实际的理论推测。科恩和德赫贾（Cohen and Dehejia，2004）证明，强制汽车保险增加了事故的发生，因为它减少了没有参加保险的司机的数量。他们发现参保驾驶员每增加 1%，交通事故就会增加 2%。

如果我们继续持有车险，车险能更好地产生效用吗？有一个明显的途径去改善它：按里程收费。开动汽车是导致事故的重要原因（两辆停着的汽车之间的碰擦是极少的），而保险公司则能够影响将有多少人开车。司机通常将保险视为固定成本——你在支付保险后就可以想开多少就开多少。其实，车开得越多，你遇到交通事故的概率就越大，因此你就应该支付越多的保险费。如果保险公司按里程收费，他们将会在司机的驾驶行为方面产生重要的影响。

这样的考虑可行吗？艾德琳（Edlin，2003）、巴特勒（Butler，1993）、利德曼（Litman，1997），还有其他学者在一些细节方面解决了很多问题。也许最实际的方式是此刻征收"加油附加保费"——在汽油价格的基础上增加一个额外支付并将其用于汽车的保险。这个额外的保险费用应根据汽车会遇到的交通堵塞数量的不同、驾驶者年龄和记录所反映的其可能的驾驶技术和小心谨慎的习惯程度的不同以及汽车的载重量和燃料利用率的不同而有所差别。随着信息技术的发展和购物主要通过信用卡（或者一个驾照—保险捆绑卡）来完成，这样一个系统在管理上没有很大的困难。潜在的帕累托改进的空间是很大的。

可能有比加油附加保费更好的方式，那就是保险公司通过全球定位系统来收取驾驶员的实际里程费用。得克萨斯州的一些保险公司正在利用此方式。全球定位系统的最大优点是，它们允许在不同情况下对于不同里程的驾驶员征收不同税率的费用。例如，夜间驾驶明显要比白天的驾驶更危险，把车开得飞快也比把车停在行驶道上边烧油边听广播更危险，全球定位系统就能区别这类情形。

如果加油附加保费和全球定位系统是如此之好的方法，那么为什么保险公司还没有这样做呢？一个原因当然是直到目前为止，科技仍然是非常烧钱的。一个更重要的原因是，正如艾德琳（Edlin，2003）指出的那样，由于大多数已经发生的汽车交通事故涉及被其他公司理赔的车辆，在现行的民事侵害法下，一个降低自有车辆驾驶危险的公司将主要使其他公司获益。只有在双重严格赔偿责任的情况下，保险公司才会有适当的激励去减少它所覆盖的车主的驾驶。政策和法规可能也起到一定作用：汽车保险费率和规则都受到严格的监管，监管者首先关注公司的回报率；一个降低了成本的保险公司或许也只能得到微量的附加收益——甚至全无收益——一旦州立监管机构调整了允许保险公司收取的费率，就可能出现这种情形。

涉及汽车事故和保险的量级是相当大的。美国人花费在现行保险体系上的钱和汽油上的钱（其中有净税收）不相上下——1英里4美分——但他们并不按每一英里的基准付费。赔偿意外死亡的成本、由他人负担的医疗成本、由于驾驶员犯错而导致的痛苦折磨以及损失的工资增加了事故成本的50%～100%。双重严格赔偿责任增加了驾驶员每行驶一英里时带给他人的进一步损失，这一损失大概在每英里8～12美分的范围内，这个数据在新泽西州和罗得岛这样的人口密集地区可能更高。如果人们要通过这种方式赔偿他们造成的损失，根据艾德林的估计，出行会降低10%左右，但是驾驶员们的净收益会超过每年100亿美元。

在美国，汽车交通事故并不是一个正在增加的问题。每10亿英里的驾驶所导致的死亡数从1970年的4.7降低到1999年的1.5（U. S. Bureau of Transportation Statistics，2002，table 2—17）。这样令人高兴的趋势可能部分归功于更好的汽车性能和饮酒性消费的降低（详见第17章），也部分归因于更好的驾驶技术、道路和紧急医治。在非醉驾型事故中遇害的行人数量在1985—1999年间降低了24%（U. S. Bureau of Transportation Statistics，2002，table 2—30）。

然而，交通事故在发展中国家是一个大问题，可能因为破旧的基础设施迫使行人、自行车和畜力车混合着汽车交通成为一种危险的方式。例如在肯尼亚，每辆汽车的交通事故死亡率超过27倍，一个观察者这样描述"驴子、手推车、摇摇晃晃的满载的自行车、全速奔跑着的赤脚的孩子"都在马路上："快速移动的牵引拖车笔直冲向迎面而来的汽车，迫使它们擦肩而过。迷你面包车来来回回，乘客们从车窗车门中伸出四肢。路面铺设粗糙，人们偷走了很多道路标识用于燃柴和烧烤"（Lacey，2004）。

全世界每年大约有2 000万人在交通事故中受伤，超过100万人丧命。在意外的死亡人数中，现在有85%在发展中国家，96%死亡的儿童来自发展中国家。继艾滋病之后，交通事故成为世界上15～44岁年龄段的人最主要的生命威胁（Natulya et al.，2002）。随着这些国家中越来越多没有开车经验的人开始驾车，问题变得更加糟糕。

■ Ⅳ. 结论

汽车驾驶员对于他们每公里行驶造成的损失只负担了很小一部分。他们大约支付每英里2美分的汽油税，但是造成了3～5美分的污染损失和大约10美分的事故损失。卡车还对道路造成附加的3美分损失。因此汽车驾驶员车开得太多了，那些驾车出行带来的损害超过了得到的收益。

我并不是说有一批人——驾驶员——在侵占其他人的利益。争论的要点是效率而不是公平。汽车开动造成的很多伤害也作用于驾驶员自身——换句话说，比如他们必须为道路的维护而交税、吸进废气、经历交通事故。问题不是罪恶的人们，而是愚蠢的行为。

问题

1. 一些数据表明，开车频繁的人发生的车祸较少，你怎么看待这个问题？它对于加油附加保费型保险的争论有什么启示？

2. 关于车辆强制性保险的主要论点在于相信车辆强制险能保证让车祸受害者得到赔偿。评论这个观点，对车祸受害者的赔偿是公共政策的合理目标吗？总是吗？或者有时是？如果是的话，还有其他更好的办法来实现这一目标吗？

3. 如果一辆汽车被盗后发生了车祸，对第三方造成了伤害，车主是否有责任？为什么？如果被盗车辆燃烧的汽油是车主支付了州和联邦的汽油税后购买的，那么车主是否应该得到一定补偿？为什么？把这两个问题联系起来回答。

4. 汽车保险公司是否可以针对不同种族的车主收取不同的保险费？为什么？汽车保险公司是否可以对不同社区的车主收取不同的保险费？为什么？在美国的大部分地区，社区和种族有密切关系，如果你知道一个人住在哪里，你基本就可以确定他的种族。把这两个问题联系起来回答。

5. 一些人认为管制枪支的最好办法是模仿汽车的强制责任保险制度。如果这样的话，枪支保险是否像汽车保险一样，基于枪支持有者的人口特征和居住的社区而存在不同的保险费率？对于枪支的民事侵害行为，双重严格赔偿责任是一种好方法吗？枪支保险费是否也要像加油附加保费的汽车保险一样，在购买弹药时上缴保险费？枪支所有者对于被盗枪支造成的危害需要负责吗？请与你对第3题的答案进行对比。

参考文献

Aldy, Joseph, and W. Kip Viscusi. 2003. "The Value of a Statistical Life: A Critical Review of Market Estimates throughout the World." National Bureau of Economic Research Working Paper 10199.

Brown, Jeffrey, et al. 1999. "The Future of California Highway Finance." Berkeley: California Policy Research Center.

Butler, Patrick. 1993. "Cost-Based Pricing of Individual Automobile Risk Transfer: Car-Mile Exposure Unit Analysis." *Journal of Actuarial Practice* 1: 51-84.

Cohen, Alma, and Rajeev Dehejia. 2004. "The Effect of Automobile Insurance and Accident Liability Laws on Traffic Fatalities." *Journal of Law and Economics* 47(2): 357-394.

Delucchi, Mark A. 2000. "Environmental Externalities of Motor Vehicle Use in the United States." *Journal of Transportation Economics and Policy* 34(2): 135-168.

Edlin, Aaron. 2003. "Per-Mile Premiums for Auto Insurance." In Richard Arnott et al., eds., *Economics for an Imperfect World: Essays in Honor of Joseph Stiglitz.* Cambridge, MA: MIT Press.

Litman, Todd. 1997. "Distance-Based Vehicle Insurance as a TDM Strategy." *Transportation Quarterly* 51(3): 119−138.

Marc, Lacey. 2004. "Driving in Kenya Can Be Hazardous to Your Health." *New York Times*, May 4, A3.

Nantulya, V. M., et al. 2002. "Report of the Road Traffic Injuries and Health Equity Conference." Cambridge, MA: Harvard Center for Population and Development Studies. Accessed on July 22, 2002, at www. hsph. harvard. edu/traffic/conferencereport.

Portney, Paul R., et al. 2003. "Policy Watch: The Economics of Fuel Economy Standards." *Journal of Economic Perspectives* 17(4): 203−218.

Small, Kenneth A. 1992. *Urban Transportation Economics.* Philadelphia: Harwood.

Small, Kenneth A., and C. Kazimi. 1995. "On the Costs of Air Pollution from Motor Vehicles." *Journal of Transport Economics and Policy*, January.

Tietenberg, Thomas H. 2003. *Environmental and Natural Resource Economics.* Reading, MA: Addison-Wesley.

U. S. Bureau of the Census. 2002. *Statistical Abstract of the United States 2001.* Washington, DC: U. S. Government Printing Office.

U. S. Bureau of Transportation Statistics. 2002. "National Transportation Statistics 2001." Accessed at www. bts. gov/publications/national_transportation_statistics/ 2001/index. html.

Vickrey, William S. 1968. "Automobile Accidents, Tort Law, Externalities, and Insurance: An Economist's Critique." *Law and Contemporary Problems* 33(3): 464−487. Reprinted in Herbert H. Mohring, ed., The Economics of Transport, vol. 1 (Brookfield, VT: Edward Elgar Publishing Co., 1994), 479−502.

Winston, Clifford. 1991. "Efficient Transportation Infrastructure Policy." *Journal of Economic Perspectives* 5(1): 113−127.

第 4 章

交通拥堵 ①

城市经济学

驾驶员们互不相让造成的最重要的外部成本是拥堵。在一条偏僻的乡村道路上，或者是众多大城市凌晨 4 点的街道上，一辆汽车想要挤占其他车辆的道路或者妨碍它的前行都是困难的事情，因为此时拥堵并不是一个问题。不过高峰期会有成千上万的汽车蜂拥而至于林肯隧道，它们相互间会插进别人的行车道，因为在任一时间内能够通过隧道的车辆数总是少于希望通过隧道的车辆的数目，因此在上下班高峰时进入隧道的每一辆车都会迫使它后面的车辆进入等待的行列。因为驾驶员不用承担由他们导致的拥堵带来的成本，因而他们使得这些成本的数目巨大。

我并不是说驾驶员不需要承担拥堵的成本。他们当然应该承担，毕竟陷入交通拥堵是一件即扫兴又耗时的事情。不过，当我不必承担由我造成的拥堵带来的成本，相反我要承担由你造成的拥堵带来的成本时，你就没有不制造拥堵的激励。或者更直白的，想象一长排汽车正在通过林肯隧道。第一辆车或许并没有遭遇拥堵，但是如果它突然消失得无影无踪，其后所有的其他车辆能更快地通过隧道，因此说第一辆车正在造成一系列车辆的拥堵。与此相反，最后一辆车虽然正在遭遇前面大量车辆的拥堵，但它却不是造成任何其他车辆被拥堵的原因（如果它被人间蒸发，也不至于有车辆能立即通过隧道）。重要的是与某个个体的成本—收益相匹配，而不是与一批物体相关联。

拥堵讨论的焦点大都集中在一种特殊的出行：人们往返于工作地点间。很多人不住在他们工作的地方有以下几个原因。第一，去单位工作比居家从事劳动经常有更大的规模报酬递增，在没有规模报酬递增的土地上劳动与进行有着规模报酬递增的活动相比是

---

① 为了从本章中学习更多内容，你需要熟悉以下这些概念：消费者剩余、效率、弹性、均衡、外部成本、边际成本、帕累托改进、潜在的帕累托改进、累进、累退和转移。你能够在词汇表中找到这些术语。

一种浪费。第二，家庭活动与工作活动之间可能产生不良溢出——比如说，一个满地金属碎屑的院子的近旁并不利于孩子的成长。结果是，很多人不得不往返于他们工作的地方和住所两地之间，这样做的理由在第2章已经阐述过，他们中的很多人在同一个地点工作，这些旅程称为通勤式出行。

通勤式出行者不仅仅集中于不多的几个地点，而且还集中于一小段时间。许多工作早晨开始下午结束。"接近"意味着"紧挨着相同的时点"，人与人之间工作中的交互只有在他们于同一时间工作的时候才会发生。一个销售员在一个空空如也的办公室中卖不出货物，一个监督员也不能对一个在家的下属实施监督。

通勤式出行的临时的、空间的集中使他们更加关注城市交通。一根链条的强度取决于它最弱的环节。城市交通系统好比一个雨水排泄通道：它们已经被建造为一个固定的**容纳能力**，这个能力的大部分在很多时候是没有被充分利用的。当雨水排泄通道的容纳能力没有被利用的时候，天气晴好时就没有人担心。雨水排泄通道设计讨论的重点在雨水多的坏天气，花在雨水排泄通道上的金钱是为了预防在那些天里发生的坏事情。通过一个雨水排泄通道的"日平均流量"是一个没有实际价值的数字。峰值流量和高峰需求则至关重要。

这个情况类似于城市的道路。1995年，仅仅有31％的车辆总里程担当着载人去工作的出行（因此只有15％的人被轿车载着去工作），并且这些里程在高峰期并没有被使用（U. S. Bureau of the Census，2002，table 1091）。但是一天内通过林肯隧道进入曼哈顿的滚滚车流的26％都集中在上午7点钟开始后的三个小时内，同样的，在这一时段中29％的人流通过布鲁克林的巴特雷隧道和皇后区的中城隧道进入曼哈顿（New York Metropolitan Transportation Council，1995）。

在很多城市中交通高峰期的拥堵是一个大问题。有人估计2002年美国85％的大都市地区中，拥堵成本超过了630亿美元（Texas Transportation Institute，2004），其中大部分成本是人们陷入交通拥堵时的时间成本。（相反，2002年美国各级政府花费在两个最大的福利计划——临时救助贫困家庭和食品券计划上的金额才约380亿美元（U. S. Bureau of the Census，2004，table 519）。）与交通事故不同，拥堵呈现递增态势，2002年驾驶员在高峰期平均损失的时间大约是1982年的三倍。

在发展中国家中拥堵同样也是一个问题。例如，韩国的交通研究院发现，汽车在首尔道路上的平均时速由1980年的11.9英里下降到1990年的6.3英里。

当然，人们可以说拥堵造成的损失不是实际的损失，因为拥堵伴随着城市生活水平的提高，这是不可避免的——用第1章的例子相对比，就像滑水运动带来的湿衣是不可避免的一样。现在看来事实并非如此，相反，这些损失是可以避免的（虽然并非全部，而且估计630亿美元的美国拥堵成本似乎也有所夸大）。

Ⅰ.排队、预订、通行费

拥堵出现在当许多人都在一个特定的时点想去像以往那样舒心地使用一个设施之时。经济学家称这种类似的情形为**瓶颈**。

瓶颈在生活中随处可见：例如考试的前一天晚上 40 个学生都想去图书馆借同一本书，或者是一大群人在音乐会的幕间休息期同时去卫生间。许许多多的司机都想在工作日上午的 8∶30 通过林肯隧道，但是在一分钟内能通过林肯隧道的车不到百辆。它容纳不了所有人。经济学家考虑过不同制度安排造成的配置损失，探求是否有一些安排相比于其他可以实现最小的集聚损失。

处理瓶颈最常用的制度安排是对其什么都不做——让驾驶员自己决定何时通过隧道，除去交通电台中播出的关于隧道通畅程度的消息外，没有更多的引导性信息。我们称之为**随意到来系统**。

我们考虑一下在上午的一个相同的时间点上有一个数量巨大但是数目固定的人群通过林肯隧道时会发生什么。在随意到来系统下，他们将承担两类成本：等待成本和经济学家所谓的**时延成本**。

你在交通拥堵中花费的时间是你也可以用于做其他事情的时间。等待的成本就是在那一刻你去完成原本打算做的其他事情的能力损耗。等待成本也包含等待中耗费的汽油，等待成本与你的等待时间成比例。

时延成本是一个更为技术化的术语。它是你在一个对你而言并非最优的时点使用设施所要承担的成本，为了避免等待——在本例中就是，你可以在除了上午 8∶30 之外的任何时间使用林肯隧道。时延成本包括两种：你推迟（上午 8∶30 以后）使用设施的成本和提前（上午 8∶30 以前）使用的成本。在工作、约会的迟到中这个问题的出现是很普遍的。被提前的成本是什么呢？主要就是你放弃了原本要在动身去工作或者去约会之前想要做的事情所带来的损失。假如你上午 9∶00 开始工作，但是你到达的时间是上午 6∶00，然后你坐下来读报纸，你损失的几个小时就是你本来能在家睡觉、让孩子做好上学前的准备、看电视或者是工作的时间。那也是成本。

从驾驶员的角度去考虑何时通过林肯隧道，在等待成本和时延成本之间将会有一个明显的权衡。如果你计划提前经过林肯隧道或者推后一些，你将避免交通高峰，此时你的等待成本将小一些，但是你的时延成本将会大起来。如果你计划非常接近于上午8∶30 的时候通过林肯隧道，你的时延成本会很小，但是你的等待成本会很大。

一个经济学家能在如何权衡方面给驾驶员以有效的建议吗？遗憾的是并不能给出有效的建议。作为一个驾驶员面对随意到来系统的瓶颈，无论你做还是不做都是很糟糕的。如果在大部分时间内，所有驾驶员都同样地努力于减少成本，那么与其他相比没有到达时间将是最好的（或更差）。比如说，如果在上午 8∶05 到达隧道比其他任何时间都好，然后每一个人都将会在上午 8∶05 到达。那么上午的 8∶05 将会是一个非常痛苦的时间。相反，如果上午的 8∶05 比其他时间更坏，那么没有人在上午 8∶05 到达，此时它倒是使用隧道的最佳时间。由于想象着与其他时间相比某个时间较好或者更坏将导致一个矛盾，因此所有时间都必须是同样地好（或者同样地坏）。

时延成本和等待成本之间的权衡是一个半斤对八两的选择。在上午 8∶30 以前，当你想晚一些到达时，时延成本每一美元的减少都会被等待成本每一美元的增加完全抵消。上午 8∶30 以后，当你仍然想晚一些到达时，等待成本所减少的一美元会被时延成本增加的一美元所抵消。图 4—1 显示了这种转换是如何进行的。

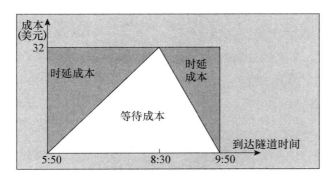

图 4—1　随意到来系统

　　图中的横坐标代表人们到达隧道的最早至最晚时间，纵坐标显示给定的到达时间的成本。对于每一个人，总成本是一样的，为 32 美元，那是为了防止人们在任一到达时间发生堆积所需要的（成本）。对于最早的和最迟的到达者，所有成本都是时延成本，上午 8:30 到达者的成本都是等待成本。

　　在这群人中，每个人通过隧道的总成本是一样的。每个个体的成本取决于相对于通过隧道的汽车速度的人群的规模大小。考虑一下最早到达者和最迟到达者，他俩谁都不需要承担等待成本，但是都需要承担最大的时延成本。时延成本的大小将取决于整群人通过隧道花费的时间的长短（因为每个人不得不在最早到达者和最迟到达者之间通过）。但是由于每个人的其他成本与最早到达者和最迟到达者是一样的，因此每个人的成本取决于整群人通过隧道的时间长度。人群的规模越大，对每个人越不利，也包括那些在上午 8:30 准时通过隧道的人。

　　经济学家提出了一种情况，或者说是一种**均衡**，在这种情况下每个人都做得尽可能好，并且每个人都确切知道任何其他人如何行动。图 4—1 中描述的这种情形就是一个随意到来均衡，没有人有任何理由试图去改变它。

　　在随意到来系统中我们可以观察到，除了最早到达者和最迟到达者之外的任何驾驶员都会给其他驾驶员带来一份外部成本。假如上午 8:30 之前到达的一些驾驶员（最早到达者除外）决定待在家中或利用一个可以替换的交通方式，此时比这位驾驶员稍早些进入排队队列的司机就可以稍晚一点离开家且依然等待在与现在一样远的地方——所以他们都应该减少一点点时延成本。在随意到来系统中，那些越接近最优时间到达隧道的人，在排队等待上将花费越多的时间，也给其他人带来越多的负担。你可能不会想到你正在做什么以及会带来的影响，因为你不能看到痛苦的同伴挣扎的情形——你可能根本无法看到他们——但是通过拿走了他们本应拥有的，你对他们正在进行的伤害犹如用枪顶着他们的肋骨、从他们的钱包里取走了金钱。令人愉悦之人也可能伤害别人。（察看专栏 4A 的另一个例子。）

　　有更好的方式吗？一个受人欢迎的酒店永远不会像隧道般总是开着门营业，为了在一个令人满意的时刻就餐你将不得不去预约。在他们最想就餐之时却得不到一个预约餐位的时候，人们将非常失望——因此就有时延成本——但是可能没有等待成本。当没有桌子可用的时候将不会再有人到来（除非有意想不到的延迟和其他灾祸）。当人们预订后，就再不需要站着排队了。

自学读物

一个数字性例子能够帮助你明白随意到来系统的均衡，后面会看到它与处理一个瓶颈的其他方式的比较。

假如林肯隧道在一个小时内能容纳1 000辆车，但是有4 000个驾驶员想在上午8：30的时候进入隧道，这样他们就能够在9：00开始工作。4 000个驾驶员中的每一个都是相同的：他们都想在上午9：00开始工作，提前到达的成本是0.2美元/分钟，推迟到达的成本是0.4美元/分钟，排队等待的成本是0.3美元/分钟。找出随意到来系统的均衡，然后描述瓶颈持续的时间和导致的成本。

第一步：每一位通过隧道的人花费了多长时间？它将花费时间4 000辆车/1 000辆车/小时，或者4小时，不管采用什么系统都是这样。

第二步：最早到达者和最迟到达者什么时候到？推迟到达者每分钟的成本是提前到达者每分钟成本的2倍（0.4美元/0.2美元），因此尽可能早到的最早到达者的提前时间是最迟到达者推迟时间的两倍，否则两倍的到达时间就没有同样的吸引力。既然两倍的时间相距4小时（240分钟），剩下的问题就简单了：最早到达者与上午8：30相比提前了160分钟，最迟到达者与上午8：30相比延迟了80分钟。队列形成于上午的5：50，消散于上午的9：50。

第三步：每个驾驶员承担的总成本是多少？最早到达者所需承担的成本是32美元（0.2美元/分钟×160分钟），这和最迟到达者的成本是一样的（0.4美元/分钟×80分钟）。在这两者间到达的每一个人所需承担的成本也是32美元。有关解释见图4—1。

第四步：总成本是多少？时延成本是多少？等待成本是多少？容易计算出总成本是128 000美元（4 000×32美元）。从图4—1可以明显看出总成本的一半（64 000美元）是等待成本（来自于三角形面积的计算公式，$\frac{1}{2}$底×高），另一半是时延成本。这就是人们在未加以人为干涉情形下尽其所能后出现的情景。

林肯隧道的预约系统看起来怎么样呢？每个人通过隧道所花费的总时间是不会改变的，并且最早到达者与最迟到达者之间的时间间隔与随意到来系统是一样的。最早到达者的时延成本和最迟到达者的时延成本是一样的：如果最早到达者的时延成本少于最迟到达者的时延成本，你将取消最晚的预约，并且把它重新安排在最早到达者之前，使得一些人的状况变好但没有使任何人的状况变坏。因此，到达的时间和随意到来系统是一样的，时延成本也是相同的。不过没有任何等待成本。另外，预约系统实质上减少了总成本。

当一个预约系统有效的时候，图4—2中阴影部分的面积就是成本。在预约系统中几乎每一个人都状况良好，没有一个人的状况变差。与此相反，虽然随意到来系统中的每一个人都可以自由地决定何时使用隧道，但是却危害到了每一个人。

请注意，不管怎样，只要预约系统是有效的，一些人的状况就会比另一些人更好，当人们自主决定的时候，每个人都是同样纠结的。通过预约系统，获得最佳通过时间

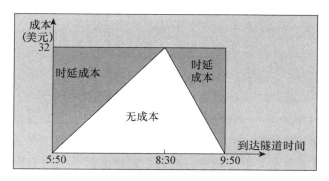

图 4—2　预约系统

（总成本为 0）的人比那些要承担很大时延成本的早到者和晚到者的状况要好得多。事实上，最早到达者为了预约最佳通过时间愿意支付其全部的时延成本。这是强加于那些想要在令人满意的时间点通过隧道的人的外部成本的另一种形式（见专栏 4B）。

　　当然，在现有技术水平下，为林肯隧道建立一个预约系统并不是一个实用性的选择。然而考虑一下预约系统，它暗示大量的拥堵成本是不必要的，如果一个类似于预约系统的简单构想便可以减少一半的拥堵成本，那么应该会有一些更加实用的方式可以起到同样的作用，是不是这样呢？

专栏 4B

自学读物

　　在一个随意到来系统均衡案例中，一个预约系统可以减少多少成本呢？通过专栏 4A 的第四步，我们可以知道等待时间的成本是 64 000 美元，或者是总成本的一半。一个预约系统减少了这些成本。

　　一个人在或早于早晨 8:30 之前到达的外部成本是多少呢？回答这个问题有两种方法，它将取决于你如何想象如果一个特定人决定不使用隧道时将发生什么事情。庆幸的是两种方法总是给出一样的回答。

　　简单的方法是假设一个你感兴趣的人将会被早到的人代替——换句话说，预约结果不理想的人将会利用那些决定不使用隧道的人的预约。最早到的人最初的时延成本是 32 美元，如果这个位置被腾空，它的时延成本是 s 美元，最早到者将得到

　　　　32－s

这是一种计算外部成本的方法。

　　可供选择的方法是，如果所有司机到得都比较早，并且移动缓慢，所有人都将得到一点点。结果将是一样的。

　　为什么呢？在第一种方法中我们考虑的问题是，一个司机移动了一个长跳跃，从原先的最早位置跳到了那个被腾空的位置。代替一个长跳跃，我们可以想象一个司机做了一系列小蹦跶，每一个蹦跶移动到下一个紧挨着已有一位驾驶员正在到达的位置，此时这些小的蹦跶增加了收益。既然一系列小蹦跶覆盖的距离和一个大的跳跃一样，那么收益应该也是一样的。此时，我们可以想象一系列司机每一个人都制造了

一个蹦跶而不是想象一个驾驶员制造了所有的小蹦跶——每个驾驶员都移动了一个位置。这也是同样的小蹦跶，就像单个司机所做的那样，因此得到的总额也是一样的。这一系列小的蹦跶就是第二种方法，大的跳跃就是第一种方法，我们得到了两种情形下的相同答案。

实现预约的较为巧妙的方式是建立一个拥堵价格体系：在这种情况下，根据到达时间的不同征收不一样的税额，这一税额等于一个驾驶员强加在其他人身上的成本，见图4—3和图4—4。第3章中关于污染的讨论认为，让他们承担所有因为自己的决定而强加给其他人的成本是一种提高**效率**的好方式，一个随时间而变的费用可以实现效率的提高。A税种是指人们承担的那些因为自己的决定而带来的所有成本，又被称为**庇古税**（当你的决定帮助了其他人而不是损害他们时，这种津贴又被称为**庇古补助金**）。因此拥堵价格就是另一种庇古税的例子。这种税费也使得每一个时间段都具有同样的吸引力——总成本是一样的，包括时延成本和费用成本——因此没有人想去改变他或者她的到达时间。

设立拥堵税就像建立了一个预约系统，并且向每一个预约支付足够的费用，以使得没有人去羡慕任何其他人——那样人们就不会去想要其他人的预约，并且你不需要对系统采取任何措施。因为无论谁管理系统都可以确认人们的到达时间，比如是8:23，那就说明你是8:23预约的人，所以你要支付预约时间为8:23的价格，并且你可以没有任何麻烦地运行一个"预约系统"。这就是维克瑞（Vickrey，1969）提议的时变的拥堵税。

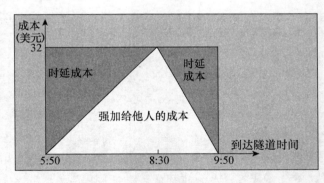

图4—3　无等待的社会成本

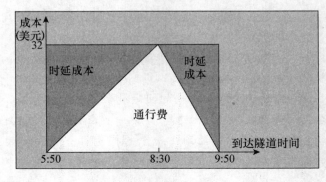

图4—4　最优通行费系统

当然，首先它看起来不大可能让那些处在时变拥堵税系统下的驾驶员的状况比其处于免费的随意到来系统中时变得更好。想一下那个数字案例。在拥堵税的状况下，每个人都要承担32美元的成本——部分是费用，部分是时延成本。在免费的随意到来系统中，每个人都要承担32美元的成本——部分是等待成本，部分是时延成本。从驾驶员的角度讲，拥堵税只不过是现金支付的等待成本的替代品罢了。

但是在更大的视角中，现金支付成本和等待成本之间是有很大区别的。等待成本是纯粹的浪费，但费用是一个**转移**。没有人能从等待成本中得到什么，但是税务局却得到了税费（因为无论税务局如处理这些收益，的确有人获益了）。例如，税务局可以给每一个人减少16美元，那样每个人都将比随意到来系统下的状况要好。或者是为每个人减少1美元，并用其余的行善和聚餐，每个人的状况仍然要比随意到来系统下的状况要好。设置税费系统就像让大量现金从天而降。

还要注意我们正假设驾驶员自己要承担全部等待成本。然而，在交通拥堵中的等待要燃烧汽油，汽油又会造成空气污染——这个成本是驾驶员没有承担的。对特拉华州部分地区的一项估算型研究发现，拥堵收费就全部研究地区而言可以减少10％的排放物，就拥挤路段而言可以减少30％的排放物，减少的排放物占到拥堵收费总收益的15％～30％（Daniel and Bekka，2000）。

许多其他类型的拥堵税所发挥的作用和预约系统相似。比如说，税务局可以支付32美元给那些最早到达者和最晚到达者，而在最便利时间到达的人则没有。这也类似于一个预约系统，让人们在出行的时候没有顾虑。虽然这将花费税务局一大笔现金，但是它将使人均税费提高16美元，人们也愿意支付这笔费用。或者税费系统是税收中性的：它将向在最便利时间到达的驾驶员收取16美元，向最早到达和最晚到达者支付16美元。

▌Ⅱ．通行能力

拥堵税只是消除拥堵的一种方式，实施这种收费还不需要花什么钱。最常用的方式是建造更多的道路和扩建更多的行车道——以增加通行能力。这种方式除了非常昂贵外，还有几个缺点。

如果驾驶员的数量是固定的，无论他们使用隧道的方式是否受到管控，双倍的通行能力使他们总能在一半的时间内通过隧道。更大的通行能力可以减少固定数量的驾驶员强加给其他人的外部成本。

不过，假定驾驶员的数量固定并不现实。如果林肯隧道成为一条通往纽约的最便利的通道，那么它将吸引来自荷兰隧道、乔治·华盛顿大桥、塔潘泽大桥的上下班人员。一些公共汽车乘客和城铁旅客将改乘汽车（或者更加频繁地使用汽车，如果他们偶尔开车去城市的话），一些从没开车去曼哈顿的人将会做这样的汽车出行（教授在他们不为教书匠的日子里，作为购物者和戏迷进入曼哈顿），一些原本在曼哈顿居住和工作的人将决定住在新泽西州，并且仍然可以毫无障碍地去曼哈顿工作。此时我们可以明确地那样假设，无论成本多高，总有一些固定数量的驾驶员在上下班高峰期使用隧道，不过，确定有意愿使用隧道的驾驶员的数量还取决于使用成本。需求并不是完全无弹性的。

看一下追加驾驶员数量的效应，首先我们进入另一个极端，假定需求是完全弹性的。也就是说所有潜在的驾驶员都是同质的，并且数量很大——远超过我们一直想象的固定数量——他们每个人的出行收益都是 32 美元。在隧道的初始通行能力下，无论是在随意到来系统中还是在标准的最优的拥堵税体制下，只能有初始（设计）数量的驾驶员通过。如果有大量超过初始数量的人试图通过隧道，那么他们的出行成本将升至超过 32 美元，并且这样的出行对任何人来说都是没有价值的，如果远少于初始数量，出行的成本将低于 32 美元，每一个人都想借隧道出行。

现在假设在随意到来系统中通行能力增加一倍，不过具有完全弹性需求。一旦每一个人都做出调整，那么每个人的成本都仍然是 32 美元。因此最早和最迟到达的驾驶员都将在通行能力增加一倍之前的他们认可的同一时间到达。在那两个时间之间，会有先前两倍的人通过隧道，因为通行能力已经增加了一倍。但是他们中的每一个人还不得不排在队里等待很久，因为等待成本是一样的。唯一不同的是排队等待的汽车数量是原先的两倍，因为移动的速度提高了一倍。

谁将在增加的通行能力中受益呢？没有人受益。既不是原来的驾驶员——他们每个人仍然要承担 32 美元的成本，也不是新增加的驾驶员，尽管他们得到了 32 美元的出行收益，但是他们还要承担 32 美元的成本。他们的状况并没有变得更好。所有的建设都是被浪费掉的，因为那样做只是给了更多驾驶员相互间施加成本的机会。

驾驶员增加的趋势超过了经常被描述的任何具体缓解拥堵措施的效应。安东尼·康斯（Anthony Downs，1962）称它为"高峰时期的高速公路拥堵定律"。这也是罗伯特·卡洛（Robert Caro，1975，p.516）在 20 世纪 30 年代末描述的长岛东部交通拥堵的演化：

> 三区大桥于 1936 年 7 月 11 日开通……市政官和新闻（媒体）向公众保证这个工程将会按照（罗伯特［Robert］）摩西（Moses）承诺的那样，在长岛和纽约之间提供一个一次性方案以解决众多的交通问题……警察署官员瓦伦丁说，大桥的开通将极大地减少河东地区的交通拥堵，在昆士堡也能减少"40%~50%"。
>
> 1936 年 8 月 17 日，三区大桥通车仅一个多月后，长岛的公园大道就出现了被一些人称为大都市历史上的最大堵塞现象……"偶尔通畅的跨区大道早已无法通行了"，布鲁克林区行政长官英格索尔这样写道。

对于拥堵收费，情况还没有这么惨淡。一大批新驾驶员确信新设施投入使用后每一个驾驶员的成本将是 32 美元。因为没有通道，高峰费如前一样一定是 32 美元。不用支付通行费的最早到达和最晚到达的驾驶员必须承担 32 美元的时延成本，他们必须在通行能力增加一倍之前所认可的同一时间到达。但是此时，在最早到达和最晚到达者之间会有超过两倍的驾驶员通过隧道，能得到多于两倍的收益。

注意，这一通行费用收益的增加是总收益的增加，因为驾驶员的情况既没有变坏也没有变得更好。不像随意到来系统的情形，这里有扩充后的收益，即便在需求完全弹性的情况下也是如此。在需求完全弹性的情形下，拥堵收费为税务局提供了足够多的信息以便判断究竟扩充通行能力是否值得，并配以适度的奖励。当且仅当建造成本小于增加的收益时通行能力的增加才是潜在的帕累托改进，当且仅当这样做是一个潜在的帕累托改进时，一个最大化收益的通行费征收当局才将增加通行能力（或者是在原先的地方建造一条隧道）。

在我们的模型中弹性需求的净效应值仅仅是通行费一览表中的最大费额 32 美元。一些征收较少金钱的替代性通行费一览表——例如，最大的通行费是 16 美元和 0 美元——可以有效地分配给不同时间段通过林肯隧道的固定数量的驾驶员，但是他们不能有效地分配给那些待在家里、乘坐火车和使用塔潘泽大桥的人。一个上午 8:30 通过林肯隧道的人将被征收开销于其他地方的 32 美元；除非任何人都需要为优先权而支付 32 美元，不然会因人太多而无法通过隧道。例如，如果税务局减少针对驾驶员的通行费收益，减少的部分将被流向潜在的隧道使用者而不是真实的使用者，否则它将鼓励使用隧道。

当穿越隧道的需求既不是完全弹性也不是完全非弹性的时候会发生什么事情呢（当使用隧道的成本上升的时候将会阻止一部分人使用但不是全部）？如果我们假设在产生成本方面人都是同质的（都有等待成本和时延成本），但是他们开车通过林肯隧道所得到的收益不同，为了减少收益我们可以让人们排成一排（或者我们列出他们的数字化收益），画一条类似于图 4—5 那样的需求曲线。图 4—5 中的横轴代表使用隧道的车的数量，纵轴表示对应于使用隧道的任一个 X 辆汽车的第 X 个最大的收益。例如，如果第 4 000 千名的最大收益是 32 美元，那么当其成本为 32 美元时，4 000 名至少获得 32 美元收益的驾驶员才使用隧道，并且没有一个人不这样做。如果需求曲线非常陡峭（需求无弹性），就会出现一个类似于我们研究过的第一种情形，此时无论怎样都会有 4 000 个驾驶员使用隧道。如果需求曲线是非常平滑的（弹性需求），就会出现一个类似于我们研究过的第二种情形，此处不管怎样收益都将是 32 美元。

需求曲线下方的面积有重要的含义。考虑一下图 4—5 中阴影部分的面积。如果 X' 数量的人以最大收益通过隧道，这个面积就是他们的总收益。这就像普通需求曲线下方的消费者剩余。

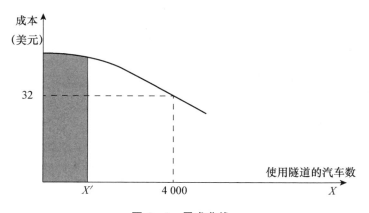

图 4—5 需求曲线

因此，需求曲线告诉我们对应着任何一个使用隧道的成本，有多少人将使用它。反之，使用隧道的成本又取决于有多少人使用它和它的通行能力。这就允许我们导出一条"供给曲线"。假设一小时的通行能力是 1 000 辆车，在随意到来系统中或者拥堵收费情况下，每一个使用隧道的人的成本都相同。无论在哪种系统下，最早到达者都不会遇到拥堵，并可以很容易地计算出她的成本，其他任何人的成本在这里都和她的一样。使用隧道的汽车越多，最早的使用者将不得不到达得越早，而且使用隧道的每个人将承担的成本就越大。这就是供给曲线向上的原因。供给曲线见图4—6。

供给曲线下方的区域也是有含义的。在使用隧道的驾驶员数量为X'的情况下，它的含义是驾驶员将要经历的总的时延成本。最快的理解方式是，你可以去观察矩形$OABX'$代表的使用隧道的驾驶员数量为X'时的总成本——它等于驾驶员的数量（X'）乘以单个人的成本（$X'B$）。既然时延成本总是等于总驾驶成本的一半，那么供给曲线下阴影部分的面积就是矩形$OABX'$面积的一半，也就是说阴影部分的面积就是时延成本。

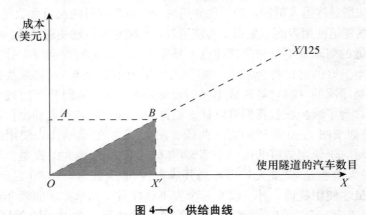

图4—6 供给曲线

作为一种选择，驾驶员延迟的最大时延成本为$X'B$，最小的时延成本为0，在两者之间，不同的驾驶员数量对应着不同的时延成本。驾驶员的数量增加到全部时成本又变成了阴影三角形的面积。

需求和供给曲线的交叉告诉我们有多少人使用了隧道：汽车的数量准确地对应着成本，那是人们将要承担的成本，就像图4—7阐述的一样。这就是一个均衡。图4—7可以呈现给我们更多的信息。供给曲线下的面积代表驾驶员承担的时延成本。需求曲线以下、直线AB以上的区域代表归驾驶员所有的净收益：驾驶员得到的需求曲线下方的整个区域是收益，但是引发的成本是矩形区域$OABX$。如果需求曲线是平滑的，那么消费剩余将不存在——每个人的净收益都是0。

图4—7 均衡

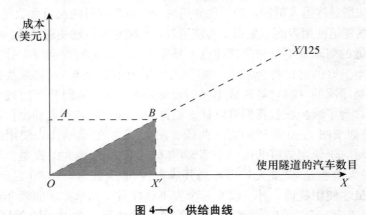城市经济学

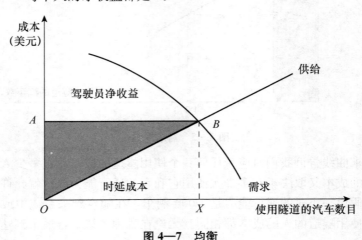

图 4—7 阴影三角形 OAB 是拥堵税费与随意到来系统唯一不同的地方。在随意到来系统下，这个三角形代表等待成本，在拥堵税费下，它代表来自通行费的收益。

因此，当我们将拥堵收费看作一种缓解经典瓶颈问题的方式时，可以发现关于拥堵收费的两种通常理解是错误的。第一，在一个经典瓶颈问题中的拥堵收费并没有减少汽车所做的特殊出行或者出行的数量。在随意到来系统和拥堵收费下使用隧道的驾驶员的数量是一样的。第二，拥堵收费甚至不是一种让人错开时间工作的方式。在拥堵收费情形下，人们如同在随意到来系统中的情况一样在同一时间段以同样的速度穿过隧道。他们在相同的时间到达工作地点。拥堵收费仅仅是将等待时间的浪费转换成了金钱，那些能（或者不能）被更好地利用的金钱。

显然，一些不平常的结论可以来源于非常简单的、我们一直考虑的具体的拥堵方式。更加复杂的思考方式会让我们在这方面放弃一些细微的不同之处。在我们的方式和很复杂的交通模式间的最大不同就是那些驾驶员们相互施加的一系列成本。按照我们迄今为止的思维方式，驾驶问题就如同在高峰期去一个受欢迎的餐馆就餐：仅有的外部成本就是你阻止了其他人也在那一时刻去就餐；你不必去干涉其他就餐的人，或者是让他们吃很久或少了很多乐趣。因而，对于交通经常也存在另一种外部性：你减缓了在你开车的同一时刻也在路上行驶之人的通行速度。这个额外的外部性意味着有时候最优的通行费应该在一个特定时刻减少通行者的数量，而不是引导他们避开等待时间。

一些更加复杂的模型超出了本书的范围，但是它们的作用不应该被忽略。相对简单的方法告诫我们它不能被忽略：即使它不能减少交通流量或者错开交通高峰，拥堵收费也是有很大优势的。

▌ Ⅲ. 收取通行费理由的大众化陈述

注意，我们正在给出的关于收取通行费的理由完全不同于广为流传的原因。偿还建设费对于费用收取而言不是一个好的理由（即使需求是充分弹性的，通行费用来支付建设费也是合理的）；调整交通流也是如此。并没有好的理由对一条还没有被完全偿付建设费用的空旷延绵的新路收取通行费；但是有很多理由对一条已经完全偿付的拥堵延伸的道路收取通行费。刚刚建成的道路一般是不拥堵的，（只有）当它们陈旧之后才变的拥堵（人们将花费时间去了解新路况，熟知它的优势，然后对他们的居住和工作地点进行调整），收取通行费的想法原本是为了偿付道路的建设成本，但却导致了糟糕的资源配置：一开始的高额通行费限制了原本计划的出行，后来的不收费或者低通行费鼓励了等待，这是不可取的。这就好比在你年轻和健康的时候服用低廉的药物，却在你生病和它将给你带来帮助的时候停止服用。

当然，我们此处正在讨论的这种通行费是一种仅仅花费驾驶员金钱的方式。直到现今，大多数通行费也不像这样：它们也花费驾驶员的时间。你不得不在一个收费站停下来，摇下你的车窗，笨拙地去付费，与收费站的工作人员聊天或者为了找零，然后再一次摇上车窗，以免被因想赶回被耽误的时间而匆忙赶路的其他汽车所剐蹭。经常有人在收费站栏杆前面排队，产生了拥堵而不是缓解了拥堵。这一收费系统的技术现在已经过时了。像 E-ZPass 这样的应答系统已经能够自动收取时速为 80 英里的汽车的通行费，并准确地记录在电子账户的借方。当你设想通行费收取时，你应该考虑这些系统，而不是收费站。

Ⅳ. 公平

许多针对拥堵收费系统的反对意见一直在抬头。这类意见中的大多数我们将在下一节中讨论。一种反对的理由是要对收费系统进行更详细的分析和讨论。它是基于公平基础上的反对：原先不收费的现在收费了，拥堵收费将不公平地增加穷人负担而使富人有所收益。

在一直使用的分析框架内，我们不能评价这种异议。只要每一个驾驶员都有同样的时间成本，每一个驾驶员，无论穷富，在拥堵收费系统下就如在随意到来系统中一样状况良好，税务局能够使人的处境变好同时又不使其他人的处境变坏。但是时间的价值是与工资紧密相连的，一般来说富人的工资要比穷人的高，富人的时间价值也不同于穷人。所以拥堵收费对于不同的人群可能有不同的效应。

不管是否真的取决于需求的**弹性**，也不管是否真的取决于穷人不同于富人的方式，如果两类人的需求都有无限的弹性，它自身的拥堵收费就不会伤害到其他类别的人。两类人在随意到来系统中的净收益都是 0，两类人在拥堵收费系统中的净收益也是 0。税务当局从拥堵收费中有所收获，而哪一类群体受益更多将取决于税务局如何处置增加的收益。

同样的，如果富人的时间价值毫无例外地高于穷人，即使当需求完全无弹性时穷人不随拥堵收费而有所失，富人仍能有所得。理由是拥堵收费可以引导不同类别的驾驶员去安排他们自己进入不同的时间档期。为使总成本最小化，那些每一分钟时延成本最高的人应该在最佳的时间使用隧道（同样的原理是，救护车、消防车、时延成本巨大的货车都应该有优先使用街道的权利）。更好的分类是拥堵收费的一种优势，此前我们无法对其进行审核——你不能区分那些具有同质性的人（这一分析依据 Arnott，de Palma and Lindsey，1994）。

无论何时富人都比穷人有更高的每分钟时延成本，拥堵收费方案将会引导富人在接近上午 8:30 的时候到达，而穷人到达的时间会远离上午的 8:30。这种智慧的分类方式不会一直在随意到来系统中保持下去。在随意到来系统中，那些具有最高的单位时间时延成本相对于单位时间等待成本比例的人将占据最佳时间。在随意到来系统中，你用等待时间来偿付便捷的到达时间，然而在拥堵收费系统中你要用金钱来支付便捷的到达时间。在随意到来系统中你为了在便捷的时间到达，将不得不等待很长的时间，在拥堵收费系统中，你不得不牺牲很多其他的消费。

对于完全无弹性的需求，在通行费收益分配之前，让穷人的处境变坏的唯一途径就是强迫他们让出最佳到达时间。对穷人而言，当时延成本相对而言比等待更加昂贵但不是绝对的更昂贵的时候，这种方案就是可能的。这并非难以置信——如果穷人在装配线工作，迟到会受到严厉的惩罚（因为一个人的缺岗可以使整条流水线无法移动），然而富人具有更大的灵活性，此时穷人与富人相比，工作迟到会有相对更高的成本；如果穷人在去上班之前有更繁重的家庭活要做，对他们而言早早地离开家比等待时间成本更多。

在随意到来系统中，这些相对更为昂贵的时延意味着穷人而不是富人将在上午8:30左右的最佳时间到达。他们都是相对良好的等待者，随意到来系统鼓励等待。在拥堵收费系统下，穷人和富人交换了位置，因为等待的技巧不再重要：富人将在最佳时间来到，穷人将在非最佳时间到达。

这种转换是一个潜在的帕累托改进。假定在一个随意到来系统中，一个估价早到时间价值为每分钟20美分的穷人到达的时间是上午的8:30，一个估价早到时间价值为每分钟40美分的富人早到了100分钟。如果他们互换位置——这就是拥堵收费系统实现的——穷人损失了20美元而富人得到了40美元。受益者能够补偿损失者。

图4—8和图4—9阐述了一个特殊的案例，在拥堵收费系统中穷人的处境变坏。需求是完全无弹性的。图4—8显示了随意到来均衡。富人到达时间很早和很晚都要承担很大的时延成本。他们不想在最佳时间等待，因为队列太长了并且都是每分钟等待成本很低的穷人。穷人在最佳的时间到达并且花费了大量的时间等待，因为对于他们来说移动到短时间队列的每一分钟的时延成本都太高了。

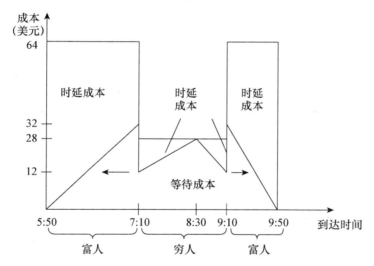

图4—8　贫穷和富裕驾驶员的随意到来系统均衡

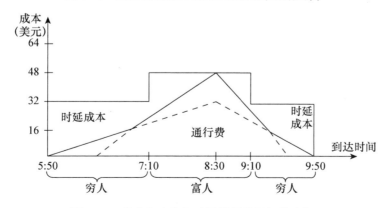

图4—9　贫穷和富裕驾驶员的最佳通行费均衡

图 4—9 中，均衡状态的位置与最佳拥堵收费时的情形相反。在较早于最佳时间的时段，当穷人到达时，随着时延的减少，通行费上升的速度较为缓慢。这使得穷人不感兴趣，却使得发现自己身处这个时间段的任何一位富人想要减少他们的时延成本。在更为接近最佳时间的时段通行费上升得更为快速，这时富人正在到达。富人对此不感兴趣，但是发现自己身处这个时间段的任何一位穷人却想要减少他们正在支付的通行费。图 4—9 中的虚线显示的是富人想在穷人的时间段到达时意愿支付的费用，以及穷人想在富人的时间段到达时意愿支付的费用。既然富人在穷人的时间段到达时意愿支付的费用少于正在支付的通行费，也因为相同的情形适用于穷人在富人的时间段到达时的意愿支付，没有人试图错过他或她的时间段。

图 4—8 和图 4—9 来源于本章结束处附录中的一个数字例子。

这个例子假设穷人和富人的需求都是完全无弹性的。如果弹性不同，结果也就不同。我们一直强调只要两类驾驶员的需求是完全弹性的，随着时间的充分延续，将没有人盈利或者受损。一般来说，需求弹性越高就越能减少一个群体在实施着的通行收费系统中受益的数目，当然它也会制约其通行费所失的数量。需求的高弹性就像是保险。因此在这个例子中，如果穷人的出行需求是高弹性的，在实施着的拥堵收费系统中，他将不会损失很多；作为替代，他们中将有更少的人使用隧道。

另一方面，其他人群的高需求弹性则放大了这个群组从拥堵收费系统中实现的所得或所失。在这个例子中，如果富人有较高的需求弹性，拥堵收费给予他们的收益将引诱更多的富人使用隧道。拥堵的增加会使得穷人的处境更坏。如果穷人有较高的需求弹性，那么来自于拥堵收费的损失也会使得使用隧道的穷人数量减少。越少的人使用隧道，富人得到的就越多。

我们所做的一切使得拥堵收费究竟是**进步**还是**倒退**呢？很显然，在大多数情况下，拥堵收费是倒退的，比如税务局浪费了所有收益。但是在很多情形中它也是进步的或者是中性的。问题的关键是每一分钟的时延成本相对于每一分钟的等待成本的比例。这个参数也不可能时时处处都一样，因此拥堵收费到底是倒退还是进步也不可能处处一样。

很多关于现代美国城市的实证研究已经得出结论，拥堵收费仅仅是轻微的倒退（参见 Segal and Steinmeier，1980；Small，1983；Anderson，1996；所有这些研究通常都假设税务当局浪费了所有收益）。不过我们应该记得，有些事实并非总会一成不变，而正是一些关于美国 20 世纪 70 年代和 80 年代城市生活的事实导致了有关结论。尤其是：

1. 富人有更高的相对等待成本。富人在车中做的事情越多，说明这个前提就越不可能被认同。大多数实证性的研究早于移动电话的广泛应用。好的立体声、CD 播放器、车载传真、无线网络连接都扭转了这个关系。如果真的被扭转过来，拥堵收费将不会改变时间如何被配置，并且不会随着最少时延而把穷人挤出这一时段，即使在随意到来系统下富人也将一直使用这一时段。

2. 一人一车。如果穷人共享汽车或者乘坐公共交通而富人并不这样做，那么拥堵收费就不会随着最少时延而把穷人挤出这一时段。拥堵收费系统会将最接近上午 8:30 的时间分配给那些具有最高的绝对时延成本的人。一辆搭载三个每分钟时延成本为 20 美分的穷人的合乘汽车所带来的每一分钟的时延成本将高于一个富人每分钟 40 美分的时延成本。一个载有穷人的公共汽车的时延成本将比一个一刻千金的高管的成本要高。

穷人比富人更可能合伙乘车或者使用公共汽车，他们的损失也会更大，如果这样，来自于拥堵收费系统的损失就可能比我们已经计算的要少。

3. 高峰期的驾驶员是一个各种混杂的人群。尽管很穷的人没有汽车，很多穷人的工作调换也不是很方便，但是这种假设在美国之外，或许纽约之外的其他地方相对于现实不一定就是糟糕的近似。在很多发展中国家，包括那些严重交通拥堵的国家，有汽车的人处在上流社会，甚至最穷的驾驶员也是相对地富有。在一定程度上来说，通行费的收益允许政府提供通常的服务和减少一般性税收，在这些国家中拥堵收费就是进步。

除了这些（重要的）技术性考虑，拥堵收费最终是退步还是进步这一问题取决于两类人群的反应。第一就是雇主：毕竟他们可以改变工作日开始和结束的时间以及选择他们关于如何处理其雇员早到或者晚到的决定。如果拥堵收费使得低收入者准时工作变得更为困难，雇主将不得不重新思考他们的工作要求。对于雇主来说，当他不用不得不为掉换一个陷在林肯隧道里的股票经纪人而有所付出时，要求秘书在上午 9:00 开始工作的成本就是很低的；当工作要求的所有成本都回到公司和其雇员的时候，雇主可能采用不同的措施。作为一种选择，那些必须准时工作的低薪工人的雇主将不得不为工人支付更多——在这个例子中，在拥堵收费中遭受损失的是雇主和他们的客户，而不是工人。

第二大问题是支配者——行政人员、立法者、选民、税务官员——对拥堵收费有怎样的反应。当一个支配者发现自己有许多新的货币进账，富人的处境更好但一些穷人的境况更差时，他将做些什么呢？他将使用一部分金钱为穷人减税，或是改善他们的学校，或是增加穷人社区的警察数量呢？还是什么也不做，把这些钱存起来以备紧急时期所需呢？

今天，明智的支配者们已不再只会剥削穷人——他们也提供一些服务，不再以没收性的税率向他们征税，他们甚至参与一些扶贫行动（例如，累进所得税计划和福利计划）。这就是他们为什么做这些事情以及为什么选择把这些事情做到这种程度的理由。那些理由超出了本书的范围。然而，几乎每一个貌似有理的支配者行为理论都意味着如果穷人的处境更坏、支配者得到更多的金钱、富人的境况变好，那么支配者将至少会用部分增收的钱财去帮助穷人。这样看来支配者也像劳动力市场一样通过抵消拥堵收费可能有的负面影响而做出反应。

今天的支配者有很多几乎每一个人都支持的负面计划：他们建造图书馆和资助州立大学，他们征收烟草税和经营可怕且不公平的彩票站，他们使流动性住房远离高档社区和在中央公园禁止驾驶摩托车。支配者的众多计划和多种税收的总体效果才是真正重要的，而不仅仅是单一的计划。

Ⅴ. 拥堵收费的其他异议

对于拥堵收费而言，公平不是唯一出现的反对意见。在本节中我们还要考虑其他一些意见。

它是不切实际的。 在很多年里它可能是这样的，但那是电子收费技术发展以前的情形：技术每一年都在进步。（具有讽刺性的是，美国军方资助了来自于维克瑞理想化实践的大多数发明（Vickrey，1969），他自身是一个和平主义者，一个拒服兵役的人。）

今天，世界上的很多城市在使用或者试用多种形式的拥堵收费系统。新加坡自1975 年以来一直在使用一个低技术的拥堵收费系统——在上午的高峰期进入市中心，每一次通行你都需要出示一个花费 2 美元的许可证，该证在非高峰期的价格是 1.3 美元/次。1998 年新加坡开始改用具有很多等级的自动收费系统。从 20 世纪 90 年代初期起，挪威的特隆赫姆、卑尔根和奥斯陆等城市一直使用交通高峰收费方案，起初大部分收益通过老式的收费站来收取。法国位于巴黎和里尔之间的 A1 高速公路的收费一直被一家私营企业所经营，礼拜天下午的通行费率会增加 25%。在美国加利福尼亚州的奥兰治县，一家私营企业在拥堵严重的 91 号州际公路的中间铺设了一些新车道，1996 年以来一直收取一个变动的通行费（电子化收取）。在圣地亚哥和休斯敦，多人合乘车（HOV）专用通道——为载有 2 人及以上的汽车预留的线路——现在已经变成多人合乘或收费（HOT）通道，它仅对付费顾客和高峰期的 HOV 开放。2001 年，各种不规范形式的交通拥堵收费在纽约哈德逊河的几个港口区出现。2003 年伦敦实行了中心区拥堵收费。

到目前为止，这些项目中没有一个在使用本章着重讨论的平稳变化的收费系统，所以具有重要意义的拥堵收费系统还没有被应用。收取平稳变化的通行费在现有技术水平下并不是特别困难，但是仅仅有技术是不够的。驾驶员必须知道他们应该缴纳多少通行费才能决定到底怎样做，所以一些机制应该被取代，以便足够早地告知驾驶员他们有怎样的选择。那种机制还没有被开发出来。但是寻找一种告知驾驶员通行费数量的方式并不是特别困难的技术性挑战，至少一些闪光的道路标志（就像那些写着"前方有雾"的道路标志）能够做一部分重要的工作。

它侵犯了人们的隐私。如果你在车上安装了一个电子收发装置同时为你的出行付费，政府将在所有时刻都能一直追踪到你。在香港回归中国前的几年里，就有针对改革拥堵收费方式提案的反对意见。但是拥堵收费并不需要"尖端"技术，人们可以利用无记名的"智能卡"预付费，它可以支付你对收费道路的每一次使用。即使没有智能卡也能很轻松地避开政府正在使用的拥堵收费系统——你所需要做的就是避免在拥堵时间、拥堵的道路上行驶。你可以在任何时间、任何地点散步、骑自行车、乘坐地铁，或者是在几个时间段、几个地方开汽车。

绕行不理想的道路将使收费落空。当驾驶员试图避开主干道上高额的通行费时，他们的绕道将会阻碍次道的通行并超过社区道路的通行限度。拥堵仅仅是被从干道转移到次道上而没有被消除掉。有几种方式可以回应这一异议。首先，在一些城市中，特别是在纽约，只有不多的几条干道，而没有次道穿过哈德逊河。第二，在有不能被征收通行费的次道存在的时候，实质性的收益还是来源于主干道的拥堵收费。布利德（Braid，1996）及伯恩斯坦和埃·萨尔瓦多（Bernstein and El Sanhouri，1994）已经研究过当另一条道路是很好的替代路的时候，如何在一条道路上获得最大的收益。如果这两条路的需求是完全无弹性的，并且两条路的通行能力都一样，最佳的收费系统是收支平衡——它的开始和结束都是负值，而在上午 8:30 的时候是正值。我们先前讨论的通行费起始于上午 5:50 的一16 美元，上升到上午 8:30 的 16 美元，跌落到上午 9:50 的一16 美元。两条道路的总需求弹性越高和收费道路的相对通行能力越大，收费道路上收到的平均通

城市经济学

行费就越多。

道路本来就应该免费。 很容易理解这种想法的来源：在本章开始的一节中已经说过在有些条件下它是一种很好的想法，这些条件平常都能遇到，在汽车发明的初期，这是非常正确的。事实上，美国对路况良好和自由通行的道路的激励要早于汽车的发明：19世纪80年代，美国脚踏车联盟是一个自行车组织，受到美国艾伯特自行车制造商的不少资助（Gutfreund，1998，p.10）。政府资助郊区道路建设自1885年起出现在美国人民党的党纲中，20世纪20年代，美国联邦公共道路调查局曾发起一些诸如"好的道路如何为社区人们的生活提供帮助"的主题美文竞赛，其奖励是哈维·费尔斯通设立的大学奖学金（Gutfreund，1998，pp.11—25）。

不过，什么可以免费和什么应该付费的问题取决于供给和需求，少数的例外并不是原则性问题。在欧洲人到达之前，北美洲的土地是免费的，因为那里地广人稀，当足够多的人到来的时候，这里的土地就不再免费了。在技术被开发到能收集和使用天然气之前，采油工视天然气为免费之物，一烧了之。今天人们丢弃了（且视之为免费之物的）一个世纪前或许将被保留、修理和销售的家具和衣服。1910年的美国曾经免费的东西对究竟什么该是2010年的美国或者2020年的印度免费的东西是没有影响的。

它在政治上不可行。 在真正出现之前没有什么东西在政治上一直是可行的，否则它早就发生了。

VI．处理拥堵的其他方式

除了经济因素外，拥堵收费作为一项缓解拥堵的公共政策很少被关注。我们已经讨论过的通行能力扩充问题与其他政策相比受到更多的关注，不过还是有几个其他的注意事项一直被慎重地考虑着。本节将考察一些其他选择。

交通高峰期将一致性收费。 正被讨论的拥堵收费案例并没有平稳时变地收费，我们在本章的前面部分已做过有关平稳时变理论特性的验证。它的显著特征是在几个高峰期收取高额的费用，在非高峰期收取较低的费用，或者根本不收取通行费。这种系统——有时候被称为**静态拥堵收费系统**，与我们已专门关注的**动态拥堵收费系统**相比——更容易被管理，也更受驾驶员欢迎，因为它给驾驶员每一次通行应该缴纳多少费用以明示（尽管人们并不清楚这种承诺有多么重要，因为大多数人不得不担心比这更大的风险，还因为他们没有得到关于他们将遇到的交通拥堵有多严重的承诺）。

静态拥堵收费在提高效率方面有多大好处呢？这取决于高峰期出行需求的弹性。弹性越高，静态交通拥堵收费系统将运行得越好。静态拥堵收费系统的运行是通过减少通行的数量，而不是把出行安排得更加井井有条。当人们相互阻挡各自的前行时，减少通行的数量是一个很好的做法——当他们没有预约或者没有使用动态拥堵收费系统时。动态拥堵收费系统消除了问题的根源，因此它至少能和静态拥堵收费系统一样好，但是静态拥堵收费系统还是比什么措施都不用要好些。

想一下我们为什么将图4—7重塑为图4—10a。在没有通行费的随意到来系统中，三角形 *C* 代表的是驾驶员承受的时延成本，三角形 *B* 代表的是他们承受的等待成本，*A*

区域代表的是驾驶员的净收益。动态拥堵收费系统运行时将来自于浪费的等待时间三角形 B 转化成税务局潜在的生产收益。静态拥堵收费系统将三角形 B 的一部分转化成了税务局的收益，不过要做到这些就必须削减通行的数量以保证其他方面的净收益，同时它势必也转移了一部分没有被阻止的驾驶员的收益。

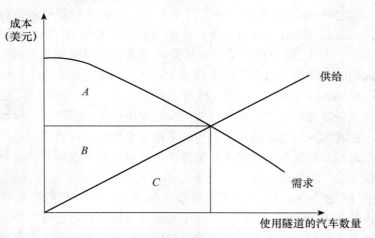

图 4—10a　动态拥堵收费系统

图 4—10b 说明了这一切是怎样发生的。统一的收费抬升了供给曲线——对于任何数量的汽车，将付出更多使用道路的成本——因此供给和需求曲线相交于低通行量、高成本区域。因为汽车通行量少，驾驶员失去了三角形 L 的净收益。税务局获得的收益是矩形 T 和 G 的和，但是矩形 T 来自于驾驶员的花销，只有矩形 G 代表社会收益，它对于潜在的帕累托改进有着重要的意义。既然矩形 G 代表的收益大于三角形 L 代表的损失，那么实施静态拥堵收费就是潜在的帕累托改进。但是在图 4—10a 中，矩形 G 的面积小于三角形 B 的面积，动态拥堵收费不会导致类似于三角形 L 的损失，动态拥堵收费系统显得更优越一些。

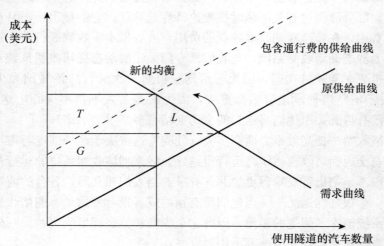

图 4—10b　静态拥堵收费系统

当然，如果你关注的是污染，或者是道路维修问题而不是拥堵，那么减少通行数量就是一个优势而不是劣势。但是既然那样，通行费应该一直都很高，而不是仅仅在高峰期，动态拥堵收费可以达到缓解交通拥堵的目的，它除了统一固定了通行费外还减轻了污染。

燃油税和车辆使用税。燃油税和车辆使用税本质上可以解决污染和道路恶化。他们还解决了部分免费停车问题。不过无论何时被使用于何地，燃油就是燃油，车就是车，燃油税和车辆使用税在处理拥堵的时候是很生硬、欠佳的措施。利用燃油税去减少拥堵就像征收出版税以减少淫秽出版物一样。

停车政策。撞到一个静止的目标要比撞到一个移动的目标更容易，因此对一辆停止的汽车收取通行费要比向运动着的汽车收取通行费更容易。因此，一个减少高峰时期交通流量的可选择方式是对交通高峰期停在中央区域的汽车收取费用，收费时间在上午的6点～10点之间。

这种泊车费非常类似于静态拥堵收费系统，因为它们无法消除拥堵，它们仅仅是减少了通行量。相对于静态拥堵收费系统，泊车收费也有缺点。它们不能影响到最拥挤时刻、最拥挤地区的出行，司机也不想把车停在很多人将要去的地方——例如长途运输司机以及那些跑腿的人。在一定程度上说，停车收费几乎无法用出行价值较高的上班族去替代出行价值较低的出行者，因为并没有污染或者拥堵的净减少。

美国的税收对待那种许多雇主提供给员工的免费停车的处理方式是不一样的。对很多员工而言，这是主要的附加福利，95％的上班族驾车去工作都能获得免费的停车位（Shoup，1997）。像其他的附加收益那样，雇主在经营性支出中处理了他们承担的用于提供免费停车的成本——设施、清扫、安全——并且雇员不必为他们得到的这份福利而交税。这就激励了人们驾车上班——太多的人开车去上班。一个雇主给予一个缴纳30％个人所得税的员工1美元的收入增加，只会让那位员工享受到价值70美分的更多的奶酪，一个将相同的1美元花在免费泊车上的雇主将使得工人享用完完整整的一美元的停车价值。所以结果就是员工们消费了更多的停车和更少的奶酪：如果工人能够得到他们获得的免费停车的那部分现金价值，员工自己决定他们要花费多少在奶酪上，没有任何税收的负担或政府的干预，每一个人的境况都会变得更好。

当加利福尼亚州1992年要求一些雇主为其员工在免费停车和现金补贴之间提供一个选择时，单独驾驶的司机减少了13％，乘坐公共交通的数量增长了50％。在泊车的现金补贴方面，妇女和少数族裔得到了不公正的待遇（Shoup，1997）。然而，现金支付并没有消除由个人所得税引起的所有扭曲，因为有些决定拿现金的人要用这些钱去支付个人所得税，但是另外一些决定使用停车位的人却不这样。

延长工作日。如果人们的工作时间由一周工作5天、每天工作8小时，改为每周工作4天、每天10小时，那么每周只有8小时的交通高峰而不是10小时。虽然每一个高峰期的状况不会比现在更好，但是也不会变得比现在更坏，所以每周的上下班总成本会减少20％。每周三个休息日可能也会减少商场里和海滩上的拥堵。

如果每周四个工作日是一件如此美好的事情，为什么雇主自己不采用这种方式呢？或许疲劳和厌倦是个大问题，10小时工作日的效率损失将会抵消因上下班人员减少而增加的收益。如果这是雇主不采用每周4个工作日的原因，那么政府在这个方向上的努力引导可能就是误导。

不过，对于雇主为什么坚持一周 5 个工作日可能会有另外一个解释：它是一种惯例。在很多种类的工作中，当员工可以与其他工厂中正在工作的人交流时他们都是很有效率的，很多人最喜欢在其他人——尤其是朋友和家庭成员——也离开工作岗位的那个时刻下班。因此单个企业自说自话地改到每周 4 个工作日或许是灾难，如果所有企业（或者大多数企业）联合起来都这么做的话，它可能根本就不是问题。其自身的协调将会很有价值，因为它并不是一个特例。

更重要的是，雇主现在不用为自己让工人每周做 10 次驾车出行而不是 8 次的决定负担所有的成本，因为他们不用承担自己的员工施加给其他司机的拥堵成本。

■ Ⅶ. 结论

没有汽车，我们将不能维持我们的健康、我们的生产率、我们自由的心态和自动调节的心理。有时候它们也是很有趣的。在一些情况下，政府恰恰应该修建道路，让开车的人轻松愉快。

但是汽车也会带来问题。道路的毁坏、污染、事故和拥堵就是其中的问题。很多政策已经被用于解决这些问题——因道路毁坏征收的燃油税，因污染制定的排放标准，因事故设立的侵权行为法和汽车保险，以及众多的解决拥堵的设想。经济学家已经制定了很多计划，例如双重严格赔偿责任，加油附加费和汽车保险，动态拥堵收费系统，这些都可以利用先进的信息技术。它们发挥的作用可能比现有的方式要好。

现行的政策在很多地方或许并没有使驾驶员完全实现对他们造成的道路毁坏、污染和事故的支付。减少行驶的数量以及这些与之相伴的问题的程度将是一个潜在的帕累托改进。更大的驾驶警示牌也是一个潜在的帕累托最优。更好的拥堵处理政策可以节约资源并让司机（或一些人）的状况变好。

为什么你关注减少污染、事故和拥堵而不是舍弃同等价值的驾车出行呢？其直接成本——仅仅美国就有数百亿美元，在欧洲和日本可能更多，在发展中国家会迅速增长——对他们自己来说是足够多的。当然也有一些更为微妙的理由：利用城市的生活方式和生产率所带来的好处。在第 2 章中讨论过很多城市并没有意识到规模报酬的递增，除非人们能够很容易地来来往往和在尽可能接近理想的时间到达正确的地方。陷入交通拥堵不仅对他们自己而且对他们将要会面的人都是一种负担。对于我来说穿过林肯隧道的成本越高，我去曼哈顿东岸的海图商店、去洛克菲勒中心的管弦音乐会上演奏或者参加乔·克雷诺曼的 12 小时耐力赛的可能性就越小。如果我不去逛商店、在音乐会上演奏或者参加比赛，我更可能使得商店关门、音乐会失败和比赛取消。这时，那些想去逛商店、出席音乐会、参加比赛的人也将是输家。城市生活输出的价值越大，每一个人从明智的城市交通公共政策中得到的利益就越多。

■ 附录： 富驾驶员和穷驾驶员的数字例子

假设需求是完全无弹性的，2 000 个穷人和 2 000 个富人在上午驾车通过林肯隧道。

用美分计算的每分钟的成本是：

	穷人（美分）	富人（美分）
等待	22.5	60
提前	20	40
延后	40	80

找出随意到来系统均衡和最佳拥堵收费系统均衡。成本是如何变化的？税务局在通行费中得到多少收益？

□ A. 随意到来系统均衡

第一步：谁将在最佳通行时间使用隧道？

首先考虑上午 8:30 以前的情形。一个富人想要一分钟之后进入隧道的意愿所对应的额外等待时间是 2/3 分钟（0.4 美元/0.6 美元），但是一个穷人想要一分钟之后进入隧道的意愿所对应的额外等待是 8/9 分钟（0.2 美元/0.225 美元）。这样穷人将在上午的 8:30 左右到达隧道。上午 8:30 以后的计算也类似。

第二步：找出富人的总成本。富人最早到达的时间是上午的 5:50，并且没有排队。她的所有成本都是时延成本，数额为 64 美元。所以每一个富人都要承担 64 美元的成本。

第三步：什么时间是贫穷和富有的驾驶员的分界线？我认为最早到达的穷人承担的时延成本应该与最晚到达的穷人的时延成本一样。

看一下这是为什么，假如最早到达的穷驾驶员——称她为穷驾驶员 E——的时延成本少于最迟到达者——称她为穷驾驶员 L——的时延成本。他们的时延成本之差记为 S。因为富人每分钟的时延成本是穷人每分钟时延成本的 2 倍，这就意味着恰恰位列于驾驶员 E 之前——称为 E 的前趋——的富人的时延成本少于紧随穷驾驶员 L 之后——称为 L 的后继——的富人的时延成本，其差是 $2S$。既然所有的富人有同样的总成本，那么 E 的前趋的等待成本要比 L 的后继的等待成本多 $2S$。这就是说穷人 E 开始等待的时候要比穷人 L 开始等待的时候的队列要长很多，穷人 E 一定比穷人 L 等待的时间更长。因为穷人每分钟的等待成本是富人的 37.5%（=22.5/60），穷人 E 的等待成本一定是她的前趋的等待成本的 37.5%，穷人 L 的等待成本也必须是她的后继的等待成本的 37.5%。因此穷人 E 的等待成本与穷人 L 的等待成本的差应该是 E 的前趋的等待成本与 L 的后继的等待成本之差的 37.5%——也就是 $2S$ 的 37.5%。因此穷人 E 的等待成本比穷人 L 的等待成本要大

$$0.375 \times 2S = 0.75S$$

因此，只要 $S>0$，穷人 E 的状况就好于 L。她的时延成本要小于 S，她的等待成本最高仅是 $0.75S$。所以穷人 L 想把她的到达时间调整为和穷人 E 一样。

类似地，我们可以看到在均衡处最早到达的穷人司机的时延成本不会比最晚到达的穷人司机的更大，最早到达和最晚到达的穷人司机的时延成本是相同的。这就意味着会有 2/3 的穷人司机在上午 8:30 以前到达，1/3 在上午 8:30 以后到达。所以分界线是上

午的 7:10 和 9:10。上午 8:30 以前的一半时间属于每一个群体，上午 8:30 以后的一半时间也是。

第四步：富人的等待时间是多少？在上午的 5:50 到 7:10 之间时延成本以 0.4 美元/分钟的速率减少，所以等待成本必须以 0.4 美元/分钟的速度增加。因此等待时间要以每分钟 2/3 分钟（＝40/60）的速度增加。在 7:10（穷人 E 的前趋）到达的富人的时延成本是 32 美元，等待成本也是 32 美元。在 9:10（穷人 L 的后继）到达的富人的成本也是如此。在 7:10 和 9:10 到达者需要等待 53.33 分钟。

第五步：穷人的等待时间是多少？在上午 7:30 到达隧道的穷人（穷人 L）也需要等待 53.33 分钟。由于她的时延成本是 16 美元，所以她的总成本是 28 美元，

$$16＋53.33×0.225＝28$$

所以每一个穷人要承担 28 美元的成本。在上午 8:30 到达的穷人没有时延成本，排队等待时间为 124.4 分钟（28/0.225）。

因此，在均衡的随意到来系统中，每一个穷人的成本是 28 美元，每一个富人的成本是 64 美元。

□ B. 最优拥堵收费均衡

第一步：谁将在最佳通行时间使用隧道？既然富人有更高的每分钟（从早到晚到都是这样）时延成本，他们就会在最佳通行时间使用隧道。

第二步：找出穷人的总成本。最早的穷人司机到达的时间是上午的 5:50，没有通行费也不用排队。她的成本都是时延成本，数额是 32 美元。因此每一个穷人都要承担 32 美元的成本。

第三步：什么时间是贫穷和富有的驾驶员的分界线？假设最迟到达的富有的驾驶员（称她为富人 L）比最早到达的富人驾驶员（称她为富人 E）的时延成本要高。通过移动富人 L 至上午 8:30 以前可以减少富人的总时延成本。同时也要从上午 8:30 之前反方向移动富人 E 的前趋到上午 8:30 之后。这种移动将会增加穷人的时延成本，但是富人 E 的前趋的损失大约是富人 L 收益的一半，因为富人每分钟的成本更高。所以交换富人 L 和富人 E 的前趋的位置也是潜在的帕累托改进。

因此，在最佳拥堵收费系统中富人 E 的时延成本和富人 L 的时延成本是相等的。通常这意味着 2/3 的富有的驾驶员会在上午 8:30 以前到达，与贫穷的驾驶员的情形相同。因此分界线也是 7:10 和 9:10。

第四步：穷人需要支付的通行费是多少？在 5:50 和 7:10 之间，时延成本以每分钟 0.2 美元的速度下降，所以通行费要以每分钟 0.2 美元的速度增加。9:10 到 9:50 之间的情况则与此相反，但是速率为每分钟 0.4 美元。在 7:10 和 9:10 的通行费是 16 美元。穷人支付的平均通行费是该数量的一半，所以穷人支付的通行费是 16 000 美元（2 000 人×8 美元/人）。

第五步：富人承担的成本是多少？考虑富人 E，最早的富人在 7:10 到达。如果她支付的金额超过穷人那时到达将支付的 16 美元，那么她将延后到 7:29 到达，并且人们的分布是没有效率的。如果她支付的少于 16 美元，穷人将晚到达，并且人们的分布再

一次无效率。因此一个在 7:10 到达的富人的通行费也是 16 美元。此外，在那个时间富人的时延成本是 32 美元，所以一个富人的总成本是 48 美元。每一个富人都要承担 48 美元的成本。

第六步：富人支付的通行费是多少？让富人并不关心他们将何时到达，通行费不得不在 7:10 到 8:30 之间以 0.4 美元/分钟的速度递增，进而最大通行费达 48 美元。然后它将以 0.8 美元/分钟的速度递减直到降到 9:10 的 16 美元，也就是穷人开始通行的时候。平均通行费是最小值（16 美元）和最大值（48 美元）的一半，也就是 32 美元。富人的通行费支付等于 64 000 美元。来自于所有司机的总通行费是 80 000 美元。

因此，从随意到来系统到最佳拥堵收费系统的转换使得富人的成本从 64 美元降到 48 美元，穷人的成本则从 28 美元升至 32 美元。穷人和富人的数量是相等的，富人得到的是穷人失去的 4 倍。另外，税务局的总收益是 80 000 美元，或者是人均 20 美元，这个数额无论对于穷人还是富人的一方还是双方都是减少的。如果占人口数量一半的穷人得到的仅仅是通行费收益的 15%，他们的状况将和随意到来系统中的状况一样好。

问题

1. 安东尼·康斯（Anthony Downs）在他关于高峰期拥堵的书中写到："因此，我对高峰期堵在路上的美国司机的建议仅是不要让其涉及政治倾向，而是自己要学着适应拥堵。买一辆舒适的、有空调的汽车，装上立体声收音机、磁带播放器、电话，或许还有传真机，……将堵在路上的时间看做另一段休息时间。"（Downs，1992，p. 164）

假设人们听从康斯的建议。当然这将花费他们不少，却可以减少人们堵车等候时的每一分钟的成本。如果人们听从康斯的建议，那么排队的均衡时长会有什么变化？人们花费在等待上的总时间成本会有什么变化？综合起来看，上述所有投资是否值得？如果其他人都进行了这些投资，你是否也会这么做？

2. 堵车时浪费的汽油也是一笔成本。假如汽油的价格在上涨，所有的司机都同质，面对同一条拥堵的路，需求完全没有弹性。

a. 在随意到来系统的情形下，最早的司机的到达时间会怎么变化？在最合适的时间到达的司机的等待成本会怎么变化？那位司机等待的时间会变化吗？队伍的长度会怎么变化？汽油价格的上升会给司机造成多大损失？

b. 在最优拥堵收费的情况下，更高的汽油价格会带来怎样的变化？汽油价格的增加会对司机造成多大损失？

3. 1998 年，纽约第五大道设置了障碍以阻止行人穿越 49 街和 50 街，目的是便于汽车从这两条街转弯驶入第五大道并加速穿越下城和中城的交通流。曼哈顿有许多横穿第五大道的街道与 49 街和 50 街相平行，在这些街道拐角处周边的几英里内经常发生车辆拥堵。也有其他途径去曼哈顿（步行、大巴、地铁、出租车）。行人和行人同情者对这些障碍表示了强烈抗议，但市长依然认为加速曼哈顿中城区的车辆流速是一个重要的公共政策目标。分析这一提议以确定其对曼哈顿中城区的车辆流速和拥堵的影响。

4. 在我们所述标准隧道的例子中，假如每个人都有相同的时间成本，2 000 个司机开的是普通汽车，2 000 个司机开的是运动型轿车（SUV），SUV 比普通汽车要大，隧道每个小时可以通过 1 000 辆普通汽车或 750 辆 SUV。

a. 在随意到来系统的情形下会发生什么现象？

b. 在最优收费的情形下又会怎么样？（假如收费技术可以识别一辆 SUV，而且必要的话，还可以对其收取不同费用。）

c. 假定相比于普通汽车的驾驶员，SUV 的驾驶员是富人，因此具有不同的时间成本，在哪种情形下，这将影响你对问题 b 的回答？

5. 我在文中对比了富人可能从拥堵收费中获得的收益和穷人可能从拥堵收费中得到的收益或损失。拥堵收费对男性和女性的影响是否有所不同？如果有的话，原因是什么？

6. 与只有两个不同的群体（富人和穷人）相异，假定存在数百个不同的群体，每个群体每分钟的时延成本都不同，请描述最优收费计划。

7. 假如每个人的车都有良好的暖风设施，但只有富人的车有空调。夏天非常炎热而冬天非常寒冷（没有春天或秋天）。富人的时延成本比穷人高且不随季节而变化。在没有收费站的瓶颈路段经常发生堵车。夏天在最合适的时间通过这段瓶颈的司机群较冬天有所不同。如果拥堵收费已在执行，没有一条街道的收费将被用来造福于穷人。你需要确定拥堵收费没有对穷人造成损失。你能在夏冬的某个季节或两个季节中都实施拥堵收费吗？请做出解释。

参考文献

Anderson, David Richard. 1996. "Congestion Pricing on a Transportation Network: Efficiency Gains and Distributional Consequences." PhD diss., University of Minnesota.

Arnott, Richard J., Andre de Palma, and Robin Lindsey. 1994. "The Welfare Effects of Congestion Tolls with Heterogeneous Commuters." *Journal of Transport Economics and Policy*: 139-161.

Bernstein, D., and I. El Sanhouri. 1994. "Congestion Pricing with an Untolled Alternative." Unpublished manuscript.

Braid, Ralph M. 1996. "Peak-Load Pricing of a Transportation Route with an Unpriced Substitute." *Journal of Urban Economics* 40: 179-197.

Caro, Robert. 1975. *The Power Broker: Robert Moses and the Fall of New York*. New York: Vintage Books.

Daniel, Joseph I., and Khalid Bekka. 2000. "The Environmental Impact of Congestion Pricing." *Journal of Urban Economics* 47(2): 180-215.

Downs, Anthony. 1992. *Stuck in Traffic: Coping with Peak-Hour Traffic Congestion*. Washington, DC, and Cambridge, MA: The Brookings Institution and the Lincoln Institute of Land Policy.

——. 1962. "The Law of Peak-Hour Expressway Congestion." *Traffic Quarterly* 16: 393-409.

Gutfreund, Owen D. 1998. "20th-Century Sprawl: Accommodating the Automobile and the Decentralization of the United States." PhD diss., Columbia University,

Department of History.

New York Metropolitan Transportation Council. 1995. *Hub-bound Travel*.

Segal, David, and Thomas L. Steinmeier. 1980. "The Incidence of Congestion and Congestion Tolls." *Journal of Urban Economics* 7(1): 42-62.

Shoup, Donald C. 1997. "Evaluating the Effects of Cashing Out Employer-Paid Parking: Eight Case Studies." *Transport Policy* 4(4): 201-216.

Small, Kenneth A. 1983. "The Incidence of Congestion Tolls on Urban Highways." *Journal of Urban Economics* 13: 90-111.

Texas Transportation Institute. 2004. "2004 Urban Mobility Study." Accessed at www. mobility. tamu. edu/ums/report/congestion_cost. pdf.

U. S. Bureau of the Census. 2002. *Statistical Abstract of the United States 2001*. Washington, DC: U. S. Government Printing Office.

——. 2004. *Statistical Abstract of the United States 2003*. Washington, DC: U. S. Government Printing Office.

Vickrey, William S. 1969. "Congestion Theory and Transport Investment." *American Economic Review*, Papers and Proceedings, 251-261.

第 4 章　交通拥堵

第 5 章

公共交通①

驾车上下班存在着一些可笑的问题。试想你用两吨甚至更重的金属、橡胶和塑料就是为了把一个几百磅重的人移来移去。在这个过程中，大多数能量和努力都被用来移动汽车了，而不是用于人；汽车占用了路面并且引起了交通拥堵；不仅如此，当你到达目的地之后，还得解决在哪里停放这个把你运到那里去的几吨重的家伙。

在美国，除了步行，就每天驾驶小汽车出行而言，主要的替代方式是乘坐巴士和城铁。和小汽车一样，巴士和城铁也远远比它们运送的乘客重得多，而且它们还占用了更多空间。但是它们的材料与乘客的重量比会降低许多：一辆标准的纽约巴士重达36 800磅，虽然几乎是小汽车的 6～12 倍重，但是却可以乘载 40 多位乘客。

产生这种节约的原因是三分之二法则。小汽车、巴士和城铁，对人们来说都是必不可少的交通工具。它们的块头越大，其体积与表面积的比率就越大，就每磅重量（也就是表面积带来的实物负载）和每加仑汽油（也就是移动重量的动力）而言，其运载的乘客（也就是可使用的容积）自然也就越多。在运送乘客（和货物）方面存在着规模经济性。

公共交通还减少了意外事故。在同一辆巴士上的人们不会相互撞车，并且一辆巴士作为一个车体，撞上另一辆汽车的概率要比马路上 40 辆各行其道的小汽车相撞的概率小得多。

眼下我们已经不会惊奇于许多人都认为使用公共交通是减少支出、污染和交通堵塞的好方法。然而，尽管有上述这些好处，仍然只有少部分的美国上班族使用公共交通，1999 年美国大都市地区的这个比例仅仅达到了 4.9%（U. S. Bureau of Transportation

---

① 为了从本章中学习更多内容，你需要熟悉以下概念：反垄断、消费者剩余、无谓损失、弹性、低效的税收、垄断、次优以及沉没成本。你能够在词汇表中找到这些术语。交通堵塞、时滞成本以及三分之二法则等前面章节的概念也会出现在本章中。

Statistics，2002，table 1—33）。乘坐公共交通出行的优势在为数不多的城市得到体现，尤其是纽约，1999 年其公共交通乘客数量就占到了全美的1/3。合用一辆小汽车的人数大约是使用公共交通人数的两倍，也几乎是步行上班族人数的两倍。在美国加州的核桃溪市紧挨着旧金山湾区捷运系统（BART）站台的写字楼里工作的人中，只有不到 4％的人通过乘坐旧金山湾区的捷运系统上下班。在非工作的出行中，公共交通占据的份额更小。

纵观整个美国，以私人交通工具出行的乘客的英里数大约是以巴士、轨道运输系统（不包括城际轨道系统）出行的乘客英里数的 25 倍之多。在其他国家中，情况并非如此。比如，在日本，私人汽车的乘客英里数仅仅是公共交通乘客英里数的 3 倍，德国和意大利也只有 10 倍，法国和英国为 14 倍（U. S. Bureau of Transportation，1999，table 5）。

难道不是每个人都应该使用公共交通吗？对于发展中国家来说，学习美国模式好，还是以日本为其榜样呢？本章将会在深入研究公共交通系统如何运行的基础上回答这些问题。本章的第一部分将会探索优秀运输系统的特点和问题，而不论谁在实际运营这一系统。第二部分将会讨论谁在运营这一系统以及不同归属的经营权和所有权时各自的优势。

Ⅰ. 设计优秀的公共交通

□ A. 城铁和巴士的安排

人各有异，但是他们的时间都是宝贵的。我先前提出的关于公共交通的观点都忽略了这些事实，但是如果你要考虑关于城铁和巴士合理的时刻表，就必须花费大量的精力关注这些事实。并且如果你想思考公共交通应该怎样运行，你就不得不关注这一安排。一旦你开始思考有关安排，你就开始明白为什么美国人不喜欢公共交通了。同样也可以明白密集程度在其中所起的重要作用。

不妨列举一个基本理念：看看你周围的人，或者回想你今天遇到的所有人。两个甚至两个以上的人穿着同样衣服的可能性微乎其微（除非你在监狱或者军队里）；或许每个人的穿着打扮都不一样。尽管它会花费更少——借助于设计环节的努力和生产——如果每个人都身穿一种样式的制服，并且如果所有的制服都是一个尺寸，那么衣服生产的成本将会大大降低，但几乎每个人都还是穿着与其他人不一样的衣服。这些统一尺寸的制服对很多人来说并不合身，因此大多数人并不喜欢它们，但它们仍然是有用的，标准化可以节约大量的资金。

美国人并没有穿着统一服装到处走动的原因是因为不合身的衣服也是有代价的，穿着它你会觉得难看。每个人的身材都不一样，并且萝卜青菜各有所爱。人们也从事着不同的职业——他们奋力救火、表演脱衣舞、打网球、屠宰牲畜、款待英国大使——不同的行业需要穿着与之最佳匹配的不同服装。美国人穿在身上的各式各样的衣服同时体现了他们生活在繁荣的现代经济下的原因和效果。人们因为穿着适合手头工作的衣物而增加了效率，随后，人们会用增加的收入来消费他们最想要的东西，尽管他们会因此花费更多。

同样的，多种多样的需求使得公共交通安排困难，使得公共交通自身并不流行。就像你不太可能在一个折扣鞋店买到鞋宽为 E 的芭蕾舞鞋一样，你也不太可能在星期六早晨的六点钟找到从新泽西州梅普尔伍德的萨拉特广场到纽约市卡梅尔的朗蒙特老兵驿站的直达巴士。"公共交通"中的"公共"意味着，除非你与其他很多人都有在相同时间出行的打算，否则它不大可能对你产生很大帮助。

我们可以从三个方面来看待出行：出发地、目的地和到达的时间（就好像可以依据尺码、宽度、鞋带的款式、颜色和风格等方面来区分不同的鞋子一样）。小汽车在人们出行的时候备受欢迎是因为从这三个方面来看它都几乎完美地满足了人们的要求，当然不是在价格上。公共交通之所以便宜仅仅是因为人们被迫在一个或者更多方面做出妥协。如果一个公交站台离我家相对近一些，那么离你家就要远一些，而且无论如何这个公交站台都不太可能会和我们的车库一样近。城铁到达的时间对我来说可能太晚而对你来说可能太早；巴士的终点站可能离我们上班的地方都很远。所以，调度公共交通的目的就是使得人们能够尽可能少地存有令人讨厌的妥协。

试想这样的情景：人们只是对想要到达的时间有不同的要求；有很多人从相同的出发地到达相同的目的地，但是他们想在不同的时间到达那里。如果很多人都想在相同的时间到达目的地，那么调度公共交通就不会有问题了——你可以把所有人都安排在同一列城铁上并安排它在指定的时间到达——或者只是有一点我们已经研究过的小问题：如果交通拥堵确实不能使得每个人在相同的时间到达，你只要调度城铁或者巴士尽可能接近期望时间到达就可以了。当每一个人都想在相同的时间到达某个目的地的时候，公共交通相比小汽车的优势就一目了然了。

当人们想要在不同的时间到达目的地的时候，总会有一些人要失望。

请注意这种情况和我们在第 4 章中讨论的汽车拥堵有所区别：那里讨论的情况是因为每个人都想要在相同的时间出发，所以不可避免地会让一些人感到失望。

如果城铁按照所有人都相信的公告民众的时刻表来运行，那么没有人会等车。他们会根据自己想要坐的那班车的出发计划和相应的上车时间来决定什么时候出现在站台上。仅有的时间消耗（除旅行外，不管怎么调度城铁，这种成本都不会变化，因此也可以忽略不计）就是时延成本。上班族通过比较时延成本来决定乘坐哪一列城铁。当且仅当早到的城铁给他们带来的代价要小于迟到的城铁时，他们才会选择早一点的城铁（那些能让他们在期望的时间之前到达目的地的城铁）。

当城铁的发车间隔被安排得越小时，对于上班族来说平均时延成本就越小。但是如果城铁的发车间隔被安排得过小的话，每一列城铁上只会有很少的乘客，因而不太能实现巨大的规模经济性，而这正是公共交通起初吸引人的地方。这是在调度时要考虑的基本权衡：要么公共交通可以最大限度地利用规模效益，从而产生较多的时延成本，或者公共交通之间的发车间隔可以缩小，这样其与出租车服务相比就几乎没有区别了。

在交通服务的其他方面也需要进行同样的权衡。设想如果来自四面八方的人们想要出行，而且只有一列城铁并且只能在一个地方上车，这样的结果就是城铁满载出发并且实现了相当大的规模效益。但是平均看来，上班族必须承受巨大的代价以到达车站。如果有很多从不同车站出发的城铁，上班族走过很短的路程就可以到达车站，不过如果这

城市经济学

样的话，城铁就只能搭载很少的乘客，许多城铁还是得继续前行。如果仅仅有不多的几条城铁线路但是停靠的站点又很多，那么要么城铁运行的大部分时间基本上都是空载，要么当城铁减速、停车然后让新乘客上车的时候，车上的乘客需要等待很长的时间，要么两种情况会同时出现（如果大部分乘客已经在运行的城铁上，那么靠站上客耽误的时间就会较短，但是大部分乘客都要经历这种等待，否则，靠站上客耽误的时间就会较长，但是只有少部分人要经历这种等待）。

当人们的目的地不同的时候，诸如此类的问题就会出现，当人们的差别——就像他们所做的那样——出现在所有三个方面时，问题就会更加错综复杂。如果仅仅有很少的城铁在运行，那么一般人都会发现，即使最合适的城铁也是从不方便的地方出发、在不适合的时间到达了不方便的目的地，但是如果有很多城铁在运行，那么公共交通就再也体现不出"公共"了。

上述思考告诉我们公共交通在什么样的情形下有可能获得成功。当乘客囊中羞涩（因此等车耽误的代价要小于在汽油、汽车保养等方面的节省），或者很多人都想从相同的地方在相同的时间到达相同的目的地的时候，公共交通才能运营良好。如果等车的人有现在的两倍之多，你可以从两个站台间的任一个出发来运行一辆快速巴士而不是仅在一个单一的地方等客。如果人们住的互相更靠近一些，更多的人就可以在 10 分钟内步行到达车站，以及如果大家都在同样的地方工作，一般人就可以非常方便地去城铁车站。

公共交通在某些方面就跟航海地图店和管弦音乐会一样：它们都必须依赖于拥有密集人口的城市群。公共交通的提供是我在第 2 章已经探讨过的城市生活的另一个优势：只有在人口密集的城市，人们才会实现因公共交通带来的汽油费用、污染、汽车载重和道路维护方面的节约。而在其他地方，巴士或者城铁合理搭载足够的乘客所花费的成本要超过被节约的直接运输成本。

到底人口"密集"到什么程度才会有利于公共交通的运营呢？关于这个问题并没有一个适用于任何时间和地点的单一答案。答案部分取决于人们的时间价值，拉各斯和纽约的民众对时间价值的理解并不一样，纽约的布朗克斯维尔也不同于曼哈顿上城的东边。答案还取决于备选的运输方式——汽车的污染怎样、汽油的价格多贵、运送系统是否经常瘫痪、道路的拥堵程度如何。最后，答案还取决于建设公共交通的技术：建设和运营一个系统有多贵、能运载多少乘客、按照时刻表运营的可信度有多大。

对这个问题的最为全面的研究是加州大学伯克利分校的经济学家们，他们在 20 世纪 70 年代初期就开始了这方面的研究（Keeler et al.，1975）。他们试图确定旧金山湾区新的捷运系统 BART 是否有意义。他们比较了三种不同的交通运输方式：小汽车、巴士（每辆配有 40 张座椅的标准市内巴士）以及轨道交通（每列安装几百个座椅的、有 4~8 节车厢的城铁或者地铁）。

伯克利的研究者们试图估计出所有的成本，包括私人成本——比如汽油、意外事故、时延成本、运营成本——和社会成本——比如污染、没有补偿的事故、拥堵和道路损坏。因为他们关心的是还没有建设完成的系统，所以他们同时考虑了建造系统的费用和系统建成之后可能带来的费用。他们完成的这项工作是值得我们尊敬的，到现在为止还没有人对这项工作进行全面的更新（罗米利（Romilly）只是在 1999 年对英国的巴士和小汽车重新进行了比较）。

他们发现在一小时内少于1 100个人出行的情况下，小汽车要比任何形式的公共交通都要便宜。即使当你考虑污染成本时，使得足够的人搭乘一辆巴士或者一列城铁的时延成本也是如此之大以至于小汽车更具优势——用小汽车来代替巴士会是一种帕累托改进。当每小时至少有1 100人出行的时候，巴士就要比小汽车便宜了。当每小时大约有22 000人出行时轨道运输就开始比小汽车便宜了，并且当每小时有50 000人出行时轨道运输的成本就接近于巴士了。当上班的路上看到每小时有50 000人次出行甚至更多的时候，轨道交通可能是最便宜的出行方式——当你正从刚结束比赛的赛马场出来时就会碰到这种情形。如果一个轨道交通系统已经建成，在可考虑的较低人流密度的情况下继续运营轨道交通仍可能比巴士要便宜一些——或许每小时30 000人次左右。因为运营一辆巴士的成本要小于运营一列城铁的成本，且与城铁相比，巴士能够搭载的乘客要少些，所以在人流量密度较低的情况下巴士也可以运营而城铁或许就不可以了（甚至更低的密度也能支撑更小的公共汽车运营）。

这项伯克利的研究要早于"轻轨"——高架和电车——的政策认可，因而这项研究并没有打算在不同的出行密度下估计其实际成本。不过，戈麦斯-伊瓦涅斯（Gómez-Ibáñez，1985）的一项研究对轻轨的经济性进行了考察。他发现轻轨与巴士相比并没有绝对的优势，特别是在那些巴士为最便宜的交通方式的出行密度下。轻轨在每辆车厢上搭载了更多的乘客，由此节约了驾驶员的工资，但是这种节约被乘客的更大的时延成本以及为修建铁轨和电车所需要的电力系统的更大的资本投入所抵消。

我们已经研究的公共交通密度与今天美国实际的密度相比又如何呢？仅在曼哈顿岛才有每小时能达到40 000人次的出行密度甚至更多。历史悠久的大城市——芝加哥、波士顿和费城——都很少看到每小时10 000～30 000人穿行的街面。旧金山最繁忙的捷运系统BART每小时大概输送15 000人次——虽然对一个运行良好的巴士系统是足够的，但却不能充分发挥地铁的功能。除了上面提到的几个地方，几乎没有每小时超过10 000人次的出行密度的街面。

伯克利的这项研究使得经济学家们开始相信在美国建设新的地铁是一件愚蠢的事，虽然如此，当联邦政府在20世纪末开始对新的地铁和轻轨项目进行补贴的时候，经济学家们又转变了态度并对这项行动表示了赞同（这并不经常发生）。新的系统的花费几乎总是高于它们支持者的预期并且只能吸引很少的乘客。

举例来说，亚特兰大的捷运系统（MARTA）建设的地铁作为这一代地铁建设的成功事例被广泛称道，但是当凯恩（Kain，1997）仔细分析这个地铁项目时，发现当同样的资金投入到巴士的建设当中时，将会带来更低的票价和更高频率的车次，公共交通解决的人们出行的次数将会是现在的两倍。（凯恩可能高估了巴士的便宜程度；他没有考虑道路的损坏和柴油发动机带来的颗粒污染。）当考虑建设和全部运营费用时，凯恩计算出利用MARTA的每一次出行的花费大约是8美元。

这里出了什么差错吗？平均起来每次出行几乎并不值8美元。很少有乘客愿意在每次出行上花费8美元，因为他们经常有很多不错的替代选择，比如自己驾车、跟别人一起拼车、骑自行车、乘坐巴士以及步行。乘坐MARTA出行的外部性效益似乎也没有达到8美元。在不考虑道路拥堵的情况下，10英里的汽车出行只会产生1美元或者2美

城市经济学

元的外部成本，所以只是在少部分的情况下，乘坐 MARTA 能够替代驾驶汽车出行。对拥堵收费是解决拥堵问题的成本最低的方式。乘坐 MARTA 同样会产生外部成本。因为如果没有建设 MARTA 并且将建设所花的这笔钱赠予给（亚特兰大捷运线）潜在的收益人（即乘客），那么每个乘客的状况都会更好。

像这样的交通改进其实也没有帮助到穷人。波美斯诺和卡恩（Baum-Snow and Kahn，1998）通过研究几个新的地铁和轻轨系统发现，这些系统偏向于为白人服务并且使得有钱人受益，他们没有发现能够表明这些系统偏向于为穷人服务的证据。

请记住，上面那些关于地铁的研究结果只适用于某个特定时间下美国的某些特定城市。这些研究结果在发展中国家的城市中并不一定正确，因为这些城市都相当大，并且这些城市的时延成本相对要小的多。即使在相同的美国城市里，这些研究也未必站得住脚。如果城市建设得并不一样，比如住房之间间距更小，上班地点更加集中在中心商贸区的话就更是这样。当年交通系统的存在对这些大城市的建设方式有着巨大的影响，因此现在说建设地铁不是一个好的想法并不意味着在 50 年前这不是一个好主意。当你已经 50 岁的时候，如果你开始看幼儿电视节目"芝麻街"显然是很愚蠢的，但是如果你在 3 岁的时候看"芝麻街"，这显然会对你的成长大有裨益。这是我在第 6 章和第 7 章将要解决的问题。

□ B. 群集性

迄今为止，关于公共交通时间安排的讨论都假定人们在运行交通系统的时候可以控制可能发生的一切。如果他们决定一趟列车必须在上午 8:02 抵达 96 街，那么它就会准时到达。当然，现实的交通系统会被一些事故所困扰，这些事故使得城铁不能精确地按照时刻表运行：列车发生故障、乘客患病、满地的树叶或者积雪阻碍了列车前进、吊桥打开了、乘客上车的速度太慢、火灾突发、水管破裂。巴士还会面临交通拥堵和红灯亮起等额外的问题。行车时刻表也许会显示某列城铁或者巴士会在上午 8:02 抵达 96 街，但你真的不能指望它会准时。

结果是，在一些运输系统中，乘客全然不关注行车时刻表。情况很可能是等候列车或者巴士的时间很短，而且城铁或者巴士精确地按照时刻表来运行的可能性很小。例如，电梯系统并不按照时刻表工作，而纽约的地铁理论上有行车时刻表，但在高峰时间没有人知道他们乘的是哪趟车。你翘首以待盼望着一趟列车不久就会到来。

在这种情况下，随机的延迟可能会间接给巴士和城铁带来麻烦。假想一辆开往闹市区的巴士在 110 街上因为一个乘客问路耽误了一分钟。当它到达 109 街的下一个车站时，会有比以往更多的人等着上车，因为在刚刚耽误的那一分钟里又有一些人到达了这个巴士站，因此在 109 街站的乘客就会花费比往常更多的时间来上车。这辆巴士会比以往晚不止一分钟离开 109 街，从而比以往晚不止一分钟到达 108 街，可想而知这里会有比 109 街还要多的乘客。这辆巴士在随后的每个车站遇到的乘客都会越来越多，因而延误的时间也就越来越长。

与此同时，紧跟着刚刚遭遇到延误的巴士的后一班车将会开得越来越快。假定它起初应该在前一辆车后 10 分钟。在 109 街的时候它跟前面一辆车就差 9 分钟，相应的，那里会有比往常少的乘客等着上车，因为 9 分钟之前来的人都被前面那辆车带走了。所以后一班车在 109 街花了更少的时间让乘客上车，然后更超前于行车时刻表上的时间。在 108 街的时候，这班车会遇到更少的乘客，依此类推。

在每一个站点，前面的巴士变得更慢而后面的巴士变得更快，不久之后两辆车就会渐渐靠拢直到齐头并进。维克瑞（Vickrey，1987）把这种现象叫作**群集性**——指的是每个经常乘坐巴士的人都熟知的巴士在行驶时聚在一起的趋势（在阴冷潮湿的日子尤其如此）。群集性引发的问题是后面的巴士是否应该减速，以及如果减速的话，应该减速多少。维克瑞的研究给我们如何应用经济学解决实际问题提供了一个很好的范例。

我们来分析后面的车在 110 街的情形。如果这辆车减速的话将会耽误车上已有的所有乘客。如果这辆车慢慢开并保持与前面的车 9 分钟路程的距离，也会耽误这条线路上将被这辆车搭载的所有等车的人。同时耽误了车上和站台上等待的乘客的行程就是减速的成本。

另一方面，这辆巴士减速导致的延误会使得它能够在接下来的每个车站乘载更多的人，这也省了这些人等待下一趟班车所需要的时间。这就是延误的好处。如果接下来的一辆车（第三辆车）现在距离我们设想减速的这辆车大约 11 分钟的路程，这辆车的减速将会节约这些人大约 10.5 分钟的时间。这些人或许不是非常多——因为只是那些在一分钟左右的间隔期间来到巴士站台的那些人——不过他们每个人所获得的收益却相当大。

如果在那一小段时间内有足够多的人到达接下来的站台，那么很可能减速带来的收益将超过成本。注意，这就意味着第二辆车也将比时刻表上的时间要延误一些。如果你用准点率来评价一个公共交通系统，尽管它会使得消费者的状态变好，但这个系统看上去还是要比没有误点公交车的系统糟糕。因此，从这个例子中得到的启示是用准点率来评估一个公共交通系统运行的好坏并不是一个万无一失的方法。

从这个例子中能得到的第二个启示是，没有任何简单的不可变通的规则能保证一直得到正确的答案。我们就发现始终按照时刻表运营的策略并不总是最好的。如果车上有更多的乘客或者接下来的站台有更多的人在等车，当车在 110 街上时的最好办法就是一刻不停地往前开。所以很多时候车与车之间维持一定的距离也不是一个永远正确的规定。总体来说，当巴士在运行的刚出发段（因为这个时候在车上的乘客较少而且被迫坐下一班车的人较多），或者当第二辆车确实接近于第一辆车的时候（因为这个时候将会上第二辆车的人非常少而且错过了第二辆车的那些人再等下一辆车的时间非常长），或者当天气非常糟糕的时候（因为这个时候站在室外等车要比在温暖适宜的巴士里面等待令人难受得多），保持车与车之间的一定间隔很可能是最佳的选择。

当你思考谁应该拥有和运营公共交通系统的时候，牢记以上两点是必要的。

□ C. 合适的票价

另外一个非常实际的、任何一个公共交通运营商都必须努力解决的（除制定时刻表和解决延误之外的）问题就是如何给这项服务定价。公共交通系统已经采用了很多不同的收费标准：大多数电梯和机场轻轨都是免费的；飞机收费高昂，并且定价依据的规则如此复杂以至于任何一位乘客都难以理解；纽约地铁系统直到不久前还是不管什么人乘坐、无论距离远近，以及在什么时间段乘车，都收取单一的固定费用；华盛顿的城铁则分高峰时间和非高峰时间有所不同，并且随乘坐距离的不同，价格也会发生相应的变化。

当我们把目光转移到驾驶小汽车出行时，我们发现一个颇为动人的原理：每次出行的所获恰好等于那次出行在其他地方的付出。这时，人们将只会进行那些收益超过成本的出行。如果任何其他人都会做这样的出行，在这个意义上才有能被选择的正确的出行。它们会使得一些人状况更好而同时又不会使任何人的状况更差。当我们思考公共交通的费用应该怎样收取的时候，这一原理是一个良好的开端。

首先，我们来考虑并不拥挤的一辆巴士或者一节车厢。很难看到因为我乘坐了这趟列车而给其他人带来的成本——要是我在上车之后突然人间蒸发了也几乎不会有任何人会因此受益。不过我的乘坐同时也稍微惊扰了这个世界，我的体重使得座椅有一些磨损并且降低了它的使用寿命；我的体重将会使发动机多消耗一点燃料。所以我将为我的乘坐付一点点费用，或者不为我的出行付钱。

上车的过程更可能是一种花费。在上巴士的时候尤其花费时间，如果我登上巴士之后笨手笨脚地找零钱，将会耽误车上的很多乘客。我也耽误了在前方站台上等待这辆巴士的人们。同样地，当我下车的时候如果排在队伍的前头也会产生成本（如果我们都排着一个队列，我也许就挡住了后面的乘客，因为如果我不在那里的话，他们可以更快地到达他们想要去的地方）。

实际上关于上车和下车所产生的成本的核算多少有一点夸大其词。大多数地铁和一些城铁列车都有很多门，因此上车的速度非常快；实际上当我上车的时候其他人正在通过其他车门上车，那么无论如何我都没有给外界制造成本。如果我因为咨询自己不知道的行车时刻表而耽误了一辆巴士，就好像群集性问题中所提到的那样，我就帮助了那些恰好就会错过这辆车的人们，而且如果我耽误了一辆走在行车时刻表之前的巴士，我就节约了这辆车停在某个地方等待对应的行车时刻到来所花费的时间。

所以在不拥挤的车上，费用应该降到最低，并且价格不应该随着距离而变化（没有人的上车或者下车会多于一次）。它们应该根据接下来会上车的乘客的数量而变化——而不必是已经在车上的乘客数。如果车费很难收集——或者正如在巴士上，向他们收取乘车费增加了上下车的延误时间——免费的公共交通将广受赞许。（免费的出行比免费的转乘要有意义得多，因为转乘使得上下车更加频繁，在不拥挤的时间里这会给出行带来高昂的代价。）

注意，关于免费公共交通的争论与免费道路的争论极其相似。关于谁应该为巴士司机和汽油付费的问题的答案与谁应该为道路付费的问题的答案是一样的。谁为道路、巴士司机以及汽油付费其实并不重要——只要它不太扭曲人们关于何时使用道路或者巴士的决定。当且仅当人们在最佳定价的情况下从道路和巴士所获得的收益大于提供这些所付出的成本时，才有必要建设道路和安排巴士路线，不过好的道路和好的巴士路线并不一定盈利，或者收支平衡都不能实现。这正是税收应该发挥作用的地方。

是否值得修建一条不拥堵的道路或者是否值得安排一条并不拥挤的巴士路线还部分取决于需求弹性。显然一条不拥堵的道路或者巴士路线不可能有完全弹性需求，因为很明显，即使你通过各种途径把价格降低到 0，也只能争取到很少的一些人来使用这条道路或者巴士路线，所以这条道路或者巴士路线仍然不会拥堵。只是在很少一些人使用道路或者巴士路线而获得一点好处的时候这些道路或者巴士路线才不会拥堵。如果有一部分人能够在使用巴士路线的过程中获得很大的收益，那么这条巴士路线就值得安排，这条道路就是值得修建的——也就是说，如果有些人与其他人大相径庭，并且需求是完全无弹性的。如果每个人都是这样的话，那么这个工程就不值得去做了。

公共交通与道路的不同之处在于对错误的处理方式。如果你修建了一条道路而结果是这条道路几乎没有人使用它，你也许并不能做什么使之有所改变。这条道路将会免费，并且如果维护这条道路的成本要小于这条道路所提供的微薄利益，那么这条道路还得一直维护下去，本质上这条道路将作为你愚蠢行为的一个纪念物永远躺在那里。沉没成本已经投下去了，而且其他任何补救策略都只会使得原本就麻烦的情形更为糟糕。很大程度上公共交通也是如此。如果你修建了一条地铁线或者购买了很多巴士，但是几乎没有人想要使用它们，这个错误将会伴随你很长时间。但是相比较于减少道路的长度，调整公共交通的服务就要容易得多，并且调整巴士线路比调整铁轨更容易。如果地铁和巴士在投入运营之后不大受欢迎，可以调整地铁的行车时刻表，或者变更巴士的运行路线。巴士往往比公路或者铁路折旧得快，并且在二手市场上也更容易被销售出去。

这里所说的"错误"也包括那些没有人已经预知的事件和变化。

没有理由期望每一条巴士线路和公路都能够挣钱。大多数电梯、公园和公厕都对个人免费开放。那自然是慷慨大方的：一旦进行了某项投资，那么只需要非常小的追加成本就能取得成果；人们将能尽可能多地享受这种成果。（因此尽管凯恩（Kain, 1997）认为 MARTA 每次出行的"成本"是 8 美元，但是一旦 MARTA 建设完成以后就没有理由对每次行程收取 8 美元的费用。凯恩重点解决的问题是 MARTA 是否应该修建，而不是它将如何运营。当他说成本是 8 美元的时候，他的意思是只有当 MARTA 平均每次行程带来的利益大于 8 美元时它才应该被修建。）

拥堵改变了这个情形。这里所说的与公共交通有关系的拥堵不是我们在第 4 章所讨论的交通瓶颈，在有交通瓶颈的拥堵处，一个人开着车就会阻碍另外一个人通过这条道路。在公共交通拥堵的环境下，某个人乘坐巴士或者城铁会使得其他每一个乘客的体验降级。如果一趟列车上挤满了人，那么我在上下车的时候所耽误的乘客的数量就要多得多。如果我坐在座位上，其实就是剥夺了别人坐这一座位的权利，并且使得别人挤得更紧了。我的双腿妨碍了别人的站立、上车和下车。如果我站在其中一个好位置——靠近可以看到一个比较有趣的广告的地方——我就使得其他人不得不寻找另外的地方站着或者就只能站在车门旁边。如果我站在车门旁边，我就使得其他人要跟我协商他们站立的位置并且要抓住站在我一旁的乘客，此外我还降低了人们上下车的速度，并因为这样使得这趟列车在站台停靠的时间更长而耽误了所有人（除了那些在后续站台上没有错过这辆车的人）。我打扰到了站在我旁边的乘客，因为我总是情不自禁地看他们正在看的东西、偷听他们的谈话。如果我打喷嚏的话，20 个人都会被沾上我的细菌。如果我突然病倒了并且需要一辆救护车，那么无数乘客都会因此被耽误。而且一旦我下车了，在人群拥挤的阶梯中我仍然以同样的方式影响着其他人，使得想要出去和进来的人们的速度减缓。关键在于在这种环境下我并不痛苦，但是却给其他所有人制造了麻烦。

所以拥挤的列车和巴士的票价应该远远高于不拥挤的（即使拥挤的列车更加令人不舒服）列车和巴士的票价。因为我在一列拥挤的列车上待的时间越长，所造成的成本就越高，票价也应随着路程而不断变化。但是影响票价的路程应该仅仅是拥挤的那些路程：如果一次 5 英里的出行与一次 10 英里的出行中都只有 4 英里的拥挤路段，那么这两次出行的费用应该是一样的。因此就像最优的通行费一样，最优的票价应该根据时间而变化。

如果票价按照时间来计算的话可以使列车和巴士收支平衡吗？在某些情况下答案是肯定的。这个听上去就像是一个奇妙的巧合，因为高峰时间的最优票价取决于绝大部分乘客之间互相造成的成本，而不是他们给公共交通系统所带来的成本。更奇妙的是，在这种情况下高峰时间的最优票价不仅涵盖了高峰时间运行的成本，还包括了非高峰时间运行的赤字，而且他们会计算得非常准确。

使得一切都这么井井有条的条件有哪些呢？有以下四个：

1. 最佳容量。已被建成的公交系统有一个合适的容量。

2. 成本固定，容量富有弹性。在设计公共交通系统的时候，规划者会考虑到最大容量可能会出现的微量增加和减少（容量并非来自大块头的乘客们），不管是细微的增量还是减量，都会给修建工作带来相同的成本。当你把 5 分钟之内进进出出一个中心型目的地的乘客的最大数量作为容量的时候，那么这个条件就会告诉你当你设计系统的时候，这个数量可能是任何情形——也就是说它不一定是 100 的倍数——所以修建能容纳任何数量的乘客的一个公共交通系统的成本与乘客的数量成比例。

3. 利用率。每个乘客所感受到的拥挤成本仅仅取决于实际的乘客数与最大容量的比率，我称之为**利用率**。在一个设计容量为 50 人的城铁车厢里的 40 名乘客中的每一位所感受到的不舒适度与在另外一个设计容量为 100 人的车厢里的 80 名乘客是一样的。

4. 没有其他扭曲。所有的东西都根据**边际成本**定价，所以人们愿意为公共交通出行支付的价格——需求曲线——很好地反映了那些行程的社会福利。

所有这些都暗示了仅仅基于拥挤这一个条件的价格会精确地覆盖修建一条地铁或者巴士系统的全部成本。这是为什么呢？

为了使问题简单一点，我们假设不存在运行成本。试想确定数量的人使用这个系统，我们首先把注意力集中在找出能够容纳这些乘客的最优容量。我这里所说的最优容量是指能最小化移动这些乘客所花成本的容量。成本由以下两部分构成：形成容量的成本（叫做建造成本）和乘客所承受拥挤的成本（叫做拥挤成本）。提高容量会增加建造成本，但是会减少拥挤成本。对任何乘客而言最佳容量应该最小化这两种成本的总和。

当容量最优时，再建造一点追加容量所产生的成本应该与因追加的容量而降低的拥挤成本相同。（上面提及的第二个条件允许你考虑增加微小的容量。）考虑在最优容量基础上发生的 1% 的变化。如果增加的这 1% 的容量所带来的建造成本要大于它降低的拥挤成本，你就可以通过减少容量来降低总成本——如果容量已经达到最优，显然就不可能做到这一点。类似地，如果增加的建造成本要小于降低的拥挤成本，你就可以通过增加容量来减少总成本。如果增加 1% 的容量所带来的建造成本既不大于也不小于其所降低的拥挤成本，那么两者应该是相等的——这时容量已为最优。

现在把你们的注意力转移到最优价格上来。试想乘客的数量发生 1% 的变化。基于拥挤定价，从这一小部分乘客身上得到的收入应该等于他们所引发的拥挤成本——如果这些人突然消失时其他乘客的拥挤成本减少的那部分。这就是利用率降低 1% 所减少的拥挤成本。

容量增加1%也可以降低利用率1%。所以从增加1%的容量中所得到的拥挤成本的减少等于1%的乘客下降所减少的拥挤成本，这个拥挤成本等于从1%的乘客身上得到的收入增加。

但是我们已经知道增加1%的容量所降低的拥挤成本与这些容量的建造成本是一样的（当容量达到最优的时候）。综合考虑所有这些因素，对1%的乘客身上所收取的收入增加正好用来建造1%的容量。这就意味着从全部乘客身上所获得的收入正好用来建设全部容量。这时系统达到收支平衡（参见专栏5A）。

这喻示了在非高峰时段坐车——在不拥挤的时间段坐车——可以是免费的（或者为上下车支付一些名义费用）。高峰时间的拥挤费用正好为容量付钱；所有人也都把容量视为客观存在的东西。这其实是对的，因为关于最优容量的计算并没有考虑非高峰时间段的情况，因为这跟最优容量并不相关。一如当工程师们设计一个防洪工程的时候，他们不必考虑艳阳高照时的水流量会如何。

专栏 5A

拥挤定价公平性的证明

拥挤定价会导致不偏不倚这一事实可以用数学方法很快给以证明。用 c 表示容量，x 表示乘客的数量，K 表示每单位容量的建造成本（所以总的建造成本为 cK），$g(x/c)$ 表示当利用率是 (x/c) 时单个人的拥挤成本。

对于任意数量的乘客 x，问题是找出当容量 c 等于什么时能最小化总成本：

$$cK+xg(x/c)$$

前半部分是建造成本，后半部分则是总的拥挤成本。

将上式对 c 求导而推导出相应的一阶条件为：

$$K-(x^2/c^2)g'(x/c)=0$$

或者

$$cK= (x^2/c)\ g'(x/c) \tag{1}$$

现在来考虑当最佳容量 c 已经确定的时候边际成本定价的情况。每增加一个人使得每一个人的拥挤成本提高

$$(1/c)g'(x/c)$$

如果这里承担这种成本的乘客数量是 x 的话，每个人应该支付的票价是

$$(x/c)g'(x/c)$$

因为支付这个费用的乘客总数量是 x，所以总收益就是

$$x(x/c)g'(x/c)= (x^2/c)g'(x/c)$$

与表达总建造成本的式（1）是一样的。

这个卓尔不凡的结论由莫尔（Mohring，1972）得出。

当然，需要使得拥挤费用等于建造成本的这四个条件并不总是成立的。规划者并非无所不知，因此容量很难达到最优；许多公共交通系统在运载能力建设的时候都处于规模报酬递增阶段；利用率有时候忽视了拥挤的重要方面；并且其他任何东西并不总是定价正确。当票价设定为最佳的时候，过于庞大且正处于规模报酬递增的系统反而赔钱，而那些偏小的系统反而挣钱。

第四个条件的违背——没有其他扭曲——吸引了绝大多数关注。汽车出行是公共交通出行的替代方式，就像我们在前两章所看到的那样，它几乎无所不在，它们的价格被低估了。在非高峰时间，污染、事故和噪声也许并不能合理地计算在汽油税之内；而在高峰时间，驾驶员也并不需要为他们所造成的拥堵支付什么（除非动态的拥堵收费方式正在执行中）。在高峰时间，汽车与公共交通的差别更大，也更为严重。

这暗示了如果所有的交通方式都被正确定价，那么公共交通的票价尤其是高峰时间段的票价应该比现在的要低一些。即使其他的三个条件都达到了，只要专走轿车的路上的价格偏低，公共交通系统就都不能挣钱。推理过程是简单明了的：如果你获得了自己行为的全部收益，那么当且仅当你承担了相应的全部成本的时候才会作出正确的决定；但是假设你仅仅获得了你的行为带来的收益的一半，那么当且仅当你承担了相应的（比如说）一半成本的时候才会作出正确的决定。当小汽车出行的代价偏低的时候，那些摒弃小汽车出行而选择公共交通出行的人就没有得到他们所作出决定的全部收益；那些为了不被延误的驾驶员和那些为了能够呼吸到较好空气的人们本愿意为自己所坐的城铁买单，但并不会这么做。仅仅当公共交通的使用者支付的费用比他们给其他人带来的总成本少一些的时候，他们才会在小汽车和公共交通之间做出正确的选择。（当然，较低的公共交通费用依据的是公共交通是小汽车很好的替代物这类观点。经验证据并不能强有力地支撑这个观点。）

另一方面，如果公共交通的票价恰好与当路上少一辆自驾车时其他驾驶员和呼吸者因而得到的总收益对应，人们将会在小汽车和公共交通之间做出正确的选择，但是总的来说他们将会增加相当多的出行次数，因为不管用任何方式出行，价格都是偏低的。利用这些方式的一些出行所产生的成本甚至大于收益。一种问题——错误的模式选择——就可以被解决，但是另外一种问题——太多的总出行次数——会有所加重。

最优的策略很难被发现，但是一种适中的策略则是必需的，在这样的政策中，任何一种问题都不能被完全消除，当然任何一种问题也不会被完全忽视。最优的公共交通票价应该介于低票价和高票价之间，其中低票价能够正确地协调人们的出行方式，而高票价能够使得总出行次数达到合理的水平。

在本书中其他的一些知识点上你会发现同样的推理方式：当两个物品的功能互相替代并且你不能正确地得到它们中一个的价格时，你同样也不能准确地得到另一个的真正价格。用经济学家的简略语，这叫做次优推论。"最优"指的是能得到每一个物体的精确定价，但如果那不可能做到的话，次优就是使得你能得到一个将"错误"控制在一个合理波动范围内的价格。次优是一个常识：当你洗浴时如果热水和冷水的流出量都能随心所欲地控制，你通过调节热水和冷水就可以使其在某个水平上给你带来最佳的温度和水量。但是如果热水的流出量因为一些原因受限而低于你想要的水准，你就会把冷水的流量也降到其最佳水平之下，进而获得次优的洗澡体验，在这种情况下，将既难有最优的温度，也没有最佳的水量。

注意，这是一个应用于价格而不是投资的次优推论的形式。此处的主张在于一趟公共交通行程的价格应该降低，因为驾驶小汽车出行的费用太低了，并不是说因为在道路修建上已经追加了投资（如果确实有的话），就要在公共交通上也追加投资。事实上，相反的观点反倒正确——如果因为一些原因一个社会已经修建了太多的道路或者注定要这样做的话，那么如果道路投资已是最优的话，这时就要在公共交通上做比以往更少的投资。就如你如果生活在佛罗里达州，就不会只为匹配石油燃料而去投资一座超大型的熔炉。

▍ II．实际的做法

□ A．管理问题

本章到目前为止我已经概述了在一个理想世界中公共交通系统将如何运行——它们将使用什么样的模式，它们应该努力去遵守什么样的时刻表，当一些事情变得糟糕以及它们不能遵守时间约定的时候应该做什么，它们应该对什么收费以及在何时收费。这里的"应该"指的是潜在的帕累托改进；出自这些预案的任何变动使得在不影响其他人状况的同时给另外一些人状况好转的机会。这些预案有两种即时的应用。对运行公共交通系统不存私利的人来说，它们指出了在政策和管理约束的许可条件下哪种改革值得努力。对民主国家的公民来说，它们给出了一些指导性建议以分辨他们选举出来的领导人是否正在做或者承诺做那些确实对他们有所帮助的事情。

但是对一个理想世界中公共交通系统如何运行的理解并不能使他们按照那种方式去运行。真实的公共交通系统是被一些与我们差不多的人在运行着——这些人不甚勤快、唯利是图、不聪慧，也许非常用心但仍然需要首先细心照顾他们自己和他们的家人。他们大概并不很准确地知道我们已经找出来的、用于计算最优服务和票价的大部分重要参数；同时即使他们知道这些相关的参数是什么，也可能没有任何理由去争取最优的服务和票价。

问题自然归结于公共交通系统的管理究竟能否被建立起来，以使得人们在运行这一系统时既能够得到相关的信息，又能够得到激励来做出正确的决定。或者只是适宜的决定。我认识的人中没有一个对这个问题有一个好的回答（除了简单地说"不"外）。但是公共交通系统应该如何被管理的问题确实是一件重要的事情——除非你能够找出如何使人们做这些事的方式，不然弄清楚公共交通系统应该怎么做并没有多大的用处。这已经是一个多世纪以来一直激烈争论的话题之一。

今天的公共交通系统有很多不同的管理方式，所以不太可能有一个在何时何地都能够管理它们的唯一的最优方式。大楼的拥有者在他们的大楼里运行电梯和扶梯，但是大楼的访问者决定电梯在哪一层停靠。纽约斯塔顿岛的渡轮被市政所有和运行着，但是纽约港相当多的其他渡轮都是私人的。美国的大部分航空公司都是投资人拥有的（员工占有明显的股份只是个别特例），但是其他国家的许多航空公司都是中央政府所有的。

在几乎所有的美国城市中，虽然地方政府和具有政府色彩的法人控制着最大的通勤公交公司，但是许多大大小小的私人巴士也沿着公共汽车路线运行。英国除了伦敦以外其他地方的巴士服务几乎都私有化了并解除了管制。私人的小型公共汽车服务在大西洋城、圣地亚哥和旧金山运行；在发展中国家的很多城市中这些小型巴士是公共交通的主要形式。美国的校园巴士也几乎都由私人拥有和运营，但是它们的活动和收费都被它们与学区机构签订的合同强有力地限制着。机场班车主要是私人的，有一些是宾馆作为其一种延伸服务来运营；机场一般自己运营内部的单轨线路和来往于城市集散地之间的巴士路线。在美国，除了娱乐公园里面外，其地铁、电车和客运铁路现在基本上是公共的，不过货运铁路基本上都归私人拥有。

此外，现实中的管理问题比简单地划分为公有还是私有要复杂得多。管理并不是一个单一的决策而是一系列决策：购买什么样的巴士，花多少钱训练巴士的驾驶员以及给他们多少薪水，在华盛顿诞辰的那天是不是要安排一个假日时刻表，在哪里把乘客琼斯先生放下以及在什么时候唤醒史密斯先生，放什么样的音乐或者允许放什么或禁止放什么。根据不同的规则和动机，以及对于自由裁量权的不同认识角度，不同的人对上述每一个决策都能（大概也会）做出不同的决定。电梯受制于市政府的安全检查和管理部门的管制。飞机在公共支付的空中交通管制系统的引导下在公有的机场着陆。在"9·11"事件之前机场的安全保障都是由私人公司提供的，在"9·11"事件发生以后都由公共企业接管。只有在政府当局允许的地方，私人巴士才能在公交道路上行驶并且停靠路边使乘客上下。巴士从私人供应商那里购买汽油并且在它们自己的车上贴满私人广告。

同一个公共交通系统也可以发生决策权的不同分配。例如牙买加金斯顿的巴士服务在20世纪50年代到1974年间都是由一个被严格管制的私人公司所提供。这个公司在1974年破产，然后市政机构接管了巴士系统。由于成本太高，市政机构在1983年又将巴士系统私人化并且解除了对市场的管制（Klein，Moore and Reja，1997，p.29）。

纽约地铁系统的历史也显示了私有与公有的交织以及二者之间以同样的模式相互转换。一个私有但受到严格管制的公司跨区捷运公司（IRT）在1904年完成了第一条地铁线路的建设，这条线路立马获得了巨大的成功。为了扩展地铁系统，纽约在1913年签订了两个非常复杂的合同，一个与IRT，另外一个与布鲁克林捷运公司（BRT）。这些合同——称为双边合同——给予这些公司运营控制权，但是需在城市和这些公司之间分摊支出和收益。这种双边合同规约下的地铁获得了如它们的支持者所希望的一样多的乘客，但是1918年突如其来的通货膨胀使得这种合同变成一种财务危机，因为州法律要求票价只能是5美分。

不同意让私人拥有公共交通系统的人们在20世纪20年代占据着纽约州首府奥尔巴尼的市政厅和州政府，他们修建了纽约第一条完全公有的地铁系统，这是独立的地铁系统IND。两家私人公司都破产了，市政机构在1940年收购了它们。自1940年以后纽约的地铁系统都是由公共所有和运营的（票价也远远超过了5美分）。

□ **B. 好的匹配和坏的配对**

即使还没有出现任何普遍有利的公共交通管理形式，但是历史经验和关于优秀公共交通运行的分析仍然能够给我们提供一些有用的操作方法。

首先就是要将信息、激励和决策权尽可能紧密地联系在一起。例如，在 20 世纪 20 年代和 30 年代期间，由于纽约双边合同的扭曲，私人公司作了绝大部分决策，但是边际利润都到了市政一方。那个时候地铁的运行达到可怕的程度。在 20 世纪 20 年代，带领一个专家组对地铁服务进行调查的约翰·F·奥瑞恩（John F. O'Ryan）少将对此提出了控诉，他说如果他像私人公司那样对待乘客，使其待遇如同战争中的囚犯，他早就被送上军事法庭接受审判了（Hood，1995，p. 93）。

相反地，作为一类公共运输系统的电梯似乎运行良好。办公室的拥有者和大楼建造者做出了关于电梯的大部分长期决策（装多少电梯、如何运行、多久维护和修理电梯）并且承担了长期运行中的大部分负担和收益（不尽如人意的电梯服务将会使得他们的租金下降并且导致房子租不出去；好的电梯服务会使得他们能够提高租金）。短期的调度决定则由电梯搭乘者自己做出，他们肯定会争取节约自己的时间。搭乘者一般不会考虑他们施加给其他搭乘者的成本——我在 8 楼下电梯延误了你到 15 楼的时间——但是如果这些成本过大，电梯拥有者可以（或许真会）通过限制不同的电梯可以停靠的楼层来减少他们上下电梯的时间。

第二个一般规则是只有当人们享受全部收益并且承担他们的行为所导致的全部成本时，强有力的激励才会产生令人满意的结果。如果人们的行事方式不正确，激励将不会有所作为。当房东不能提高租金或者房客不能搬出去的时候电梯都不能很好地工作。

英国对巴士的私有化和解除管制为细微的激励改变能引起巨大的运行问题提供了一个有趣的案例。当 20 世纪 80 年代早期私有化和解除管制首先被提出的时候，支持者认为竞争的压力可以使得票价和运行成本降低，进而更低的票价和改善的服务会让很多线路得到更多的光顾。如果不是这样，运行成本只是因为薪水和雇员数量的减少而降低的话，票价就会提高，乘客数就会降低（尽管在放松管制之前乘客量正在以大约相等的比率下降），以及进一步滋长了冷僻线路上的竞争。

在 1985 年实施的规则之下发生了什么？规则规定任何人都可以在任一条路线上提供服务（只要这些线路上没有严重的安全和交通拥堵问题），即便在早已有巴士运行的路线上也是如此。你甚至可以像其他运行者一样使用相同的巴士车站。所有你必须做的只是提前 42 天在相关部门注册你的运行时刻表。

这些规定使得经济学家所谓的"运行时刻表博弈"成为巴士公司之间互相竞争的主要方式。由此产生了激励问题。假如我正在运行一条有利可图的巴士路线而且你想要来分一杯羹或者独揽利润。如果激励是正确，你将不得不要么提供更好的服务（更漂亮的巴士、更多乐于助人的驾驶员、更频繁的发车次数），要么以更低的票价来争取我的乘客、挣一点利润。所有这些竞争方式都支出不菲，但是却给消费者带来了实在的受益。

作为对策，你可以安排一辆巴士比我的每一辆车都早 30 秒出发。即使你的巴士并不比我的车更漂亮、车票更便宜，你也可以争取到大部分原本是我的乘客，并且你无需承担提高服务和降低票价所带来的额外成本。当英国的巴士公司转向运行时刻表博弈而不是更昂贵的（却是有利于社会的）替代方式以图进入新的市场时，这一做法并不令人感到惊讶。（注意，运行时刻表博弈并不会发生在航空公司或者长途汽车之间，因为它们的消费者往往会因为某些原因提前购买特定的某个班次。）

如果你比我超前 30 秒开动巴士，我该如何回应呢？一个方法是修改我的运行时刻表并且使我的巴士领先你的巴士 30 秒。但是如果我那样做，你会以同样的方式来应对，不久之后，许多乘客就会因为对时刻表无所适从而停止乘坐巴士。我们两家都会遭受损失。所以常识告诉我们，对一个被卷入新进入者带来的运行时刻表博弈的在营巴士公司而言，最好的方法是实行"线路覆盖"而不是不断地修改时刻表：运营足够多的巴士以使得新进入者无法获得充裕的乘客来继续经营。

正如克莱恩、穆尔和雷亚（Klein，Moore，and Reja，1997，pp. 70–71）所解释的那样："线路覆盖具有双重战略性质：它不仅驱逐了现有的竞争者，还阻止了潜在的竞争者。大型的在营公司因其保有'无敌舰队'而广为人知，这些'无敌舰队'可以随时用来迎接任何竞争性挑战。"

线路覆盖解释了自解除管制以来在乘客量降低的情况下英国的巴士里程为什么会增加，也解释了巴士公司为什么会合并，甚至是跨城市的合并。我拥有的运营路线越多，我保持一支足够大的无敌舰队来覆盖在每一条线路上可能浮现的挑战者就越容易。

通过公布运行时刻表和取得信任，巴士公司造成了等车乘客的聚集，但是它们不能保护这些集聚者免受其他巴士公司的掠夺。"在营的公司对在路边等车的乘客有所投资；他们提供过的服务吸引乘客来到这里。面对加入时刻表博弈的闯入者，转而进行路线覆盖仅仅是作为保护它们投资的一种手段"（Klein，Moore，and Reja，p. 70）。这就好像汉堡王快餐让它的员工带上做好的汉堡到在麦当劳排队等候的消费者那里拉生意，或者像内科医生在其他人的候诊室里招徕患者。

问题在于，保护它们在等车乘客身上的投资的困难激励着挑战者和在营的公司都朝着不利于社会最优的方向行动：对挑战者来说，偷偷获取顾客比给他们提供更好和更廉价的服务要好；对在营公司来说，通过投资武器以恐吓或者驱赶新进入者比想办法让顾客快乐一点要好。对巴士服务私有化和解除管制并不能得到它的支持者们原先希望的结果，除非巴士公司在不使用诸如"无敌舰队"之类的武器的情况下有办法保护它们已有的投资。

这个问题或许有一些相当好的解决方法。投资者面对的是一个简单的困难，例如，在避免其他人来窃取自己的创意方面，已演化成熟的专利制度能帮助他们做到这一点。克莱恩、穆尔和雷亚提出了一个叫做"路边权利"的系统：随着公共交通系统的私人化和管制的解除，在人行道、路边和道路旁边设置受每一个巴士公司唯一控制的特定区域。这些空间就好像内科医生的候诊室一样将被作为私人资源来管理："小型公共汽车和其他公共汽车将被禁止在这些路边区域载客（除非他们从路边权利的所有者那里获得了明确的许可）"（Klein，Moore，and Reja，p. 97）。公司可以为这些权利投标，也可以转售它们。其实，路边权利可以被使用无敌舰队一类的强力状态来替代。如果没有一些机制——或许诸如路边权利——可以保护和鼓励乘客聚集方面的投资，私人化的公共交通将无法作为。

保护这类投资并不是出现在设计私人公共交通服务时唯一的激励矫正问题。记住那些必须运行的路线并不总是收支平衡或者能够挣到钱，并且有时候最优的公共交通服务甚至是免费的。大部分赚钱的交易不会提供这些服务，即使提供这些服务，收费也会相当昂贵。

需求弹性是理解那些必须运行的路线在最优费用的情况下不能挣钱的关键。在这些路线上，一些人得到了巨大的利益而其他人得到的则要小得多。在最优的费用之下，第一组乘客支付的费用要远小于他们所得到的利益，一旦费用上涨就会驱赶走第二组乘客而造成空间的浪费。第一组乘客获得的利益与他们支付费用之间的差异导致了激励的扭曲；公司有关是否优化的决定并不能真金白银地实现它所认可的决策带来的全部收益。

当然这种偏差也不是只有转向公共运作的公交时才能被纠正。显而易见的方式是政府对在这些线路上的私人运行进行补贴。20 世纪 80 年代大约有 35％的美国公共交通机构将它们的部分服务外包了出去（Teal，1988，p. 209）。不过补贴合同也有其自身的问题。

补贴合同的主要问题是当私人公司比政府知道更多关于这种服务的盈利情况的时候，政府的这种补贴可能非常烧钱。这就导致了关于公交管理的第三个规则：税收机构越缺乏效率、私人公司在了解盈利能力方面信息的优势越大，合同和补贴就越不起作用。在**低效税收**的情形下，税收给政府带来的资金要远小于它们给纳税人带来的痛苦；如果税收机构的效率非常低，纳税人甚至愿意支付（当然是一个总数）给政府比现在政府实际上征收到的更多的钱以使政府停止向他们征税。每一美元收入的**无谓损失**是巨大的。和往常一样，这里的每一件事都存在潜在的帕累托改进。

纽约城 1913 年的双边合同安排就是对这些方案背后直觉的一个很好的案例说明。当谈判围绕合同展开时，市政官员知道扩展地铁系统将会给许许多多的纽约人带来巨大的收益，但是他们并不太清楚他们想要修建的这些线路潜在的成本和收益。相比之下，私有公司对这些线路的盈利能力有着更加清晰的认识（IRT 已经修建了一条地铁并且正在运营之中；BRT 已经在大部分即将修建地铁的社区运营自己的公共交通）。为了确保这些公司先行一步并且扩张，市政府不得不提供一揽子足够有利可图的措施来让公司同意，即便它们关于盈利性的看法大部分是悲观且貌似真实的。如果我的汽车在一个陌生的城市抛锚了，并且我确实不清楚它到底出了什么故障，那里的修理师出于很多动机来判定车子出现了需要花费很多钱才能修好的故障，这一切我还不得不相信，我的无知使我没有其他的选择而只能接受他们的诊断结果。在这种情况下修理一辆车可能会非常昂贵；修理地铁的道理是一样的。所以双边合同的安排明显有利于公司，比如保证已在运行的 IRT 线路的现有利润，优先认购公司股票，给予公司决定运营成本的权利。如果通货膨胀的影响不大，公司会把已经做的一切运作好。即使在通货膨胀的情形下，市政当局或许也会在低于纳税人成本的情况下修建双边合同规约的地铁，因为乘客量达到了预期值，市政厅充当自己的承包人，这样就不再需要保证得到现有的利润了。

因此，私人公司拥有的信息优势越大，对它们的活动进行补贴给纳税人带来的期望成本就越大。通常税收组织越没有效率，它们不得不提供的补贴中的每一美元给纳税人带来的损失就越大。在第三个规则中，上面两种情况同时发生：更多的补贴和每一美元补贴带来的更大损失都会使制定合同变成一种糟糕的选择。

纳税人的额外成本还有一个派生的作用。如果一些工程不需要支付额外的费用（一次在税收的无谓损失，一次在对承包人期望利润的支付），对它们来说就是值得的，但是当它们不得不支付额外的费用时，这些工程就不值得了。补贴的公共交通系统到头来都比政府直接运行的规模要小。在 20 世纪 20 年代后期和 30 年代早期，IRT 和市政部门就 IRT 车站是否要被扩展至能容纳八节车厢的地铁而不是五节车厢这一问题争论了好多年；虽然市政部门最终获胜了，但是却不得不支付给 IRT 大量费用。与此同时，市政部门修建了纽约第一条完全公有的地铁系统 IND，它的车站能够大得足以容纳十节车厢的列车。按照经验来看，人们倾向于把 IND 看成是公共交通系统的一次扩展，而不是看成反私有化公共交通系统的政治势力的胜利，如果这种扩展是由公司完成的肯定会由于费用过于高昂而不了了之。

这个推论也解释了 20 世纪中叶公交系统在世界范围倾向于向公众拥有方向发展的趋势。在 20 世纪 40 年代到 70 年代期间，美国的大多数巴士、地铁和电车系统都从（被严格管制的）私人拥有转向公众拥有；与此同时在其他许多发达国家，类似的趋势也非常明显。为什么会发生这样的情况呢？

第二次世界大战以后，美国的公共交通系统迅速流失了大量乘客。不难发现，出现这种情形的原因是：驾驶小汽车出行越来越大众化，更好的道路、住房的郊区化以及相应的早出晚归的密集人群的减少、就业的郊区化以及相应的昼伏夜出的密集人群的减少、上涨的工资以及相应的等待时间价值的提高和班车延误造成的代价增大、婴儿数量的猛增以及用小汽车运输小孩子的优势（见专栏 5B）。因为需求人群的密度对公共交通系统运营的盈利性非常重要，所以很多线路开始赔钱，如果它们被要求按照恰好等于边际成本的价格来收费，赔的钱甚至会更多。

专栏 5B

通用汽车公司扼杀了电车吗？

关于第二次世界大战以后大量的公共交通系统消失的广为流传的另一种说法是因为它们是通用汽车公司（GM）用小汽车替代电车的阴谋受害者。哥达德（Goddard，1994）和魁维尼（Kwitney，1981）对这一说法作了基本的解释。大部分证据都来源于一个反垄断的案例，联邦政府诉国家城市干线公司案，186 F2d 562（1951），在那一诉讼中 GM 和其他一些公司及个人被发现犯有阴谋罪，然后被罚款，当然只是非常轻微的罚款。

基本情况是这样的：在大萧条时期和 20 世纪 40 年代早期，GM 和其他几个巴士供应商以及巴士零部件的生产商（其中有麦克货车公司、费尔斯通公司和菲利普斯石油公司）资助和支持了一个叫做国家城市干线（NCL）的巴士公司。NCL 买下了大约三十条失败的电车路线，并且舍弃了电车，用巴士服务取代了电车服务。其违反反垄断要求的地方在于提供资助的一些公司迫使 NCL 从它们那里购买全部设备，并且同意再也不使用电力驱动的公共交通。NCL 的股东们因从该公司的所获而变得非常富有。

我不太明白你如何能从这些事实中得出这样的结论：如果 GM 和其他供应商进行良性的竞争并且没有违反反垄断法，电车就仍然能够持续运行。这个案例显示了电车已经是一个糟糕的行当了，对于一个已经建设好的电车系统来说，即使修建巴士的成本超过预算，电车系统今后收益的当前价值要也小于修建和运行一个新的巴士系统的全部利益的当前价值。因为垄断者一般限制产出，我倾向于认为 GM 公司的阴谋和垄断减缓了电车向巴士转换的速度，而不是人为地造成了这一转换的加速。

而且，还没有证据显示当 NCL 用巴士替代电车以后消费者盈余出现了缩减。事实上，一位叫做哥达德的阴谋论者援引了至少三个例子来说明 NCL 实际上增加了消费者盈余。在亚拉巴马州的蒙哥马利和密歇根州的卡拉马祖市，NCL 降低了票价（Goddard, p. 131）。在巴尔的摩，NCL 消除了换乘的不便（Goddard, p. 130）。哥达德用下面的方式（Goddard, p. 126）描述了 NCL 的总经理罗侬·菲茨杰拉德的一般做法："最为典型地，菲茨杰拉德马上降低了票价，然后站在路上观察有多少人仍然步行去上班。如果需要的话，他会再降低一点票价。"

用巴士来提供便宜和方便的公共交通并且试图尽可能多地搭载乘客，看起来像是一个减少对汽车需求的方法，而不是增加了汽车需求。

一方面没有能够显示消费者剩余缩减的任何信息，另一方面具有利润得到提高的有力证据，这些都很清楚地显示用巴士取代电车是一种帕累托改进。1951 年反垄断案判决以后，没有人再经营电车，而且关于恢复原状的契约禁令很可能是没有约束力的。只有市场上的巨大失败才能阻止巴士取代电车的步伐。

但是依然有很多理由来解释为什么各种各样的人想要至少是部分这样的公共交通系统仍然保持运行。其中一些理由与乘客的利益有关；我在本章的开头部分就探讨过这些原因。其他原因包括对土地价值的影响：邻近地铁站的大楼更有价值是因为人们可以很方便地乘坐地铁；如果地铁不运行了这些价值就会消失。我将在下一章深入讨论这些原因。

为了保持公共交通系统的运行，一些人不得不对它们进行补贴（或者补贴给它们比过去还要多的钱）。这项补贴可以来源于政府一般性收入或者高于边际成本的票价；就此处的讨论而言，二者间的区别无关紧要，因为高票价与边际成本之间的差价事实上就像加在香烟上的税收一样——它使得一些东西比原先花费得更多而且产生了流向公共交通运营者的收益。

然而，如今在营的公共交通运营者已经获得了长达几十年的关于成本和需求的信息；他们远比政府官员和一般公众知道如何经营自己的营生。当他们声称与自己能够挣的相比实际收入要少许多，而且没有人能如实告知他们到底能挣多少钱时，好处就会接踵而来：补贴或者来自财政部门的支票或者是对于大幅提高票价的许可，这些都导向非常昂贵的方向。所以依照第三条规则，政府发现自己接手去运营这些将会比允许这些运作权留在私人手里的花费要少。一些地方政府——例如新泽西的政府——试图对公共交通系统补贴 10～20 年，但是随后转向了自己直接运行。这就是公共交通如何成为主要是一种政府责任的过程。

然而，在美国，政府拥有公共交通系统已经让其陷入了巨大的麻烦。乘客量并没有上升到任何理想的程度，而且在采取了一些措施之后仍然继续下滑。1980 年，平均每辆巴士搭载的乘客有 13 人；到 1995 年，这项数据已经下滑到 8.6 人，到 2001 年有所恢复，但仍然仅有 9.3 人（U. S. Bureau of Transportation Statistics，2002）。实际运行成本上涨的速度甚至比乘客量下滑的速度还要快。

伴随着不多的乘客使用而来的是，巴士相比小汽车在降低外部成本方面的巨大优势并没有显现出来。自 1991 年以来，每位巴士乘客每英里所消耗的能源（以英制热量单位来衡量）要多于常规小汽车（非越野车）的消耗，甚至当大篷货车、小皮卡和越野车都在人们出行方式的考虑范围内时，巴士仍然排在它们之后，但仅略微落后（U. S. Bureau of Transportation Statistics，2002）。

空气污染可能大致与能源消耗成比例。不过因为大部分巴士使用柴油（2001 年，71.5% 的新巴士使用的是柴油；见 American Public Transit Association，2002），而柴油机产生的粒状污染物要远远多于标准的汽车发动机所产生的，因此与小汽车造成的污染相比，巴士每乘客英里产生的污染问题更加严重，因为我们知道颗粒污染物是车辆造成的污染中最危险的一种。另外，来自于德卢基和许（Deleucchi and Hsu，1998）的数据显示巴士每乘客英里产生的噪音危害要远远大于小汽车每乘客英里所产生的噪音危害，并且巴士造成了更加严重的道路破坏。

到底出了什么错？一个简单的答案就是政府的官僚机构理所当然地自我夸大，不假思索地过量提供了由它们收费的服务。给力、荣耀和安逸的生活来源于巨额的预算，所以官员们努力争取巨额的预算。当然，这个解释指向了政府职能的一些显要和广泛的弱点，但是用这些来解释公共交通系统的情况似乎既太多又太少了。政府真的总是在过度供给吗——太多的警官、太大的图书馆以及靠近图书馆的太多的停车位、太多的供水、太多的教师以及太多的粉笔供他们使用、太干净的学校食堂提供太美味的食物、太大的宠物狗牌照并且对其预期用途来说太过耀眼？如果不是，公共交通究竟有什么特别之处可以解释政府只是对其过度供给而不是也对其他诸如扫雪车或者扫路机加大投入呢？而且为什么政府的过度供给表现为宏大的地铁系统和几乎没有乘客的大型巴士而不是那些成群结队的小型公共汽车呢？

为了回答这些问题，最好先从第四个也是最后一个规则开始：政府进行决策时不考虑公众幸福的可能性越大，私人产权的表现就越好。私人产权以及私人产权带来的信息优势使得政府官员实现他们目标的难度加大，所以他们难以取得如愿的结果。如果政府官员的目标与公众的目标一致，那么公众不应感到开心，如果目标不一致，那么公众才应该开心。

政府近来接管公共交通运营权之后最显著的变化是公共交通对所有权价值的影响而不是对乘客利益的影响。联邦政府干涉公共交通并非起源于国会委员会关心交通运输和公众生活，相反，它开始于 1961 年为了刺激城市的焕然一新而颁布的《住宅法》（Meyer and Gómez-Ibáñez，1981，pp. 41-43）。新的地铁和电车经常因为它们对"经济发展"所起的作用和恢复市中心繁华所做出的贡献而被称赞（它们也会因为一些环境原因而被炫耀）。并且一些新地铁确实相当大地刺激了沿线商业的发展。就政治而言，公共交通系统更多地被认为是一个不动产话题而不是一个交通运输话题。

这就着力解释了为什么轨道工程要比巴士项目更受欢迎。一个地铁车站或者电车站台并不是会马上消失的东西；它代表了一个长期的政府承诺。我可以做一些长期投资，就好像修建一座办公大厦，保护我在公共交通上所获取的不受政治的变幻莫测和突发奇想的影响。相反，巴士站点就不能提供这种安全保障。巴士服务可以被政治家或者选举申报书轻而易举地改变路线、缩短路线或者直接消除。作为一个不动产事物，轨道交通具有我们之前进行交通评价时不曾提到的优势。（具有讽刺意味的是，与轨道交通相比，巴士的灵活性优势和适应时间调整的能力转变成了一种政治责任。）

但是也许公共交通系统的日益流行以及对其的政治分析是正确的——不动产和"经济发展"的收益实在且重要，不应该被忽视。也许新的地铁系统和政府运行公共交通系统的记录并不失败。为什么我能如此确定经济学家忽视关于公共交通的那些争论和他们关于前景的严肃预测是正确的呢？为了回答这个问题，我们必须明白城市的土地市场是怎么运行的。这就是下一章的主题，我不会在这里回答这个问题。但是我最终会解答它的。

▌ Ⅲ．结论

我们回到本章的起点。在第一部分，我们分析了理想的公共交通系统并且看到在当下美国公共交通系统附近的住宅和就业密度的情况下，没有经济学家会支持轨道交通的扩展，而且很少有经济学家会支持巴士的大规模扩张。但是当前美国的住宅和就业密度是由一系列公共政策所造成的，包括交通运输政策；它们并没有直接从上帝之手上掉下来。所以要想真正明白交通运输政策——包括小汽车和公共交通——我们就必须明白究竟是什么造成了住宅和就业的密度，以及我们现在是否已经得到了正确的结论。

本章的第二部分探讨了哪种治理结构能够践行良好的公共交通系统政策。这里没有回答的关键问题是你如何看待不动产拥有者从公共交通系统上所获得的收益。

所以这一章的两个部分——也包括前面的章节——指向了同样的方向：我们需要观察土地、不动产和建筑；为什么这些东西被放置在它们所在的地方以及花费了它们所凝结的成本。我们把这个任务留给了第6章。

问题

1. 伯克利研究人员（Keeler et al.，1975）所做的关于判断小汽车、巴士和轨道交通相对成本的研究完成于很多年前。自那以后很多东西都发生了变化，包括我们对医学和环境的认识。下面是其中一些变化的清单，其中许多已经在本章、第3章、第4章进行过讨论。对于每一种变化，如果确实存在影响，请你讨论它会如何影响伯克利的研究成果。

a. 汽车技术与运行；

b. 提高了实际收入；

c. 全球变暖问题的发现；

d. 颗粒污染物危害的发现；

e. 油价的上涨；

f. 更多走向工作岗位的家庭主妇；

g. 网络；

h. 更好、更便宜的道路铺设；

i. 恐怖主义；

j. 其他你认为重要的变化。

2. 你认为高速公路上针对拥堵进行的收费足以支付道路修建的成本吗？请你解释原因。

3. 有两个人在四楼上了一个电梯。当他们进入电梯后电梯门仍然开了一会儿。他们其中一个人 *A* 按下了十楼的按键，另外一个人 *B* 按下了十四楼的按键。电梯在六楼停下了，另外一个人 *C* 进来了。她按下了八楼的按键并且从那里下了电梯。*A* 在十楼下了电梯，*B* 在十四楼下了电梯。在整个运行过程中，电梯一直不拥挤并且也没有人正在抠鼻孔。除去有一个人在十四楼等着坐电梯下去外，没有其他人在等这部电梯。上面所说的乘客体重均小于 300 磅，并且他们的平均时间价值与受过教育的纽约市民的平均时间价值相当。从社会成本的方面来看，谁的行程成本最大？谁的最小？为什么？

4. 在皇后区沿着牙买加大道，人们期望的离开时间是这样的：在上下班高峰时期，每一分钟有 5 个人想要动身前往曼哈顿岛。如果人们迟来一会儿或者早来一会儿，就会浪费时间；他们以同样的方式看待失去的时间——每分钟 10 美元——不管是迟来等待的时间还是早到浪费的时间。对一辆大巴士来说开往曼哈顿岛要花费 25 美元，这辆车可以搭载很多人（很难说清楚准确的载客能力，因为人们在不得已的情况下彼此间能挤得非常紧，他们并不介意拥挤）。前往曼哈顿岛一般要花费 26 分钟。

a. 如果大都市交通运输管理局（MTA）想要最小化社会总成本——运行巴士的成本和等车或者早到站台的成本和被输送的成本——运行巴士的频率是多少？没有人知道车辆到达时间表——正如在地铁上一样，乘客认为巴士是随机到达的。在每一辆车上将会有多少乘客？为了保持收支平衡，MTA 应该如何收费？

b. 假设有一辆能够最多搭载 35 个人的小巴士可以使用。这辆车开往曼哈顿岛同样需要花费 26 分钟，但是它仅仅消耗 9 美元的运行成本。如果只有小型巴士可供使用，从最小化社会总成本的角度看 MTA 应该以怎样的频率来运行它？如果小巴士必须要达到收支平衡，MTA 应该如何收费？如果 MTA 在只能使用小型巴士和只能使用大型巴士两种方式之间选择一个，它应该怎么办？

5. 利用问题 4 给出的信息：

a. 如果 MTA 公布了时刻表使得人们都知晓并且其坚持按时刻表运行，你的答案会发生什么变化？

b. 如果我们正在讨论的是曼哈顿的东区，那里的人每小时所赚的要远远超过 10 美元，而不是皇后区的牙买加大道，你的答案会朝什么方向变化？一般而言，富人所乘的巴士应该比穷人所乘的巴士大一些还是小一些呢？

6. 所有人都住在一个岛上，这里驾车的唯一外部成本是发生意外事故——不会发生污染和交通拥堵。这个岛上的驾驶员并不是非常熟练；有时候他们会撞上其他汽车，有时候则不会。设想某个特定行程上的一个驾驶员，一场意外事故发生的概率取决于驾驶员数量 x 与岛上单行道数目 c 的比率。在随机选取的一段路上，你遇上其他驾驶员的可能性越大，你发生交通事故的可能性就越大。特别地，某个特定的驾驶员发生交通事故的概率是 0.5 (x/c)。

如果发生一场交通事故，每个驾驶员遭受的物质损失是 500 美元，一场事故的总损失是 1 000 美元。每场事故准确地说包含两辆车，它们都被驾驶着。

驾驶员所做的会影响他们是否发生交通事故的唯一决策就是他们是否出车。小汽车都只有一个速度，并且驾驶员都近乎盲人。所有的行程距离都相等。

驾驶员从他们出行中所获得的收益并不相同。对于任意给定的一天，从出行中至少获得收益 B 的驾驶员数量是

$$1\,000-10B$$

这基本上是一个出行的反需求函数。除了发生交通事故的情形外，开车并不产生私人成本。

a. 假想在没有法院规约的情况下。每一个驾驶员仅仅为她所遭受的私人伤害负责。这里有 100 条单行道。请找出出行的均衡次数。（提示：以 x 表示出行的次数。找出用 x 的函数表示的出行的期望交通事故成本。代入反需求函数中找出将会发生多少次出行。均衡要求 x 是人们想要出行的次数。）

b. 如果有 x 次出行，一次出行的个人期望交通事故成本是多少？作为 x 的一个函数，合计的交通事故成本是多少？（提示：用前一个答案乘以出行次数。）一次出行的边际社会成本是多少？（也就是总成本关于 x 的导数。）找出每次出行的最优加油附加费型保险的成本。（提示：从边际社会成本中减去私人成本。）

c. 说明每次出行的双重严格赔偿责任等于最优加油附加费型保险的成本。

d. 假设目前还没有修建单行车道，并且政府知道每天出行的次数 x。一旦开始修建一条单行道，每天的资金花费将达到 2.5。因此总成本包括建造的（资金）成本和事故成本。作为一个 x 的函数，单行道的数目多大时能最小化总成本？

e. 对于任何容量 c，设想政府机构实行双重严格赔偿责任，将有超额的收益归入政府。也就是说，当发生一次交通事故的时候，没有人会得到赔偿而且每一个当事人要向政府支付 500。请找出均衡的出行次数 x。

f. 请找出最优容量。（提示：x 和 c 的值必须同时满足 d 和 e 中的条件。）在这一容量下，政府得到的收入是多少？政府用于建造单行线的成本是多少？

g. 政府会赚钱、赔钱或者收支平衡吗？这个结果与最优容量有什么关系？

参考文献

American Public Transit Association. 2002. "The Bus Market." Accessed July 24, 2002, at www. apta. com/stats/vehicles/busmkt3. htm.

Baum-Snow, Nathan, and Matthew Kahn. 1998. "The Effects of New Urban Rail Transit: Evidence from Five Cities." Discussion paper, Columbia University.

Deleucchi, Mark, and Shi-Ling Hsu. 1998. "The External Damage Cost of Noise from Motor Vehicles." *Journal of Transportation and Statistics* 1(3): 1−24.

Goddard, Stephen B. 1994. *Getting There: The Epic Struggle between Road and Rail in the American Century.* New York: Basic Books.

Gómez-Ibáñez, José. 1985. "A Dark Side to Light Rail?" *Journal of the American Planning Association* 51: 337−351.

Hood, Clifton. 1995. *722 Miles: The Building of the Subways and How They*

Transformed New York. Baltimore: Johns Hopkins University Press.

Kain, John F. 1997. "Cost-Effective Alternatives to Atlanta's Rail Rapid Transit System." *Journal of Transport Economics and Policy* 31: 25-49.

Keeler, Theodore, et al. 1975. *The Full Costs of Urban Transport*. Monograph 21, part3, Institute of Urban and Regional Development, University of California, Berkeley.

Klein, Daniel B., Adrian T. Moore, and Binyam Reja. 1997. *Curb Rights: A Foundation for Free Enterprise in Mass Transit*. Washington, DC: Brookings Institution.

Kwitney, Jonathan. 1981. "The Great Transportation Conspiracy." *Harper's*, February, p. 14.

Meyer, John, and José Gómez-Ibáñez. 1981. *Auto, Transit, and Cities*. Cambridge, MA: Harvard University Press.

Mohring, Herbert. 1972. "Optimization and Scale Economies in Urban Bus Transportation." *American Economic Review* 52(4): 591-604.

Romilly, P. 1999. "Substitution of Bus for Car Travel in Urban Britain: An Economic Evaluation of Bus and Car Emissions and Other Cost." *Transportation Research D*, 4: 109-125.

Teal, Roger F. 1988. "Public Transit Service Contracting: A Status Report." *Transportation Quarterly* 42(April): 207-222.

U. S. Bureau of Transportation Statistics. 1999. "G-7 Highlights." Accessed at www. bts. gov/itt/G7HighlightsNov99/G-7book. pdf.

——. 2002. "National Transportation Statistics." Accessed at www. bts. gov/btsprod/nts.

Vickrey, William S. 1987. "Observations on Modern Transit." Discussion Paper 356, August, Columbia University.

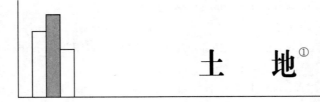

第6章

土 地①

1879年时，美国最流行的经济学书籍提供了如下这般的致富图景：

> 看看现在……有一些头脑精明的商人，他们没有什么理论修养，但是知道如何赚钱。对于他而言，"别看这里是一个小村庄，但十年后它将成为一个大城市——10年后铁路将取代公共马车，电灯将取代蜡烛，周边环绕着机器的轰鸣和工艺改进，这些将极大地提高劳动效率。那么，十年后的利息会明显抬高吗？"
>
> 他会告诉你："不会！"
>
> "普通劳动者的工资会明显增长吗？"
>
> 他仍告诉你："不会……"
>
> "那么什么会更高呢？"
>
> "地租，也就是土地的价值。去！给自己买块地，然后捂着别出手！"
>
> 在这种情况下，如果你采纳了他的建议，你将不需要做任何事情。你可以坐下来抽你的卷烟……你可以乘气球升空，也可以下到岩洞里去探险。你没有做任何工作，也没有为社会创造一丁点儿的财富，但十年之后你会变成富翁！（George 1900，p.291-292）

我们这个星球上的绝大多数土地几乎一文不值。1998年时，花大约200美元就可以在佛蒙特州买一英亩土地。未经开发的西伯利亚的土地甚至比佛蒙特州更便宜。但是有极少数的土地非常昂贵。1998年，纽约曼哈顿中城的一些地块每平方英尺的价格高达1 000美元（或者说每英亩4 000万美元）。

---

① 为了从本章中学习更多内容，你需要熟悉以下概念：弹性、超额负担、因子替换、潜在的帕累托改进以及压力值。你能够在词汇表中找到这些术语。拥堵收费也将被用到。

为什么地价的差距会如此之大呢？相信你不会用肥沃程度的不同去解释其中的缘由（就像你不会把每个工作日早上 8:30 林肯隧道里的滚滚人流归因为那里有超级壮观的美景一样）。相反，曼哈顿的土地之所以比佛蒙特州贵那么多，是因为你能在曼哈顿实现更多的愿望，所有的理由我已在第 2 章有所陈述。在第 2 章中我们可以看到，把某些活动整个放在一小块土地上进行具有很多优点。相比于佛蒙特州，在曼哈顿你可以更方便地找到便宜的订婚戒指、不错的法式餐馆、医术精良的泌尿科医生、收购你创办的公司或收藏你最新画作的买主、情侣或者一场高水平的桥牌联赛。

但是在同一个地方、同一个时间你只能做一件事。在曼哈顿，一块地不能同时用作珠宝店、法式餐馆、泌尿科医生的办公室、经纪公司、艺术展、桥牌屋或者你的居室。即使逢偶数日用作珠宝店、逢奇数日用作法式餐馆，代价也会大得惊人。（在奇数日怎么处置那些珠宝呢？）在一个多层大楼里，分楼层来实现这些功能也很昂贵（大楼越高，用于结构支撑和安装电梯等使用的建筑面积所占的比例就越大），即使这样仍然不能把众多的事情都摆在一个相同的地方做——一幢 100 层高的楼房，其顶部到底端的距离相当于纽约的四个街区。

在城市中，需要做的事情相对于能够在其上做事的地方要多得多。出于某种原因，有些事情必须分别在不同的地方开展不同的活动。这正是本章的主题，这一方面的学术名称叫区位理论，专门研究不同的活动如何被定位在不同的地方，以及租金将如何决定。市场经济用土地价格作为基本机制来解释不同活动如何被配置在不同的地方（例如，人们之所以不在曼哈顿的中城区种田是因为地价太高）。因此本章将研究哪些因素决定不同地块的价格，哪些活动最终发生在被价格所定位的土地上，以及这样的定位结果是否合意。

你不能随意地建造一条下水道、一座房子、一个煤气站、一栋办公楼或者一座教堂——你必须在某个特定的地方建造相应的建筑。在接下来的数十年内，全球将投资数万亿美元在城市中进行类似的建设，发展中国家更是如此。一些人认为美国已经把这些建筑放在了错误的地方——它们过于分散以至于无法充分实现本可使城市生活更具有吸引力和生产性的规模经济。你必须了解土地市场和区位理论，以评判这场辩论中的有关话题。

Ⅰ. 购买价格和租金

□ A. 资本化

在开始探究这些问题之前，我们需要先对一些术语做出说明。在房地产市场中你会看到两种不同的交易：购买和租赁。当你购买了某样东西，意味着在你或你的继承人将它卖给别人之前，你对它拥有控制权。当你租赁了某样东西，只表示你仅在固定的时间内享有控制权，到期后将物归原主。你购买东西的花费称为它的价格或价值，而租赁的花费则称为它的租金。

在本章中购买和租赁我都会加以阐述，并且了解两者间如何联系是非常重要的。我将要阐述的关系非常简单。① 假设你有足够的钱来购买一块土地，记土地的价值为 V。你可以现在把土地买下来，也可以永远每年都租用它。这两种行为的结果是等价的，因为它们两者都赋予你永久的控制权，因此你的花费也应该相同。为什么？因为如果其中一种获得控制权的方法比另外一种成本更高，就不会有人使用该方法。而我们看到两种方法都被使用着，据此可知它们是同样的花费。（换言之，我们可以恰好把一个购买价格的等值支付定义为实现相同结果的租金。反之亦然。）

如果你租赁了它，你每年需要支付租金 R。如果你购买了它，你必须一次性支付的总额为 V。记利率为 i。如果你没有购买土地而是把钱存入银行，你每年得到的利息是 iV，这就是你购买土地每年损失的利息。为了让两种方法等价，下式需成立：

$$R = iV$$

或等价地

$$V = R/i$$

经济学家说，购买的价格是租金的资本化价值。收入现金流的**资本化价值**是指你出卖那份权利所接受的收入现金流的数量。（**现值**是资本化价值的另一个名称。）由于本章不考虑利率的变化，因此租金和购买价格相互间将始终成比例，并且在相同的方向上变化。注意，当利率较低时，房地产的购买价格将较高；而当利率较高时，其购买价格则较低。

□ B. 泡沫

偶尔也有一些违反价格等于租金的资本化价值这一基本规则的例外情况发生。这些例外情况就是泡沫。在泡沫发生时，人们之所以购买房产是希望能够以更高的价格卖出。他们希望卖给那些期待能够将房子以更高价格卖给别人的买家，而那些买家又希望以更高的价格将房子卖给另外一些买家，依此类推。人们之所以愿意当冤大头是因为希望找到更大的冤大头，只要价格能够保持足够快的增速，他们就能成功。

一个连锁信链就是一个经典的泡沫案例：你为一些基本没有价值的东西花了钱——在链中的会籍足够高——希望链中在你下面的人做同样的事情。只要有新鲜血液源源不断地加入，连锁信链就和其他泡沫一样可以保持增长，而参与者中的一些人就可以持续地拿到钱。

从 17 世纪的荷兰郁金香球到 20 世纪 90 年代后期美国的网络股，市场中几乎所有可以想象的资产都在此时或彼时发生过泡沫。土地市场也不例外。例如，20 世纪 80 年代著名的日本房地产泡沫，价格高到了令人目眩的地步——据估计，在某个时点东京皇宫下土地的价值高过整个加利福尼亚州的土地。

然而，顾名思义，泡沫转瞬即逝。泡沫终究要破灭。在经济学中，当泡沫形成后，其继续存在的唯一途径就是找到越来越多的、愿意支付比基本面越来越高价格的投资者。那些曾经轻信上当的冤大头迟早会跑光。（或者更确切地说，理性投资者相信越来越多的人会卖出以抽身。）

---

① 通货膨胀、风险和税收会使这一关系复杂化，但本章中将不考虑这些因素。

由于泡沫终会破灭，并且可能比较罕见，因此本书不考虑泡沫在决定土地价格中的作用。但在分析一些特定事件——例如，21 世纪初美国的房地产繁荣——时你应该担心泡沫的可能性。

▌ Ⅱ．区位理论基础

□ A．当人无差异时的区位理论

通常，在思考复杂且困难的问题时，最好开始时将复杂问题分解为若干简单、理论性较强的问题，这样我们就可以充分把握问题的进展。

假设有一些人人都想靠近的地方——比如迪士尼乐园、曼哈顿的中城或者金门大桥。我们不必考虑人们为什么想靠近这些地方——也许是因为他们在那里工作，必须每天来来回回；也许是因为他们喜欢那里的风景或听听那里的柔风轻号；也许是因为他们是商店老板，希望生意能靠近主要的城铁枢纽。

假设每个个体之间并无差异，并且每人占有土地的数量相同且固定。假定每个人住在大小相同的活动房屋里。于是并不是每个人都能正好住在他们想挨着的地方的附近，一些人注定要住在偏远的地方。你可以计算出 300 米内能居住多少人，2 000 米内能居住多少人，5 000 米内能居住多少人等，这就是能够容纳的总人数。如果你知道相应的人口规模，就能够计算出他们需要占据多大的地方，他们其实占据的就是最接近能容纳那个规模的人群的土地。

假设每个人对被讨论的特定之地的喜好也无差异。换句话说，为使自己更为接近中心区 1 千米，每个人愿意支付同等的额外支出。具体而言，比如说人们愿意为更靠近中心区 1 千米而每个月额外多花费 40 美元。

如果每个合适的地点由按市场所能承受的价格收取房租的房东所拥有，那么很容易看到接下来要发生的事：每远离中心区 1 千米，每个月的房租就会下降 40 美元。这是为什么呢？假设距离中心区 3 千米处的租金比距离中心区 4 千米处的租金每月远高出额外的 40 美元时，那么每个人都更倾向于在距离中心区 4 千米的地方居住。于是想在 4 千米距离处居住的人将超过可容纳量，这会抬高那里的价格。同时处在离中心区 3 千米地区的房东会发现他的房子无人问津，因而会降低价格。当 3 千米处的租金和 4 千米处租金的差价远少于每月 40 美元时，情况恰好相反。唯一能够防止竞价混战、价格变动以及不愿看到房屋空置的方法就是每月的租金必须按照每远离中心区 1 千米下降 40 美元的方式递减。在这些条件下，每个人居住的地方无差异。近的地方更方便，同时租金也高；偏远的地方恰好相反。租金每千米下降的速率称为**租金梯度**。

租住在距离中心区最远的地方的人不用付任何费用。假设最远地区的房东收取了一个大于零的房租。那么比他稍远一点的房东就可以收取一个更少的费用，只要这一费用小于其他房东的收费减去每千米 40 美元，就可以把位于比他更靠近中心区里的房东的租户全部掳走。这样，"最远的区域"要么不再最远，要么还没被开发。由于在被开发的土地中一定存在一些距离最远的区域，因而其租金必须为零。

如果我们考虑的人口是固定的，这两个结论让我们计算出每个地方的租金是多少。人口规模告诉我们最远的地方在哪里；那里的租金为零；每靠近中心区 1 千米，每月的租金就提高 40 美元。如果中心区位于开发区域的中间地带，就有如图 6—1 所示的土地租金图。

图中**移位成本**是指不在中心区的人所遭受的损失——在最通常的表达方面它为通勤成本。

图 6—1 看起来应该很熟悉，它与讨论交通拥堵收费的图 4—4 类似。横轴上的距离代替了时间；"租金"代替了"收费"；"移位成本"代替了"时延成本"。但是这些差别仅仅是表面现象——区位理论仅仅是把拥堵收费理论换了些名词而已。区位理论是关于空间分配，而拥堵收费则是关于时间分配；并且所有的基本原则都相同。（事实上，建立动态拥堵收费系统的一种方法就是将林肯隧道的每一分钟交给一个独立的"时间拥有者"——比如说一个独立的非营利组织——让它来设定价格以使市场出清。）

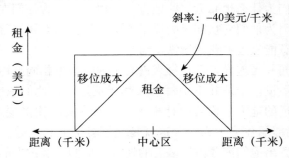

图 6—1 中心区周围的土地租金

因此，租金和拥堵收费具有相同的解释：它们都是对因你所为而施加给别人的损失所做出的补偿。如果居住在距离中心区 2 千米处的某人消失了，则每一个距离稍远的人都希望能够靠近一点以减少移位成本；那么居住在距离中心区 2 千米远的人支付的租金就等于距居住地稍远的人所愿意支付的以使该人离开的总额。

与拥堵收费类似，区位理论区分了两种情况：人口被固定的情形（城市中的居住需求无弹性）和人口可变的情形（需求呈现弹性）。在区位理论中，完全无弹性的需求被称为**封闭型城市模型**，它假定人口既不能迁入城市也不能从那里迁出，因而当城市的条件改善时，所有人都能受益。完全弹性需求被称为**开放型城市模型**。在开放型城市模型中人口可以迁移，因此如果中心区的便捷性、租金以及到那里的搬迁成本等都比其他地方要合意，那么人口就会迁入，城市人口就会增加。如果条件不好，城市人口就会减少。

对大多数问题而言，封闭型城市模型和开放型城市模型的假定都是极端而不现实的。实际上，每时每刻都有人迁入和迁出城市。孩子们长大了要离开，老人们要搬到适宜退休生活的社区，而工作的人们要外出寻找更好的发展机会。因此封闭型城市的假设是不现实的。另一方面，很多人并不是完全没有牵挂：他们对现在的居住地有很多感情寄托；他们知道如何在附近遛弯，以及最好的管道维修商是谁；他们的家庭成员与亲朋好友都在附近，父母百年后也葬在这里。因而土地价格上一个百分点的差异并不足以让这些人踏上明早飞往澳大利亚的班机。因此开放型城市假设也不一定现实。

事实上，在任意给定的时间段内的需求弹性都是某个中间值，那么我们为什么要使用如此极端又不合实际的假设呢？因为这些假设可以简化分析，并且对很多问题有较好的近似性。在第 4 章，我们已经看到分析极端的弹性情况比分析中间情况要简单得多。

何种情况下这些假设具有良好的近似性呢？当你只考虑接下来后的几年所发生的和一些小的变化时，封闭型城市就是一个良好的近似。将地铁票价提高 2 个百分点不会对城市人口有明显的影响，并且即使这是该时期的主要变化也不会立刻对城市人口产生显著影响。开放型城市模式可以较好地近似描述长期内较大的变化。几十年下来，无论多么热爱这座城市，死亡率使得一些人终将离开，而迁移率的累积效应会变得巨大。即使对于仅影响一个大城市中一小部分区域的变化，开放型城市假设也是一个不错的近似。

在开放型城市中土地租金将如何确定呢？两个基本的结论并没有改变——每远离中心区 1 千米，每月的土地租金就会下降 40 美元，并且最远的开发区的租金为零。但是由于我们不知道人口数量，因而无法确定最远的开发区的位置。在开放型城市中，人们从城里去城外工作，而不是从外面进城工作。

考虑紧挨着城市中心区居住的人们，他们没有任何搬迁成本。由于中心区极具吸引力，这个地方的租金就必须足够公平，以使得居住在该地和居住在其他地方没有差别。如果租金高于这一公平值，人们将会迁出，最终没有人会来这个地方；如果租金低于该值，那么人们会从周围涌入，最终抬高租金。因此，在开放型城市中，中心区的相对吸引力决定了离中心区最近位置的租金。当你搬离最近位置时，租金每千米下降 40 美元，并最终在某点降到零。这个点就是最远的已开发区域，它决定了人口的数量。

无论是在开放型城市模式下还是在封闭型城市中，想在中心区居住的人越多，中心区附近的租金就越高（因为如果你的离开使受益的人越多，你为了保住这一位置需要支付的金额也就越大）。从传统意义上看，大城市的主要商业区通常被视为中心区。区位理论解释了为什么纽约这类城市的租金会比奥马哈这类城市的租金更高。

当然，纽约更高的租金引出了一个有趣的问题：为什么人们不离开纽约迁往奥马哈呢？答案只有一个：因为作为中心区，曼哈顿更有吸引力——工资更高、夜生活更加丰富。工资为什么更高呢？不是因为租金高——如果是这样的话，员工就会随着公司一起搬到奥马哈了。曼哈顿的工资之所以高，是因为曼哈顿的工作效率高——其所有原因都在第 2 章讨论过了。因此，当听闻曼哈顿的单间公寓的月租金高达 3 400 美元时，你不必吃惊；你应当庆幸城市生活奇妙的反应是如此强烈，以至于人们愿意支付如此高得离谱的价格。

□ B. 不同的每公里移位成本

为这一相当简化的区位理论放入更多的现实约束并非难事。假设人们或商人对靠近中心区的支付意愿不同，一些人愿意每个月多支付 40 美元以便能离中心区更近 1 千米，而一些人只愿意为此每月多支付 20 美元。例如，一些家庭可能有两个人要上下班而不是一个人；或者一些人可能更看重自己的时间，或对交通的感觉很差，或干脆讨厌开车。

拥堵收费理论告诉我们接下来会发生什么：具有较高移位成本的人会在中心区附近居住，而移位成本较低的人会住的相对远些。图 6—2 给出了租金曲线的形状：你移动的距离越远，曲线就越平坦。这和图4—9类似。在移位成本较高的群体聚居的地方，租金每千米下降40美元；而在移位成本较低的群体聚居的地方，租金每千米下降20美元。注意，这种安排是有效的，因而不存在帕累托改进。但是如果具有高移位成本的人处在低移位成本区域（反之亦然），那么存在帕累托改进：只需要支付比每千米20美元高一点的价格，就能使居住离中心区较近而移位成本较低的人改变住所，同时高移位成本的人也愿意支付比每千米40美元稍低的价格。在此情况中，土地价格引导各项活动分布到它们合适的地方。

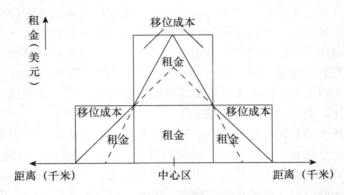

图6—2 两类群体情况下的租金曲线

如果有许多不同的群体而不是恰好两类，那么各个群体会按照移位成本的高低而分布：那些具有最高的每千米移位成本的群体住在最里面，移位成本次高的群体次之，依此类推。租金梯度如图6—3所示：中心区里的梯度最陡，然后随着距中心区距离的增加而逐渐平坦。群体间的这种分配方式仍然有效。

曼哈顿地区1903年实际的地价变化规律和图6—3描述的情形非常相似。图6—4中的地图描述了这一情况（Hurd，1903；摘录自Willis，1995）。纽约证券交易所附近的地价最高（每平方英尺400美元），并且每隔一个街区地价下降超过100美元。进一步的，在布鲁克林大桥附近，相隔几个街区的土地价格也仅相差5美元。

这个关于活动如何分配的理论也意味着区域分化：每千米移位成本相同的活动将集聚在同一个区域，并且没有人愿意搬出去。如此一来，证券经纪业务将在同一个区域，而仓储业则在另一个区域。

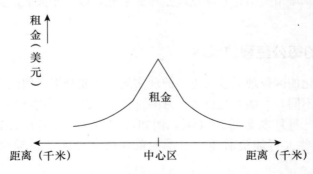

图6—3 多类群体情况下的租金曲线

城市经济学

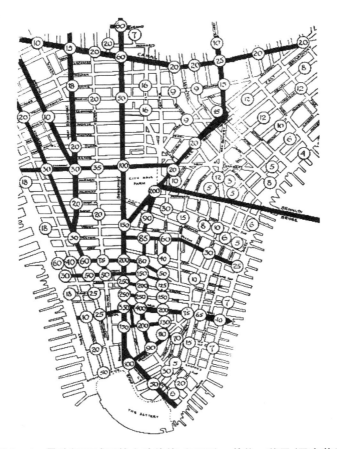

图 6—4 曼哈顿下城区的土地价值（1903），单位：美元/平方英尺

资料来源：Carol Willis, *Form Follows Finance*：*Skyscrapers and Skyliners in New York and Chicago*（New York：Princeton Architectural Press, 1995），p. 172. 已获作者允许。

注意，那些每千米移位成本最高的群体要支付非常高的租金。如果他们支付不起这些租金会发生什么呢？分配是否仍然有效呢？答案听起来虽然苛刻但也并非不合逻辑：那种情况并不会发生，因此这些理论将仍然有效。譬如在需求存在弹性的情况下，当收费最优时，某些人们正在考虑之中或在其他境况下已经决定的通过林肯隧道的出行就不会发生了。

为了理解这种情况，我们来看一个海滨城市的例子。距离海滨越远的地方租金越低，并且移位成本最高的活动都在海滨——比如游船码头（因为将船从大街上运过来成本很高）、热狗店和豪华酒店；便利店会稍微远一点（因为搬运防晒霜比搬运游船或热狗更为容易），然后是民居。另一项移位成本很高的活动是冰冻海水让人们在上面滑冰。如果你打算经营一个类似这样的场所，那么尽可能地离海堤近一些会有很大的优势；每远离海滨一米都会增加大量的成本。不过如果你选址在海滨附近又会把大量成本硬摊在其他人身上，因此海滨溜冰场是一件不会发生的事情。此外，因为你和你的顾客从这类活动中得到的微薄利润并不足以抵消被取代的其他海滨活动的成本，因此这种情况也不会发生。

这听起来对商业和经营性活动是件好事，但是对居民和生活区又该如何呢？因为居民的消失和海滨溜冰场的消失并不是同一码事。但争论并非关于消失还是出现——而是关于便利地趋近特定的中心区。放眼望去既有很多可以居住的地方——记得我们说过大多数土地基本上没有价值——也有很多中心区。无法方便地走向一个特定的中心区和不在那里生活是不同的命题。

有一个从关于城市如何布局的传统观点中衍生出来的说法，即活动应当按照移位成本递减的顺序来布局。假定城市中心就是中心区。这个区域有时也叫做中央商务区，简称CBD。在该区域内活动的都是那些距离中心区移位成本最高的人士：高管、律师以及追逐利益的商人。商人需要面对面的交流，但是其工作时间又非常宝贵，因而他们不能不顾疲惫，大老远跑来会谈。同时，这里还有餐馆和酒店为这些活动提供方便；也有会计师、秘书、初级律师、服务员、厨师、女仆等为高管们做助手。

20世纪30年代后期，一项研究解释了为什么金融业主要集中在曼哈顿的下城：

> 对网络和电报、电话以及电缆线聚集的依赖，使得金融趋向于集中在一个区域。重要的是，金融机构还要靠近航运公司、国库、联邦储备银行、海关大楼、结算中心以及主要的储户，比如铁路公司、公共事业单位以及其他银行，这样业务才可以迅速交易，也便于董事们便利地参会。……交易规则规定，咖啡、糖、棉花和可可交易市场需要在给定区域内的银行进行"保证金存管"，以便保证"未来"交易的最低支付，因此这些交易必须在一个有限的区域内（Armstrong and Hoyt，1941，p. 125；引用于 Willis，1995，p. 172）。

由于CBD拥有最好的交通枢纽和最集中的人流量，因此它们也是各大百货商场和文娱中心（因为交通量很大）的所在地；它们搬迁的成本很高。距离活动中心稍远的是制造业和航运业。这些机构中有些需要靠近货运码头，以便它们能从世界其他地方输入物资，或输出它们的产品，而另外一些则需要离陆运和经销商近一些。

再远一些的将是住宅区以及与维系居民生活相关的产业区。对于居住在那里的人来说，距离CBD越近越有利，因为这样能够减少他们的通勤时间。你可能预期，相对于单职工家庭而言，双职工家庭的居住地离CBD更近，因为双职工家庭每千米的通勤成本是单职工家庭的两倍。并且你希望警察和消防员这类人能住在最远的地方，因为他们的大部分通勤发生在与人们并不一致及非拥堵的时期。有些制造业也有可能在居民区，因为对这些制造业来说，从外面运送产品到CBD比运送工人更为便宜。

这种关于城市如何运作的传统观点称为**单中心城市模式**。1900年左右，这种模式大概是一种很好的模型，当时铁路和电车是城市的主要交通工具。在一个有卡车、轿车、飞机的世界里，城市不可能只有一个中心。但是，即使飞机场和州际公路交叉口也扮演着中心区的角色，CBD仍然是很重要的就业和商业中心。如果你远离曼哈顿，土地的价值通常会降低，不过由于机场和郊区办公中心的存在，情况也可能有所不同。

□ C. **不同的土地使用强度**

当研究拥堵收费时，我们发现如果每个通勤者上班迟到或提前一分钟的成本相同，则安排公共汽车和多人合乘车在最理想时间段优先于普通汽车通过林肯隧道，而让普通汽车又比越野车优先通过林肯隧道有明显的意义。（见第 4 章，问题 4）。一辆载有 40 名乘客的公共汽车上的乘客们一分钟的延误成本是只有一位乘客的轿车上的人延误成本的 40 倍，而越野车比普通车占用的空间更大，所以它后面车辆的延误成本更大。

正如人们使用不同的交通工具通过林肯隧道一样，人们会使用不同面积的土地来开展他们感兴趣的活动。比如住房，有些人住在带有半英亩草坪、周边是一望无际的牧场的房子中；有些人则住在紧挨着人行道的联排房中，并且和邻居共用一堵墙；还有一些人住在 50 层的公寓楼里，他们和数以百计的其他家庭一起住在同一块土地上。有些大学有成百公顷的停车场和单层的教学建筑物；另一些校园则被蜗居在地铁站周边，师生们等着乘电梯上楼。一家家得宝（Home Depot）比一家法国餐厅使用的土地多，一家钢铁厂比一座办公楼占据的地盘多。

在其他条件不变的情况下，我们将会看到像家得宝和大都市郊区的高尔夫球场那样对土地的奢侈性使用，也会看到类似于靠近 CBD 的公寓楼和多层办公楼的土地节约型的使用方式。这是有效率的，而土地的租金梯度使得这一切成为现实。还有一个地租在市中心比在郊区下降得更快的原因：将一栋 50 层的公寓楼搬离 1 千米，则意味着使数以百计的员工增加了 1 千米的通勤距离。而将一栋牧场小屋移动同样的距离，只是影响二两个工人的通勤。

这些关系和为什么有些人住在公寓里而有些人住在牧场的房子里的原因无关。也许有些人生来就是隐士，而有些人生来就是性格外向的人，隐士喜欢住在牧场附近的房子里，性格外向的人则喜欢住在市中心的公寓里。另一个极端的情况是，也许每个人都偏好相同，所有人都能找到和想象中的牧场的房子一样好、足够豪华的公寓。此时公寓和牧场的房子将被建造到没有人会偏爱其中任何一种的程度。所以，公寓将再次被建在市中心而牧场的房子被建在城市的周边。

在这两种情况下，如果你绘制每公顷范围内的人数和到市中心的距离的曲线，将会得到一条向下倾斜的直线。这样一条曲线称为**密度梯度**。当你可以使用数量不等的土地来建造一个住房单元时，也要区分土地租金梯度——每公顷土地的成本——和住房租金梯度——标准化的住房成本。住房租金梯度之所以向下倾斜是因为通勤成本；而土地的价格梯度也向下倾斜的原因是通勤成本和不同的土地利用强度。

理解能使人们更加集约地使用更有价值的土地的机制是很重要的。问题的关键是土地替代资本的能力（反之亦然），以及递减的边际生产率（从微观经济理论角度讲，这是一个要素替代的例子）。假设你正在考虑建造一座办公大楼。如果你向外扩展并且使用大量的土地，那么你不必使用大量的资本：你将不再需要安装大量的快速电梯；也不需要特别牢固的墙壁和钢架来支撑太多的重量；甚至都不需要打地基。

然而，如果是在一块很小的土地上建造一座高楼，你必须使用更多的资本。例如，1930 年的一项关于纽约办公楼的研究发现：在一栋 15 层高的建筑里，每平方英尺净租用面积的建筑成本是 9.10 美元，而在一栋 75 层的建筑里，每平方英尺的成本是 12.60 美元。这种巨大的差异是由建造时所需的钢材、砖、电梯、供暖和通风设施引起的（Clark and Kingston, 1930, table 10; 引用于 Willis, 1995, p. 84）。

土地越便宜，你随意支配的土地数量就越多，而且使用的资本就越少。当你能够使用更多的土地时，那么投资一些像乘电梯才能到达的银行这样的事情是没有意义的。因此——靠近市中心的地块——将会被高层建筑所覆盖，而在便宜的土地上则分布着草坪和低矮的建筑。

在单一中心城市模型中，为什么越靠近 CBD 的土地租金梯度越陡峭，而越远离 CBD 的梯度越平坦呢？原因之一是具有选择土地开发强度的能力。假定所有的土地消费者无差异。如果每个人都必须居住在同一样式的独栋住宅中，并且占用的土地面积相同，那么土地租金梯度的斜率处处相等。现在给予每个土地拥有者以建造一栋公寓或者两户合栋房来代替此前要求的独栋住宅的选择，这种选择仅仅增加了那些可能被开发的——也就是靠近 CBD 的土地价值。因而，选择提高土地强度的价值日益增长，使得靠近 CBD 的土地价值比远离 CBD 的土地价值增加的更多。就大多数 CBD 而言，土地价值并不是处处相同，除非你能够在那里建造一些摩天大楼——然而除非土地的价格足够高，否则没有人会在那里建造摩天大楼。

考虑这些不同的梯度常常有助于我们思考各种政策的影响。答案通常并不总是你一开始时想到的那一个（见专栏 6A）。

建造房屋时土地强度的区别是富人和穷人常常居住在城市圈中不同地方的原因之一。富人比穷人消费了更多的土地——恰如他们消费了更多其他的东西一样——因此我们最有可能在城郊找到他们。美国的情况大致如此。但是土地消费并不是决定位置的唯一因素——移位成本也是影响因素之一。由于富人的工资一般比穷人高，他们的通勤成本一般也更高。这使得富人比穷人更倾向于居住在 CBD 附近（如同第 4 章中，由于时延成本的不同，富人可以在最好的时间段通过林肯隧道）。因此移位成本和土地消费作用在相反的方向上；区位理论并不能独自预测富人时时处处都远离 CBD 居住。因此，在欧洲的大部分地区和纽约，非常富有的人居住在靠近闹市区中心的地方就毫不稀奇了。

专栏 6A

自学读物

假定某城市限定住宅的高度（例如华盛顿特区就禁止任何建筑物高于华盛顿纪念碑）。在距离市中心 5 公里之内的建筑物的高度最高不得超过 5 层。绘制两条住宅租金梯度曲线，一条代表没有高度限制的城市，一条代表有高度限制的城市。假定城市为开放型城市。哪些人会从限高政策中受益？哪些人会受损呢？

在开放型城市假定下，住房租金通过调整使得该城市任何一个地方的吸引力和世界上其他已被开发地区的吸引力一样。考虑一个距离市中心 5 公里之外的地方。限高没有影响它的吸引力——人们仍然花费同样的通勤时间，从事相同的工作。世界上的其他地区也没有任何改变。所以这里租户支付的租金也不变。

现在考虑一个距离市中心 5 公里之内的地方。根据类似的讨论，这里租户支付的租金也不变，因为世界上其他地方的通勤成本和机会并没有发生变化。因此，限高和不限高的住房租金梯度相同。

在限高政策中受损的是在距离市中心 5 公里范围内的那些拥有土地的人。他们每单位面积收取的租金不变，但是限高政策阻止他们增加楼层，那才是有利可图的部分。土地在市中心 5 公里之外的人将既没有损失，也没有额外收益，因为他们收取的租金不变，而且限高政策也没有妨碍他们做任何事情。在市中心 5 公里范围内，即使住房租金梯度保持不变，土地租金的梯度也将变得更加平缓。

没有人能从中受益。限高政策阻碍了那些本可以在城里生活并可以做出一些贡献的人，从而减小了城市的人口规模。

Ⅲ. 交通及其他方面的改进

□ A. 交通优化如何影响土地市场

现在我们可以看看当交通条件改善时密度和土地租金将会发生什么变化——例如当汽车被发明出来，或者纽约市和公交公司组建了地铁系统。这对理解城市变迁的历史以及评估未来交通项目的成本和收益大有帮助。

交通条件越好意味着每公里的移位成本越低：如果行驶一公里的成本下降了一半，那么以前 10 公里远的移位成本相当于现在 20 公里远的移位成本（假定交通是唯一的移位成本）。因此租金梯度会更加平缓，租金下降的比率会减小。这样，距中心区的距离相差一公里就不会在租金上引起那么大的差异。

租金梯度的平缓化在开放型城市模型和封闭型城市模型中都能发生，但是具体含义大有不同。在封闭型城市模型中，城市的边界被现有人口固定，因此梯度变缓意味着任何一地的租金都会降低（边界除外）。在开放型城市模型中，中心区的租金由中心区的相对吸引力所决定，因而梯度平缓意味着任何一地的租金都会提高（中心区除外）。我需要详细地阐述这些理论并给出一些描述。

在封闭型城市模型中，当每一项经营活动和个人使用的土地量是固定的时候，城市的规模就是固定的；交通成本的变化不会改变上下班族的人数，也不会改变通勤的距离。每一个人的居住对那些住在更远处的人而言并没有多大的阻碍，因此他们应该支付的价格也会下降。类似的，外围的人愿意为搬到中心区居住而支付的价格也会下降。在极端情况下，如果交通的开销为零，则没有人愿意为土地做任何支付，任何一个地方都和其他地方一样好，也不会妨碍任何人。图 6—5 显示了在封闭型城市中，交通条件的改善如何影响了土地租金。

当人们能选择所使用土地的强度时——即他们可以选择是要一块草坪还是一个立体花坛、可以选择是自己打理还是请一个门卫照看、可以选择是去一个每个收银台前都有工作人员的大超市还是去只有两个员工且其中每一位都相当于多个收银员的小商店时，图 6—5 所示的这个结论将要稍作一些修改。更低的土地价格使得居民和企业可以更大强度地使用土地和铺更大的摊子。土地价格将会基于交通条件的改善在不增加土地使用强度的情况下上涨，但即便增加土地使用强度，大多数地方的土地价格也还不足以恢复到交通条件改善之前的水平。城市边界会扩张，城内区域的密度将会下降。

这或许就是 19 世纪末 20 世纪初公共卫生的改革者们在支持纽约市地铁时脑海中浮现的情形。许多穷人必须步行上班，因而必须住在公司附近。结果曼哈顿的下城区挤满了工人，他们当中许多人是移民。1910 年，下城东区的人口密度达到每英亩 700 人，居住密度为有史以来的最高。如此高的密度震惊了热衷于公共卫生运动的人，改革者从旁观者角度把地铁作为将人们迁出下城东区以及远离潜在病症（精神上和身体上）的途径。地铁就是贫民窟的一缕阳光。

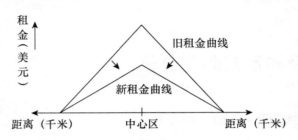

图 6—5　封闭型城市中交通水平提高时的租金曲线

另一方面，开放型城市模型预计地铁会使下城东区的境况变得更糟糕。首先，考虑土地强度固定时的情况。这座城市从中心区开始的任何一个地方都比以前更适合居住——一切还和以前一样好，而且交通条件改善了。在交通条件改善之前，这座城市和世界上其他任何地方的水平一样，但现在好于其他地方。因而人们从四面八方潮水般涌入这里，从而推高了土地租金。租金的上涨直到任一地方的吸引力都和交通条件改善之前一样时为止。城市的边界同样得以扩展，因为以前距离中心区太远而无法收取正租金的地方现在变得足够近，从而有人愿意支付租金在那里居住。如图 6—6 所示。

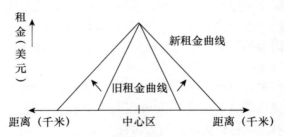

图 6—6　开放型城市中交通水平提高时的租金曲线

人们改变土地使用强度的能力能够稍稍地改变这些结论。当土地价格上涨时，人们会想方设法节约土地；这将意味着由原始租金上涨造成的损失比人们不能及时做出调整时要小。所以，土地租金和人口还会进一步上升。因此，在开放型城市模型中，地铁会使下城东区的生活环境更为糟糕——更多的移民潮水般涌入，租金和人口密度将会上升。虽然皇后区和布朗克斯区将会被开发，但由于移居到纽约的人太多，以至于它不会较先前的情况有多少不同。

开放型城市模型或许是城市外围开发商和曼哈顿商业利益集团所关注的对象。相比封闭型城市模型的人口不变假设，城市外围的开发商期望人口激增，而曼哈顿商业利益集团当然希望地铁不要减少曼哈顿的房产价值。然而，地铁的支持者们希望地铁能够带

城市经济学

来并且也确实带来了一个与众不同的结果。

那么，到底谁正确呢？自地铁修建以来已经过去了足够长的时间，并且美国（事实上是世界）的人口流动性很大，因而只有开放型城市模型才能对过去发生的事情做出合理的解释。城市外围各地区已经满员，而且曼哈顿的房产价值也上升了。1900—1940年间，纽约的人口从 480 万增加到 760 万。如此说来，开发商和曼哈顿商业利益集团似乎是正确的，而公共卫生的改革者则是错误的。不过与此同时，曼哈顿的人口密度却下降了，从 1900 年每英亩 161 人下降到 1940 年的每英亩 130 人，再到 2000 年的每英亩 105 人。导致这一问题的部分原因是商业用地挤占了一些住宅用地，但即使是在一直都保留着住宅的街区，人口密度也下降了。这是否能够意味着封闭型城市模型是真正恰当的模型呢？

也许并非如此。我的理由是：在开发开放式城市模型的思考过程中，我们只让某座城市的交通情况改善而让其他条件保持不变。特别的，我们假设其他地方的吸引力仍然和交通条件改进前一样。但当你考虑地铁和 1900—1940 年间这一段时，该假设显然不成立。在这段时间里，纽约城外的生活水平明显提高。美国的人均实际 GDP 增长了70%，而一般城市的工薪族或者文职人员的家庭收入却增长了 1 倍多（U. S. Bureau of the Census，1972，tables F1-5 and G582-601）。

纽约的生活水平也明显得到了改善，否则，1940 年的纽约将是一片荒芜。生活随着更高的收入、更好的卫生、更舒适的住房而变好，而更舒适的住房和更好的卫生水平的部分原因是因为人口密度的降低。在我看来，公共卫生的改革者们关于地铁的看法确实是错误的：因为它在降低曼哈顿下城的人口密度方面并没有起到任何作用。但是，他们也是幸运的。美国以及世界上其他地方的收入得以增长，并且解决了他们曾经希望地铁能解决的问题。

同时，纽约城外的收入增加还表明，地铁也可能影响纽约市的工资。在开放型城市模型中，即使工资水平不变，地铁也可能使纽约的人口和劳动力规模变得更大。然而，更多的劳动力意味着有更多的规模报酬递增的机会。就像我在第 2 章中论述的那样，如果这些机会重要的话，那么边际产品和工资都会增加。工资增加会引发新一轮的土地租金上涨，但这并不一定增加人口密度，因为一部分收入可能被花费在更多的土地和私人财产上。

我们也能用同样的方式分析轿车和公共交通的差别。有些人会认为，公共交通较高速公路使城市变得更加拥挤。这种观点是否有依据呢？在开放型城市模型中，这取决于公共交通运行的状况如何。如果公共交通优于轿车——更快、更便宜、更有效率、更舒服——则公共交通会提高土地租金、增加人口密度。如果公共交通只能使住在站台附近的人的出行变得更方便，那么它只会增加站台附近的人口密度，而对其他地方没有影响。如果公共交通还没有轿车好，那么它不会增加城市的人口密度——它将恰使一个城市变得更小。

在封闭型城市模型中，只有当公共交通比轿车差时才会增加城市的人口密度。但在一个封闭型城市中，任何一个使交通状况变坏的因素都能增加城市的人口密度，而建造地铁是一种更为昂贵的使公共交通变坏的方式。

因此，在某种情况下，城市公共交通能增加人口密度。但是，这并不神奇。关于这个问题的实证性证据稀少而零散。兰蒂斯和塞韦罗（Landis and Cervero，1999）认为，20 年后加州湾区（California's Bay Area）的 BART 系统可能会促进旧金山市中心写字楼的发展，但是并不会增加其他地区的商业或住宅密度。博林格和伊伦菲尔德（Bollinger and Ihlanfeldt，2003）发现，靠近新建地铁站的亚特兰大街区的就业并没有因此增长得更快。

□ B. 更好的交通和其他进步的效益度量

这种分析为我们检验土地价格的变化是否应该算作交通优化的好处提供了工具。人们经常声称交通优化能够推高房产价值，以此支持交通优化和其他政策，但是房产价值的提高并不一定是件好事。例如，如果我们所有的关注点都在土地租金上，那么，类似于能够将交通成本降为零的神奇发明那样明显令人满意的事情，看起来却是一场灾难，因为这也同时把地租变为了零。同样，当世界上其他地方的生活更具有吸引力而纽约没有什么改变时，即使并没有什么已经变得更差，但纽约的地价仍会下降。

当考虑由交通状况变化导致的土地市场波动的伦理意义时，我们需要万分小心。最保险的方法就是谨慎地开展每一步。要记住的是，最终的目标是找出存在帕累托改进的交通优化——即找出能够使受益者的收益大于受损者的损失的那种交通改进。交通优化有两种作用：其一它改变了各种交通方式的成本；其二它改变了各种地块的租金。我们想考察这两种变化对不同人群的组合效应。

我们首先从较为简单的开放型城市模型开始。没有土地的普通消费者面对两种变化：一是某些交通工具的成本下降了，二是他们需要支付的土地租金在上涨。（在一个开放型城市中，交通优化可以通过增加城市人口来提高城市的生产力，但在本节中我们忽略这种效应。）从开放型城市模型的构建中我们知道，租金上涨的规模恰好使得每一位消费者在交通优化前后的福利不变。交通给你多少好处，提高的地租就从你这里拿走多少。所以对于没有土地的普通消费者而言，他们既不是赢家也不是输家，他们既不愿意为交通优化支付任何成本，也不需要为失去而获得相应的补偿。

因此，在一个开放型城市模型中，交通优化的所有收益都归土地拥有者（就像在完全弹性需求的拥堵收费中所有收益都归收费者一样）。土地拥有者收取更高的租金，这些租金被资本化为更高的土地价值。如果你能计算出土地价值因交通优化而提高的数值，你就会知道这些收益的大小。一种交通优化增加的土地价值大于其消耗就是一个潜在的帕累托改进，反之它就不是一个潜在的帕累托改进。

注意，我并不是在说交通优化所带来的收益是出行成本下降和土地价值上升的总和，而仅仅是指土地价值上升的收益。理解这一结果的一种方式是，你要意识到更高的土地价值有利于土地拥有者却不利于土地消费者。开放型城市情形中的基本方程式如下：

$$更便利交通的收益 = 保持土地价格不变,消费者因更便利的交通而所得的$$
$$= 得到更便利的交通,消费者因土地价格的上升而受损的$$
$$= 土地拥有者因更高的地租而所得的$$

消费者从更便利的交通中获得的收益恰好被更高的土地价格导致的损失所抵消；剩下来

的就是土地拥有者的收益。

那么，评估消费者如何看待交通优化的价值是否有意义呢？答案是肯定的，因为这个数值可以很好地估计土地拥有者的最终收益（因为交通优化是土地拥有者收益的源泉），并且这种估算方式比估算土地拥有者的收益更容易具有预见性。当给定交通优化的水平时，该地方消费者由土地升值导致的损失将等于土地拥有者的收益。所以净收益可以做如下理解：在假设土地价格不变的情况下，消费者愿意为交通优化所支付的成本。通常而言，相对于估算土地市场的变化，估计尚未实施的交通项目的收益将更为容易。但是，一旦你在土地价格不变的情况下估算消费者愿意为交通优化支付的成本时，再把土地拥有者因地价上升而获得的收益加进去就不合理了，因为这些收益直接来自消费者的支出。

封闭型城市模型同样值得研究，因为有时短期分析更为合适，并且有时移民限制也有一定的合理性。在封闭型城市模型中，消费者的收益有二：一是更便利的交通，二是更低的土地价格。但是消费者在低价土地上的收益恰恰是土地拥有者的损失。因此，封闭型城市中交通优化的净收益是，保持土地原价格（高价格）不变的情况下，消费者愿意为交通优化支付的成本。为了计算净收益，你可以忽略土地市场。

与在开放型城市模型中相类似，在封闭型城市模型中，某个城市的交通优化会减少所有其他城市（相对于没有交通优化时）的人口和地价（即使幅度非常小）。但是其他城市中土地拥有者的损失被消费者的收益所抵消，因此在计算净收益时可以忽略。

另一方面，如果你想寻求潜在的帕累托改进，你只能从交通市场或土地市场中的一个着手，不可以同时出拳；但如果你想寻找政策支持，则两个市场都要被关注。诸如道路和地铁站之类的永久性的交通优化和诸如公交站台之类的临时交通优化之间的差异非常相关。当土地市场适应后，永久性的交通优化会使土地租金逐年增加（在开放型城市模型中），但是它对土地价值的推高——你出售自己土地的所得——却几乎是瞬间的（甚至早于工程的结束）。这是因为土地价值是土地未来租金的现值。因此土地价值在土地租金上涨之前就会增加。

例如，达姆等人（Damm et al.，1980）发现，在华盛顿特区预计有地铁服务的区域，土地价值甚至在地铁系统完工之前就增加了。对其他地方的研究也发现，铁路支线增加了房地产的资本化价值，参见甘特拉夫和史密斯（Gatzlaff and Smith，1993）对迈阿密房价的研究，福伊特（Voith，1993）对费城房价的研究，塞韦罗（Cervero，1994）对亚特兰大和华盛顿写字楼的研究，以及波美斯诺和凯恩（Baum-Snow and Kahn，1998）对几个城市住房的研究。塞韦罗和兰蒂斯（Cervero and Landis，1999）发现了关于 BART 影响的多角度证据。

在交通优化的影响刚刚开始时，消费者同样能从更便利的交通中受益，尽管这一收益会随着土地市场的调整而消失。因此，对于一个看似永久性的交通优化而言，一开始的政治支持力度要比有关长期利益的判断大得多。因为短期的政治支持更多的是涉及政府官员而不是民众 30 年的设想，因此在政治性的项目选择过程中，永久性的交通改善可能会被过度青睐。

最后，因为交通优化并不是唯一改变土地价值的政策，因此它们也不是这些理论所能应用的唯一政策。下水道、棒球场、学校、警察局和公园都能改变土地的价值。尤其在开放型城市模型中，任何使得城市中任何地方的吸引力发生变化的事情都将以资本的形式反映在土地价值中。这里包含除了关于砖头和泥巴外的所有政策。例如，废除奴隶制使得密西西比三角洲的土地贬值；而允许赌博则让大西洋城的土地更昂贵。我们应该用思考交通优化所引起的变化的方法来思考这些土地价值的变化。

■ Ⅳ．土地税

在关于交通的讨论中，另一个至今仍没有解决的问题是如何支付道路、公交和铁路的开销，因为它们不会自己给自己支付最佳费用。类似的，我们需要知道哪些人应该为学校、公园以及警察局支付费用。现在我们清楚哪些人可以从中获益，至少从长期来说——是土地拥有者。这就牵扯一个问题，就是土地拥有者是否应该弥补相应的赤字。至今没有一部法律规定人们必须为所得到的一切利益纳税；毕竟，如果真的有这么一部法律，我们将会苦不堪言。当然，项目的最终受益者和支付者之间的一致性越高，潜在的帕累托改进就越有可能实际可行，反之亦然。因此，当项目的收益大于成本时，就越有可能受到一致的支持并得以开展，而当项目的成本大于收益时，则可能受到一致的反对。

经济学家发现了用土地税来弥补交通赤字的另外一个好处。正如我在讨论公共交通私有化时所提到的那样，相对于为政府增加的那点收益，绝大多数的税收使得纳税人的损失更大——纳税人愿意一次性缴纳比政府现今税收更多的税以期望政府不再征税。因为税收而改变行为的人越多，这种无谓损失就越大。"改变行为"的意思是减少对征税商品的消费。

考虑一下对土地的征税。所有土地的供应基本上是固定的。时代广场三公里范围内的土地数量不会因为征税就有所减少。所以土地税不存在无谓损失。纳税人的损失恰恰就是政府的收益。这是征收土地税，而不是征收诸如所得税、增值税、奢侈品税或者进口税的有力证据。

当考虑到这些优势时，你就不会对 19 世纪以来土地税在经济学家和普通市民中一直流行的现象感到惊讶了。与此相关的关键人物是亨利·乔治（Henry George，1819—1897）。乔治是一位水手、探矿者、打字员、记者、旧金山报纸的编辑和出版人、演说家和政治活动家。他亲身体会过贫穷，并在蓬勃发展的经济中看到了广泛的压榨。他的主要著作《进步与贫穷》出版于 1879 年，销售量超过 200 万册，并且成为了 19 世纪美国最有影响力的经济学著作。他于 1886 年竞选纽约州长，并在三轮紧张的竞选后获得第二名（后来的总统西奥多·罗斯福是第三名）。在他去世后的 100 多年来，亨利·乔治的工作仍然由几个组织和基金会在传播。

在《进步与贫穷》一书中，乔治问道，为什么物质进步对减轻贫困的作用并不显著。"当物质进步的条件被最为充分地实现的时候——也就是在人口最密集、财富最多、机械生产和交易高度发达的地方——我们发现了最深程度的贫穷、生存引发的尖锐斗争以及绝大多数被迫的懒惰"（George，1900，p. 6）。问题在于土地的私人所有制。他说这是不公平的（"土地私有制……不能被正义所保护"（p. 338））；它导致贫穷，因为财富被土地拥有者所榨取；它不利于工业的发展，因为政府被迫使用其他税收，并且投机者能够封存市场中可用的土地；而通过不断膨胀终将破灭的土地泡沫，土地私有制将使恐慌和萧条蔓延。

乔治给出的解决办法是用"单一税"从私人拥有者处征收地租并用来补贴社区。乔治无意剥夺土地所有者，只是把每年的全部土地租金作为税收。（因为土地的价值是资本化了的地租的价值，因而对地租收税等同于取走了土地的价值。）此税将取代所有其他的税收。通过征收单一税，投机、失业、萧条都会终结，资本和劳动力将不受约束。"财富不仅会大量增加，还将均匀地分配……在生产者得到维持生存的必需品之时非生产者的生活将不会奢侈"（pp. 452－453）。那种单一税将会"提高工资、增加资本收益、消灭贫困、废除贫困，让想工作的人有工作，扩大人的权利、净化政府并将文明提高到前所未有的高度。"

值得注意的是，单一税与高速公路的拥堵收费应当用于公共事业而不能作为私人收入这一想法相类似。尽管只有极少数的证据表明土地税能使文明达到新的高度，但大多数经济学家还是认为至少要有充分有效的证据表明可以收取土地税。中国台湾（孙中山是乔治的信徒）、澳大利亚、新西兰以及宾夕法尼亚州的几个城市征收的土地税均高于增值税。香港政府拥有大量的土地并且将土地租给私人开发商，这也可能被看做是乔治信徒的做法。

土地税真的能代替所有的税种吗？最显然的答复是土地税无法筹集足够的资金来开展我们通常习惯的政府活动。联邦经济分析局估计，1987 年美国已开发的土地价值高达 5 万亿美元，而未开发的土地并不值钱。即使土地价值的折现率高达 10％，全部的土地租金每年也不超过 5 千亿美元——仅是那年政府开销的一半。

然而这个回答是错误的。土地价值之所以低是因为其他税收高。假设有某个州，比如伊利诺伊州废除了所有税收，所有的伊利诺伊州公民都免征联邦税。这将使伊利诺伊州成为在生活和工作两方面都极具吸引力的地方，于是更多的居民和商人会搬到伊利诺伊州。根据开放型城市模型，人们会一直迁往伊利诺伊州，直到伊利诺伊州的地价上涨到与其他地方的居民相比境况没有差别时为止。因此，在伊利诺伊州取消税收后，人们的境况并不会比取消税收之前好一丁点。伊利诺伊州土地价值的增加值将等于原来的税收总额——政府收入和无谓损失的总和。

因此，如果足够多的人相信政府不再征收其他税，征用土地税最终可能会聚集州和地方政府从税收中获得的巨大收益，而这些税收会导致无谓损失。如果移民不受限制，土地税也可能代替联邦税。如果我们将"土地"表达为一种不仅仅是泥巴的稀缺、特定的地理资源——例如石油、部分电磁波频谱的使用权以及移民美国或欧盟的权利，或在高峰期进入林肯隧道的权利，那么这个结论将更加肯定。从广义的角度来看，关于土地的单一税种并非不切实际。

单一税到底可取与否呢？同样的，乔治的观点有相当大的分量。减少无谓损失是好事，并且土地税将会减轻穷人的税收负担。但是土地税面临两个与其密切相关的信息问题。

首先，确定一块土地在某一特定时刻的租金或价值是一件十分困难的事。你可以通过去超市观察人们的结账行为来确定一瓶两升的樱桃味健怡可乐当天的价格，只要当天卖出了这种可乐，你就能得到答案。与此类似，如果你想知道位于新泽西州爱迪生镇一号公路附近的两居室公寓的租金，你只需要检查一下当月的房租账单就行了。但是，与两升的樱桃味可乐和位于爱迪生镇的两居室公寓不同，通常每个月发生的土地交易很少。在一个已建成的城区里，大部分的土地转手只是包括土地和建筑在内的交易的一部分——只在极少数情况下有人只买一栋房子而不买其所坐落的土地，或者相反的情形。租赁的情况同样如此。试图把土地价值从整个交易中剥离出来的行为无异于从二手车的价格中把方向盘的价值剥离出来。在这种情况下，为数不多的真正的空置地块的销售对于估计每一块土地的价值而言都非常重要。由于土地价格在时间和空间上差异很大，因此用6个月前纽约第六大道上55街的土地交易来作为估计第三大道上57街当天的土地价值的指标，结果就可能非常糟糕。但这可能是唯一可用的指标。一些空地的价格也许无法用周围的土地来衡量——如果该地周围都已建设，那么它的空置或许有某些原因。

同时，因为土地之间可以相互替代以用于各种用途，估计土地价值的任务几乎无望完成。但是，从纽约西119街的土地价格中得到的关于西120街的土地价格的信息，远比你从灯泡价格中得到的关于酸奶价格的信息多。通常每平方米土地的价格在地区之间平缓变动，因此通过少量的价格信息可以推测出更多的信息。

但是每平方米土地的价格并不总是平滑变动的。有时，人们对于特定的地方具有一定的感情或宗教依附感（想象耶路撒冷或世界贸易中心的遗址），因此他们愿意花大价钱控制这些地方，并防止其他人的不当使用。土地的形状常常也很重要——一块1米宽300米长的土地价值就不如一块10米宽30米长的土地，虽然它们有相同的面积。一些物理特征同样会影响土地价格：是岩石地、沼泽地，还是已经被一个任由地下储罐腐锈的加气站所占用；是允许雪地车穿越，还是允许建造大型公寓等。如果你在某块地上看到一家非常成功的餐厅，你如何能确定它的成功是源于一个得天独厚的位置，还是源于一位伟大的经营者呢？

第二个信息问题出现在政府利用正在发生的事实来估算土地价值（无法想象能够完全忽视这个因素）。私营部门有时也很难搞清楚在某个特定时间、特定土地的最佳用途（因此它们也不知道"真正"的土地价值）。在正确的时间、正确的地点从事正确的活动需要努力、毅力、技能和一点点运气。人们之所以努力参与这些过程，是希望能够通过利用在其他地方没有观察到的不当配置来致富。如果政府要拿走它们的全部或大部分利润，人们就不会这么努力了。

因此，如果土地税最终是一个基于开发商努力的税种，那么它和其他大多数税收一样具有同样的扭曲作用。但这并不意味着土地税不能征收。这仅仅意味着土地税并非灵丹妙药。

我们一直在使用这些并没有那么神奇的药物。就像使用任何药物一样，我们要明白它们的副作用。关于土地税的一个重要问题是，这个副作用到底有多大——开发人员的努力会减少多少，评估人员对土地价值评估的不准确程度有多高——以及如何缓解这些问题。只有回答了这些问题，我们才能决定土地税在一个最佳的财政系统中将发挥多大的作用。如果土地税以前在美国大多数州发挥的作用远大于当今，这当属意料之事。

Ⅴ．结论

城市土地的价格是由便利性决定的：从一个地方去另外一个人们都向往的地方越方便，这个地方的土地价格就越高。土地价格对便利性的配置方式和拥堵收费对时间的配置方式一样。因此，在其他条件相同的情况下，单位交通成本较高的活动就靠近市中心，而那些需要占用大量土地的活动则远离市中心。如果你能用不同数量的土地来开展同样的活动（比如养活一个家庭），那么越靠近市中心，你使用的土地就越少（而是使用更多其他的投入）。对某些措施而言，如果损失者的所失大于获利者的收益，就不能通过这种方式来改善这些活动的安排。

良好的交通能使土地价格和人口密度梯度递减。在开放型城市模型中，随着交通的改善，土地价格上升并且全部利益归土地拥有者所有；而在封闭型城市模型中，土地价格下降并且全部收益归消费者所有。与此相关的一个问题是，在开放型城市模型中，如果公共交通比高速公路系统能更快、更便宜、更方便地让人们到达他们想去的地方，那么公共交通优化就会让人口密度变得更高，在车站附近尤其如此；否则就不会提高人口密度。高收入能减少人口密集度，因为空间是一种通常的物品。

你可以在交通市场或土地市场中测度交通优化带来的收益，但不能在两个市场中同时这样做。

19世纪后期土地税是一种很流行的观点；亨利·乔治所著之书的销量超过了两百万册，并且他差一点就当选上了纽约市长。土地税确实有一些显著的优点：没有过度负担，并且最终受益者是很多公益活动。但是土地税很难管理，因此不能期望它们代替其他所有的税项。

问题

1. "9·11"事件后，纽约曼哈顿的下城区成了不太理想的工作和生活地点。很多人对此有痛苦的回忆，服务业和地铁都遭到了严重破坏，世贸中心的倒塌也带来了严重的环境污染问题。一些律师事务所和金融服务机构搬到了中城、曼哈顿的其他地区和更大的中央商务区，或者直接跨过河搬到泽西城。

为了应对这种情况，联邦政府担保的、用于帮助纽约从"9·11"事件中恢复的200亿美元资金中有一大部分被用于补贴公司和居民以鼓励他们留在曼哈顿下城。留在曼哈顿下城的公司只要待的时间足够长就能获得联邦政府的补贴。纽约的写字楼租金不再受到管制，因此业主之间的竞争很激烈。曼哈顿下城仅仅是大都市写字楼市场的一小部分。

a. 相对于没有补贴的情况，曼哈顿下城的租户支付的均衡净租金有何变化？（净租金＝实际支付的租金－补贴。）实际支付的租金有何变化？

b. 谁从补贴中获益？

c. 补贴对曼哈顿下城的写字楼的价值有何影响？

d. 针对"9·11"事件的这一公共政策是否恰当？请说明理由。

2. 作为恒利噢拉（Henriola）城的一名经济发展官员，你花大量的时间和企业主谈话，试图让他们搬到恒利噢拉。他们最大的抱怨是地价太高，尤其是好地段的地价。大多数抱怨土地价格高的企业主最后都搬到了其他地方。对此你会做什么？为什么？

3. 直到1996年，新泽西交通系统的莫里斯（Morris）和埃塞克斯（Essex）的列车沿线的上班族到纽约还必须到霍博肯（Hoboken）转乘PATH地铁到曼哈顿。该转乘既浪费时间又不方便。到了晚上，转乘也很令人头疼。1996年，新泽西交通系统开始提供曼哈顿中城直达服务。此举淘汰了霍博肯的中转站功能，并且让每一位去曼哈顿中城或其北部的旅客节省了10分钟。同时调整了票价，这样每趟去曼哈顿中城的货币成本仍然相同。假设每个人都居住在曼哈顿中城或北部，并且在建房过程中土地和资本不可替代。

a. 如果莫里斯和埃塞克斯是封闭型城市，分别画出曼哈顿中城直达服务开始前后的租金梯度。哪些人因此获益？哪些人遭受了损失？

b. 在开放型城市假定下，重复a的问题。

c. 收益和损失何时出现？

d. 超过一个5年期，你认为封闭型城市模型和开放型城市模型哪个更有用？为什么？

e. 你希望看到曼哈顿中城直达服务让纽约的工资发生变化吗？如果是，是哪种变化？如果不是，原因是什么？

4. 考虑一个有500 000名低收入消费者和200 000名高收入者的圆形单中心城市，每个人对土地的需求完全固定，为2 787.84平方英尺（万分之一平方英里）。高收入消费者每英里的移位成本更高：每年每英里为500美元，而低收入者每年每英里的移位成本为250美元。假定乡村的土地租金为零。哪个群体住得离城中心更近？为什么？画出租金梯度图。如果富人每年每英里的移位成本下降到400美元，而穷人的移位成本保持不变，租金梯度会发生怎样的变化？

5. 考虑一个所有工作都在城中心的封闭型城市。假设工作时间由每周五天缩短为每周四天，但调整每天的工作时间使得产出和收入保持不变。分别画出每周四天工作日和每周五天工作日的情况下该城市的租金梯度。请在一张图中做出两条租金梯度曲线，并用不同的标签标注以示区别。

6. 木德威勒（Mudville）的天气恶劣、龙卷风频发、饮水质量差和地方政府不称职，并且（众所周知）该地的棒球队从未取胜过。欢乐谷（Pleasantville）则气候宜人、偶尔天上还掉钱、饮用水高质量以及地方政府出色，还拥有一支战无不胜的棒球队。居住在木德威勒和欢乐谷的人全部远程办公。每个人对消费和闲暇的偏好相同，但收入彼此有差别。那么欢乐谷年收入50 000美元居民的境况要好于木德威勒同等收入（有些人收入相同）居民的境况的必要条件是什么？

7. 在本章第Ⅱ部分讨论的模型中，假设在一个狭长的半岛上有两个相距10千米的中心区。每个中心区都是一个封闭型城市，并且居民们在各自6千米范围分散居住着。请画出租金梯度。

参考文献

Armstrong, Robert, and Homer Hoyt. 1941. *Decentralization in New York*. Chicago: Urban Land Institute.

Baum-Snow, Nathaniel, and Matthew Kahn. 1998. "The Effects of the New Urban Rail Transit: Evidence from Five Cities." Mimeograph. Federal Reserve Bank of New York and Columbia University.

Bollinger, Christopher R., and Keith Ihlanfeldt. 2003. "The Intra-Urban Spatial Distribution of Employment: Which Government Interventions Make a Difference?" *Journal of Urban Economics* 53: 396−412.

Cervero, Robert. 1994. "Rail Transit and Joint Development: Land Market Impacts in Washington, D. C., and Atlanta." *Journal of the American Planning Association* 60(1): 83−94.

Clark, W. C., and J. I. Kingston. 1930. *The Skyscraper: A Study in the Economic Height of Modern Office Buildings*. New York: The American Institute of Steel Construction.

Damm, D. S., et al. 1980. "Response of Urban Real Estate Values in Anticipation of the Washington Metro." *Journal of Transport Economics and Policy* 14(3): 316−336.

Gatzlaff, D., and M. T. Smith. 1993. "The Impact of the Miami Metrorail on the Value of Residences near Station Locations." *Land Economics* 69(1): 54−66.

George, Henry. 1900. *Complete Works of Henry George*, vol. 1. New York: National Single Tax League.

Hurd, Richard M. 1903. *Principles of City Land Values*. New York: The Real Estate Record and Builders Guide.

Landis, John, and Robert Cervero. 1999. "Middle-Age Sprawl: BART and Urban Development." *Access* 14(Spring): 2−15.

U. S. Bureau of the Census. 1972. *Historical Statistics of the United States*. Washington, DC: U. S. Government Printing Office.

Voith, R. 1993. "Changing Capitalization of CBD-Oriented Transportation Systems: Evidence from Philadelphia, 1970—1988." *Journal of Urban Economics* 33(3): 361−376.

Willis, Carol. 1995. *Form Follows Finance: Skyscrapers and Skylines in New York and Chicago*. New York: Princeton Architectural Press.

第 7 章

太多的汽车、草坪还是衰落？[①]

一些人觉得美国的城市发展得太过分散，特别是在第二次世界大战以来的年份中。居住密度太低以至于妨碍了公共交通的广泛使用，而汽车的使用加剧了这种低密度。很多评论家认为，如果人们能够像过去那样居住得密集一些，工作中的关系更紧密一些，更频繁地选择公共交通工具，那么生活会变得更美好。简而言之，问题就在于城市进行了太多的市域扩张。

在这一章里，我们将开始分析那些关于市域扩张的抱怨。首先，通过东京和纽约的对比，我们发现美国式的城市并非不可避免，较少扩张的城市运作得更为良好。我们不禁会问，是不是制定（或者已经制定了）更好的交通政策就会让美国的城市看起来更接近于东京，发展中国家的城市究竟会模仿日本的东京还是美国亚利桑那州的首府凤凰城。另外，我们会讨论土地税能否减少市域的扩张，应用前面章节的内容考察运输和土地税的影响。

在第Ⅳ节中，我们将会剖析一个关于市域扩张的独特故事：美国城市中人口分布得太过分散不是因为交通政策的不足而是因为一些外部因素，比如：犯罪、环境退化、暴力等问题还未得到有效的控制。如果纽瓦克更加安全，西泽西高地的脆弱环境能够得到更好的保护，那么更多的人将会选择居住在纽瓦克，较少的人会选择西泽西的"豪宅"。

在第Ⅴ节中，为了用财产权方法解释外部性，我们离开了市域扩张话题。我们将看到本书的后续部分会涉及许多外部性话题——有些与市域扩张有关，有些则不是——而财产权方法将是一个有效的分析工具。

---

① 为了从本章中学习更多内容，你需要熟悉以下概念：外部性、帕累托改进、潜在的帕累托改进。你能够在词汇表中找到这些术语。你也需要理解开放型城市和封闭型城市的案例。

Ⅰ. 东京和纽约

证明美国城市可以比今天更密集的最简单方法就是列举一个比美国任何一个城市的密度都更高的繁荣城市。东京就是一个如此的例子。哈特和欧卡娃瑞（Hatta and Okhawara，1994）进行过这样的对比。

虽然纽约在美国是迄今面积最大、人口密度最高、交通最发达的城市之一，但是东京在这些方面都更胜一筹。这两个大都市占地面积相当。大约有 2 900 万人生活在（大都市）东京地区，1 300 万人在那里工作；而（都市）纽约有 1 600 万人居住，700 万人在那里工作。（确实，学者们对于大都市的构成定义不尽相同；哈特和欧卡娃瑞则使用了试图使这两个城市能尽可能一致的定义。）尽管东京的千代田远不如曼哈顿的密度大（可能是因为地震的危险直到最近还禁止高危性建设活动），东京在大体和从纽约到泽西海岸距离差不多的地区保持着布鲁克林般的城市密度。把大都市作为一个整体来看，东京的人口密度大致是每平方英里 5 900 居民，而纽约却只有 2 900 居民。东京地铁一年搭载的乘客人数接近纽约地铁的两倍；东京城铁的日常搭载量是纽约都市圈的 5 倍。（虽然自哈特和欧卡娃瑞出版那本书后纽约公共交通的服务质量和搭载人数都有所提高，但是依然远低于近年来未作什么改变的东京）。1980 年，开车去千代田上下班的人仅有 3.2%，开车去东京四个中心地带的人只有 4.2%。在东京，公共交通工具的使用人数如此之多使得客运线路在没有明显政府补贴的情况下还能有所盈余。城铁运行高速快频，在高峰期，中央线的列车到达东京站每 3 分钟一次（这几乎像是一个升降电梯）；Metro North 的新干线到达中央车站每 20 分钟一次。

如果没有巨长无比的上下班车流、严重的交通堵塞，或者如东京般高密度模式的公共交通系统，我们将很难想象怎样在纽约大都市区（或许已经不止了）匹配 1 300 万人的工作。如果我们在第 2 章中讨论的规模经济确实重要，而且把它运用到这一部分的内容中，那么拥有 700 万份工作的城市的每一份工作的产量将低于拥有 1 300 万份工作的城市。据此，纽约较低的密度和欠发达的城市交通系统将导致较低的规模经济，而日本的东京却解决了这一问题。从这个角度来说，纽约较低的密集度和欠发达的城市交通系统影响了城市的生产力——同样，其他美国城市中更低的密集度和更不发达的城市交通系统将对那些城市中更大的损失负有责任。

Ⅱ. 东京更好吗？

从这个案例中得出的一个可能的结论是东京比纽约规划得更好。但是还有一种更为婉转的关于美国经历的替代性表达。东京之所以会密集度更大可能仅仅是因为日本人可选择的替代东京的其他地区的吸引力不及美国人可选择的替代纽约的其他地区的吸引力。如果日本人拥有类似于内布拉斯加州和加利福尼亚州那样有魅力的可选择地区，你就需要用草坪和轿车去吸引人们在东京工作，正如你需要用草坪和轿车去吸引美国人在纽约工作一样。2000 年，即使在纽约大都会圈（更大的统一都市区），71％的家庭至少拥有一辆轿车，接近 40％的家庭居住在独栋住房里（U. S. Bureau of the Census, 2000)。

在这个委婉的解释里，美国密集度降低和公共交通使用减少的历史趋势是一个正常和自然的过程。米尔斯（Mills, 1972）、米耶史考斯和米尔斯（Mieszkowski and Mills, 1993）表明从 1820 年开始，美国城市的密集度和地价梯度已经变得平缓；城市化绝不是一个第二次世界大战后的现象。逐渐改善的交通系统这一个原因就足以解释为什么这些梯度已经变得平缓，当然同时仍存在很多其他因素的贡献：像第 1 章提及的速冻食品、电视、空调；电力，使得工厂不需要靠近河流或其他能源；可能还有电话和逐渐增长的收入——随着人们变得越来越富有，他们越来越愿意在绿化和隐私方面花钱。从这个角度来说，美国渐长的密集梯度和退化的公共交通系统是一种社会的进步。市域扩张是现代生活的一个标志。

这个积极善意的观点并没有证明城市的扩张只是自由市场作用下的独立结果而政府行为并没有起到什么作用。显而易见，美国政府随时可以使用众多不同方法中的任何一个去停止和扭转这种趋势：如禁止开车、停止道路建设、为所有高风险建设付款、不为抵押提供担保、不再监管交通或者实施每小时 15 英里的速度限制。当然，这种美国趋势的善意的观点表明政府的作为（或者不作为）或多或少取决于成本—收益的分析：大多数道路建设是收益大于成本的，燃油税的收入足够支付对空气污染的治理，更多的公共交通补贴远花非所值，等等。该观点并不需要政府的所有相关政策都为明智的，只要求这些政策没有系统性地不明智到导致一个差异特别大的密度梯度的程度。

之前我已讨论过一些不甚明智的或者会影响密度梯度的政府相关政策——比如，缺乏拥堵收费、没有车险责任机制、为员工专用停车场免税、公共交通收费的不良结构、土地的普遍低税以及随之而来的其他商品的高税。接下来几章将涉及更多的影响密度的问题——抵押可扣除贷款、抵押担保、供水和排污的平均成本而不是边际成本定价、分区、犯罪、种族。许多人也将发现这几个领域中现在和过去的政策都存在缺陷。不过，我们同时也会关注其他一些将会导致集中化的不太明智的政策——例如补贴城市轨道交通的建造、西式厕所和许多经济发展活动。美国（日本也是）对于农业的补贴特别大，而这些农业补助使得土地从城市使用转向农业使用，这也就使得城市显得非常小而拥挤。

也许糟糕政策大致是为了鼓励低密度，但是事实上没有人知道已经实施了多少可量化的不同的糟糕政策。要把它们描述清楚，你首先得找到适合这些领域的最佳政策，然后算出如果这些政策落实到位，美国的城市已经发展成什么样子。这是一项浩瀚的工程，到现在为止还没有任何人能够接近于完成这项工作。

真没有什么人能这样做。如果政策本身是糟糕的，那么不管它对密度梯度的影响如何，它都是糟糕的。不管是在美国，或是世界上其他地方，现今和以后建造的城市都将依靠和服务于新的技术。尼日利亚的旧时首都和最大港口城市拉各斯不应该最后看起来只是与纽约、东京或者凤凰城相似。目前，中国的汽车污染比美国还要严重；北京的最佳城市密度应该不同于洛杉矶的最佳密度。罗伯特·摩西（Robert Moses）20 世纪 30 年代在纽约实施的政策的正确与否在很大程度上取决于当时的技术发展——人们如何开车、购物、工作、沟通和玩乐。几十年后拉各斯的居民所做的事情不可能与纽约人在20世纪30年代曾做的一样。同样，即使描述清楚了如果摩西实施了更好的政策后的纽约面貌，也并不会给现今拉各斯的政策制定者以任何帮助。

重要的问题是究竟那些政策——有关汽车安全、公共交通、住房、农业、供水和排污管道，等等——是否已经是最好的所为，而不是这座城市看上去像什么。如果21世纪晚期在拉各斯实施了非常棒的政策，并且使它看起来像20世纪时的凤凰城，那么这将是令人振奋的事情；如果同样也有非常优秀的政策，并且使它看起来像4世纪时的罗马，那么这也是值得庆贺的事。城市本身并不是目的，城市是帮助人们在那里生活得更美好的一种方式。

■ Ⅲ．土地税

大多数美国城市趋之若鹜的一个糟糕的政策就是对土地征税不足，但对能够改善人们生活水平的活动征收高税，这是第6章的一个结论。也许这会助长市域扩张。这个观点来自于加夫尼（Gaffney, 1964, p.132）：

> 想象一下一座摩天大楼里有多少英里长的电线、通风道、水管和管道，更不用说那些楼梯和电梯了。除了税收之外，所有社会化管理的资产都由私人经费所供给。如果同样的建筑空间绵延在偏远的草原上，电线等消耗物不仅会使用的更多，并且将由公共经费和（或）巨额补贴给以供给。我们对垂直交通征税，但对水平交通却提供补助。存在如此一个运转中的庞大而系统的财政倾斜，市域扩张还是令人惊讶之举吗？

降低建筑物的税收、提高土地的税收将会降低建筑物的相关成本（因为对使用者来说土地价格会保持不变或有小幅上升），而且同样多的土地上会导致更多高密度的建筑。在一个开放型城市模型中，城市空间将变得密度更大且范围更广（因为偏远地区的一些建筑会变得有利可图）。

这是我们所期盼的吗？这将是一个潜在的帕累托改进。对土地税的不充分利用会使人相信城市空间还太分散，而不相信城市已经覆盖了太大的面积。

■ Ⅳ．逃离衰落城区

关于美国的城市有另一个故事，这也是另外一个关于为什么这些城市显得大而分散的解释，它被称为**逃离衰落城区假设**。该观点认为一些政策在提升人们健康水平、安全、老年人服务、增加大都市中心区吸引力方面做得非常糟糕。因此，那些有能力搬迁到人口稀疏的郊区的人口数量远超过它应有的水平。举个例子，因为城市中心区的犯罪率较高，人们就迁徙到远方，在那些本应留作旷野和森林的地方筑造自己的家园。

有两种日常生活的经历给了逃离衰落城区行为一些可信的理由。许多美国城市的中心区域都存在很多问题，当然居住在那里的人们也不能幸免。东北和中西部地区那些年代更为久远的城市尤其如此。这些地区曾经发生过各种各样的事情，如今在那些地区市场似乎仍然难以正常地运转。另一方面，在都市郊区砍伐森林、破坏农场来建造房屋和购物中心有着明显的环境成本。基于这样的思考，如果中心城市能够重拾旧日辉煌，那么农场和森林将会幸免于难，所有人（或许除了一些贪婪的开发者）将会富足幸福。

然而，像这样普遍的对以往时光的渴求与一个关于潜在的帕累托改进的可信证明并不相同。它缺失了几个步骤。

首先，我们不仅应该指出外部性已经发生，还应该说明它们已经过量。汽车将要撞毁、流感将要传播、情人之间将要残杀、暴徒将要抢劫加油站——这些生活的真实情况本身并不是经济学家的兴趣所在。随之而来的问题不是这些事件是否真实地发生了，而是其中一些事件能否被足够低成本地加以规避，而且那些成功的规避者们能够补偿那些失败者。因此，为了能够解决逃离衰落城区问题，我们所要知道的并不是衰落是否存在，而是衰落的程度有多严重。

其次，我们需要知道这些超量的破坏在哪里，并且假设它就在某个地方。举个例子，交通事故的最高水平最可能出现在人口高度密集的地区，那里道路拥挤，停着成列的汽车，孩童在人行道上而不是在操场或后院中玩耍。或者你能听到邻居的抽水马桶声，而他则要忍受你孩子生日聚会的骚扰，这些地方的种族关系应该更加紧张。如果这是一种使人们离开的原因，那么根本无须担心——甚至值得砍掉一些树去方便他们的迁移。

再次，我们需要明确人们的替代选择是什么。例如，在开放型城市模型中，逃离衰落城区的影响微乎其微。在那种模型中，如果洛杉矶市中心比它本应该的更加衰落或者充斥着更多的犯罪，这将对近郊的奥兰治县或圣贝纳迪诺县的人口没有影响。在洛杉矶市中心居住或工作的人们会停留在墨西哥或者搬迁到丹佛。唯一能够促使比去墨西哥或丹佛更少的人迁居奥兰治县或圣贝纳迪诺的办法就是减少那些地方的吸引力，以及使洛杉矶的中心区更美好，不再像原先那样。

最后，尽管过度的破坏集中在大都市区的人口密度更高的区域，只有当过度破坏导致的活动的减少成为一个大问题时，逃离衰落城区才会成为一个非常严重的问题。如果过量的不利因素只导致了很少的迁移，那么即使少部分工作或居民位于错误的地方，美国大都市的密度和规模也基本上处于正确的水平。

关于这里的最后一个问题经济学家已经做了大量的实证研究，他们的结论大都没有支持逃离衰落城区假设。米耶史考斯和米尔斯（Mieszkowski and Mills, 1993, p. 140）发现郊区城市化的时机很大程度上否定了逃离衰落城区的作用："最快速的郊区城市化……发生在 20 世纪 20 年代到 50 年代之间，这是一段并不为人所熟知的种族关系紧张、学校废除种族隔离、地方税收增加以及高犯罪率的时期。事实上，在这段时间里，国内犯罪的增长率在下降。"回顾一些试图发现衰落和迁移之间关联性的截面研究，他们总结出，那些有更多犯罪、更差学校和更高税赋的城市并没有很快地失去工作机会和居民。

这些截面研究表明在那些城市中心区有更高比例的非裔美国人的大都市地区，人口疏散得比较快。如果非裔美国人是一种引起衰落的因素，那么这些发现将有力地佐证逃离衰落城区假设，但是这一假设是荒谬的。全世界都知道非裔美国人是一部分受过特别良好教育、最有才能、富有创造力和知识渊博的人群。截面研究的发现告诉我们种族关系会影响空间位置，但是并没有告诉我们怎么去处理种族关系。这个话题我们将在第11章和第12章中进行详细的讨论。

然而，这些截面研究并不是最终反驳逃离衰落城区假设的证据，因为他们只是测量了不良因素，并没有测量过量不利因素的影响。发现不良因素到底多了多少以及它具体表现在什么地方是一个更为困难的任务，从某些方面来说，通过观察每一个可能的不良因素的源头是一个最好的方法。这就是我接下来在本书中将要使用的策略。

这种逐一排查的策略在尝试组合一条更有效地进行市域扩张的路径方面有一个很好的优点：它做出了更好的政策建议。市域扩张的问题（如果是问题的话）在于它阻止了某种潜在的帕累托改进。如果我们能够确认那些潜在的帕累托改进并且知道怎么去改进，我们就不用花任何时间去思考、解释和测量城市的扩张了。举个例子，如果大都市地区人口居住太过稀疏是因为市中心的学校不够好，那么适当的政策就是去优化市中心的学校而不是去建造地铁或者保护农田。脏、乱、差的学校都是一个问题，无论它是或不是导致市域扩张的原因。

■ V．协商和财产权

就如前几章对交通问题的讨论一样，针对外部性的政策将会成为这本书余下部分的一大主题。在那些章节中，对于外部性你只需要了解如果你让人们承担他们行为的所有成本，一切都会变好（或者至少变得有效）。对于接下来的大多数内容，基本的知识将不足以应对，需要对外部性的一个更深刻的理解。

协商的可能性存在足够多的不同情形。在交通政策的讨论中，协商是不可行的：你不可能在林肯隧道的队列里摇下你的窗户，对你后面所有的司机喊出一个提议，告诉他们如果他们一起给你足够的钱你就会让他们通过。有时虽然协商是可行的，但在这个时候政策的规定却有所不同。

考虑这样一个例子：两个人将要一起在一个小房间里待一会。一个人是吸烟者，他想要抽烟，而另一个人是不吸烟者，如果吸烟者抽烟他就会恼怒。假设他们能够相互谈话。那么不吸烟者将会试着贿赂吸烟者不抽烟。如果抽烟对不吸烟者造成了更大的、超过了对吸烟者价值的伤害，那么不吸烟者会成功，吸烟者将不抽烟。反之，吸烟者将会抽烟。任何一种情况下，在他们谈话之后，没有潜在的帕累托改进是可能的：如果吸烟者不抽烟，这是因为抽烟造成的伤害超过了收益；如果吸烟者抽烟，就恰恰相反。

只要协商是可能的，相同的结果就会发生在吸烟者需要许可才能抽烟的社会里（或许不吸烟者可以让管吸烟的警察阻止吸烟者，但也可以不这样做）。在这样的情况下，抽烟的人会主动，并且尝试贿赂不吸烟者。如果抽烟对不吸烟者产生的伤害超过了对吸烟者的价值，不吸烟者会拒绝吸烟者的恳求，从而使吸烟者不能抽烟。否则，贿赂将被接受，吸烟者将会抽烟。因此，从效率的方面来讲，只要他们能够交流，无论是谁需要从谁那里得到允许，协商都将会产生效率：如果抽烟产生的好处超过伤害，吸烟者将会吸烟；反之，就不会吸烟了。协商将导致效率，这个结果在罗纳德·科斯于1960年发表了关于此事的第一个报告之后被称为**科斯定理**。

科斯定理怎样优化了我们所思考的关于外部性的公共政策的方式呢？假设吸烟者和不吸烟者进行了协商，吸烟者为得到关于抽烟的允许贿赂了不吸烟者，然后点燃了烟。如果一个热心公益的分析家此时来到了现场，她轻信了科斯定理，就会发现不吸烟者在气喘和咳嗽，吸烟者却惬意地吐着烟圈，她总结出一个关于抽烟的税收可以产生一个潜在的帕累托改进。但是她错了，因为她忽略了协商。如果参与者已经进行了协商，那么就不会产生一个潜在的帕累托改进。如果对吸烟征税将会阻止吸烟者抽烟，那么不吸烟者的收益将少于吸烟者的损失。在参与者已经协商的情况下，政府的干预将是不被需要且无助于事的；仅仅观察一个表现为外部性的物质关系并不能告诉你需要知道的一切。

但这并不意味着政府的干预总不会产生一个潜在的帕累托改进。有时——比如交通和大气污染的情形——协商是不可能的。科斯定理的含义是，为了抗辩政府的干预，你必须不仅要说明一个人确实影响了另一个人，而且要说明参与者不能够由他们自身的协商而解决问题。

科斯定理也同时建议了另一个类型的政策，在没有税收、补贴、费用的情况下以减轻由外部性造成的问题——帮助参与者间的协商。吸烟者和不吸烟者能够协商只是因为我们想象有一些关于谁可以允许什么发生、不遵守协议将会发生什么以及存在保证协议实施途径的明确规则。如果没有明确的行动指南，那么协商是不会发生的。因此，减少外部性的一个方法就是提供这样的行动指南。这确实是政府的一项必要的工作。

这种通过理清含糊不清的问题来促进协商的观点称为用财产权解决外部性。财产是关于某人使用某物去做某事的法律表述，因此"建立财产权"正是"写清楚协商规则"的另一种说法。

需要注意的是，所有权并不是一个简单而绝对的概念；写明协商的规则需要耗费很长的时间，并且有很多种方式。我对可口可乐商标的所有权并不意味着我也可以禁止他人使用 www.coca-cola.com 的网址。我对香烟的拥有并不意味着允许我在电梯里吸烟。我拥有一辆山地车并不意味着我有权利在中央公园里骑着它。我拥有一根轮胎拆卸棒并不意味着（它或许不被）允许我用它来敲你的头。

律师们有时把财产称为"一捆棒子"。这是为了说明所有权实际上就是权利的集合。我们所称的"轮胎拆卸棒的所有权"是阻止别人使用它的权利（不包括政府，但即使是政府也只能在一定情况下使用它），把它放在你汽车后备箱里的权利，使用它来更换你自己轮胎的权利，用它来顶开一扇属于你的门的权利，把它放在你的卧室里的权利，把它融化后重铸成一个小型的你自己雕塑的权利，把它扔给你家花园里的兔子和蛇（真的或者想象中）的权利等的组合。这些棒子就在这一大捆棒子里。目前在美国的大多数地方"轮胎拆卸棒的所有权"并不包括使用它去更换别人轮胎的权利，除非别人同意这样做；不包括把它拧成垂直状铆附在你汽车前保险杠上的权利；不包括在拥挤的人行道上用它砸你想象中的兔子的权利；不包括把它融化后铸成一个小米老鼠然后在街上贩卖的权利；不包括把它放在纽约大都会艺术博物馆里展示的权利，等等。这些是不在被标着"轮胎拆卸棒的所有权"的那一捆中的棒子。

科斯定理认为，联系到效率，如果人们能够协商，那么棍子在哪一捆里并不重要。

但是每一根棍子都明确地归属于某一捆，也只能归属于唯一的这一捆，政府的工作就是去归属它们。拥有了一个轮胎拆卸棒是不是就可以有权利用高温融化它，并把它重铸成类似于米老鼠的东西后售卖？你是否就可以把它放在你的仪表盘上而且开着这辆载着一个小孩的车子？你是否可以把他砸向国家森林里的一条蛇？我不知道。即使是这样一个类似于轮胎拆卸棒的再平常且实用不过的概念都是这么模棱两可，并且可能很快改变。在更具有技术含量的诸如互联网、器官移植、洋底海床一类的动态场景中，不在一捆里的棒子会不断地被发现。只有当这些棒子能够分别发现自己应当属于哪一捆时，才会有有效的协商。

最后，虽然科斯定理认为无论棒子属于哪一捆，协商都将产生有效的结果，但这并不是说没有人在意棒子到底属于哪一捆。如果你拥有可口可乐的商标权，这当然和你是否拥有 www.coca-cola.com 网址的使用权是有区别的，类似于公平公正的考虑在裁定财产权时很重要。（事实上，科斯定理的其中一个理解是如果协商的机会足够多，那么在裁定财产权时公平公正是你唯一需要担心的东西，因为效率本身可以自我保护）。

Ⅵ．结论

直到一个世纪以前，搬迁到一个大城市还意味着你将更可能不久就会死去；如果你没有立即死亡的话，那么你的孩子将可能在出生时就死去，即使他们能够存活，他们也更可能是矮小和多病的。人口密度是公共健康灾难的根源，在这些环境因素得到改善之前，没有一个城市能养活多于一百万的人口。

医学、营养、运输条件的改善，再加上不断提高的收入，已经超越了过去的时代，使得城市变成了更健康的生活地区，甚至比农村地区还要健康。然而，随着人类疾病的变化和发展，我们不能确保这样一个幸福的状态能够继续无限期地保持下去。

在一百年前，降低美国城市的人口密度是改善城市健康水平的一个重要方法——那时它创造了正外部性。然而，尤其是近期，有些人认为这种方法已经过时了。从根本上来说，两方辩论已经推进到为什么城市的市域扩张在美国已经过度。一方强调运输：政策对开轿车的人太友善，对乘坐公共交通工具的人就太不友好。另一方强调大都市区老的中心地带的外部性：因为这些因素——城市衰落的根源——还没有被控制到它们应当有的程度，太多的人逃离到乡村地区。

当然，人们有许多理由认为减少城市的扩张可能会是一个潜在的帕累托改进。例如，美国人车开得太多，造成了太多的交通拥堵、环境污染、交通事故等问题。土地税收未被充分利用，泊车得到了补助。尽管解决这些问题并不会大幅降低城市的扩张，但它可能导致非常明显的帕累托改进，同时也会减少过量的城市中心衰落。诸如农业补助等其他的扭曲作用在相反的方向上——它们使得城市更小、更拥挤。

美国城市相比于百年之前变得更加庞大而低密度的主要原因在于人们更加富足和科技更加发达。这种改变并不都产生于一些阴谋或是一个错误。治愈城市过度扩张的药方与当初解决引起过度扩张的那些问题的方法如出一辙。引起潜在的帕累托改进还有一些价值，然而减少城市的市域扩张确实无任何意义可言。

我们需要逐一研究城市衰落的源头。相比于被运用在与交通问题有关的章节中的方法，解决外部性问题需要更加复杂成熟的方法。为了认真地思考外部性，你必须考虑协商解决问题的可能性，并且你得了解能将财产权汇聚在一起的不同方法。与外部性一样，财产权问题比其刚出现时要复杂得多。

问题

1. 四环素是有多重功效的抗体。它可以减缓一些相对轻微的疾病（比如痤疮、结膜炎），当然也能治愈一些比较严重的病痛（比如伤寒、肺炎）。

四环素所能抵抗的细菌生命周期短、扩散迅速。能够抵抗四环素药效的细菌几乎不可能突然涌现。四环素使用的频率越高，抗药菌的比例也就越高，当然，四环素的药效就越低。最终，四环素的药性会消失殆尽，人们也会寻找其他价格更高但效果一般的抗体。

a. 请解释四环素使用过程中的外部性；请概述一种潜在的帕累托改进现象。

b. 请描述一种能够实现这一潜在的帕累托改进的庇古税政策。

c. 请描述一种能够实现这一潜在的帕累托改进的科斯政策。

2. "网络蟑螂"是指一些人注册与著名公司名称相关的电子邮箱和网站的地址的行为。这些公司经常不得不从这些人那里购买域名。从短期来看，怎么运用科斯定理说明针对于"网络蟑螂"的公共政策？网络应该允许按照科斯方法发展吗？

3. 音乐家从唱歌中得到的总收益（以美元计算）是：

$$B_m = 25 \ln D$$

这里的 D 表示音乐的分贝。一个居住在隔壁睡觉的人所获得的总收益是：

$$B_s = 20 \ln(20-D)$$

这里的 20 是从技术可能性来说的最大的声音。

a. 计算音乐家和睡觉的人所获得的收益总和最大时的声音分贝。

b. 假设没有关于噪声的法令，如果这两个人能够自由地交易，会发生什么？这是有效率的吗？

c. 城市采取了禁止大于 5 分贝的噪音的法令。对于违反规定的人会采取绞刑的处罚，但是城市没有雇佣任何人去执行这项法令。这只是为了对投诉做出回应。那么将会发生什么？它是否有效率？

d. 城市修改了法令。违反法令的处罚是每个超过 5 分贝的人交纳 1 美元。法令由足够有效率、无处不在并且清廉的检查员执行。投诉与否无关紧要——不管邻居是否投诉，法令都将被执行。那么在这种情况下会发生什么？它是有效率的吗？如何和情况 c 进行比较？如果你在市政委员会中，你会支持修改这项法令吗？

4. 一条城市发展边界（UGB）是一条阻止城市无限制扩展的法定红线。假设城市有一个约束的城市增长边界——也就是说，如果没有红线，属于城市使用的地区将会扩大。假设所有商业活动都只在中央商务区发生，所有中央商务区以外的地区都用于中央商务区的员工居住。所有的家庭都是同质的。

a. 如果没有 UGB，请画出将会扩张的土地租金梯度和密度梯度。

b. 由于业主有两种选择：在一块土地上建造更多住房和用一部分土地去换取住房，所以你必须区分消费者租房子支付的租金和业主的每平方米所得。请画出消费者真正支付的房租梯度，仍然假设 UGB 不起效用。

c. 考虑开放型城市的情形。假设 UGB 有效，请绘制出消费者真正支付的房租梯度。如何与不考虑 UGB 时的房租梯度进行比较？消费者状况会越来越好还是越来越糟糕？城市人口将会如何变化？

d. 绘制出 UGB 起作用时的密度梯度。

e. 绘制出业主每平方米收取的租金的梯度。如何与不考虑 UGB 时的梯度进行比较？如果有的话，哪一种业主更富足？哪一种业主状况更糟糕？

f. 在开放型城市情形中，UGB 是一种潜在的帕累托改进吗？

g. 现在考虑封闭型城市。绘制考虑 UGB 时的密度梯度，并将其与不考虑 UGB 时的密度梯度相比较。该城市的人口将会如何变化？

h. 在封闭型城市情形中，绘制业主每平方米所收的地租梯度，并将其与不考虑 UGB 时的梯度作比较。变化的路径为什么是这样的？如果有的话，哪一种业主的状况改善了？如果有的话，哪一种业主的状况变糟了？

i. 绘制封闭型城市情形中消费者所支付的租金梯度，并将其与不考虑 UGB 时的租金梯度相比较。消费者的状况变好了还是变糟了？

j. 什么目的才会使封闭型城市的分析更为有用？什么目的才会使开放型城市的分析更为有用？

k. 这里对 UGB 的分析忽略了什么？

5. 一些诸如芝加哥、密尔沃基（Milwaukee）城市的中央商务区紧靠湖泊和海洋，因此并不能向四周扩张。而其他一些诸如卡尔加里、亚特兰大的城市并没有天然的界限，因此可以向四周扩张。如果你将中央商务区靠近天然界限的城市的密度和土地价格梯度与那些没有天然界限的城市相比，你期待有何发现？为什么？将你的答案应用到 UGB 问题中。

6. 一些城市，例如旧金山位于丘陵区域，另一些城市——费城、上海——位于平原地区。如果比较丘陵地区和平原地区的密度和土地价格梯度，你期待有何发现？为什么？

参考文献

Gaffney, Mason. 1964. "Containment Policies for Urban Sprawl." In Richard L. Stauber, ed., *Approaches to the Study of Urbanization*: *Proceedings of the Inter-University Seminar on Urbanization in the Missouri River Basin*, pp. 115－133. Lawrence: University of Kansas Governmental Research Center.

Hatta, Tatsuo, and Toru Okhawara. 1994. "Commuting and Land Price in the Tokyo Metropolitan Area." In Yukio Noguchi and James M. Poterba, eds., *Housing Markets in the United States and Japan*. Chicago: University of Chicago Press.

Mieszkowski, Peter, and Edwin S. Mills. 1993. "The Causes of Metropolitan Suburbanization." *Journal of Economic Perspectives* 7(3)：135－147.

Mills，Edwin S. 1972. *Studies in the Structure of the Urban Economy*. Baltimore：Johns Hopkins University Press.

U. S. Bureau of the Census. 2000. "American FactFinder." Accessed at http://factfinder. census. gov/servlet/DTGeoSearchByListServlet?ds_name＝DEC_2000_SF3_U&_lang＝en&_ts＝106933343360.

第 8 章

规　则^①

任何一个经历过童年的人都知道，当你看到孩童做错了事时会怎么办：你会告诉他们停下来别做了。而且你会吓唬他们如果不停止就会受到惩罚。这种方法简单、直接，而且往往有效。如果政策制定者知道他们要做什么事，那么禁止市民做除此之外的其他就是完成这件事情的最简单、最正确的方式。摩西制定了十大"戒律"，少一"戒"都不行。

这并没什么可奇怪的，从早期开始，城市生活就被受制于上位法的法令和规章所制约着。苏格拉底打破了雅典城的规则，结果他倒台了。今天，你在纽约曼哈顿就不能驾车沿西 118 街往西开或沿西 119 街往东开，不能把车停在消防栓边上（即使 20 年来消火栓就一直没被使用过），不能为纽瓦克的酒吧女雇员买酒，不能在街上吐痰，不能将没有烟雾探测器或室内浴室的独栋住宅卖出去，也不能在居民区经营色情店，不能在医院旁边按你车上的喇叭，不能在公园里喝酒，不能在你家屋子前面的草坪上停卡车，即使你的孩子行为不端，你也不能把他们锁在壁橱里。

政府不是制定规则的唯一实体。企业也这样做：你上班时穿什么，如何接电话，在你工作的电脑上可以上哪些网站，上班几点到，你能否带着你的宠物狗或情人一起去上班，你能否从竞争中得到钱或者把钱给你的合作伙伴。在第 2 章中我曾将城市与公司进行了比较，可能它们都有相似的理由来制定如此多的规则。

新古典经济学家们普遍而言更喜欢价格而不是规则（这里的规则指关于数量——你可以在街道上吐多少痰——的规则，而不是有关价格的规则）。理由是类似的，如果政府或公司拥有足够的信息设定反映一项活动真实（边际）成本的价格，那么一项活动只

---

① 　为了从本章中学习更多内容，你需要熟悉以下概念：消费者剩余、外部性、垄断、庇古税、潜在的帕累托改进和沉没成本。你能够在词汇表中找到这些术语。科斯谈判和市域扩张等前面章节中的概念也将被使用。

有在（对于每一个人来说）边际收益大于边际成本时才会发生，而且此时显然没有进一步发生潜在的帕累托改进的可能。相反，规则在新古典经济学家看来是生硬的工具，他们不能很好地区分哪些活动应该去做，哪些则不应该去做。正确地将规则这一钝斧换成价格这一利刀几乎总能引致潜在的帕累托改进。

新古典经济学家也诉说关于管制的恐怖故事。例如，为了缓解空气污染和交通拥堵，墨西哥城根据车牌号码的最后一位数字，每天禁止一定数量的汽车行驶。比如，车牌尾号为 0 的汽车，周一不能行驶，尾号为 3 的汽车，周二不能行驶，依此类推。为了应对这种情况，许多家庭购买第二辆车。拥有两辆牌号不同的车可以保证你每天至少有一辆车可以开出去。一旦家庭有更多的汽车可以支配，他们开得也就更多。原本为了减轻拥堵和污染而设计的管制，最终却导致两者都加重了（Eskeland and Feyzioglu，1995）。

然而，新古典主义对规则的反对确实过头了。它比较理想价格——只有在信息完美的条件下才能设定的价格——与实际价格——在信息缺乏的情况下设定的价格。事实上，如果政府（或公司）拥有精确设置合适的价格所需的准确信息，就可以设定能发挥与价格同样作用的规则：它可以允许收益超过成本的情形，并禁止其他情况。当信息完美时，规则的作用就和价格一样好。

那么，真实的问题是，当政府的信息较缺乏时规则能否比价格运作得更好。此处的答案和通常情况一样，"视情况而定"。在本章的第一节中我将提出一些针对规则比价格效果更好且反之亦然的一般原则。

在本章接下来的部分中，我们将着眼于政府颁布的治理城市生活、确保人们互不妨碍的各种不同的规则和管制。我们将考察规则制定的法律基础，以及规则因不公正或低效被终止的一些原因。本章将带有法律的味道，因为律师（而不是经济学家）就是专门考虑何者为他们喜欢的明智规则的人。

之后，我们将着眼于分区（它是地方政府制定规则时最有争议的形式），以及卫生规范、消防规范和建筑规范。本章的最后一部分是关于街道上行为的监管。

为了使人们更容易在集聚区和谐地生活和工作，一个明智的规则体系应增加人口密度，帮助实现城市可提供的更多的规模经济。因此，明智的规则应该是市域扩张的解药。然而对于现行管制的批评仍然在于它助推了城市的过度扩张。本章的目标是厘清这些争论。

▌ Ⅰ. 规则何时优于价格

使用规则而非价格或庇古税来减轻外部性造成的伤害有几个原因，有些原因是明显的，有些则不是。在当前技术条件下，有时收缴钱财简直是不可行的，比如在交通繁忙的道口或建筑物起火之时。其他需要使用规则的情况是某一行为造成的外部伤害如此之大，以至于这种行为被实施的最佳次数几乎为零，纵火和谋杀（除自卫外）是这类行为的例子。

但是，在许多可以汇聚钱财、正被讨论的行为也不是罪大恶极的其他情况下，规则还是会被运用的。在这些情形下，赞成还是反对规则就取决于很可能由于信息不充分所导致的社会损失的大小。使用规则的一个争论点是政策制定者所拥有的信息,第二个争论点涉及实施政策的人所拥有的信息。

□ A. 制定政策的信息

当公众正在所为的边际外部成本相对于公众正在所为的数量非常敏感,以及当边际私人收益相对于数量而言不是那么敏感时,规则将运作得比价格更好,反之,价格将运作得比规则好。这是关于决策者信息的争论点。

例如,通过交叉路口应当遵守规则,因为一辆车驶过的边际外部成本——几乎为零——远远低于在同一时间两辆车开过的边际外部成本——碰撞——此时每个通道的边际私人收益则变化不大。公司使用规则而非价格安排中间投入品的交付,例如,当你把两辆车生产到只差轮胎时,第八个轮胎的交付比第九个轮胎的交付更有价值。超市按价格出售谷物是因为货架上售出的每一盒谷物的价格是简单的批发重置成本,而每个超市门店都认为批发重置成本近乎于恒定。

这些戒律背后的直觉是什么?考虑一艘小型游轮,游轮上有足以容纳 100 人的救生艇。船上有 20 名船员,所有船员都令人尊敬或十分英勇,他们宁愿将救生艇上的位置让给任何一位乘客。因此,第 80 名以后的乘客将危及一名不能上救生艇的船员,而前 80 名乘客则不会造成这样的危险。搭载超过 80 名乘客的边际社会成本远大于搭载 80 名乘客的边际社会成本。

如果你正驾驶着游轮,担心着船员们的安危(或者因为你喜欢他们,或者因为如果他们遇到危险,你将不得不向他们支付得更多),你就定了一个规矩:不得超过 80 名乘客。你知道乘客数量超过边际乘客数将会危害到船员,但你不知道在一个给定的价格下你会有多少乘客。如果你只设置了价格而没有数量规则,超过 80 名乘客订购了舱位,后果可能就是发生悲剧。所以,当你不知道需求,但你知道边际社会成本变化时的临界数量(80)时,就有必要使用规则而不是价格。

相比之下,考虑一个公共图书馆的复印机。当机器的油墨、碳粉和纸张用光时,图书馆必须更换新的。由于所有这些东西都是在正规商店购买的,无论在给定的某一天中拷贝多少副本,对于图书馆而言复印的成本——边际社会成本——几乎是不变的。不存在一个神奇的复制数,超过这一数量边际成本就会突然升高。因此,图书馆设置诸如"每天只复印 80 份"的规则就是一个坏主意。如果有一天顾客碰巧想复印 200 份,并愿意为此支付油墨、碳粉和纸张的费用,这一规则就会妨碍一个潜在的帕累托改进。而设定价格,使其等于边际社会成本就很有意义。此时,在该价格下,无论顾客想复制多少副本,结果都是帕累托最优。

因此,正如在图书馆里发生的情形一样,当你知道边际社会成本将是什么时,那就设定一个价格。当你不知道边际社会成本将是什么但知道它会在何处变化时,例如在游轮上,那就使用规则。对介于两者之间的情况,则对那些更喜欢游轮一类情形的人使用规则;而对那些更喜欢图书馆一类情形的人使用价格或税收。

为了做进一步的分析,我们来看看游轮和图书馆的边际社会成本曲线。图 8—1 显示了游轮的边际社会成本曲线:在 80 时上升。图 8—2 显示了图书馆的边际社会成本曲线:它是平的。

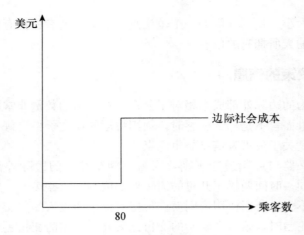

图 8—1　游轮的边际社会成本

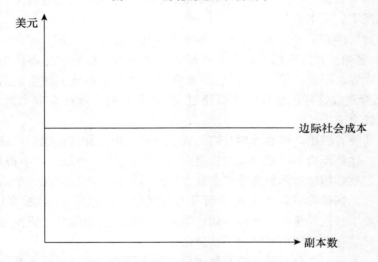

图 8—2　图书馆的边际社会成本

现在考虑价格或税收的图形。无论复印多少份副本或有多少乘客登船，价格是相同的，因此它在图形中表现为一条水平线，如图 8—3 所示。相比之下，考虑规则的情况则如图 8—4 所示。只要少于 80，你就可以有许多乘客，或制作与你所需的一样多的拷贝，但是一旦超过 80 就会遭受较大的惩罚。（这是假定用一些比如坐牢之类有限的惩罚来强制执行规则。有时候，规则自然是不可能被打破的：如果你把车停在消防栓附近，你的车将被拖走，一个没有通过游泳测试的大学生不管支付了多少学费，都永远不能毕业。在这些情况下，我们可以认为打破规则的成本是无限的：无论这样做的收益有多大，都没有人会去做。）

比较图 8—1、图 8—2 与图 8—3、图 8—4。一致性是显而易见的：当边际社会成本的形状看起来像税收的形状时（图 8—2 看起来像图 8—3）就使用税收；当边际社会成本的形状看起来像规则的形状时（图 8—1 看起来像图 8—4）就使用规则。政府所作出的响应应该尽可能符合社会危害的图形。政府应该从规则和税收之间选择一种以使"惩罚"尽可能地与"罪行"相称。

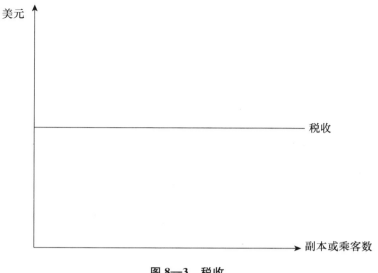

图 8—3 税收

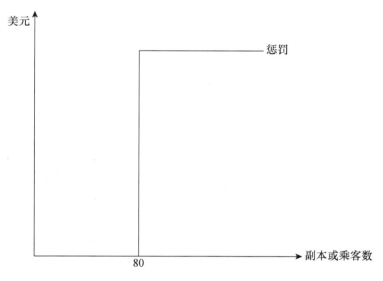

图 8—4 规则

为了更严谨地演示一致性是如何产生的，我们需要引入需求曲线（私人边际收益）。当然，如果政府、游轮的船东或图书馆实际上知道这些曲线的形状，也不会影响他们究竟使用规则还是价格：他们可以计算出最优数量和最优价格，通过实现其中之一来同时实现两者。此时，规则和价格两者间的选择就归结为这样一个问题：当政府不知道或者误解需求曲线是什么样时，规则和价格中哪个的效果会更好一些。失误总比无知要更容易些。

因此，在游轮的案例中，假设船主认为需求曲线为图 8—5 中的 D，而不是其真实曲线 D^*。如果船主使用规则——规定游轮不许超过 80 名乘客——他将对出现的乘客人数感到惊讶，但不会有无谓损失。只允许 80 名乘客上船，这是正确的数量。

另一方面，如果游轮所有者使用价格来控制乘客人数，并且认为需求为 D，他将会

把价格或税收设为 P。但由于真实的需求曲线为 D^*，这个价格将吸引 95 名乘客，这就太多了。无谓损失将是很大的一片阴影。在游轮的例子中，正如我之前所说的，当你采用价格而非规则时，搞错需求会有更可怕的结果。

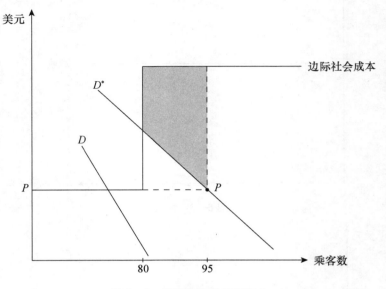

图 8—5 错误定价的无谓损失

图书馆的情况则相反。再一次假定图书馆认为需求曲线为 D，但实际上为 D^*，如图 8—6 所示。如果图书馆使用价格，这种错误的想法并没有什么影响：不管它认为需求是什么，设定的价格都为 P，等于边际社会成本。图书馆会讶异实际复印数量为 Q^*，但这个数量是最优的。如果图书馆使用的是规则，它设定自认为的最佳数量 Q，这将会造成很大的无谓损失的阴影面积。

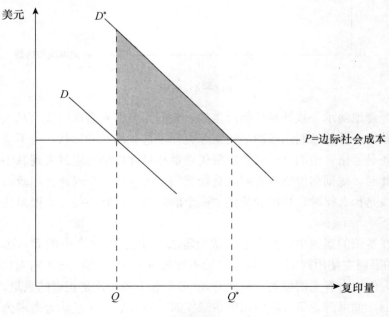

图 8—6 错误规则的无谓损失

□ B. 实施的信息

第二个使用规则而非庇古税的争论点集中在实施成本——找出人们为了交税而做了什么或合理惩罚他们到底有多难。社区报告是低成本的而且通常还挺重要，它使邻居和社区大众在一般意义上比知道有人是否支付了相应的税费更易得知她是否正在打破一项规则。格莱泽和施莱弗（Glaeser and Shleifer，2001）持有这一观点。

例如，考虑星期日的白酒销售。它们导致的外部性影响要么通过附加额外税收，要么直接禁止（或在某些时段禁止）才能得以减缓。如果禁止销售，那么邻居、牧师和路人就能轻易分辨卖酒的商店是否符合规定，法官或陪审团也能轻易抉择有罪或无罪。相反，星期天早上一个在去往教堂的路上的行人是没有办法辨别别人是否实际支付了适当的白酒庇古税的。即使一个月后审计员审查卖酒商店的记录，也很难确定哪笔销售发生在星期日，因为现金记录可以迟填或倒签，可信赖的客户不必在买酒时立即支付现金（或商店所有者可以在周六晚上先卖给他自己一部分酒，再于星期日实际配送）。邻居和常做礼拜的人比侦探型审计师更容易发现问题，而且成本不高。因此，就实施而言，相比于庇古税，规则可能是星期日白酒销售的一个低成本且更有效的处理方式。

一般来说，当社区的监控变得成本更低、更加容易时，当收税员可能偷懒或贪污时，规则往往比强制实施税收的效果更好。一些其他的例子还有狩猎和捕捞限额，建筑物可建在哪里以及建筑高度的限制，餐厅和酒吧的打烊时间，噪音条例，儿童福利保护法律。

II. 监管权

城市政府有法定权力实施各种管制，因为它们拥有监管权。要了解那些为城市管理部门所制定的规则保驾的法律，你必须了解这些权力。这一术语并不是（至少不直接是）指穿着蓝色衬衫、携带枪支和无线电话、指挥交通、吃甜甜圈的家伙，监管权是一个技术和法律术语。具有监管权的政府拥有在一些社区"促进健康、安全、道德和福利"的广泛自由裁量权。政府可以禁止人们在街道上随地吐痰、惩治歹徒，当洪水即将来临时堆叠沙袋，隔离患有霍乱或非典型性肺炎的患者。我没有监管权，通用汽车公司也没有——我们不能指使他人随意攀登一栋空置的建筑物或猎杀一条恶狗——但叫做纽约市市长的法人代表则可以。这就是政府与我、与通用汽车公司的重要的不同之处。

具体来说，欧内斯特·弗洛伊德（Ernest Freund）是最早的监管权法律评论家之一，他列举了监管权的两个主要属性："通过约束和强制，直接保护并促进公共福利"（1904，p.3）。他说警方立法不同于刑事立法，因为"刑法特有的职权是惩罚本质狠毒、邪恶、遭受社会谴责的行为，而监管权仅限于执行常规的约束，因此，在正式立法行为缺失的情况下，往往不大可能出现犯罪"（pp. 21–22）。

由于管制往往是一个好方法，所以存在可以宣布管制的实体就是一件不错的事情。由于管制需要及时适应变化的情形，因此宣布管制的实体应有自由裁量权。身边存在具有监管权的人可以使服从管制的我们过得更好（即使我们每个人只是偶尔希望得到一个特殊的豁免)。

然而，自由裁量权与强制权是一个危险的组合。一个具有自由裁量权和强制权的实体可以简单地通过敲诈将整个城市的租金掌握在自己手中——威胁他人如果不付出足够的钱就会受到严厉的惩罚。自由裁量权和强制权甚至会弄巧成拙：只有人们日后能从中得到报酬的一些投资才会有人去做，除此以外的投资将永远没有人去做。因为强制性实体总是无法让人相信能有什么足以限制它们的能力来保证投资者得到报酬。与使我们都变得更好相反，监管权如果不受束缚，有可能会使我们变得更糟——甚至可能包括具有监管权的实体本身——阻碍城市赖以生存的规模经济的实现。

因此，监管权受到许多不同方式的限制。在美国主要方式之一是宪法的限制。美国宪法以及几乎所有的州宪法都有四个限制政府行使监管权的主要条款：正当程序条款、平等保护条款、第一修正案和征收条款。

正当程序条款包括两部分——程序性和实体性。程序性正当程序要求政府对某人行使监管权之前必须通过规定的评测。规则变化必须予以公示，给予评论的机会，举行听证会。只有进行试验后才能给予处罚。政府的代理人不可能某天早晨一觉醒来就说，"我不喜欢你所做的事"或"你去坐牢吧"。程序性正当程序不能禁止政府做肮脏和恶意的事情，但它可以阻止政府以惊人的速度过快地给出处罚。程序性正当程序也需要一定数量的不同个体参与到可能会严重损害市民利益的政府行动中来。侵犯他人权利的一些大阴谋比小阴谋更难被召集和持续。

实体性正当程序要求规则与行使监管权的目的（促进健康、安全、道德、一般社会福利）间存在合理的关系。规则不能因奇思妙想、复仇、政治家的个人致富或者上帝的荣耀而被采用。然而，公众目的通常被广义地解释——例如，法院裁定扩大赌场是大西洋城一个公共目的——而"合理的关系"是一个低门槛。一些似是而非的说法认为存在问题的规则需要增加总福利（而不是净福利）；不需要去说服每一个人就是最好的规则。与程序性正当程序一样，实体性正当程序使滥用强制变得更加困难，但还没使其变得不可能。

平等保护条款认为规则必须是书面的和客观应用的。我们可以对不同的群体定义不同的规则，但是群体的划分必须与所推动的公众目的间存在"合理关系"（如果群体是一个受保护的阶层，如非洲裔美国人或妇女，标准就会更高）。实体性正当程序和平等保护一起联合保护人们免遭个人恩怨和敲诈勒索。

关于宗教、言论、集会和政治活动的第一修正案也限制了一定的监管权。但保护远远不是绝对的——诈骗会被禁止，在电线杆上悬挂政治标志也同样如此。侵犯了第一修正案权利的规则需要通过更高的标准，而不能仅仅是与一些公共政策目标有"合理关系"，政府必须表现出"令人信服的利益"。支持食品商店规则的观点不一定能被用于支持书店规则。

对监管权的最后的宪法限制称为征用条款。它在第五修正案中："当没有公正的补偿时，不得征用私有财产作为公共用途。"这指的是一种被称为**国家最高支配权**的古老惯例。当一个政府建设道路或消防站时，它可以强制要求土地所有者出售土地——但它必须付给所有者公平的价格。所谓"公平"指的是法官的裁定。

与监管权相联系的是除非政府给予你补偿，否则一个政府机构不能强迫你交出你的

城市经济学

商店或车道。政府也不能仅仅为了使你的财产变得不值钱以便于政府低成本收购（即使是一些好项目）而采取一系列管制。这一点是明确的，也有不少其他征收条款的有关事宜尚不明确。

正如我在第 7 章所说的那样，问题是财产权是"一捆棒子"，并没有硬性规定说明在征收条款适用之前，应该从这"一捆棒子"中抽走哪一根或哪几根棒子。如果你失去了在你家的后院斗鸡或支付劳动者 2.00 美元/小时在你的缝纫机上工作或出租一栋没有消防通道的三层楼公寓的权利，你肯定已经从构成你家后院、你的机器以及三层楼公寓的一捆棒子中抽走了几根。但是几乎没有法院和法律学者认为已经产生了一项赔偿。另一方面，最高法院曾迫使一座公寓楼的业主安装有线电视，要求一个餐馆老板允许自行车通道通过她的停车场，这些都是政府征收财产权并应给付赔偿的例子。

区分这些情况的一般原则是什么？或者应该将这些情况区分开吗？许多著名的法律学者和经济学家以及最高法院都在试图找出答案。最重要的一点是，征收条款在某种程度上保护公民对抗具有监管权的侵略性政府，但与其他宪法条款一样，保护是不彻底的。无论未来几年最高法院如何管控，没有财产权，征收条款对人们就没有多大帮助。监管权本质上是自由裁量的，任何自由裁量权都会被滥用。

这就是宪法限制并不是对监管权的唯一约束的原因。除了设法限制政府的自由裁量权外，也有其他制约因素试图改变对行使监管权的实体的激励，从而使这些实体难以从滥用自由裁量权中获得利益。

例如，民主使政府无法长期以明显的方式使用他们的监管权侵犯多数选民。这并非无足轻重。民主的政府可能以某种方式自由行使监管权，但政府通常不希望这样做。与此同时，所谓民主只是给那些少数民族、局外人和没有投票权的人一些疏松的保护罢了。

另一种改变拥有监管权的政府的激励的方式是使政府难以从滥用职权中得到很多利益。这一想法与古代君王雇用太监看守后宫相同：如果人们滥用权力不能得到很多好处，就不会滥用权力。

对于具有监管权的政府而言，相同类型的保障来自于禁止通过制定规则或制定特权来赚钱。如果你可以用钱从一个政府那里购买特权，这个政府就很可能变成敲诈勒索的黑社会组织：它制定的规则越多，能卖钱的特权也就越多，它就有钱去追求想要的任何目标。如果一个政府不能从中拿钱，那么它从制定规则的权力中得到的好处就更加有限，同样，从滥用其制定规则的权力中得到的好处也很有限。如果政府滥用职权取得好处的途径受限，它就不太可能去滥用职权了。

▌ Ⅲ. 分区

□ A. 什么是分区

经济学家们研究最多的城市管制的类型是分区。分区是"将社区划分成禁止某些活动但允许其他活动进行的区域或地带"（Fischel，1985，p.21）。分区一般处置大型的、难以移动的、长效的对象，如建筑群、植被区和大型停车场；一旦将它们安置到位，以后就不需要频繁的监管了。

在每个被划分的区域，分区规则都会详细说明哪种建筑物被允许建造，哪些被禁止建造——包括独栋住宅或公寓楼、加油站或洗衣店、办公大楼或酒窖、修道院或快餐店、戒毒所或垃圾场。分区规则对建筑物的大小、体积和位置设置进行限制：建筑物可以建多高，离道路有多远，以及距其他建筑的界址线有多远，可以占地多少面积。分区可以要求设定街边的停车位、草坪和树木——在某些情况下，甚至可以设定建筑物的颜色。土地的大小、土地上建筑物的数量以及建筑物之间的联系都是分区规则设定的目标对象，因此分区是一系列规则。

分区规则不是绝对的，也可能存在若干不同类型的例外。特别的规定存在特定的例外：虽然某个区域内要求建筑物的高度不得超过30英尺，但区内却也存在一栋高达35英尺的建筑；虽然净高为4英尺时便可以安装按摩浴缸，但分区却要求层高要达到6英尺；在居民区中设一间律师办公室。特别许可（或有条件使用权）用于应对通常不能在分区中进行的活动，加油站、视频游戏厅、快餐店以及戒毒所就属于这种情况。当这些店铺得到批准时，就是一个例外。"非合格使用"是指起初某些建筑或活动是允许的，但是后来分区发生改变后（或首次实施后）便被禁止了。只要没有过度的扩大或改变，许多城市允许持续的非合格使用。最终，城镇可以改变分区边界及其适用规则。

想获得特别许可证的人要向城镇区划调整议事会（有时也称为规划局）提交申请。调整议事会是城镇管理机构委任的一个团体。它有自由裁量权——它能批准、否决或有条件地批准而不需要给出详细原因——但它受到程序性正当程序的约束。必须发布通告、必须举行听证会、必须给予居民反对的机会。然而，大多数情况下我们很容易预测调整董事会将采取何种行动——如果无人表示反对，它将会批准特别许可；如果很多居民反对，则将不予批准。

20世纪初，美国开始使用分区制。1891年，德国法兰克福成为第一个建立不同区域并且为每个区域制定不同规则的大城市（Ellickson and Tarlock，1981，p. 40）。1916年纽约区划法通常被认为是美国的第一个分区规则，因为该规则内容非常全面，在当时得到大力宣传并被广泛效仿。可以肯定的是，芝加哥于1893年、华盛顿于1899年（以确保国会大厦不会黯然失色）、波士顿于1906年颁布了建筑高度限制，都在纽约颁布分区规则之前（事实上，纽约区划法本身不含有高度限制）；1909年洛杉矶指定城市的一些特定区域作为工业区，另一些区域作为居住区（Ellickson and Tarlock，1981，p. 39）。然而，稍后我会讨论到，相比于1916年纽约区划法中的分区规则，这些美国早期的条例在许多方面更类似于建筑和消防管制，并且影响面更小。

1916年纽约区划法得到进步人士和改革者的大力支持，他们认为这是治理自由资本主义且使城市更美好、更适宜居住的一种方式，而三个具体的经济问题成为分区的一些关键性商业支撑，也正是这种商业支撑成为促使规则被采纳实施的主要因素。

第一个经济问题是阳光。办公楼需要阳光。威利斯（Willis，1995，pp. 24-26）在她关于摩天大楼的研究中解释说：

> 直到20世纪40年代引进日光灯管之前，自然光一直是室内照明的主要来源。虽然电线在19世纪90年代已非常普遍，但是白炽灯泡仍然微弱且低效。人工光源

的主要形式是台式灯，能够产生约 3~4 呎烛光（呎烛光是一英尺远处点燃的蜡烛产生的表面光通量）。在户外，夏天的阳光辐射大约 10 000 呎烛光，甚至连阴天时都可达 200~500 呎烛光……大型吸顶灯的间接灯光被认为是最健康的，因为它产生的阴影最少而且最微弱，但是一个房间内使用多个灯泡会散发出相当大的热量——一个 500 瓦的灯泡每小时散发的热量相当于 1 磅蒸汽——天气炎热时这就成了一个问题。

因而，办公室的质量和收益性依赖于能够使阳光尽可能多的照进室内的大型窗户和高高的天花板。天花板高度至少为 10~12 英尺，一个个窗户只要不是重得打不开，就要做得尽可能大……许多建筑物安装有机械通风和冷却系统（直到 20 世纪 30 年代才有空调），但是窗户能带来新鲜空气，使人感到非常舒适，在夏季更是如此。

由于自然采光和通风的需要，办公室很少被设计得超过 20~28 英尺深。

如果在你的旁边建有一幢高大的建筑，这就会给你带来一个问题。这不仅仅会影响到近邻（这种情况可以通过科斯谈判来解决）：例如，1915 年在百老汇和柏树街建造的高达 40 层的公平大厦，它投下了一个覆盖四个街区的身影——美国四个最有价值的街区。

有关纽约商业的第二个经济问题是过度建设。1916 年，纽约的写字楼市场正经历周期性的高空置率（当时世界上最大的写字楼——公平大厦 120 万平方英尺的新待租场地加剧了这一现象）。现有建筑的业主想制止大量新建筑的建设，因为那将降低他们的租金并提高空置率。（芝加哥在 1893 年写字楼市场需求疲软时期也实施过高度限制。）

最后一个经济问题与服装厂相关，某些程度上还与保险公司相关。服装厂雇用许多贫穷的移民妇女；保险公司雇用许多社会地位相对较高的妇女，但她们仍然是工薪阶层的妇女。位于第五大道的时尚的商店业主担心如果附近有制衣厂和保险公司，工薪阶层妇女的数量会超过富有客户的数量，他们的地理位置就失去了尊贵。如果蒂芙尼专卖店周边都是一些制衣厂刚下班的衣衫褴褛的犹太人和意大利妇女，谁还愿意去店里购物呢？

这些利益推动了 1916 年纽约区划法的问世，规则将城市分为三类地区——居民区、商业区和非限制区——同时保证第五大道附近不能建工厂。写字楼规定了最高建筑面积比率——在一块给定面积的地块上能建造多大的建筑面积——同时还要遵守关于建筑物立面在地段界线之内可以建多高，以及上楼之后退回地面能有多快的规则。塔是没有高度限制的，但是它们的影子只能遮蔽土地的四分之一。1916 年的分区规则创造了具有大量曲线和高大尖顶的塔庙结构，形成了经典的新纽约天际线。

纽约区划法实施后，分区制便在美国各地迅速蔓延开来。纽约城外的政治势力则有所不同，例如，希望保护自己的投资免受各种侵占的联排别墅的业主就尤为重要。但是，实业家也喜欢分区。普通法允许人们通过诉讼来禁止经营带来的"滋扰"，而企业家则希望能在专门用于生产制造的分区里经营，以免遭受因相邻侵害所生的诉讼（Ellickson and Tarlock，1981，p. 41）。

20 世纪 20 年代，联邦政府也为分区制的拓展应用做出了贡献。1921 年，时任商务部长的赫伯特·胡佛召集了一批人帮助各州制定分区法律，这批人制定了标准分区规划授权法（SZEA）。有了 SZEA，希望当局出台城市分区管制的州就不必重复劳动，它们只需适当运用商务部已颁布的语言来表达和行事。到 1930 年已有 35 个州采用 SZEA，到 1960 年几乎每个州都有类似 SZEA 的法律。

20 世纪 20 年代联邦其他有关分区的重要行动是司法性而不是行政性的：1926 年最高法院对于欧几里得村诉安布勒房地产公司案做出了判决。法院认为分区制是监管权的合宪行为。俄亥俄州的欧几里得村是克利夫兰市距城市中央商务区约 10 公里的独立郊区。安布勒房地产公司在那里购买了一大片空地。这片土地坐落于一条铁路和一条大道之间，是工业发展的理想选择，这也是安布勒公司的目标。然而，20 世纪 20 年代初，欧几里得村通过的分区条例将安布勒公司的那片土地划为居民区，这就大大降低了土地价值。安布勒公司诉讼该条例违反了正当程序。

安布勒公司有合理机会取得优势。美国马里兰州和得克萨斯州的法院先前已经裁定，分区制寻求的目标与其行使监管权的传统目标相差甚远，因此不符合宪法。1924 年，俄亥俄州的联邦地方法院同意并赞成安布勒公司一方。"（欧几里得村的条例造成的）结果是根据人口的收入以及生活环境的差异将人口分类并分开居住"，法官在判决中写道。

尽管欧几里得村提起上诉，但是美国联邦最高法院的初步判决以 5 比 4 的表决支持了安布勒公司。然而，作为多数成员之一的萨瑟兰法官曾对判决持有疑虑，要求有更多时间来斟酌此案。最终萨瑟兰法官改变了他的主意，写下了支持欧几里得村分区条例的多数意见。他写道：监管权并不总是一成不变的，只要分区与促进"健康、安全、道德、公共福利"存在"合理关系"，它就是监管权的合法行使。

（虽然这起诉讼可能对美国的分区制有持久影响，但是对欧几里得村的发展似乎没有太大的影响。埃里克森和塔勒克（Ellickson and Tarlock，1981，p. 51）说到，最高法院判决的几年后，安布勒的地块已经被改划为重工业区，在那里建成了一家制造工厂。）

欧几里得村诉安布勒房地产公司案后的半个世纪里分区制在美国非常稳定。到处都是类似的规则，辩护严格参照 SZEA 和欧几里得村的表述。20 世纪 70 年代初，新关注点——关于环境、美学、历史性建筑保护——开始鼓励分区规则的制定者并且法院开始接受这些关于监管权的新诠释。分区规则的结构也随之改变。以往住宅区可以在任何地方建设，但如今开始在商业区和工业区受到禁止；新增了许多特别许可；被冠以诸如"单位发展计划"和"大学区"的名头预示着有关自由裁量权和谈判的更多机会。但纽约创建的基本框架 SZEA 和欧几里得村诉安布勒房地产公司案还是得以幸存。

□ B. 规则强于税收吗?

为什么不使用庇古税来限制分区所关注的活动，迫使人们为他们的决定承担全部社会成本，然后让他们自己去决定做什么呢？换句话说，为什么不使用价格来替代规则呢？

回想第 I 节中的原则，当建设者（或受分区管制的人士）的边际收益相对恒定，而且当公众的边际成本正在增加（相对而言）——也就是不恒定时，规则更为有效。那么，在何种程度上这些条件适用于分区制通常调节的活动呢？

绝大部分分区看起来满足建设者边际效益相对恒定这一条件。一栋写字楼的附加楼层或者市郊开发区另一栋住宅楼或者界址线内额外的一平米可建造地基将为建设者带来大约相同的利润增量（或消费者剩余增量）。

城市经济学

在许多传统的区域划分情况下也会遇到边际外部成本变动的情形，但并非全部如此。就 1916 年的纽约摩天大楼问题而言，如果在现有的 20 层高塔附近新建一栋建筑物，20 层以下的大多数楼层的边际成本可能不会太大：现有的塔层会因此失去一些阳光，但由于许多其他邻居已经被现有的塔层挡住了阳光，所以旁边的新建筑是 15 层或 16 层对于他们而言几乎没有任何差异。但是如果新建筑比原先的建筑物更高大，其后果就会有所不同。高达 25 层或 26 层的新建筑会挡住原本不受塔楼影响的邻居的阳光。这种情况下边际外部成本是不恒定的：一旦新建筑成为周围最高的建筑物，边际外部成本就会发生变化。

发出噪音、散发臭味的工厂是相似的：在居民区设立第一个这样的工厂会造成很大的危害，但是，可能没有人会察觉到增设第二个工厂后有什么差别。居民区的邻居间也可能发生同样的事：在一个独栋住宅区增加一栋独栋住宅会影响邻居，加剧拥堵，侵犯某些隐私，但是增加一栋两户合栋房造成的不良影响比新增一栋独栋住宅的两倍还要多，因为它带来收入较低的居民，而现有的居民可能不想与之交际。

在许多情况下，分区的天才之处——相对于类似的活动禁令而言——在于认识到同质化的偏离会造成边际外部成本的巨大变化。在这些情况下，税收和定价并不是这些案例中分区制的良好替代。

不过，目前尚不清楚是否所有分区实例都满足这个标准。最受争议的是大型的相对孤立的郊区开发片区。100 英亩的土地上的第 100 间房子的边际外部成本与第 400 间或第 800 间房子的边际外部成本似乎没有多大区别。在这些情况下，税收及收费可能比分区性管制的效果更好。

实际上，有时候在大型土地开发中受到争议的往往是价格而不是规则。我下面要讨论的强行征收就是其中一个例子。最好的举例是公园。开放性空间可以给小镇带来很多好处，不过开发开放性土地会给开发者带来外部性损害。然而，每亩开放性土地的边际外部性损害并不随着开发规模的增大而改变，因此保留开放性空间的通常做法是给所有者——购买土地的人——支付一笔费用而不是制定许多规则。限制只用这种方式开发的小镇本身要承担大部分成本，因此小镇很可能有效率地这样做。

□ C. 分区的解析

回想将财产权比作一捆棒子的描述。分区是一种将一捆棒子分包的方式。一个区划规则将诸如"建立一座 30 层公寓楼的权利"或"开办一个便利店的经营权"的棒子分配给若干特定的地块，并且其他地块不得享有这样的权利。有些土地得到的棒子为"有权反对邻居建造游泳池"或"有权反对他人在分区内开洗车场，而且反对占上风"，其他土地则没有得到。由此看来，正如经济学家所青睐的，分区似乎并不需要行使太多的监管权，而是产权主张的简单行政性整理。

科斯定理认为，当某些条件成立时，只要相关联的潜在的帕累托改进有效，这种整理将如何进行本身就无关紧要。所以，只要每个人都知道哪根棒子在哪一捆中，人们就会协商每根棒子的有效使用。但是就几乎所有分区事项而言，科斯定理都不成立，所以分区就不仅仅是一个简单的财产整理的主张。谈判和销售的条件通常相互违背：经常进行且太多的当事人——太多了以至于无法有效地谈判——被活动的分区地址所影响，而且由于分区是一项监管职权，买卖几乎总是被禁止。

为了看到这些违反科斯定理的行为的结果，不妨考虑四个不同的分区问题：分别是促成 1916 年纽约条例的三个问题，以及当代频频关注的城郊的"过度开发"和维持一个社区的特点问题。

科斯对于光照问题的考虑是最周详的。如果我关心的所有问题只是邻居是否将要建造一座会挡住我的阳光的高层建筑，在没有实行分区的情况下，我就可以与他谈判并贿赂他不要这样做。如果我无法贿赂他放弃盖楼，那么他的建造则是有效的。在这种情况下，分区只是棒子的重新分配，棒子从邻居那里转移到了我这里：邻居丧失了建造一座庞大建筑的权利，我得到了接收（一定量的）阳光的权利。那么不足为奇的是，在写字楼繁荣过后的萧条期，限制楼高和分区规则通常会被采纳：在这些时期，很少会有大业主去考虑新建类投资项目，但许多人会考虑现有建筑物的采光要良好，因为现有建筑在繁荣时期已经扩建了很多。当市场反向时，推论也会相反，建筑物的高度限制就会随之产生。比如，威利斯（Willis，1995，p. 168）在同一张图上表示芝加哥的建筑高度限制随着每年办公空间的增加而变化，两者之间存在很大的相关关系。

纽约的阳光案例使得分区作为一种转移的解释甚为清晰，因为它是美国一个不多见的可以买卖一个由分区产生的权利的案例。如果你在曼哈顿的下城或中城拥有一幢高度小于分区在那个特定位置所允许的最大高度的建筑物，你就可以将剩余可建楼层的建造权卖给任何一个相邻的业主。这就是所谓的上空使用权出售。例如，在几块相邻的业主中，如果允许每个业主可建造 1 000 000 平方英尺的建筑物，但是其中一个业主只建造了一幢面积仅为 600 000 平方英尺的建筑物，那么该大厦的业主可以将"剩余"的 400 000 平方英尺卖给其他业主，买方业主就可以被允许建造 1 400 000 平方英尺的建筑。如果我有一栋小型建筑，而兴建大型建筑是一个潜在的帕累托改进，这时分区和不分区的差别就会非常明显：在实行分区的情况下邻居就要付钱，若不实行分区他就不需要支付。如果大型建筑并没有提供一个潜在的帕累托改进，那么两者间的对比有所类似：在实行分区的情况下将不会发生什么事情，但若不分区，我就要付钱给邻居（让他不要造建筑物）。

只是当我们把大量近邻的物业——公平大厦的四个街区长的阴影——考虑在内时，分区似乎才不仅仅是一种转移。这些邻居会发现协调谈判策略即使并非完全不可能，也是非常棘手的。即使公平大厦施加给近邻的损失小于其带给他们的收益及消费者剩余，但如果它给非近邻居民造成的损失足够大，那么建造公平大厦仍然会造成净损失。所以如果分区能阻止建造那些会损害大量不相邻居民利益的建筑，分区就可以创建一个潜在的帕累托改进。

但话又说回来，这也可能不行。一幢新建大厦使远邻遭受的损害如果确实存在，那么它与大厦带来的收益相比可能微不足道，而且并没有明确的方式可用以判别它到底符合哪种情形。

（注意，限制向近邻出售上空使用权与分区的合理性是一致的。假设 A 和 B 距离 C 和 D 两个街区。A 是否将上空使用权出售给 B 对 C 和 D 不会产生多少影响——只要 A 和 B 建筑的总体积相同，A 和 B 体积的细微差异就不会影响两个街区外的业主。如果 A 将上空使用权出售给 C，那么 D 的情形会变得糟糕。也许这是该类出售被禁止的主要原因。）

1916 年分区规则认定的第二个问题——对过度建设的担忧——是分区能够改进低效率的一个很好的例子。过度建设和随之而来的租金下降会损害大量业主的利益，由于因过度建设蒙受损失的业主数量过多，以至于业主们难以结为一体去贿赂阻止他人建造新建筑物。这时，分区就可以填补科斯谈判的空白。不过经济理论告诉我们，这是一个不应该被填补的空白。当租金下跌时，现有写字楼业主的损失正是租户得到的额外收益。租户的数量可能比业主更多、更难以组织。租户们可能并没有意识到，从长期看，一栋新建的如公平大厦的大型建筑会给他们带来收益，即使他们从来没有考虑过搬到那里去。

为了观察这一传统的结果，可参考图 8—7，该图说明了如何在一个特定的城市中通过分区规划防止办公空间市场上写字楼的过度建设。如果没有实行分区，办公空间的数量将是 Q，价格将不得不下降到 P 以便市场出清。如果分区规定办公空间不能超过 q，那么价格将保持在较高水平 p，业主将获得图 8—7 中阴影矩形表示的额外利润。对于业主来说，建设 q 到 Q 的额外办公空间代表着过度建设，因为这会导致他们失去阴影矩形的利润。

然而，阴影矩形代表办公室租户的直接损失。价格从 P 上涨到 p 时，大厦业主获得的每一美元正是租户损失的每一美元——而且租户从高租价中不能获得任何收益。在这个例子中分区是低效的，因为写字楼的租价高、数量少，阻止了其他租户租用办公空间——带星号的三角形表示消费者剩余。这一三角形代表分区因打击过度建设而导致的无谓损失。

就现有建筑物的业主能将收入从租户或从因新建楼宇而获取收益的土地所有者那里转移给自己而言，防止过度建造是一种低效率的方式。新的大型建筑的建立可以使每个人的状况变得更好，租金不得不下降，租户和新建筑的业主被迫补偿现有业主的损失。但分区并不采用这种方式——只因为它是一种监管权。

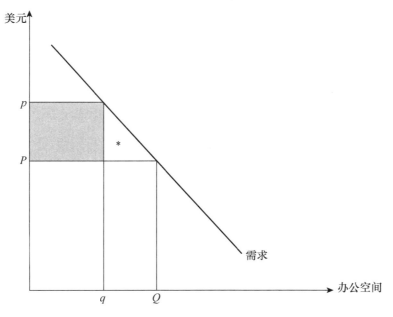

图 8—7 阻止过度建造带来的无谓损失

第五大道商店的问题也与前面的阳光权和过度建设担忧问题类似。如果不实行分区，贫穷的妇女有权在第五大道上漫步，他们的雇主有权在充分接近第五大道的地方建造工厂，工人会受诱惑去那里溜达。为了摆脱没有相应购买力的妇女，第五大道的商人们不得不联合在一起支付给贫困妇女一笔费用让她们离开街面，更可能发生的情况是店主支付给制衣厂及保险公司一笔费用让它们去别处经营。但是如果有了分区，商店店主们就不必这么做了。第五大道的业主可以在他们的棒捆中增加一根新的棒子——防范没有足够购买力的妇女进入的权利。

这样做有效吗？赢家可以补偿输者吗？天晓得。也许它是有效的，也许不是。重要的一点是，即使效率不高，也没有纠正的机制去取消这一措施。去除销售和补偿的可能性就去除了有望改善低效的纠正机制。

分区的第四个问题是郊区的分区，这是在过去的几十年中吸引了最优秀的学者关注的一类分区问题，但今天与我们相关的基本问题与1916年的曼哈顿相比并没有什么不同。更多的人加入现有的城郊会以几种不同的方式损害已在那里生活的现住民。

首先，居民本来可以陶醉于未开发的大地，而一旦建造了新房屋，这些土地也就失去了往日田园般的韵味。风景秀丽的农场可让你驾车去游玩，街道的空地可能是孩子们玩耍的好去处。居住在毗邻高尔夫球场的地方意味着你时刻都可以保留隐私。我愿意在花木和树丛之中徜徉漫步，而不是在房子和街道间穿梭（特别是新的房屋和街道，因为居民区的花木和树丛需要几十年的时间去成长）；很多其他居民也有同样的想法。野兔从来不会在周日的清晨使用嘈杂的吹叶机。

第二，临近建筑工地本身就是一个大麻烦。在街上咆哮的大卡车、清晨便开始的喧哗、灰尘、穿着奇怪肮脏衣服随意找个地方吃中饭的人、机器和正在建造中的建筑物使夜晚的工地成了对孩子们充满诱惑但却危险的游乐区，这一切使得许多现住民敏锐地对待任何建筑项目。

第三，开发加剧了拥堵。至少在短期内，道路、停车场、超市、学校都变得更加拥挤。

第四，如果服务不是按边际成本定价，那么现住民可能会发现他们必须要支付各种各样的服务。学校、警察和火灾扑救都将变得更加昂贵，而且这些活动成本的分配方式可能会将部分新增负担加在现住民身上。例如，如果要为这些服务支付物业税，总成本与人口数量成正比，如果新居民拥有的平均应税财产比现住民少，那么即使服务质量不会提高，现住民也要为服务支付更多。

最后，现住民可能不太希望与新居民们有所关联。对于许多人来说，他们的一个重要目标是将自己的价值观传递给子女。孩子的很大一部分价值观来自邻里与学校的朋友，因而实现目标的唯一途径就是居住在每个人都分享相同价值观的社区。新居民的价值观、宗教、语言或者肤色可能与现住民不同，所以新居民难以融入小镇的文明和文化生活。犯罪、斗殴、不和谐可能上升，你的孩子在学校可能会被欺负。如果教师需要花费更多精力在纪律问题上，而新入驻的父母又没有受过良好的教育，不能很好地帮助他们的孩子，那么教育质量就可能降低。一个小镇的名字可能意味着一些东西——财富、声望、附庸风雅、生态意识、尊重历史——而现住民在写下自己的地址时可能会宣扬自己共享着这些特性；新居民的涌入会危及这一张扬的价值。或者现住民可能会变得偏执势利。

当然，增长也会产生规模报酬递增的好处。更多的人口意味着更多的专业商店和服务、更激烈的竞争、更好的公共交通以及附近生活着更多潜在的朋友和合作伙伴——这些都是城市生活的优势。不过，对住在大都市郊区的有钱人而言——他们有车、电话、传真和电脑——也早就享受到他们居住的小镇之外的大多数好处。住在新泽西州北部梅普尔伍德的人们去利文斯顿的超市，去密尔本的中国餐厅和健身器械店，去南奥兰治的印度餐馆，去西奥兰治的墨西哥餐馆，去尤尼安的五金商城，去爱迪生的服装店，去曼哈顿上班和欣赏音乐会。梅普尔伍德人口的增加给当地人带来的边际效益很小——在多数情况下小到无法抵消他们将遭受的损失。

因此，在许多情况下，城郊的分区规划被设计得并不利于新居民尤其是那些不如现住民富有的新居民搬入城镇。这有时被称为排他性分区。郊区城镇用于建造公寓和其他多户住宅的土地通常很少，甚至没有，而已经批准建立的公寓必须符合严格的街道停车位标准。大多数情况下不能在商店旁边建造公寓。独栋住房必须有大面积的土地、街道停车位，在某些情况下还有最小建筑容积限制。一些社区禁止活动房屋。将一块土地划分为不可行的商业和工业用地就恰如将土地闲置。

分区把拥有安静、低密度、高收入环境的权利加入郊区已开发区域的棒子中。现住民进行投票决定分区。可能的未来居民没有直接的郊区分区权。他们搬过去的好处（部分）体现在可开发土地的价格上，但可开发土地的所有者在已被部分开发的郊区中明显是少数（因为从定义上讲，每一英亩未开发土地比已开发土地拥有的票数少）。正如1916年曼哈顿写字楼区的业主那样，郊区已开发土地的业主一旦已经进入该区域，就不希望别人再进来。分区制让他们这么做。

正如曼哈顿的例子一样，并不存在压力来推动郊区分区制效率的提高。如果开发商和未来居民愿意支付对分区标准的放松，那么现住民就不可能无成本地强推标准——他们每提出或执行一个标准就要放弃开发商和未来居民的意愿支付。现住民将只选择压制那些给他们带来的伤害会超过给外来者和土地所有者带来的收益的开发提议；他们将会同意其他开发提议且同时接受赔付。

但分区制是一种不能转售的监管权力。对于已被部分开发的郊区城镇的居民而言，分区制就像继承了300加仑的冰淇淋却被禁止出售它们。冰淇淋很不错，你会努力与剥夺你继承权的人进行斗争。由于继承条款的存在，冰淇淋对你来说是免费的（即使你吃冰淇淋也是社会成本），因此你会吃进过量的冰淇淋，而那是无效率的过量。

总之，我们有理由相信很多被部分开发的城郊的分区过于严格。但是注意，这个结论不适用于大片的未开发地区——例如农业社区。在那些社区里，许多居民可能会自认为是潜在可开发的物权所有者，因此他们愿意承担一定的分区过度严格的负担。

□ D. 分区的替代

关于分区制无效率的结论建立在分区不能被买卖的重要前提之下。这个前提的专业表达就是分区是不可替代的。SZEA和欧几里得村诉安布勒房地产公司案意味着分区定义为监管权应该是不可替代的。然而，应该是并不总意味着是。比如说我们已经将纽约的上空使用权视作可替代的，至少在相邻空间上是这样看待的。难道SZEA和欧几里得村案中的表述仅仅是没有真正描述分区制如何运行的伪善言辞吗？

可能事实并非如此。虽然有时金钱时常易手，并且在分区制实践中不择手段的情况时有发生，特别是在城郊，这种交易与科斯定理定义为有效的交易有很大差别。可以达成4种不同的契约，但是它们没有一种与科斯交易相似。

1. 贿赂行为

贿赂负责分区的官员并不罕见（虽然现在可能没有以前那么普遍），但即使是这种广泛存在的贪污腐败，也不大可能产生正确的可替代性。贿赂并没有一个具体的金额。开发商行贿数额的下限是官员所能想象的因受贿而受到的惩罚以及内心不安的价值；反对分区行为的人遭受的损失——对效率来说很重要的数量——从未被计算过。开发商的收益要大到足以满足政治家而非公众的胃口。因此即使贿赂情况可能更加广泛，分区也没有一个正确的替代方式。

2. 开发者—居民协议

开发商和土地周围的邻里之间达成协议或者共识是很常见的事情，他们至少牵涉了正确的群体。想获得差别对待和特别许可的开发商会赞助少年棒球队，给他们提供折扣和贷款，并致力于慈善事业，像好邻居一样表现着自己。在这点上，不论这些被牵涉进来的人是否签订协议，局外人看到的是一方给予另一方补偿，让另一方不要阻挠他想做的事。但是这类不言而喻的安排并不符合科斯定理要求的简单交易。他们不一定起作用，因为邻里可能会不领情或者城镇另一区域的人也在同一分区版块上。出让的价值可能并不等于获得的价值，因为现金没有易手。差别对待和特别许可是对于财产而言的，而不是针对所有者，所有者不能保证他或她将不会出售、退休或者死亡。邻里可能非常喜欢街道拐角处加油站的所有者，因为他会提供免费的驾驶咨询，让孩子们使用充气泵，会开辟一些行车道，邻居们都支持他拥有开一家便利店的特权，但他们会对下一个所有者如何处理增加的交通量而心存疑惑。

3. 非现金开发商—政府协议

在开发商和当地政府之间也存在类似的关系。开发商可以贡献一部分土地用于公共用途，或者干脆把这一部分土地交给政府，翻新地铁站，修建休闲娱乐中心，或者捐赠给当地的慈善机构。而同一类问题有时却会困扰更为明确的协议。

这些协议的第一类问题是他们的实施能力备受怀疑。保留权力学说认为监管权的契约是不可强制执行的（例如，参见 Kmiec，1981，pp. 105-115）。美国最高法院在1880年斯通诉密西西比案的判决中明确地阐述了这一立场："立法机关不能就一个州的监管权讨价还价。"然而这一条文的确切含义目前在变化，法院判定有争论的问题时，没有人能肯定改进分区制的合同能在法庭上站得住脚。这种不确定性减少了可替代性，因为在每一笔交易中，一方要在对方完全履行职责之前采取行动。如果市镇让开发商在建立已许诺的公共社区中心之前建造房屋，那么开发商可能会在房子建成之后、社区中心建成之前违约、撤退或宣布破产，或这个开发商可能会建立一个低品质的社区中心。如果开发商在建房许可还未签发之前先建立社区中心，那么市镇的领导就能违约或屈从于民众的压力或被选下台，那么开发商将再也不可能得到建房许可。既没有合约又没有现金的交易是非常棘手的。

住宅开发（相对于商业或工业）也有一个附加的实施问题。新房子建成后将会带来

城市经济学

新的选民，而这些新选民对补偿老选民并不感兴趣。新选民可以成为一个充分强大的力量以至于市镇政府不再代表老选民的利益，不再关心是否兑现对老选民的承诺。

例如，20 世纪 70 年代，新泽西州很多城镇批准建造独栋住宅和公寓开发项目，条件是新居民要支付自己的垃圾收集费用。这些城镇其他居民的垃圾收集费用由市政机构公费支付。开发项目一旦建成，新居民开始积极参政，他们在某些情况下成功地赢得了有关市政服务延伸的战斗。当老居民不再是选民的多数派时，他们就不能交托当地政府照顾他们的利益。若干年以后，新居民成了遍及全州的大群体，他们能说服新泽西立法机构单方面废除当地所有未废止的垃圾收集私人协议。

与这些协议相关的另一个问题是他们是易货交易，而不是现金交易。这是一个较开发商—邻居协议更为严重的开发商—政府协议问题，因为对于可易货交易商品的限制更为严格。小镇的居民可能真的想要帮忙整理后花园，但开发商只能承诺在公园里种植一个玫瑰花坛。20 世纪 80 年代，纽约市频频通过以货易货交换在写字楼附近建造公共广场，但 20 世纪 90 年代后期，这些广场大概是曼哈顿市容最遭斥责的特征了。

值得注意的是，以货易货问题将极大地影响社区的类型，在那些社区中低效率的限制分区制很有可能成为一个问题——部分地表现在已开发的郊区中。执法问题有效地保证了公共资本优化是开发商能够用来弥补现住民的唯一途径，这些社区中的公共资本优化的边际效益可能低于经济欠发达地区或老城区。在经济欠发达地区，公共基础设施可能是稀少的，因此，边际增量可能更有价值。在更老、更密集的地区，基础设施可能会恶化，居民可能更依赖于公共服务——公园而非后院、地铁而非自驾车、消防栓而非后院的游泳池、公园里的音乐会而非沙发前的电视、公众垃圾收集而非私人。部分发达的城郊可能有较好的相对较新的基础设施，而居民可能更倾向于自驾车和后院。在这样一个小镇上，第二个社区中心的边际效益是相当小的，当大多数居民家里都有立体音响、秋千、电脑和 96 英寸的电视时尤其如此。

4. 苛税或影响费

一份苛税（有时也称为影响费）是一个货币支付，由开发商交给当地政府补偿其额外的资金性开销——如道路、消防栓、学校等——这些是需要由市政当局进行的开发。苛税金额不应该超过这些开销，但由于金额很难计算，所以会存在商量的余地。1985 年，美国约五分之三的社区从开发商那里得到现金苛税。五分之四快速发展的社区得到了这笔费用（Altshuler and Gómez-Ibáñez，1993，p. 36）。从那时起，这些比例可能已有所上升。

由于苛税在开发之前就被以现金的形式支付，因此不存在有关建造社区中心或收集垃圾一类麻烦协议的执行问题。但是，尽管现金在政府层面转手，在个体层次上——那是计数的层面——这些协议仍然是一种以货易货的形式。受项目影响的个体可能永远也看不到针对其自身的更佳的私人好处（甚至是更好的持续的公共服务），他们只能看到更好的公共资金状况。建造新社区中心的承包商是否能从镇政府或直接从开发商那里拿到支票是无关紧要的。（如果小镇非法使用苛税以降低税收，则受到开发最直接影响的人会得到一些钱，但全然未受影响的纳税人也会得到一些钱，开发商将无法用资金集中补偿那些损失最大的纳税人。）

更重要的是，苛税应该只能应对那些因开发商增加现有基础设施的负载而造成的危害

（准确地说，被错估的现有的基础设施，因为边际成本定价驱逐了这些支付）。然而分区用于保护社区免于许多其他负的外部性——例如光照的损失。如果你只能支付其中的一部分，那么这个整体就是不可替代的。你可以买一张去波士顿的火车票，因为去波士顿是你赢得波士顿马拉松赛的一部分，但是，这并不意味着波士顿马拉松的金牌就可以被替代。

因此，毫无疑问，说分区完全不可替代确实是夸张之言。正如加拿大的冬天确实寒冷多雪，但据此说猫从来不洗澡就不免夸张过度。因而，所有这些陈述都是有用的近似表达。

□ E. 市域扩张和分区的关系

有关市域扩张的流行说法经常把其重要性归因于分区制，只是方式有所不同而已。一方面，大地块的分区往往被描绘成对市域扩张的限制，另一方面，实施更严厉的土地利用管制的分区往往被视为拯救我们免遭市域扩张的英雄。我们需要系统地梳理这些看法。

低效率的分区有助于市域扩张吗？关于这个问题，我们需要比较都市圈的实际空间结构与假设为高效系统下的空间结构，这种高效系统也被用于解决分区关注的真实的外部性问题——如拥有诚实、反应迅速、正大光明的政府的可替代分区。这并不是要求我们比较实际的都市圈与看起来没有被分区的都市圈，这不是正确的问题所在。

说它不是正确的问题，是因为我们不能确信完全取消分区是否为一个潜在的帕累托改进。请记住，只有减少市域扩张在某种程度上能让大家的情况都变得更好，我们才会这样做；减少市域扩张本身并没有内在价值（如果你只是想减少市域的扩张，那么解决方案很容易：取缔汽车以及每公顷居住人口少于 500 人的居民区就可以了）。从当前的分区实践通往假设的高效系统需要建立一个潜在的帕累托改进，我们要考虑的问题是这种潜在的帕累托改进是否会减少市域的扩张。如果可以，那么这将成为一个会得到强力支持的扩张削减。

我们已经看到，在部分发达的郊区，高效、可替代的分区比实际的分区的限制少，也许在离城更远、尚未开发的郊区限制会更少些。在已开发的旧住宅区，分区可能没有多大意义，因为几乎不会有新的开发可能（虽然一些经济学家呼吁在如芝加哥的北部湖岸和曼哈顿上城的东区这类繁华地区放宽分区规则）。

在中心商务区，我不知道当前分区是否比高效分区更严格。从 1916 年纽约的分区条例和芝加哥的高度限制得出的结论是分区过于严格。同时，这些领域的可替代性程度自 1916 年以来达到了最高，中心商务区的政治势力不同于郊区的政治势力——例如，建筑工人和公用事业是城市开发的有力支持者。如果 CBD 分区过于严格，那么整个都市圈将失去生产的规模报酬递增带来的好处，但并没有证据或有力的观点证明这一点。在本章的后半部分，我将假设效率并不是那么低。

高效分区的主要影响在于对已被部分开发的郊区的限制较少。其结果将取决于我们考虑的是一个封闭型城市还是一个开放型城市。

在一个封闭型城市里，人口被定义为保持不变。如果已被部分开发的郊区的开发程度提高，人口密度增大，那么其他地区的人口数量肯定会下降——如临近中心商务区的完全开发的老城区或基本未开发的郊区。人口下降在这两个地区如何分配取决于在住宅施工人员的生产和居民的消费两方面，用资本替代土地的效果有多好。

如果资本是土地的一个很好的替代物——如果你在一座公寓里就能得到和两英亩土地上所建的墙壁很厚、有私人电梯的房子里一样的隐私和安静，如果你在卧室里就能近似地得到一个昂贵温室的花园体验——那么大多数的人口下降都将来自于旧城区。为了探索其中的原因，我们考虑两个极端。如果资本和土地完全不能替代——如果家家户户都必须有相同的容积率——那么当近郊有更多相同的土地和建筑时，远郊的人口就要下降。近郊的空置土地就会被远郊的空置土地所取代。这看起来似乎不太可能，对这些用途而言资本可能不是土地的良好替代品（给定土地上的资本的边际产品会迅速减少）。所以大部分的人口损失将来自更遥远的、欠开发的地区。此时，在一个封闭型的城市模型中，通过改变分区降低市域扩张是一个潜在的帕累托改进。开发区边缘向里移动，人们的往返路程减少。

这一结果并不适用于开放型城市模型——从长期看更好的模型。在已部分开发的郊区放宽分区限制会使人口增加，但不会减少其他地方的人口。世界的效用水平保持不变，是否居住在特别边远的地方只取决于其自身的设施和通勤成本，而不是都市圈其他地方的任何限制。以前限制性分区的郊区的新增人口是都市圈人口的净增加值。（的确，如果新增人口通过实现规模报酬递增而提升工资，那么都市圈的人口可能会增长得更快，并迫使都市圈边界超越限制性分区。）因此，在开放型城市中，人口密度的增加仍然是一个潜在的帕累托改进，但减小都市圈的规模却不是。限制性分区（如未充分利用土地税）使都市圈过于稀疏而不是过大。

严格地说，这个结论是关于当其他地区没有任何变化时，消除单一都市区里的过分严格的分区。另外，假设各地过于严格的分区同时消除。人口无法在全球各地同时上升，所以世界效用将会上升。在每一个都市区里租金都会下跌，因此一些偏远地区将不再有人居住。从长期看，如果所有都市区同时淘汰低效分区，那么所有都市区的界限都会向城区里移动。

我们可以得出什么结论呢？分区是否引致扩张将取决于扩张的含义以及你所考虑的目前分区的替代品。许多似是而非的组合——但并非所有组合——都暗示着肯定的回答。消除过分严格的分区将使都市圈更加密集而不是必然变得更小。

□ F. 分区对穷人的影响

究竟分区是帮助了穷人还是打击了他们，正如分区是否会导致市域扩张一样，是一个需要留意的问题。为保持一致性，我们首先考虑和探讨与扩张时相同的替代品——效率、可替代分区——以观察对穷人造成的影响。关于这个问题只有封闭的城市模型值得考虑，因为在开放型城市模式中，通过建设并没有什么可以使穷人的状况变得更好或更糟。但是，正如我们在前一节已看到的那样，封闭的城市模型能给我们一个在有着许多开放城市的世界里会发生什么的便利的参考，所有这些都同时改变他们的分区政策。

考虑一个封闭的单中心城市，那里有一些人穷，有一些人富。每一个穷人都使用和其他穷人相同面积的土地，每一个富人也都使用和其他富人相同面积的土地。穷人的土地面积——"穷人地块"——小于富人的土地面积——"富人地块"。更确切的是，这些都是穷人和富人在最佳分区下可消费的土地数量，最佳分区控制着外部效应。为了简单起见，假设土地和资本之间不可替代，人们只是蜷缩在他们拥有的土地上的一棵大树下。每个人都在中央商务区工作，穷人每英里的通勤成本低于富人。

我们假设，穷人与富人的地块面积之比小于穷人与富人的每英里通勤成本之比；穷人与富人的主要差别在于他们使用多少土地，而不是各自的通勤成本。因此，在不存在过度分区的情况下，穷人住在中央商务区附近，富人则住得较远；如图8—8所示，用 M^* 表示不存在过度分区时富人和穷人之间的边界。

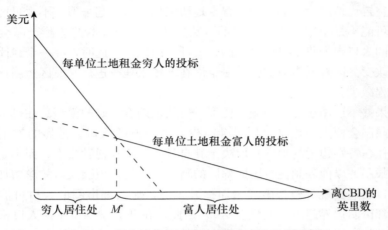

图8—8 没有过度分区时的租金倾斜和位置选择

我们很容易看到，在这种情况下，消除过度分区总会使穷人的状况变得更好，富人是否也能得到好处就完全依赖于过度分区是否扭曲了位置的选择。

例如，如果分区能使有钱人比其他方式使用更大的土地，消除过度分区对穷人和富人都会有利。更小的地块意味着住得最远的富人，她支付的租金为零、通勤成本更低、情况更好。由于所有富人都同样好，这意味着每一个富人的情况都更好。最近的富人仍然住在 M^*，而且通勤成本没变，因此她支付的租金肯定会降低（因为她的情况变好了）。在 M^* 处穷人和富人的支付相同，因此在 M^* 处穷人支付的租金也较少。因此，所有的穷人将少交租金，从而情况变得更好。消除过度分区对所有的住房消费者都有好处，富人和穷人都一样。参见图8—9的解释。

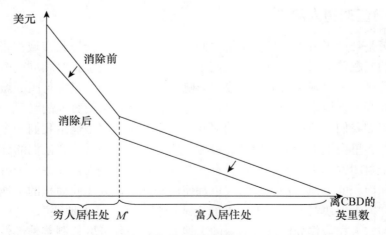

图8—9 消除过度分区对租金和位置选择的影响

城市经济学

另外，如果原先的分区迫使一些穷人住得比富人更远，那么消除过度分区可以使穷人的情况变得更好而使富人的情况变糟。例如，如果分区要求富人地块在 M^* 以内，一些穷人将不得不住到比所有富人更远的地方，要不使用穷人规模的土地，要不使用富人规模的土地。消除过度分区使这些穷人向 M^* 左边移动，所以他们和其他所有的穷人会过得更好。最远的富人要搬到更远的地方，但租金会下降。如果分区变化前后穷人使用的土地规模相同，那么住得最远的富人所支付的租金的下降程度等于每单位穷人地块上搬进来的每个穷人的通勤成本（因为这是当分区过度时，最远的富人不得不付出的高于穷人的支付）。但最远的富人增加的通勤成本等于每个搬进来的穷人在每单位富人地块上的通勤成本。因此，住得最远的富人增加的通勤成本大于减少的租金。她和所有其他富人的情况会变糟。但是由于消除过度分区是一个潜在的帕累托改进，穷人得到的收益大于富人遭受的损失。如图 8—10 所示。

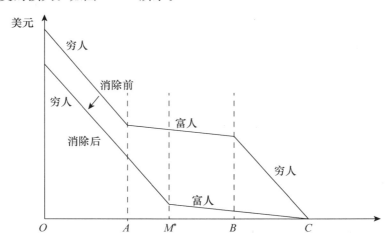

图 8—10　当过度分区使穷人被迫住得更远时消除过度分区的情形

在分区过度时（消除前），富人生活在 A 和 B 之间；穷人生活在 O 和 A 以及 B 和 C 之间。当没有过度分区时（消除后），穷人生活在 O 和 M^* 之间，富人生活在 M^* 和 C 之间。

总之，穷人可能会从消除过度分区中获得收益，至少在短期是这样，从某种程度上来说穷人居住得比富人更集中。富人的状况会发生怎样的变化将取决于分区的未知因素的影响的细节。

□ G. 分区的替代

既然分区能够被改善，而且结果是市域扩张可能会因此减少，穷人会得到帮助，那么如何才能做到这一点呢？上述例子中的简单的替代性改变并不会真实发生，那是不合法的，上文所描述的购销谈判中所涉及的政府的利他主义政治行为有点超越现实。这些例子并不是真的关心任何确定的政策，他们更关心的是可能性。不过，自 20 世纪 70 年代以来，如何改变分区的运作一直是频繁争论的话题，许多经济学家、律师和规划者已经提出了许多建议。本节将探讨其中的一些政策选择。

1. 不实行分区

在 1916 年之前，美国的任何地方都没有分区，而且许多地方现在仍没有分区。例如，全国第四大城市休斯敦就没有分区。那么，没有分区的地方就是钢铁厂挨着医院、妓院靠近高校、高档社区中停放着破汽车的混乱之处吗？几乎不是如此。西根（Siegan，1972）对休斯敦进行了考察，发现休斯敦与其他大城市相比并没有明显的差别。企业自行隔离，比周边便宜的住宅区也没有受到外部效应的干扰。

两项法律措施帮助人们应对不分区的地方的低水平的外部性：妨害法和契约。在妨害法下，如果有人做出损害或滋扰你的事，你可以去法院得到一个让他们停止所做事情的指令。契约是一个被写成契据形式的书面协议，适用于任何拥有契约所涵盖财产的业主。例如，通过契约，邻居（或大块土地的原开发商）可以同意约束园林绿化、建筑、使用条件等几乎被分区法律规约的所有事情（1948年美国最高法院关于雪莉诉克莱默案的判决公开宣布不能强制实施限制居民种族的契约）。

用妨害法和契约替换分区规则的主要优点是它们两者都使对邻居的过度严格的限制变得更加困难。在妨害法下将由法官来检查某项活动是否造成了损害。你不能因为自己觉得新居民缺乏教养、你的孩子喜欢在树林里玩耍或者你想防止竞争对手店面的扩大影响你的生意而让法院停止已提议的开发项目。但如果有分区，你就能援引"促进社区健康、安全、道德和福利"的准则，而你又属于绝大多数，那么你就可以轻易公平地将其诉诸法院。妨害法也可采用庭外现金处理：如果你邻居的旧废品堆放场真的对你造成了烦扰，但他的利润远远大于你遭受的伤害，他可以付给你一笔现金以解决这个问题，这并没有什么不当。

契约可以防止对过度行为的限制，因为契约是自愿订立的。如果我希望你放弃在自己的土地上建立一个加油站的权利，我必须给你至少同等价值的回报——也许我也放弃我建立一个加油站的权利，也许我支付你现金。除非双方在放弃一些东西后都能够获得收益（或者除非所有财产的原有共同所有者都获益），否则契约就不可能产生。

然而妨害法和契约可能并不够严谨，它们可能会允许那些理应结束以及分区规则不许可的活动照样进行。就妨害法而言，其一个明显败笔在于它可能包容那些虽然事实上严重滋扰了只得忍受的人群却不会使得法官认为构成干扰的活动。一个居民主要是素食主义者的城镇可能觉得肉店是令人厌恶的，但肉食主义的法官或许并不这么认为；事实上一个主要由拥有幼童的家庭组成的城镇可能会发现高级市民住宅对他们而言是一个很大的负担（他们都是差劲的司机，总是抱怨孩子们过于吵闹）。诉讼成本高也是一个问题：如果去法院诉讼要求停止该项活动的花费比忍受的成本更高，就没有人会去法院。妨害法也不能像预期那样运用；争论某个东西是否为一个麻烦，你必须能够指出并展示它做的是什么。你不能说，"如果发生这种情况，这将是一大麻烦"；你不能在滋扰发生之前就进行阻止或防止被误导，因此，这些都需要费时费力的解释。

契约与妨害法一样存在诉讼成本问题。强制实施契约的唯一途径就是上法庭，而诉诸法院的成本高昂。实施方面也可能存在大量问题：如果我违背了契约，在你的独栋住宅区通宵摆弄一支步枪，当你向法庭提起诉讼让我执行契约时，其他人就都能从中受益，但你又没有办法让其他人分担你的费用。契约也缺乏随时间变化的灵活性，同时数量过多也是一个问题。更改契约（例如，使其能够禁止使用圆盘式卫星电视天线或者允许在家通过互联网工作）需要得到一致同意；这类更改可能需要大量时间和努力的谈判，或者无休止的努力。当然这两个问题可以得到缓解，比如各方建立一个契约管理机

城市经济学

构，每年强制为其提供资金，契约管理机构执行契约，并且不需要一致同意即可随着时代的变化而修改契约。但是朝这个方向越深入，契约管理机构的权力就越近似于拥有分区权利的地方政府了。

因此，当分区有一个被强化的趋向时，妨害法和契约就有一个被弱化的趋向。哪种缺点更严重是一个开放性问题，在不同时间、不同地方会产生不同的答案。

2. 更多的分区

前文引述的一连串内容涉及的是现有业主对已被部分开发的城郊进行新的开发持反对意见的原因，这些内容听起来应该耳熟能详了。除了不是偏执狂和势利之人，这些都是绝大多数普通人给出的反对市域扩张的原因。因此，不难想象，反对扩张的政治激辩很容易导致欠发达郊区分区规则的收紧——变得和发达郊区一样严格。正如我们所看到的那样，这种政策的经济后果将是更多的市域扩张和不平等。

发生在新泽西州爱迪生镇——一个大型的、已被部分开发的郊区——的一个事件说明市域扩张的说辞有可能被用于加剧扩张。1999 年，有谣言说主街道上的一家占地 26 英亩的运动俱乐部将被卖给想建造公寓的开发商，这个谣言传遍了全镇。政治家和社区领袖立即将其视作"市域扩张"而加以攻击——虽然在爱迪生镇这样的郊区增加密度其实与市域扩张南辕北辙。后来证实这一谣言是假的（Margolin，1999）。

其他针对市域扩张的、基于分区的回应就更为复杂了。城市发展边界（UGB）是最有趣的想法之一。一条 UGB 是一条郊区或城市的开发不能越过的线。1979 年，俄勒冈州为波特兰的城市发展建立了美国最早的一条 UGB（从技术角度讲，所有俄勒冈州的都市区都有 UGB，但波特兰拥有该州超过 90％的都市人口）。自此之后，其他城市的 UGB 们纷纷开始建立，特别是加利福尼亚州和佛罗里达州。

就理论层面而言，在无任何其他过度分区形式的都市区，封闭型城市对束缚性的 UGB 的反应是更高的土地价格。相同数量的土地有更多人竞价，因此在 UGB 内的土地价格全都上涨。UGB 内的土地所有者获益，边界外的土地所有者和边界内的消费者遭受损失。而且受损者遭受的损失大于获益者得到的收益。从长远来看，开放型城市波特兰的人口将下降，直到土地价格与其他地方的土地价格相同时为止，而那些地方能够提供同样舒适、距离相近的工作与购物。如果人们喜欢居住在 UGB 划定的便利乡村的附近，那么该区域的价格相对于其他地区而言就会上涨。如果 UGB 阻碍波特兰实现因人口增多带来的规模经济，该区域的价格就会下降。由于在两种情况下 UGB 外的土地所有者都会遭受损失，因而要使 UGB 成为一个潜在的帕累托改进，人们就必须真的很喜欢住在附近的乡村。

然而，这个反对 UGB 的不大的理论争论有一个严重的弱点：它假定所有的其他价格都完美地与社会成本相匹配。我们已经通过本书看到——例如在有关交通的讨论中——这个条件并不成立，后面我们将会看到更多这样的例子。由社会成本带来的私人分歧实际上是关于 UGB 的争论：远离波特兰的开发会产生当地分区无法控制的负外部性，因为它们的负面影响会波及比单个小城镇更广阔的范围。因为政治阻碍价格的正确设定，人们将会开发实际成本高于收益的地区，像 UGB 这类的设置是阻止这种行为的唯一途径。从这点上来看，城市增长边界是一个潜在的帕累托改进。

这一关于 UGB 的反驳面临两个难题。首先，它不足以寻找私人成本和社会成本的分歧。例如，俄勒冈内部及周边就存在这样的分歧。由于 UGB 而无法住在波特兰的人会去其他地方——瓦哈卡州或洛杉矶、孟买或西雅图——而且他们居住在这些地方的社会成本也可能超过私人成本。即使对我而言住在波特兰附近的私人收益低于我带给波特兰其他人的成本，但是如果在波特兰的成本收益差额小于在洛杉矶的差额，对我而言从洛杉矶搬到波特兰仍然是一个潜在的帕累托改进。由于只关注波特兰的居民，我们还忘记了洛杉矶的人可能愿意付给我一些钱，让我离开洛杉矶。

此外，即使我们忽略了想要我离开的洛杉矶人，从长远来看也无法保证决定 UGB 的政治进程在任何时候都会比任何政治上可行的、扭曲的市场化进程在权衡成本和收益方面做得更好。

波特兰 UGB 的实践经验揭示了什么理论依据呢？几乎没有。1979 年，划定的 UGB 离开发区的边缘还非常遥远，以至于只限制到很少一部分开发行为（Knaap，2000）。

1979 年，波特兰的 UGB 包含约 23 万英亩土地，其中 76 000 英亩是可建设的空置区域。在接下来的二十年中，大约一半的可建空置土地被开发。但是即使到了 20 世纪末，UGB 内仍有约 38 000 英亩土地未开发——这比整个明尼阿波利斯市的面积还大。采用 UGB 后，边界外的农场或森林被转化为城市用地的可能性并没有下降。

未来将会如何呢？根据法律规定，波特兰都市规划机构必须每五年审查一次 UGB，如有必要则将其扩张，以确保有足够的可供 20 年发展的可建土地。事实上在 1998 年，大致超过 3 500 英亩的第一次大扩张就被授权了。

因此一些观察 UGB 对土地、房价影响的经济学家几乎没有任何发现，这并不足为奇。（例如，见 Phillips and Goodstein，2000；Downs，2002。）没有重大的原因，就不会有很大的影响。但 20 世纪 90 年代波特兰的房价迅速上涨，远远快于西部以外地区的房价，其他经济学家（Fischel，2002）认为，波特兰在西部环境下看起来还不错只是因为西部的其余地方都非常糟糕。

当然，在这里开放型城市模型可能更具有相关性。由于 UGB 的存在，波特兰的价格可能不会上涨太多，但这个城市可能会变得更小。这种可能性还尚未得到测度。

然而，1979 年波特兰通过的改革并非空无一物。随着 UGB 的建立，都市区也成立了规划组织，该组织迫使 UGB 内的许多郊区减少分区限制，以期增加密度。但是，很多预期的密度增加并没有发生（Knaap，2000），任何新的政府治理形式甚至对短期房屋和土地价格都没有太大的影响。

3. 智慧型增长

在聚集区，智慧型增长政策类似于 UGB。都市区的某些区域被划为密集发展区——例如公共交通枢纽附近的区域——而其他地区则被划为不发展区域。智慧型增长如同一条 UGB 一样，将区域划分为密集发展地区和不发展区域，但不同的是，智慧型增长中的这些区域相互交织、混合在一起。它们并没有被单条 UGB 明确地分开。智慧型增长得到了倡导，例如新泽西州的规划——它与计划相比更像一个劝告词——而且在一些城镇中得到了实施。

智慧型增长作为一项取代当地分区的倡议适用于整个都市区，与 UGB 有密切的相似之处，因此没有必要再进行单独分析。

城市经济学

4. 包含性分区

许多关于分区的建议都集中于它如何影响了穷人，而不仅仅是如何影响了市域扩张。其中一些建议可能会导致负面影响，但另一些建议如果被认真执行，将会使穷人受益。

通过改变分区以帮助穷人的努力的基本前提是驱逐并不是分区的一个合法目标。新泽西州高等法院的一系列针对一些分区做法的无效判决或许最明确不过地表达了这种观点。法院认为，分区是州一级为了促进公共福利而下放给地方政府的监管权——包括新泽西州所有人的公共福利。州一级并没有给地方政府下放可导致其驱逐他人的监管权：

> 当市政当局行使（监管）权影响到像住房这样基本的事情时，公共福利不仅仅包括市政当局和公民的福利：它也包括另外一些人的公共福利——在本案中事关住房的需求——那些虽居住在市政当局管辖之外但对市政管辖区的住房需求有所贡献的区域之内的人。那些与公共福利产生冲突的市政土地使用管制因此被定义为滥用监管权力和违反宪法。（Southern Burligton NAACP v. Township of Mount Laurel，1983，92 NJ158，pp. 208-209）

值得注意的是，这个原则可以很自然地用财产权的语言来进行表述。驱逐穷人住在附近的权利是一根棒子，它可能被、也可能不被包含于在郊区拥有一栋房子的棒子捆中。这根棒子也可以在其他棒子捆中；究竟在哪个棒子捆中无关紧要。新泽西高等法院判决这根棒子不属于郊区房产所有权的那捆棒子——正如猛击你邻居头颅的权利不属于被称为拆轮胎棒的所有权的那捆棒子一样。这是一个十分合理的经济决策。

当你考虑这些方面时，最有效的政策响应是显而易见的。州里将会印发许多证书，每个证书持有人可以在一个持续几年的阶段中禁止建造提供给低收入人群的单元房。一个拥有此类证书的城镇将用其影响一定面积的土地，任何想为低收入人群建造住房的人可在不被证书所覆盖的土地上施工。州最初将证书分发给穷人——也许是随机发放，也许是发放给荣誉学生的家长或特别困难的职工，也许是发放给具有良好政治关联的人。这些穷人可以用任何价格将证书卖给任何想得到它的人，或者他们将这些证书捏在手里。想驱逐穷人的城镇会去收购这些证书，想摆脱城镇控制的开发商也会购买这些证书。虽然这种机制并不完美，但它可以有效地遵守法院的命令，使穷人过得更好，产生潜在的帕累托改进。

不过实际的政策响应会有许多差异。所采用的主导政策被称为**包含性分区**。在包含性分区的庇护下，开发商可以建立比分区规则所允许的密度更高的建筑，但他们必须预留一小部分——一般为 15% 或 20%——将它们以低于市场的价格出售给低收入人群。包含性分区在新泽西州、加利福尼亚州、马萨诸塞州、俄勒冈州和华盛顿特区的郊区，以及其他地方得到了广泛应用，甚至适用于纽约市。

你可以把包含性分区归为财产权条款，如果你看一下由此引发的纠纷就会发现问题。开发商通常想在一块土地上建立市价相当昂贵的住房，而周围的邻居和城镇都不乐意。换句话说，开发商宣称他拥有在这一特定地块上建造市价昂贵的住房的权利，小镇则主张这一权利属于它。这是一场关于该权利所有权的纠纷。

当包含性分区被用来解决这些争议时，开发商会资助部分贫困人口。因此，它看起来就像包含性分区将是否建立市价高昂的住房的权利给了穷人。毕竟，当他人想要使用这一权利时就要给权利的所有者以一定的支付（如果我有一处房子而你想住进来，那么你必须付钱给我）。但是，这一表象是骗人的。如果那些穷人真有这样的权利，他们就可以自由地将权利出售给出价最高的竞标人。

另一种处理方式是，将包含性分区作为城镇所主张的权利，从而使开发商要支付一大笔钱去获得这一权利。开发商一般支付给某些穷人而不是城镇，不过从开发商的角度来说，这种差异并不重要——只要他的成本增加，他就会改变行动。这个镇也可以要求开发商出钱来救济非洲饥荒、保护不列颠哥伦比亚鲑鱼的产卵场或支援下一次的南极科学考察。也可以叫开发商把钱投入海洋。城镇（或法院）要求开发商以这种方式做出牺牲的金额越大，这种方式看起来就越进步和慷慨，但实际上就越是排外。这使得建造这类非鼓励住房的成本更高了。

总之，只要关注没有资格获得低收入住房的人，包含性分区就是一个排他的工具。只要没有排他到无法建造属于市价层面的房子，它就可以帮助一些幸运的穷人。那么那些不幸运的穷人呢？这取决于富裕和中等收入的人群的住房市场与穷人的住房市场的联系方式。在第 14 章中我会解决这个问题。

Ⅳ．其他规则

虽然有关分区的法案已经得到了经济学家的最大关注，但这并不是治理城市生活的唯一管制。许多其他类型的规则远比分区更古老——例如限制星期日商业和其他活动的蓝色法律，只因为来自《旧约》的诫命将安息日作为休息日，最初在殖民地时代就已如此。美国最早的殖民城市也有禁火的规定。1647 年，彼德·施托伊弗桑特被任命为新阿姆斯特丹总督后出台的第一个法案就是禁止建设木烟囱并强制实施宵禁（源自古法语 cuevrefeu，还涵盖了消防）：那段时期晚上必须熄灭所有的明火（Burrows and Wallace，1999，p. 43）。

在这两个规则中，蓝色法律在利用同质化方面可能更类似于分区。比起其他人都出去打工或当其他人都在教堂里或在家休息时，有那么几个人仍在喧闹着实更让人恼火。星期天的非宗教性活动的边际外部成本会随着参加活动的人数的变化而有很大变化，因此通过规则来规范星期日的活动比用价格来协调将更为合适。蓝色法律也容易通过社区报告来加以实施。

卫生、建筑、住房规则类似于分区，因为它们着眼于解决有时不能被很好界定的外部性问题。例如在 19 世纪末，住房规则被用于通过确保所有房间有充足的阳光来抗击结核病（TB）的传播。这是极其昂贵的行为，迫使公寓的建造方式产生了重要变化（一如分区规则导致了高楼外墙逐渐缩入以不妨碍其他人的阳光享用权，住房规则催生了庭院和建筑单元间的空间间隔区）。现在我们知道了阳光的多少与结核病的传播间少有或几乎就没有关系，但我们仍然需要窗户类设施。（固然每个租户有更多的空间可能的确有助于减少结核病，而且住房规则也要求更大的房间，但是工资的增加和交通成本的降低可能比住房规则更有助于缓解居住空间的紧张状态）。

规则有时会相当严厉。直到 21 世纪初，新加坡才解除了严格的非典型性肺炎疫情的检疫、隔离和测试法律（Arnold，2003）。20 世纪初，美国城市中患有严重传染病的人会被强行搬离住所，他们的家具、服装、床上用品都会被烧毁。14 世纪鼠疫袭击欧洲时，米兰的独裁者、大主教乔瓦尼·维斯康蒂"命令将最先发现瘟疫的 3 间房子封堵起来，房屋内的人都被关在里面，不管健康的、生病的还是死亡的都埋在同一个穴里。无论是否由于他的果断，总之，米兰逃过了这一死劫"（Tuchman，1978，p. 108）。

今天关于城市规则令人好奇的一个方面是，虽然它正着手解决的外部性的严重程度取决于由街区被强制的人口密度，但是规则却几乎没有说明针对不同街区的不同标准。也许这是一个迹象，表明现有的规则只是一个只有漠不关心的经济学家才会赏识的、并非最优的规则。

消防、供排水管网、水灾和电气规范不同于分区，因为它们与直属市政或由公用事业公司提供的服务更加紧密地相连。它们的行为就像是这些服务的替代品。高大建筑物要有水箱和洒水喷淋装置系统以使消防部门在没有足够高的梯子和极高的水压时也能救火，大楼里的工作人员也不必在火灾刚发生时就快速响应。大型开发区域和停车场为防备缺水而建设的贮水池的需求能力使得一个城市能用较小的防汛队伍实现对雨水泛滥时相同水平的应对。电气规则减少了火灾发生的概率。供排水管道规则——例如强制室内厕所、阐述建筑内的设施如何连接到城市供水和污水处理系统——直接抑制了外部效应，同时减缓了供水系统和排污水系统的水流，还会影响污浊物的含量。

这些规则大多鼓励人们去做无论以什么方式都要做的一些活动——我不希望在我家的墙壁上出现一个可能会导致我家房子烧掉的短路——但并不必做得足够仔细，因为在出现问题时他们不会承担全部的损失。我马马虎虎地布线会间接伤害到我的邻居，因为公寓着火会让他们支付更多，或者说由于消防队员常常要应付我家的火灾而降低了他们应该得到的保护。

我接错电线也会直接伤害我的邻居。我的房子着火会危及她，就像从我家的车库里涌出来的水也可以淹没她家的地下室一样。但正如完全针对直接外部性的规则那样，关注市政资源的规则在人口密度不同的地区并没有什么区别（一个例外是古老的管制"消防界线"：18 世纪和 19 世纪的许多城市禁止在密集的中心区域建造木制建筑。然而，这些管制现在已属罕见）。

火灾、水灾和电气安全规范这些规则有一个通常涉及通过投保来覆盖风险的附属利益。我投保火险的保险公司想知道我的房子布线是否良好，但是保险公司不会轻信我的话，也不会轻信我选择和雇佣的检验公司的检查结果。保险公司可以自己聘请检查员，但如果其客户遍布各地，这里有一些，那里有一点，那么核查的成本将会很高。如果一个检查员可以做完一个区域的所有检查，那么肯定会好一些，有些检查员熟悉该地区的特殊性，有些则为当地政府工作。因此政府的管制可以促进私人保险业的交易。

两大动机——外部性和保险——在建筑管制中的地震条款中有很强势的体现。当地震发生时，应急服务将不堪重负。如果救护车、消防车和碎石清扫设备在处理我的房子，就不能处理你的房子，而你可能迫切需要它们。那些设备处理我家的成本——这是一个如果我家建得很稳固就本可避免的成本——是高昂的并且由那些得不到帮助的（边际）受害者承担着。此外，保险公司并没有意愿去专门承保洛杉矶大地震，因此它们乐意授权给洛杉矶市政府委派的专家。

庇古税是否能同样实现这些目标呢？可能大部分情况下未必能做到，因为这种规则主要是关于每栋建筑如何在一个共同的区域容量限制下进行规划；当接近区域容量的临界值时，边际外部成本会变得很大。但有时价格也能运用于这种情况——地铁和航班都是很好的例子——所以完全否定的答案就有点草率了。被这些规则管住的往往是穷人，但庇古税的实施，也就是说结构性的缺陷可能会更糟糕。现实中存在着许多如果用价格来处理可能会更好地达到规则的一些具体目标的例子。

与分区规则相类似，虽然庇古税类的规则经常被误写，基于政治因素的处理结果往往并不是最优规则。劳动的分工和知识的专业化也会与最优规则有所冲突：例如，消防队长就对消防管制有很大影响，他关心的是减少因火灾而死亡的人数，而不在意降低建房的成本。有关这些规则的学术讨论经常暗示着一个不同的起因，这个起因在有关分区的讨论中并不经常被提及：那就是生产者，特别是拥有某种符合规则的垄断能力的工会。如果只有特许联盟的水管工才可以确保符合管道的规则要求，那么，规则要求的工作越复杂，对从属于特许联盟的水管工的服务需求就越大，他们对公众资源的利用也就越多。由于符合这些规则的成本很高，一些评论者已经将这个过程援引为效率低下的主要来源（例如，参见 U. S. President's Commission on Housing，1982）。

然而，并非所有的研究都认真看待这种难以衡量的规则的好处。垄断性开发利用的条件往往比合理化要更强硬一些：生产者要确保其他人不会学到他们的工艺，也不会从其他城市迁移过来，在这样过度限制的规定下他们就有优势来支撑需求。

然而，简单的开发利用并不是生产者试图影响这些规则内容的唯一动机。或许更合理的一个目标是抵制那些将会淘汰他们的技能和设备的技术变革。即使他们正在获取的只是基于其在设备和需要使用铸铁管工作的技能方面投资的正常（而非垄断）回报，但是如果用塑料管替代铸铁管，承包商及技术工人仍可能会受到损害。因此，即使塑料管更好、更便宜，他们也有强烈的动机让管道规则指定为使用铸铁管；他们可能会占上风，因为他们可能比从塑料管中受益的人更有文化且组织性更好。因此，规则可能会减缓采纳技术创新成果的速度，在历史悠久、生产者根深蒂固的城镇中尤其如此；由于研究只有当其成果被采纳时才能获得回报，因此缓慢的采纳速度会阻碍类似管道开发和住房建设一类的研究，其结果将是消费者可能会付出更多。

但是，生产商并不是过时的、过于严格的规则的唯一受益者——如果生产商是唯一受益者，其政治上就不可能如此成功。现有建筑物的业主也能从中受益。这一结果可以反映在如下方面。

放缓创新有利于现有建筑物的业主，因为这使得新盖的建筑较之以往更为昂贵。如果使用塑料管代替铸铁管来建造一栋与你早已拥有的同样好的房子会更加便宜，买家就不愿为你的房子支付很多的钱，因为他们可以重新建造一栋相同质量的房子而不用与你做交易。如果规则使得建造新房的成本更高，现有财产的拥有者就能受益。

从使得新盖的建筑更为昂贵这一点也能解释为什么在位的业主往往支持那些使得规则更为严格的措施。规则的变化通常没有追溯性，这意味着它们将适用于日后兴建的楼宇，但并不适用于已有的建筑。如果你的资产越来越难以被重置，它们将越来越有价值。当你建造它时规则较为宽松，而当其他人想效仿时规则又很严厉，这当然很好。

这些规则的故事类似于分区的往事：它们都经常被用来"下不为例"，早到者使用规则以使后来者难以效仿。事实上，最有名的有关安全管制的诉讼就像最近有关分区的案例一样——他们都把后来者排除在外。这些案件被称为"洗衣店案例"。19 世纪 80 年代初，旧金山地区的几个市镇对夜间工作以及洗衣店使用的木框架结构进行了管制，规定要采取防火措施。所有的违规者都是中国人，他们被抓了起来，他们通过诉讼要求废除这些管制。并非巧合的是，直到后来美国最高法院废除这些条例之前，这几个市镇通过条例明确地禁止中国人居住。而这一次，最高法院支持了洗衣管制是监管权的合法行使（Toll，1969，p.27）。

▌Ⅴ．人行道和公共场所

喧嚣的人行道、广场、公园、交通换乘中心为传统的城市生活增添了活力。人们喜欢纽约的格林尼治村和第五大道、墨西哥城的佐卡罗大广场和伦敦的皮卡迪利广场的"活力"，它吸引并激励着人们。公共场所是人们会有意或无意碰面的地方，也是他们试图躲避的地方。人行道也是交通走廊：在热闹的中央商务区里到处延伸的人行道上，当至少一方已经走过时，面对面的互动就已经发生了。

这些场所也催生了宏伟的目标。埃里克森（Ellickson，1996，p.117）写道："任何一个社会，尤其是美国这样一个多元化的社会，要使它的成员社会化，就需要一个能让各种背景的人相互接触的地方……一个自由的社会要确保人人机会平等，人人都有普遍的政治参与权，即使是最卑微的人，也有进入所有交通走廊和公共场所的权利。"

最高法院大法官欧文·J·罗伯茨在 1939 年海牙诉 CIO（307 US496，515）的案子中强调公共场所对政治自由的重要性："无论街道和公园在哪里，长久以来，它们都是为公众所用，用于集会、公民思想的交流和公共问题的讨论。街道和公共场所的这种用处自远古时代起就是公民特权、豁免权、自由权的一部分。"（引自 Ellickson，1996，pp.1219-1220。）论坛一词来自古罗马城市的公共广场或市场的拉丁文，全然不仅仅是一个比喻。

因此，保存和保护这些公共场所是监管权的一个重要行动。公共场所的许多活动创造了积极的外部性，但有些活动是有害的。街头音乐家，即使不是特别熟练也会让大多数路人享受音乐，但那些粗鲁的人和传染病患者却是公众的烦恼。一些公共场所变得拥堵——例如，高峰时期列车抵达后地铁里拥挤的楼梯，午餐时间曼哈顿中城的许多人行道。当这种情况发生时，即使是最健康、最有礼貌的公民，他的出现也会损害同行的路人。

在一个都市区里，公共场所管理的好坏也会影响活动地点的分布。这里我所关心的至关重要的行人的生活经常发生在古老而人口密集的城区，而不是新建的、密度较低的、更多汽车导向的地区。晚餐后散步回家，看着人群来来往往是你在芝加哥外环常做的事情，而不是沿着加利福尼亚州圣贝纳迪诺县的州际公路的所为。如果公共场所管理不善，闹市区将遭受这样的场景："消费者可以转向封闭式购物中心，企业主可以搬到郊区的工业园区，大学可以将活动安排到卫星城的分校"（Ellickson，1996，p. 1246）。一个都市区如果不能将公共场所管理好，就会以超常的速度扩张。

（这个观点适用于对公共场所的所有用途。如果禁止市民周六晚上宿醉在公园的长凳上，有的人就会因此而放弃在城市中央区的生活，因为城市对他而言已不再有趣，他会搬到远郊或其他地区。规则能过于宽松，也可过于严格。）

目前尚不存在可行的技术对人行道、公园、广场的使用制定精细的收费标准，因此在这里根本谈不上定价机制。（参见 1993 年埃里克森（Ellickson）关于这一点的充分论证。）对于许多公共场所问题而言，即使技术允许，价格机制可能仍然不如直接监管。因为同质化往往是有益的，所以一些活动的边际外部成本参差不齐。一个小贩在繁忙的人行道上背靠着墙做生意会造成一个瓶颈，从而减缓步行交通的流量，这会造成可观的危害；第二个小贩也挨在第一个小贩旁边靠墙而立，会使步行交通几乎没有发生变化，因为他没有紧缩已存在的瓶颈。当一个纪念英雄的游行活动正在进行时，大喊大叫并不会惹恼任何人；但是在出殡队伍中吵吵嚷嚷会惹恼所有人。去伦敦海德公园的人在听到慷慨激昂的政治、宗教演说时不会感到痛苦；但是迪士尼乐园或中央公园音乐会上的演说就会让人痛苦不堪。

因此对公众行为的管制比比皆是。（在这里，我指的并不是禁止无处不在的谋杀和袭击类活动的刑事法律问题，如果人们感觉不安全，即使公共场所也无法开展活动。犯罪问题会在第 16 章中讨论。）你必须捡拾起你的爱犬排泄的狗便；不能乱丢垃圾、随地吐痰或穿着过于暴露。你为自己招揽生意要受到许多方面的限制，喝酒抽烟也是一样。你不能在纽约城的人行道上或许多公园的步行路径上骑自行车。你必须保持你家门前的人行道修缮良好，降雪后的 24 小时内铲除自己家门前人行道上的积雪。你制造的噪声的音量也要受到管制。

至于本章讨论的其他监管权，当地政府监管公共场所时并不总是仁慈和明智的。例如，针对商贩的管制往往深受那些设想竞争越少越好的室内（常规）商户的影响，也会受到希望许可证发放数量越少越好的已被获准的商贩（只在他们拥有许可证的期间）的影响。再次，先到达的人都忙着利用规则来关上进入之门，以防他人共享。

（当更多商贩进入同一行业时，室内商户和在位的商贩果真会遭受损失吗？是的，但并没有他们所宣称的那么多，因为他们的损失实际上被转嫁给了消费者。当其他一切相同而商贩数量受限时，引入更多的商贩能降低消费者的购买价格，消费者就会购买更多商品，就会使租金从现有供应商转嫁到消费者身上。更多商贩的进入是一个潜在的帕累托改进。消费者可以补偿室内商户和已在位商贩的损失，消费者的情形仍然比没有增加商贩时要好。这些与室内商户的前期成本有关系吗？不会，因为这些都是沉没成本。）

然而，相比于我们已经研究过的其他类型的监管而言，公共场所的管制与演讲和集会一类的核心政治权利的联系更为紧密。对于一个民主社会来说，举行反对市长的集会的权利比使用塑料管道的权利更加重要（尽管与前者相比人们会为后者支付更多）。结果，滥用这些监管权比滥用其他监管权力更加惊人，司法审查也一直很严格。例如对政治性演讲的法律限制必须满足一个更高的标准，高于一些公共政策"合理关联"的实体性正当程序的要求；而政府在目标的寻求中要显现"重大利益"。

1960 年之前，美国的城市对游荡、流浪和公共场合酗酒的法律是当地政府管制公共场所的支柱。这些法律给予警官一定的自由裁量权，让他们决定哪些活动需要禁止。在财产权方面，公共管理当局拥有与街道用途相关的大部分权利棒子。只有警察允许时，你才能在人行道上做一些事情。（主要的例外是出于政治目的的集会的权利；1939 年海牙诉 CIO 一案规定市政当局不能禁止游行示威。）

1960 年以后，一系列法院判决（州和联邦两级）和各州的立法作为将许多棒子从公共管理当局那里转移到市民手中。关键性的最高法院判决是 1972 年帕帕克里斯托诉杰克逊维尔城一案。杰克逊维尔城警方已经逮捕了帕帕克里斯托，她是一个违反城市流浪条例的白人妇女——她一直与几个黑人男子一起驾驶着一辆轿车，而且无法交代她在做什么。法院推翻了杰克逊维尔城的条例，因为它违反了程序性正当程序；该条例是如此含糊以至于无法告知市民哪些是被禁止的行为。这一判决以及其他类似的州一级表态既影响了流浪条例也影响了闲荡条例。与此同时，由于州立法机关（和警官）越来越多地认为酗酒是一个医学状况而不是刑事犯罪，于是法律对公共场所酗酒的禁令也就随之消失。

由此可以推定，除非被法律明文禁止，否则你就可以在公共场所做一些事情。而且只有当禁止内容与一些公共政策的目的间存在合理的关联性时，才能进行明文禁止。例如，大多数城市仍然有禁止阻塞人行道的规定，因为让人们迅速地从一个地方步行到另一个地方是一个合法的公共政策目标。目前的法律争议围绕着针对青少年的宵禁和反乞讨法令等措施，因为有时这些禁令的起草方式有违第一修正案的权利（例如，限制年轻人和平地参与政治集会的权利）或者给了公共当局太多的自由裁量权（例如，让警方决定哪些夜间活动将被允许，而哪些将不被允许）。其中一些条例是法律所明确要求的——例如，禁止在自动取款机（ATM）附近乞讨。

然而，合法不同于明智。遗憾的是，近期大多数有关公共场所管制内容的辩论更侧重于合法性而非智慧性。我们从其他类型的规定中得到的两个教训似乎被忽略了。

第一个教训是，种族分居和同质化往往是有用的。事实上，同质化的优势是关于公共场所管理而非过路费征收的首要的实体性论据。但是现在大多数城市起草的公共场所管制几乎到处都一样。埃里克森（Ellickson，1996）认为这种做法就与在州际公路上和住宅区的死胡同里限制同样的速度一样。他建议对公共场所的管理可效仿分区——有些地方可以允许任何事情的进行（例如高声的音乐、大量的摊贩以及聚众饮酒），有些地方则实施严格的规定（不能乞讨、禁止吸烟）。

对这种安排的一种反对是没有业主会同意将他们的邻里区域划分为具有最少限制的公众使用地区。如果这样的分区足够稀少，被划分为公众使用的地区就会变得非常拥挤，人流就意味着金钱。埃里克森的建议在某些方面会重新创造贫民窟，在那里警方非正式地忽略了有关流浪、游荡和在公共场所酗酒的禁令，很多企业的老板很高兴于他们这样做。

一个更为严重的针对公共场所分区的反对意见是，就像现有的个体结构的分区那样，公共场所的分区最终很可能被过度限制。但实际上有关限制比目前我们一刀切式的监管更为稀少。

第二个似乎已经被忽视的教训是，虽然有关直接监管的大批量替换将既不可能也不可取，但是价格和可替代性可以起到一定作用。实行商贩许可证的自由转让，对在不同时间、不同地方进行兜售的小贩收取不同的费用，例如对便携式音响发放轻微滋扰许可证也许可以创造潜在的帕累托改进。（在一些城市中，只有经过邻近业主的许可，才能在人行道上设立报摊，报摊业主可以支付邻近业主一定费用以获取此权限。但是，由于业主并不承担报摊导致人行道阻塞而产生的成本——大多数经过报摊的人会通过绕道来前行——因此没有任何理由相信他们收取了合理的价钱。）

▌ Ⅵ. 结论

有时为了使城市中人们相互间的妨碍不致太多，管制会比价格更有作用。当种族分居——分区——能减少活动造成的伤害时，这一点尤其正确。例如将所有吸烟的人放在餐厅的同一个区域，或将嘈杂的工厂安置在同一个小区。我们考察的监管体系在使城市宜居方面发挥着重要的作用，这可能是价格体系所无法实现的。

与此同时，直接管制是监管权的一种体现，而监管权是不可替代的，因此有充分的理由相信，我们现在的管制可以被明显改善。一个合理的政治解释是管制往往不惜牺牲尚未到达的人的利益来帮助那些早已到达的在位者，而且效率低下。在一些情形下，这可能有助于市域的扩张并且使城市的密度较早先减小。

问题

1. 约翰·海瑟德（John Hayseed）是一个农民，他在新泽西州 Ong's Hat 镇 Hardscrabble 路的尽头拥有一个 30 英亩的奶牛场。如果将它继续作为奶牛场，则每一英亩土地价值 10 000 美元。该土地现被规划为第一住宅区。根据 Ong's Hat 镇的分区规定，第一住宅区的土地只能建造独栋住房。海瑟德的农场是一个"不合规使用"，这意味着该农场可以继续存在下去，但在该地区不能再建新的农场。

海瑟德退休后想去佛罗里达州，而且他也和房地产开发商阿尔弗雷德·辛迪斯力克谈过。辛迪斯力克打算购买这个农场进行分片开发并修建道路，计划中的道路将占地 5 英亩。余下的 25 英亩将用于建造房屋，每栋售价 25 万美元。每栋房子的建设成本是 20 万美元。道路和基础设施建设合计需要 700 000 美元。

目前，Hardscrabble 路上共有 40 户其他住户。他们已听说了这个计划并已进行了一系列完全可靠的有关交通方面的研究。研究表明，在海瑟德农场上每建造一栋房子所新增的额外的交通量将使 Hardscrabble 路上原有房子的价值减少 500 美元。由于 Hardscrabble 路直接通往一条主要的州际公路，因此 Hardscrabble 路上的住户将是仅有的几家会受到影响的家庭。

a. 有效的解决办法是什么？

b. 如果不改变分区，会发生什么？

Hardscrabble 路的居民不断看到辛迪斯力克参观海瑟德的农场，他们越来越气愤。最后，他们一起到 Ong's Hat 规划局，要求将 Hardscrabble 路周边重新划为农业用地。（他们自己的房屋仍然是不合规使用。）Ong's Hat 的政治家完全坦白与直率。规划局和区划调整委员会总能很好地回应 Ong's Hat 大多数居民的愿望。Ong's Hat 的居民从不

城市经济学

接受贿赂。

    c. 规划局该怎么做？

    d. 结果会是帕累托最优吗？为什么？

    为了达成一个妥协，Ong's Hat 镇的镇长提议，也许海瑟德可以给该镇几英亩地做公园。因为那个地方很遥远，只有 Hardscrabble 路上的现住民和未来居民才会使用。幸运的是，有关这个公园的影响的详细研究表明该提议是可行的。该公园的每英亩土地将给 Hardscrabble 路上的房屋带来 2 000 美元的价值（除了减少交通流量的影响以外）。但无论公园多大，仍需要 5 英亩土地用于道路和基础设施建设。

    e. 辛迪斯力克会自己开发一个公园吗？如果是的话，会建多大的公园？

    f. 公园的最佳面积是多少？

    镇长说她认为 15 英亩的公园大小差不多。如果海瑟德同意捐出 15 英亩给镇里建一个公园，她认为规划局应该支持其他的开发事项。

    g. 与完全不开发相比，Hardscrabble 路的居民更倾向于一个包含 15 英亩公园的开发方案吗？给出理由。

    h. 与完全不开发相比，辛迪斯力克和海瑟德都倾向于建造一个 15 英亩的公园吗？给出理由。

    2. 喧闹的城市正在考虑管制手机的使用。人们已经抱怨于他人手机打电话带来的滋扰和危险。请你准备一个建议，使得社会损失的预期值最小化。

    手机通话的私人边际成本是常数 1。手机通话的社会（外部）边际成本为 q，其中 q 是被制造的手机数量。

    因为手机是一个相对较新的技术，你还不能确定手机通话的需求（即边际效益）。你知道（反）需求函数是

$$D(q)=1+A-q/10$$

但你不知道 A 的值是多少，$A=14$ 和 $A=8$ 的概率各为 50%。

    a. 找到作为 A 的函数的手机最优通话数。（即如果你知道 A 的值，那么手机的最优通话数量是多少？）

    b. 在一般情况下，如果打了 q 通电话而不是最优量，且 q 大于最优数，作为 A 和 q 的函数，社会损失是多少？

    c. 假设你通过设定允许通话量 R 来调节通话的次数。如果 $A=8$，无谓损失是多少（作为 R 的函数）？如果 $A=14$，无谓损失是多少（作为 R 的函数）？社会损失的预期值是多少（作为 R 的函数）？R 值为多少时社会损失的期望值达到最小化？你应该制定怎样的规则？如果你制定了最好的规则，社会损失的预期值又是多少？

    d. 另外一种考虑是，假设你设置了手机通话税。设税率为 t。给定 A 和 t，人们将会打多少次电话？如果 $A=8$，社会损失是多少（作为 t 的函数）？如果 $A=14$，社会损失是多少（作为 t 的函数）？社会损失的预期值（作为 t 的函数）是多少？你应该设置的税率是多少？如果你设置了最佳的税率，社会损失的期望值是多少？

    e. 你应该使用数量规则或税收来管制手机的通话量吗？

    f. 如果（反）需求函数用

$$D(q) = 1 + A - 10q$$

来替代，你的答案会如何变化？

3. 考虑米兰人对付黑死病的方法。这真的拯救了生命吗？在这种政策和不作为之间给出一个选择，哪一个将更好？米兰可以使用其他的政策吗？如果当大主教维斯康蒂正在考虑政策时你被要求给出建议，你会说什么？

4. 山地车破坏了大多数东部的徒步旅行道路，尤其是在大雨之后。应该如何对其进行监管呢？

参考文献

Altshuler, Alan A. , and Jose A. Gómez-Ibáñez. 1993. *Regulation for Revenue: The Political Economy of Land-Use Exactions*. Washington, DC: The Brookings Institution.

Arnold, Wayne. 2003. "In Singapore, 1970s Law Becomes Weapon against SARS." *New York Times*, June 8, pp. F5, F8.

Burrows, Edwin G. , and Mike Wallace. 1999. *Gotham: A History of New York City to 1898*. New York: Oxford University Press.

Downs, Anthony. 2002. "Have Housing Prices Risen Faster in Portland Than Elsewhere?" *Housing Policy Debate* 13 (1): 7-31.

Ellickson, Robert C. 1993. "Property in Land." *Yale Law Journal* 102: 1381-1387.

——. 1996. "Controlling Chronic Misconduct in City Spaces: Of Panhandlers, SkidRows, and Public-Space Zoning." *Yale Law Journal* 105: 1165-1248.

Ellickson, Robert C. , and A. Dan Tarlock. 1981. *Land Use Controls: Cases and Materials*. Boston: Little, Brown and Company.

Eskeland, Gunnar S. , and Tarhan Feyzioglu. 1995. "Rationing Can Backfire: The 'Day without Car' Program in Mexico City." World Bank Policy Research Working Paper 1554.

Fischel, William A. 1985. *The Economics of Zoning Laws*. Baltimore: Johns Hopkins University Press.

——. 2002. "Comment on Anthony Downs's 'Have Housing Prices Risen Faster in Portland Than Elsewhere?'" *Housing Policy Debate* 13 (1): 43-50.

Freund, Ernest. 1904. *The Police Power: Public Policy and Constitutional Rights*. Chicago: Callaghan and Company.

Glaeser, Edward, and Andrei Shleifer. 2001. "A Case for Quantity Regulation." National Bureau of Economic Research Working Paper 8184.

Kmiec, Douglas W. 1981. "Deregulating Land Use: An Alternative Free Enterprise Development System." *University of Pennsylvania Law Review* 130(1): 28-130.

Knaap, Gerrit J. 2000. "The Urban Growth Boundary in Metropolitan Portland, Oregon: Research, Rhetoric, and Reality." *Public Investment*, December. Accessed on September 6, 2002, at www. metro-region. org/growth/ugbursa/apa_article, html.

Margolin, Josh. 1999. "False Rumor of Sports Club Sale Fuels Panic about Overbuilding." *Newark Star Ledger*, August 25, p. 27.

Phillips, Justin, and Eban Goodstein. 2000. "Growth Management and Housing Prices: The Case of Portland, Oregon." *Contemporary Economic Policy* 18(3): 334−344.

Siegan, Bernard. 1972. *Land Use without Zoning*. Lexington, MA: Heath-Lexington. Toll, Seymour I. 1969. *Zoned American*. New York: Grossman.

Tuchman, Barbara W. 1978. *A Distant Mirror: The Calamitous Fourteenth Century*. New York: Ballantine.

U. S. President's Commission on Housing. 1982. *Report*. Washington, DC: Government Printing Office.

Willis, Carol. 1995. *Form Follows Finance: Skyscrapers and Skylines in New York and Chicago*. New York: Princeton Architectural Press.

第 9 章

供水、排水、火灾和垃圾[①]

本章讨论有关城市管理部门通常提供（或者已经安排提供）的最广为人知的公共卫生服务：输送干净的水、去除污水、扑灭火灾以及处理固体垃圾。总之，他们对把城市建设成为一个既安全又有活力的场所大有帮助。

相比于传统而言这些服务有更多的共同点。所有这些都包含巨额的资本性投资：水库和供水管道、污水管和污水处理厂，消防车、消防龙头、宽阔的街道和一支训练有素的消防力量，垃圾车和一些固体垃圾处置系统。因此，在一定程度上，每一项服务的边际成本与平均成本相差甚大，并且不受监管的市场供给会引发严重的扭曲——尽管政府的供给也会引发严重的扭曲。（边际成本是多生产一单位的物品时的花费；平均成本是生产的平均单位支出。）这些服务的每一项都包含外部成本和外部收益，但是提供这些服务的政策并不建立在庇古税或者科斯产权、科斯定理的基础之上。他们例证了外部性的第四个途径：免费或者廉价地提供物品。

在本章，我们将会逐个地讨论这四种服务。我们将会讨论为什么这些服务的正确供给会很难，以及为什么它会那么重要。我们还会讨论公众将如何对每项服务付费，以及计算正确的供给能力水平时要考虑哪些方面。然后我们还会讨论关于这些服务的一些争论，包括提供它们的方式是否会导致过度的城市扩张问题。

---

① 为了更好地学习本章内容，你需要熟悉以下概念：平均成本、弹性、外部性、固定成本、锁定、边际成本、道德危机、自然垄断、经常费用、回归、次优、沉没成本以及可变成本。你可以在词汇表中找到这些术语。前几章中的需求平稳和事后机会主义行为等概念也会出现在本章中。

Ⅰ. 水源

□ A. 为什么水很重要

1975 年，当濒临破产的纽约市政府不得不制定一个破产计划时，被安排离开的最后的城市雇员是供水系统的操作工。从体重来看，人身体中 70％的部分是水；我们每天日常的活动会流失水分，所以如果不补充水，我们仅仅只能存活几天。你不能使一个城市没有纯净的水源。

"纯净"这个词之所以重要是因为水能够传播各种各样的疾病。世界上大约 60％的疾病都与水相关（*Economist*，2003），并且一年中大约有 220 万人死于与水相关的疾病（Water Supply and Sanitation Collaborative Council，2004）。由水引发的疾病，如霍乱、伤寒、痢疾以及一些腹泻，病原体都来自于人们所喝的水。其他的传染病则是由于用水洗涤所致：人们因用有病原体寄生的水或者不洁净的水来洗浴身体或者洗涤他们将吃的东西而染病。此外，一些疾病如疟疾、黄热病、登革热和河盲症是由在水中繁殖的昆虫传播或者在水边被叮咬而引发（Sah，1997，table 3.1）。世界银行（The World Bank，1993）强调水影响健康的方式多种多样："水的数量和水的质量一样重要。在大小便之后和准备食物之前洗手对于减少疾病传播尤为重要，但是如果家里或者附近没有充足的水，保持卫生会比较困难或者几无可能。在发展中国家中，洁净的水和卫生设备的缺乏是疾病通过排泄物肆意传播的主要原因。"

让人们活着、健康且快乐——城市里的居民也把水用于水球仗和游泳池——会消耗大量的水，但是这仍然只是人类每年从湖泊、河流和地表的含水层抽取的水中的很小一部分。在美国，水的主要用途是冷却发电机组以及灌溉农作物；1995 年，这方面的用途消耗的水达到了 80％（U. S. Bureau of the Census，2001，table 351）。被城市和小城镇利用的水仅仅占到了 11％，但是我们将关注这类用途，因为您手上的这一本是关于城市而不是围绕水来写的书。总体来说，在 1975—1995 年间，美国的人均水消耗下降了 24％，很大程度上是因为农场和电厂用较少的水获得了更多的产出，但是城市和小城镇的人均水消耗却上升了 14％。

虽然大都市中有少数商业活动和家庭有它们自己的优势（例如有许多高尔夫球场和一些瓶装水厂），但是绝大部分人和商业活动都是通过管道从一个统一的供应源处获得用水。这样一个从同一个源头供应许多用户的系统将是本节的主题。所以我们不得不经常区别供水（解决公共资源问题）和配水（解决从水源把水送到最终用户的管道问题）。

□ B. 什么是外部性?

水是必需品且常常昂贵这一事实并没有使供水成为一个公共卫生问题。许多其他的营养素——比如维生素 C 和烟酸——也为人类的生存所需要。我们并不经常听到关于维生素 C 是否要由政府供给的争论，并且维生素 C 在公共卫生运动中也并不显眼。是什么使得水与众不同呢？

当然，在经济学书本中你得到的答案会是外部性。很多例子中供水在改善城市健康问题方面的显著作用使你考虑到这里应该包含外部性，不过那是什么样的外部性呢？因为我使用了更纯净的水，你的状况就会变好吗？

有时候确实会。供应给我的水越好，我越不太可能染上一个与水有关的疾病。如果我染上了这样的病并且把我的排泄物处理到厕所、污水坑或者下水道，然后这些排泄物就会顺水流进附近的湖中，我就使你和其他的邻居都处在危险之中。即使我使用的是现代的厕所系统，我仍然可能通过握手或者其他偶然的接触方式传播我身上的疾病。或者整个下水道系统在一场洪水中被淹没了（导致疾病传播）。所以我使用的水质量越高，你染上与水相关的疾病的概率就越低，你的状况就会越好。

关于外部性的论据与19世纪工业化国家的城市明显地息息相关。注意，这里的论据并不是我消费的（除了用来洗东西的）水越干净，你的状况就会越好，而是我消费的不干净的水越少，你的状况就会越好。当我将我的游泳池放满水的时候你并不会因此受益。给我供应纯净的水本身并不会有利于你；只有当我不做那些有可能损害你的事情时对你才有一定程度的好处。即使在富裕的国家里也还有一些力量在支持着这个论据：在非常富有的城市中也有相当穷的人，如果非常穷的人寻找不干净的水源，那么城市中每一个人的状况都会因此而变得糟糕。

外部性问题同样与现在的发展中国家相关。大约有11亿人不能获得干净的水，而且有24亿人不能接触到基础性的卫生设备（Water Supply and Sanitation Collaborative Council，2004）。

另外一个关于公共供水的外部性的观点同样如此。在世界上的许多地区人们可以从大自然中抽取水源——比如，他们可以挖井，从地表含水层中把水抽出来，或者从溪流、湖泊中取水。含水层、溪流和湖泊是短期内会枯竭的水源。我从地下含水层抽取的水越多，你挖的井就得越深，并且盐水渗入的可能性就越大。如果我从公共水源中获得水而不是自己挖一口井，那么你的状况就会变好。

注意，有关外部性的这两种看法都建立在次优原理之上。这些看法开始于如下行为：使用不卫生的水或者偷取地下水，这些是无法被定价或适当处罚的行为。纯净水的供应可以替代这些行为。所以，根据次优原理，纯净水的价格应该低于它的边际成本。

□ C. 为什么政府会介入其中？

当然，关于这两种外部性的观点并不足以推动一个公共水源的建立。但是提到水，外部性并不是唯一的话题。关于水的其他重要的事实还有水的分配是一个存在严重锁定问题的自然垄断行为（锁定意味着一些人一旦进行了某项投资，他们就会失去讨价还价的余地）。

到目前为止，运送水的最便宜的方式是利用管道。将水装入瓶中既需要瓶子又需要能源；运送瓶装水是一项艰苦的工作；把水从瓶子中弄出来是第三次折腾。许多发展中国家的贫民窟居民从驾驶着带有长水管的水槽车到处转的商人那里买水，但是这种方式非常昂贵：生活在肯尼亚内罗毕基贝拉贫民区的人们为一加仑水所花的费用是美国普通公民的5倍（Water Supply and Sanitation Collaborative Council，2004）。拧开水龙头并从管道中取水是更为容易的事情。伴随着供水管道的是垄断势力和锁定效应。

垄断势力之所以会产生是因为在一个社区安装两套或者三套不同规格的供水管道的代价将会非常昂贵。如果让一个政府机构或者一个公司安装单一管道，就要便宜得多。记住，管道存在着规模报酬递增——一套管道装四倍水的成本仅仅约是建设成本的两倍，而且安装成本还会小于两倍。

递增的报酬也来自于需求的平稳。如果我们十个人站在街上，都想在一分钟内把自己 30 加仑容量的洗衣机装满水，不管在什么时候，也无论我们与怎样的供水商做交易，我们都需要一组粗得足以在一分钟之内运送总计 300 加仑水的管道。但是因为不太可能有超过两个或者三个人同时想要灌满自己洗衣机的情形，每分钟运送 120 加仑水的管道就足够了——而且所花的建设和安装费用仅仅是一个每分钟运送 30 加仑水的管道的两倍，如果我们使用各自不同的供水商，将会需要 10 套每分钟运送 30 加仑水的管道。

当一个社区有用于扑灭火灾的消防水栓时，需求的平稳甚至会带来更大的收益。在一个低密度的居住社区，即使一个适中的消防龙头在使用的时候每分钟也需要 250 加仑的水，但是这并不会被经常使用。只要当邻居的房子在着火的时候，其他的人没有同时洗衣服，启用一个消防龙头所需要的水量接近于被消防龙头保护的这栋楼所使用的总用水量。无论由谁安装供消防龙头使用的管道，都要提供给每一个人充足的水量以满足他的需求。

在同一个社区中，在一群不同的供水商之间想要维持竞争是困难的。如果几个公司开始互相竞争，最大的公司会收最少的费用并且很快就会处于优势，其他公司将很难维持（你确实不太能够创造一个有利可图的水市场）。当已有公司在社区运行的时候，新的公司就不太愿意进来；竞争就全然难以开展起来。

锁定使得垄断问题更加严重。在这样的情况下，锁定指的是当基本的管道路线都已经安装好之后，某一个消费者或者一个社区想要转换到另外一个供水商处时将遇到的困难。人们每天都需要水，而且他们需要大量的水，以至于除了用管道输送外，用其他的方式运水都很昂贵。一个家庭可以用瓶装水支撑一段时间，但是不可能支撑很长时间。仅仅纽约每天使用的水量就是所有美国人 100 天消费的瓶装水量。[①] 一旦连接上了某个特定供水商控制的管道，每个家庭或者企业都必须支付其收取的任何费用，一直到这个费用达到瓶装水的成本时为止。消费者基本上被供水商控制了。一个城市与单独的家庭相比，甚至更受供水商的控制，因为它不可能去超市并且买一些瓶装水。

不过锁定具有两面性。一旦某个私人公司在管道和水库上投入了巨大的投资，它并不能收回这些投资或者把这些东西重新安置到印度尼西亚——这些管道没有可交替选择的其他用途。所以这个公司受当地政府的控制就好像人们受这个公司的控制一样。

垄断和锁定意味着一个不受管制的市场，这一市场或许并不能引导人们去消费正确数量的水，甚至还没有外部性的考虑。垄断者可以收取高于边际成本的价格，因为从定义可知他们并不面临竞争，也不可能有人不买他们的水，人们从购买的水中获得的利益

---

① 纽约每天大约使用 13 亿加仑的水。1999 年，美国人均消费的瓶装水是 17 加仑（Murphy，2000）。这就意味着那一年美国人喝掉了 48 亿加仑的瓶装水，或者说每天喝掉了 1 300 万加仑的瓶装水。

超过了供水商运送这些水所花的成本。也就是说，如果供水商每一百加仑的水收取了高于边际成本 4 美元的费用，消费者就会忘记当每加仑水比边际成本高 3 美元时他们使用水的情形。所以把水的价格降低到高于边际成本 2 美元就自然是一个潜在的帕累托改进。公共卫生的外部性会使得不受规制的水垄断造成的损害甚至更加严重：高价格可能使得一些人使用不干净的水或者偷取地下水。

出于同样的考虑，对于被征用的恐惧使得私人经营的水源公司避免进行尽其所能的业务扩张。如果政府不能保证它不会征用这些投资，那些投资就不会被投放。这并不表明私人水源公司都不可能发展：遍及美国和世界的许多人都从私人公司处获得水。但是所有的这些争论都暗示了私人公司无论是否被管制，在分配水上都很可能比分配纸张这类东西的表现要差些，这就是政府供水的局面能够形成的一个合理的理由。

水的供应确实如此吗？或许并不尽然。

世上有很多种水供应技术；不同的技术在世界上的不同地区取得了最佳的成效。东海岸度假城镇如萨拉索塔、迈尔斯堡、博卡拉顿、哈特拉斯角、纽波特纽斯和五月岬从地下深层抽取盐水并且进行淡化。以色列部分地区、沙特阿拉伯和一些加勒比海港湾的饭店直接淡化海水。长岛市的水大部分来源于新鲜的水井。纽约和美国其他东部城市在广阔的未开发地带维持着远离城市区的地表水库。五大湖地区的大部分城市都从这些湖里抽出水来然后净化。洛杉矶和其他西南部城市从内华达山脉覆雪的山坡上长距离地将水运回来，或者抽取附近的地下水，或者转向了科罗拉多河的支流。他们也在地下含水层储存水。最后的水源是再利用：治理污水然后再加以利用——在灌溉和其他不需要太纯净的水的用途方面通常如此。

这些技术大部分都有显著的规模效益，所以在水源的非充足地区会出现自然垄断，这是因为水的运送非常费钱。通常可以小规模地抽取地表水（就好像收获雨水一样），但是一群各顾自利的供水商从同样的地下含水层中抽水就会形成相互间的对抗，因为他们在吮吸同样的水源。从长期来看，这会使得他们每一个的生产成本相比共同合作时都要高。合作抽取同一处水源的优势在于鼓励合并，垄断也可能在一个依赖于单个地下含水层的地区形成。对取之于同一个湖泊、河流的集水区或者水库系统来说，也有同样的现象。不过，在一个有着潮湿气候的水源高度集中地区可能会有几个不同的地下含水层和集水区，这些地区的一个生产者有能力给不止一个消费者提供服务。所以尽管水供给有时候会出现自然垄断，但情形并不总是如此。

□ D. 水价

水应该被怎样定价呢？从有关交通的章节我们已经知道：价格应该与边际成本相当，只有在需要阻止人们使用不干净的水时，水的价格才能低于边际成本。

水在很多方面与交通不同，因而，在这一情形下思考边际成本就是一个相当困难的实际问题。与穿过林肯隧道的驾车出行相比，水的最大不同在于它可以被储存。今天我没用于洗衣服的水可以在明天用来洗衣服，但是今天我没有经历的穿过林肯隧道或者乘坐地铁的出行并不会给明天创造隧道畅行或者乘坐地铁的机会。今天使用水的成本不仅包括今天不能再将这些水用作他途——这是林肯隧道或者地铁的例子——而且包括今后我也不能再将其用于他途。

将对两方面产生影响的水的成本大致对应于两个不同的实体系统——分配系统和供给系统——和对容量一词的两种不同的用途。水分配就好像林肯隧道——成本出现在如果我今天用了水就阻止了今天其他人也使用这些水或阻碍了其他人今天的使用。另一方面，水供应的成本出现在阻止了未来的使用，或阻碍了未来的用途而不是现在的问题。对水分配的目的来说，容量就是在每一小时或者每一分钟能够输送的最大水量——就好像一辆地铁或者林肯隧道的容量一样。对水供应的目的来说，容量就意味着在任何时刻能够被储存的最大水量——我们将看到它是一个完全不同的概念。

所以，水的价格包含两个不同的问题——水供给的价格和水分配的价格。

1. 水的供给

在这一小节中我们将重点关注水库。首先，设想有一个足够大的地表水库，以至于即使水的价格为 0，这个水库也不会干涸，甚至在严重干旱时期也是如此。不管修建这个水库曾花费了多少钱，水的边际成本都是 0（除了可能用来净化它的化学品和抽取它时所耗费的电力这些成本），所以价格也应该是 0。我使用这个水库的水并不会影响其他任何人做什么事，所以如果我没有利用这些水来做一些对我有益的事会是一件留有遗憾的事情。或许我甚至应该因为使用了这个水库的水而获得回报，因为这样做有可能使我感染霍乱或者伤寒的可能性变小。

接着，我们现实一点儿，设想一个较小的水库现在还没有满，但是我们非常确信它很快就会被水填满和漫溢出来。如果我现在使用这个水库的水，唯一的结果就是漫出来的水会略少一些。没有任何人的状况会因此而变糟糕。所以在这个例子中，边际成本同样是 0，而且价格也应该是 0。

所以，只有在干旱的气候下水库即将排空的时候它的边际成本才是正的。现在，让事情变得简单一点，设想我们知道现在水库里有多少水，并且我们也知道之后的 30 天里不会再下雨了。如果我今天喝了一杯水库里的水，就意味着有些人要么因为直到这个月底都没有水用而离开，要么使用那些由水槽车运送过来的水或者通过淡化加工得到的水。如果水槽车送水或者脱盐淡化水所花费的成本要小于其他被放弃的最为有利的用途所带来的收益，那么替换我那杯水的成本就是我喝水库中水的边际成本，也就是我需要支付的费用。在这个例子中，在月底之前这个水库就会变空，但是没有人会注意这一点。

然而，如果水槽车送水或者脱盐淡化水的成本超过了当水库快干涸的时候人们不得不放弃的最大收益，那么最大的收益就是我喝水的边际成本。在这个例子中，价格应该被设置在水库恰好在雨水开始下的时候干涸的某个水平。那样的话，水库中的每一杯水都会被使用，而且没有一杯水将被用于只能获得比已被放弃的任何使用价值还小的用途。在接下来的 30 天的每一天中，水的价格都是一样的。

专栏 9A

蒸发和利息

在分析来自一个水库的水供给的成本时，蒸发和利息多少会降低边际成本。如果每个月水库中有 10% 的水蒸发掉，并且水库会在一个月之内干涸，那么今天我喝了一杯水相当于只剥夺了别人未来喝9/10杯水库中水的权利。相似地，如果今天存下的1美元在一年之后变成了1.05美元，如果那个时候水库已经干涸了，我今天就不得不留出1美元来补偿别人一年以后由于增加的成本或者放弃的利益而失去的1.05美元的价值。蒸发和利息一起发挥作用。例如，如果一年之中水库有30％的水蒸发了，利率是5％，并且确定的干旱价格是每加仑1.50美元，然后如果你准确知道恰好一年之后水库会干涸，那么每加仑水的边际成本就是1美元（价值1.50美元的水参与了蒸发，所以只有70％的水留下了，或者说价值1.05美元的水留下了；而今天的1美元已经足够补偿一些人一年以后失去的价值1.05美元的水）。在本书中，为了简单分析，大部分时候我会忽略蒸发以及利息的问题。

我们把在这些条件下收取的价格——不管是水槽车输送的成本还是最大的放弃的福利成本——叫做**确定性干旱价格**。这一价格很可能相当高。

如果我们能够准确了解未来，那么对水库中的水进行定价就会变得容易一些。如果水库中的水在漫出之前注定要干涸，那么价格就是确定性干旱价格（就像专栏9A中所描述的那样，出于利息成本和蒸发的考虑可能会稍微有些修正）。如果不是，价格就应该是0。图9—1说明了在预测的水库水量变化的情况下价格将如何发生相应的变化。

但是我们当然不能准确地知道未来的情况。我们不知道会下多大的雨以及什么时候下雨，下个月是否会有一个洪水暴发，或者是否会有一个啤酒厂每天使用成千上万加仑的水从而减缓了水库水量的储存。所以不管什么时候我们都不能确切知道价格是否就是确定性干旱价格（因为水库将会干涸）还是0（因为水库将会漫出）。

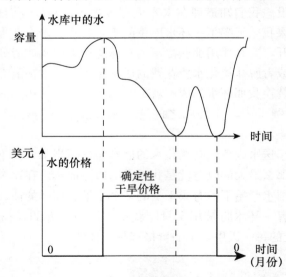

图9—1　关于水库中水的最优价格的准确预测

然而，我们可以猜测水库干涸的可能性有多大。也就是说，如果干涸就恰如漫出，那么这就好像我喝的一杯水消耗确定性干旱价格的可能性一如它什么都没有消耗。所以我应该支付确定性干旱价格的一半，因为这是我施加于这个世界的期望成本。总之，水的价格应该是确定性干旱价格乘以水库在漫出之前干涸的可能性。

那就意味着水的边际成本将会变化。当水库接近于漫出而且预计会有更多的雨水落下的时候，水的边际成本是低的。当水库接近于干涸而且预计不会下雨的时候，水的边际成本就较高。

每天不断的变化被预期的改变所约束，所以价格一天天发生着改变（当令人惊讶的事情发生之时）。每天我们能相当肯定的是明天的价格会与今天不同，但如果今天的价格是最优的，那么即使价格在下降明天它也会再升起来。不期而来的倾盆大雨会令人惊讶地填满水库，从而使得水库几无可能很快干涸，却大有可能快要满溢；这两种效应都降低了边际成本。未曾料想的大量使用或者导致水库水位降低的泄漏将会产生与上述相反的结果。（所以根据边际成本来定价是一项成功劝导公众节水并得到更低价格回馈的保护活动；若根据平均成本来定价，这样的保护活动将引来更高价格的惩罚。）其他的价格也会每天都在变化——例如证券、蔬菜以及飞机票——不过并没有进一步的理由来解释水的价格为什么与它们不一样。（担心这种变化的消费者可能会采取投保或规避的措施。）

同样的基本推理适用于那些从井中和河里获得用水的城市。你可以想象地下含水层就是恰好在地下的水库，河流就是永不停歇但是时大时小的暴风雨。

谈到地下含水层，需要被考虑的新一类成本主要是下沉——地面的水平下降。含水层中的水支撑着上面的土地，一旦太多的水被取出，上面的土地就会下沉。例如墨西哥城的市中心在 20 世纪由于地面下沉下降了至少 20 英尺（National Research Council et al.，1995）。下沉的代价是巨大的：建筑物失去了稳定性，水管和污水管开裂，地面更频繁地被水淹没。考虑下沉的方式就是把它导致的成本包含进确定性干旱价格。当水库的水位太低的时候，人们将不得不给其输水或者放弃库中之水的有益用途。当地下含水层水位太低的时候，可能会出现第三种代价高昂的可能性——地面下沉。

2. 水的分配

水管与道路类似。除非出现"拥堵"，不然它们将被免费地使用。这种情况下（正如在其他场合一样）的拥堵意味着我使用水管会妨碍你使用水管——在某个特定的时间我在使用大量的水以至于你准备洗澡的时候将得不到足够的水压。在现代的西方水系统中，特别是那些被设计可用于消防的水系统，这种情况发生的可能性非常小。所以水管的使用几乎总是免费的。

□ E. 盈利能力

一个有着最优容量并且收取着最合理的价格的水库究竟会赔钱、盈利还是收支平衡呢？一个处于最优状态的供水系统一般都能够盈利。当然，与此同时，一个处于最优状态的配水系统几乎总会赔钱，因为其价格将接近于 0。

处于最优状态的供水系统能够盈利有两个原因。第一个就是随着水库的水位涨涨落落，容量可以被反复地使用——假定水库既不会漫出也不会干涸。水库中被出售的水的数量一点也不会受到水库容量的限制。

为了明白这一点，我们设想介于漫出与干涸之间的循环情况，就好像图 9—2 中描述的那样。水库有好几次几乎快要干涸了，但是每到最后关头雨水都会及时到来，然后水库会再次被灌满。好几次水库几乎要漫出了，但也从未真正漫出过。假使这是准确的预见，为了让事情简单一点，在整个循环过程中，水的价格应该是确定性干旱价格。在图 9—2 的循环中，销售出去的水量是水库容量的几倍，所以获得的收入就是在确定性干旱价格下仅仅售出水库容量之水所获得的收入的数倍之多。

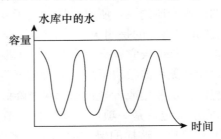

图 9—2　边际成本定价超过建设成本的一个周期

而当我们考虑最优容量的时候，在一个周期内水库的水位上上下下多少次并不重要。在图 9—3 所示的简单周期中，水的供应连续下降，每增加一单位容量所产生的收益仅等于确定性干旱价格。图 9—2 中所示的周期中一单位容量所产生的收益也是如此。所以两种周期的最优容量应该是一样的。

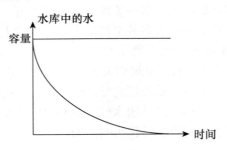

图 9—3　边际成本定价收支平衡的一个周期

当建设每单位容量的成本一样时（记住，地铁系统收支平衡所需的条件），即使所有周期内库内水量都像图 9—3 所显示的那样连续下滑，最优容量定价也能够达到收支平衡。最简单的理解方法就是假定这个周期是唯一的影响因素。只有当每加仑容量的建设成本与确定性干旱价格一样的时候才会建造水库（如果成本无限大，就不会建造）。水库的运行商会收取每加仑容量的建设成本，然后就会形成收支平衡。

但是很少有周期像图 9—3 所示的那样。通常在漫出和干涸之间有时候会下雨，所以水库售出的水要大于它的容量。这就是最优供水系统能够盈利的一个原因。

看待额外降雨的一种方式是将其视为送给水库的一个礼物。不管你建设多大的容量，中间的降雨都会给你提供更多的水。一个更为复杂的观点认为水库的规模（它能容纳的水的多少）与水库的产出（在水库被抽干之前能够从中抽出的水量）之间的关系确实是一种规模报酬递减：扩大水库的规模到原先的两倍并不能使从水库中抽出的水量扩大两倍。比现在的水库大一百倍的新水库并不能产生比现在多一百倍的水，因为几乎所有水库的大部分时间都被空置。规模报酬递减说明了按照边际成本定价能获得的利润：随着水库越来越大，每增加一单位的容量所产生的新增产出量就变得越来越小；所以边际成本就大于平均成本，利润为正。

具有最优容量的供水系统有可能产生正的利润的第二个原因是：在建设容量上存在规模报酬递减。某个系统开始时的容量越大，再建造单位加仑的新容量的花费就越大。这种现象更可能在大系统中发生。在小系统中，三分之二法则也许可以抵消其他规模报酬递减的来源。

对于那些恰如纽约和洛杉矶的大型供水系统而言，新增容量确实需要更多的花费：这将是在一个离城市更远和不太理想的自然环境下的工程。若你先把挂在最低处的水果摘下来了，那么你摘的水果越多，采摘最后一个的难度就越大并且成本也越高。

相反，最优配水系统可能会赔钱，因为它们几乎不向消费者收取任何费用。当你把供水和配水组合起来的时候会发生什么呢？对于处于干旱气候的大城市——如开罗和洛杉矶——供水部分要比配水部分重要得多，而且供水的利润可能会超过配水的损失。对于气候湿润的小城市而言，情况或许恰恰相反。关于最优的水系统能够挣钱还是赔钱并没有一个简单的、不可改变的判断规则。

对于那些以边际成本定价来挣钱的系统，同样没有一个不可改变的规则来告诉你它们非得怎样做不可。一种可能的方法是把不与用水量挂钩的费用返还给消费者。例如，每个消费者可以在每个月开始时有一个 3 美元的信用担保，支付其所使用的每加仑水的边际成本，如果她这个月没有用足价值 3 美元的水，其信用担保能被加在下一个月使用。洛杉矶在 1993 年就开始了一个与此相似的定价计划，除了不给消费者信用担保外，这个计划给每月用水量达到某一特定临界点的消费者一个低于边际成本的价格。只要每人每月达到这个临界点（该情况在洛杉矶并没有发生），这个计划就与信用担保一样。洛杉矶的水价计划还对冬天和夏天、干旱年和非干旱年使用了不同的价格（Hall and Hanemann，1996）。

相似的系统也在南非和智利得到了应用。将更多的水送到穷人那里是后种族隔离时代的南非政府主要的优先考虑，所以它开发了一个系统，在这个系统中，每天最初的 25 公升水是免费的；超过这一最少值，水的价格按照边际成本来制定。在智利，所有水的花费都是一样的，但是穷人可以获得印花税之类的东西来补偿他们使用的水的部分账单（*Economist*，2003）。

美国大多数城市的做法并不相同。它们根据一系列外部因素来制定水的价格，比如用户与总水管连接件的大小，然后使用了被叫做"下滑块"的东西：一开始的 x 加仑水每单位花费一定数量的美分，接下来 y 加仑水每单位花费的要少一些，如此下去。并没有一个合适的经济学原理能阐述类似于此的水费定价方式。

在许多发展中国家里，水的供应系统和定价机制有着不同的缺陷。它们对水收取低于边际成本的价格，但是又把这种服务限制在城市中为数不多的社区，这些社区一般都居住着富人和最有政治影响力的人。根据一份联合国的报告，那些住在城市里的巴基斯坦人足够幸运以至于能够得到公共水源的供给，并且只需要为每立方米的水支付 10 美分，而与此形成对比的是，德国人使用每立方米的水需要支付 2.16 美元（Crossette，1999）。有些国家虽然按照边际成本收取水价，但是却给穷人制定了特别的规定，比如智利和南非，这些国家都在扩展公共用水方面获得了巨大的成功。

□ F．外部性和质量

什么是关于消费干净水的外部健康收益呢？我们到目前为止关于最优定价的分析显然还没有将其纳入考虑范围——我们已经简单地假设了水的消费者接受了他们行动的所有利益。但是将外部健康利益考虑进来并不会使有关分析发生太大的变化。

为什么不会呢？因为人们不会消费"脏"水（那些可能会引起疾病的水），除非脏水的价格远远低于干净水的价格，并且因为水是庞大的商品以至于不用水管运输的话成本会很高，官方机构可以通过把脏水清除出管道来阻止人们对脏水的消费。如果瓶装水被认为更纯净或者更有利于你的健康，一些人就会忘记自来水的方便和便宜而选择购买瓶装水；如果人们知道瓶装水的质量比自来水差，几乎就不会有人去选择购买瓶装水。只要干净水的最优价格低于一些高得离谱的水平，关于脏水的消费就不会带来什么问题（因为几乎不会消费脏水），并且公众的健康考虑就不需要纳入我们的考虑范围。

在发展中国家里，最主要的健康问题是谁能够得到自来水。无限制地将自来水分配给富人的政策会导致双重的不合理。

在发达国家中，在管道系统已经存在的地方，恰恰是管道中水的质量而不是水的价格影响着公众健康。身处在同一个配水系统中的每一个人得到的都是质量一样的水：我并不能预订带有一点点霍乱病菌的水，除非我的邻居们也只能得到类似的水。水的质量变化相当大；"干净"和"肮脏"之间的区别对于思考外部性的一般问题有用，但是对于思考使用多少氯气、进行多少次检测或者在水库四周要封闭多大的区域是没有用的。那些问题都包含了针对成本和收益的困难而复杂的权衡。其中还包含了一个诸如社会工程学意义上的层次：如果不同的消费者愿意，可以针对他们自己给出不同的答案，但是对于每个人其实只有一个答案。

在这种意义上，至少在发达国家中，水的纯度是一个由规模报酬递增所引发和解决的问题的范例。只是因为大多数人都想要挨在一起生活和工作，因此就得担心水传播的传染性疾病；消费和生产两方面的规模报酬递增使他们走到一起。在配水方面的规模报酬递增意味着大家都会消费同样质量的水，并且水的质量会很高以至于几乎没有人需要为水传播的传染性疾病而担忧。对城市生活的安抚往往就是更多的城市生活。

▌ II．排水

□ A．下水道为什么重要

排水和供水系统需要放在一起来研究。它们都需要抵挡水生疾病的传播，在这个意义上，它们是互相替代的。但它们也是互补的。除非你拥有运行一个现代西方厕所需要的大量水源，否则你就无法使用它，而且，除非你有一个优良的排水系统，否则你就不能处理一个现代的西方供水系统从你家输出的大量污水。

就跟供水系统一样，下水道解决了一个由人口密度造成的问题。如果你在森林中独自一人，而在森林中，暴雨之水自然地流进河流中并且被土壤所吸收，你用来涮洗的水——专业术语就是污浊水——可以无害地回到你正在涮洗的河流中，并且你可以将排泄物留在一棵树后面，在那里它会自然地被分解。在一个密度稍高些的农村群落，每个家庭对于排泄物要有自己的污水池或者粪坑，但是污浊水和雨水仍然被许可流向河流和渗入地下。只有在城市里才能见到的人口密度下，通过所有这三种形式进入下水道的污物才会成为一个问题。（下水道意味着管道；下水道中的污物是在其中流淌的物品。）

城市使用了许多不同的技术方法来处理流淌的雨水、污浊水、人类的排泄物，以及工业废液。现在在西方国家城市中使用的技术几乎都不适用于发展中国家，或许其实也不适用于西方国家的城市，但是想要改变为时已晚。西方的系统比现在发展中国家能够接触到的最好的系统消耗更多的水和更多的资金，并且也比它们现在白手起家应该安装的系统消耗了更多的资金和水。

西方下水道系统的不合适主要是因为这些系统被设计为与"臭气"而不是细菌作斗争，并且我们现在都知道臭气并不会带来疾病。然而，18世纪和19世纪的内科医生们并不太清楚四种主要的城市杀手疾病——肺结核、霍乱、伤寒和疟疾——是如何传播的。他们把这些都归结于臭气或者有毒的空气。1847年，一位英国官员这样描述过臭气："这种萦绕着迷雾的疾病来自于两百万人的呼吸，来自于露天的排水沟和粪坑、坟墓和屠宰场，正在持续不断地影响着我们……在某个季节，它以霍乱的形式弥漫着……在另外一个季节它以伤寒的形式传播。就像死神一样在伦敦的上空盘旋了几个世纪"（Williamson，1990，p. 283）。

西方的下水道被设计来消除臭气而不是病原菌。这个想法就是把排泄物赶到远离人群的地方并且保持水的流通，而不是阻止病菌的感染。例如，在1849年霍乱肆意传染的时候，伦敦当局有组织地通过冲洗下水道来消除臭气。这个行动直接导致了一部分被感染的排泄物恰好流进了泰晤士河的部分河段，而自来水公司恰恰是从这段河域来取水，由此加速了疾病的传播（Sah，1997，pp. 22-23）。

臭气理论在19世纪下水道建设者所犯的两个其他主要错误中扮演了至关重要的角色。第一个错误就是设计了使得污浊水直接排入河道而不经过任何处理的系统。河流和湖泊被认为具有自净的能力且可以很容易地驱散臭气。甚至当疾病的细菌理论开始占支配地位的时候，许多工程师仍然认为处理饮用水要比处理污水的代价小。

直到第一次世界大战之后，细菌理论取得了完全的胜利，人们清楚了把未经处理的污水倾倒到河道中的有害结果，此时这一切才有所改变。河流和湖泊的自净能力也远比19世纪的工程师们所认为的要薄弱得多，并且未经处理的污水影响的不仅仅是倾倒这些污水的人和从这些水域取水的人，还包括那些居住在下游或者工作在下游的人们。因此美国花费了近一个世纪来修建具有更强能力和更为昂贵的污水处理厂，这是国家排水系统开始规划的时候未曾预料到的巨大花费。

第二个错误就是组合式下水道的建设——下水道在运送家庭和工业污水的同时里面也流淌着雨水——并没有将雨水系统和公共厕所系统分开。这就使得后期建设污水处理厂更为昂贵和困难。正如它们被设计的那样，非雨污分离的组合式下水道使得雨水带着有臭气的排泄物一道远离城市的速度加快，并且这种下水道修建和运行起来成本更低——污水在被倾倒之前并没有被处理。（当管道的直径成倍增长的时候，管道的最大运送量会增长四倍，所以在管道容量的建设上存在着规模报酬递增；单个庞大的用来输送雨水和污水的管道要比两个小的管道修造起来便宜一些。）但是在一个组合式系统中对水的处理就非常困难。你既需要修建适用于清洁下水道中污浊水的处理系统，也需要在下雨的时候关闭该系统以便让任何未经处理的东西都流到河里——纽约将此类系统一直运行到20世纪80年代，而且密尔沃基也有一个诸如此类的系统——或者你不得不修建一个有着非常大容量的处理系统，而这样的系统在大部分时间里都被闲置着。

□ B. 定价

这些设计时所犯的错误还表现在对提供下水道服务收取的价格上。一些服务基本上免费，而其他服务则按照平均成本定价；一部分的价格太低，而其他的价格又太高。结果导致城市居民和商人不能从他们继承的错误技术那里得到应有的全部利益。

最值得注意的免费服务是对无法及时由下水道排走的过量雨水的处理。大暴雨时的雨水（或者在下水道容量较小时的中等雨水）数倍于下水道被充分使用时的最大容量，这时没法排掉的水就会造成灾害——要么在低洼的地方反溢出下水道，要么未经处理的污水流入河道。雨水成了冲刷了数小时路面的污水。人们所采取的行动增加了无法及时由下水道排走的雨水，因而代价高昂。

在增加了无法及时由下水道排走的雨水方面有哪些行动呢？最显而易见的就是铺路。与无法及时由下水道排走的过量雨水相关的是一场暴雨落下之后最初的几个小时里涌到下水道的水量——并不是最后到达下水道的总水量。雨水落在诸如停车场或者街道这样无法渗透的地表上时将无处可去；它很快就流进了下水道。一些倾落在公园和草坪的雨水也迅即流进了下水道，在下大雨时尤其如此，不过也有很多水留在水坑里或渗透进土里。这些水中的一部分也许最终会找到去往下水道的路，但并不是在下雨期间或恰好在刚下雨之时，这就是我们正列举着的水。

铺设一块场地是一项费钱的行为——保养一块已经铺好的地面也是如此。如果在7月15日那天有一场大雨，我并不会决定在7月15日之前把已经铺好的停车场恢复原样，而将应对暴雨的努力的成本施加给其他许多人，除非我要承担应对暴雨的努力的成本，否则我不会做出正确的决定。因为法律体系并没有允许人们当污水反溢或者污物流淌到河道中时控告停车场的主人，这些应该是政府或者下水道机构通过收费解决的问题。不收费导致了太多的铺路以及太多的下水道问题（或者太多的下水道容量不足问题）。这些构成了我在第4章中所提到的一个问题：对于雇主提供的停车服务的过度税收优惠。所以处理雨水的价格被定得太低了。

另一方面，许多行政机构对家庭和工业的排水服务收取等于平均成本的费用——也就是说，将价格设置在收支平衡的水平上。实际上使用下水道的边际成本要小于此。边际成本本质上只是处理污水时的可变成本——化学分解剂、电力、淤泥倾倒和设备磨损。污水处理厂是沉没成本；已经建设好的下水道管道也是沉没成本。一些城市并不对居民消费者收取下水道占用费，而有些城市就会收取与实际使用下水道程度无关的年费。考虑到实际的边际成本和计量的困难，最后的这些方法也有很多值得赞扬。

从短期看，对大多数居民使用下水道收取过高的费用并不会造成特别严重的后果。居民的需求是非弹性的；当人们大清早跌跌撞撞地走向厕所的时候并没有想到这个价格。收取等同于平均成本的费用可能是退化的——因为人们产生的生活污水并没有和他们的工资上涨得一样快——但是这还不至于在短期内对人们的行为造成严重的扭曲。

但是这样做对工厂来说就不对了。像啤酒厂、皮革厂和造纸厂之类的工厂都排放大量的废弃水，大部分水都包含化学污染物质。这些公司经常被抽检并且按照它们排放的化学物质含量被开罚单。它们有很多选项：它们可以在排放之前部分地处理这些污水；可以改变它们的生产流程；可以建设一条"私人下水道"以绕开一般的排水系统。按平均成本定价使得它们错误地做出选择。它们在诸如预处理和私人下水道方面进行投资以避免支付边际成本与平均成本之间的差额，如果它们不进行这些投资，诚心实意地留在排水系统里，支付更接近边际成本的价格，则每个人的状况都会变得更好。

从长期看，当家庭和工厂有时间来决定在哪里生活和办厂的时候，按照平均成本定价的后果也许更有破坏性。试想一个家庭试图在一个带有与经常不满负荷运行的处理厂相连的下水道的房子和一个远离处理厂并且需要一个化粪池的新房子之间进行选择。如果选择了远一些的房子，它们就要忍受所作出决定的全部成本——需要一个化粪池并且需要为此支付一些钱——虽不算多但也不少。但是如果选择了与现有的系统相连的房子，它们将会支付比它们实际上施加给外界的成本更多的费用，因为它们需要支付已经建好的系统的部分资金成本，以及不管它们住在哪里都少不了的管理成本。所以按照平均成本对下水道（和燃气、电力）进行收费有可能会导致一些家庭（工厂）搬到更远的地方，如果它们住得离虽非新建但设施齐全的城市更近一点，那么每个人的状况都会因此变好。

对下水道按照平均成本定价使得城市的人口密度低于本该应有的水平，在替代选择并不是一个化粪池的情况下也是如此。不妨比较一下在一个有着同样广袤土地的开放型城市模型中，按照平均成本给下水道定价和按照边际成本给下水道定价之间的不同。如果按照平均成本定价，在这片土地上居住的人越多，其居民和土地拥有者所要承受的资本和土地管理成本的份额就越大。如果按照边际成本定价，那么这片土地上的居民和拥有者所要承受的资本和管理成本的份额就不取决于有多少人住在那里。所以平均成本定价使得土地的拥有者和开发者都希望有更小的开发密度；这也是城市过度扩张的另外一个原因。

当然，如果下水道系统是按照边际成本（或者低于边际成本）定价，他们也许会赔钱，甚至赔掉从已铺路的拥有者那里得到的费用。经济学家会如何弥补这个赤字呢？正如解决道路和公共交通一样，答案是土地税（尽管供水系统的盈余也会被使用）。下水道系统和污水处理容量的存在使得土地更具有价值，不管这块土地是用作网球场还是用来修建公寓楼。以土地税支付赤字并与业主的政治行为相联合，将与真正的净收益联系得更加紧密且更为公平。

□ C. 污水处理能力

自 1956 年以来，美国污水处理厂的基本建设成本得到了补贴，这一补贴来自联邦政府，而不是被土地拥有者所左右。在 1956 年的《控制水污染法修正案》中，市政部门收到了联邦政府给予的高达修建污水处理厂成本 55％的补贴；国会在 1972 年将补贴上限提高到 75％，随后又在 1981 年将其降为 55％。显然联邦政府的补贴缓解了因平均成本定价造成的一些问题，因为它使得污水部门必须补偿的"平均成本"与实际的边际成本更加接近，但是它也带来了新的扭曲。因为用于建设的大部分钱来源于联邦政府的纳税人，市政单位就不像过去那样认真地控制建设成本。一项研究表明如果地方部门把联邦政府给的钱当做自己的钱来花，建设成本就可以减少30％（Congressional Budget Office，1985）。所以"平均成本"并没有减少到貌似应该的程度。

更为严重的是，联邦资金的地理分配可能用来自较古老、人口密度较大的城市的支付补贴了大都市的低密度部分。特别是在1977年之前，一些新的污水处理厂被建设在新开发地区，并且联邦政府的补贴使得污水处理厂更为便宜地从老地方搬离。

因为两个定价错误——对无法及时由下水道排走的过量雨水的处理收费过低以及对家庭和工业污水收费过高——鼓励了城市的扩张，你也许会设想如果下水道处理得好一些，美国城市的人口密度就会更大，并且如果发展中国家的城市修正了美国曾经犯过的错误，这些城市的密度就会更大。但是结果大概不会是这样。

一方面，有一些严谨的实证性论据说明下水道定价和建设政策显而易见地导致了过度的城市扩张。（政府可以通过注销污水处理许可证来停止边远地区的新开发这一点并不是下水道导致城市过度扩张的证据。你也可以通过炸毁它们来阻止这些开发。）

另一方面，西方下水道带有的明显问题可能会鼓励城市的过度集中而不是过度扩张。记住定价只是许多关于污水处理错误中的一个。也许更为严重的问题是资本和水处理技术的集成——一项19世纪的技术被用来与可能的瘴气问题做斗争——这恰是西方国家现在正背负的事情。大部分的新技术——特别是那些适用于干旱和半干旱气候地区的技术——被过多地分散化，就像便携厕所般被搬来挪去。管道看似是最好的水运输技术，大概也是移走污水和转移雨水的最好技术，但是，是否应该用它们来处理人类的排泄物还是一个有争议的话题。

■ Ⅲ．消防

□ A．为什么消防很重要？

在20世纪中叶之前，巨大的火灾周期性地毁坏着最大且最先进的城市。1872年发生的芝加哥大火是美国历史上最著名的大火，但它并不是唯一的事件。例如，伦敦的大部分地区在1665年被烧了，1835年纽约的大部分地区都陷入了火海中（这场火灾中的损失大于修建伊利运河的全部成本（Burroughs and Wallace，1999，p.598））。卡尔加里在1886年被火烧毁，帕特森和新泽西的大部分地区在1902年遭遇火灾。东京的大部分地区在1872年、1881年和1911年连续被大火所破坏，1923年紧随关东大地震的火灾将这座城市的大部分地区烧成平地（Shay，1994）。如果每次你回家之后都担心你的设备和存货可能会烧着，你就不可能把生意做得红红火火；如果你每天晚上都担心你的家人和所有财产会在大火中付之一炬，那么你想要入睡会比较困难。

与污水处理一样，消防是一个由城市密度引发的问题——也将由密度来帮助解决。如果一个谷仓烧到地面了，对于拥有这个谷仓的农民来说是一个坏消息，但是对这个农民的邻居来说却不是坏消息，当然少数的情形除外。如果没有中间搭接物的话，火将难以移动几米远。只有当建筑物都挨在一起的时候——正如城市中的建筑物那般——人们才确实需要担心火势的迅速蔓延。（森林火灾是此原理的一个例外，小的森林火苗会造成较小的危害，而大的森林火灾几乎无法扑灭。）在一个城市中，当你的房子起火后，你的所有邻居都会关心它。

现代西方城市使用高压水枪、消防龙头、复杂的防火设备、宽阔的街道以保证那些设备的机动性，一支经过训练的消防分队被用于扑灭大火。我们已经见过一个供水系统的容量被设计用于防火——大部分人基本上都是不需要为容量支付任何费用的低峰用户。对发达国家中的大部分供水系统来说，只有当正被扑救的火灾"拥堵"时才会产生问题——这时候也许没有足够的水提供给每个需要水救火的人。一支消防水枪一分钟需要用250加仑的水；我一天大概使用50加仑的水。在纽约，同时使用三支消防水枪灭火是很常见的，所以从水系统中抽取出了大量的水。（相似地，许多地区道路的宽度因紧急交通工具的需要而异，而不受日常交通的限制。）

所以，对历史上驱动了供水系统发展的火灾的害怕与对疾病的恐惧一样不足为奇。1832年夏天的霍乱迫使大约一半的纽约人跑到乡下，并且仍然夺去了4%的城市留守者的生命。但正是那些害怕火灾的人们——仓库的拥有者和火灾保险公司——成为现代供水系统的最强有力的支持者。1835年纽约的选民授权批准了现代供水系统的建设（Burrows and Wallace，1999，p.591，pp.594-595）。

相反，火灾保险公司在评估自己在某个特定城市中的风险时，看待供水系统就好像看待消防部门一样；两者在它们的评价计划中都占到相等的权重（Brueckner，1981）。这当然可能高估水的社会重要性，因为火灾保险公司会赔付火灾中损失的财产，却不赔付失去的生命，而消防队员为拯救生命所付出的努力相对而言要比挽救财产所付出的努力更重要一些。

□ B. 应急服务

灭火需要大量的资源——水管、装备、宽阔的道路、消防队员——它们中的大部分平常几乎都是闲置的。1992年，纽约的消防队员平均每隔一个工作日就被叫去灭一场有关建筑物的火灾（Citizens Budget Commission，1993，p.11）。这并没有什么奇怪。伟大的音乐家只是把他们生命中极小的一部分时间用来表演；贮藏了许多年的名酒在被喝之前人们并没有从它们身上得到任何价值。所以如果人们为这些水管、技能和装备被极少时间的使用而支付大量的费用，那么消防就好像音乐家的演出或者上等红酒。但是当消防部门把你家的火灾扑灭的时候，他们不会收取——你也不需要支付任何费用。

这种情况在情理之中，因为消防队员、消防龙头和宽阔的道路如果在关键的5~10分钟发挥作用，其价值就是非常大的。救护车和一些警方反应也是如此。熄灭了一场可能会造成1亿美元损失的火灾就是提供了一个价值1亿美元的服务，当然这并不是你喜欢什么时候享受就能在什么时候提供的服务。在一场火灾发生前10分钟到达现场不会有任何事情需要你做；在火灾发生30分钟后到达现场已经没有什么你可以改变的了。一旦火灾出现，每一分钟的延迟都代价巨大，每一分钟的节约都非常有价值。但是在一场火灾出现之前，时间并没有太大的意义。消防是一项应急的服务——时间至关重要——当我们想到这一点时就会发现紧急情况下服务的成本和收益与一般服务有些许不同。

为了开始一个简单和不一定切合实际的例子，假设我们确实知道一场火灾将会在 6 月 25 日的上午 11:37 在西 118 街 420 号处发生，且如果这场火灾在 10 分钟之内被扑灭，就不会造成任何损失。扑灭这场火灾需要两个消防公司带着它们的装备（以及一条足够宽的道路能够运送这些装备）和一支高压水枪。（一个消防"公司"意味着一些一起从事消防工作的人，并不是指商业意义上的企业。）

扑灭这场火的成本就是输送这些消防队员、装备和水在 11:37 到达现场的花费。你得确信消防队员已经停下手中正在做的任何其他工作，并且已经准备好在 11:37 到达西 118 街的 420 号处。他们必须训练有素。你需要高压水。装备也已正好在那里了。

除非这些消防用水会被再次使用——或者说，因为下个星期在西 118 街的 419 号处将会有一场火灾——建设额外的消防能力的花费就是预防这场火的成本（尽管如果在这场火灾发生之前西 118 街没有水管，那么借助以后这条街道上的家庭都能用上的管道所实现的消费者剩余可以被视为消防的一项收益）。如果消防的收益超过了所有这些成本的总和——而且实际情况大致如此——将这些力量组合起来把火灭掉就是一个潜在的帕累托改进。

这里时间是重要的因素。为了让所有的东西在 6 月 25 日的上午 11:37 准备就绪，你必须在此之前让所有的东西全部到位。如果你在 11:36 才开始寻找消防队员和放置水管，你将不能够阻止这场火灾。消防的大部分成本都必须在火灾发生之前被引致。

我并不是想暗示真实的消防过程没有成本。三个消防分队工作一个小时用的水比我一个人一年用的水还要多。当火灾被发现的时候，大量用水造成的水压下降也会阻碍水发挥其他宝贵的用途。并且最大的代价是消防队员，在极端残酷的环境下工作的时候他们冒着生命危险，而且经常遭受严重的伤害。

尽管重点是在火灾发生之后不管怎样都会造成巨大的代价，但是在火灾发生之前还是会产生其他成本。如果你做好准备应对一场大火，但是这场火灾并没有发生，这也会对你造成相当大的损失。

成本和收益的时效性使得一个关于消防的非管制市场很难运行，甚至当火灾发生的时间和地点都已经确定的时候也是如此。假设有一个消防公司和一个西 118 街 420 号处的业主，如果火灾没有被扑灭，那么造成的损失将全部由这位业主来承担。在火灾发生之前消防公司和业主协商得很好。只有有望收回全部成本的时候消防公司才会承担其巨大的预支成本。如果这个消防公司到达火场并且发现另外一个消防公司也在那里准备灭火，业主就会使这两个消防公司互相对抗。低一些的出价方在那时候仅仅能得到比边际成本多一些的报酬——水和灭火所花的时间——而这样不能收回他的预支成本。所以消防公司不会同意这个契约，除非它先得到现金，或者它得到承诺这里只会有一个公司来灭火。

但是如果只有一个消防公司在灭火现场，大楼的业主就会有巨大的事后机会主义问题。如果在 11:37 的时候只有一个消防公司在现场，那么很清楚这个公司对于灭掉本来会造成 1 亿美元的火灾所收取的费用应该是：大约 9 900 万美元。而且几乎没有时间来讨价还价。事后机会主义的机会是当前即使业主已经在事前支付给消防公司一些钱，重新谈价的大门仍然是敞开的。所以大楼业主唯一避免给消防公司支付 9 900 万美元的方式就是与两个或者更多公司联系，提前支付它们全部的预支成本，并且期望当它们到达火灾现场的时候不会串通起来。但是这个前景并不令人看好。

（这里的低效率在哪里？不是在消防的过程——当且仅当灭火所花的成本要小于让大楼继续被火舌吞咽的成本的时候，大楼才能够保住。低效率来源于决定是否要修建这栋大楼的过程。假设如果大楼的业主可以收取租金长达 50 年，那么这栋大楼将会是有利可图的，如果在第十个年头有几千美元花在消防上面，那么这栋大楼能延续 50 年。在这个案例中，如果这栋大楼真被修建起来，那么每个人的状况都会变好。但是如果大楼的业主仅仅只能在前十个年头里收取租金——因为在那以后所有的利润都要给消防公司——那么这栋大楼将不会被建造。）

此外，避免事后机会主义并不是组织消防的过程中遇到的唯一问题。消防队员是那些在火灾发生之后当其他人拼命往大火外面跑的时候往大火里面冲的人，所以他们不能被即将付钱给他们的那些人直接控制。在黑暗、残酷、不舒服并且危险的环境下，他们必须迅速做出决定——去哪里、给什么通风、把消防水枪射向哪里。他们必须在瞬间做出决定是尝试救人还是尝试挽救那些财物，还要考虑保存自己生命的可能性。当他们尝试救人或者抢救财物的努力失败的时候，或者没有能够拯救大楼业主最想要挽救的东西的时候，很难说清楚是因为他们自己的过错，还是因为绝无希望，或者因为对他们而言实在太危险以至于无法再前进一步。设计一个惠及消防队员的优良的货币奖励系统是难以想象的。

这两种组织的问题被用相同的方式所解决——通过在每一次灭火的过程中重视消防队员的勇敢而使金钱收益成为一个无关紧要的问题。除非消防队员不愿向大楼业主索要贿赂，以及除非他们相互之间评估自己的工作，不然没有一个好的方法来组织他们的工作。（唯一的选择就是对消防队员来说拥有所有的大楼，但是这可能会产生其他问题；此外，消防队员保护生命就像保护财物一样，而且消防队员拥有其他人的生命是不可取的或者说不能令人满意。）

解决这些激励问题的通常做法是使得消防队员变成一个令人尊敬的职业，在友情、尊敬和金钱方面都给予回馈。索要贿赂的那些消防队员或者那些没有尽最大努力来灭火的消防队员应该遭受丧失职业道德的谴责。对消防队员来说，继续做好他们的事情显然更加值得；而放弃对他们来说是一件非常不愉快的事情。

□ C. 消防的成本和价格

扑灭一场大火的成本并不是等火灾发生以后才发生的那些事情的成本，而是事前的准备成本——包括消防管道、宽阔的道路、日常的训练、一个邻近的消防站以及进行道德教育防止消防队员成为勒索者等的所有成本。不管西 118 街 420 号处发生火灾与否，把这些要素安排在一起将花费巨大。所有这些要素并不是扑灭那场大火的边际成本，它们是固定成本。

我们来撇开那个有一场大火在已知的时间和地方发生的不切实际的假想：这将会使得边际成本和固定成本间的对比更加明显。当西 118 街 420 号处发生火灾的时候需要水压、宽阔的道路，以及邻近的、训练有素的、尽责的消防力量，而这些力量可以轻易地在西 118 街 419 号处做同样的事——其全部花费就是更多的水和更多的时间。无论何时西 118 街 420 号处的业主都有一支消防力量准备扑灭火灾，419 号处的业主也是如此。

这就像一个健身房或者一个图书馆；即使没有人使用，杠铃、跑步机和书籍依然被放在那里，而且不是每一个人都想在同样的时间使用同样的东西，一套东西可以为很多人服务。新增成员到健身房的边际成本，或者被某支消防队所保护的财产的边际成本都是很小的。并且一个人一旦成为健身房的一员或者消防队中的一员，一次出勤的成本通常是如此之小以至于为每次出勤而收费已显得没有意义。

对消防车的出勤收费甚至比对前往健身房收费还没有道理，这个判断基于很多原因。第一个原因是时间：使得一些人同意为出勤付费也许会至少花费几分钟，并且在协商的那会儿大火会造成极大的损失。第二个原因是外部性：如果火灾不能尽快扑灭，大楼的业主并不是唯一的受害者：如果火势蔓延，那么周围的每一个人都会处在危险之中。如果扑灭火灾的成本要高于放任火灾所造成的个人损失，那么大楼的业主会倾向于放任火灾蔓延，而对整个社区来说，造成的损失要远远大于扑灭这些火的成本。（在非建筑火灾——那些在休闲场所、轨道交通的交叉口以及小汽车内发生的火灾中尤其如此。2000 年，消防队员应对的纽约市发生的大概一半的火灾都是非建筑火灾，并且许多建筑火灾发生的时候，没有人的财产会受到威胁，所以也就不会同意为扑灭火灾进行支付。）

向出勤收取费用没有意义的第三个原因是道德危机：大部分财产都有火灾保险，因而是火灾保险公司而不是业主本人将要承担这场火灾的绝大部分损失。让业主为消防队员的出勤支付并不能消除低效率的出勤，而且向火灾保险公司收费也不能产生有效率的出勤，因为一场火灾引发的大部分损失——生命的丧失、给人带来的疼痛——并不能用赔偿金来完全抵消。

在一些情况下，第二个和第三个原因只是第一个原因的变种。如果大楼业主、邻居以及火灾保险公司在决定了各自的支付情况后一起聚在科斯时尚店商量是否要通知消防部门，那将毫无效率可言。这样所花费的时间足够让整个城市被大火烧光。一旦火灾发生，交易的成本将非常高昂。

所以，在绝大部分情况下消防部门并不会因为个人出勤而收费。在美国对这项政策有一个例外——针对错误的报警——但是对发出错误报警的人收取的费用只是作为一种对恶意的惩罚，而不是出于边际成本的考虑。（在美国之外关于错报火灾的惩罚更加普遍。）在一个让消防部门出勤而不需要为此支付的系统中，错误的报警是一个不可避免的产物。人们会用许多琐碎的理由引诱消防部门来探视他们的情况：为了娱乐自己，为了让在学校无趣的一天变得有意思，为了回应同伴的挑战。2000 年，纽约市的消防部门回应了 56 000 次错误的报警，而当年仅仅发生了 58 000 次火灾。对那些被证明是因为一些捏造的原因而发出错误报警的一小撮人进行严厉的惩罚是减少免费服务带来的问题的一种途径。

尽管一旦火灾发生对消防行为进行收费不是一个好的主意，但是对可能发生的火灾进行预先的收费可以产生一些潜在的帕累托改进。一个消防公司——以及相应的设施、管道、宽阔的道路和消防站——就好像一个空载的地铁车厢，这是我在第 5 章讨论过的一种拥堵源。在消防公司负责的这片区域维护一栋房子或者一个工厂以及运行一处商店就好像乘坐地铁一样。对地铁来说，对每一次乘坐最优的收费就是按照边际成本来收费——你施加给旁边的乘客额外的不舒服度以及损失的时间——并且对于消防来说也是如此。

消防的边际成本是什么？当然，这是一个已经发生的火灾的边际成本——水和消防队员付出的努力以及面临的危险。一个消防公司所负责的大楼越多，期望火灾的数量就越多，上面说的这些成本就越大。但是水和消防队员所做的努力并不是消防的全部成本。如果一个消防公司对你的房子正在发生的火灾采取了措施，它就不能同时对我的房子采取措施。（这是错误报警的主要成本。）当你的财产着火了，我就会陷入巨大的危险，因为消防公司回应我正在被火燃烧的财产要花费更长的时间，而水的压力也会变低。（在大多数城市地区，同时回应并不是不能实现；如果出现这种情况就需要等待较长的时间，因为来自邻近地区或者邻区市镇的消防公司会对此做出回应。）对某个回应较长时间的等待其代价是非常大的。

所以更有可能发生火灾的大楼应该为此支付更多——木结构建筑物而不是砖块或者石头砌的大楼、被遗弃的大楼、烧烤饭馆以及使用大量油脂的饭馆。实际发生的火灾给别的财物造成的成本也是有影响的。远离消防站的大楼需要更多的出行时间（才能赶到）；更多的出行时间意味着这个消防公司投入到扑灭这场火灾的时间也更长，因此其他大楼将会失去更多的保护。大楼离消防站的距离越远，保护的成本就越高。

某个消防站负责的大楼的数量和特征同样影响其中某个大楼发生火灾的成本。如果某个消防站只负责一栋大楼而不是我拥有的楼房，那么与此同时其他大楼像我的大楼那样正在燃烧的可能性就很小，而且我这里发生的火灾并不会对那栋大楼期望被消防站回应的时间造成很大影响。如果有 10 000 栋其他的大楼，很可能我这里发生的火灾会阻碍其中至少一栋的被响应时间。这就好像地铁车厢里的拥挤情况：如果车上除了我外只有一个乘客，那么我不会碍着他的路，但是如果另外还有 200 个乘客，我就会挡着其他很多人的路。相似地，其他财物的价值越大——当然生命也极其珍贵——由于我这里的火灾导致消防队的延迟成本就越大。所以在一个大范围且高密度的地区，边际消防成本要高于低密度地区的边际消防成本。

□ D. 消防能力和准备状态

对于一个负责小范围且低密度的区域的消防站来说，如果只收取边际灭火成本的话将会赔钱；而对于一个负责大范围、高密度且有价值的区域的消防站来说，这样的收费将会盈利。以上内容告诉我们消防站和消防公司的最优布局应该是什么？

这个问题的答案很像我们在第 5 章中从列车身上得到的答案。把消防能力看成是在一个大都市区相同消防站的数量。增加消防能力使得支付消防队员的薪水、购买设备以及通常维持消防努力的成本更高，但是这将减少公众因为延迟回应而损失的成本。如果满足第 5 章的条件——持续可变的消防能力、恒定的单位消防能力成本、公众的延迟回应成本只是一个利用率的函数，并且没有其他的扭曲——那么在最优的消防能力水平下一个收取边际成本的消防部门会达到收支平衡。

研究过消防成本的经济学家认为这些条件或许都不太可能成立。问题在于利用率：当保持密度不变的时候，人越多的地区人均消防成本似乎要低一些。两个消防公司同时负责两个一样大小的区域会比一个消防公司单独负责一个区域的效果要好（Brueckner，1981）。其中的原因很有可能就是我在第 2 章提及的需求平稳：使得一个消防公司能够支援其他的地区增加了消防公司对火灾作出回应的可能性。两个消防公司一起也可以更好地解决更严重的火灾。

所以一个使用边际成本定价的消防部门可能会赔钱；边际成本低于平均成本。实证研究告诉我们这样赔的钱不会很多，但是尽管如此仍然是赔钱。一般情况下，土地税不失为一种弥补这种损失的好方法——因为消防站的存在，在消防受益区的所有土地都会更有价值，即使这些土地还没有开发，因为存在消防站的保护，被选为建设对象将更有价值。

在美国，消防力量的实际组织和支付方式如何影响了城市的扩张呢？在一个火情相当均匀的地区，通过通常的房地产税实现的平均成本定价可能会取得与下水道服务的平均成本定价一样的效果——通过降低密度促使了城市扩张。但是因为平均成本和边际成本之间的差别并不大，这一影响实际上相当小。

■ Ⅳ．固体垃圾

□ A．固体垃圾处理为什么重要？

固体垃圾问题类似于污水问题。两者都属于城市问题：在一个农场或者在森林里面你可以将固体垃圾烧掉或者让它们自然分解，不会有人因此受到影响。相似地，有关固体垃圾处理的公共规定之争是一个次优原则：它阻止了人们参与产生负外部性的行动。你扔掉了三袋垃圾而不是两袋垃圾这件事本身并不会使我的状况变好。我将高兴于你的垃圾被捡起来，因为如果它被捡起来，它就不会被倾倒或焚烧在我的后院，同样也不会腐烂在我厨房的窗户外面。外部性来源于你没有采取的行动，而不是你已经实施的行为。

固体垃圾如果不能被合理处理将会带来形形色色的问题。它会"吸引令人讨厌以及潜在地转播疾病和引发疾病的昆虫、啮齿动物和病原体，并且促进它们的繁殖"，促进诸如血吸虫病、恰加斯氏病以及班氏丝虫病的传播，在发展中国家，疾病与匮乏的固体垃圾处理手段间有着紧密的联系（Bloom and Beede，1995，p.22）。2000年，世界卫生组织估计这些疾病大约导致了约800万"伤残调整寿命年"* 的损失——也就是说，它与诸如肺结核之类的疾病相比虽不是巨大的忧虑，但是仍然要超过白血病和溃疡带来的危害（World Health Organization，2002）。

固体垃圾还会堵塞露天的水沟和下水道；这给转播疟疾和登革热病毒的蚊子提供了繁殖的空间，并且也导致了这些疾病的泛滥（Mensah and Whitney，1991，p.163）。垃圾还会着火：附着在轨道上的垃圾的自燃是导致纽约地铁系统延迟的一个原因。此外，垃圾还令人厌恶并且极其难闻。

固体垃圾在几个重要的特征上与污浊水并不相同。一方面，固体垃圾相对要少些。

---

* 伤残调整寿命年（disability-adjusted life year，DALY）是指从发病到死亡所损失的全部健康寿命年，包括因早死所致的寿命损失年（YLL）和疾病所致伤残引起的健康寿命损失年（YLD）两部分。DALY 是生命数量和生命质量以时间为单位的综合度量。——译者注

城市经济学

每个美国人平均每天所产生的进入下水道的污浊水——大部分是污液——要比他或她产生的固体垃圾重几百倍左右。但是固体垃圾很难移动——通过管道可以输送液体污浊水，但是固定垃圾不能这样处理。不管固体垃圾在什么地方，都会有人想将其搬离靠近自己的地方。

因为固体垃圾不能靠自己来移动，所以收集固体垃圾所付出的艰辛要比收集污浊水所付出的更多且持久。这条规则无论在家庭内还是家庭外都适用，贯穿于运送代理人把垃圾从家庭（或者街道）搬运到最终目的地的全过程。冲洗厕所要比捆扎两个星期的报纸简单得多，很难想象这一任何家庭都要为之付出的努力会比让洗澡水流进下水道更为轻松一些。相反，扰乱社会的固体垃圾处理要比扰乱社会的污浊水处理简单一些。相比于从电影院出来赶着回家去洗碗或者大便的那些人，你更愿意吃着一杯冰淇淋或者咀嚼着一个糖果棒散步回家，相比于身处淤泥或者固体垃圾的附近，你更愿意在繁忙的人行道上发现餐巾纸、塑料勺和糖果纸，这些都是常识或者被大众所普遍认可的。

最后，固体垃圾比污浊水要不均匀得多。确实有几分是这样的：污浊水是大量使用水的过程中产生的废物，而固体垃圾则是人们都想摆脱的东西。所以固体垃圾包括旧的轮胎和已经使用的婚礼邀请函、家具和电池、花园里的修剪物和丢弃的服装、只吃了一半的汉堡包以及猫咪的排泄物、塑料包装的小精灵和快用完的番茄酱瓶、麦片盒、打破了的餐具、报废的灯泡、昨天的报纸，以及本书前三稿的稿纸。

□ B. 处理费的定价

因为对固体垃圾进行不正当处理是如此容易，所以在经济学上解决固体垃圾问题显而易见的方法——对此进行收费以让人们捡起固体垃圾——似乎不是一个最优的办法。结果是，大多数人认为垃圾处理应该是一种无偿的行为——他们在市政税或者各项年费中已经对此进行了支付，但是既没有对他们多丢弃固体垃圾的惩罚，也没有对他们少丢弃固体垃圾的奖励。结果是人们往往可能丢弃了太多垃圾；花费的少一些，留的钱多一些，以及可能更少的污染将会是一种潜在的帕累托改进。与身陷不得不为垃圾处理支付费用的处境不同的是，人们也可能会购买那些不太耐用的商品，很快地加以更换，以及举办更少的旧货出售。

可以肯定的是，在美国已经有不多的一些社区制定了为垃圾袋付费计划（在 35 000 个城市和郡镇中大约有 200 个这样的社区）。在这些社区中，家庭通常要么购买具有特殊用途的袋子，要么在自己的容器上贴上标签。只有带有这种特殊身份证明的容器才会被作为垃圾而收集。富勒顿和金乃文（Fullerton and Kinnaman，1997）研究了这些社区并且估计这种收费系统将会减少约 14% 的垃圾收集量（人们更加紧凑地把垃圾装进袋子中）。但是大约 1/3 的减少量源自更多的违法倾倒。如果倾倒一千克的垃圾或者违法燃烧的社会成本超过合法处理的两倍，那么富勒顿和金乃文的结论暗示，对以这种方式进行垃圾收集的定价并不是一种潜在的帕累托改进；被收集垃圾的减少量并不值得去这样做。

固体废弃物的异质性也有着重要的经济学意义。既然不同的废弃物可以进行不同的加工，就值得将它们相互区分开来——当然不是无限的价值。院子里的废弃物可以被回收用作肥料，但是电池就不可以——院子里的废弃物与电池的混合物也不可以。所有东西混杂在一起的价值小于各自价值的总和。关于区分的问题就是在什么时候进行这项作业——例如，是否每个家庭应该一直将院子里的废弃物与电池分开放置，还是这两样东西随后在一些加工设备中被分拣出来——以及是否需要加以区分。污水与固体废弃物的区别已经让人们意识到每个家庭应该负责做一些区分工作——没有人认为你可以把报纸冲进厕所里或者把洗碗水倒进垃圾桶——但是要求每个家庭在看完报纸之后将印刷油墨与纸张分开就全无可能。

如果同一个人既承担分类的成本又享有来自分类的全部收益——分类之后大量的垃圾会比之前更有价值——那么往往就会做出正确的决策，在这种意义上并没有其他的决策可以产生潜在的帕累托改进。有时候市场会促进大量的回收，在劳动力比回收制造的商品更便宜的时候尤其如此，因为区分不同种类的垃圾往往是一项劳动密集型活动。例如在雅加达，"估计有30 000~60 000名拾荒者从垃圾堆中提取可回收的东西，诸如玻璃、纸张、硬纸板、金属、木材、橡胶、骨头和纺织品。这些人会把回收的东西卖给小厂商，小厂商再将这些东西分类、捆扎，然后卖给其他专门从事回收某类特定东西的中间商，而那些中间商又会转而把其运走卖给回收厂"（Beede and Bloom，1995，p. 43）。在20世纪80年代，超过2 500名拾荒者依靠墨西哥城的垃圾场生活（Oster，1989）。

但是，如果家庭可以免费得到垃圾处置服务，就只会有很少的回收活动，即便是那些家庭自己就可以很便宜地进行的区分工作。当家庭不为他们倾倒出来的垃圾支付任何处置费用的时候，他们自己用在区分回收物上的时间和努力将得不到任何补偿。免费的垃圾处置意味着几乎不会有多少回收行为。

正因为此，政府制定了一系列政策来鼓励回收。总的来说，这些政策对回收进行补贴——通过资助捡起可回收材料的行为，补贴对可回收商品的采购，或者批准政府或政府的签约商使用回收材料。一些政策也对不进行回收的家庭进行处罚，但是执行力通常比较薄弱，在大多数城市并不能经常见到垃圾警察。政府此时就通过使分拣变得简单来鼓励人们分拣可回收物，以及通过呼吁它们的公民和生态价值观来促进回收。

回收的补贴缓和了其中一种问题，但是这些补贴措施并不能完全消除这个问题，而且也不能解决其他问题。我将回收我的塑料苏打水瓶当且仅当这样做的社会成本——从回收产出品的价值中减去清洗苏打水瓶、与2号塑料*分开保存两个星期、在恰当的时间把它送到路边、捡起这个可回收的瓶子、运送这个瓶子以及对其进行再加工的所有成本——小于把这个塑料瓶运送到一个垃圾堆并把它丢弃在那里的社会成本的时候。最可能的情形是，当且仅当我是一个热心公益事业的人，或者当我比较在乎我的邻居如何看待我，或者我住在一个大家都特别害怕垃圾警察的地方时才回收自己用过的苏打水瓶。事实上一些应该回收的回收品没有被回收，而一些不应该完成的回收也是如此。在这种情形中补贴和相关的活动并没有很好地缓解回收问题。不过，一些应该进行的回收也确实在进行之中，在那种情形中回收的问题有所缓解——或者说尽可能地接近了愿望。

---

* 塑料分为1~7号，塑料用品如矿泉水瓶、运动水壶等都会在瓶底有一个由三个箭头组成的小三角标记，小三角里的数字就代表塑料的等级数。基本上所有矿泉水瓶都是1号，即不可多次反复使用，塑料里的化学成分会产生有害物质，影响人体健康，而7号则是最安全的，可以多次重复使用。——译者注

然而，回收政策全然忽视了另外一个问题。它们试图改变一旦我在自己家中拥有了一瓶苏打水之后的做法，但是它们却不试图影响我究竟能否从上家那里获得瓶装苏打水。如果我必须承担丢弃苏打水瓶的全部成本，不管是通过回收还是通过常规的垃圾收集，也许我将决定购买纸盒装的橘子水或者改为从水龙头中喝水（或者购买更大容器装的苏打水以利用三分之二法则）。在这个例子中，无论我是否想要回收它，我丢弃这个苏打水瓶子将会是一个潜在的帕累托改进。再一个问题就是免费处置，尽管它是否能被称为回收尚未得到一致的看法。

另外一个不同的政策也试图产生这些潜在的帕累托改进。它叫做**提前处置费**（ADF）。一个 ADF 是对那些可能成为废弃物的物体在销售时就对其征税（这就好像根据一个家庭的用水量收取一定比例的污水费）。因为最终我会处理它，所以不管我以后是否会回收这只苏打水瓶，我将不得不为把它带出商店而支付一些费用。一旦我拥有了这个瓶子，一个 ADF 并不会影响我怎么做；它只会影响我是否购买这只瓶子。它对解决这个问题起到了相当好的作用，而对回收进行补贴就没有起什么作用，但是它也没有能够解决回收补贴原本期望解决的问题。

显然，将这几种政策组合使用是一个颇好的主意。如果你是去两个果园采摘而不是到一个果园采摘，那么你更可能摘到那些容易够得着的水果。将上述两种方法组合起来的一个最普遍的政策称作**存款/退款制度**。购买苏打水瓶的人们需要为此支付一种税费，就像一个 ADF 一样，但是如果这个瓶子得到回收，他们就会得到与之前付出的税费等额的补贴。"一个存款/退款制度保证了减少废物处置的最小成本方法得到了应用，不管它是通过源头减少——通过更少的生产和消费的方式来减少废物处置——还是通过回收"（Palmer，Sigman，and Walls，1997，p. 2）。

无需惊讶的是，用于减少垃圾输向垃圾堆和焚化炉的存款/退款方法无疑要比单一的提前处置费或者回收补贴产生的代价小许多。一项研究估计，每减少 10% 的常规垃圾处理需要花费每吨 45 美元的存款/退款，而要减少相同的垃圾处理量每吨将需要 85 美元的提前处置费或者每吨 98 美元的回收补贴（Palmer，Sigman，and Walls，1996）。

存款/退款制度并不仅仅限于在瓶瓶罐罐上发挥作用。新罕布什尔州和缅因州对使用新的汽车电池征收一定的税并且对于那些使用二手电池的人们返回一部分钱。俄克拉何马州对新的轮胎收取一美元的税并且对合理处理旧轮胎的人们返还五美分的现金。有相当多的行政区对农药也采取了存款/退款制度。许多欧洲国家也在润滑油交易上使用了类似于存款/退款的制度：他们对原油征税并且对汽油的回收进行补贴。欧洲能够回收大约 65% 的废汽油，而美国只能回收 15%。

不过存款/退款制度并不是万能药。一方面，如果回收花费金钱，那么退款就会太高。它应该仅仅是常规处理的成本与回收成本之间的差额。另一方面，大多数既存的存款/退款系统的行政成本很高，可能高到足以抵消其他所有的潜在帕累托改进。这大概就是为什么只有一些商品适用于存款/退款制度的原因。你如何根据一个人回收的零碎纸片而嘉奖他着实让我有些难以理解。但是最好记住高速公路上的通行费征收——那种如同二十年前的科幻小说一般的技术在今天得到了实现。

□ C. 最终的废物处置

一旦固体废弃物被收集起来，对它的处理就有着非常多的选择。遗憾的是，大多数从经济角度来看实惠的选择，例如把它们倾倒进大海，这是纽约市最初的方法，对环境的破坏相当大。

焚烧和填埋——燃烧垃圾和把垃圾掩埋进土壤中——都是当前发达国家最为普遍的垃圾处理方法。对焚烧来说，其最大的优势在于只有很少的残渣剩余，并且有时候还会有电、热能一类的副产品；最大的危害就是空气污染，它来自于微粒物质和不完全燃烧的产品，例如一氧化碳、氮氧化物、氯化烃、酸性气体和金属等带来的大气污染。对填埋来说，最大的优势在于其简便，而最大的缺点就是水污染，它来自沥出液——从未处理好的或堆放着的垃圾堆里渗流出来的液体，它穿过原先的垃圾，渗透出填埋物，污染含水层及地表层——好像臭气和疾病一样。垃圾堆也导致了全球变暖；它们每年释放出的甲烷占进入大气层的全部甲烷的 6％（U. S. Department of Energy，1993）。不管是焚烧还是填埋都需要一些固定的卡车车队，这些卡车既大又脏。这些卡车到达它们最终目的地需要行驶的路程越长，它们对路面造成的破坏就越大。

就像其他许多东西都会使用土地一样，填埋也要使用土地。正如我们已经看到的那样，填埋场的大多数土地是闲置的。全世界每年产生的固体废弃物如果在填埋场堆放成一个 100 米高的垃圾堆，那么这个垃圾堆将会占地将近 29 平方公里。按照目前的产生率，全球的垃圾填埋场覆盖跟罗得岛一样大小的区域只需要 100 年（Beede and Bloom，1995，p. 79）。使用可达土地来填埋垃圾而不是修建公寓或者高尔夫球场存在着机会成本，此时土地的价格代表机会成本。

上面两种方法的缺点都可以被克服——这只需要花些钱。现代的焚化炉基本上可以通过较高的炉膛温度消除大多数污染物，通过静电沉淀器消除微粒和金属，以及通过洗涤器去除酸性气体。在一个新的垃圾堆里安装不渗透的黏土内衬可以减少沥出液造成的破坏，在每天的垃圾上面覆盖一层干净的泥土可以帮助减轻臭气、昆虫、病菌和被风吹来吹去的垃圾所带来的问题。一些填埋场堆放着能够释放甲烷的物质，通过燃烧它们还可以生产一些能源。

根据不同的环境，例如通过从源头的减少或者回收能够获得的流向垃圾堆或焚化炉的减少到底有多么便宜，再如运送废弃物到底有多少花费，这些致力于减少废弃物处置的负外部性的花费不菲的设计和技术有多大的不同呢？（也许把垃圾堆搬移到二十英里开外会代价更小一些，因为这时再也不用担心会吵醒邻居）。再好的方法也会因环境而异。例如，当地下水位高的时候填埋垃圾就是一个坏主意，在发展中国家很难实现高温焚化，因为垃圾通常含有较高的水分（湿的东西很难燃烧）。迪格瑞芙和维勒博格（Dijkgraaf and Vollebergh，2003）发现，在荷兰社会普遍认为垃圾填埋要比焚化（假设甲烷可以被用于生产能源）的方式便宜许多，但是它们并不能说清楚这些结果可以推广到什么程度。

在发达国家，几乎所有环境上可接受的处置方法普遍有着巨大的固定成本。例如在美国，在一个运营中的每天处理 2 700 吨垃圾的卫生填埋场，每吨的平均成本仅仅是每天处理 200 吨的填埋场平均成本的 30％（Beede and Bloom，1995，p. 21）。所以，与污

城市经济学

水一样，固体废弃物处理的边际成本要小于其平均成本。但是，因为填埋场和焚化炉几乎从来都不试图通过向家庭直接收取平均成本（或者更高）实现收支平衡，所以对固体废弃物来说，过度收费不是一个类似于污水的严重问题。

因为最终的消费者并不以平均成本来支付，因此固体废弃物处理的价格高低并不会导致与污水处理定价所引发的相同的城市扩张问题。不过收集固体废弃物的成本表现在各个方面，成本的表达方式总的来说并非无伤大雅。离街面有更远距离的房产增加了垃圾收集的成本，但是并不需要为此额外承担任何成本。如果我的房产有着 30 米的临街距离而不是 15 米，垃圾车就会花费两倍的时间走到我这，但是我与有着 15 米的临街距离且价值一样的房子主人支付相同的费用。这是对城市扩张的一个激励，当然它只是一个小小的原因。小镇上的每个人最终都会因为更远的临街距离而需要支付高于他们支付意愿的垃圾处理费用；如果每个人都有着较短的临街距离以及较低的垃圾回收成本，那么每个人的状况都会变得更好。

Ⅴ．结论

一个城市需要水源、灭火的方式以及回收或者摆脱污浊水和固体垃圾的手段。所有这些活动都包含了外部性，因而没有显而易见的科斯解决方案，关于这些活动应该如何定价的公共政策决策或许也将不可避免。这些服务究竟通过公共部门还是私人组织来承担是另外一个问题，对此我没有在本章中进行讨论。就目前而言，时下有多少个城市，就几乎有多少种不同的公共、半公共及私人服务的安排，并且这些服务似乎变得越来越复杂而不是越来越简单。我在第 5 章概述的一些关于公共交通的一般原则也大概适用于这些环保活动。

所有这些活动某种程度上都规模报酬递增，而且它们都减轻了这些不会出现在乡村的问题。它们内在地具有空间性：你不能通过传真得到一加仑水或者一辆消防车，你也不能把你的固体或者液体废弃物邮寄到一个虚拟的垃圾堆。你需要管道、道路、消防引擎、消防龙头以及垃圾运输车。无论是好是坏，这些厚重、坚固、长期使用的资产也暗示着历史起着很大的作用。你不能决定明天把纽约移走，或者用菲尼克斯来替换它。纽约市现有的基础设施对民众来说是最大的礼物，他们每天都使用它，他们也不能够把这些东西带到菲尼克斯去。但是这些现有的基础设施也有可能成为一种祸患，正如我们在西方城市的一些荒唐的下水道系统的例子中所见到的那样。

这些系统没有一个是完美的。富裕或者中产阶层的人们可能使用过多的水，而穷人可能使用的水太少，在发展中国家尤其如此。污水处理服务收取了太高的费用。人们只有很弱的激励去减少雨水的路面漫溢，使自己的财产远离火灾、进行回收或者更少地丢弃垃圾。这些系统的大多数定价结构可能会引发城市的扩张，尽管这些影响的规模并不是很大。我已经列出了一些诸如使价格和投资策略发生变化的方法以获得潜在的帕累托改进，但是即使有了这些改变，这些服务的交付过程仍然与最优状况相距甚远。

问题

1. 2002 年的春天，新泽西的雨水未尽人意，水库的储水水平下降到全部水库容量的 40% 左右。专家认为除非有比平常更大的雨到来，否则水库中的水将会在 50 天左右耗尽。州政府通过宣告干旱紧急状态并且公布一系列规定来应对，这些规定管制了水的一些特定用途。例如，禁止用水来洗车（商业洗车不在禁止范围），禁止用水灌溉草坪（除了对那些新铺的草皮浇水），禁止运动场地的冲洗（除了在夜间且不超过 45 分钟），禁止使用电力驱动的洗涤设备（商业公司除外），以及禁止餐馆提供水。但可以对红土网球场补水。

如果此时你需要给新泽西的政府出谋划策，你将会给出什么建议？你将怎样向公众解释为什么你选择这些政策而不是那些事实上正在执行的政策？

2. 2000 年干旱期间，位于新泽西的梅普伍德乡村俱乐部继续用水浇灌它的绿地。这是合法的，因为它并没有为此使用水库中的水；它只是从它自己的井中抽取水。这个乡村俱乐部为了防止过路的人投诉专门竖了一个标牌加以说明。

公共政策允许梅普伍德乡村俱乐部聪明地使用这个方法吗？为什么？一个看起来更好的政策将是怎样的？按照科斯定理，在这种情况下政府的政策是否需要发生一些变化？

3. 在干旱的城市，日常用水的需求由下面的函数给出

$$D = 100 - p/2$$

其中，需求以每天百万加仑数（mgd）度量，p 指的是一百万加仑水的价格。如果常规的水供应都耗尽了，瓶装水会源源不断地送往 Thirsty 市，其成本是每百万加仑 80 美元。

Thirsty 市的水库容量是 350 百万加仑。每个周日这个城市的降雨量都是一样的：如果水库不漫出，那么足够的雨量使得多达 490 百万加仑的水被储存在水库中。周日的降雨量都是绝对确定的。利息率是 0 且没有水会蒸发。

Thirsty 市的一周中每天水的最优价格是多少？（先解决不同的日子里最优价格是否不同这一问题。）每天消费的水是多少？

4. 西顿皮革厂每天会输送约 100 万加仑的工业污水到帕塞伊克河河谷污水委员（PVSC）控制的下水管道中。PVSC 是一家大型污水处理机构，对西顿和许多其他的顾客提供收费服务。根据最新的 PVSC 财政报告，它的日常成本如下：

还本付息	20 000 美元
工资（高管、门卫等）	20 000 美元
处理污水使用的化学品	20 000 美元
处理污水消耗的电力	20 000 美元
污泥清除	20 000 美元
总计	100 000 美元

PVSC 每天处理 1 000 万加仑的污水，法律和其他特定条款要求它把价格设定在保

证它收取的费用恰好能够抵消还本付息和运行成本的水平。对待所有的顾客它都一视同仁。

　　a. PVSC 处理每加仑的水应该收取多少费用？西顿皮革公司每天因此要支付多少钱？

　　一个销售污水处理设备的推销员来到西顿皮革厂，劝说西顿公司购买自己的处理设备。购买这个设备需要花费 10 000 000 美元，且西顿可以按照每天 0.03% 的利率借钱。这家西顿皮革厂正好靠近帕塞伊克河，如果西顿厂安装这个设备，这个污水处理设备将有足够的能力使得处理后的污水与 PVSC 处理后的污水一样干净，于是环境机构就会允许它们把自己处理后的污水直接排放到帕塞伊克河中。当然，它们还需要为每天的用电支付 1 000 美元，为使用的化学品支付 1 500 美元，为污泥清除支付 600 美元。

　　b. 如果你正在给西顿皮革厂的 CEO 出谋划策，你将会怎样做？你将会怎样向股东们解释你的建议？

　　c. 问题 a 是有效率的吗？为什么？

　　d. 如果你正在运营 PVSC，当你听说西顿皮革厂的计划后会怎么做？你将会如何结算？你将怎样向公众解释你的方法（包括向其他的顾客做解释）？

　　5. 瑟威尔市沿着一条长长的道路而建。住在瑟威尔市的每个人都与位于道路末端的污水处理厂有联系。世上的每个人都是同一的。无论他们住在什么地方，都不得不为下水道和住房支付 10 000 美元。当然，瑟威尔市就与世界上的其他地方一样。

　　瑟威尔市的土地被划分成了 100 块，每一地块有 50 英尺宽。由于技术原因，下水道不得不被连接到距离污水处理厂最远的那一地块的末端。水管只有一个标准尺寸，并且从来不会满负荷。

　　在每一地块中，业主可以修建她想要的任何高度的大楼，并且在相应的房子中容纳她想要容纳的人数。然而房子越高，每单位的运行成本就越高。特别地，如果住在一个房子里的人数为 q，总成本就是

$$C(q) = 500q^2$$

房子中的每个居民会产生 10 单位的污水。

　　不管有多少人住在瑟威尔市，污水处理厂都需要花费 400 000 美元来修建。一旦这个厂建好了，处理一单位污水的花费就为 0。

　　a. 在瑟威尔市对污水应该收取的最优价格是多少？

　　b. 如果收取了最优价格，每个人的租金是多少？在每个地块将会有多少人居住？每一地块的业主将会获得多少利润？

　　c. 假设最优的污水价格造成的赤字由土地税来填补。将要总计收取多少土地税？每个地块将要收取多少土地税？每个地块的业主的税后利润是多少？瑟威尔市应该继续经营吗？

　　d. 假设瑟威尔市决定污水处理应该仅仅为处理污水本身付费，因而采用平均成本定价法。如果人口保持不变，每个人应该为污水处理支付多少？每个人应该支付的租金是多少？

　　e. 地块的拥有者们知道当他们决定修建房子的时候污水处理将被按照平均成本定

价。在每一地块将会有多少人居住？（注：可以出现以分数表达的结果；如果有多个均衡，则边际成本递增的那个建筑将会趋于稳定。）

    f. 在最优定价或者按照平均成本定价的情况下，瑟威尔市的人口密度会增加吗？

    g. 每一地块业主的税后利润是什么？比在最优定价时的情况高还是低？

参考文献

Beede, David N., and David E. Bloom. 1995. "Economics of the Generation and Management of Municipal Solid Waste." National Bureau of Economic Research Working Paper 5116.

Brueckner, Jan. 1981. "Congested Public Goods: The Case of Fire Protection." *Journal of Public Economics* 15(1): 45−58.

Burrows, Edwin G., and Mike Wallace. 1999. *Gotham: A History of New York City to 1898.* New York: Oxford University Press.

Citizens Budget Commission. 1993. *The Performance of the New York City Fire Department: Recommendations for Improvement.* New York: The Commission. Congressional Budget Office. 1985. *Efficient Investments in Wastewater Treatment Plans.* Washington, DC: U.S. Congress.

Crossette, Barbara. 1999. "For the Poor, Water Is Dirty Yet Costly, Experts Find." *New York Times*, August 8.

Dijkgraaf, Elbert, and Herman R. J. Vollebergh. 2003. "Burn or Bury? A Social Cost Comparison of Final Waste Disposal Methods." Nota Di Lavoro 46. 2003, Fondazion Eni Enrico Mattei, Milan.

The Economist. 2003. "Priceless." Vol. 368 (July 17), no. 8333: 3−14.

Fullerton, Don, and Thomas C. Kinnaman. 1996. "Household Responses to Pricing Garbage by the Bag." *American Economic Review* 86: 971−984.

Hall, Darwin C., and W. Michael Hanemann. 1996. "Urban Water Rate Design Based on Marginal Cost." In Hall, ed., *Advances in the Economics of Environmental Resources: Marginal Cost Rate Design and Wholesale Water Markets.* Greenwich, CN: JAI Press. pp. 95−122.

Kinnaman, Thomas C., and Don Fullerton. 1997. "Garbage and Recycling in Communities with Curbside Recycling and Unit-Based Pricing." National Bureau of Economic Research Working Paper 6021.

Mensah, Joseph, and Herbert A. Whitney. 1991. "Some Third World Environmental Perceptions and Behaviours regarding Urban Waste: A Survey of Techiman, Ghana." *The Canadian Geographer* 35: 156−165.

Murphy, Dean E. 2000. "Tap or Bottle? Contamination Fear Puts New Slant on Old Question." *New York Times*, September 17, p. 41.

National Research Council, Academia Nacional de la Investigación Científica, A.C., and Academia Nacional de Ingeniería, A.C. 1995. *Mexico City's Water Sup-*

ply. Washington, DC: National Academy Press. Accessed at http://lanic. utexas. edu.

Oster, Patrick. 1989. *The Mexicans*. New York: Harper and Row.

Palmer, Karen, Hilary Sigman, and Margaret Walls. 1997. "The Cost of Reducing Municipal Solid Waste." *Journal of Environmental Economics and Management* 33 (2): 128–150.

Sah, Rohit. 1997. "Sanitation in Developing Countries." PhD diss. , Columbia University.

Shay, Ted. 1994. "The Level of Living in Japan, 1885—1938: New Evidence." In John Komlos, ed. , *Stature, Living Standards, and Economic Development: Essays in Anthropometric History*. Chicago: University of Chicago Press. pp. 173–201.

U. S. Bureau of the Census. 2001. *Statistical Abstract 2001*. Washington, DC: Government Printing Office.

U. S. Department of Energy. 1993. "Emissions of Greenhouse Gases in the U. S. : 1985—1990." DOE-EIA 0573. Washington, DC: Government Printing Office.

Water Supply and Sanitation Collaborative Council. 2004. *Progress Report*. Accessed on May 25, 2004, at www. wsscc. org.

Williamson, Jeffrey. 1990. *Coping with City Growth in the British Industrial Revolution*. New York: Cambridge University Press.

World Bank. 1993. *World Development Report: Investing in Health*. Washington, DC: World Bank.

World Health Organization. 2002. World Health Report 2001. Accessed August 1, 2002, at www. who. int/whr/2001/main/en/pdf/annex3. en. pdf.

第 10 章

教 育[①]

城市是有史以来的发明中最伟大的教育工具。但是驾驭这个工具却并不轻松。

对于一些关键的教育投入来说，规模报酬递增是重要的特点。例如，准备给 100 个学生开设的演讲和准备只有 10 个学生听的演讲所花费的时间差不多。有些专门从事教育的城市——今天的安阿伯（Ann Arbor）或中世纪的巴黎，但即使在那些不专门从事教育的城市，支持教育的投入也是基础设施的重要一部分，例如清洁的下水道或城市公交车。在其他条件不变的情况下，学校、下水道和公交车在城市里比在农村里更富有成效，它们也应该是城市生活更好的原因之一。

在这一章中我们将看到城市经济如何影响孩子的教育。我们将主要关注孩子——儿童早期、小学和中学教育，而不是大学——因为当他们十七八岁的时候，很多阻碍他们接受良好教育的障碍已经消除了。18 岁的人有做出自己生活决定的能力，他们在很大程度上了解了自己，他们可以开车，可以在人行道和公共交通工具上保护自己，并且他们可以轻而易举地和父母或监护人分开居住。5 岁大的孩子则不具备这些能力。这就使得找一个良好的系统来教育 5 岁大的孩子比找一个良好的系统来教育 18 岁的孩子要困难得多。

在第 I 节中，我们将首先探讨为什么各种各样的人都希望一些人接受教育——她自己、她的父母、她未来的孩子、她的同龄人以及世界上的其他人。换句话说，我们将列举教育的好处并仔细区分这些好处所属的群体以及和教育相关的各个方面。最后一条区别尤其重要：我学习中国普通话，堪萨斯州一个小学生学习"圣经"中的创世理论，一个非洲裔孩子学习有关乔治·华盛顿·卡弗（George Washington Carver）的成就，这

---

① 为了更好地学习本章内容，你需要熟悉以下概念：封闭型城市模型、科斯定理、消费者剩余、边际报酬递减、规模报酬递增、垄断、开放型城市模型、次优，以及三分之二定律。你可以在词汇表中找到这些术语。

些学习的收益都不相同。

在第 II 节中，我们将考察市场在教育供给中所存在的问题。第 III 节则关注一些试图比市场更有效地提供教育的实际政策。我们熟悉这套措施：规则（义务教育法）、补贴（育儿补贴和一系列税收优惠）和直接供给（公立学校）。我们将看到每种方法的优缺点和各自结果的实证性证据。第 IV 节则讨论一些改革建议。

Ⅰ. 教育的收益

□ A. 在学儿童的收益

好奇是孩子喜欢学习新东西的最基本的原因。人类想了解更多的知识，即便那些知识并没有实际的用途。知道米勒德·菲尔莫尔是第十四任总统的感觉真好。教育也可以让孩子把自己当作更接近成熟的人来看待，这是他们觉得有价值的事情；婴儿不会知道谁是米勒德·菲尔莫尔。

孩子也乐于学习能够在他们的生活中直接应用的东西。学习一周有几天有助于你规划自己的时间；学习棒球规则可以帮助你打比赛；学习算术则有助于你去商店买东西。阅读和写作可以拓宽你的眼界。道德品质及人际交往能力也有直接的应用：帮助你与其他人（以及自己）相处，并达到只有通过别人的帮助才能实现的目标。

学校的其他活动也很有趣。学校是一个能遇到很多人、交到很多朋友并且和朋友共同参加活动的地方。学校有体育、游戏、休假以及社会实践。这些活动是学习如何与其他人相处的主要手段。

教育还为孩子提供了可在未来兑现的收益。受教育的人收入更多、寿命更长。如今，在大多数发达国家，在其他条件相同的情况下，受教育年限增加一年，工资水平平均提高 7%～10%。大部分证据表明，受过教育的人之所以能赚更多的钱是因为教育使他们更具有生产力。

关于教育和收入之间可能的关系还有许多其他说法——例如，能力越强的人受到的教育越多，或雇主通过受教育程度来选择员工，即使教育对他而言实际上毫无价值——不过并没有数据支持这些说法。如果你比较受过不同程度教育的相同的（同卵）双胞胎，或者观察因为义务教育法而被迫接受更多教育的人，你仍会发现在学校受过额外一年教育的人的回报率大致相同。到目前为止，我们可以说教育的回报率不再因种族而异。

教育对健康和寿命的影响似乎也有因果关系。即使更多的教育是被义务教育法所强迫的，但在同等收入水平下，受教育程度高的人比受教育程度较低的人的寿命更长（Lleras-Muney，2002a）。

当然，当孩子非常小——甚至当他们还是青少年时，他们可能无法完全理解或充分意识到这些好处。虽然他们可能对于"以后的生活"是什么样没有太多的想法，但是，他们往往知道学校的成就和以后生活中的成就有些微弱的联系。

然而，上学并非没有缺点。有些孩子宁愿不去上学而做一些其他事情、关注其他难题。更大一点的孩子能够挣钱或者帮助他们的父母（或者抚养他们自己的孩子）。

□ B. 父母的收益

从某种程度上来说，父母越重视孩子的福祉，就越能从孩子所做的任何一件事中受益。父母对世界更好的理解和对未来的更大关注通常有助于他们为她（或她未来的自己）做出比孩子自己可做的更好的决定。

然而家长的兴趣和孩子的兴趣有时并不完全一致。例如，家长可能想向别人夸耀自己孩子取得的实实在在的成绩。他们也很珍惜孩子不在家的那段时间，因为在这期间父母可以做自己的事或者进行一些娱乐活动。

父母还以不同于孩子的方式来关心其道德和宗教信仰的发展。他们希望自己的孩子优秀、健康、善良和大方。父母还想和孩子分享宗教和文化传统（关于从飞镖到正统犹太教的任何一件事情上的感受），并希望孩子能够在晚年孝敬自己。但从另一个方面来说，孩子并不清楚自己将来要成为一个什么样的人。当然，只要孩子们认为他们的父母非常棒，任何矛盾就都能被缓解。

□ C. 其他孩子的收益

当一个孩子在学习东西的时候，跟他一起玩的其他孩子也能通过一些不同的途径有所收获。一种途径就是已经学会的孩子去教其他孩子；与他人分享并不会让你失去知识。这适用于别人不知道的东西。即使学习别人已经知道的东西也将有所帮助：这使得和别人的交谈更容易且更有效率，也可以减少课堂上打岔和离题的次数。

学习对其他孩子而言也能具有示范效应。搞清楚你是谁、你能把什么（以及不能把什么）做好是成长过程中很重要的一部分。如果有一个你认为和你很相似的朋友掌握了一项技能，这会引导你去思考：如果我自己学习并掌握了这个技能，我就更有可能成功。诸如此类的想法会让你尽可能地去尝试，而尝试让你更可能成功。

示范效应对于教师以及助教同样适用。老师认为学生能够取得的成就越大，对学生成绩的要求就越高，对学生的标准就越严格。（也因为这一点，一些孩子也可能失去示范性效应。）

大量的经验证据表明，同班同学越优秀，学生的学习就越努力。例如，齐默尔和托马（Zimmer and Toma，2000）的研究表明，较入学时成绩较差的学生而言，入学成绩较好的学生在该学年中的考试成绩会提高地更快。这个结果在一些不同的国家和机构都得到了验证。这种效应称为同辈群体效应，对基础较弱的学生会更显著。纯粹从测试分数来看，成绩较差的学生从周围成绩好的同学身上所学的比成绩较好的学生因周围同学较差而所失的多。萨默斯和沃尔夫（Summers and Wolfe，1977），阿瑞斯、里斯和布鲁尔（Argys, Rees, and Brewer，1996），霍克斯比（Hoxby，2000b）以及哈努谢克等（Hanushek et al.，2001）得到了类似的结论，但是后两篇文章没有发现基础较弱的学生有不同大小的同辈效应。同辈效应真的很大：将一个处于平均水平的学生班级提高一个标准等级（或者说，将一个属于中等水平的班级提高到前1/3层次）相当于完成了一个学年四分之一的工作。

同学和朋友也在道德和文化方面相互影响，就如同在可以通过考试衡量的学习技能

城市经济学

上的相互影响一样（也就是所谓的认知技能）。加维里亚和拉斐尔（Gaviria and Raphael，2001）的研究表明，一个身边有抽烟喝酒、使用违禁药物、进出教堂的同学的学生自己更有可能参与到那些活动中去。

□ D. 其他成年人的受益

对那些没有孩子问题困扰、似乎与孩子无关的其他成年人来说，教育最大的好处就是孩子们在学校或学习的时候就无法恶意淘气。当学校上课时，破坏财产的行为就会减少（Jacob and Lefgren，2003）。无论什么样的孩子在学习（也无论学习什么内容），其他成年人都可从孩子们正在学习的事物中受益。类似的，纳税人也从教育中受益，因为当孩子们上学时就可以让他们的父母做更多的工作，他们的家长就能多缴纳税款或少接受救济金，从而减轻纳税人的负担。

对似乎与孩子们的教育无关的成年人而言，他们的其他收益还与孩子们特定的学习种类密切相关。一些好处来自于通常的道德和文化学习。相信犯罪与撒谎是错误的、慷慨与守信是正确的孩子越多，我们每个人的福祉也会越好。

类似的，孩子们对我们中的其余人知道的习俗了解的越多——如何区分时间、这一周有哪些日子、何时可以右转弯、用什么语言说话等——我们就能把日子过得越舒适和高效。如果孩子们更爱国，我们中的其余人也会有所得——孩子们必要时能更愿意对于推进或保护我们集体的利益做出牺牲。

并不是所有的成年人对这些好处都有同样的感觉。对于一些成年人来说，孩子应学会尊重和爱护大自然；而对另外一些人而言，孩子要知晓性生活纯洁的价值。一些成年人想让孩子相信越野车不合适，而另外一些成年人则想让孩子相信堕胎不应该。对一些人来说，如果更多的孩子讲西班牙语，他们的福祉会更好；另外一些人则更关心让下一代成为波士顿红袜子棒球队的球迷。对一些成年人来说，他们希望孩子将来捍卫的集体是白种人或得克萨斯州；而另外一些人可能希望孩子捍卫美国或天主教。因为成年人的道德观不同，并且生活在不同的文化环境中，因此一个成年人的收益很容易成为另一个人的损失。

无关的成年人同样能从孩子们掌握的认知技能、随之而来的高收入以及更健康的身体等方面获益。因为所得税和社会福利项目的存在，孩子收入增加带来的收益部分地以缴纳更高的税金或领取更低的救济金的形式表现出来，结果其他纳税人的福祉将得到改善。无论是政府还是私人的第三方医疗保险公司都会因受教育的成年人更佳的身体状况而获益。当学校提供的技能更多地被用在合法工作而不是用在犯罪上时，犯罪的威胁就会相应减少。对高收入的人而言，一年的牢狱导致的损失将更多，所以更加不敢犯罪。Lochner and Moretti（2004）发现，教育明显减少了犯罪（不仅仅是犯罪倾向降低的孩子会在学校里待得更久），社会因犯罪活动的减少而受益良多——大约相当于从工资增加中获得的私人收益规模的四分之一。

从政治上说，一个人人都有着良好教育的社会将运行得更好，因为富人不再那么害怕经常发生在他们身上的征用和无谓损失。教育似乎增加了美国的投票率，但在英国并非如此（Milligan，Moretti，and Oreopoulos，2003）。受教育程度高的人会读更多的报纸，也更支持自由言论（Dee，2003）。这就是因果效应。

具有各种技能的员工供给的变化也会在市场上产生广泛影响。例如，如果越来越多的人学习如何成为电脑程序员，并且对程序员的需求取决于工资，那么程序员的工资就会下降以吸纳新增的程序员。有些程序员的福祉可能会下降，并且那些身怀技术且能够替代这些程序员的人的福祉也会下降。因为编程变便宜了，其他人的境况将会变得更好——例如电脑生产商和视频游戏的消费者。

严格说来，谁是赢家和输家要视具体的情况而定（一般情况下很难说），但是存在外部的赢家和输家。受教育者并没有必要了解他的教育带来的全部产出收益。

这种现象的一个重要的例子是创新和企业家精神：创新者和企业家经常意识不到他们创造的所有价值。即使有着强似钢铁的专利保护，发明者也不可能完全获得发明带来的消费者剩余——人们愿意付出相应的代价以获得按出售价格购买它的特权——因此发明者所受教育的社会回报要大于其私人回报。对于更容易被模仿的创新而言——例如，关于电视节目类型的想法或展示超市地板图案的新方法——创新者最终获得收益的比例可能会小得多。

最后，会有政治性的外部收益——同样，无关的成年人中将既有输家也有赢家。孩子们的学习会影响他们将来的选民行为，以及作为民主辩论参与者的特定主张——例如，"法西斯是一种罪恶"、"发生过大屠杀"或者"美墨战争是为了扩大奴隶制"。从某种程度上来说，公民的信仰塑造、助推和限制了政府政策的制定，今天的学习决定了明天的政策。因此，关心政府未来政策的人会关心孩子今天的教育问题。

□ E. 正在上学的孩子的后代的收益

受过良好教育的父母抚育的孩子会更愿意学习，因此，孩子现在接受的教育有助于他们的下一代。我们不知道这个效应有多大；与此相反的见解请参考布莱克、戴劳尔和萨文尼斯（Black，Devereax and Salvanes，2003）以及奥伦普洛斯、佩奇和史蒂文斯（Oreopoulos，Page and Stevens，2003）。

▌ Ⅱ. 良好的教育为何如此难以实现？

显然，正确的儿童教育方式至关重要，因为很多不同的人都将受其影响，某些情况下更是影响深远。其他诸如食物和衣服等物品也很重要。我们依赖市场或者依赖经少量税收和管制修正后的市场以某种合理的方式来提供这些物品。本节中，我们将讨论为什么相似的机构对某些类型的教育并不都能很好地发挥作用，以及它们可能对其他类型的教育起作用的原因。

□ A. 规模收益递增和垄断

在许多相关范围内，很多与教育有关的投入都有规模报酬递增特性。时间是教育的一种最重要的投入：一个人静静地听讲座、看书或使用电脑软件并不会因为其他人也通过这种途径学习而有所损失。如果一些学生提出了有益的问题，或者在学习材料上增加了一些颇具个人见解的讨论，甚至还会有助于另外一批学生。教室空间也是一种规模报酬递增的资源，因为它受到三分之二法则的支配。

不过教育投入的规模报酬递增也受到一定的限制。学生们可能具有破坏性，会问一些愚蠢的问题，并且通常相互阻碍各自的进步。一个班级的学生越多，其中的少部分学生就越可能具有破坏性。而且，一些教学工作需要关注每一个学生，例如以分数来评判论文、回答一个学生与众不同的问题、教一个孩子正确地握棒球棍、给学生写一封推荐信。这些任务非常难以从那些不需要个性化关注的任务中分离出来。最后，不同的学生有着不同的背景、不同的学习风格和不同的目标，因此，最适合某个学生的表达或教材并不意味着也适合别的学生。孩子的一些共性有助于解决这个问题。

当然，我们在讨论公共交通的时候已经遇到过这些问题（见第5章）。和教室一样，巴士也存在规模报酬递增，但会受到交通拥堵的限制，并且通常没有适合大多数出行者的出发地、目的地及出发时间。在第5章中，我们已经了解了巴士良好的定价机制及调度规则的形成过程，不过我们也看到了难以找到一种能够实施这些规则的组织形式。对学校来说也是如此。

从实证分析的角度看，教室规模对认知成绩的影响问题已经得到了广泛的研究，但是研究者并没有找到能够表明把小学每个班级的人数降到15～18人以下就能改善认知所得的证据。教室规模大于这个值是否对成绩不利仍是一个有争议的问题：克鲁格（Krueger，1997）发现，小班里的学生，特别是贫困生和少数族裔的学生在标准化测试中的表现比正常规模班级（20～25人）里的学生要好几个百分点，而哈努谢克（Hanushek，1997）则发现班级规模没有影响。克鲁格使用的数据来自于美国田纳西州的随机试验，而哈努谢克则总结了多年来的研究成果。更引人注目的是，霍克斯比（Hoxby，2000a）以及安格里斯特和拉维（Angrist and Lavy，1999）的报告都研究了因行政法规和拼凑人数导致的班级规模的变化，并得到了不同的结论：安格里斯特和拉维以以色列人为研究对象，发现教室规模确实有影响；不过基于康涅狄格州的数据，霍克斯比并没有得到类似的结论。卡德和克鲁格（Card and Krueger，1992）的研究发现，在其他条件不变的情况下，20世纪上半叶小班里的男生挣的钱比大班里的男生多，但是当时的班级规模比现在通常的班级规模要大得多。

为什么如此一个似乎常识性的关系却有令人费解和矛盾的结果呢？大多数的解释集中在很难保持投入要素的恒定或很难观察所有的学习投入这两点上。例如，霍克斯比和哈努谢克强调，学校提高效率的激励有限，因此小班可以让老师和管理人员的生活更轻松，或让他们专注于其他目标（这也是我们将在第16章看到的对警察数量和犯罪指数之间弱联系的解释）。在学校里，能力更强的老师可能会被安排到规模更大的班级，大班里不太捣乱的学生和小班里较起劲捣乱的学生扮演着类似的角色。（Lazear（2001）强调了最后这两个解释。）大班里的学生可能会在学习上花费更少的精力，因为他们学习起来事半功倍，因此父母可能决定他们不必在孩子的家庭作业上花费太多精力。

以巴士的使用做类比，当班级人数小于15～18人时不存在拥挤问题。人数高于这个值时，可能存在轻微的拥挤（不是每人都能坐在窗户旁边），不过对此仍有争议。当人数超过40或50人时，拥挤就是一个真正的问题了。这些结果仅适用于普通班级、小学、20世纪后期的教学技巧、认知成绩以及作为当时学校标准的同质化程度。体育课能够容纳更多的学生，而钢琴课就不行。更年轻的学生由于自控能力或自我照顾能力的不足，可能需要规模更小的班级；而年纪大些的学生通常能够适应更大规模的班级——像大学生就经常参加数百人的讲座。基于信息技术的新教学方法可以从根本上改变这些关系，不过目前还没有实现。因此，可以肯定的是，作为学习的一个重要部分，课堂教学存在规模报酬递增。

与巴士一样，规模报酬递增的影响取决于人口密度。小孩子的运输成本很高：他们不会开车，并且如果年纪太小还需要成年人陪同。因此，如果这些小孩子的居住地间彼此并不相邻，把他们集中在一个地方的成本将会很高。由于年纪稍大的孩子走路快一些，或者能自己坐校车，或者会自己骑车，因而聚集的人数可以稍微多些，但在大多数都市区里，小学还是选址在人口密度较大的地区。①

如果家庭在选择住址时能考虑一下孩子的上学问题，那么将孩子集中在一起以利用规模报酬递增效应的成本就会有所下降，并且从某种程度来说，他们也确实这么做了。但是按照这个原则选择房子的成本也很高：这意味着家庭必须放弃居住地离学校更远所具有的优势（例如，去工作地点的较少的通勤时间）。小学生（不像许多大学生）和家庭成员生活在一起，而他们还有其他目的要考虑。

不同的父母和孩子对学校类型的期望不同，这进一步加剧了通勤时间和规模报酬递增两者间的相互冲突。由于仅有一小部分学生想学习德语或者拉手风琴，因而这两个学科要想都招满一个班级15人的名额就需要很大的区域，除非当地的人口密度很高。对那些需要穆斯林教育或蒙特梭利早期教育、那些对教育设施有特殊要求或者希望更高级教育的人来说，情况也是如此。当人口密度很低时，就很难找到一辆在你方便的时间发车的巴士。

因此在城市生活还有另外一个优势：更容易得到廉价的、符合人们要求的教育（就像城市更容易拥有更好的巴士系统一样）。

伴随着这种优势的是打破垄断的机会。如果一个城镇只能支撑一所学校，那么学校就可能拥有垄断势力，进而收取高价学费或者提供低质量的教育，或者两者兼有。（它不能索要太离谱的价格，因为价格太高时人们会选择搬走或在自家办学，但它可以在不增加竞争对手的情况下，收取比边际成本高的价格；垄断具有一定的势力，但并非万能的。）相反的，在一个大城市——例如曼哈顿——学校的数量可能达到一定的规模，从而使得真正的竞争成为可能。

然而，在美国大多数的州，对大多数类型的学校而言，人口密度太低，因此不受管制的学校的垄断将是一个严重的问题。这对年纪最大的以及年纪最小的学生而言可能都不是问题：大学生可以搬到学校附近以减少交通成本，而非常小的孩子需要太多的单独关照，从而使得规模报酬递增不会有太大的作用。但是对许多地方的小学和高中生来说，垄断可能是一个问题。

解决垄断问题有很多对策——费率管制、消费者所有、善意的忽视——但是所有这些方法都有成本。垄断问题是我们不指望教育市场能够完美运行的另一个原因。

---

① 2000年，一般68个人中有1个10岁的孩子。因此，如果你想组建一个由25个10岁的孩子组成的班级，至少需要1700的人口。平均而言，没有一个州的人口密度超过1000人/平方英里，很多郊区每平方英里的人口不超过3000～4000，因此，你必须在大约半平方英里的土地上招生，才有可能招满一个班级的学生。

□ B. 寻找受益人

我们在第Ⅰ部分已经看到，很多无关的成年人从孩子教育的不同方面受益（或受损），因此为了能够让孩子和父母拥有对教育的正确激励，这些方面需要被补贴（或者在无关的成年人受损的情况下被征税）。问题是找到支付补贴的人。

因为每个孩子的教育会影响很多成年人和很多还没有出生的孩子，所以科斯谈判将不再适用。如果洛杉矶的一位年轻人更爱国守法，我的福祉可能会好那么一点点，这对其他数百万人来说也是如此，而其中有一些甚至还没有出生，他们的处境将随着那位年轻人的成长而更加安全。年轻人的爱国守法是一个公共产品。我们中的所有人都将宁愿别人为此埋单，自己也不会心甘情愿地做出奉献，甚至都不会诚实地说出我们的利益，因为如果那样做会花我们自己的钱。因此，政府对那些受益面广的教育类型进行资助——例如社会习俗和道德教育——可能是一种帕累托改进。

□ C. 检验学习成果

从生理上来说，学习是由我们大脑里的突触连接重排而成。我们还不能精确地知道何种突触连接重排对应着何种学习，并且也不确定我们将来能否知道。在不牺牲主体的情况下观察突触重排是一件很困难的事。因此，非常难以核实某人是否学到了一些东西。尤其对诸如"良好的品德"、"与人相处的能力"以及"对微生物学的深刻理解"这类属性更是如此——人们通常关心这些属性胜过知道玻利维亚的首都。

作为一个结果，根据某人对某事的学习进行支付的协议是几乎不可能执行的，因而几乎也不会签订此类协议。这种情况并不罕见，例如雇主并不会在协议上写上"努力工作"，但是他们通常利用管理手段达到这一目的。对教育而言，可以签订代理协议，但由于它不是人们真正想达成的协议，因而并不能达到完全帕累托改进的效果。

对一些学习而言，测试确实是有益的参考，但是如果一个学生想和老师签订协议，老师的工资取决于学生在对其意义有限的测试中的表现，那就愚蠢至极了。由于学生可以故意让测试不及格来蒙蔽老师，因而没有老师会接受这种协议。类似的，学生可能会为了增加未来的收入而从事某种学习，因此将老师的工资和这些未来收入绑定在一起会扭曲学生的职业选择，让她从工资不高但感兴趣或有益的工作转向工作条件糟糕但是收入高的工作。

那些关心其他人的教育问题的第三方成员——父母或者无关的成年人面临着同样的问题。他们可以聘请教师或导师，但是却无法很好地观察教师和导师正在做什么；这对关心整个城镇或者整个国家的孩子的进步的全职工作的市民来说更是如此。即使第三方能够观察到教室里的表现，也很难对其做出明智的评估；也许不能了解正在讲授的内容，或者不能理解老师的教学技巧，或者无法领悟没有看过的电视节目里的典故。即使有测试成绩做参考，第三方成年人也同样无法观察教师或导师的产出，因为无论测试结果好坏，都可以归结为学生的努力不够或能力问题，就像可以归结为老师的付出或失误一样。

教育的真正内涵对老师和父母而言是一样的。无关的成年人能够从父母对孩子的教育中获得巨大的收益，却几乎无法做出相应的奖励或惩罚。

□ D. 让孩子们作为

垄断、大量的受益者、观测和检验难题并非为教育所独有，即使教育并没有什么特别之处，其自身体现出的困难的严重性和结合性也使得政府对教育的介入就像灭火或维持治安一样，是一件很普通的事情。正是儿童的关键作用使教育变得特殊。

孩子是教育的最终执行者。正是他们决定学习与否。孩子们必须决定是否需要重视，什么值得重视，努力到什么程度，需要做多少练习，关心什么，谁可以相信。虽然家长、老师、电脑、书籍都能提供帮助——但是唯一重要的是孩子的大脑和中枢神经系统里到底发生了什么。

除了必须做出的决定外，孩子是并不高明的决策者。教育工作者的部分职责就是引导孩子成为更好的决策者，但在此工作部分完成之前，孩子就必须做出很多重要的决定。例如，青春期后的语言学习更加困难，想要完全没有口音地掌握一门外语几乎已不可能；鲜有 10 岁的孩童能够充分理解这个世界，并做出哪种语言在他们成年后最有用的明智决定（或用哪种语言书写的文学作品在被翻译之后丢失的最多）。

由于自然和社会在孩子们未准备好之前就让他们做太多的以致无法做出的决定，因此人类社会代替他们做出了大部分决定（不过还不是全部决定）。孩子们还太小太弱，因此大人们可以左右孩子们，强迫他们做一些事情。因此孩子们失去了很多成年人认为理所当然的权利：例如，选择自己信仰的宗教的权利，选择自己食物或学校的权利，在赌场玩宾果或赌博的权利，喝酒的权利，选择他们自己的医疗护理的权利，诉讼、借贷以及签订合同的权利。

不能签订合同是关键性损失，直接导致了科斯定理的失效。只有通过某种形式的利他主义才能让孩子们的收益或损失影响其他人的决定。如果孩子没有其他权利但是保有签订合同的权利，他们的状况可能会变差，但是他们可以通过贿赂成年人去影响事态发展，使得所有潜在的帕累托改进有可能被实现。因为孩子无法签订合同，帕累托改进将无法实现。

无法借贷（此时仅是无能力签署合同的一类特殊情况）也有着重要的影响。良好教育的很多投入成本很高：高质量的产前保健、营养丰富的食物、无铅般的无毒环境、开头几年平和安全的生活（这几年里血液中应激激素水平的提高会使大脑的化学物质发生变化，进而使得不易集中注意力和学习）、良好的医疗护理、成年人每天陪伴几个小时、玩具和游戏、像样的住房、良好的睡眠环境和充分的自我表达机会、博学而慈爱的老师、书籍、电脑以及软件等。如果孩子们可以通过借贷以支付这些投资，在很多情境下他们确实能这么做——那么出借人将会获得丰厚的回报。这将是一个帕累托改进。但是如果孩子们不能借贷，这一切就都不会发生。

必须有人代替孩子做出他们尚没有合法权利去做出或不能完全做出的决定，而在多数社会氛围中，那些决定在父母（或其他监护人）和政府两者间做出。有一种貌似合理的说法，即这些决策者有时会基于孩子的最大利益行事，但没有人敢保证他们会一如既往地如此。即便是最慈爱的父母，在希望自己的孩子将成为什么样的人方面也有强烈的固有观念——一名世俗的人文主义者、穆斯林、消防队员或是一位受人尊敬的人——但很难说清那些就是孩子的想法。

我们不应该把孩子看作父母的财产，也不该认可父母应当替孩子的未来做出所有决定，即使这些决定不会影响到家庭以外的任何人。同样，我们也不认为孩子可以草率地决定自己的未来。

Ⅲ．政府的政策

前面两节的内容为政府介入教育经营提供了充分的理由——垄断、外部性、观测性以及关键决策者在法律和实质上的决策能力的不足——至少表面上没有反对政府介入的理由。在本节中，我们将观察一些政府的教育政策，分别考察受益和受损的人群，质询这些是否能有所改进（还是被废除）。类似于其他涉及外部性的活动，教育政策可以被分为使用可量化的规则的政策、使用补贴或税收的政策，以及涉及政府直接供应的政策。本节将采用与此相同的顺序进行表述。

□ A．规则

当边际外部收益或成本与行动的数量密切相关时，规则是个不错的办法。这是我们第 8 章的四个结论之一。许多对教育的投入似乎就是如此这般地起着作用，因此，规则在某些领域很有效。

例如，父母至少需要给孩子提供温饱的生活。父母是决策者，避免孩子（以及那些不直接影响孩子们发展的）营养不良、挨冷受冻和蒙受羞辱的边际收益很大，比午餐时第三个汉堡的收益或者第六双运动鞋的收益要大得多。

较有争议的问题是对义务教育的管制。不管孩子们自己是否愿意上学，或者父母是否愿意让他们上学，处在某个年龄段的孩子（一般是 5～16 岁，不过不同的州会不尽相同）必须保证每年若干天（一般是 180 天）、每天若干小时的上学时间。他们不但要坐在教室里，还要按照课程的要求学习相应的强制性内容（不同地方的差异很大）。（家庭、学校除在教室的选择上被允许有一定的灵活性外，关于课程内容和上课时间仍有强制性要求。）

有三个独立的论点可以支持这些规则。第一个论点是儿童保护理论的翻新：无论父母意识到与否，规定孩子最少的学习课程好处良多——远大于额外教育的边际收益。（从对该论点进行检验的维度看，得到了一些证据的支持：根据萨卡罗普洛斯（Psacha-ropoulos，1994）的研究，只要考虑一生中未来的收入，早年教育的回报率要高于晚年教育。）

第二个论点与无关的成年人从孩子的教育上的获益如出一辙。在低年级，孩子们学习爱国主义和道德，学习我们社会的传统，还学习足够的与工作相关的技能以便在不需要公共救助的情况下养家糊口。这也需要数年的时间来照看孩子以防止他们陷入麻烦。此后年份的训练也会带来外部收益，但是都远不如早期教育的收益大：虽然公民的职责担当并非十分重要，随后的收入将被税收所限，但是其生活水准仍高于公共救助的水平，并且孩子们也足够成熟而不再需要照看。

最后一种更受哲学家而不是经济学家欢迎的论点是，孩子们需要接受一定数量的教育以保证他们有"通向未来的权利"。这种观点认为，成年人有一定的"自主权"——

例如，形成和表达自己政治观点的权利以及选择自己信仰的宗教的权利（或者全然没有宗教信仰）。因此孩子们也应该享有此类权利，但是自然发展的限制妨碍他们行使这些权利。这属于未来成年人——那些今天的孩子将要变成的成年人——的利益，在长大成人时，他们应该被允许拥有尽可能多的、仍然向他们开放的选择。需要适当的教育来保持那些选择对他们开放。如果你在 18 岁时决定做外科医生或想学习《古兰经》，但是你从未学习过如何阅读，这可能就有点太晚了。（详细解释请参见 Feinberg，1992。）

第三种关于义务教育的论点可以从经济学的角度来看，那就是如果一个正在逐渐成长为成年人的孩子能借到钱，人们很可能希望她正陶醉于支付大量的金钱以获得更多的对自己开放的选择。她的父母可能并不乐意于她拥有其中的一些选择，但是因为那些选择是被社会中"通常的"父母所"正常"欢迎的，并且因为这些选择和孩子的生活而不是父母自己的生活密切相关，因此，如果孩子能够借钱，父母缓解自己不开心的花费可能要少于孩子愿意为拥有那些选择所开销的花费。因此，需要让孩子上学以保有他们的选择是一种潜在的帕累托改进。

所有这三种观点都依赖一种不甚精确的成本—收益分析：他们认为一些教育很有价值（对受教育者、对无关的成年人或对孩子可能变成的潜在成年人），并且成本相当低。每人都有适合自己的义务教育类型，但是对其他人来说就未必如此。早期的儿童教育不必强制，因为在那个年龄阶段需要大量的个性化教育，并且非常年幼的儿童没有能力接受更有价值的教育类型；十几岁孩子的教育也不值得强制，因为年纪大些的青少年在校外学的更多，他们不需要被照看，在此之前他们已经大体学习了有价值的东西，并且也具备自己做决定的能力。

我们希望义务教育的限制能随着成本和收益的变化而改变。例如，具有较高收入、希望让儿童很小时就以较少的净支出待在学校的母亲，以及关于儿童早期经历对其后期发展的重要性的科学发现，进一步支持了义务教育应当更早的观点。近年来高中辍学者的相对（和绝对）工资急剧下降，呼吁提高离校年龄或者增加每天或每年的在校时间。（1979—1996 年间，高中毕业生工资水平高于辍学学生工资水平的比例由 19% 增加到 40%。参见 Krueger，1998，p. 38）。

假设义务教育法依赖于一个隐含和经常与事实有所出入的成本收益权衡（例如，我们会问一个孩子，如果可以借到钱，他愿意为十年之后成为一名外科医生的选择付多少钱。即使他并不能借钱，或者到时候他根本就既没有兴趣也没有技能成为一名外科医生，我们仍然会这样向他发问），那么这些法律要么只关注对多数人来说收益大于成本的情况——因此无法强制实行很多其他潜在的帕累托改进——要么冒着巨大的争议风险。美国法律一般采取前一种方法，在避免争议的努力中放弃潜在的帕累托改进，但是这些努力并没有能完全成功地避免争议。争议主要涉及宗教团体，特别是阿米什人*，广泛的世俗教育威胁了他们正在试图保持的社区结构：阿米什社区只希望把孩子培养成简单、虔诚的农民，因此在那里试图把孩子培养成任何其他类型的人都会招致父母的反

---

* 阿米什人（Amish）是美国和加拿大安大略省的一群基督新教再洗礼派门诺会信徒（又称亚米胥派），以拒绝汽车及电力等现代设施且过着简朴的生活而闻名。阿米什社区没有托儿所和幼儿园等机构，孩子都由父母和大家庭成员共同教育。所以，阿米什人几乎没几个高中毕业生，大学生更为罕见。——译者注

感，就如同儿童色情会招致大多数父母的极度不安一样。当然，这些困难是所有规则的一般特征：他们强设了一些并不是潜在的帕累托改进的情况，并且在控制其他潜在的帕累托改进的情况时无能为力。

童工法——关于限制儿童能够工作的环境和时间并且禁止儿童在很多情形下劳动的法律——经常被认为是义务教育法的姊妹篇。如果父母发现让孩子去工作更为困难，他们就更有可能送孩子去学校。换句话说，童工法减少了父母遵守义务教育法的成本。工作本身，尤其是危险性工作或抵押性劳动或许还会对孩子的发展有害，因此童工法本身就可能令人满意，而不仅仅是作为提高入学率的一种手段。

但是童工法的一些案例，尤其是更一般、更严厉的案例也表现出一些不足。作为一个现实问题，强制上学要比强迫其不工作容易得多。正如巴苏（Basu，1999，p. 1090）所说："孩子在学校的出勤比工作上的缺席更容易被监管（和确认）。"此外，教育和适量的工作并不冲突。对贫困家庭而言，孩子的收入增加了自己的福利——更好的衣食、更多的学校用品——同时也增加了其他家庭成员的福利。对贫困家庭来说，让孩子去工作的选择也是一种安全措施，当经济困难时能够有所依靠。（德赫贾和加蒂（Dehejia and Gatti，2002）发现，在其他条件不变的情况下，金融体系完善的国家的童工更少。）即使仅仅给父母一个可信的离家出走的威胁，挣钱也可以增加一个孩子对家庭决定的影响。巴苏（Basu，1999，p. 1115）写到，"没有比孩子不得不工作更糟糕的事情了"。

因为无论是义务教育法还是童工法要求父母所做的毕竟都是父母大多想做的事情，并且也因为没有投入太多的资源来强行推行这两部法律，因此没有明显的证据表明它们所起的作用有何不同。利拉斯穆尼（Lleras-Muney，2002b）发现，20世纪早期义务教育法和童工法稍稍增加了美国白人的入学率；它对非洲裔美国人没有影响。施里斯（Scholliers，1995，p. 208）研究了比利时自治市根特的童工法，结论为：截止到1850年，"（被雇佣的）12岁以下的童工大幅减少……没有任何立法干预。"莫尔琳（Moehling，1998）研究了1880—1910年间美国制造业的童工使用情况，发现大量的激进主义者反对童工，并且童工数量大幅下降。通过比较立法时间不同的各州的情形，她发现立法实际上收效甚微；甚至没有立法时，童工数量也会出现相同的回落（不过巴苏（Basu，1999，pp. 1090-1091）质疑了她的方法）。与此同时，布朗、克里斯琴和菲利普斯（Brown，Christiansen，and Philips，1992）发现，立法在解释1880—1920年间美国水果和蔬菜罐头行业的童工数量下降时具有一定效果；而博林霍特（Bolin-Hort，1989）的研究发现，童工法在英国曼彻斯特棉纺厂的童工数量下降中起到了重要的作用。

□ B. 补贴

大多数关于父母在教育孩子方面应该做什么的法律看起来对大部分父母的要求还不如他们已经对孩子付出的多。既然我们已经看到，父母们将做的事情或许比应该做的少，不妨试试一种教育补贴方案——胡萝卜加大棒。补贴还有一个好处就是允许个体间的差异——只有那些能以最低成本提供额外教育的父母会这么做。当政府给父母送孩子去上学以补贴而不是强制他们这样做时，政府就可以避免和诸如阿米什人一类特定的群体发生冲突（尽管政府确实不得不与纳税人发生冲突）。

在拉美，补贴教育的优点很明显，巴西和其他一些国家补贴穷人让他们把孩子送去上学，而不是试图禁止童工。以色列已经成功地尝试了对完成 Bagrut 程度学业（大致相当于高级中学的学历）的学生进行奖励（Angrist and Lavy，2004）。在美国的一些城市，例如芝加哥，为入学成绩优秀的高中生提供诸如体育赛事门票之类的实物奖品。

在美国，大多数教育补贴由联邦政府承担，并且主要集中在义务教育法无法覆盖的学生身上——幼儿以及大学生。州、市和联邦政府（主要通过免除财产税和由房子推算的收入）也补贴公立学校，我们将在下一节就直接提供问题进行专门讨论。我还希望集中考虑对幼儿的补贴；大学教育不属于本章的讨论范围。注意，尽管我已经确定早期儿童教育和大学教育领域的垄断问题还不算严重，但从垄断者手里购买的补贴方式会存在明显的缺陷。

联邦政府主要通过两种方式对早期儿童教育进行家庭补贴：一是对养育儿童的花费给予 30% 的税收抵免；二是发放可用于支付一定比例的育儿开支的优惠券。税收抵免是开放式的——任何纳税人都可以申请——但申请者大多是收入中等及中等偏上的家庭。优惠券只提供给那些将孩子放在符合州定标准的托儿所里的贫困家庭。优惠券能够支付的托儿费的比例取决于家庭收入。有资格领取优惠券的家庭要多于实际使用的家庭；优惠券的使用人数受限于国会的拨款。联邦政府也会对一些托儿中心进行直接资助，主要是提供免费食物。

因为规模报酬递增在托儿市场并不重要——很大一部分孩子由只照顾 3 个或更少的孩子的不受监管的家庭所照看——这种资助让父母在安排如何照看他们的幼儿方面有更多的选择，在决定如何花销方面能有更多的自由。父母不喜欢的供应商可以被轻而易举地逐出市场。只要是亲眼所见，父母可以选择离开任何一家收费太高或服务太少的机构。父母不乐意照顾孩子时，也不必随意安置孩子。

与这一市场上巨大的父母权力相伴的一直是较大的不悦，它与家长如何使用这一教育权有关，在教育专家界尤其如此。绝大多数的幼儿教育在培养孩子的认知技能方面还远远不够；很多幼儿工作者缺乏训练且收入低微。一些严谨的研究表明，在一个架构良好的、学生人数不多的环境里，受过良好训练的教师和工作人员可能对孩子的认知发展起重要作用（详文参见 Currie，2001），但是很多早期儿童教育机构都没有做到这一点。

一些早教中心没有提供能够令教育专家满意的质量，其中一个重要原因是，父母对其他种类的质量更感兴趣。根据基斯克和梅纳德（Kisker and Maynard，1995，p. 130）的研究，"父母判断托儿教育质量的依据是：（1）一个安全健康的环境——很多家长表达了他们对潜在的虐待儿童行为的关心；（2）促进学习的环境——这种关心对大龄儿童更加普遍；（3）便利性，距离住家或者工作单位 10~15 分钟的路程，并且和母亲的工作时间表相吻合"。斯耐斯坦（Sonnenstein，1991）曾要求一组母亲根据 14 个特征分别给她们最近期的托儿安排进行排名，以便评估他们的总体满意水平。母亲们说，他们关心儿童保育人员的比例，以及服务提供商的专业水平，但是当评价总体满意程度时，这些原因都不再重要。影响满意度的最重要的因素就是时间和位置的便利性，以及由于托儿所的违规而导致的母亲错过的上班时间。沃克（Walker，1992）发现，较高比例的儿童保育人员以及更训练有素的员工并不能收取更高的费用。

父母为什么不在儿童教育的发展方面多花点钱呢？一个显而易见的原因是，父母也是人，因而对自身便利性的关心要超过对孩子将来在学校成绩的关心。但是深层次的原因可能是父母没有足够的信息用于判断他们正在使用的托儿中心的发展，甚至也无法判断其他未使用的托儿中心的状况。家长很少花时间到托儿中心去观察那里到底在如何看护孩子，而且他们的孩子如此之小以至于无法提供可靠的信息。他们更不会在不看护自己孩子的托儿机构上花费时间。他们不是早期儿童教育的专家，因此也不知道孩子应该在什么年龄发展什么技能，或者怎样观察这些技能的发展情况。他们大多只生育了不多的孩子，所以很少有可参照的培养孩子的经验。而健康的孩子相互之间的差别又很大。由于托儿机构大都规模不大，并且不少在经营一段时间后就歇业了，因此它们几乎没有做广告或建立好口碑的激励。（沃克（Walker，1991，p.66）发现，对各种儿童保育机构而言，大多数消费者通过口口相传来了解他们的服务提供商，仅有不超过四分之一的消费者是通过广告或正式的中介机构了解这些提供商。）

当你不了解一项服务的方方面面时，你在决策时就不太会刻意考虑有关内容。由于一个育儿服务提供商对父母而言的便利性和可靠性的显而易见，因此父母会自然地更加关注那些方面而不是它们对孩子发展的贡献，即使父母很关心孩子的发展时也是如此。

这并不是说父母没有足够关注孩子认知技能的开发。几乎所有家长都很关注孩子的发展。没有父母会完全忽略托儿机构对认知发展的贡献。州一级的许可制度在帮助鉴别供应商时可以起到一些作用，尽管这些甄别主要限于物理安全以及一些简单的衡量标准，例如最小员工培训时间、最大师生比例等。自愿、非政府的认证程序以及尝试建立全国性连锁网络以建立品牌，也有助于改善早期儿童教育。

不过，补贴早期幼儿教育的方式并没有给父母以足够的、为他们的孩子寻找最好的育儿服务提供商的激励：无论是用于父母自己的便利性，还是用于孩子未来认知的发展，补贴力度都一样。他们孩子的认知发展也会让其他人获益——由于同辈群体效应，孩子未来的同学会获益；因为孩子们将来出色的市民精神以及巨大的纳税能力，一般公众会获益；还有孩子自己——这些现在也进入了父母的决定之中。如果补贴部分地与孩子开始接受正规学校教育时认知发展水平的观测结果相挂钩，父母的激励或许会更加贴近他们行为的真正的社会影响。这种测试是否可行还是一个尚未解决的问题。

□ C. 政府直接提供

托儿市场的现状表明，当需要补贴的活动很难观察和鉴别时，补贴的情况可能不尽如人意。规模报酬递增和垄断的可能性进一步增加了补贴计划实施的难度。在这种情况下，政府直接提供就是一种颇具吸引力的代替补贴的方案：政府自己可以对活动负责，而不必签署一个法官才能执行的合约，并且政府可以进行大规模的操作，而不必担心这个规模是否会让私人团体收取不当的价格。

图书馆和学校是大部分政府提供的两种最重要的教育投入，不过由于在学校上的支出要比图书馆大得多，因而我们主要讨论学校。

关于公共提供初等和中等教育的观点是，社会为5～18岁的孩子提供的最优学校教育与家长为孩子所购买或他们自己的亲力所为并不相同。签订补贴合同时准确指定补贴的教育类型未免太过困难。当然，公共提供并不意味着所有孩子都要上公立学校。就像你可以选择买瓶装水而不是直接去接自来水，或者当图书馆就在你旁边的街道拐角处时选择去书店，你可以付钱去上私立学校，而不是上免费的公立学校。义务教育法仅仅要求孩子出现在一些学校里而已，而公立学校是最便宜的一种。

事实上，美国的公立学校几乎都是一个价格：免费。由于教育的短期边际成本可能差别很大（例如，有赖于生源的爆满和学生的颠覆性），边际外部收益也是如此（例如，依赖于同辈的群体效应或者教学的主题），这意味着价格几乎总是被错定。资本市场的不完善在决定最优定价上同样如此：在其他条件不变的情形下，一个来自贫困家庭因而不可能有多少钱的孩子，应该比富裕家庭的孩子得到更多的补助（这是一个次优性证据）。我们并不知道最佳定价是正还是负（在巴西会给你钱让你去上学），因为从没有人尝试收取或计算最佳价格。但它们并不总是为零。

公立小学和中学的统一定价给予父母以不正当的激励。首先，它导致父母减少了在孩子校外教育上投入的精力。孩子在家里和学校都应该学习，并且在家时学得越多，在学校作为同学和榜样时就会表现得越好。但是由于统一定价，父母没有被鼓励去帮助他们孩子的同学（甚至是帮助自己的孩子），他们在家几乎不教孩子。

其次，统一定价使得所有父母都想把孩子送进好学校，但是接收一个同辈群体效应最差的人是他们最大的成本。在其他条件不变的情况下，你总想到那种周围的同学都很优秀的学校去上学，而在那所学校中，你恰恰是其他同学成绩的最大障碍。

最后，就像轿车和巴士一样，统一定价意味着父母在避免制造或人为增加教室的拥挤方面的激励不足。即使没有同辈群体效应，我的加入也会妨碍班里其他人的利益，但是由于统一定价，我导致的损失并不由我负责。

统一定价所造成的激励不足远非这些。那些坚信在这些激励下，自己的利益可能会被父母的择校行为所伤害的人会采取相应的保护措施，从而制造了更多的麻烦（部分原因是他们无法通过制定更合理的价格来给予回应）。为了理解这些回应所采取的形式，我们先要理解什么是学区。一个学区是一片连通的地理区域（你可以从该区域的任意一点出发到达其中的任何地方并且不需要离开该区域），该学区内的所有就读公立学校的同龄儿童都在同一所学校。由于接送孩子成本很高，每一个学校有自己的接送学生的区域就很有意义，只有来自该区域内的学生才能读相应的学校。在最佳（也就是非一致）定价条件下，人们会自愿地把自己分到不同的学区：由于考虑到会对其他学生造成损害，他们将会避免拥挤的学校；仅当他们的个人收益大于同辈群体效应的损失时，他们才会去生源更好的学校；他们不必再像以前那样为择校而走很远的路。

在统一定价下，好学校所在学区的现有居民有激励把这些学区变成堡垒以阻止其他人对他们施加成本。构建堡垒的第一步是居住的要求：除非孩子生活在这一地区，否则就不能在该学区入学。学校之间的差异就会在学区的相对租金和房价上体现出来。布莱克（Black，1999）记录了马萨诸塞州的这种现象，以及菲戈里奥和卢卡斯（Figlio and Lucas，2000）笔下的佛罗里达及唐斯和扎贝尔（Downes and Zabel，2002）笔下的芝加哥也存在这种现象。但是仅有居住要求的保护并不充分：这会被那些宁愿生活得非常拥挤也要把子女送到好学校的家庭所规避。因此，要想把好学校变成真正的堡垒，居住要求必须辅以严格的区划代码。

在一个学区就是堡垒的社会，最富裕的学区会拥有最好的学校。主要原因有以下几点。受过良好教育的人往往同时占有本身更为富有和孩子有更好的老师两者，因此，家境殷实和学前准备充分的同班同学往往相伴而生。一定的认知技能有时会隔代遗传，有时与收入也有（微弱的）关系。较富裕的父母在各方面都会花费更多，包括在家里为他们的孩子所做的准备。基于上述所有原因，平均而言，更富裕的社区会产生更优秀的学生。此外，较富裕的社区更愿意在诸如学校这类的任何一件好事物上花钱，因此它们的学校更有可能对它们提供更多的关照以作为回报。此外，有钱的父母和纳税人更可能有监督那些开支的能力，以保证钱被真正用于促进教育，而不是被学校管理人员中饱私囊。

这个结果是低效的。如果能够以自己或者家庭的未来收入做抵押，一些贫穷的学生将愿意向富裕学区的家长和学生支付一定数量的钱财以获得到这些学校上学的机会，而富裕的学生和家长也乐意接受这些钱。但这笔交易不可能发生，潜在的帕累托改进被擦肩而过。一些与此无关的成年人通过只针对贫困儿童而不是所有孩子的支付来改善贫困儿童的教育条件，因为只有当很多人都达到中等富足的程度，而不是一小部分人达到很高的水平时，很多教育的外部性收益才能被实现。

具有讽刺意味的是，一个原以为会增加贫穷孩子机会的想法——小学和中学的统一自由定价——结果变成了为特权谋利的方式：你接受良好教育的途径是父母有足够的钱并且足够关心你以至于已在好的学区买房。统一定价牺牲了效率却没有得到公平。

直接提供教育存在的问题并没有被忽视。主要的作为是已经将很多钱——这些钱一般来源于州税——花在了贫困学区的学校身上。这种作为意义很大。教育的外部性，尤其是初级教育的外部性会影响一片较大区域的成年人，而不仅仅是学校周边的成年人。因此贫困学区初级教育成就的回报丰厚，并且广大地区的成年人应该愿意为此做出贡献。

然而，增加州一级对贫困区域学校资助的结果并不总是让这些措施的提倡者们感到高兴。评测的分数没有显著地提高，而这些地区的家长们仍千方百计地想把孩子送到他们认为更好的学校里去。

对这些不如意的结果有一些简单的经济学解释。在州级援助大量缺失的时候（或者他们所在的市镇原先对学校诸如垃圾收集一类的服务进行支付，但后来却不再出这笔钱的时候），一些贫困地区的学校反而要比原先花更多自己的钱。当孩子在学校的学习机会更好的时候，父母在家里教孩子的时间就会更少（详见 Houtenville, 1996, 对该关系的讨论）。某些特定投入的**边际报酬递减**也可能是原因之一：学习需要学生努力、父母辅导、群体榜样和压力以及学校所为的共同作用。仅仅提高其中一种投入而没有提高其他投入，可能不会让你收获理想的结果。做饭需要厨师和食材，如果没有足够的食材，那么过了某个数量后，增加再多的厨师也无济于事。

对这些不如意结果的另外一种引发更多关注的解释是很多学校不司其职。这也是一个简单的经济学故事：直接提供意味着开办学校的人教育孩子的激励很弱。他们的工资并不会因为把学生教得好就有所增加，也不会因为教得不好而有所下降。因为教得好需要更多的努力，因此我们就不会惊奇于他们教得较差了。由于私立学校比公立学校贵得多，并且在某些区域还没有或者对具有某种宗教信仰的父母来说还无法使用，因而公立学校有一批忠实的消费者，他们无法通过让孩子退学来表明自己的不满意。

这些理由对富裕地区的学校和贫困地区的学校都适用——当然也适用于其他政府直接提供时的情形：类似于学校的警察保护、公共图书馆、垃圾回收等。然而，在某些条件下，公立学校的垄断力量较弱，而当公立学校垄断势力较弱的时候，公众就会期望它们表现得更好一些。实际上，霍克斯比（Hoxby，1994，1998）的研究发现，无论是公立学校还是私立学校，竞争越激烈，学校的表现就越好：即学生在测试中的表现就会更好。（较小行政区域内的学校面临更多公立学校的竞争，因为父母可以轻易地搬家。）竞争主要通过两个途径起作用：一是让父母感到一个更为可信的威胁，把他们的孩子从在读的学校拖离；二是给予父母比较学校和改进需求的机会。

贫穷的孩子所在的学校与富裕孩子所在的学校相比，缺少这种健康的竞争环境。贫困的家庭可能负担不起私立学校高昂的学费。除了行政区划的因素外，搬到一个更好的公立学校的学区并非易事。搬家需要花钱，并且对上学更为方便的住房位置可能并不方便于上班或成年人之间的相互探访。类似于公共住房之类的基于安居项目的住房补贴同样让贫穷家庭更难于搬家，因而学校官员可以更轻易地享受轻松惬意的生活。

Ⅳ. 学校改革

现行的直接提供系统可能从两个方面的改变中妨碍着帕累托改进：一些学生可以从更好的同学和更好的学校中受益；一些学生可以从学校的教职员工更加勤奋、更加创造性的工作中受益。我们称前者为进入壁垒问题，后者为学校激励问题。

近期提出了很多改革措施以应对这些问题，我将在本节分析其中的一些提议（以及我认为其他人没有提出的几个观点）。我将对两类问题区别对待，尽管在一般的讨论中认为解决了学校激励问题就等于解决了进入壁垒问题。这种等价性主要体现在如下观点中：即只要激励制度能够被安排得足够有效，以至于穷孩子所上的学校会被安排尽忠职守、充满活力、具有想象力并且能干的教师和校长，那么所有有关同学、父母、经历方面的不足都会像橡皮泥般在压路机下瞬间消失，如果这样穷苦的孩子就没有理由去富裕的孩子所在的学校了。即使真有这种有关激励的灵丹妙药，把贫穷的孩子送到富裕的孩子所在的学校可能仍然是一种提高教育的更便宜的办法。孩子在学校里如何被分类仍然很重要。

□ A. 测试

提议更多使用标准化测试的目的是为了解决学校激励问题。这些提议（部分提议作为布什政府2001年的教育方案而在全美推行）要求学校对特定年级的所有学生进行全国统一的测试。考试成绩会公布，既向社会公布学校的总成绩，又在学校内部公布各种族学生的成绩。如果测试的结果不够好，或者进步的速度不够快，学校就会被调整，从而影响学校高层的收入，或至少会让他们因此蒙羞进而不利于职业的升迁。

即使测试结果没有产生正式的行为，仍然有可能激怒家长或其他相关的人，促使他们为提高教育质量而游说或离开这个学区。例如，利维和穆南（Levy and Murnane，1998，p.119）讲述了位于得克萨斯州东奥斯丁的一所名为扎瓦拉（Zavala）的小学的故事，该学校的学生主要来自低收入家庭。实际上，扎瓦拉小学的学生在认知技能上所学甚少，但"家长对孩子的低水平技能几乎一无所知，因为孩子的得分都是A或B。老师对很差的作业也给高分，因为老师认为这些孩子不可能做得更好"。当得克萨斯州推行标准化测试的时候，家长们才第一次意识到孩子们的真实水平到底如何。"当家长们了解到孩子们成绩不好时，他们很愤怒。老师们被打晕在地；扎瓦拉的家长们从来没有如此严肃地拷问过孩子们的教育。"这场怒火触发了导致测试分数大范围提高的改革进程，五年之后，扎瓦拉学生的成绩超过了全州的平均水平。

当我们观察父母关于早期儿童教育的决定时，测试是缓解我们之前提到的父母信息（不对称）问题的途径之一。测试还能给予每个学生更多的激励以提高自己的认知技能。测试成绩不好的学生有时将不得不参加暑期学校或者复读一年，无论哪种都不愉快，并且高中有时候需要满意的测试成绩才能毕业。

测试也有一些不足之处。首先，通过提供比以往更精确可信的学生在不同学校的认知成绩以及不同学区的信息，测试有可能会加剧壁垒问题。如果让一名来自贫困家庭的学生（因而有可能拉低测试成绩）去富裕学区的学校上学，即使新进入的学生的出现对其他学生没有任何影响，也可能会让学校管理者和老师的表现看起来变差。家长愿意花更多的钱到好的地区居住，因为他们将基于更坚实的信息来评价学校，因此，如果来自不发达地区的学生去发达地区上学，那么每个家庭都会损失更多。偏差问题会越来越突出：一些基于其他因素而不是学校质量（也许他们并不认为会有多大的差别）选择他们住房所在地的家长可能会发现，他们的选择会伤害孩子的认知发展，因而会决定搬家。测试可能会使贫困孩子所在的学校对管理人员和老师的吸引力下降：当能够去一所更好的、挑战性不强并且永远不用担心的学校时，为什么还要去一所总是无法让孩子考出好成绩、让孩子认为自己似乎是罪人的学校呢？

其次，测试可能会扭曲老师和学生的努力，让他们在错误的事情上花费过多的精力。在教育圈，这个问题被称为"应试教育"或更形象的说法"往死里整"。标准化测试能够衡量的认知技能仅仅是学生、家长以及一般公众希望学校所教内容的一小部分。道德发展、批判性思维、艺术和文化修养、健康的体魄、运动成就以及心情舒畅——所有这些也是学校培养的有价值的成果。对可测量的认知技能的教学的奖金越高，学校在其他事情上投入的时间、资源和精力就会越少。这会导致资源的错误分配：对社交而言，第一个小时的音乐教育可能比第八个小时的算术教育的作用要大，不过由于学校根据算术而不是音乐的娴熟程度来颁发奖金，因此在测试体制下最可能的结果是八小时的算术而没有音乐。老师和校长可能也有鼓励穷学生辍学的激励。

总之，测试和标准化分数或许可以小幅度地增强一些公立学校和学生的激励。但是为小部分学校和少部分学生提供任何没有弱激励的产品的成本可能是巨大的。

几乎所有关于测试项目的实证研究都发现，激励可以带来学生技能的收获——技能由测试分数来衡量，这也是激励的基础（参见 Jacob，2002；Lavy，2002a，2002b；Glewwe，Ilias，and Kremer，2002；Richards and Sheu，1992）。一些收获是适当的，而另外一些收获则具有戏剧性。哈努谢克和雷蒙德（Hanushek and Raymond，2004）展示了大规模、独立测试的收获。但是一些尝试找出如何获得测试分数中的收获的研究得到的结论是，它们主要来自"应试教育"以及行政管理，而不是来自真正的学习。在芝加哥（Jacob，2002）和肯尼亚（Glewwe，Ilias，and Kremer，2002），在同一时间实行的替代性测试的成绩（没有附加的激励）只表现出很少的进步或者干脆没有进步，并且在测试之后的一年内，肯尼亚的学生几乎失去了他们获得的所有知识。肯尼亚的老师没有改变他们的教学方法或提高相对较低的学生入学率，但他们确实在学校强调了他们的工资所依赖的测试之后召开了检查大会。为了帮助他们提高测试分数，芝加哥学校增加了实施特殊教育的人数，有限保留低年级的学生，并且减少诸如自然和社会等奖金较低的学科的教学时间。在弗吉尼亚，一些学校通过在测试当天提供高热量午餐来提高测试分数，因为"充足的糖分"能够帮助被测试者（Figlio and Winnicki，2002）。当所有这些手段都行不通的时候，至少有 5% 的老师作弊（Jacob and Levitt，2003）。另一方面，哈努谢克和雷蒙德（Hanushek and Raymond，2004）发现，特殊教育的场所并没有增加。

□ B. 优惠券

优惠券也致力于解决学校的激励问题，他们试图建立比测试所使用的粗略的激励制度更精细、更仁慈的激励制度。迄今已经提出了很多不同的优惠券计划，其中一些已经进行了尝试。优惠券的共同点是它们都围绕着一类家长进行补贴，这些家长选择把自己的孩子送到符合一定标准的私立学校（因此，我认为对私立学校学费的税收减免和税收抵免就是优惠了）。在已经实施的优惠券计划中，没有一个提出来要废除公立学校（同样适用于大部分已经被研究过的方案）；相反，他们预见公立学校和私立学校平行经营。我会遵循同样的方法——尽管从逻辑上说并没有什么能够将公立学校从补贴系统中完全排除。

根据孩子有无资格、他们能就读的学校的不同以及补贴和学费之间关系的不同（优惠券计划的补贴不会和其他任务事物相关），优惠券计划可以分为不同的几类。

1. 优惠券和激励

优惠券计划为公立学校和私立学校取悦家长提供了强有力的鼓励。不能使足够的家长满意的私立学校将会倒闭，而使众多家长满意的学校可以收取更高的学费，或者大力扩招更多优秀的申请者，或者两者兼有（取决于优惠券计划的规则）。不能让家长满意的公立学校同样会面临生源不足的尴尬，以及来自纳税人重组或关闭学校的压力。这些学校的管理层和老师的职业将受到侵害。另一方面，如果公立学校的管理层和老师的表现好，则入学率会上升，并且自身的价值也会得到上级和纳税人的肯定；私立学校的企业家也会认识到他们的才华，并利用极具诱感的职位诱使他们离开公立学校。

私立学校的各种行为也会为学生努力学习以及家长帮助孩子学习提供激励。私立学校可能需要一定的学术成就和道德发展水平作为入学和留校的标准，并且它们也可以要求家长以各种方式参与孩子的教育（除了销售抽奖券外）。或者它们可以有差别地收取学费，对能给学校带来更多效益的学生收取较少的学费。私立学校的激励会这样行事——将学生和家长努力学习的外部利益内部化——因为优秀的学生使得学校对潜在的学生和家长更有吸引力。并非所有优惠计划都允许私立学校如此行事，但它们都可以被设计以允许这种行为。

注意，优惠券激励不会产生测试所导致的那种资源配置不当。如果第一个小时的音乐教育比第八个小时的算术训练更能让家长满意（以相同的成本），那么即使它会导致测试分数的降低，学校也会利用这一个小时来教音乐。

然而，优惠券确实产生了一个严重的激励问题。它们诱导学校只取悦于家长而不是其他人。因而即使儿童自己对学习中国的普通话或C语言最感兴趣，或者是出于一般公众的利益而研习瓜达尔卡纳尔岛童话或纳粹大屠杀，但是父母想让他们学习法语和《苦路十四站》，最终家长还是会占上风，哪怕学习中国普通话和瓜达尔卡纳尔岛童话是一个潜在的帕累托改进。如果孩子是父母的私人物品，那么这可以不算一个问题，但孩子并不是一件私人物品。事实上，如果孩子的教育仅是家长一个人的事情，那么就没有理由使用优惠券或其他任何手段去补贴教育。和测试一样，优惠券也会导致资源的错误配置，因为它不惜以牺牲其他的利益来过分强调达到一组目标。

从这方面来说，优惠券有点像早期儿童教育的补贴。事实上，这些补贴的经历相当于一次金额较大的优惠券实验。它们的差异之间存在着相关性。年龄较大的孩子的父母得到更精确的报告并且更有可能关注认知技能的发展，尤其是当测试能够给他们提供完整的关于这些技能的信息时。法律可以轻易地要求享受优惠券的学校要符合一些最低标准。因此，没有理由认为优惠券计划会经历与未经许可的提供商之间的争辩，这些提供商在20世纪后半期席卷了儿童保育市场。

另一方面，通常认为较年长的孩子应该比较年幼的孩子学习更多样化的内容，因此在教材上的资助力度也应该更大。如今的孩子应该学习的东西和父母那一代学习的东西之间的差异会随着年级的增加而变大。30年前，5岁的孩子和今天的孩子一样需要接受如厕训练和知道如何计数，以及人们认为早期儿童教育应该会的东西；但是相比于自己的父母，今天的高中生更需要学习法语、中国普通话以及现代分子遗传学。（例如，利维和穆南（Levy and Murnane，1998）强调，父母通过使用自己过时的经验一致低估了当代职场的技能需求，因此对本不该满意的教育而感到满足。）因此，事实上儿童保育补贴可能提供了一个关于优惠券影响的相当精确的教训。

儿童保育经验表明，当这些利益和家长的利益相冲突的时候，评审标准可能不是保护儿童或公众利益的有效方法。这些标准必须是在法庭上可验证的，并且必须容易监控或观察；这就是保育标准依赖于简单的椅子数、面积、消防通道、教职员工以及一些凭据的原因。一般大众关心诸如孩子未来挣钱的能力、勤勉、爱国主义、意气相投、慷慨、遵守法律等品质；孩子们（或者说未来的成年人）关心他们现在的乐趣、未来的收入以及他们将来成人后拥有的选择。制定可验证、易于监管并且可以保护这些利益的标准是极为困难的。

我们并不清楚那些能够让孩子和公众而不仅仅是父母都受益的鼓励性活动的最好途径是不是设定一个单一的"合格或不合格"的标准。你可能想要鼓励好的学校做得更好——或者阻止差的学校有所放弃。

可以肯定的是，今天的私立学校似乎相当团结，以在孩子和公众关心的方面对抗公立学校。例如，对天主教学校的仔细研究表明，他们一定程度地提高了学生的测试成绩（相对于同样的孩子已经在公立学校中取得的成绩而言），并且显著提高了他们毕业的机会和大学入学率（Ladd，2002）。在对待其他人的宽容心、美国公民价值的知识方面，私立学校尤其是天主教学校的学生不比公立学校的学生差，在有些情况下他们的表现会更为出色（Teske and Schneider，2001，p. 622）。他们似乎表现得毫不逊色（Mocan，Scafidi，and Tekin，2002）。在托莱多，发现被随机分配到优惠券项目中的学生更为慷慨，虽然自信心有所不足（Bettinger and Slonim，2004）。

然而，这些结果只反映了平均状态，并且主要针对当今美国数量相对较少的私立学校。在智利，优惠券的广泛使用导致了更多非宗教的世俗学校而不是天主教学校的建立，世俗学校在提高认知成绩方面落后于公立学校（McEwan and Carnoy，2000，p. 227）。美国所有新的私立学校能否促进公民美德仍然是一个悬而未决的问题，也是政府不太可能放弃的机会（leave to chance）。在加州的一次公投中，由于巫婆帮创办学校的缘故，选民们拒绝了优惠券的部分内容。

2. 报酬递增、多样性和垄断

由于小学和中学教育具有规模报酬递增效应，增加的私立学校必然会要么增加交通成本，要么牺牲部分规模效应，或者两者兼而有之。即使上私立学校的家庭自身进行居住地选择，使得学校的空间格局和到学校的路线在使用优惠券前后相同，与去学校无关的交通成本也会增加，因为家庭为了靠近学校而搬家后，会远离诸如工作和亲戚等其他重要位置。

当然，作为这些牺牲的回报，学生得到了更多的多样性选择以及更好地与自己的能力和兴趣相匹配的机会。在这方面，公立学校如同公交车，而优惠券犹如私家车。对家长而言，优惠券让他们在到学校的更远的路程以及有可能去更好的学校的更高的费用面前有了替换性选择。这就部分解释了为什么优惠券比以往（比如 50 年前）更为流行。人们越来越富裕，而多样性是一个正常的商品。交通支出也更低了，尤其是自从小学生不需要回家吃午饭之后。当今的美国社会在许多方面更加多样化。

因此，优惠券在人口稠密的城市比在人口稀少的乡村更能发挥作用。在城市中，增加教育多样性所要牺牲的交通时间和规模经济更少。城市可以像支持公共交通的日常服务那样资助学校教育的多样性。在智利，城市由于优惠券而新建的私立学校数量要比乡村多得多（Hsieh and Urquiola，2002）。

人口密度也降低了私立学校可能的垄断势力。然而，在所有人口最密集的城市中，由于规模报酬递增和交通成本的存在，垄断势力仍有可能存在。一个中等大小的城市能够实际地支持多少非洲-加勒比裔的蒙特梭利学校呢？当然，垄断可以用管理费进行监管，但是除非同时监管质量，否则监管费是没有意义的。我们已经看到，被优惠券资助的私立学校要满足保护第三方及孩子的利益的最低标准；现在我们发觉，他们也将需要满足几乎所有情况下的最低标准以保障家长的利益（我们也已经看到，最低标准可能并没那么有效）。

因此，优惠券政策可能是减少城市扩张的好方法。他们通过开发一些迄今没有得到充分发挥的现实优势使人口密度更具吸引力。此外，如果因为郊区提供了很多很好的替代品而使得城市中心的学校的垄断势力强于郊区学校，那么处于大都市人口密集区域的公立学校的改进可能也将更大。

3. 优惠券和进入壁垒问题

最后一组优惠券话题涉及进入壁垒问题以及学校间的儿童分配问题。关于优惠券最明显的一个观点是，通过提供对走读生和住宿生连通的服务，他们摧毁了壁垒被建立的基础——校方接送学生的能力，通常学生被排除在外是因为其父母不生活在这个学校的接送生区域。不过由于优惠券系统并没有要求公立学校接受学区外的学生，因此对该基

城市经济学

础的所有攻击都是间接的。

内希巴（Nechyba，1999）描绘了一个这种攻击可能奏效的情形。目前，在富裕的地区里有一些富裕的家庭，他们在那里生活和支付高房价只是为了能够进入公立学校。在一个学校和住房相互独立的优惠券系统下，他们可以搬到一个房价更便宜的贫困社区，或搬到距离工作地或文化景点更近的社区，但仍然能够找到一所好学校——在这种情形下，是一所能用优惠券支付的私立学校。在封闭型城市模型中，这会降低富人区房子的价格，抬高穷人区房子的价格，从而引导一些不富裕的学生从差的学区搬到好的学区。在开放型城市模型中，富人区的房价不变（除非学校的质量明显下降），但贫穷地区的房价仍然会上升，而类似的搬家仍然会发生。

此外，在某些情况下，以服务那些居住在贫困社区的富裕家庭为目的的私立学校将遍地开花，它们也可能从这些社区招收一些贫困学生。如果给贫困学生提供足够的优惠券，而新的私立学校也很近，并且学生的认知技能和表现也非常好，那么这些情况就可能发生。因此，在内希巴的模型中，就没有针对富人区的公立学校进入壁垒问题的正面攻击，但有一些从相对房价的下降到对一些贫困学生开放的备选好学校的轻微的小打小闹。在交通便利的位置点居住的富人的利益将会增加，能够进入新的私立学校的穷孩子的利益也会增加，而在贫困社区的租房者（他们的子女没有转学的那些租房者）的利益将受损。

不过，这种方案是不是一个潜在的帕累托改进目前仍不能确定。由于贫困社区新增的私立学校可能会从附近的公立学校里招收最好的学生，剩下的学生则由于失去了优秀的同学而面临更糟的环境。这就是曼斯基（Manski，1992）强调的难题。在优惠券计划下，私立学校（假设他们并不运用过多的垄断力量）将面临按照每个学生的边际成本——合理的价格——收费的竞争压力，但是公立学校仍然不允许按照这个合理价格去收费。离开贫穷社区学校的好学生并不会考虑他们给留下来的学生所造成的损失。

这是次优定价问题的另外一个例子。如果两种商品（此例中是公立学校和私立学校）互为替代品，而其中的一个被错误的价格套牢，那么对另一个来说边际成本就不是最优价格。例如，当开车不遵从最优收费时，公共交通的票价就低于边际成本，当然对这一点仍然存在不同意见。正如除非地铁票价低于边际成本，不然太多的乘客将自己开车而不是坐地铁那样，除非私立学校的收费高于学生的边际成本，不然太多的好学生将离开公立学校。这就又增加了另一个监管问题。（有趣的是，根据内希巴的研究，不同的优惠券计划通常以有悖常理的方式展现出不同的影响效果。这只是因为一些富裕的家庭利用优惠券，从而使得贫困家庭有机会同富人的孩子一起上学。如果优惠券仅仅被限定在低收入家庭，这些收益就不可能被实现。这类优惠券计划将会使留下的贫穷学生因为同辈群体效应而损失了和富人的孩子一起上学的巨大收益。）

因此，没有监管的私立学校可能会给更有能力的学生提供学费折扣。层级结构将被这样建立起来：不同的私立学校将专注于不同的能力范围，而最优秀的学生将会离开公立学校。艾普和罗曼诺（Epple and Romano，1998）详细描述了这种均衡将会是怎样的情景。艾普、菲戈里奥和罗曼诺（Epple, Figlio and Romano，2000）发现，即使在今天，私立学校也给最有能力的学生提供了大幅的折扣，其中相当一部分最有钱的学生也只支付很少的学费，或者干脆不交学费。拉德（Ladd，2002）及谢和乌古拉（Hsieh and Urquiola，

2002）发现，新西兰和智利对优惠券的大规模使用加剧了艾普和罗默（Romer）预测的分层现象（虽然这两个国家对私立学校的定价策略都有一定的限制）。

4. 优惠券小结

优惠券可能使学校的人事工作难度加大：包括使家长满意、给家长和学生提供更广泛的教育选择空间、振兴一些贫穷的社区、为来自贫困家庭的学生进入更好的学校提供机会，等等。但是激励仍然存有错误——只是方式不同而已。这些错误的激励导致了对孩子和大众利益的忽视，更大的开销和更多的通勤时间，以及对留在公立学校的学生而言的过度流失的正向的同辈群体效应。优惠券在城市的效果将比在人口不甚密集的地方要好，因此可能会降低城市的扩展程度。

□ C. 特许学校与精英学校[*]

前一节的结论之一就是接受优惠券的私立学校应该受到公平严格的监督——这样做的目的是为了反映孩子们和广大市民的利益、抵消垄断力量，或许是为了阻止私立学校从公立学校挖走太多好学生——但是现在还不清楚如何充分完成这项监管。考虑到监管的困难，优惠券的大多数好处可以在公立学校的框架内得到更好的保障。这种观点引出了诸如特许学校和精英学校之类的改革——学校的公共性体现在它们受到政府官员的适当指导，而私立性则体现在比传统的公立学校有更多的自主权并且不局限于从传统的、排他的学区吸引学生。

在前一节关于优惠券的论述中，只有强有力的学校激励政策才要求有问题的新建学校被私有化。公共机构可以创造强化的多样性（当然在形式上会有差异，例如，基本上是市内交通圈中心的一个广场的开放式华盛顿广场公园几乎完全由钢筋混凝土所建造，而斯塔腾岛上的绿色地带就几乎是未开发的森林荒地，两者都被相同的公共机构纽约城市公园处所管理着），公共机构可以忽略地理边界，公共机构可以收取合适的价格，公共机构还可以同其他机构相竞争。因此，合理地改革公立学校将能取得很多与优惠券类似的改进——当然也会带来许多同样的新问题。

不同的激励之间也有较大的差别。特许学校与精英学校对于取悦家长有较弱的激励，而对于取悦官僚结构则有较强的激励。不过有些官僚机构却代表孩子和一般公众的利益。享有优惠券的私立学校服务于这些利益的激励较弱。

特许学校与精英学校并不是融合学校决策制定的"私立"和"公立"两方面的唯一可能途径。例如，在法国，私立学校接受公共基金，但是接受的数量要依赖于交给政府控制权的大小。就像我在第5章提到的那样，开办学校并不是简单地公立或私立问题，这涉及有关个体的决策以及会有许多答案的特定激励等一系列问题。

□ D. 分区的变化

地域的分区——将贫困家庭逐出富人区的不二法门——是进入壁垒问题的关键环节，我们在第8章已经看到，排除平均主义的分配权能够缓解这种分区引起的很多困

---

[*] 特许学校在美国是指通过设立特殊课程来吸引学区内最优秀学生的公立学校。通常分为小学、中学和高中三个等级。——译者注

难。类似的情形能对学校起作用吗？

显然，由于学校拥挤和同辈群体效应仅仅是我们在第8章考虑的两个负外部性的例子，可出售的排他性权利能够带来同样的效率增加——这让家长完全代表孩子和一般民众的利益。因为如果他们不这样做，任何排他性权力的出让都必须纳税。

如果在一个州内的任意学校就读的权利被随机分配给这个州里的所有孩子，并且想排除某些学生的社区被强制购回那些权利，那么相似的事情就会起作用。此外，中等表现以上的学校想排除那些中等收入以下的家庭或成绩在中等以下的孩子的交易将被征税，因为父母没有代表所有相关方的利益。简单征税的一个替代方法是对父母供孩子们上学的所有开支都被要求征税，当然交易都必须由父母批准。在这种税收体制中，父母得到的价值——为寄宿学校支付的额外费用——会少于他们被排斥在学校之外的支付，而这种方式有利于孩子和一般民众。

虽然这样或许会非常复杂，但类似这般的一个系统将开始推动学校向边际成本定价的方向前进。

□ E. 联邦所得税

在小学和中学教育领域中最大的单个联邦活动是一系列所得税优惠。为公立学校支付的州税和地方税可获减免（对持有税单的人而言），同时用于支付学校资本性项目的债券利息不计入持有人的收入。20世纪90年代末，这些项目一年的总额约为160亿美元。[①] 除此之外，来自于学校的有效房产的应计收入和从学校改善房屋中获得的资本性收益也不用交税。这些问题将在第13章"住房：全景图"中加以详细讨论。通过对比的方式，联邦政府在小学、中学和职业教育上的直接支出每年约为180亿美元，这还不包括食品计划（U. S. Bureau of the Census，2000，tables 538 and 242）。

当然，联邦政府有兴趣资助中小学教育的原因很多。然而，运用税收条款的方式会严重妨碍边际成本定价，因为联邦政府资助的支出并没有和教育一个学生的成本绑定，与教育一个学生的成本有关的支出反倒没有获得资助。同时，联邦税收的优惠对最富裕的家庭以及最好的学区的补贴最大，对最贫困地区的补贴反而最小。

■ V. 结论

对经济学家而言，思考教育问题颇有难度，因为教育塑造着许多人；通常人们总是处于被塑造的状态。我们能想到很多比喻——由于拥挤和规模报酬递增，所以学校很像巴士；因为政府免费提供教育以免人们变得更坏，所以学校像垃圾车；因为有些城镇过

---

① 这个数字只是一个粗略的估计。1999年，扣除物业税的税收支出为212亿美元，其他可扣除的州和地方非商业税为377亿美元（U. S. Bureau of the Census，2000，table 539）。1996年，州和地方的小学和中学教育的支出总额为2 794亿美元，占直接支出总额11 894亿美元的23.5%（table 494）。对于589亿美元的总税收支出而言，相同的比例意味着对教育的税收支出为138亿美元。同样，债券利息的税务开支为228亿美元（table 539）。1996年，州和地方政府总债务达11 697亿美元，小学和中学的教育支出为1 307亿美元，占比11.2%。这意味着在税收上的额外支出为25亿美元。

分地用分区制保护自己，所以学校像开放式的空间；因为坐落在城市最好的位置，所以学校还像专业地图商店。很少有其他议题能够有如此庞大的受影响群体；并且也很少有议题能够直面我们想成为什么样的人这种棘手的问题。

不过艰难并不意味着不可能。我们已经看到，父母在教育自己孩子的问题上并未得到完全的信任，义务教育法、幼儿教育补贴与公立学校可能具有合理性。教育孩子的正确方式一直以来都在变化，因为这取决于孩子、家长及技术。一些趋势——更便利的交通、更多受过教育的父母、更丰富的多样性、更富足的财富以及更先进的信息技术——已经使得传统的社区公立学校不再像以前那样具有吸引力，不过优惠计划并不是唯一的替代方案。家长对教育的更大程度的控制可能会减少城市的扩张，当然家长控制的所有增量并不一定都是潜在的帕累托改进。

然而，我们对教育的分析一直以来缺少重要的一项——种族元素。非洲裔美国人和拉美裔人与欧洲裔和亚洲裔美国人相比，最终接受的良好教育更少。理解这种差距的原因和结果将是我们下一章的目标之一。

问题

1. 有关传统公立学校、特许学校、精英学校以及优惠券的相对性优点的证据和观点基本来自20世纪90年代的早中期。随着信息技术的进步以及人们越来越娴熟地将其应用于教育，这三种学校的优缺点也会发生改变。你认为它们会如何改变？最优的班级规模将如何变化？

2. 在一个诸如北京的发展中国家的大城市中，有关这三种学校的论述会有何不同？

3. 有材料表明，一些困难被认为来自于公立学校服务的统一定价。为公立学校设计一个边际成本定价方案。这个方案会使公立学校系统的钱增加还是减少？如何缓解诸如"应试教育"之类的难题？家庭住所是否仍然是必要条件？如何对待贫困家庭的孩子？相对于当前的系统，你的方案是进步还是倒退？

4. 假设每分钟内每个学生扰乱课堂的概率为2%。在任何一分钟内，只要有一个及以上的学生捣乱，本堂课的所有学生就学不到任何东西——究竟是一个学生还是10个学生在课堂上捣乱则无关紧要。

a. 在任一分钟内，一个20人的班级没有学生受到干扰的概率是多少？如果一个班级有30人，那么概率是多少？

b. 每个班级每周上课时间为100分钟，一个学期以后，一个学生的测试成绩等于其平均一周内没被干扰的分钟数。一个规模为20人的班级的测试分数的期望值是多少？在一个规模为30人的班级呢？

c. 假如有一个规模为20人的班级和另一个规模为30人的班级。如果以测试分数来衡量，有一个学生从小班到了大班的边际成本（对接受班级而言）是多少？那个学生会损失多少分数？小班剩下的学生的边际收益是多少？转班有没有增加或者减少两个班级总的平均分？在该模型中，如果目标是取得最大平均分，那么两个班级的规模是否应该相等？

d. 为什么取得最大平均测试分是一个合适的目标？有没有其他更合适的目标？这些目标是否意味着相等的班级规模？

5. 假设有安静和吵闹两类学生。吵闹的学生在任一分钟内扰乱课堂的概率是 2%，而安静的学生这一概率为 1%。教学和测试的要求如问题 4 所述。每类学生有 20 人。

a. 假设学校按照学生能力分组——把所有安静的学生分在一个组，而把所有吵闹的学生分在另外的组。该学校测试的平均分是多少？

b. 假设学校决定实行无差别班级而不是按照能力分班，平均测试分又是多少？

c. 假设学校的目标不是取得最大平均测试分，而是让通过考试的学生人数最多。及格分数为 70 分。只有两个老师和两个班级。那么该如何分配学生以达到这一目标？

6. 根据个人经济情况发放优惠券的观点正受到相当多的关注。该观点主张，只有家庭收入低于特定标准的孩子才有资格接受优惠券。该观点的很多提倡者认为，优惠券的规模已经足够大了，因为企业将会努力设立新学校以容纳这些孩子。这意味着每个学生将得到 8 000 美元的优惠券。

为这些优惠券设计一个资格审核方案。对孩子较多的家庭而言，应该有较低的收入限制还是较高的收入限制？如果项目对蓝领家庭提供全额优惠券（或者对多孩子家庭提供一组优惠券），而对收入刚好超过基准线的家庭没有任何补助，此时如何解决劳动力供给的抑制因素的影响？如果你随着收入的增加而逐渐减少优惠券的价值，那么你将如何保持多孩子家庭的工作激励？在何时开始逐渐减少？持续多少时间？（换句话说，如果想得到一些优惠券，一个家庭的最大收入是多少？）

参考文献

Angrist, Joshua, and Victor Lavy. 1999. "Using Maimonides' Rule to Estimate the Effect of Class Size on Scholastic Achievement." *Quarterly Journal of Economics* 114 (2): 533–576.

——. 2004. "The Effect of High Stakes Achievement Awards: Evidence from a School Centered Randomized Trial." Forschunsinstitut zur Zukunft der Arbeit (IZA) Discussion Paper 1146.

Argys, L., D. Rees, and D. Brewer. 1996. "Detracking America's Schools: Equity and Zero Cost." *Journal of Policy Analysis and Management* 15: 623–645.

Basu, Kaushik. 1999. "Child Labor: Cause, Consequence and Cure, with Remarks on International Labor Standards." *Journal of Economic Literature* 37: 1083–1119.

Bettinger, Eric P., and Robert L. Slonim. 2004. "The Effect of Educational Vouchers on Academic and Nonacademic Outcomes." *Upjohn Institute Employment Research* 11(2): 6.

Black, Sandra. 1999. "Do Better Schools Matter? Parental Valuation of Elementary Education." *Quarterly Journal of Economics* 114: 577–599.

Black, Sandra, Paul E. Devereux, and Kjell G. Salvanes. 2003. "Why the Apple Doesn't Fall Far: Understanding Intergenerational Transmission of Human Capital." National Bureau of Economic Research Working Paper 10066.

Bolin-Hort, Per. 1989. *Work, Family, and the State: Child Labor and the Organization of Production in the British Cotton Industry, 1780—1920.* Lund, Sweden:

Lund University Press.

Brown, Martin, Jens Christiansen, and Peter Philips. 1992. "The Decline of Child Labor in the US Fruit and Vegetable Canning Industry: Law or Economics?" *Business History Review* 66: 723-770.

Card, David, and Alan B. Krueger. 1992. "Does School Quality Matter? Returns to Education and the Characteristics of Public Schools in the United States." *Journal of Political Economy* 100: 1-40.

Currie, Janet. 2001. "Early Childhood Education Programs." *Journal of Economic Perspectives* 15: 213-238.

Dee, Thomas. 2003. "Are There Civic Returns to Education?" National Bureau of Economic Research Working Paper 9588.

Dehejia, Rajeev, and Roberta Gatti. 2002. "Child Labor: The Role of Income Variability and Access to Credit across Countries." National Bureau of Economic Research Working Paper 9018.

Downes, T. A., and J. E. Zabel. 2002. "The Impact of School Characteristics on House Prices: Chicago, 1987—1991." *Journal of Urban Economics* 52 (1): 1-25.

Epple, Dennis, and Richard Romano. 1998. "Competition between Public and Private Schools, Vouchers, and Peer-Group Effects." *American Economic Review* 88: 33-62.

Epple, Dennis, David N. Figlio, and Richard Romano. 2000. "Competition between Private and Public Schools: Testing Stratification and Pricing Predictions." National Bureau of Economic Research Working Paper 7956.

Feinberg, Joel. 1992. *Freedom and Fulfillment: Philosophical Essays*. Princeton, NJ: Princeton University Press.

Figlio, David N., and Maurice E. Lucas. 2000. "What's in a Grade? School Report Cards and House Prices." National Bureau of Economic Research Working Paper 8019.

Figlio, David N., and Joshua Winnicki. 2002. "Food for Thought: The Effects of School Accountability Plans on School Nutrition." National Bureau of Economic Research Working Paper 9319.

Gaviria, Alejandro, and Steven Raphael. 2001. "School-Based Peer Effects and Juvenile Behavior." *The Review of Economics and Statistics* 83: 257-268.

Glewwe, Paul, Nauman Ilais, and Michael Kremer. 2002. "Teacher Incentives." Mimeo, Economics Department, University of Minnesota.

Hanushek, Eric A. 1997. "Assessing the Effects of School Resources on Student Performance: An Update." *Educational Evaluation and Policy Review* 19 (2): 141-164.

Hanushek, Eric, and Margaret E. Raymond. 2004. "Does School Accountability Lead to Improved School Performance?" National Bureau of Economic Research Working Paper 10591.

Hanushek, Eric A., et al. "Does Peer Ability Affect Student Achievement?" National Bureau of Economic Research Working Paper 8502.

城市经济学

Houtenville, Andrew. 1996. "Parental Effort, Student Achievement, and the Quality of Schooling." Working paper, Economics Department, University of New Hampshire.

Hoxby, Carolyn M. 1994. "Do Private Schools Provide Competition for Public Schools?" National Bureau of Economic Research Working Paper 4978.

——. 1998. "What Do America's 'Traditional' Forms of School Choice Teach Us about School Choice Reform?" *Federal Reserve Bank of New York Economic Policy Review* 4: 47−59.

——. 2000a. "The Effects of Class Size on Student Achievement: Evidence from Population Variation." *Quarterly Journal of Economics* 115(4): 1239−1285.

——. 2000b. "Peer Effects in the Classroom: Learning from Gender and Race Variation." National Bureau of Economic Research Working Paper 7867.

Hsieh, Chang-tai, and Miguel Urquiola. 2002. "When Schools Compete, How Do They Compete? An Assessment of Chile's Nationwide School Voucher Program." Mimeo, Department of Economics, Princeton University.

Jacob, Brian. 2002. "Accountability, Incentives, and Behavior: The Impact of HighStakes Testing in the Chicago Public Schools." National Bureau of Economic Research Working Paper 8968.

Jacob, Brian, and Lars John Lefgren. 2003. "Are Idle Hands the Devil's Workshop? Incapacitation, Concentration, and Juvenile Crime." National Bureau of Economic Research Working Paper 9653.

Jacob, Brian, and Steven Levitt. 2003. "Rotten Apples: An Investigation of the Prevalence and Predictors of Teacher Cheating." *Quarterly Journal of Economics* 118 (3): 843−879.

Kisker, Ellen, and Rebecca Maynard. 1995. "Quality, Cost, and Parental Choice of Child Care." In David M. Blau, ed., *The Economics of Child Care*, paperback edition. New York: Russell Sage Foundation.

Krueger, Alan B. 1997. "Experimental Estimates of Education Production Functions." National Bureau of Economic Research Working Paper 6051.

——. 1998. "Reassessing the View That American Schools Are Broken." *Federal Reserve Bank of New York Economic Policy Review* 4: 29−46.

Ladd, Helen F. 2002. "School Vouchers: A Critical View." *Journal of Economic Perspectives* 16(4): 3−25.

Lavy, Victor. 2002a. "Evaluating the Effect of Teacher Group Performance Incentives on Student Achievement." *Journal of Political Economy* 110(6): 1286−1317.

——. 2002b. "Paying for Performance: The Effect of Teachers' Financial Outcomes on Students' Scholastic Outcomes." Mimeo, Economics Department, Hebrew University.

Lazear, Edward P. 2001. "Educational Production." *Quarterly Journal of Eco-*

nomics 116(3): 777-804.

Levy, Frank, and Richard Murnane. 1998. "Standards, Information, and the Demand for Student Achievement." *Federal Reserve Bank of New York Economic Policy Review* 4(1): 117-124.

Lleras-Muney, Adriana. 2002a. "The Relationship between Education and Adult Mortality in the United States." Unpublished paper, www. princeton. edu/~alleras.

Lleras-Muney, Adriana. 2002b. "Were Compulsory Attendance and Child Labor Laws Effective? An Analysis from 1915 to 1939." *Journal of Law and Economics* 45 (2): 401-435.

Lochner, Lance, and Enrico Moretti. 2004. "The Effect of Education on Crime: Evidence from Prison Inmates, Arrests, and Self-Reports." *American Economic Review* 94(1): 155-189.

Manski, Charles. 1992. "Educational Choice (Vouchers) and Social Mobility." *Economics of Education Review* 11: 351-369.

McEwan, Patrick J., and Martin Carnoy. 2000. "The Effectiveness and Efficiency of Private Schools in Chile's Voucher System." *Educational Evaluation and Policy Analysis* 22(3): 213-239.

Milligan, Kevin, Enrico Moretti, and Philip Oreopoulos. 2003. "Does Education Improve Citizenship? Evidence from the United States and the United Kingdom." National Bureau of Economic Research Working Paper 9584.

Mocan, H. Naci, Benjamin Scafidi, and Erdal Tekin. 2002. "Catholic Schools and Bad Behavior." National Bureau of Economic Research Working Paper 9172.

Moehling, Carolyn M. 1998. "State Child Labor Laws and the Decline of Child Labor." Mimeo, Economics Department, Ohio State University.

Nechyba, Thomas J. 1999. "A Model of Multiple Districts and Private Schools: The Role of Mobility, Targeting, and Private School Vouchers." National Bureau of Economic Research Working Paper 7239.

Oreopoulos, Philip, Marianne E. Page, and Ann Huff Stevens. 2003. "Does Human Capital Transfer from Parent to Child? The Intergenerational Effects of Compulsory Schooling." National Bureau of Economic Research Working Paper 10164.

Psacharopoulos, George. 1994. "Returns to Investment in Education: A Global Update." *World Development* 22(9): 1325-1343.

Richards, Craig, and Tian M. Sheu. 1992. "The South Carolina Incentive Reward Program: A Policy Analysis." *Economics of Education Review* 11(1): 71-86.

Scholliers, Peter. 1995. "Grown-ups, Boys, and Girls in the Ghent Cotton Industry: The Voortman Mills, 1835—1914." *Social History* 20: 201-218.

Sonnenstein, Freya L. 1991. "The Child Care Preferences of Parents with Young Children." In Janet Hyde and Marilyn Essex, eds., *Parental Leave and Child Care: Setting a Research and Policy Agenda*. Philadelphia: Temple University Press.

Summers, Andrew, and Barbara Wolfe. 1977, "Do Schools Make a Difference?" *American Economic Review* 67: 639-652.

Teske, Paul, and Mark Schneider. 2001. "What Research Can Tell Policymakers about School Choice." *Journal of Policy Analysis and Management* 20(4): 609-632.

U. S. Bureau of the Census. 2000. *Statistical Abstract 2000*. Washington, DC: Government Printing Office.

Walker, James R. 1995. "Public Policy and the Supply of Child Care Services." In David M. Blau, ed., *The Economics of Child Care*, paperback edition. New York: Russell Sage.

——. 1992. "New Evidence on the Supply of Child Care: A Statistical Portrait of Family Providers and an Analysis of Their Fees." *Journal of Human Resources* 27(1): 40-69.

Zimmer, Ron W., and Eugenia F. Toma. 2000. "Peer Effects in Private and Public Schools across Countries." *Journal of Policy Analysis and Management* 18(1): 75-92.

第 11 章

种族与居住空间①

城
市
经
济
学

W. E. B. 杜波依斯认为，从长期看"人类最伟大的发展正发生在人与人之间最广泛的交往之中"（Lewis，1995，p. 558）。城市应当成为最广泛的人际交往之地。当大量的人们集聚之时美妙的事情就会接踵而至；人们可以通过一个市场或一些其他体系来协调他们的行为。在一个市场化的社会中多样性应该是一种正向力：当交易者具有极大的异质性时，贸易收益也可达到最大；当有着不同传统和生活方式的人相互邂逅交流之时，创新的火花往往就会迸发。一个关于种族的章节也应是一个关于城市生活带来美好事物的部分。

然而几乎所有的协同体系，尤其是市场体系，如果参与者非常胆战心惊、猜测怀疑，甚至讨厌彼此，那么这些体系的作用将微乎其微。种族和族群歧视的代价会阻碍人们利用城市生活所带来的递增的规模报酬，也会妨碍人们享受多样化所孕育的文化和科技活力。

一般来讲，当少数族裔的出现在一定程度上使得非少数族裔远避城市，或特别地远避城市的某些部分，或是公共交通，或是公共游泳池、学校，或是某类招聘，人们就会失去在种族关系缓解时所获得的城市生活的优势。同样的结果也会发生在少数族裔发现他们失去了工作、贷款、婚姻、健康关怀，或是一些社区的住房之时。因为他们并不能完成那种可能成为帕累托改进的交易。

因此，我在本章中所提问的问题就是居住在美国城市里的人们所获得的由人口多样化带来的好处是否与他们应得的一样多。

首先，我们要简单讨论一下种族和族裔的定义和生物性。接下来的小节将会讨论种族和族裔如何影响城市规划——人们居住在哪里，他们自己拥有还是租赁住房，他们住

---

① 为了更好地学习本章内容，你需要熟悉以下概念：区位理论、单一中心城市模型、潜在的帕累托改进和市域扩张。你可以在词汇表中找到这些术语。

房的质量如何，他们为房子付出了多少，他们的孩子如何接受教育。种族问题确实事关重大。第三小节将会讨论如此安排的结果——第一部分将研究少数族裔在这样的状况中究竟是得是失，而第二部分将以白人为对象研究同样的问题。在第 12 章中我们将测度一些政策选择。

Ⅰ．当前的种族问题意味着什么

联邦政府关于本国人口的官方分类是二维的：基于人们的"种族"以及是否为拉美裔进行分类。因此，所有人都应该归于如下的十二个格子之一（1997 年之前，仅归于唯一一类）：

	拉美裔	非拉美裔
白人		
黑人或非洲裔美国人		
美国原住民或阿留申人		
亚洲裔		
夏威夷原住民或太平洋岛民		
其他		

你得选择一个格子把自己填进去。事实上，许多人在他们的一生中都经历过不同的身份。

容易看出这些分类与生物种类并无关联。（例如为什么来自印度的人与来自中国的人分在一组，而圭亚那人与委内瑞拉人却差别很大？）这跟地理位置也没多大关系，因为接受问卷调查的人都居住在美国。

如果既不是生物因素也不是地理因素，那么美国管理和预算局（OMB）的格子是如何分类的呢？并不是文化：你不需要因为喜欢萨尔萨舞就被看成拉美裔人，也不需要因为喜欢巴赫而成为非拉美裔白人。不是收入，也不是教育。

也许最准确的描述应该是：几乎在 1840—1930 年之间，很多带有美国人思维而且能够被轻易辨认出的人群基本上是低人一等的——奴隶、中国人、墨西哥人和印度人的后裔。其实，美国管理和预算局的分类是始于 20 世纪 70 年代的一种尝试，是为了使陈旧的模式更加合理和普遍，也使得所有人都可以被当做"白人"。（大量的政治目的包含于其中。例如，老式分类中的"亚洲人或太平洋岛人"被废除，因为夏威夷人并不想自己像中国和韩国学生一样被录取在同样的大学）。

尽管他们这种想法是愚蠢的，但这些区别还是意义非凡的，因为人们对于你和你祖先的看法还是很重要的。这是一个经验主义命题，它将会在本章得到完全证实。

Ⅱ．种族是一个怎样的问题

这一节主要总结那些看上去似乎并无多大意义的分歧。其中一大部分内容我们会放在下一章中接着讨论。当提及"少数族裔"时，我所指的是非洲裔美国人、任何族群的拉美裔，有的时候也指亚洲裔和美洲原住民。其中，大多数的内容是关于非洲裔美国人的。社会学家搜集到的关于非洲裔美国人的信息远多于其他少数群体，并且在很长时间内非洲裔美国人都将越来越多地活跃在美国城市里。

□ A. 种族分居

在今天的美国，如果你知道某人的近旁住着什么样的人，你就几乎总是能够猜到他们是什么种族，以及他们的邻居是什么种族。这一现象就是所谓的**种族分居**。种族分居是指不同的种族大部分分开居住，生活在不同的相邻区域中。

种族分居本身并不一定存在问题。相同的兴趣爱好和饮食习惯可能会让他们生活在一起；合意的种族分居是其结果。但是不尽如人意的因素也会发挥作用。种族分居同时也反映了一种强制性努力以使一些人不能居住在他们想要生活的地方和对他们有利的地方；减少这种情形下的种族分居将会是一种潜在的帕累托改进。否则，种族分居可能会愈演愈烈，因为在混杂居住的群体里会出现太多争斗。在这种情况下减少争斗的倾向将会帮助很多人。

这时，种族分居就是一种征兆，就像每分钟 200 跳的脉搏或 300 磅的重量。如果你刚刚爬完 30 层的楼梯，有一个每分钟 200 跳的脉搏就非常好，如果你身高 6.5 英尺而且全是肌肉，300 磅就是一个很好的体重。不过在一般情形下，这两者中的任一个都需要进一步的调查。

任何调查研究中的第一步都是测度现象。种族分居程度的度量可以采用两种不同的方法。

一种度量方法被称为**相异指数**。这个指数从完全的一体化或者说从没有种族分居的情况开始讨论。如果一个城市或者一个都市区中的每一个社区都与其每一个近邻地区拥有相同的少数族裔的人口比率，那么我们说这一个城市或者都市区是完全一体化的。相异指数通过计算使这个城市达到完全一体化需要多大规模的人员移动来测度一个城市距离完全一体化的差距。所需要移动的人员越多，这个城市的种族分居程度就越深。因此，这个指数等于使一个城市达到完全一体化所需要搬迁到其他社区的少数族裔的最少比率（如果白人不搬迁的话）。如果一个城市是完全地因种族而分居——也就是说，如果相互邻接的每一个社区内都是同一个种族或者同为另一种族——则相异指数等于 1。（如果一个城市有 20% 的少数族裔人口而且完全地因种族而分居，以至于所有的少数族裔都居住在完全由少数族裔组成的社区里，为了达到完全一体化，每一个完全由少数族裔组成的社区将不得不成为空域，因为没有白人生活在那里，所以这些区域中百分之百的人群将不得不迁移；所以相异指数将为 1。）所以相异指数在 0~1 的范围内，指数越大表示种族分居程度越深。相异指数比较的是两个群体。

另一种度量方法被称为**隔离指数**。这个指数等于那些生活在平常少数族裔成员的生活区域内的少数族裔的比率，也就是一个少数族裔成员的邻居也是一个少数族裔成员的概率。就完全一体化而言，这一指数是整个城市的少数族裔的比率（因为该城市的每一个区域都有相同的人口结构），就完全种族分居而言，这一指数等于 1（因为每一个少数族裔群体的成员都居住在完全由少数族裔组成的区域）。同样，这个数值越大，代表种族分居程度越深。

种族分居有多严重呢？问题不小。首先，我们观察非洲裔美国人。在美国大多数都市地区的黑人相对于非拉美裔的白人的平均相异指数，从 1980 年的 0.74 下降为 2000 年的 0.65（这是按城市中的黑人人口计算的）。为了达到完全的一体化，三分之二的黑人必须得搬迁。2000 年时有些城市拥有很高的相异指数：底特律为 0.85，纽约为 0.82，芝加哥的密尔沃基-瓦克夏为 0.81，纽瓦克为 0.80。即使是种族分居程度最低的、居住有非洲裔美国人的城市的相异指数也远大于零：弗吉尼亚州诺福克的新港海滩新区、罗利-达勒姆-查普尔山和奥古斯塔-艾肯为 0.46（Lewis Mumford Center，2001a）。孩子们被分居的程度更为厉害，平均相异指数达 0.68（Lewis Mumford Center，2001b）。

隔离指数也很大。2000 年，通常非洲裔美国人居住在一个 51％ 的邻居是非洲裔美国人的社区（从 1980 年的 61％ 下降了），而通常非洲裔美国人的孩子则成长在一个 56％ 的儿童是非洲裔美国人的社区。芝加哥的隔离指数是 0.79，底特律和孟菲斯的指数是 0.73。

拉美裔也会因种族而被分居，只不过程度没有那么深。通常拉美裔相对于非拉美裔白人的相异指数为 0.52，较 1980 年的 0.51 有一点点上升（根据拉美裔人口计算）。纽约的种族分居指数最高，达 0.65，拉雷多最低，为 0.29（拉雷多拥有接近 95％ 的拉美裔人）。拉美裔儿童因种族被分居的程度同样也远大于拉美裔成年人，平均相异指数达 0.55。在拉美裔孩子中，平均隔离指数（0.53）几乎和黑人孩子的平均隔离指数（0.56）一样高——不过都市地区的隔离指数更高，比如拉雷多，这个地区基本上全部是拉美裔人。

即使是在拉美裔人当中，肤色也有很大的影响。1980 年，在加勒比拉美裔人当中，拉美裔黑人和拉美裔白人相互间也是被高度分居的，在 10 个主要的都市地区他们的平均相异指数是 0.61（Denton and Massey，1989）。而且，在该 10 个城市里的加勒比拉美裔人中，拉美裔黑人与非拉美裔白人的相异指数远高于拉美裔白人与非拉美裔白人的相异指数（0.80 比 0.52）。

种族地位也是一个影响因素，古巴和墨西哥人相对于非拉美裔白人的被分居程度要小于波多黎各人和多米尼加人。2000 年时古巴人相对于非拉美裔白人的相异指数是 0.49，而多米尼加人相对于非拉美裔白人的相异指数是 0.81。

亚洲裔人的被种族分居程度要小于非洲裔美国人和拉美裔人，2000 年，在 40 个都市地区大多数亚洲裔的平均相异指数为 0.42。然而在一部分有大量亚裔人口居住的都市地区，种族分居程度相对大一点——比如纽约和斯托克顿-洛迪（加利福尼亚州）的指数为 0.50。

少数族裔的不同群体也倾向于相互间被分居，但是不同于他们与非拉美裔白人的那种分居。

当然，这些更高级别的种族分居似乎可以被适宜地加以解释。但是这种解释的圆满性并没有被很好地表现出来，特别是在针对非洲裔美国人的种族分居方面。可能不同的种族居住在不同的地方是因为他们有不同的收入；或许我们真正观察到的种族分居是源于阶层而非种族。然而，事实上收入只能解释一小部分我们所观察到的种族分居现象。

观察这个问题的一种途径就是观察处于同一个特定收入层次的家庭间的相异指数。如果说黑人和白人间的种族分居是由于收入的差异而形成的，那么，如果你只观察处于某一特定收入水平的群体间的相异指数，它们应该会非常小。贫穷的黑人会和贫穷的白人集合在一起，富裕的黑人将和富裕的白人挨在一块儿，但是看起来在这种情况下，黑人和白人由于收入阶层的不同会与不同种族的邻居住在一起。

这个简单的验证说明收入的差异对我们所观察到的大多数种族分居来说并不是主要的原因。举例来说，如果你取 2000 年全美前十的都市地区，比较其人口的整体相异指数和中等收入家庭（收入在贫困线的 1.75～3.5 倍之间）的相异指数，你就会发现基本上没有什么差别。中等收入的黑人和中等收入的白人两者间的相异指数事实上就其平均而言略高于整体的相异指数。中等收入的拉美裔人的分居程度略轻，中等收入的亚洲人大多数情况下和全体亚洲人的分居程度差不多。

我们可以采取一种更加成熟的方法来对待这个问题，赛西和索玛纳坦（Sethi and Somanathan，2001）计算了人们的居住地点完全由收入决定时的相异指数。此时每一个富裕社区与其他富裕区域一样都有着同样的种族构成，而每一个贫穷社区也与其他贫穷区域一样有同样的种族结构。如果收入是唯一的决定因素，那么 1990 年美国大多数都市区的相异指数将在 0.08～0.18 之间，平均数为 0.12。然而这只相当于他们考察的城市的真实相异指数的五分之一。

对种族分居的另一种适宜解释是人们追求门当户对：背景相同的人热衷于居住在一起，只有这样他们才能使用自己的语言，分享他们自己的故事，玩他们自己的游戏，光顾他们自己的餐馆，参拜他们自己的教堂。如果我们现在用这种观点看待种族分居的社区，它就好比 20 世纪初期著名的意大利和德国的小城。

这种解释也行不通。我们已经知道，那些包含着许多不能说英语的拉美裔和亚洲裔的移民群体在非拉美裔白人国度中的被分居程度要弱于黑人在非拉美裔白人国度中的程度，尽管大多数黑人说着英语且只有很少的不会说英语的移民。而且，我们难以回答为什么文化将黑、白肤色的拉美裔人区分开来，或者说为什么文化使得拉美裔白人与拉美裔黑人相比住得与非拉美裔白人更为靠近。

在另外一项测试之中，卡特勒、格莱泽和维格多（Cutler，Glaeser and Vigdor，1999）认为如果门当户对是种族分居的原因，那么近来遍及各地的远离大城市的现象就会是非洲裔美国人最大的派系争斗，因此他们将乐意支付更多的钱以居住在人口密集的黑人社区。即便研究了好几批人口普查的数据，他们也未能找到与此有关的证据。

尽管对于当下的种族分居状况并没有合理有效的解释，并且现在大多数少数族裔的分居状况比 20 世纪早期移民群体的状况更加严重，不过局势并没有变得一塌糊涂。20世纪 70 年代以来，主流趋势是非洲裔美国人的分居势头在逐渐减弱，拉美裔和亚洲裔的分居状况保持着稳定或小幅上扬。在 1900—1970 年间，每次人口普查都表明非洲裔美国人的分居程度在增加；从那以后的每次普查都表明分居程度在下降。这种趋势有三个主要的因素。

第一就是人口往阳光普照的地带迁徙。阳光地带的城市，比如萨克拉门多、奥古斯塔-艾肯、诺福克-弗吉尼亚沙滩-纽波特纽斯、图森市和阿纳海姆，是美国种族分居程度最轻微的地区（退休社区除外）。寒冷地带的制造业中心，比如底特律、芝加哥、克利夫兰和纽瓦克，是分居最为严重的地区。随着居住在寒冷地带的美国人口比例的下降，平均而言种族分居程度有所下降。

第二个趋势是基本上都是白人社区的数量在急剧地下降。1970 年，大都市地区白人中的 62.6％ 生活在黑人比例不足 1％ 的社区（人口普查的记载）。到 1990 年，仅有 35.6％ 的白人还生活在这类社区。这种趋势既影响寒冷地带的城市，也影响阳光地带的城市（Ellen，2000b）。

第三，与以往相比，许多社区中的种族聚合更加稳定。过去人们习惯于把种族聚合叫做"从第一个黑人家庭进来到最后一个白人家庭离开的阶段"，但是，特别是从 1980 年开始，不少有着可观的黑人和白人比例的社区在很长时间内都维持着这种状态。1980—1990 年间，人口普查记录中 76％ 的社区从一开始到结束都保持着整合的趋势；白人人口在其中 53％ 的社区中保持上升趋势（Ellen，2000b）。

确实，"白人逃亡"——一旦少部分黑人进入，所有的白人就迅速逃离——的经典故事似乎再也不会成为维持种族分居的动力机制了。虽然因为各种各样的原因人们一直都在迁徙，但是，艾伦发现社区中黑人的比例对于"白人逃亡"的趋势影响甚微。另一方面，白人并不愿意搬入黑人占大多数的社区。因此，正是这种小规模的流动——白人进入黑人占多数的社区，黑人进入只有少数几个黑人的其他社区——维持着种族间的分居，而不是因为大量惊恐的白人的逃离。

□ B. 向心性

少数族裔人群不仅非常热衷于与其他少数族裔人群居住在一起，而且倾向于居住在靠近传统的中央商务区（CBD）附近。少数族裔社区，尤其是非洲裔美国人社区与白人社区相比，一般而言更加靠近中央商务区。这也是形容词"城市中心区"是"种族"的一个同义词的原因。

城市中心化的度量类似于种族分居的度量。你可能会问，如果少数族裔按照与中央商务区的距离的居民分布最终与白人一样，那么在最低程度上到底有多少少数族裔人口应该迁移？差别在于（从商务区中）迁出被认为是积极的行为，而搬进去则被认为是消极的。因此，如果所有的少数族裔居住得都比白人更加靠近中央商务区，那么城市中心化指数就等于 1；如果所有的少数族裔靠近中央商务区的程度都和白人一样，那么城市中心化指数就等于 0；如果所有的少数族裔居住得都比白人离中央商务区更远，那么城市中心化指数就等于 -1。

在大多数都市区域中，非洲裔美国人的城市中心化指数都相当高。1980 年，18 个黑人人口最多的北方城市中的平均中心化指数为 0.88；而 12 个最多的南方城市的平均中心化指数为 0.75（Massey and Denton，1993）。然而，人们对拉美裔和亚洲裔的城市中心化指数则知之甚少。

收入并不能充分解释为什么黑人的住房如此地集聚在一起。如果人们完全以收入的高低次序来排列，收入最低的家庭应最靠近中央商务区，1997 年就美国整体而言，所有城市按种族的收入分布都是一样的，那么城市中心化指数将会在 0.23 或 0.24 左右（U. S. Bureau of the Census，1999，table 752），而不是 0.88 或 0.75。事实上，收入与距中央商务区的距离之间并不太相关——在诸如纽约、芝加哥一类老城市中，一些最富裕的社区是紧靠着中央商务区的。收入似乎并不能解释为什么在 1/4～1/3 的城市中，黑人比白人居住得更加接近于中央商务区。

在所有的大都市中，靠近中央商务区的土地是最有价值的资源之一，它是一种具有固定供应量的稀缺资源。显然，种族是谁会使用这些土地的一个重要因素。不过这有点莫名其妙，因为肤色、发质与靠近商务区居住的收益或成本之间并没有明显的关联性。

社区居民的最佳配置——也就是完善的市场将拥有的配置——将那些能够因居住在那里而获得最佳利益的人群分布到各自的社区。让少数族裔聚集在城市中心是一个不错的想法，然而你必须同时认识到两个方面：他们占有了居住在那里的利益，且使得其他人无法同样从中获得更多利益。尽管有一些证据对此提出质疑，但是由于城市是一片广大的区域，也许先前的建议可能是对的（我将在第Ⅲ节讨论这个问题，参见关于空间错配假设的讨论）。后面那个假设更令人怀疑。

□ C. 用于上下班的时间

可能你会期待着非洲裔美国人与白人相比用于上下班路途上的时间更短，因为他们生活在靠近 CBD 的地方。更短的上下班时间是靠近 CBD 的人群所能获得的主要好处。而且，几乎任何支持眼下结果的观点都会从少数族裔因居住地靠近工作区域而得到的好处开始。只有当靠近 CBD 对少数族裔而言有不同的价值时，让少数族裔尽量靠近 CBD 才会有意义。

然而，事实证明，少数族裔的上下班时间更长，而非更短。平均来看，那些居住在中心城市的非洲裔美国人的上下班时间比那些居住在郊区的任何人群的上下班时间更长。表 11—1 提供了 1990 年的数据。

这一结果并不简单，关于这一差异的合意性解释似乎出于少数族裔工作者的其他特质。从 1985 年的数据看，加百利和罗森塔尔（Gabriel and Rosenthal，1996）发现，即使是在收入、年龄、性别、教育和家庭构成等相同的情况下，黑人的上下班时间还是要比白人多 23％，亚洲裔的上下班时间比白人多 25％。如果少数族裔能从居住得离 CBD 更近而有比白人更多的收获，那就不清楚他们是怎么做到的了。

表 11—1　　　　　　　　　　平均花费在上班途中的时间，1990 年　　　　　　　单位：分钟

	都市地区的居民		
	所有居民	中心城市	非中心城市
白人	22.6	20.8	23.5
黑人	26.1	26.5	25.5
拉美裔	24.7	24.9	24.4

资料来源：1990 Census of Population, Social and Economic Characteristics：United States，1990CP-2-1 (Washington，Dc：U. S. Bureau of the Census，November 1993)，tables 63，64，67。

□ D. 住房的拥有与质量

从可比较的收入、家庭和背景方面而言，少数族裔相比于白人成为住房所有者的可能性更小，更可能居住在低质量的房屋里。这在那些大多数房子已经陈旧、中心区的房子多为公寓的城市里尤其明显。

城市经济学

2000 年，73.7％的非拉美裔白人家庭居住在他们自己拥有的房子里，相比而言这样的家庭在黑人中只有 46.7％，在拉美裔中只有 45.4％。当然，这种差异部分源于少数族裔的低收入和相对来说更为年轻的年龄，但也并不完全归根于此。举例来说，Wachter and Megbolugbe（1992）发现 19％的住房持有率差异并不能被标准的和不随种族而变化的因素所解释。然而弗里曼和汉密尔顿（Freeman and Hamilton，2002）发现，这种未被解释的住房持有率的差异在 20 世纪 90 年代有所下降，但是并没有消失，这可能是联邦债权倡议的结果。

然而，一旦他们购买了住房，非洲裔美国人也只有更小的可能性去"换"更好的房子——他们的第一处房屋也常常会是最后一处。同样，这些结论也有诸如收入一类的大量、稳定的可观测的特征数据（Boehm and Schlottman，2004）。

种族和种族地位在人们购买的房屋的质量上同样也有一个较大的反差。比如，1989 年拥有住房的白人中 4％居住得很拥挤（一个房间里住不止一个人），相比而言拥有住房的黑人的比例是 9％，拉美裔是 26％（Yinger，1995，p. 109）。

迪帕斯奎尔和卡恩（DiPasquale and Kahn，1999）在 1990 年为洛杉矶地区构建了一个结构质量指数和一个居住质量指数。他们发现黑人和拉美裔当时通常搬迁到那些相比于拥有同等收入、年龄、家庭结构和出生背景的白人明显要差的区域。少数族裔租房者所搬迁去的房屋和白人租房者的房屋有相同的质量，但是少数族裔的房主所购买的房子的质量就远差于白人房主购买的。甚至对房主而言，居住区域的不同要比房子的差异大得多。

□ E. **房价**

少数族裔在购买可比较的房子时是否比白人需要花更多的钱？这是非常难以回答的问题，因为对这个问题很难措辞来解释。房屋是一个复杂的综合体，它包括结构、设施、社区环境和地点。少数族裔和白人在购买房屋的方式上有很大的不同，一些明显而另一些微妙。弄清楚什么是"可比较的房屋"是问题的核心，但是这似乎无法回答。

举例来说，如果你设定"可比较的房屋"是指"可比较的结构"，同时全然忽视房屋的社区环境，那么很多文献都显示从 1970 年以来少数族裔在购买房子上的花费已经比白人要少（Mieszkowsk，1979；Chambers，1992），或者说就相同（结构）质量的房屋而言，在少数族裔社区的购买将比在白人社区花费更少的钱（DiPasquale and Kahn，1999，table 3；Gablinger，2003）。（很显然 1970 年前，情况并不是这样，那时大迁移的压力和明显强制的种族分居使得黑人不得不花费更多的钱去购买结构性质量更差的房屋（Mieszkowski，1979；Cutler，Glaeser and Vigdor，1999；Kain and Quigley，1975）。）

然而，我们已经看到少数族裔通常居住在较低质量的社区——几乎没有好学校、更多的犯罪、更高的汽车保费率、更高的房屋密度、某类污染更多的社区。加布林格（Gablinger，2003）把其中一部分（并不是全部）因素综合起来后发现非洲裔美国人占大多数的社区的房价仍然要低于白人占大多数的地区，但是一体化的社区的价格又要比前两者更为便宜。如果少数族裔花少一点的钱在较低质量的社区购买住宅，这个价格是否足够低到可以弥补较低的社区质量呢？

从这种阐述来看，你会发现我们的讨论已经退化到正在研究一个（如果不是无解）非常困难的问题。从某种角度来说苹果比橙子更好，但是橙子更软、更容易与别人分享。谁会想去争论究竟是苹果的购买者还是橙子的购买者正在为买水果而花费更多的钱呢？

我们能够说一些关于价格的事情，但是我们不会冒险去做没有意义的事情。在社区条件确定的情况下，种族因素似乎对单个购买者的支付没有太大的影响。黑人在白人社区购买的价格和白人一样；白人在黑人社区购买的价格同样也与黑人一样（Chambers，1992；Gablinger，2003）。白人在搬去少数族裔社区时似乎没有面对显著的**价格歧视**，不过他们很少这么做（在洛杉矶县的数据中，一个社区里白人近期的平均搬迁数是黑人搬迁者的 5%或 6%）；他们的行为告诉我们，对于大多数白人来说，少数族裔特别是黑人社区房屋的低廉价格还是高到不能弥补他们将面对的较低的环境质量。你可以做一个关于少数族裔发现白人区的价格太高的类似陈述，但是你必须谨慎地总结有关社区的质量和房地产经纪人、社区成员和种族主义者阻止少数族裔进入的壁垒。关于这种壁垒我将在下一章中讨论。

□ F. 汽车的拥有

在所有教育层次上，少数族裔家庭在拥有自家的汽车方面要弱于其他家庭。总体而言，在 1992—1994 年间，有 25%的黑人家庭和 20%的拉美裔家庭没有汽车，相比较而言，白人家庭只有 5%。每个黑人家庭中的每位成年人平均只拥有 0.671 辆汽车；拉美裔家庭平均为 0.725；白人家庭平均为 1.135。在高中毕业生层次上，黑人家庭中的每位成年人平均拥有 0.648 辆汽车；拉美裔家庭平均为 0.692，白人家庭平均为 1.146（Raphael and Stoll，2001）。

□ G. 教育

非洲裔美国人和拉美裔在学业上不如白人和亚洲裔。他们不太可能完成高中或大学学业，不太可能在标准化测试中得到高分。这个问题部分源于贫穷，但是贫穷并不是全部原因。当社会经济背景不变时，非洲裔美国人和拉美裔在标准化测试中的成绩比白人和亚洲裔差，尽管两者之间的差距正缓慢减少（Fletcher，2001）。这种差距甚至出现在一体化地区，包括像俄亥俄州的榭柯高地和新泽西州的南橘·梅普伍德学区。

少数族裔学生至少如白人学生一样努力，在某些重要方面他们更为努力。在榭柯高地，黑人学生和白人一样花了很多时间在家庭作业上，在有关学习动机的度量方面至少会归类于同样高的档次（Fletcher，2001）。就全国范围而言，在相同的家庭背景下，少数族裔学生能至少坚持和白人学生一样的时间，在许多情况下还能持续更长的时间（Cameron and Heckman，2001）。没有证据表明遗传的不同是考试分数差距的原因。

□ H. 总结

种族问题非常重要。它的重要是因为人们认为它很重要（或人们认为另一些人们认为它很重要，或者它被包含在一个更大的问题之中）。少数族裔不成比例地生活在靠近CBD 的种族分居的社区。收入能解释一点点这一集中化和种族分居问题。黑人上下班有更远的距离。每件事都是均衡的，少数族裔有相对小的可能性拥有自己的房子或汽车，或在有好学校和低犯罪率的社区中居住。即使有相同的努力和家庭背景，他们在关于接受教育所收获的标准化测试中的成绩总没那么好。

Ⅲ. 种族问题的影响

通过诸如肤色、发质等大量似乎并不相干的特征来对人们住在哪里进行归类，将大量并不在 CBD 附近工作的人定位于居住在那里，从表面上看是一个愚蠢的规划城市的方式。然而，在搁置这样一幅画面之前，我们需要更细致地考察它的影响。或许这一画面有一些隐藏的解释它的流行或证明其延续的优势。在本节的开头部分，我们将会发现这一模式怎样影响了少数族裔；然后，我们将会对白人做同样的研究。这些问题的相关数据已经几乎完全被集中于非洲裔美国人身上。

□ A. 对少数族裔的影响

1. 聚集的心理性收益

对于种族分居模式的一种可能的解释是少数族群可能觉得居住在一起会感觉更好。在被分居的社区他们能够更轻松地休闲，更快捷地找到朋友和可以分享经历的人，更开放地做自己，更深入地学习他们的文化遗产，更好地理解他们自己。如果情况确实如此，如果一些东西在市场运转中阻止了这些本应完全实现的愿景，那么或许保持目前的这种模式是有意义的。

然而，需要注意，对聚集的偏好是一个针对种族分居而不是集中化的观点。哈勒姆（Harlem）能使这些功效在新泽西州南部与距纽约曼哈顿中城 50 街区之外的地方的作用相同。

这种没有集中化的种族分居的说法在少数族裔的调查数据中几乎没有找到支持。在 20 世纪 90 年代初期，底特律地区 98％的黑人和洛杉矶地区 99％的黑人说他们想要迁移到一个有 53％黑人的社区。周边有一半黑人的社区是大多数回答者的首选。在 20 世纪 70 年代早期的底特律，在被调查者中只有 12％的人认为一个全部是黑人的社区是他们的首选，27％的人将其作为最后的选择——31％的黑人表示他们拒绝搬迁到这样一个社区（Massey and Denton，1993，pp. 91，89）。在 20 世纪 90 年代，四分之一的黑人说他们拒绝搬迁至全部是黑人的社区（Ellen，2000b，p. 135）。

少数族裔已经选择了他们居住的都市区这一方式展示出无论分离主义怎么鼓噪都是微不足道的。在美国的大都市地区少数族裔被相当合意地分散开来，他们不是被集中在一小块地方。1996 年，25 个最大的都市地区（把每一个都市地区看作一个"街区"）黑人（相对于非黑人）的相异指数是 0.28。为了达到标准的分布，只有略多于四分之一的非洲裔美国人需要在都市区之间搬迁，与此相反，却有三分之二的非洲裔美国人需要在都市区内部搬迁（U. S. Bureau of the Census，1998，table 44）。都市地区间的拉美裔的相异指数——1997 年为 0.37——也同样小于都市地区内部的相异指数。黑人和拉美裔人两者在都市地区内部的分居程度要大于在都市地区间的分居程度，对于黑人来说这个差距更大。（根据 1999 年辛格的数据，跨州间的犹太人的相异指数是 0.4。因此如果种族聚集性通过横跨美国各州之间的种族分居来衡量，那么黑人和拉美裔人的种族聚集性可能要小于犹太人。）

都市地区间的高度一体化表明种族或族裔聚集中收益的规模报酬递增似乎非常有限。关于种族分居的精神优势的争议并不是说一个少数族裔社区已经实现的精神优势有多么大，而是说在这些争论中没有迹象表明一个拥有 500 000 人的少数族裔地区在实现精神优势方面比 25 个 20 000 人的地区做得更好。

因此，当少数族裔从居住在有一大批类似于他们自己的其他少数族裔生存的地区获得了一些好处的时候，这并不表明他们能从居住在高度集中了成千上万的相同种族的人们的地区获得任何实质性的好处。许多模式和我们现在观察到的这种模式非常不同，它们几乎能够满足所有少数族裔实际上对于种族分居所抱有的期待。

2. 聚集的商业性收益

关于目前这种模式的另一个观点是它促进了少数族裔的商业活动。大多数少数族裔的人们都会赞成少数族裔商业的开展，保护它们以防受到白人竞争的影响，直到少数族裔商业成长到足够强大以至于能在广阔的市场上占有自己的一席之地时。再一次需要注意的是，这是一种尚未证实的种族分居而不是集中化的优势。

如果种族分居促进了少数族裔商业的发展，那么 80 多年来高度的种族分居应该已经使得非洲裔美国人成为这个世界上最成功的商业群体。但情况并不是这样。

恰恰相反，即使你控制教育、家庭背景、收入、性格以及其他的标准特征不变，非洲裔美国人在大多数情况下也是远不如白人和其他种族特别是那些自主经营的族群。举例来说，迈耶（Meyer，1990）发现只有 3.4％的黑人工作者是自主经营的，相反地，自主经营的白人达到 10％。只有大约四分之一的这种自主经营的差距来自于年龄、教育、性别、婚姻状况、孩子的出生和地域方面的不同。

当然，种族分居可能并不是这些巨大差异的直接原因，消费者和出租者的观念可能也产生了影响，并且这种影响可能更为重要。不过，即使种族分居是一种积极的力量，它也显然不能强有力地促进少数族裔企业家的成长。同时，从某种程度上来说，其他的因素导致了少数族裔企业家经营着不稳定的企业，投资于种族分居以推动少数族裔商业的发展非明智之举。如果你的车缺少一台强劲的发动机，那么无论如何你都不需要去购买昂贵的新轮胎。

在关于少数族裔商业的广泛研究中，贝茨（Bates，1997）发现了种族分居作用的直接证据。相对于那些经营于广阔世界里的商业来说，坐落于少数族裔社区、主要服务于少数族裔顾客的少数族裔商业难以成功经营。保持经营者的背景和其他一些经营特质不变，贝茨发现那些只服务于少数族裔人群的商业的收益明显较少并且生存不了多久（pp. 161，158）。1970 年以来，黑人业主经营的商业在那些少数族裔顾客较少的领域已经成长起来了；那些传统的小买卖已经被大量淘汰。种族分居似乎创造的是一个少数族裔商业失败而不是兴旺的环境。

3. 聚集的就业收益

伴随着前面两个因种族分居而产生的影响之后，这是一个产生于集中化的第三个影响。在几乎所有的大都市地区里，最大单一的就业岗位集中是已形成的 CBD。集中化将使少数族裔社区成为一个前去工作和寻找工作机会的好地方。企业选址理论说明地价会被哄抬得很高，使得居住在好地方的人们相比那些其他情况相同但居住地优势稍差的人们的经济状况好不到哪里去，但是如果由于一些原因市场未能够完成这一均衡，集中将会是一个有利于少数族裔的纯粹的劳动力市场。

不过，正如种族分居并没有产生少数族裔企业一样，集中化也没有产生较短的上下班距离内的少数族裔工人。我们已经看到少数族裔比白人需要更多而不是更少的上下班时间。在任何年龄和教育水平段上，黑人和拉美裔人也同样比白人更难找到工作。

如果少数族裔社区不曾是如此集中化的话，寻找就业机会的形势是否会更糟糕呢？这个问题已经得到了广泛的研究。颠覆性的一致回答为不是。事实上，这一问题的争辩只是关于居所的集中化多大程度地恶化了少数族裔的求职形势，而不是关于它是否有助于求职。

住宅集中化对少数族裔就业情况造成不利影响的观点称为空间错配假说。这个观点认为，CBD 的工作需要有高教育水平的人员，而少数族裔需要的低技能工作大多数已经移动到较远距离的郊区。

空间错配假说已在几个不同方面受到了挑战。举例来说，埃尔伍德（Ellwood，1986）比较了 1970 年芝加哥的南方地区和西方地区。这两个地区基本上全部是非洲裔美国人，并且他们距离芝加哥 CBD 的距离大致相同。（虽然南部地区较远的区域比西部地区任何一个地方都远。）然而，西部地区恰巧遍布了能提供很多低技能就业岗位的工厂和仓库，而同时南部地区几乎完全没有重要的就业中心。埃尔伍德解释说，已经有了工作的成年人可能会搬迁到离工作地点更近的地方，所以成年人的就业就不可能提供一个关于空间错配假说的理想验证。然而，家庭通常不会重新落户于青少年工作的地方，所以如果空间错配假说有意义，那么西部地区的青少年将会比南部地区有更高的就业率。

不过事实并非如此。西部地区工厂和仓库的大多数工作由该地区以外的人所从事着，他们中许多是白人。说及工作，1970 年的芝加哥都市圈可以被看成一个单独的统一劳动力市场，一个所有种族的人们都可以容易、公平地找到大量就业机会的地方。黑人在那个市场上表现的并不好，原因用埃尔伍德的话来说就是"种族，而不是空间"。伦纳德（Leonard，1985）对 1980 年的洛杉矶所做的研究得出了一个相似的结论；拉斐尔（Raphael，1998）的研究也是如此，他当时使用埃尔伍德的方法研究了 1990 年旧金山海湾地区的数据。

在上述研究的同一时期，很多其他的研究发现少数族裔青少年在这些区域拥有更好的就业途径，更容易获得工作。此时的困难在于如何度量"更好的就业途径"：从根本上说，你想要知道对于一个没有工作的人来说要去一个他们将会拥有的岗位上工作到底容易不容易。很显然，没有关于这一点的完美的度量方法，很多针对这一假想问题的完全不同的回答基本上都有合理之处。

举例来说，Ihlanfeldt（1992）通过计算一个社区相同种族中那些已就业、低技能的成年人的平均上下班时间，测度了该社区某一特定种族青少年求职途径的质量。对于不上学、住在家里的青少年，他发现这种对于就业途径的测度在 1980 年的人口普查中有一个重要的影响：在保持通常特征不变的情况下，在一个年轻黑人的社区中，低技能黑人的平均上下班时间越长，他或她就越不可能拥有工作。根据 Ihlanfeldt 的计算，黑人区域较差劲的就业途径可以解释在家居住的黑人青少年和白人青少年两者间巨大的就业率差异的三分之一。

当然，空间错配并不是关于 Ihlanfeldt 结论的唯一可能的解释。更好的就业途径会导致更高的住房租金，更高的租金会导致更多的已就业青少年居住在他们的父母家中，而不是自己另外居住。但是，当更多的已就业青少年居住在他们的父母家中，而不是自己另外居住的时候，住在家中的青少年的就业率就会上升。所以 Ihlanfeldt 或许是报告了住宅市场和家庭的信息，而不是关于劳动力市场的研究成果。

拉斐尔（Raphael，1998）得到了一个非常类似于 Ihlanfeldt 的结论，不过其不同之处在于测度了就业可能性。跟埃尔伍德和 Ihlanfeldt 一样，他考察了 16～19 岁间不上学但仍然住在家里的青年人；他的数据来自于 1990 年的旧金山海湾地区。他测度的就业可能性是青少年家附近的就业增加量，而不是就业的水平。结论是对于刚成为劳动力的人们来说，新的工作岗位比已经存在的岗位更为重要；出现在已有工作岗位间的跳槽所空出的岗位匹配给新的未就业的工作者。他发现居住得离新的工作地点近一些可以增加青少年的就业率，当考虑靠近新工作地点居住时，大约三分之一的其他我们尚未解释的白人青少年就业方面的优势将会消失。拉斐尔并没有发现靠近新的工作地点居住能解释多少为什么在不同的黑人社区之间就业率会有所不同，不过他的样本对于回答这个问题可能太少，也不太具备动态性。

拉斐尔框架的一个理论上的弱点是它忽视了那些退休的、去世的或者由于其他原因丧失了工作能力的工人。这似乎是一个新的工作机会的重要来源：举例来说，1999 年新的社会保障福利惠及了 170 万退休工人，尽管在那个景气的年代所有的工作机会总共增长了 190 万份（U. S. Social Security Administration，2001，p. 12；U. S. Bureau of the Census，1999，table 662）。

然而，存在于空间错配假说的争论者间的不同之处可能会掩盖他们的共同点，从很多其他目标来说，这些共同点可能比其在有所争论的领域中更为重要。他们的共识中有两个主要的观点。

第一个观点是，在论及得到工作或保有工作时，黑人没有从他所居住的地方获得任何东西。可能他们会有所失去，但是没有一个人觉得他们已有所收获。

第二个观点是，就经常往返于他们已有的或即将得到的工作的地点和居住地而言，黑人居住在了错误的地方，或者至少居住在明显差于可比较的白人居住的地方。如果黑人与拥有相同工作和收入的白人居住在相同的社区，那么他们的上下班时间就会减少。

综合这两个观点，说明黑人社区应该有更低的房租以弥补他们的较差的工作机会。如果种族在住宅市场并不重要，而且少数族裔可以居住在任何他们希望去和开销得起的地方，这个问题就会更加清晰。但是，正如我们已经看到的，种族还是重要的因素。

4. 聚集对儿童发展和教育的影响

当前的居住模式所能带来的另一种好处是，如果少数族裔孩童能居住在一个更加宜居的环境中，他们就可以更加轻松和更为完整地培养和发展自己的能力，毕竟在那样的环境中，他们不需要经常忍受白人的固定思维和偏见，并且，他们会频繁地见识到许多积极向上的榜样，觉得像他们那样的人也可以通过自己足够的努力而获得成功。这是种族分居而不是集中化的好处。

一些证据表明种族分居会使少数族裔的成就更高。康斯坦丁（Constantine，1995）发现那些到传统的黑人学院和大学（HBCU）就读的黑人学生在毕业后与那些到其他大学就读的学生相比能获得更高的收入。HBCU 中黑人学生、教师、管理者的比例更高；在那种环境中，黑人的成功和成就是清晰可见的。

目前还没有研究说明楷模的巨大影响。然而，几乎所有的已有研究都会探究女性教师缺失与否对于女子学校或者其毕业生的抉择和成就的影响。这些结果可以在霍尔茨和纽马克（Holzer and Neumark，2000）的研究中查询到。尽管好多理论都认为少数族裔的处境与女性的处境非常相似，但几乎很少有人知道少数族裔的导师和楷模如何影响了那些少数族裔学生。因此，是否确实是楷模或者传统黑人大学的其他因素决定了黑人学生的成功这一点还有待论证。

居所的种族分居有助于少数族裔儿童获得更好的社会化经历，此外，可能还必须创造一种与其他地方相比使贫穷儿童更有可能与成功的和受过良好教育的少数族裔成年人接触、交流的社区环境。换句话说，种族的分居必定会提升少数族裔社区内的阶级融合。然而，还没有证据能够证明确实如此。事实上，大都市区里更为严重的种族分居往往伴随着非洲裔美国人社区内部更为严重的经济隔离；而且这两者之间的相关性还非常高（Cutler and Glaeser，1997）。居所的种族分居并没有导致与传统的黑人大学相像的社区。

尽管至少有一种有关种族分居值得肯定的证据，但是大多数研究表明美国城市居住中的种族分居对在那些社区中成长的非洲裔美国黑人儿童来说造成了不小的伤害。卡特勒和格莱泽（Cutler and Glaeser，1997）根据 1990 年人口普查中有关年青段成年人的数据，研究了种族分居影响完成高中学业、完成大学学业、处于非工作状态（失业、上学或在服兵役）、成为未婚妈妈的可能性。与那些种族分居程度轻微的城市相比，在种族分居严重的城市中，黑人完成高中学业的可能性更低，更可能处于非工作状态或成为一名未婚妈妈；然而，对于白人而言，种族分居并没有产生什么不同。（种族分居也会伤害大学毕业生，但影响甚微，有时甚至可以在统计学意义上忽略不计。）较大的影响则表现在：如果种族分居被完全忽略，则黑人与白人之间在高中毕业、处于非工作状态方面的差异都会随之消失，当然未婚妈妈方面超过三分之二的差异也会消失。卡特勒和格莱泽做了大量的测试以研究究竟是糟糕的结果导致了种族分居，还是种族分居引起了糟糕的后果；在他们思考的这个问题的因果方向上，他们得出的结论是——种族分居导致了糟糕的后果。

由于种族分居与集中化关系紧密，而集中化会损害工作机会，因此一种可能就是更少的工作机会引起了糟糕的结果，在种族分居的社区中儿童的发展并没有任何困难。卡特勒和格莱泽也认证了这种可能性；他们发现工作机会是隔离的城市会产生糟糕后果的一个原因，但仅是一个次要原因。

奥雷根和奎格利（O'Regan and Quigley，1996）也发现种族分居会对年轻人造成伤害。根据他们 1990 年的数据，16～19 岁年龄段间在家居住的少数族裔年轻人找到工作的可能性更小，如果他们的家庭位于一个具有较高隔离系数的都市区的话。生活在白人的社区会有助于寻找工作，生活在少数族裔或穷人的社区会在找工作方面受到损害。

（奥雷根和奎格利假设大量的人和劳动力市场的特征保持不变。）如果大都市区普遍地被完全一体化，那么白人和少数族裔年轻人之间大约一半的就业差距将被填平。

汉纳谢克、凯恩和里弗金（Hanushek，Kain and Rivkin，2002）更加细致地研究了得克萨斯州的学校的种族构成和考试成绩两者之间的关系。在其他因素保持相等的情况下，他们发现在黑人学生比例较高的学校中，黑人学生的学习成绩更加糟糕。这种影响集中体现在那些来自具有最优越的家庭背景的学生身上——如果被放置于有更多黑人同学的班级中，那些家庭背景优越的黑人学生在学校的表现就更加糟糕。

最终，爱伦（Ellen，2000a）发现种族分居甚至从出生的那一刻起就对黑人儿童造成了伤害。她使用了与卡特勒和格莱泽大体相同的研究方法，她的结果显示，与在种族分居状况比较轻微的城市相比，在分居更为严重的城市中的非洲裔美国妈妈生育的婴儿更有可能是低体重的新生儿。然而，种族分居对于白人母亲只有轻微的甚至几乎没有影响。放弃种族分居将会使黑人和白人母亲生育的低体重新生儿之间的差异降低了大约40％。根据爱伦的研究（p.203），"低体重是婴儿死亡的主要原因，也会使得婴儿在儿童时期病患更多，而且这与一些诸如大脑性麻痹、耳聋、失明、癫痫、慢性肺病、学习障碍和注意力缺失紊乱等发展障碍有着密切的联系。"

因此，种族分居似乎使非洲裔美国人家庭成功地抚育和培养孩子更为困难。由于抚养子女的机会是一个家庭价值的重要部分，这就从另一个方面解释了为什么试图讲清楚究竟少数族裔是否支付了更高的房价这一问题是极其困难的。

所有这四组作者都试图详细说明这种种族分居引起伤害的机制，但是与提出这一问题相比，他们更成功于排除各种存在的可能。社会化、负面榜样、来自以及有关更大范围社会组织的贫乏的信息流动，都被频繁地列举为各种各样的机制；然而并没有有力的证据来支持这些可能性——恰如一段缺少支撑的能够联系种族分居和糟糕后果的其他故事。还有另外一种可能的机制——同样缺少实证性支持——是种族分居对白人而非黑人起作用。那些在成长过程中与黑人缺乏交流的白人更有可能对黑人怀有刻板的印象，并且更有可能参与歧视性行为。针对黑人的态度越严厉，结果就会更为严重。并不是所有的种族间交流都会使社会更加和谐，然而社会心理学家已经发现，基于同等身份基础的持续不断的、人际间的、非正式、非竞争性的个人交流会降低种族偏见（Jeckman and Crane，1986）。更为直接的是，居住在一体化的社区中似乎能带来更多的种族间交流，建立更好的种族间友谊（Sigelman，et al，1996）。

5. 聚集的政治性影响

政治是当前的居住模式能够帮助少数族裔的最后的杀手锏。通过既有种族分居也有集中化的居住模式，这种模式也许会让少数族裔在其他方面超过能够帮助他们的政府，拥有更多的控制权。美国选举制度是一种赢者通吃的体系，理论上那些因为得到很少选票输掉选举的人并不比有很多选票但输掉选举的人更糟糕。如果少数族裔遍布都市区的各个角落，他们就不能控制郡县和城镇，政府对待他们也不会处处都很好。种族分居将通过下面的方式来帮助少数族裔：确保少数族裔在他们所控制的郡县和行政辖区是胜利者，即使他们在其他地方是失败者。

这种观点也是有据可循的。与其他行政区域相比，在黑人投票者占多数的区域，黑人市长有更大的可能性当选；而且在其中最大的城市的市长是黑人的大都市地区，黑人所拥有的企业会发展得更加出色。贝茨（Bates，1997）表明，20世纪80年代，在其他条件都一样的情况下，黑人所拥有的企业在那些大都市区中更可能开张，并且黑人所拥有企业的总销售额也较大。

然而，能够证明种族分居创造政治收益的证据并不充足。地方政府最重要的两类服务是警察部队和教育。少数族裔政治领导确实会影响警察部门的种族构成，也会影响警务官员对市民的态度；然而洛维奇和斯提尔（Lovrich and Steel，1983）发现并没有证据能够证明种族构成对任何关于犯罪或安全的统计有任何影响。洛特（Lott，2000）认为少数族裔的政治控制和少数族裔的警察代表增加了犯罪，然而他的发现已经受到严重的质疑（Holzer and Neumark，2000）。多诺霍和莱维特（Donohue and Levitt，1998）发现，如果警务官员和市民的种族身份一样，那么财产性犯罪率就会降低；然而，这对暴力性犯罪没有可量度的影响。

至于教育，回想一下，卡特勒和格莱泽（Cutler and Glaeser，1997）曾经发现种族分居降低了高中毕业率（可能还有大学毕业率）。因此，不管种族分居对政治纲领中的教育程度方面有何积极影响，它们都不足以抵消种族分居其他方面所带来的负面影响。

据我所知，以前的或现在的都没有证据表明集中化能够带来政治利益。

此外，有关政治的利弊得失的争论是以美国大都市区域现行的政治规则为先决条件的——行政区域划分的方式，当地特许经营的限制，严格的多数决定原则，等等。然而这些并不都是一成不变的条件。例如，行政区域有大（大都市的政府），也有小（社区的政府）；普通群众可以在多个行政区域就地区性事务进行投票；代表们可以通过比例代表制或核准式投票制加以选举。下面的做法看起来更合理：通过改变政治规则让人们觉得生活在那里很有意义，当人们居住在对他们有意义的地方时，他们就会工作得更好，而不是强迫人们居住在只是因为没有造成严重紊乱而留下的武断制定的一系列古老条例所规定居住的地方。

6. 对少数族裔影响的总结

一般而言，我们并没有从现今美国城市的住房模式中发现对少数族裔有多大好处。集中化损害了获得工作的途径，导致更高的上下班费用与更差的就业机会。种族分居使得成功地抚养儿童变得更为困难。并没有来自精神上的一体化、商业发展或政治力量方面的好处可以被证明能够弥补这些损失。然而，当分散到人数达10 000人或者20 000人的社区时种族分居的绝大部分好处似乎有可能实现。成千上万的少数族裔居民的集中聚居区看来并没有什么理由能说明其更为成功。

一般来讲，少数族裔或许在集中化和种族分居中有所失并不能表明每个少数族裔人都将如此。这并不表明所有人当考虑到自己的家时都应该立刻放弃邻里的好处。它也不表明改变现有的模式将会是一种潜在的帕累托改进；在做出任何这类结论之前，我们必须看到白人从现有的模式中获益了多少。但是证据的权重表明有意识地努力保持目前的格局似乎在一般意义上伤害了少数族裔。

□ B. 对白人的影响

1. 儿童的发展和教育

有可能白人儿童与少数族裔交流的越少时发展得越好。种族分居能够减少打斗和争吵。除此之外，一个可能的解释出自卡特勒和格莱泽（Cutler and Glaeser，1997）的结论（没有人同意这一结论），对黑人而言，非洲裔美国人的文化抑制了健康儿童的发展。如果这是真的，那么白人越少接触这种文化，他们就越有可能从高级中学毕业，并且越不可能赋闲在家或成为未婚妈妈。很多白人父母特别不愿意将孩子送入少数族裔学生占大多数的学校正是源于对这些危险的担忧。

然而，卡特勒和格莱泽测试了这一效应，但他们并没有找到证据。具有较高程度的种族分居的都市区里年轻的成年白人的收入要稍好于种族分居程度较轻地方的状况相似的成年白人，不过种族分居的影响非常小，并且当其他特征保持不变时这种影响会经常地调转方向。相似的，汉纳谢克、凯恩和里弗金（Hanushek, Kain and Rivkin，2002）检测了得克萨斯州的学校的考试成绩，没有发现黑人同学的比例对白人取得的成绩有任何显著的影响。安格里斯特和朗格（Angrist and Lang，2004）发现波士顿城外的学校用校车从波士顿拉来黑人学生并没有降低那所郊区学校的白人学生的测试成绩。与黑人的交流并不见得会伤害到白人儿童。

尽管他们并没有通过避免与少数族裔的交流而在测试成绩中获得什么，白人孩子仍很可能从他们对少数族裔的隔离中失去了道德和文化。拉美裔和非洲裔美国人的文化在世界上是最具活力的，在发达世界里非洲裔美国人是最虔诚的人群。避免与这些人交流可能不是培养孩子的一种好方式。

2. 用于上下班的时间

如果集中化使少数族裔上下班时间更长，那么它让白人的通勤时间减少了吗？答案可能是否定的；一般而言，如果黑人住宅更加一体化并且更少地集中在一起，白人大概会花费比他们本应花费的更长的上下班时间。

道理是相当简单的。许多白人住在郊区，工作在 CBD。他们的上下班需要他们通过少数族裔社区。如果少数族裔社区集中在大都市区的郊区而不是在其中心地带，许多白人将有较短的上下班时间。当南非白人设计种族隔离制度以满足他们的目的时，他们把索韦托这样的黑人城镇设在了远离他们城市中心的地方。

另一方面，如果少数族裔社区不太集中，那么在郊区工作的白人可能会被迫花更长的时间上下班。总体而言，在当前系统的一些替代方案中，没有准确地指定少数族裔将住在哪里是不可能确定白人是否会花上更长或更短的时间上下班的。

然而，我们可以就总的通勤时间和种族分居做一个强有力的表述。保持工作地点固定，假设家庭被工作地点而不是被种族所分离：所有工作在 CBD 的家庭住在 CBD 附近，所有工作在郊区的家庭住在离他们工作很近的郊区。那么在一个方向上通勤去工作的人绝不会碰到在相反方向上下班的人。很明显这种模式最大限度地减少了总通勤成本，因为到处都有少数族裔的工作也减少了种族分居和集中化。因此，相对于至少一种以较少的集中化和较少的种族分居表征的似乎可行的替代方法，如果目前的格局使白人上下班的成本（可能并没有减少）有任何减少，那么这种减少要大于因少数族裔上下班时间的增加而被抵消的部分。

3. 更便宜的劳动力

空间不匹配意味着 CBD 周围环绕着大量的少数族裔职工，他们在其他地方没有可以替代的工作机会。这将降低在 CBD 工作的工资，推动少数族裔的就业，增加土地的价值。CBD 的土地拥有者应该是空间错配的大赢家。

但少数族裔住宅集中化对 CBD 的土地拥有者有两面性。有越多的少数族裔群众靠近 CBD 居住，则那里的白人就越少，这是一个来自物理学的密度不变原理。白人占用土地的价值受郊区雇主提供的工资下降太多的制约，所以他们必须用于通勤的时间越长，CBD 的雇主就必须提供给白人工人更高的工资，他们就越觉得 CBD 是外国人或者少数族裔的地带。

集中化因此提高了 CBD 雇主不得不支付给白人的工资，尽管此时它降低了他们要付给少数族裔的工资。哪个影响更大呢？

米尔斯和普赖斯（Mills and Price，1984）以及米尔斯（Mills，1985）研究了这个问题，结论是，少数族裔住所的集中化伤害了 CBD 的利益。使白人离开不如让少数族裔在附近移动。他们用中心城区黑人人口的比例比上郊区黑人人口的比例，测量了一个都市区的集中化程度。黑人人口更集中的都市区与黑人人口不太集中的都市区相比，前者有一个大量就业机会更快速扩散的 CBD。一个便宜的少数族裔劳动力无法被吸引到CBD 工作——显然吸引白人工人的更大难度抵消了任何可能已经创造的收益。

4. 开放的空间和市域的扩张

如果种族分居和集中化的力量促使少数族裔占用比他们以其他方式占有的更少的土地，那么白人将能有所得。减少种族分居可能会诱使少数族裔购买更多的土地，扩大都市区的面积，同时削减白人用其他方式享受的开放空间。

种族分居和集中化几乎可以确定与少数族裔的住房拥有率较低有关，就单个家庭而言，拥有住房比租房使用更多的土地。并非巧合的是一些市域扩张最大的都市区（例如，图森和萨克拉门托）往往包含着一些种族分居程度最小的区域，当然有一些例外（纽约、芝加哥）。

不过，市域扩张和种族分居两者之间的关系绝不是这么简单的。首先假设当少数族裔住宅分散开的时候工作的位置保持不变。少数族裔现在居住的地方最有可能由在CBD 工作的白人接管。如果这些白人家庭减少的土地消费大于少数族裔增加的，其结果必然是都市地区土地使用的净减少。

向 CBD 靠拢的白人可能减少他们的土地消费有几个原因。他们将迁移到相比于他们以前占有的更有价值的土地，区位理论告诉我们，这个更大的价值将给他们以节约土地使用的激励。而且，CBD 附近的居民将会比他们原先的邻居有更高程度的 CBD 工人的集中，这一集中能导致更频繁和更便宜的公共交通。

最后，如果我们允许工作位置也可以变化，我们会看到目前格局的替代方式可能会增加整体密度的另一个原因。如果米尔斯和普赖斯是正确，那么少数族裔人口的分散会增加 CBD 工作岗位的比例。这会增加白人向靠近 CBD 的区域的运动，并阻碍都市区的住宅向距离 CBD 很远的地区扩张。此外，由于 CBD 的土地价格更为昂贵，因而企业位于 CBD 使用的土地可能会比其在郊区时更为集约。因此，住宅的分散化也可能减少企业的用地总量。

如果少数族裔像其他年龄和收入相同的美国人一样生活，那么所有的这些次级减少加在一起是否会超过那些土地使用的一级增长呢？这很难说，目前为止还没有关于这一问题的细致研究。然而，少数族裔的集中化和种族分居导致的开放空间似乎没有给白人产生多大的效益。

5. 一体化和文化

白人可能从他们的种族分居中得到的另一个可能的好处是他们自己身份认同的惬意、避免外在压力的能力、体验和发展自身文化的机会。美国白人像任何其他群体一样，可能需要一个地方来呼唤他们自己。值得注意的是，这是一个关于种族分居而不是关于少数族裔的集中化的讨论。

但是，这种说法有一些严重的不足。首先，美国白人与少数族裔的隔离并不是他们中的大多数所说的希望所为。甚至早在 1978 年，88％的白人就说黑人有在他们想去的任何地方生活的权利，并且 86％的人表示，如果"一个黑人来到隔壁住"，他们也不会搬迁。1976 年，在底特律地区（因种族而分居最严重的大都市地区之一），只有 7％的白人说过，他们将试图搬出一个那里有 8％的黑人的社区（Massey and Denton，1993，pp. 91-93）。

第二，美国白人是相当多的，并且是世界上最富有的一群人。他们拥有许多世界上最强大的组织的最高职位，控制着许多最重要的媒体。他们的文化真的需要住宅区的种族分居提供的微弱保护吗？

6. 周边环境的保护

许多人被吸引到他们生活的社区。街道和公园承载了许多甜蜜的回忆（也有一些苦涩）。他们的老朋友和亲戚也都住在这里。甚至于那些曾经并不认为在成长的过程中需要朋友的人也慢慢明白过来，他们想出了愉快的相处方式。他们认识每天在路上遇到的人们，而那些人也了解他们所取得的成就。并不是所有的人都用这种方式评估邻里关系，但确实有一部分人这样做，我称这部分人为"邻里保护主义者"。

对于这些人来说，有关小区物理特征或人口的任何一个大的、突然的变化都是重大的损失。即使你继续住在同一所房子里，如果你的朋友和熟人都走了，这个地方看起来也会有所不同。如果种族的过渡使得一个社区迅速地变化，那时邻里保护主义者的状况就会变得更糟。就某种程度而言，当前的居住模式不会使得社区发生剧烈的变化，这也使得邻里保护主义者的状况会好转。

因此，如果保护社区不至于发生从几乎全是白人到几乎全是少数族裔的快速变化的各种防御措施生效，那么一个特定的白人社区的保护主义者很明显会获得实实在在的利益。（因为邻里保护主义者也有强大的激励去成为社区积极分子，这可能会在某种程度上激发这些防御措施。）但在大都市中，就当前的形势而言，邻里保护主义者获得的实际收益要远远少于他们在特定社区中所期待获得的利益。事实上，通过一体化，邻里保护主义者的状况可能会更好。

真实收益总体少于期望收益的总和有两方面的原因。首先，自 1970 年以来，种族过渡通常并没有快速地发生，这从埃伦的数据中可以明显看出。只有当人口大迁徙仍在发生时，种族的转换才可能发生得更为迅速。许多人仍然认为"白人群飞"* 是一个合理的期望，但邻里保护主义者担心他们将迅速失去所有的还未建立深厚友谊的朋友。少

---

* 这是曾经出现在 20 世纪 60 年代美国社会的一种现象。在结束种族隔离制度后，黑人白人混校。由于黑人学生的学术表现差、犯罪率高，或者一些白人家长所认为的劣等品质，白人如同候鸟群飞一样，纷纷离开大都市中的学校，搬到黑人住不起的郊区。——译者注

数族裔的出现仅仅会让白人搬出社区的比率有小幅上升（尽管会急剧降低搬进社区的人口的比率）。由于在任何正常的社区里一直有搬迁，而那些久居不动的人总是被迫结交新的朋友，获得新的友情，那么种族过渡的压力就不再是那么地大。重新经营一段友谊可能会花费略多，不同种族的人交朋友或许会花费更多，但并不会很巨大。

第二个原因是，种族过渡是一个问题仅仅因为都市区是种族分居的。越多的社区对少数族裔居民竖起屏障，屏障效果最弱的社区的压力就越大。仅在某一时刻，少数社区中集中了少数族裔需求的种族分居将使得那些社区中的种族过渡比将大多数社区都开放给少数族裔要更快速和更完全。通过创造一种情形，即少数白人生活在有大量少数族裔人群的社区，种族分居会导致白人避免一体化社区；首先，他们会诬蔑那些住在一体化社区的人（"如果他们把孩子送到那些学校，他们就不能足够好地抚育孩子"），其次，给予那些想要避开少数族裔的白人能够这样做的大量不可抗拒的机会。在一个一体化的都市区中，种族的过渡将不会是一个主要问题。如果没有尝试做安全措施，那么所有邻里保护主义者会更安全。

7. 对白人影响的总结

有关少数族裔的种族分居和集中化对白人影响的回顾相比于我们对类似少数族裔问题的评论而言必然会模糊许多。社会科学家们居然只投入了出奇少的精力用于研究种族分居和集中化对美国社会中最大和最有权势的群体的影响。

目前的格局似乎并没有在总体上从减少城市的扩张，或减少通勤的时间方面帮助白人孩子；事实上，它可能还伤害了他们。此外，CBD 的土地价值可能也遭了殃。

另一方面，一些白人花费大量的财力和物力来避开少数族裔社区，并且保护他们所认可的社区。鉴于目前的模式，种族分居和集中化是他们所知道的、独立发挥作用的、实现这些目标的最好方式。这就是白人能够从种族分居中获得巨大好处的所在（集中化似乎并不能服务于针对这些目标的任何目的）。然而，似乎还有另外一种都市区居民居所的安排方式，也就是将它与教育结合在一起，这样会使得白人实现更多的目标。然而，并没有单独行动的白人小团体能够做出一些必要的改变来实现这种替代性的安排。就像司机因堵车被困住一样，任何行为另类的个体都会使得状况变得更为糟糕，但如果所有人都行为迥异，则大家或许都会有所改善。

Ⅳ. 结论

多样性将使居住在城市更高效且更有趣。但在今天的美国，人们的生活方式并没有让多样性优势得以充分地实现。目前的种族模式的成本是显著的。在下一章中，我们将看看该做些什么。

问题

1. 几年前发生了一件围绕一体化的优点或缺失的儿童监护案件。具有监护权的父母一方与孩子居住在新泽西州的南奥兰治，而孩子是在一所学生中的非洲裔美国人大约占 40％ 的学校学习。不具有监护权的父母一方居住在 8 英里之外的查塔姆，在那里学校中的非洲裔美国人的比例低于 10％。平均而言，查塔姆和南奥兰治同样富有，而且成年人口的受教育程度也比较相似。然而，南奥兰治人在标准化的成就测试方面的平均分和中位分都比较低。这两位竞争抚养权的父母的个人能力并没有明显的差异。然而，不具有抚养权的父母一方坚持认为查塔姆的教育系统对于孩子的发展更好。

你如何评价这个争论之间的相关性？你怎样决定父母中哪一方应该获得抚养权？如果做出了决定，你的选择是如何基于孩子的种族或性别的（之前我并没有详细阐述）？你的选择是否基于父母双方的种族身份？你的决策说明了什么样的公共政策？

2. 特定城市中的左撇子和右撇子问题。该定向城市有三个社区，2000 年普查中的人口状况如下：

社区	左撇子人数	右撇子人数	总人数
1	1 990	10	2 000
2	100	900	1 000
3	10	1 490	1 500
总人数	2 100	2 400	4 500

a. 请计算出左撇子与右撇子之间的差异指数。

b. 请计算出左撇子的隔离指数。

c. 请计算出右撇子的隔离指数。

在 2010 年的人口普查报告中，人口数据如下：

社区	左撇子人数	右撇子人数	总人数
1	1 990	10	2 000
2	60	940	1 000
3	50	1 450	.1 500
总人数	2 100	2 400	4 500

d. 左撇子和右撇子的差异指数有何变化？

e. 左、右撇子的隔离指数有何变化？

f. 哪种度量方法能更好地反映上个十年中人口的分居状况？为什么？

3. 大多数有关住房市场上的种族分居和歧视的文献都集中在非洲裔美国人身上。这种集中趋势是合适的吗？为什么？

4. 假设一个城市由黑人和白人组成。白人家庭的收入均匀地分布在 0～100；而黑人的收入分布在 0～60。该地区有三所学校：两所白人学校和一所黑人学校。这座城市因种族而分居的状况非常严重，而白人因收入差异而分居的现象也非常明显。两所白人学校规模相当。

a. 黑人学校中学生家庭的平均收入如何？

b. 贫穷的白人学校中学生家庭的平均收入如何？富裕的白人学校中学生家庭的平均收入呢？

c. 仅考虑那些收入低于白人中位收入的家庭的孩子。白人学校中学生家庭的平均收入如何？黑人学校中学生家庭的平均收入如何？

d. 仅考虑那些收入高于白人中位收入的家庭的孩子。白人学校中学生家庭的平均收入如何？黑人学校中学生家庭的平均收入如何？

e. 由于对等效应的影响明显，你是否期待富人孩子或穷人孩子之间因种族而生的测试分值的差异越来越大呢？

参考文献

Angrist, Joshua, and Kevin Lang. 2004. "Does School Integration Generate Peer Effects? Evidence from Boston's Metco Program." Forschunsinstitut zur Zukunft der Arbeit (IZA) Discussion Paper 976.

Bates, Timothy. 1997. *Race, Self-Employment and Upward Mobility: An Illusive American Dream*. Washington, DC, and Baltimore: The Woodrow Wilson Center and Johns Hopkins University Press.

Boehm, Thomas P., and Alan M. Schlottman. 2004. "The Dynamics of Race, Income, and Homeownership." *Journal of Urban Economics* 55(1): 113−130.

Cameron, Steven, and James Heckman. 2001. "The Dynamics of Educational Attainment for Black, Hispanic, and White Males." *Journal of Political Economy* 109 (3): 455−499.

Chambers, Daniel. 1992. "The Racial Housing Price Differential and Racially Transitional Neighborhoods." *Journal of Urban Economics* 32: 214−232.

Constantine, Jill M. 1995. "The Effect of Attending Historically Black Colleges and Universities on Future Wages of Black Students." *Industrial and Labor Relations Review* 48: 531−546.

Cutler, David, and Edward Glaeser. 1997. "Are Ghettoes Good or Bad?" *Quarterly Journal of Economics* 112(3): 827−871.

Cutler, David, Edward Glaeser, and Jacob Vigdor. 1999. "The Rise and Decline of the American Ghetto." *Journal of Political Economy* 107(3): 455−506.

Denton, Nancy A., and Douglas Massey. 1989. "Racial Identity among Caribbean Hispanics: The Effect of Double Minority Status on Residential Segregation." *American Sociological Review* 54: 790−808.

DiPasquale, Denise, and Matthew Kahn. 1999. "Measuring Neighborhood Investments: An Examination of Community Choice," *Real Estate Economics* 27: 389−424.

Donohue, John J. III, and Steven D. Levitt. 1998. "The Impact of Race on Policing, Arrest Patterns, and Crime." National Bureau of Economic Research Working Paper 6784.

Ellen, Ingrid Gould. 2000a. "Is Segregation Bad for Your Health? The Case of Low Birth Weight." *Brookings-Wharton Papers on Urban Affairs* 1: 203−238.

———. 2000b. *Sharing America's Neighborhoods: The Prospects for Stable Racial Integration*. Cambridge, MA: Harvard University Press.

Ellwood, David. 1986. "The Spatial Mismatch Hypothesis: Are Teenage Jobs

Missing in the Ghetto?" In R. B. Freeman and H. J. Holzer, eds., *The Black Youth Employment Crisis*, pp. 147–187. Chicago: University of Chicago Press.

Fletcher, Michael. 2001. "Long Division." *The New Crisis* (September-October): 26–31.

Freeman, Lance, and Darrick Hamilton. 2002. "A Dream Deferred or Realized: The Impact of Public Policy on Fostering Black Homeownership in New York City Throughout the 1990s." *American Economic Review* 92(2): 320–324.

Gablinger, Ynon. 2003. "The Extent and Nature of Discrimination in Housing." PhD diss., Columbia University.

Gabriel, Stuart A., and Stuart S. Rosenthal. 1996. "Commutes, Neighborhood Effects, and Earnings: An Analysis of Racial Discrimination and Compensating Differentials." *Journal of Urban Economics* 40: 61–83.

Hanushek, Eric, John Kain, and Steven Rivkin. 2002. "New Evidence about *Brown v. Board of Education*: The Complex Effects of School Racial Composition on Achievement." National Bureau of Economic Research Working Paper 8741.

Holzer, Harry, and David Neumark. 2000. "Assessing Affirmative Action." *Journal of Economic Literature* 38(3): 483–568.

Ihlanfeldt, Keith R. 1992. *Job Accessibility and the Employment and School Enrollment of Teenagers*. Kalamazoo, MI: Upjohn Institute.

Jackman, Mary R., and Marie Crane. 1986. "'Some of My Best Friends Are Black…': Interracial Friendship and Whites' Racial Attitudes," *Public Opinion Quarterly* 50: 459–486.

Kain, John, and John Quigley. 1975. *Housing Markets and Racial Discrimination*. New York: National Bureau of Economic Research.

Leonard, Jonathan. 1985. "Space, Time, and Unemployment." Unpublished manuscript. University of California, Berkeley.

Lewis, David Leavering, ed. 1995. *W. E. B. Du Bois: A Reader*. New York: Henry Holt.

Lewis Mumford Center for Urban and Regional Research. 2001a. "Ethnic Diversity Grows, Neighborhood Integration Lags Behind." State University of New York at Albany. Accessed on September 23, 2002, at http://mumford1.dydns.org/cen2000/report.html.

———. 2001b. "Separating the Children." State University of New York at Albany. Accessed on September 23, 2002, at http://mumford1.dydns.org/cen2000/report.html.

Lott, John R. Jr. 2000. "Does a Helping Hand Put Others at Risk? Affirmative Action, Police Departments and Crime." *Economic Inquiry* 38(2): 239–277.

Lovrich, Nicholas, and Brent Steel. 1983. "Affirmative Action and Productivity in Law Enforcement Agencies." *Review of Public Personnel Administration* 4: 55–66.

Massey, Douglas S., and Nancy Denton. 1993. *American Apartheid: Segregation and the Making of the Underclass*. Cambridge, MA: Harvard University Press.

Meyer, Bruce. 1990. "Why Are There So Few Black Entrepreneurs?" National Bureau of Economic Research Working Paper 3537.

Mieszkowski, Peter. 1979. "Studies of Prejudice and Discrimination in Urban Housing Markets." Special study, Federal Reserve Bank of Boston.

Mills, Edwin. 1985. "Open Housing Laws as Stimulus to Central City Employment." *Journal of Urban Economics* 17: 184-188.

Mills, Edwin, and R. Price. 1984. "Metropolitan Suburbanization and Central City Problems." *Journal of Urban Economics* 15: 1-17.

O' Regan, Katherine, and John Quigley. 1996. "Teenage Employment and the Spatial Isolation of Minority and Poverty Households." *Journal of Human Resources* 31: 692-702.

Raphael, Steven. 1998. "The Spatial Mismatch Hypothesis and Black Youth Joblessness: Evidence from the San Francisco Bay Area." *Journal of Urban Economics* 43: 79-111.

Raphael, Steven, and Michael Stoll. 2001. "Can Boosting Minority Car-Ownership Rates Narrow Inter-Racial Employment Gaps?" *Brookings-Wharton Papers on Urban Economic Affairs* 2.

Sethi, Rajiv, and Rohini Somanathan. 2001. "Racial Income Disparities and the Measurement of Segregation." Barnard College Working Paper 01-07.

Sigelman, Lee, et al. 1996. "Making Contact? Black-White Social Interaction in an Urban Setting." *American Journal of Sociology* 101 (5): 1306-1332.

Singer, David, ed. 1999. *American Jewish Yearbook*. New York: American Jewish Committee.

U. S. Bureau of the Census. 1998. *Statistical Abstract 1998*. Washington, DC: Government Printing Office.

———. 1999. *Statistical Abstract 1999*. Washington, DC: Government Printing Office.

U. S. Social Security Administration. 2001. "Fast Facts and Figures about Social Security." Accessed at http://www. ssa. gov/policy/docs/chartbooks/fast_facts/2001/index. html.

Wachter, Susan M. , and Isaac F. Megbolugbe. 1992. "Racial and Ethnic Disparities in Homeownership." *Housing Policy Debate* 3: 333-370.

Yinger, John. 1995. *Closed Doors, Opportunities Lost: The Continuing Costs of Housing Discrimination*. New York: Russell Sage Foundation.

第 12 章

种族和政策①

美国的城市并非如其本应有的那样令人愉悦且富有效率，这是由人们对待种族和族群的态度所导致。正如我们在第 11 章中提到的情景。不同的政策可能会产生一个潜在的帕累托改进。因此，在我们寻求那些政策之前，需要扪心自问为什么目前的不悦情况还普遍存在。对潜在的弊病进行准确的诊断才能得到最好的补救措施。

对这个问题最简单的回答就是因为"种族主义"，但这并不是一个非常翔实的答案。因为只有在人们能够区别不同的种族时，这些问题才会存在，这个答案才是正确的，不过，这一回答并不能明显地指示出潜在的帕累托改进。很长一段时间以来，许多美国人更可能相信这是种族问题。

将责任归咎于奴隶制对于问题的解释也将于事无补。当然，如果这个国家本来没有过奴隶制，美国现在也就不大可能发生这些种族问题。但深感遗憾的是，我们现在已无法抹去奴隶制曾经存在过这一历史事实（无论赔偿是否能够平息怨恨或愧疚，它都无法使白人购房者涌向一个诸如布鲁克林的贝德福德-斯图维森特那样的黑人社区）。

简单用"歧视"或"白人不喜欢少数族裔"的描述作为答案都是不够完整的。这种回答就像一个没有开头和结尾的故事的中间部分。

这个故事缺少的一个开头恰恰是对为何白人普遍有这种倾向的解释。当我们应对通常的事物时，经济学家通常不过问偏好的来源，但种族和族群不是普通事物，他们只是一群除了具有不少没什么实际意义的表象特征的相似之处之外几乎没有什么共同之处的人。为什么会有人强烈地认为在一个清晰明了的关于**歧视**的故事里需要回答这样一个如

---

① 为了从本章中学习更多内容，你需要熟悉以下概念：中心集中化，封闭型城市，消费者剩余，均衡，固定成本，相异度，开放型城市，帕累托改进，庇古补贴，潜在的帕累托改进，公共产品，市域扩张和分区制。你能够在词汇表中找到这些术语。

此抽象的问题呢。我并不否认会有些人难以理解，我只是坚持认为假设一种情感却不作出解释的任何故事都是不完整的。

一个关于歧视的故事所包含的结局，应该是一段关于歧视将如何伤害他们直接面对之人的叙述。被人厌恶并不总能让一个人变得越来越糟糕。就像在伊朗、缅甸、朝鲜，对于任何我可以胜任的工作，无论我多么符合要求也没有人会聘请我这样一个美国人。但这种偏见并没有对我的职业生涯造成影响。同样，我的很多朋友鄙视英国王室，并且认为这是世袭白痴的一个例子，但这些想法并没有使英国王室变得更为糟糕。因此像这样关于歧视的故事是不完整的，除非它具体描述了歧视如何转换成伤害。

在本章的第一部分，我将提出我们能如何解释有关种族分居、集中化和不良教育的情形。为什么没有更多的白人搬到少数族裔社区或者更多的少数族裔搬到白人的居民区？为什么少数族裔在学校的表现不够好？虽然不存在固有的、公认的、全面的理论，但我们仍将尝试着得出一些答案。

Ⅰ．原因

□ A．少数族裔社区的白人

我们可以举出几个很好的理由来解释为什么没有更多的白人搬到少数族裔的社区。首先请注意，我们不必解释为什么在任何情况下白人都不愿搬到少数族裔社区，我们只需要解释为什么与几乎所有的白人相比，很多少数族裔愿意出更高的价格住在那里。如果一个社区有 100 座房屋，排名第一百位的最渴望住在这个社区的少数族裔住户愿意每月支付 500 美元，而最渴望住在这个社区的白人愿意每月支付 499 美元，那么没有白人会住在这个社区。但因为白人住户比少数族裔住户要多，而且因为少数族裔社区往往更有特点——尤其是靠近中心商务区——这至少能吸引一部分白人，我们仍然需要解释为什么依旧很少有白人愿意比少数族裔支付更多的费用居住在少数族裔社区。

原因之一可能是敌意：有些白人不喜欢少数族裔，为了远离少数族裔他们宁愿支付额外的费外。毫无疑问，许多白人对少数族裔持对立态度。1978 年底在底特律地区的一项调查中，四分之一的白人受访者说即使社区里仅有 8％的黑人，他们也会感到不舒服，27％的白人受访者表示他们不愿迁入那样的社区（Massey and Denton，1993，p. 93）。1996 年，13％的白人受访者同意白人有权禁止黑人进入他们社区的声明，33％的白人反对种族间的通婚，并且 13％希望法律禁止这类婚姻（Schuman et al.，1997，p. 107）。但是难以想象这种简单的厌恶怎么会在白人世界里如此普遍，没有多少白人愿意迁居到少数族裔社区，即使那里相同质量的住房价格低于白人社区。

考虑一个典型的美国都市区，其中 15％的人口是非洲裔美国人。这是艾伦（Ellen，2000）使用的数据中的平均数。在这个都市区中，46.1％的非洲裔家庭居住在白人为主的社区。剩下的 53.9％的非洲裔人口，占总人口的 8.1％，居住在非洲裔为主的社区。如果有仅占总人口 2.7％的白人，或占白人总人口 3.2％的白人搬到非洲裔为主的社区，那么那些社区的人口中就有四分之一是白人，这样的社区将实现一体化。当单纯只是敌意起作用时，如果非洲裔社区的大多数住房价格低于白人社区，那么96％以上的白人就会十分厌恶非洲裔美国人，以至于他们会讨价还价。

然而，调查数据并不支持这一想法。20世纪90年代初，约有三分之一的白人表示他们愿意住在半数是黑人的社区。1990年，66％的白人说他们不反对将孩子送到黑人学生占多数的学校。1996年，75％的白人表示如果他们所在的社区有大量黑人居住，他们也不会搬走（Schuman et al.，1997，p.143）。1992年，11％的白人强烈主张实行名额分配以帮助黑人考取大学，6％的人强烈主张优先雇用黑人，23％的人赞成在过去存在就业歧视的地方优先雇用和晋升黑人（Schuman et al.，1997，pp.175－176）。所有这些百分比都明显大于要求一体化所有少数族裔社区的白人的百分比（为4％）。

另一种关于在少数族裔社区少有白人愿意出价高于少数族裔的可能解释是白人对少数族裔社区（或少数族裔）持有负面刻板的印象。艾伦（Ellen，2000）为这一解释提供了一些证据：那些很少使用社区公共物品的白人——房东、没有孩子的家庭——对种族构成最不敏感。许多白人——比厌恶少数族裔的居住者更多的白人——可能认为少数族裔社区（可能错并不在它们的居民）不可避免地有更多的犯罪行为、更糟糕的学校、更肮脏的街道、更多噪音、更差的社区声誉。那些没有这些成见的白人，也会由于他们所关心的其他人——雇主、亲戚、朋友和潜在的朋友——有这些成见而开始犹豫是否要花大笔钱买少数族裔社区的房子。由此我们可以得知另有一大批白人不愿为住在少数族裔社区花更多的钱。

然而，这种解释也存在一个问题，虽然这个问题可能并不致命。少数族裔和白人生活在同一个国家，看相同的电视节目，阅读同样的报纸。如果白人对少数族裔社区有偏见，或者担心其他人心存偏见，那么少数族裔也应该有偏见，也会提防对其有偏见的人。如果白人相比于少数族裔没有更多的偏见（从一开始就没有或先有偏见后来消除了），就没有理由因为偏见而进行种族分居。

有没有理由认为少数族裔不太可能持有负面成见，或者不太可能担心持有负面成见的人呢？虽然没有关于这一问题的相关证据，但这还是有可能的。少数族裔可能依赖于直接的人与人之间的接触和人生阅历形成自己关于少数族裔的信仰，却很少依赖往往津津乐道于传播更多坏消息而不是好消息的媒体的灌输。问题在于不同的信息来源是否足以使一个成见造成的种族差异足够大以至于形成我们能观察到的种族分居。相较于白人而言，许多少数族裔在他们的生活中一定会收到更多关于少数族裔和少数族裔社区的不良信息。

第三种解释取决于信任。信任是好社区的一个重要因素。将你房门的钥匙交给你的邻居以防你被锁在门外，或便于他们能帮助你喂猫，如实告诉邻居他们的孩子是否表现良好，或者只是做到不至于骚扰他们——所有这些行动都有助于使社区成为一个相互信任的宜居的好地方。他们所依靠的这种信任并不只是对你所认识的特定的个人而言，而且期待着对你尚不认识的潜在的新邻居的信任，相信以后可能搬进来的人，相信在你家门前的街道上遛狗的人。如果白人对少数族裔的信任度低于少数族裔相互之间的信任度，那么白人就更不愿迁入少数族裔社区。

白人对少数族裔的不信任感十分普遍这一点是否可以解释我们观察到的高度的种族分居现象呢？也许可以，当邻里的一些不信任涉及街区里最差劲的人，而不是一般居民时尤其如此。即使每一个人都非常友善，但如果哪怕只有一个或两个憎恶并骚扰他人的人，这样一个社区里的生活也是令人痛苦的。许多白人相信在一个 100 个居民全是少数族裔的社区中有一个反对白人的人的可能性要高于一个 100 个居民全是白人的社区，这也并非难以置信。

□ B. 白人社区的少数族裔

少数族裔敌视白人不可能是越来越多的少数族裔不愿住在白人为主的社区的主要原因。调查数据并没有发现这部分少数族裔对白人有深仇大恨。例如，1996 年，83％的非洲裔美国人说他们不反对将子女送到白人为主的学校（对应白人的这一数字在 1990 年是 66％）。1976 年，只有 22％的少数族裔说他们最喜欢全是黑人或大多是黑人的社区。与此相对应的白人的这一数字为 73％（Schuman et al.，1997，pp.254-255，p.140）。少数族裔对白人社区没有消极的成见：许多白人社区漂亮且安全，有很好的学校，具有非常好的声誉——每个人都知道这些。

可能比少数族裔的敌视更重要的原因是，一些白人为了将黑人和其他少数族裔驱除出"他们的"社区所作的努力已经持续了相当长的一段时间。我们一起来回顾那段历史。这和当前讨论的问题并不直接相关，因为有问题的做法在向外推广和遭受抵制中已经逐渐停止或减少，但由于历史可以通过不同途径来影响现在和未来——人们是无法忘却历史的，也难以完全洗刷对过去行为的记忆——我们需要考虑自己是否已经不再受其影响。

1. 暴力强制与房屋契据

在种族分居和集权管理的历史上使用暴力的作用非常清楚。在 19 世纪后期，黑人主要生活在南部农村，城市的种族分居情况并不是十分显著的。尤其是南部城市，黑人和白人生活在一起。

第一次世界大战期间，黑人开始大规模迁移到城市，特别是到北部城市。正是在这一时期，城市暴力开始兴起。比如，一个黑人男孩在所谓的"白人"水滨附近游泳，触发了 1919 年芝加哥的一场大规模的种族暴乱；在为期 6 天的骚乱中，38 人死亡，其中大部分是黑人，超过 500 人受伤，上千人无家可归（Drake and Cayton，1945，p.65）。其他主要的大规模暴乱发生于 1900 年的纽约，1903 年的印第安纳州埃文斯维尔；1908 年的伊利诺伊州斯普林菲尔德，1917 年的伊利诺伊州东圣路易斯。

即使到了 1955 年，种族暴乱仍然存在于像底特律这样的北方城市。萨格鲁（Sugrue，1996，p.232）描述了一个非洲裔美国家庭威尔逊在白人居多的社区购买房子时发生的事。

> 愤愤不平的白人邻居对里奥皮勒街 18199 号进行了 5 个月的围攻……在威尔逊夫妇搬进来之前，有人闯进屋子，打开所有水龙头，堵住厨房水槽，水淹了地下室，在墙壁和地板上溅满黑色油漆。当天晚些时候，在威尔逊夫妇清理了所有的烂摊子离开后，破坏者打破了房子所有沿街的窗户玻璃。尽管大家听到了声响，但没有人向警方报告这次攻击。4 月 26 日，星期二，威尔逊搬了进来，攻击也随之升级。凯迪拉克改良协会的成员逼近威尔逊夫妇并要求他们把房子卖掉。那天晚上，有人通过浴室的窗户扔了一块石头。连续两晚，一直有气愤的匿名电话铃声响起。

周五晚饭后，一小拨人聚集在里奥皮勒街威尔逊的房子前。他们不久就纠集了400多名高声呐喊和蠢蠢欲动的白人，青年男孩骑着自行车在街上来回吹哨呼喊其他人。四面八方的居民都聚在一起：就像威尔逊夫人报告的那样"有孩子，有老人，还有青少年，事实上，所有年龄段的人都有"。示威者大喊绰号……石块打碎了饭厅的窗户……在随后的夜晚，更多的抗议者堵满了威尔逊房子前的街道。尽管有警察监视，还是有人狠狠地朝房子扔了一块大石头，石头卡在了石棉壁板上。

除了此类公众抗议、社区暴力，对于这些刚搬入以白人为主的社区的少数族裔家庭，还有一种更加隐秘、私下的暴力传统。迁入白人社区的黑人经常收到带有可怕后果的恐吓信和警告，他们还会经受个人骚扰，比如扔过来的石块、呼啸的子弹、燃烧的十字架和人身攻击。1917—1921年间，仅在芝加哥就有58户黑人家庭遭到炸弹袭击（Massey and Denton，1993，pp. 34-35）。

白人试图通过法律行动以及暴力将黑人和其他少数族裔赶出白人为主的社区。在第8章中，我提到19世纪70年代和80年代加州社区采纳的禁止中国人居住的法律，当居住禁令被宣布违宪后，取而代之的是对洗衣店的禁令。同样，第一次世界大战时期，几个城市颁布法律禁止黑人进入某些社区，15个州法院支持该项法律，但最高法院认为这项法律也是违宪的（布坎南诉汇利案（Buchanan v. Warley，1917）），这种形式的法律从来没有流行过。

作为一种代替，**种族公约**成为黑人搬到白人社区的主要法律障碍。种族公约是一份关于财产的规定，禁止业主将财产出售或出租给少数族裔（在许多情况下，也禁止出售或出租给犹太人）。当开发者开始建造一个社区时，可以将种族公约引用于所有的房子，那么这一公约将从一个个买者手中传承下去。此外，房地产经纪人或邻里协会有时会征询已入住社区的居民，得到了大多数家庭的同意便可以将这一公约加到房屋契据中。

种族公约一度曾被广泛应用。克拉克和帕尔曼（Clarke and Perlman，1948）估计，一些地区80％的房屋契据中包括限制性公约。卡特勒、格莱泽和维格多（Cutler, Glaeser, and Vigdor，1999）考察了1908—1928年间新增的契据样本后发现：在高度种族分居的城市中有三分之二的契据带有转售限制；种族分居程度较低的城市中有一半的契据包含转售限制。然而，雪莱诉克雷默案（Shelley v. Kraemer，1948）中最高法院宣布不能强制执行种族公约。（在甘多尔福诉哈特曼案（Gandolfo v. Hartman，1891）中，联邦法院已经有过推翻不利于中国买家契据的判决，但该决定是基于与中国政府的条约，并没有开创不能强制执行种族公约的先例。）

关于人们居住在城市的什么区域，这段频繁发生暴动、爆炸以及种族歧视性契据的历史告诉了我们什么？它清楚地告诉我们，1950年左右许多人生活在错误的社区；而通过重新配置居住的社区可以实现帕累托改进。市场并没有导致1950年的种族分居。

这么看起来1950年有很多人生活在错误的地方。这是1950年的结论，不是今天的。种族公约被禁止执行已有半个多世纪，虽然憎恨性犯罪行为仍时有发生，但再没有哪个地方可以达到20世纪早期的数量。今天政府的回应也已大不相同。

有许多原因使得我们考虑历史的相关性。现在平均的种族分居水平并不比1950年低，1950年一个城市种族分居状况的相对排名仍能很好地预测现在这种状况的城市的相对名次。

此外，尽管近几十年来暴力现象远远低于 20 世纪 20 年代或 20 世纪 50 年代的水平，但由憎恶引发的犯罪行为，如焚烧十字架、在房子上乱涂乱画以及不那么公然的骚扰仍时有发生。可能成为这类攻击的受害者的担心降低了少数族裔居住在白人社区的意愿。

2. 房地产经纪人和业主

业主和房地产经纪人对少数族裔实行差别待遇的证据实质上比投掷燃烧弹和种族歧视性契据的情形更普遍。

研究过去十年中大量的诉讼案件，发现某些业主有不可推卸的过错，他们接受白人公寓求租者的同时拒绝合格的少数族裔公寓求租者。即使只是某一些业主有这样的行为，这种做法也会将一些少数族裔赶出白人社区（因为他们将退而求其次地选择住在少数族裔社区），并会劝阻其他在白人社区找房子的少数族裔，因为他们不太可能成功。

这种行为显然是非法的，问题是为什么有些业主要这样做。我们已经探讨过的许多白人差别对待少数族裔的原因可能也适用于这里：个人仇恨、偏见地认为少数族裔是不良租户（嘈杂、肮脏、不可靠）、不信任或者担心现有的和潜在的租户会如何反应。由于房屋移交往往代价昂贵且存在风险，业主是社区的一道保护屏障。

关于歧视的最有影响力的证据来自于一个机构在 20 世纪 80 年代末和 90 年代的一系列经精心设计的"观察"实验。在这些实验中，首先将观察员分组，每组一个少数族裔和一个白人，相互匹配，并且每一组有一份关于一所房子或一间公寓的报纸广告。观察员性别相同，年龄也大致相同，他们接受同样的指导：如何向房地产经纪人或业主讲述他们的收入、工作、教育和家庭地位。然后，让他们去回应那些广告——有时少数族裔观察员先去，有时白人先去——并且记录下他们在各种情况下受到的待遇。

我们不应该指望人们对待观察员有相同的态度。在某些情况下，公寓可能已经租出或在两位观察员的问询之间售出（或者是在第一次访问时已谈妥的一项交易在第二次访问前成了泡影）。可能房地产经纪人遇到第一个观察员后已经感到情况不妙，或者在第二个观察员到达之前她可能刚好收到了一些好消息。在她遇到第一个观察员时可能急于解决私人事务，或者在遇到第二个观察员时又特别想赚钱。可能个性已经"点中"了一位观察员，而非另一个。

但是如果与种族无关，这些随机事件在少数族裔观察员与白人观察员身上发生的概率应该相同；人们对待少数族裔观察员的态度应该和白人观察员相同。但这并不是研究所发现的现象，在大多数情况下，与少数族裔观察员相比，白人观察员更经常地得到更加友好的对待。

例如，在由联邦政府资助的一个大型的观察研究中，黑人观察员被告知房屋销售广告已经不再有效的比率为 11%，但他们的白人伙伴只有 6%。拉美裔观察员被告知一栋房屋的销售广告不再有效的比率为 9.5%，而白人观察员为 5%（Yinger，1995，pp. 34，44）。17% 的黑人观察员及 15% 的拉美裔观察员被告知一个单元公寓的广告不再有效，而对于他们的白人伙伴这一比率则分别为 12% 和 7%。

房地产经纪人为他们的客户提供的帮助也与种族和族群有关。房地产经纪人通常会将问询某一单元房的客户带到尽可能多的单元房中，这能够提高客户购买房子以及他们收取佣金的几率。不过，有趣的是，一个白人观察员往往频繁地被告知有更多的单元住房可供选择，但是少数族裔观察员却没那么幸运。白人观察员被频繁告知的情形发生在黑人—白人观察员组是44%，而在拉美裔—白人观察员组是43.5%。与此相反——少数族裔观察员被告知有多套住房可供出售的比率是——黑人—白人观察员组是24.5%，拉美裔—白人观察员组是27%（在这种情形下，拉美裔与黑人间的一定差异并没有统计学上的意义，不过其他的反差都有意义）。

房地产经纪人也更想为少数族裔特别是黑人展示少数族裔社区中的房屋。除了广告中涉及的单元房外，展示给黑人看的独栋住宅比建议和展示给白人观察员的房子更多地处于少数族裔聚集的社区，而只有12%的白人会被推荐或展示少数族裔社区的房子。（Yinger，1995，p.54）。

因为一般来说房地产经纪人对待少数族裔较差劲，因此少数族裔寻找住房的成本更高，所以他们不经常搬家。英格尔（Yinger，1995，p.101）估计少数族裔购房者的搬迁费用约比白人高3 000～4 000美元，因此少数族裔搬家的频率约比白人低10%。（这里估计的成本也包括下面即将讨论的拒绝抵押。）

然而，由于研究中观察员被派往问询房屋和公寓的方式，这些成本可能被高估了。这些住房的选择是对各大报纸广告中的单位房进行的随机抽样。观察显示，许多做广告的房地产经纪人并不歧视少数族裔。如果少数族裔知道哪些房地产经纪人不歧视少数族裔，他们就可以与这些房地产经纪人做交易，从而避免与歧视少数族裔的人打交道时将产生的成本。真正的房屋租赁者并不会随机回应报纸上的广告。

报纸广告还有另外一个缺陷，它可能更严重地影响我们对房地产市场如何运作的认识。主要经营少数族裔社区房产推介的企业较其他公司很少在各大报纸上宣传自己的房产。既经营少数族裔社区又经营白人社区的公司很少宣传自己在少数族裔社区的房产。因此，在同一个社区中，黑人—白人观察组得到的结果为有9%的房子可供出售给黑人，而实际上这一数据为20%。同样在同一个社区中，拉美裔—白人观察组的结果为有16%的房子可供出售给拉美裔人，虽然所在城市的实际观察结果为24%可供出租给拉美裔人（Yinger，1995，p.57）。

一方面，房地产市场这种分歧证实了许多少数族裔在搜索房地产经纪人方面很聪明，从而能够避开待他们不好的房地产经纪人，因为主要经营少数族裔社区的公司基本上不太可能歧视少数族裔。少数族裔实际遭受的不良待遇要比所有人仅根据报纸广告进行房屋搜索时遭受的要少。

另一方面，房地产经纪人的专业化使我们能够深刻理解使种族分居状况长期存在的机制。在观察性研究中，公司一般都不会在白人社区展示黑人的房屋，但差别实在太小（12%）以至于不足以解释确实存在的高度种族分居。1990年，在主要的大都市里，住在白人为主的社区的白人比例（98.3%，根据Ellen，2000，p.30）及住在白人为主的社区的黑人比例（46.1%）间的差距远远大于12%。如果所有的"调整"在房地产公司层面能够全部起作用，那么都市区的种族分居程度就会远小于现在的实际情形。

房产公司之间的分隔状态维持了种族分居。由于许多为少数族裔社区提供服务的公司不提供很多清单上的服务项目，很少有企业既为少数族裔提供服务也为白人社区提供服务，因为同一时间搜索这两种社区是困难的。白人通常不去主要服务于少数族裔社区的公司。黑人去主要服务于白人社区的公司可能会遭受不良待遇，在这些公司里他们也不太可能找到很多少数族裔社区的房屋信息。因此，他们不太可能去这些公司。房地产市场使得少数族裔到白人社区寻找房子的成本很高。

3. 抵押贷款

在当代房地产市场中，房地产经纪人不是唯一区别对待少数族裔和白人的参与者。抵押贷款机构在批准或不批准按揭贷款申请时，似乎也考虑到种族。由于白人社区的房子比少数族裔社区的房子更昂贵，而且白人住宅区业主自用的比例很高，因此，获得抵押贷款的困难就转变为搬到以白人为主的社区的困难了。

少数族裔申请房贷比白人更容易遭到拒绝。就其本身而言，这一事实并不意味着贷款人区别对待了少数族裔：平均而言少数族裔与白人有不同的收入、资产和信贷历史，寻求的财产贷款种类也不同。除非我们能够发现少数族裔申请人与其他情况完全相同的白人相比更容易遭到拒绝，否则我们不能说按揭审批与种族相关。

波士顿联邦储备银行的一个研究团队（Munnell et al.，1996）对这一问题进行了十分宏大和最完整的研究。它们建立了一个大型数据库，该数据库囊括了波士顿地区的包括所有类型贷款人的少数族裔按揭申请，以及一个大量白人申请者的数据样本。它们收集贷款人自述中可能会对贷款批准造成影响的每一个变量的信息。最后的结论是种族因素关系很大：一个具有正被研究的白人的平均特征的白人申请者被拒绝的可能性为11%，而特征完全相同的少数族裔申请者被拒绝的可能性为17%。

即使面对源源不断的颇具挑战性的质疑，这项研究及结论也是站得住脚的。注意，这一研究结论不同于观察研究得出的结论。波士顿联邦储备银行的研究关注的是实际行为——当少数族裔确实向贷款人申请贷款时发生了什么——而不是一个假设的问题——如果少数族裔随机回应报纸广告会发生什么。所以不同于房地产经纪人观察员的研究，波士顿的研究结果表明，少数族裔由于差别待遇确实遭受了利益损害。

但是在另一方面，波士顿联邦储备银行的研究还不能精确指出哪些放贷者对待少数族裔更差，甚至其研究本身也表明任何一个放贷者都这样（也许出于某种原因，少数族裔最后不成比例地向更强硬的贷款人申请贷款）。而实际导致少数族裔遭受不公待遇的机制仍然存在无法解释的情况，因为大多数放贷者使用合理客观的非种族性质的标准来作出抵押贷款的决策，而且大多数批准或拒绝是相当透明清晰的。

最合理的解释是，相比于对待少数族裔贷款申请者，信贷员也许在不知不觉中为白人申请者提供了额外、友好的帮助。例如，信贷员可以通过询问更多有关其信用历史的信息、给予他们的解释以更多的信任、将他们的贷款申请排序往前挪挪、暗示如何更好地面对申贷失败等方式来帮助白人申请者。当然，大多数申请人，无论是否有明确资格，在处于拒绝临界点的情况下，一点点的帮助就可以收到很大效果。在一些涉及个别机构的与种族不成比例的拒绝率的法律案件中，类似以上这些非正式的帮助是客观特征保持不变时白人得到批准的比率更高的主要原因。

对波士顿联邦储备银行研究的批评之一是放贷者并不是真正地根据种族来做决定。相反，他们用种族代表那些更易造成借款人违约但难以观察的特征——比如有富豪亲戚提供担保，居住的社区房产很可能升值。至少有一项研究（Berkovec，Quercia and Stegman，1992）发现，即使其他特征保持不变，少数族裔也更有可能放弃抵押品赎回权。因此，放贷者似乎有动机使用种族作为特征的代表。

然而，这一证据的相关度究竟有多高一直备受争议（例如，参见 Yinger，1995，pp. 75—78）。借款人放弃抵押品赎回权可能会也可能不会赔钱，他们所赔款的差别也很大。较高的止赎率不一定表明贷款给少数族裔的平均利润较少。此外，止赎并不仅仅由借款人控制。当借款人延期偿付抵押贷款时，放贷人除了立即止赎外还有很多种选择。白人较低的止赎率可能仅仅表示一部分信贷员更愿意为白人安排"抵押终止"（重新安排按揭付款）或"抵押权转移"（另一方购买财产，并接手抵押或支付贷款）。

此外，当利率下跌时，少数族裔不太可能提前偿还他们的抵押贷款（Deng and Gabriel，2004）。部分原因是少数族裔不太可能购买相对昂贵的房子；也可能是因为少数族裔对再融资没那么果断。如果你在高利率时借钱给他人，之后市场利率下降了，这时你就不希望他提前偿还——因为你想要保持较高的利率，而市场不会再给予你这样的高利率。在其他情形相同的情况下，因为白人对于提前偿付更加果断（可能因为他们能更容易地进行再融资），少数族裔反而是更具吸引力的按揭客户。

然而，我们进一步思考，为什么放贷者对少数族裔的区别对待与按揭贷款市场上种族因素某种程度上使少数族裔进入白人社区更加困难这一主要观点之间并不相关。这种方式使得贷款人的办事动机或许与其死后能否进入天堂有所关联（虽然一个人帮助自己的朋友并不会阻碍他进入天堂），不过这个问题我们不会在这里进行讨论。

虽然贷款审批是研究的最为深入的一点，但它并不是放贷者区别对待少数族裔的唯一之处。放贷人对少数族裔和对少数族裔社区的宣传活动也似乎越来越少，效果越来越差。

在所有其他条件都几乎不变的情况下，纽约市的银行不太会在少数族裔社区开设分行（Chang, Chaudhuri, and Jayartne, 1997）。因此，当少数族裔想申请抵押贷款时，不太可能与银行打交道，因为他们获得抵押贷款的时间成本较高，而且他会发现与社区信贷员建立良好的信誉和长期的合作关系十分困难。

在密歇根州的庞蒂亚克、路易斯维尔和芝加哥进行的观察员研究表明，在少数族裔提交抵押贷款申请之前，放贷者对他们的热情就明显低于白人（Smith and Cloud, 1993；Lawton, 1993；Galster, 1993）。与对白人的态度相比，放贷者似乎没什么兴趣为黑人客户提供信息；他们频繁催促黑人去找其他贷款人，他们经常警告黑人客户申请之路将会非常艰巨，相反地，他们会给白人客户更多有关选项的信息，为白人客户提供更多的帮助。

还有一些证据，其中不少还相当有年头，证据表明少数族裔平均比白人支付更高的借款利率（Yinger, 1995, pp. 79—80）。这种差异可能源于专注于不同社区的不同类型的贷款人，或者白人在寻找利率或确定下手的时间方面能得到更多的援助。同一个信贷员在同一天出现几起基于种族的歧视事件还是不多见的（虽然并非闻所未闻）。

至此，我们已经找到了几个理由来解释为什么大多数少数族裔难以获得信贷，进而很难在白人社区购买住房。

4. 剔除红线——题外话

剔除红线是指将少数族裔社区剔出贷款对象的范围。这个说法来源于在地图上划的红线，是指在一段时间内银行不能放贷给红线划定的街区。与最后一节讨论的个人歧视相对，剔除红线是地域歧视。剔除红线主张即使白人想买少数族裔社区的房子，贷款申请也将被拒绝，个人歧视主张当少数族裔想在白人社区购买房子时，其贷款申请将被拒绝。

虽然有证据清晰表明放贷者对待少数族裔的方式有所不同（个人歧视），但近期的研究并没有发现有关剔除红线的证据。例如，图特尔（Tootell，1996）采用波士顿联邦储备银行的数据调查放贷者在其他条件都相同（包括申请者的种族相同）的情况下，是否更容易拒绝购买少数族裔社区住房的贷款申请。他发现贷款与申请者的种族以及贷款申请难易程度相关，但与买卖的房子所在的社区组成无关。然而，博维诺（Bovino，2000）质疑了这一结论，他重新整理了波士顿联邦储备银行的数据，结果显示非洲裔美国人聚居社区的抵押贷款更有可能被拒绝；罗斯和图特尔（Ross and Tootell，2004）得到了类似的结论。少数族裔社区的抵押贷款申请者更有可能被要求出具私人抵押贷款保险；如何对待这个要求就决定了你如何考虑今天的剔除红线。

虽然现在剔除红线可能不再会发生，但在 20 世纪 20 年代到 60 年代之间，大多数放贷者都按照对于不能贷款给少数族裔社区或族群过渡性社区有明确书面说明的指导书来操作。联邦房屋管理局（FHA）成立于 1937 年，它吸收了这些基本做法，并将它们编纂在一起，作为其规定的一般做法。这些规定也在退伍军人管理局（VA）的项目中施行。杰克逊（Jackson，1985）详细介绍了这些法规的强劲和炫目。

然而，剔除红线即使仍在发生，也不能算作将黑人赶出白人社区的一种方式。相反，这会使得在黑人社区拥有房产的业主的情况变得更糟。因为剔除红线使得黑人社区缺乏吸引力，从而变相地鼓励黑人搬到白人社区。

5. 地方政府

当地政府可以通过警察的力量使少数族裔远离白人城镇和社区。社区保护主义者比其他人有更大的积极性去参与地方政治，因为社区康乐设施的变化对他们的影响比容易搬迁的人更大，因此地方政府和民间协会非常看重社区保护。地方政府可以使用任何（完全合法的）方法使新进入的少数族裔居民的生活苦不堪言：阻拦建筑许可证的发放，经常检查他们的房子是否违反建筑和分区准则，在街上拦下他们和他们的客人并询问他们在做什么，要去哪里。卡特勒和格莱泽（Cutler and Glaeser，1997）发现地方政府较多的都市区比地方政府较少的都市区隔离程度更高。预料到地方政府将给其带来的种种困难，少数族裔不太愿意购买白人社区的房子。

6. 信任

白人社区的少数族裔数量少的最后一个原因是少数族裔不愿搬到那些社区。仇恨和刻板印象对少数族裔不愿搬到白人社区的影响没有对白人不愿搬到少数族裔社区的影响大，但不信任可能起到了重要作用。我在上一节中描述过日常睦邻友好互动是重要的，远离会骚扰你的疯子也很重要。1992 年在底特律的黑人说他们不会搬到全是白人的社区，90％的人给出的理由是他们认为白人不欢迎他们（Ellen，2000，p.58）。不信任可能部分解释了少数族裔不愿像白人那样出高价购买白人社区的房子的原因。

不信任也可能会影响教育。实际的学习依赖于复杂的情感推测，学生推测老师和同学如何看待自己，教师推测学生在学习什么或没学什么。成见和敌意的历史可能会妨碍这个过程。（举例来说，在一个心理实验中，黑人和白人学生做同样一个测试，当告诉他们这个测试不重要时，黑人学生和白人学生做的一样好，但当告诉他们这个测试衡量他们的学习能力时，黑人学生做得比白人学生差（Fletcher，2001）。）学校不像一个加油站，教师不是简单地将知识倒给你。学校是一个人们尝试让你变得不同的地方。你认为那些人怎么样、他们又如何看待你、你认为别人是如何看待你的这些观点之间密切相关。因此，完全适用于白人学生的课堂教学可能不适用于少数族裔学生，反之亦然。

这种教育关系可能也会关系到住房市场的问题。与白人家长相比，少数族裔的家长可能不愿意支付高价的教育投入，因为高价教育对他们的孩子不一定有效。如果别人有可能把你的孩子当傻瓜，何必还要花钱买房子让孩子进入一个很好的学校系统呢？

□ C. 互动与历史

我们已经知道当其他条件都相同时，一个种族的人可能只愿支付很少去生活在一个以其他种族为主的社区的原因。但这如何体现在住房市场上呢？

开放型城市模型（可能由于社区保护主义者的干预而得到修正）是研究这个问题的正确方法。种族分居和少数族裔的集中至少在过去 80 年中一直是美国城市的特点，在这段时间内发生了大规模的少数族裔迁移。同样的种族、赚钱能力以及有相同的气候环境喜好的人在一个城市中的生活较之在不同城市不会有太过明显的改善。

但是没有机制能够保证除了种族外其他条件完全相同的人们将同样富裕，即便在同一个城市中也是如此。虽然你可以从一个城市搬到另一城市，但是（只有非常有限的例外）你不能从一个种族转到另一个种族。如果人们平等对待不同种族，种族不变性就不会阻碍收入的平等：例如，如果你出生在周六，就永远不可能成为周日出生的人，但是如果两个人仅仅出生日期不同，你就不会认为在均衡状态时一个人会嫉妒另一个人。妒忌者总是在他或她想做的任何事情上击败被妒忌的人。但是当人们区别对待不同种族时，就有理由认为即使在平衡状态下也可能出现一个种族嫉妒另一个种族的现象。

20 世纪 40 年代和 50 年代是《吉姆·克劳法》的制度化时代，南方的黑人可能比赚钱能力相同的其他美国人的生活状况更糟，也许仅仅是因为他们被迫忍受着合法的种族分居和没有选举权的侮辱。开放型城市模型显示出北方的黑人并不比南方黑人过得好，在 20 世纪 60 年代《民权法》通过之前，北方黑人可能比其他条件相同的北方白人过得更为糟糕。这一时代的住房价格调查结果有力地支持了这一结论。

因为黑人会在他们想居住的任何白人社区内尝试暴力反抗，又由于许多白人觉得住在黑人附近令人不快，黑人社区附近的白人社区房价低于其他白人社区。当 20 世纪上半叶城市工资上涨（农业工资下降）吸引到更多来自南方农村的黑人时，虽然黑人社区的人口在扩张，但仍然是紧凑且集中的。

自那以后，两大相关趋势已经影响了城市：城市中心地带的相对区位优势有所下降（因为第 7 章中解释的汽车、电视和冷冻食品的影响），南方农村非洲裔美国人的相对幸福指数有所上升（因为空调、民权法、就业的司法判决、教育、公共场所、投票选举，等等）。

在一个开放型城市模型中，这些趋势都作用于同一方向：它们减少了中心城市少数族裔社区的非洲裔美国人的数量。这的确是 1970—1990 年间的主导趋势。例如纽约，在 1970—1990 年间，南布朗克斯的人口下降了 38％，哈莱姆区的人口下降了 26％，北布鲁克林的人口下降了 14％。

两大趋势也压低了这些社区的房价，使得一些非洲裔美国人继续生活在那里。如果种族对白人没有影响，或如果黑人退而求其次不得不生活在一个黑人社区，类似于白人退而求其次的选择，那么房价的降低将促使白人进入黑人社区。但是，我们很少看到这样的行动，尽管现在许多白人对黑人的态度相当友好。20 世纪 90 年代，尽管媒体非常关注类似哈莱姆的乡绅化住宅现象，但哈莱姆区以及纽约市的其他大型少数族裔社区的非拉美裔白人的比例仍在下降。

另一方面，我们需要考虑这两大趋势对黑人搬到白人社区的反向作用。远离中央商务区的居住地上升的吸引力已经使得黑人也愿意花更多的钱住在白人社区，但南方农村上升的吸引力（也可能是政府以及城市内巨大的政治势力的计划）已改善了黑人在白人社区以外居住的前景，因此降低了黑人生活在白人社区的支付意愿。自 1970 年以来，住在白人社区的黑人比例大幅增加，因此黑人到白人社区以外地区居住的机会其实也没有巨量增加。但是如果这些机会没有增加，将有更多的黑人生活在白人社区。

因此，相对的住房机会现在看来似乎只是处于确保种族分居和不景气发生在适当范围之内。如果黑人在白人社区之外的居住机会更糟，他们将愿意支付足够多的钱以挣脱贫民窟并涌向都市区。但如果黑人在黑人都市社区以外的居住机会更好，那么这些黑人都市社区的房价就会降低并吸引白人入住。

所以，20 世纪 50 年代以前划定的社区界限对于现在有很多人居住的地方有较大影响。难怪在第 11 章中详细讨论的种族分居和集中会造成那么大的损失。

□ D. 拉美裔和亚洲裔

比起非洲裔美国人，我们对于拉美裔和亚洲裔生活在哪里知之甚少。前面描述的房地产观察项目发现拉美裔寻找住处时遭受歧视，所以他们中一部分人的故事可能与黑人的故事相似。但是问题在于我们不知道拉美裔和亚洲裔居住成本是否高昂，而且我们也不知道他们是否永久居住。

Ⅱ. 政策

不足为奇的是，许多政策已经被建议去改善这种情况。在本节中，我们来看看一些比较流行的有前景的政策。许多分析师完全集中于政策对少数族裔的影响，这也是可以理解的。然而在本书中，我对政策措施的分析使用潜在的帕累托改进准则，本章也不例外。

除去一致性的考虑外，即使你只关注少数族裔的福利，我认为也有两个原因将潜在的帕累托改进作为正确的评判标准。从政治的角度看，由于种族和族群的少数族裔不是人口的主体，因此会对白人造成很大损害的政策不大可能长期持续下去。即使政治方面的考虑还没有关乎你，如果你今后打算索赔也应该想想潜在的帕累托改进。如果要究其原因，想想一些对少数族裔有好处但不符合潜在的帕累托改进的政策——带给黑人的好处少于带给白人的损失。这时可以用赔偿计划来替换那项政策，白人给少数族裔一定的补偿，补偿金额大于少数族裔从原先政策中得到的收益但小于白人从原先政策中遭受的损失，这一赔偿计划使每个人的状况都变得更好。赔偿计划不仅有利于少数族裔而且在政治上更加可行。因此，收益小于损失的任何政策就没有讨论的必要了。

是否有其他的标准可以用于评判意图改善种族境遇的政策呢？可能有，但在一致性和可操作的形式方面还很难规范化。举例来说，有些人可能会争辩说任何形式的歧视都是不对的，每个人都不应该被考虑肤色因素。除了这一原则的逻辑障碍（除非一些人能分辨人们的种族，你怎么能判断人们是否遵守这一原则呢？）外，在这一点上，政策后果似乎在某种程度上与大多数人的喜好倾向间存在差异。例如，我们能像招聘广告中所禁止的那样在个人广告中禁止凸显种族色彩吗？（如果普通人在做最重要的诸如结婚或抚养孩子的决定时可以随意地歧视一些人，那么我们还能坚持我们珍视的不以肤色待人的原则吗？）

因此，寻找潜在的帕累托改进可能不是处理种族问题的唯一方式，但这无疑是相对较好的办法之一。

□ A. 使少数族裔更容易搬迁到白人社区

可能是历史十分悠久的有关社区种族构成的美国政策使白人难以将少数族裔从先前居住的白人为主的社区赶出去。我已经提到过的几个最高法院的决定为这些政策奠定了基础：19世纪80年代的洗衣房案废除了加州禁止不同城镇的中国居民经营的条例（以及1891年联邦法院在甘多尔福诉哈特曼案的判决中禁止了限制中国家庭买主的种族歧视性契约）；布坎南诉汇利案（1917）废除了禁止黑人或其他少数族裔的成员生活在白人社区的条例；雪莉诉克莱默（1948）案的判决指出任何政府执行种族条约都违反宪法。

20世纪60年代，联邦政府采取了一些措施使得白人难以驱除少数族裔。1962年，肯尼迪总统要求联邦机构采取行动反对所有得到联邦政府支持的房屋计划中的歧视行为。1964年的《民权法》取缔了公共场所的歧视。1968年4月，美国国会通过了《1968年民权法》，其中包括第Ⅷ编《公平住房法》。两个月后，最高法院裁决（在Jones v. Maeger案中）曾在很长一段时间内被大大忽略的《1866年民权法》禁止住房市场交易中的种族和族群歧视。《公平住房法》在1988年得到了大幅修订，变得更易执行并扩大了覆盖范围，将其适用于基于家庭状况和残疾条件的判案。

《公平住房法》和《1866年民权法》是联邦政府用以打击与住房有关的歧视行为的主要工具。大多数州也有反对住房歧视的法律，它们大多类似《公平住房法》。在这些法案中明确禁止房地产经纪人进行种族性"操纵"和"欺诈"（使用诸如种族或族群的变化等表述来促使他人恐慌性削价抛售房产），同时，禁止进行广告宣传或提供可居住的空置房屋相关信息时的歧视。卖方及业主在决定出售或出租，或在其提出的条款和条件中均不得有所歧视。抵押贷款机构和保险公司在批准抵押贷款或设定条款时，也禁止对申请人的种族或房产所在社区的种族构成有所歧视。

民权法的关键问题是如何执行以及证据需要达到何种程度。《1866年民权法》中有关种族歧视的行政部门执行相对简单，但对证明标准的界定却很难：任何认为自己遭受歧视的人都可以提起民事诉讼，对损失或律师费用都没有任何限制，但原告必须证明被告有种族歧视的意图，而不仅仅是歧视所造成的影响。换言之，他们除了必须证明被告的做法对他们造成了伤害外，还需要证明这些做法是特别针对少数族裔的。

相反，《公平住房法》则具有较低的证明标准：如果原告能表明受到了歧视性影响，那么被告需要证明有疑问的做法是根据业务的需要，而且没有可替代的非歧视性的做法。

《公平住房法》对涵盖的人有严格的限制，大多数房地产经纪人和抵押贷款机构都被包括在内，但不包括所有的购房者，也不包括持有美国住房债券大约80%的卖主——几乎所有的独栋住宅或拥有2～4套单元房的建筑物的业主。（然而，任何情况下都禁止卖主表明歧视性的偏好或意图。）《1866年民权法》不包含类似的正式限制，但对于在《公平住房法》下被排除的小卖家和买家而言，证明歧视意图这一要求的难度很高。因此，尽管几乎所有白人都不愿意住在少数族裔为主的社区就是一种歧视，但在任何一种法律条例下都无法提起诉讼。

这些受到了限制的法律是否能产生潜在的帕累托改进呢？是否能使少数族裔过得更好呢？有关这两个问题的经验证据都非常少，理论上来说存在两种可能性。

《反歧视法》既不普遍使用也不能完全执行。不能完全执行会产生两类问题，这两类问题都会抵消该法律带来的益处：某些情况下歧视行为没有得到惩罚；或者一些代理商为了证明它们没有歧视性行为而被迫做一些它们原本不会做的事（例如，房东因为害怕被起诉，可能会将房子租给他们担忧会起诉的少数族裔住户）。改变判定歧视的标准和承担举证的工作可以减少一种问题出现的频率，但代价是另一种问题出现的频率会增加。反歧视案件中的被告越容易占上风，就会有越多的歧视现象逃避惩处；但如果原告越容易获胜，那些本来没有歧视的代理机构就越经常地被迫做没有任何意义的事情。

不具有普遍性的法律有时会迫使个别交易中受损一方的损失超过受益方的收益，结果还有可能损害法律本该保护的人。例如，一项要求雇主为已经入职的左撇子员工提供所有常用办公设备的左撇子专用版本的法律，可能会令大多数左撇子雇员的情况更糟糕，因为雇主可能将不再聘用他们或支付给他们的工资更低。这可能发生吗？答案是肯定的。实际上，阿西莫格鲁和安格里斯特（Acemoglu and Angrist，2001）已表明几乎可以确认残疾人法案导致了残疾人就业量大幅度且急剧的下降。因此，反歧视法律的制定基础就是要先对具体问题进行具体分析。

《1964年民权法》有关公共场所的规定可能已经算是成功的了，因为再也没有人注意到这些问题。这些规定使少数族裔在白人社区的生活和工作更容易。这个政策容易实施，并且这些规定在造成利益交换时使很多人明显获利。

涉及大业主的反歧视法律有两部分——一是禁止差别性使用，二是禁止差别性租赁。少数族裔可能获得收益，因为法律允许他们搬到以前无法去的地方，我们已经看到少数族裔的传统居住地对他们而言不算是好地方，因此法律赋予他们的这些机会应该是有价值的。

我们已经知道一些业主和白人租户不希望少数族裔居住在自己的物业范围内的许多原因，但其中有些原因反映了租户的愚昧无知，另一些原因则源于比较关系。白人社区的房东愿意接受少数族裔租户为白人社区的其他租户和业主带来了积极的外部性，当大家都是非歧视的租户业主时，这种做法使得大家几乎不会因为少数族裔的居住需求而感到惊恐。因此，虽然个别房东可能会因为独自被迫接受少数族裔租户而遭受损失，但没有任何理由相信如果所有业主都被迫接受少数族裔租户，他们都会遭受损失。这些法律的普遍性，至少对大类业主而言，在降低少数族裔的搜索成本时并没有给白人造成任何相应的损失。

然而还是有一些争论反对这些条款。首先涉及的是差别性租赁禁令。我们假设有一个潜在的房东，无论出于何种原因，她不希望有少数族裔租户。假设她有一个选择，在只对少数族裔有吸引力的地方或对大多数少数族裔缺乏吸引力的地方建造一栋公寓楼。如果她不能实行差别性租赁，她就会在对少数族裔缺乏吸引力的地方建造公寓楼，即便当潜在的少数族裔住户愿意支付额外的租金，从而使得将房子建在对少数族裔更有吸引力的地方的收益更大时也是如此。在这种情况下差别性租赁条款使业主和少数族裔租户都没有达到帕累托最优的结果。

这个例子还可以拓展。在对少数族裔更具吸引力的地方建造房子的替代方法可能是索性不建房子，或者，可能性更大的是，建造商店或未被《公平住房法》涵盖的独栋住宅。对特定类型的住房——大型公寓楼——设定特定的限制，《公平住房法》并不鼓励建造这类房子。《公平住房法》也可能鼓励郊区城镇运用它们的区划权力阻止大型公寓楼的建设，因为这些大型公寓楼不能禁止少数族裔的搬入，也不能向他们收取较高的租金。相对于业主的自有住房，由于分区法规、收入税收法规，以及租赁法律也对多单元住房建设有诸多阻碍，因此《公平住房法》造成的这种影响将使现况恶化——甚至继续扩大。

针对房地产经纪人、抵押贷款经纪人和其他住房市场中间商的歧视性禁令也面临类似的争论和反对意见。这些禁令有助于降低少数族裔的搜索成本，带给少数族裔更多本不可能有的机会。对于业主来说，听从其他房地产经纪人和经纪公司的安排使得单个房地产经纪人或其代理的成本降低，这使得一个代理人不用单独承受各种不良风险，因此，即使代理商都不是自愿遵守法律，法律也不会必然导致代理商经营状况的恶化。

另一方面，法律可能会迫使房地产经纪人浪费自己与少数族裔客户的时间，因为房地产经纪人会向少数族裔客户展示他们并不感兴趣的白人社区的房子。法律也可能迫使抵押贷款经纪人使用更客观、古板的程序决定何时放贷，这可能会使抵押贷款项目的双方都感到不甚舒服，并导致人类的主观直觉本可避免的各种错误。法律还可能使代理人使用更微妙、更昂贵的方式以避免与少数族裔客户打交道——例如，大幅限制或直接针对性地投放广告；或者更有战略性地选择他们的办公位置；或者将一个公司拆分成几个销售战略和价格都不同的子公司。

综上所述，从理论的层面看，只涵盖了一小部分住房市场的不甚完美的强制性法律并没有真正解决问题。现行法律的效力和效率最终都成了经验性问题，少有我们已知的答案。

关于《公平住房法》的影响我们只见到少数几个实证性研究。加布林格和维安布（Gablinger and Virabhak，2003）发现，20 世纪 90 年代在《公平住房法》执行更为严格的州中种族分居现象快速减少，而柯林斯（Collins，2004）则发现 20 世纪 60 年代各州法律的不同并没有造成什么影响。我们可以暂时得出这样的结论：《公平住房法》对种族分居问题有适度的影响，如果说他们影响了其他方面，也没有明显的差别。

□ B. 使少数族裔社区更具吸引力

对于城市中的种族问题，其他的主要应对方法是试图使少数族裔社区更具吸引力。即使立法本身并没有专门强调种族因素，但围绕诸如 20 世纪 60 年代的示范城市、20 世纪 70 年代的社区发展政府奖助、20 世纪 80 年代的城镇企业园区、20 世纪 90 年代的城市开发区的公众热议使这些基于为贫困的少数族裔社区服务的努力合理化。虽然又一次没有明确的种族性规定，但来自州和联邦的大量的其他小项目已经指向"贫困社区"或"人口密集社区"，在意识中也已确定了相同的目标。近期的国家计划——例如在得克萨斯州和佛罗里达州——将用比例性规则代替精英大学的招生机会均等计划——大学将从州里的每所高中招收一定比例的高材生——这也使得少数族裔社区更有吸引力。

这些项目采用多种不同的方法：它们有针对性地在一些社区减少企业税或销售税，为商业或住宅提供低息或无息贷款，加强基础设施建设，改善学校，花钱修缮闲置建筑或加强警力配备，在特定地点建立就业培训或社会服务计划，资助环境严重破坏地区的地面平整，以及房屋资助。虽然这些计划并不总是成功的，但这些计划中有一些属于潜在的帕累托改进——例如更好的学校和在职培训。

然而，成本最高、最常被讨论的方案如建设城镇企业园区，在一个运作良好的市场经济环境中可能并不是潜在的帕累托改进。在如此的经济环境中，企业把雇员定位于生产最有效率的地方（相对于其他生产者和消费者）。迫使这些企业搬到少数族裔社区显然是低效的——受益者将无法弥补损失者——因为这是用生产率较低的地方替换了生产率较高的地方。提供减税或直接补贴以吸引公司迁址不再是有效率的：与胁迫相比，这种做法只是重新排列了赢家和输家的名字，并无法真正改变收益不能抵消损失的基本事实。布朗菲尔德项目（资助对环境污染地的清理工作，以便日后能被再用）的做法亦与此相似：它们试图让公司搬到成本更高而非成本更低之地。

赞成这些计划的争论必须从市场失灵开始。显然，美国今天的城市土地市场有很多不当之处。当我们分析这些项目时，要想想它是否就是解决我们已发现的问题的最好办法。我们将采用开放城市模型。

一个单一城市中的少数族裔社区变得更具吸引力后会发生什么呢？由于其他情况都没有改变，因此少数族裔社区以外的地方什么也不会发生——人口不会增多或者减少。在少数族裔社区内，人口密度增加（以牺牲其他城市人口数为代价），但因为土地价格上升，消费者的状况并没有变好。土地所有者——少数族裔社区的土地拥有者——成为唯一受益的人。

这些项目能否吸引白人搬到少数族裔社区从而促进民族融合呢？因为白人的其他选择没有变化，而少数族裔社区变得更吸引人，白人就愿意出更高的价钱以居住在少数族裔社区，但是同样的，更多的少数族裔也愿意出更高的价。除非对少数族裔社区的改善是特意为吸引白人而设计的——例如打折扣的防晒乳或曲棍球溜冰场——否则白人不太可能会搬到少数族裔社区。

然而在开放型城市模型中，因为少数族裔社区的土地所有者并不是一个特定的受益群体，那些原本只是由土地所有者受益的潜在的帕累托改进项目就不是一个好主意。

开放型城市模型对于分析这些项目合适吗？对于州一级的项目，开放型城市模型显然是正确的选择。在联邦层级，许多项目只用于或只针对于特定的几个城市，例如示范城市和城市开发区，而其他项目依赖于将资金划拨给所需的城市和组织所需的申请程序。因此对于相当一部分旨在提高少数族裔社区的项目，开放型城市假设近似地描述了它们对市场的影响。即使是国家方案，这个结论也将成立。美国城市的少数族裔从世界各地迁移过来，如加勒比、拉丁美洲、中国、美国南方农村，它们还可以迁回这些地方。

然而，开放型城市模型极端的流动性假设可能会漏掉一些受益者。特别是，社区保护主义者以及长期租赁者或租金受管制的公寓租户不包含在开放型城市模型中，但他们也能从改善社区的措施中获得收益。不过他们的收益本质上是以牺牲土地所有者的利益为代价的，因此并没有改变这些项目只利于土地所有者而没有促进民族融合这一基本的负面结论。

注意，有些消极的论点只适用于不符合旨在促进民族融合的潜在的帕累托改进的方案。通过自身因素实现自我调整而不必考虑土地市场的项目不是这一批评的主题。

□ C. 帮助少数族裔搬到白人为主的社区

促进少数族裔搬到白人为主的社区的最直接、最经济的方式是补贴：当少数族裔搬到白人为主的社区时，给予房东更多的补贴或让租户也贡献一小部分。当社区内的少数族裔达到一定的比例水平——比如说，达到都市区白人社区少数族裔比例的两倍时就不再补贴。这是明确地以种族为基础的方案。

在一个开放型城市模型中，这种方案的主要结果是白人社区对少数族裔的吸引力增大，因而这些社区里少数族裔人口上升，整个都市区的少数族裔人数也相应增多。这将引起物价上涨，导致一些白人搬离自己的社区以及这个都市区。也可能有的情况是价格下跌，因为社区对白人来说缺乏吸引力。少数族裔社区则不受影响，因为它们的吸引力没有变化。

在某些情况下，这样的方案可能是一个潜在的帕累托改进。土地价格的上涨将会超过补贴，为此，没有被补贴的少数族裔将不得不搬到这些社区里。早期的迁入者通过使社区向后来者开放，让后来者居住得更舒适，而为迁入者提供了积极的外部性。

换句话说，补贴可以类似庇古税运作。如果不谈种族，居住者几乎都是白人的社区同样适宜少数族裔居住——因为这些社区离工作地点近且街道布局合理——但少数族裔很少住在那里，因为他们感到不舒服或害怕。我们已经看到，在很多街区中都可能存在这样的现象——少数族裔居住在不适当的地方。

另一方面，如果无补贴的少数族裔几乎不会搬进社区，或者因为白人离开和价格下降，无补贴的少数族裔才搬到社区里，那么这样的项目就不是一个潜在的帕累托改进。

设计一个实现潜在的帕累托改进的补贴方案是一项艰巨的任务，虽然在原理上也许不可能，但如果信息完美，这种方案就是有可能的。除了用适当方式定义"少数族裔"和"社区"这一不可避免的问题外，当社区中新增加的少数族裔数量多到足以鼓励更多的少数族裔入住同时又不能充分维持白人的需求时，就必须停止补贴。但现在没有人知道该如何做到这一点。

虽然目前还没有类似的计划被尝试过也属正常现象，但人们已经作出了一些努力，例如对搬到白人社区的少数族裔给予类似补贴的优惠。这些项目的主要不同点是理论上忽略种族因素：这些项目鼓励高度贫穷社区中公共住房项目的居民搬到贫困程度较低的社区（这不同于鼓励少数族裔搬到白人社区）。但在实践中，几乎所有的参与者都是少数族裔，促进经济状况一体化的目标不同于促进种族融合。此外，在许多情况下这种激励的作用是微弱的，主要起劝导作用。

这一类型的最有名的项目出自 1976 年判决的一个芝加哥的种族分居案件。一帮公共住房的居民状告芝加哥房屋管理局（CHA）以及美国住房和城市发展部（HUD），声称芝加哥房屋管理局在少数族裔项目的住房用地的选址上（项目都集中在少数族裔社区）以及在安置住户时（集中安置少数族裔住户）存有歧视行为。法院支持住户并要求建立高特罗辅助性房屋项目（高特罗是该案中为首原告的名字）。

这一项目为芝加哥房屋管理局等候名单上的住户和家庭提供了证书（称为第八项住房凭证）。持有第八项住房凭证的家庭可以在符合一定的质量标准并愿意接受该证书的公寓居住。家庭将其收入的30%用于支付房租，政府补足其所交部分与公平的市场租金之间的差额。除了提供证书，该项目还对参与者进行劝告并对业主进行宣传来鼓励参与者——大部分是非洲裔美国人——搬到白人为主的贫困程度较低的社区。第八项住房凭证使白人社区的房价对于参与者而言不高于少数族裔社区，咨询和延伸性服务鼓励了参与者搬到白人社区。

大约一半的高特罗辅助性房屋项目参与者的确搬到了白人为主的社区。几年后发现，那些搬出少数族裔社区的人比那些没有搬出的人更好找工作，他们的孩子也更容易上大学，有了学历以后更容易被聘用，比那些决定留在少数族裔社区的家庭的孩子更容易拥有一份好工作。

这些差异部分是由于选择（已在白人社区附近工作或者在白人社区找到工作的可能性较大的人，会发觉住在白人社区的生活前景更诱人），而芝加哥涉及数千名参与者的项目结果鼓励了许多其他都市区也采用类似的项目，主要也是结合了有关歧视的诉讼。

联邦政府也曾成立过一个高特罗型的项目，叫做搬迁机会（MTO）。它最初成立于20世纪90年代初，那个时候项目成员担心被描绘成"入侵福利受益人"的融资，而项目早期就卷入了国会决策困境（芝加哥的多数证据表明高特罗参与者没有使得所搬去的社区犯罪率增加或者财产价值减少，Yinger，1995，pp. 152-153，235-236）。MTO计划又重新设计为五个城市中的十年示范项目。虽然参与者很少，但科学的严谨性很高。高度贫穷社区的公共住房项目的居民被随机分为三组。一组什么也没得到，一组获得可以在该都市圈的任何地方使用的第八项住房凭证，一组获得能在允许的低贫困社区使用的第八项住房凭证。获得证书的两组同样得到广泛的信息和建议，三组中的任何人都可以选择继续住在公共住房里。几乎所有的参与者都是少数族裔，超过90%的参与家庭都是由妇女主持家庭。

搬到低贫困社区似乎能够帮助MTO参与者，但效果却没有高特罗项目对参与者的帮助那么好。5年后，成年参与者的心理健康状态得到改善——不再那么痛苦和忧虑——而且也没那么肥胖了。青少年期的女孩们也有了更健康的心理状态，犯罪和问题型行为也减少了。但搬到低贫穷社区的成年人并没有比仍旧留在公共房屋的人赚更多的钱，失业率还是一样高。同时儿童的认知成果也没有统计上的显著改善。青少年期的男孩更容易显现出问题型行为或更可能因为财产型犯罪而被逮捕（Kling, Ludwig, and Katz，2004；Kling et al.，2004；Orr et al.，2003）。

产生高特罗项目和MTO项目之间差异的原因是什么？一种可能性是因为高特罗项目的参与者可以自我选择，只有对未来雄心勃勃的住户才会选择加入这一计划。也许那些选择搬家的人本来就更可能成功。

另一种解释是MTO项目是经济一体化的尝试，而高特罗项目是种族融合的尝试。

MTO 参与者所迁入的低贫困社区几乎都是少数族裔。有机会从公共住房项目搬到低贫困社区的家庭所居住的社区平均有 38% 的黑人（并非所有人都改变了居住社区），没有收到政府优惠券的家庭所居住的社区平均有 48% 的黑人（Goering，2003）。从高特罗项目中发现使项目取得较大效益的关键可能是种族而非经济收入。

□ D. 一体化维护

短语"一体化维护"是指设计各种各样的活动以促进社区的一体化。这些活动包括：给迁入少数族裔社区的白人补贴抵押贷款，给迁入白人社区的少数族裔补贴抵押贷款，鼓励少数族裔搬到白人社区以及白人搬到少数族裔社区的住房咨询，禁止由于房地产商"恐慌"销售而进行明显的代售标示和积极鼓动，宣传一体化融合生活的优势，积极实施建房和住房法规以防止种族转变地区的情况发生恶化，加强这些地区的公共服务，促进群体间相互理解的项目，维持房屋补贴项目等候名单的种族平衡并在每栋楼或每一个楼层进行分配，还有财产权益保障项目——该项目通过五年后返还居民房屋价值损失的 80% 来试图缓解白人房主担心自己住在民族一体化社区后的自有投资将会贬值的顾虑（Yinger，1995，pp. 125-130）。

现在维持一体化的活动主要见于有大量少数族裔的城市附近的中上层和中等收入的郊区：比如芝加哥附近的奥克帕克和帕克森林，克利夫兰附近的夏克高地和克利夫兰高地，丹佛的帕克山，费城的西艾利山以及纽瓦克附近的梅普尔伍德和南奥兰治。这些努力的背后通常有两种动机：民族融合本身所带来的价值，并希望（社区保护主义者）不要让社区变成一个快速、肮脏、完全种族化的反转。现在几乎没有任何联邦或州政府的活动有意识地支持住房整合。

不同的实现种族一体化融合的活动需要一系列不同的分析。我们可以看到在某些情况下，对少数族裔迁入白人社区的精心设计的补贴是一种潜在的帕累托改进。显然，同样的道理也适用于白人迁入少数族裔社区的补贴。

然而，现有对于白人迁入少数族裔社区的补贴不是针对如哈林等少数族裔为主或历来就是少数族裔社区的地方，而是针对目前少数族裔比例较低但正在快速增长的少数族裔社区。通过补贴尝试减缓少数族裔的增长率。搬到少数族裔社区的白人带来了外部效益，然而受益者不是随后搬进这些社区的白人家庭，而是原本已经生活在那个社区的白人。

虽然这样的一些外部效益无疑是真实的并且在进行成本—效益分析时应该包含在内，但在接受有关收益规模争论的某一方观点时应该保持谨慎。而那些旨在降低少数族裔进入白人社区的补贴，批评者将它们比作先前经常用于阻止少数族裔进入白人社区的炮弹和焚烧十字架的现代温雅版本。白人可能会扩大这些项目的一些好处，因为很多益处是基于对种族主义的无知，它们可能高估了少数族裔从中获得的收益，因为少数族裔大量进入这些社区的一些损失被其他社区抵消了——比如，如果训练有素、经验丰富的教师从原先执教的少数族裔社区的学校转出，就会使得教师转入的社区更有吸引力。

同种类型的分析适用于财产保险计划，甚至也适用于旨在吸引白人搬到少数族裔比例上升的社区的宣传计划（例如，新泽西州的南奥兰治和梅普尔伍德在曼哈顿的上城西端以及布鲁克林的帕克坡的社区报纸上投放广告，这两个地区住着很多富有、思变、自主的白人），这些活动对那些社区现有的人口可能有益也可能无益，但对于社会整体而言是有危害的。没有证据表明这些项目将被禁止，但也不能错误地认为更高层级的政府应该鼓励更多的城镇和社区采纳这些项目。

维持一体化融合活动的通用规则的一个例外可能是房屋咨询以及提供一体化设置优势的准确信息。只是帮助人们找到最好的生活环境而不考虑种族因素可能是一个潜在的帕累托改进。正如艾伦（Ellen，2000）指出的，这些努力可能最好在一个大都市范围内甚至是一个国家的基础上进行，而非现在占主导地位的当地的基础。一个家庭面临的一体化环境越不同，它就越有可能从中找到其偏好。因此，在大城市范围内的努力更有可能促进融合并产生潜在的帕累托改进。

另一方面，一些打着维持种族一体化旗号的活动的运作明显地低效率。这些措施包括禁止房地产经纪人教唆，禁止展示代售标示及出售配额。所有这些政策阻止了人们从事帕累托改进的交易，同时他们旨在防止少数族裔离开一体化的社区。当然，如果这些交易有显著的负外部性，则应该加以阻止，但有少数族裔邻居的负外部性（如果存在的话）可能并不显著，那就无需采用此类行动了。

这些措施可能没有能够促进一体化的稳固发展。一体化地区变得种族分居不是因为白人逃离，而是因为对社区外的白人缺乏足够的吸引力，不然社区外白人的迁入完全可以替代正常情况下离开的白人。这些政策没有使得一体化社区对原先没有生活在这里的白人更有吸引力。相反的，他们不让外人知道社区内的空缺，使社区处在混乱、孤立、防御的世界里。

关于招揽禁令、标志禁令和配额的最后一个问题是，在大多数情况下它们是违宪的。

□ E. 鼓励拥有汽车

拉斐尔和斯托尔（Raphael and Stoll，2001）主张鼓励少数族裔拥有汽车，因为这能带来更好的工作机会。第 3 章中的讨论给出了一些实现这一主张的想法。美国为了减少污染要求驾驶昂贵的清洁型汽车，通过办理赔偿保险来处理相关事故。这两项支付都不绑定实际的驾驶行为，而是被包括在拥有这辆车的固定成本中。相对于对污染和保险的按里程收费，这些程序打击了不经常开车的汽车拥有者——特别是不富有的人。因此，转换一种处理污染和意外事故的更有效的方式可能会改善少数族裔的就业前景。

拥有汽车也将提高受教育的机会。没有汽车意味着少数族裔家长送孩子去上学时，只有有限的范围可以选择。这对照顾孩子的确十分重要，因为汽车是去往正规的、组织良好的场合，特别是那些强调认知能力发展的地方的基本模式。因此，白人（他拥有汽车）更多地依赖日间护理中心照料孩子，而少数族裔（他没有汽车）则更多地依靠亲戚（U. S. Bureau of the Census，1995）。是否拥有汽车也会影响对小学或中学的选择，在面临有吸引力的学校、特许学校和优惠券计划数量增长的情况下尤其如此。然而，目前的证据表明，在那些利用有吸引力的和特许学校提供的便利的人群中，并没有一致性的种族构成模式（Teske and Schneider，2001）。

□ F. 不作为

持不作为论点的人认为所有可能的政策选择都可能弊大于利。你可以认为目前的情况非常糟糕，但依然觉得不作为是最好的行动过程。你也可以认为住房市场和教育系统不是政策干预的可选地带，也许政策所做的努力应该集中于劳动力市场、婚姻模式或售后维修。这些考虑超出了本书的范围。

Ⅲ．结论

在第 11 章中，我们看到美国的城市有太多的种族分居和太多的少数族裔的集中。少数族裔教育依旧不够好。对于每个人来说，城市应该更好。

在本章中，我们关注那些可能会取得潜在的帕累托改进的政策。我们没有发现任何强有力的答案——既没有神奇的项目，也没有着魔的愚蠢行为。相反，我们发现许多悬而未决的问题。回答这些问题是一个不错的想法，它将使一个城市变得更好的机会足够大。

问题

1. 假设你所住的社区正在组建一个组织以促进种族一体化。你会参加吗？为什么？如果你参加，你希望参加什么样的活动？你反对哪些活动？为什么？如果你主要是想改善目前住在你家社区以外的少数族裔的福利，你的答案会有所不同吗？如果为了改善你家社区以外的白人的福利，答案又有什么不同？

2. 就业歧视法律注重在劳动力市场上的买家的行为（雇佣者）。为什么住房歧视法律不侧重于买家的行为呢？如果这样做，会发生什么？为什么不能这样做？

3. 你希望信息技术的进步如何改变房屋买卖的方式？这对房地产商的行为以及少数族裔的搜索成本有什么影响？你觉得技术进步对种族分居会有什么影响？

4. 特伦普市是一个封闭型城市。人口组成为：非拉美裔白人（NHW）300 户，亚洲裔美国人 100 户，非洲裔美国人 100 户，拉美裔美国人 100 户。我们将非拉美裔白人（NHW）以外的人统称为"少数族裔"。这个城市有三个社区，每个社区有 200 所房子。

NHW 家庭喜欢与其他 NHW 家庭住在一起。设 w 为一个社区中 NHW 家庭的比例。因此 w 介于 0～100 之间。NHW 家庭愿意支付

$$400+w$$

的费用住在那个社区。没人在意种族问题。少数族裔对于任何地方的任何房子都愿意支付 500 的费用。

a. 证明在每个社区中有 100 户 NHW 和 100 户少数族裔时达到一种均衡。（也就是说，说明没有一个家庭想要搬到另一个社区。）我们将此称为综合均衡。

b. 计算 NHW 相对于少数族裔的差异指数 D。

c. 找出每个社区的价格。少数族裔家庭的消费者剩余是多少？

d. 证明当每个社区的房价等于 NHW 家庭愿意支付的价格时，一个社区中有 200 户 NHW，其他两个社区中的每一个都有 50 户 NHW 也是一个均衡。（也就是说，在现

行价格下，没有一个家庭想搬到不同的社区。如果一个社区的价格变动，其他两个社区价格保持不变，那么这个社区中的供求不平衡。）称之为分居均衡。

 e. 计算在这种均衡下，NHW 相对于少数族裔的差异指数 D。

 f. 找出少数族裔的消费者剩余。

 g. 哪种均衡下少数族裔的情况更好？

参考文献

Acemoglu, Daron, and Joshua D. Angrist. 2001. "Consequences of Employment Protection? The Case of the Americans with Disabilities Act. " *Journal of Political Economy* 109 (5)：915−957.

Berkovec, James, Roberto G. Quercia, and Michael A. Stegman. 1992. "Residential Mortgage Default：A Review of the Literature. " *Journal of Housing Research* 3：341−379.

Bovino, Beth Ann. 2001. "Essays on Race and Discrimination in Financial Markets. " PhD diss. , Columbia University.

Chang, Angela, Shubham Chaudhuri, and Jithendra Jayartne. 1997. "Rational Herding and the Spatial Clustering of Bank Branches：An Empirical Analysis. " Columbia University Department of Economics Discussion Paper 9697−24.

Clarke, T. , and P. Perlman. 1948. *Prejudice and Property*：*An Historic Brief against Racial Covenants*. Washington, DC：Public Affairs Press.

Collins, William. 2004. "The Housing Market Impact of State-Level Anti-Discrimination Laws, 1960—1970. " *Journal of Urban Economics* 55 (3)：534−564.

Cutler, David, and Edward Glaeser. 1997. "Are Ghettoes Good or Bad?" *Quarterly Journal of Economics* 112 (3)：827−871.

Cutler, David, Edward Glaeser, and Jacob Vigdor. 1999. "The Rise and Decline of the American Ghetto. " *Journal of Political Economy* 107 (3)：455−506.

Deng, Yongheng, and Stuart Gabriel. 2004. "Are Underserved Borrowers Lower Risk? New Evidence on the Performance and Pricing of FHA-Insured Mortgages. " Working paper, Lusk Center for Real Estate, University of Southern California.

Drake, St. Clair, and Horace R. Cayton. 1945. *Black Metropolis*：*A Study of Negro Life in a Northern City*. New York：Harper and Row.

Ellen, Ingrid Gould. 2000. *Sharing America's Neighborhoods*：*The Prospects for Stable Racial Integration*. Cambridge, MA：Harvard University Press.

Fletcher, Michael. 2001. "Long Division. " *The New Crisis* (September-October)：26−31.

Gablinger, Ynon, and Suchin Virabhak. 2003. "Discrimination in the Housing Market：What Can We Learn from Inter-State Differences in Fair Housing Laws?" Mimeo, Department of Economics, Columbia University.

Galster, George C. 1993. "Use of Testers in Investigating Discrimination in Mortgage Lending and Insurance. " In M. Fix and R. J. Struyk, eds. , *Clear and Convincing*

Evidence, pp. 287-334. Washington, DC: Urban Institute.

Goering, John. 2003. "The Impacts of New Neighborhoods on Poor Families: E-valuating the Policy Implications of the Moving to Opportunity Demonstration." *Federal Reserve Bank of New York Economic Policy Review* 9 (3): 113-140.

Jackson, Kenneth T. 1985. *Crabgrass Frontier: The Suburbanization of the United States*. New York: Oxford University Press.

Kling, Jeffrey R., Jens Ludwig, and Lawrence Katz. 2004. "Youth Criminal Behavior in Moving to Opportunity." Accessed at www. wws. princeton. edu/ kling/mto/ recent. html.

Kling, Jeffrey R., et al. 2004. "Moving to Opportunity and Tranquility: Neighborhood Effects on Adult Economic Self-Sufficiency and Health from a Randomized Housing Voucher Experiment." Accessed at www. wws. princeton. edu/~kling/mto/re-cent. html.

Lawton, Rachel. 1993. "Pre-Application Mortgage Lending Testing Program: Lender Testing by a Local Agency." Paper presented at Discrimination and Mortgage Lending: Research and Enforcement Conference, sponsored by U. S. Department of Housing and Urban Development, Washington, DC, May 18.

Massey, Douglas S., and Nancy Denton. 1993. *American Apartheid: Segregation and the Making of the Underclass*. Cambridge, MA: Harvard University Press.

Munnell, A., et al. 1996. "Mortgage Lending in Boston: Interpreting the HMDA Data." *American Economic Review* 86: 25-53.

Orr, Larry, et al. 2003. "Moving to Opportunity: Interim Impacts Evaluation." Accessed at www. wws. princeton. edu/~kling/mto/recent. html.

Raphael, Steven, and Michael Stoll. 2001. "Can Boosting Minority Car-Ownership Rates Narrow Inter-Racial Employment Gaps?" *Brookings-Wharton Papers on Urban Affairs* 2.

Ross, Stephen L., and Geoffrey B. Tootell. 2004. "Redlining, the Community Reinvestment Act, and Private Mortgage Insurance." *Journal of Urban Economics* 55 (2): 278-297.

Schuman, Howard, et al. 1997. *Racial Attitudes in America: Trends and Interpretations*, rev. ed., Cambridge, MA: Harvard University Press.

Smith, Shanna, and Cathy Cloud. 1993. "The Role of Private, Nonprofit Fair Housing Enforcement Organizations in Lending Testing." Paper presented at Discrimination and Mortgage Lending: Research and Enforcement Conference, sponsored by U. S. Department of Housing and Urban Development, Washington, DC, May 18.

Sugrue, Thomas J. 1996. *The Origins of the Urban Crisis: Race and Inequality in Postwar Detroit*. Princeton, NJ: Princeton University Press.

Teske, Paul, and Mark Schneider. 2001. "What Research Can Tell Policymakers about School Choice." *Journal of Policy Analysis and Management* 20 (4): 609-632.

城市经济学

Tootell, Geoffrey. 1996. "Mortgage Lending in Boston: Do Mortgage Lenders Discriminate against Neighborhoods?" *Quarterly Journal of Economics* 111(4): 1049-1079.

U. S. Bureau of the Census. 1995. Population Reports, PTO-53. Washington, DC: U. S. Bureau of the Census.

Yinger, John. 1995. *Closed Doors, Opportunities Lost: The Continuing Costs of Housing Discrimination*. New York: Russell Sage Foundation.

第 13 章

住房：全景图[①]

　　房屋的用途多种多样。它庇护着人们及他们的动物同伴不受寒冷及日晒雨淋；它保护人们的电视、书籍、家具、健身用品、衣服、钟表、绘画、粮食、电脑及投资成果免受天灾、野兽及坏人的危害；它屏蔽了爱管闲事的邻居；阻挡了噪音和难闻的气味；清除了屎尿，暂时存放其他垃圾；它给人们提供洗浴、洗盘子、洗衣的场所，并清除由此产生的污渍；它给孩子和家犬提供了玩耍的场所，给成年人提供了园艺、派对或健身的场所；它是病人恢复健康、储藏药品的地方；它还是邮件往来和打电话的场所；它还提供电力、天然气、自来水、有线电视、互联网和停车空间。猫可以从房屋中获得观察外界的有利位置，人也可以在下厨时从房屋中得到可用的烤箱和火炉。房子也意味着一些权利：居民在本地选举中的投票，送孩子上当地的公立学校，在市民网球场上打球、经城镇回收中心倾倒废纸和塑料、反对在他们家 200 英尺范围内规划分区。选择一处房子就是选择了相应的邻居和孩子玩伴的类型。

　　房子是一系列东西的组合：砖块和砂浆；木材和钉子；管道和水槽；炉子和空调，窗户、房门和门锁；厕所和淋浴间；电线和光纤电缆；草坪和车道；车库和花园；游泳池和秋千；烤箱和按摩浴缸等。虽不是所有的房子都有这些，但它们都可以被分别采购。

　　为什么这些特定的物品和特定的用途常常被捆绑在一起呢？回答通常是：规模报酬递增和运输成本。先想想你财产的储存。存储要用某种规格的箱子，而建造箱子的过程符合三分之二法则：存储容量每提高一倍所增加的建造成本小于原来的一倍。因此，为你所有的财产——也包括你的身躯——建造一个容器的成本要低于建造一系列容器的花

---

① 为了从本章中学习更多内容，你需要熟悉以下这些概念：逆向选择、无谓损失、外部性、道德风险、潜在的帕累托改进和次优。你还需要了解三分之二法则和规模经济。你能够在词汇表中找到所有这些术语。

费。只建一个大容器也节省了交通成本——你不必先去一个地方拿牙刷，再去另一个地方拿牙膏，然后到第三个地方洗漱，等等。徒步的交通——尤其是大半夜赤着脚的时候——是高代价的行为，因此你的目的地越是集中在同样一个大容器里就越好。由于节省了交通成本并且利用了规模报酬递增效应，因此房子就像一个微型城市。

进一步的观察可以发现，对一个人有益的东西在被两人分享时其效能将可能翻番。相比于每个人都造一个大容器，两个人合造一个更大一些的容器来储藏俩人的财物成本会更低。两个人还可以分享浴室、舒适的座椅、报纸和灶具，这些东西通常并不会一直被使用着，这样，一个人使用时的过剩产能可以无成本地让另一个人使用。水管、电话线和有线电视光缆同样如此。两个人一起住可能不会比一个人住时便宜，但是比两个人分开住的总花费要减少许多。

当然，没有理由停留在只住两个人的情形。三个、四个、五个、甚至十来个——人越多，在建筑成本和产能利用方面的节省就会越多。但是，就像城市有规模限制一样，也有一些原因使得我们没有一生都住在一个大型室内公社里。这个原因就如同城市不能无限扩张一样：早上淋浴和晚上看电视时会有一些拥堵，一个大屋顶下的通勤时间会很长。安全和隐私对住房人数的限制要比对城市人口的限制大得多。一百个人住在一个大房间里就有互相提防的理由，担忧着他们的财产如何才能保持在自己手里。即使居住的都是圣人，也存在着隐私问题：每个人至少有一些事情不希望让别人知道。还有协调问题：即使他们都很乐于助人，在你看电视前和其他 15 个人协商也会浪费大量的时间。

所以，在发达的西方社会里，一般是少于 6 个人共用一套"住宅单元"——一个有着公共设施但不能上锁的室内空间。此外，几乎所有共用住宅单元的人都被一定的真实或想象的感情相联系——他们或是恋人、配偶、兄弟姐妹，或是同一宗教的信徒——这就使得他们在一些不可避免的摩擦和隐私泄露方面的沟通更加容易，使外部性得以内部化。并不是所有的人都以这种方式生活：还有军营和精神病院，大学宿舍和寺院，生活型住宅和并非亲戚但利益分明的室友，长期住酒店的人和无家可归者。不过西方发达国家的大多数人都拥有一个他们叫做家的地方，并和少数几个人分享。

当然，并不是所有的活动都在屋子里进行，人们也不会把他们所有的财产都放在同一个大容器里。那是因为有一些规模报酬递增效应更强烈的其他活动，并且为了获得那些报酬不需要达到与分享住房同等水平的信任和情感。人们信心满满地从家里出来去工作、购物、上学、参加体育活动，他们与一大帮不必和自己在分享厨房或卧室空间方面感觉良好的人共同做这些事情。

由于住房集合了众多不同的功能，因此房子也占了世界上财富的很大一部分。2003年，美国居民的市值净财富为 34.8 万亿美元，其中房地产的价值达到 13.4 万亿美元（U. S. Bureau of Economic Analysis，2005）。2003 年，美国的房地产价值大约等于除美国之外最大的 13 个股票市场的总市值（日本、英国、德国、法国、瑞士、加拿大、中国、中国香港、意大利、澳大利亚、荷兰、中国台湾、韩国；U. S. Bureau of the Census，2004，table 1377）。对大多数美国人来说，财富就是住房。

如此一来，关于住房的公共政策的太多争论就不足为奇了。房子就像处于大城市中间的微型城市。如果微型城市太多，那么大城市就会混乱。如果大城市承担得太多，微型城市就会衰亡。很多公共政策的争论实际上是界限之争——究竟是鼓励更多的活动局限在房子里以及更多种类的活动就在室内完成，还是让更多的活动服从于市场和管理的正式协调机制。

在本章中我们将仔细思考三类政策。所有这些政策都尝试让房子这一微型城市更加独立、更加自力更生和更加自给自足。三类政策分别是房主的税收优惠，它致力于促进特定含义的产权和一般意义的住房消费；租赁法规，旨在促进房客之间的稳定和独立性；以及房贷计划，它让人们通过改变他们拥有的形式来更容易地获得属于自己的房产。

为了理解这些政策，我们必须回答两个更基础性的问题：究竟放任自流的住房市场是否会生产不足，究竟它们是否会使太多的人租房而不是买房。除非那些问题确实存在，否则制定解决这些问题的计划就毫无意义。因此，本章的前两节将专门用于讨论这些问题。然后我们将分别讨论这三类政策。

"家"不是一个道义上的中性词。我们如何表达爱，和谁分享隐私和亲密，头顶上是否有片瓦遮身——这些都是我们生活中最基本的问题。由于住房政策会影响这些问题的答案，因此几乎所有关于住房的争论都至少部分涉及伦理问题，包括其他人的生活类型以及生活价值观方面的问题。在制定政策时，即使有点多此一举，我们也必须考虑这些问题。但我们不会改变一直以来对潜在的和现实的帕累托改进的关注，也不会改变对政策的所有可能影响的审视。正是因为人们非常关心住房问题，因此我们必须对它进行仔细的分析。

Ⅰ. 住房不足吗？

有一些证据表明了增加住房消费的政策是一种潜在的帕累托改进的原因。首先，家庭内部的活动难以组织——通常无法达成明确的合同关系，因为放弃一个家庭的生理和心理成本很大，因而感情的停滞能成为一个大问题，情感常常是一种短期的冲动。这时，如果放任自由，人们又不能实现来自住房共享的所有规模经济。结果，人们更经常地独自在餐馆吃饭，更少频次地在家一起用餐，而那些最适宜在家里进行的活动也会变少。如果更多的人能够达成一致，更经常地在家一起吃饭和看电视，则每一个人的状况将会变得更好，但这种协议在达成后往往无法强制执行。当这类协议无法达成时，鼓励人们把尽可能多的时间花费在家庭里的政府政策就可能是一种潜在的帕累托改进。

孩子的抚养问题导致了鼓励住房供给政策的另一个观点。住房是抚养孩子的重要场所：它给孩子们提供了一个和家人一起吃饭的地方，一个玩耍的地方，一个舒适安全的卧室，它还是孩子存放书籍、玩具、电脑以及做家庭作业的地方。对孩子而言，在餐馆吃饭、在图书馆学习、在宾馆睡觉是不可思议的。更好、更大的住房可使孩子免受寒冷、颠簸和染病，提高他们的健康水平，童年的体弱多病通常会导致他们后天的学习能力不足和成年后的多病。

如果孩子完全是父母的财产，那么根据消费者主权观点，父母应该在孩子的养育上有适当的支出。如果孩子和立体声音响两者都仅是父母的享受对象，那么父母将有资格分配他们在两种商品之间的支出。但是孩子具有立体声音响不具备的独立性，他们是或将要成为拥有追求目标、感受疼痛、做出自己决定的能力的个体。但是，和音响一样，他们不能和父母进行科斯谈判，因此，如果孩子们承诺将根据自己被抚养的质量支付父母相应的费用，父母的抚养会比当下更好。当然，大多数父母疼爱自己的孩子，一些孩子也在后来父母年迈的时候照顾父母，但是只要有一些父母不把孩子的消费等同于他们自己的消费（或者不能完全理解孩子），或者只要孩子们对父母的承诺无法令人信服或不具有强制性，孩子就不会得到与他们应有的一样好的抚养。强制父母对孩子好一点将是一个潜在的帕累托改进。

其他人——尤其是其他的孩子——也对孩子如何被抚养感兴趣。如果你成长为一位见多识广和明智的选民，或是一个慷慨的贡献者，或者成为一个好父亲或一个有价值的朋友，你和你的父母并不是唯一的受益者；同样，如果你成为一个罪犯、一个病人或者一个在拥挤时段把车停在林肯隧道的人，你和你的父母也不是唯一的受害者。简而言之，抚养孩子具有外部性。

通常的外部性是市场无法提供足够房屋的最终原因。如果你的住房破旧、院子乱糟糟，邻居们将不会喜欢；他们或许会喜欢你的花园或巧妙设计的护篱。当然，如果只有一个或两个近邻关心这些事情，科斯定理就能够处理这些表面的冲突。但是如果大量的路人都受到了影响，就可能出现需要政府出面处理的场景。

Ⅱ. 责任不够吗？

即使人们消费了适量的住房，也有不少证据表明人们消费的方式不对：家庭拥有住房的条款中并没有激励他们去正确对待住房、邻居和社区的措施。特别地，很多人认为房屋产权的高度独立产生的激励比租赁形成的少负责任的生活方式所提供的激励要大得多。

□ A. 房屋的保养

房屋的保养有几种不同的形式。首先，房客可能没有足够的激励去保养好房子。对房主来说，如果房子在他搬出去的时候看起来陈旧不堪，他会损失一部分钱，但是对房客来说就不会。稍后将指出，这个说法有点牵强。但是如果这种说法成立，就会存在一些直接和间接的影响。

在一定程度上，如果房客忽略保养，那么会影响其他人，因此租赁是一个难题，这是直接的影响。间接的影响是，因为房客的无激励问题使得做房东成为一个更为困难的职业，因此房东越来越少，他们的投资也越来越少，结果房屋供应量会小于应有的水平。至少有一些实际证据能够证明这个相当长的推理链中的一个环节。王等人（Wang et al.，1991）发现，圣安东尼奥地区出租房的价值比同类自有产权房产的价值低 3.7%。

□ B. 居住的稳定

关于房屋产权维护的另一个论据来源于稳定居住的价值。在各个年龄群体中，一个租房户住在其当前租住地的平均年数是同类拥有房产的家庭可比较的居住年数的一半（Caplin et al.，1997，p. 10）。为什么？因为对房主来说搬家的成本更高。买一栋住房的成本包括房贷的支出、保险费、首付和律师费等，而出售一栋房子则只需要向房地产代理及经纪人支付佣金。迪帕斯奎尔和惠顿（DiPasquale and Wheaton，1996）估计，购买和销售一栋住房的总成本占房子价值的 6%～9%。除此之外，还有搬家成本，例如搜寻房源的成本以及当你打算卖房时每个周末都有陌生人穿梭于卧室的代价。相比之下，房客的搬家成本则小得多。

一个家庭的搬家还会打扰到其他人的生活。搬走的家庭迫使他们以前的邻居结识新的住户并适应新的生活。事实上，以前的邻居可能会失去有价值的朋友。搬家者自身并不能感知这些成本（搬家者也会失去老朋友，但是这种损失已经在他们决定搬家时被考虑到了）。类似的，一个家庭中的儿童从稳定性中所得的好处要比成年人多，因此，某种程度上家庭在决策时并没有充分考虑儿童的福利，搬家可能过于频繁。孩子们通常花在社区和社区学校里的时间要比成人多。搬家的时候父母一般不会更换工作，但孩子通常要换学校；成人能够经常和老朋友保持联系，但孩子们就很难做到。因此，不鼓励搬家可能是一种潜在的帕累托改进。实证性证据再次支持了这个论点，王等人（Wang et al.，1991）发现，被至少两个出租房包围会使得自有产权的房产价值降低约 2 个百分点。

然而，尽管有实证性证据的支持，但是在提高稳定性的价值方面仍有三点值得怀疑。首先，至少从社会层面来看，邻里之间或许是令人困惑的因果关系。有些人就是比别人更自由自在——他们没有孩子或者不是特别想要孩子，他们渴望刺激和冒险，他们很容易交到新朋友或并不在乎有多少朋友。由于搬家有成本，这些自由自在的人自然宁可租房而不是自己买房。因此，房客和房东之间的稳定性差异更多地反映偏好的不同而不是机会的不同；增加房屋的拥有权只会带来差异性，不太会提高稳定性。

进一步的，如果这种自由自在的人格特性给人以他们是坏邻居的感觉——例如，大叫大嚷，长时间的派对——此时在这些人中间增加购房者总体上并不会使人们印象中的坏邻居减少多少。这只意味着坏邻居由租房变为自己拥有住房而已。

房东的行为是质疑将稳定的重要性作为推动住房购买的理由的第二个原因。如果住房的稳定性确实能提供可观的外部利益，房东尤其是大房东，将会比现在更加积极地提高稳定性。他们既有激励又有措施，大型地产和房产分离的公寓的管委会也是如此。如果稳定性有利于邻居，并且邻居主要是同一个单元或同一个共有权公寓的居民，那么房主或共有权房主就会从稳定性中受益，也将愿意为此付钱。房主可以通过向房客收取较低的租金但要求较长的租期来为稳定性埋单。实证调查（例如，Guasch Marshall，1987）表明，房东确实会给长期租客一些优惠，但是折扣很小。如果期冀从稳定性中获益的房东都不愿为此付出太多，就应该问问政府是否愿意为了居住的稳定性而支出更多。

最后一个质疑稳定性的理由是居民和投票之间的关系。代言任何一个区域的政府官员都是由该区域现有的居民选举出来的。政府官员知道那些居民至少给他们投了一次票，而不知道将来有多少新居民会投票。如果他们想继续任职，那么他们最好维护选民的利益，让选他们的选民留下来而不能让陌生人闯入。因此，政府官员提升稳定性的兴趣比社会作为一个整体提升稳定性的兴趣要大（因为现职政府官员从保持职位中获得的收益被那些想替代他们的人的损失所抵消）。当有人赞成对自己有利的事情时，质疑就会一直存在。

□ C. 与社区的关系

这种观点的主张是，拥有住房使你在社区和社会中拥有了利害关系。这会让你更加愿意加入为了提高或者保护社区或社会而做的共同努力。当你拥有一个家之后，你就会有一些要失去的东西，也有一些要保护的东西。例如，在开放型城市模型中，房客并不会从城市变得更具吸引力中获益，也不会因城市的吸引力下降而遭受损失。因此他们没有理由要加入吉瓦尼斯俱乐部*，或是加入一个社区艺术团，或积极地为努力提高社区整体福利的候选人投票。

□ D. 对孩子的关心

孩子是很多社区激进主义关注的焦点。优质的学校、操场和小职业棒球联盟需要大量正式和非正式的志愿者服务，这类项目的良好运行需要数量稳定的志愿者队伍。同样，孩子从居住稳定中的获益比成人要多。上述两方面的原因都表明，买房比租房更有利于孩子的成长。不过孩子的利益可能不会在家庭决议中受到重视，以至于购买住房的家庭还太少。

实证性证据支持这一观点。格林和怀特（Green and White，1997）发现，相比租房家庭的孩子，自家拥有房产的孩子更不容易辍学或者变成少女妈妈。阿伦森（Aaronson，2000），波姆和斯考曼（Boehm and Schottman，1999），豪林、帕斯尔和豪林（Haurin，Parcel and Haurin，2000），以及哈克尼斯和纽曼（Harkness and Newman，2002）得出了相同的结论。不过，这一系列新兴的研究还没有厘清房屋产权有利于孩子们成长的原因。稳定性确实发挥了作用，但是更大的房子和房主拥有的屋后花园所起的作用还没有被完全分析清楚，产权本身应该不是最终的原因。

□ E. 资本市场的问题

大多数人需要借钱买一栋房子，但是几乎没有人需要借钱去租一个用于居住的单元房。由于贷款人有理由担心能否收回借款，因此资本市场并不能完美运行。即使在保证按时还款（至少在运气好的时候）的前提下那些贷款将是帕累托改进，很多时候人们也无法获得贷款。基于这个原因，房屋产权还是太稀缺了。

但当我们不假思索接受这种论点时要小心一点，因为它仅适用于当购房成为资本市场抑制的唯一活动之时。事实上，人们会因为诸多原因而寻求贷款——开始做或扩大一项生意，得到接受教育的机会，出发去度假或购买一条船——所有这些其他贷款都受到资本市场不完善机制的限制。因为可以用房子作抵押，所以贷款买房比借贷用于其他用途更容易。这时，当贷款一方面有助于人们在租房和买房之间做出更好的选择，另一方面也强迫人们在买房还是买船上做出不明智的选择之时，它让拥有房屋产权变得更容易。（类似于因汽车出行被控制了票价而降低地铁的收费，这是一个次优问题。回顾一下第5章，如果地铁收费被设定在边际成本以下，与被控制票价的汽车出行的比例相

---

* 美国工商业人士的一个俱乐部。——译者注

同，人们出行时确实会在地铁和汽车之间做出合理的选择，不过会有太多的出行总量。补贴购房以抵消资本市场不完善的影响，可能会让人们在购房和租房之间做出正确选择，但是相对于庞大的消费开支，这可能导致对住房的过度投资。）人们尚不明确在此情况下促进购房是否一直是一个潜在的帕累托改进。

因此，我们有一些理由认为也许政府应该鼓励人们较以往增加在住房上的支出，或至少改变他们的补贴方法。由于很多项目的设计初衷就是为了达到这些目的，因此这是令人欣慰的消息：确实有一种疾病可能由医生开的处方药所治愈。但是我们既没有看到疾病正在困扰着我们所关心的病人，也没有看到在用药的情况下药物对疾病发挥了作用，也没有看到其他疗效更好的药物。为了回答这些问题，我们必须更详细地考察现实的政策以及它们的影响。

Ⅲ．所得税

联邦所得税是美国主要的购房政策。如果住房被作为类似于其他大型耐用品看待，如今的所得税法鼓励大众尤其是富人购买并持有比以往更多的房产。

□ A．税收法案如何鼓励自用住房

税收法的四项条款鼓励对自住房的支出：对自住房屋所供贡献的应计收益进行征税豁免；州和地方财产税的扣除；几乎全部豁免房产的资本所得税；对家庭式服务应计收益的税收豁免。

理解这些的条款的关键是理解**应计收益**。应计收益就是不以现金形式表现的所得的价值，因此也不会体现在薪金支票中。例如，如果你的堂兄拥有一个餐馆，并且每周四让你免费用餐，那么你所吃的食物的价值就是你的应计收益。这是因为对你而言，你堂兄免费让你吃价值 100 美元的食物和先给你 100 美元然后按正常价格收取餐费的效果是一样的。

类似的，如果你拥有那家餐馆，并且每周四在那里免费用餐，用餐的价值仍然是你的应计收益。你也可以攫取更高的利润或支付自己更高的工资来支付饭钱，这些没有什么不同之处。

对于住房而言，相应的应计收益就是你从拥有并住着的房子中获得的服务的价值。如果你拥有并自住着一套市场每月租金 2 000 美元的住房，那么你从该房获得的应计收益就是每个月 2 000 美元。你也可以每月做自己的房东收取自己 2 000 美元，两者并没有什么不同。

1．房产权应计收益的（税收）豁免

想象有一位投资者可以选择投资债券和投资自用的房产，两者的花费都是 100 000 美元。债券的利息收入需要缴税，同时投资者将花钱租一套公寓居住。假定债券支付了 10% 的利息，投资者需要交纳其利息收入的 30% 作为税收（按净收益）。如果她购买了证券，其税后收入是 7 000 美元，她可以用这笔钱租房子住或做任何她喜欢的事。

另一方面，她也可以把这笔原本用于购买债券的 100 000 美元转而用于购买房子。

这样她的投资中没有任何可缴税的收入。她会怎么做呢？从本质上来说，她面临的选择是买一套房子居住还是每年获得 7 000 美元的收入。如果她认为自有住房贡献的价值超过7 000 美元/年，就会购买住房；反之，她会购买债券。

不过这一决策规则启动了一个帕累托改进的可能性，因为债券创造每年 10 000 美元的利息。假定她认为住房的贡献每年值 8 000 美元。那么她会买房，而不用交税。但是，如果政府不对债券利息征税，那么她可以选择买债券，这样每年有 10 000 美元的收入。她的境况就会变得更好了，而政府也没有变得更糟糕，因为在两种情况下政府都没有获得任何收入。

另一种替代方式是，政府可以将那栋房子贡献的价值（她拥有那套房子的应计收益）视作为收入的一部分而征税。那么当且仅当房子对她的价值超过每年 10 000 美元时，她才会决定买房子——对她而言，这是正确、可用的决策规则。其他任何规则都存在帕累托改进。对应计收益免税会导致无谓损失。

这种情况开始于投资者有 100 000 美元的现金。不过大多数人不得不借钱——一笔房贷——买一栋房子。即使在借贷的情况下，对债券利息的免税和对房产应计收益的征税的论点也有同样的结果。

为了讨论这种情况，假设我们的投资者开始时没有任何现金，为了买房，她必须借100 000 美元。由于借款的利息支付是每年 10 000 美元，因此她必须每年向借钱给她买房的人支付 10 000 美元的借款利息。在现行税法下这 10 000 美元的应纳税所得的应纳税款是可以用于抵扣的——这称为房贷利息抵扣——这让她每年少缴 3 000 美元的税款（假设她还有其他收入并且有足够的应纳税款可供抵扣）。因此，当且仅当房子对她贡献的价值每年超过 7 000 美元时她才会买房。但是如果房子对她而言所贡献的价值仅仅值一年 8 000 美元，如果她什么都不做而政府一年支付她 2 000 美元，那么每个人的境况都会变得更好。政府的境况变得更好是因为仅仅失去 2 000 美元而不是 3 000 美元，而她的境况之所以变得更好是因为她会得到 2 000 美元，而不是花 7 000 美元购买价值8 000 美元的用途。

此例中对她来自于房子的应计收益征税可能是一个潜在的帕累托改进。如果她的应计收益可征税，而房子对她而言的全年贡献的价值不到 10 000 美元，她的账面上就会出现亏损（等于利息支付和应计收益的差值）。虽然房贷抵扣意味着她的损失能够被税收（联邦政府收取 30%）减免部分地抵消，但仍没有理由让她遭受损失。因此，当且仅当房子的价值对她而言超过 10 000 美元时她才会买房——再次应验了正确的规则。

注意，尽管普遍认为房贷利息抵扣是对房屋产权的主要补贴，但我并不认为房贷利息抵扣是问题所在。第一个例子表明，即使对应计收益免税，用现金支付的人们仍然可能有错误的激励。关注房贷收入抵扣可以发现我们关于联邦所得税政策对自用住房的补贴力度存在错误认识。尤其是 1986 年税收法规变更之后，很多房主不公开房贷利息抵扣，因为他们的借款不够多，或者他们住房的价值较低，或者因为他们其他的减免比较少从而采用标准减免比逐项减免要好。20 世纪 90 年代早期，只有 40% 的家庭采用家庭房贷抵扣，即使在这些采用家庭房贷抵扣的人中，也有很多人没有得到房贷抵扣的全部优惠，因为他们没有充足的其他抵扣项（如果标准抵扣额是 5 000 美元，而你其他的抵扣额只有 1 000 美元，那么 10 000 美元的房贷收入应纳税额抵扣就只有 6 000 美元，而不是全部的 10 000 美元)。

福兰、凌和麦吉尔 (Follain, Ling and McGill, 1993) 估算，如果对应计收益征税并且方式同其他收入税一样，那么 1989 年纳税人将多交 1 090 亿美元的税；这一数额被称为税收支出。2002 年对房贷利息抵扣的税收支出是 640 亿美元；如果保持和 1989 年相同的比例，那么每年因为应计收益免税造成的税收支出将达到 2 150 亿美元 (U. S. Bureau of the Census, 2002b)。如果未来边际所得税率下降，这个数值可能会有所下降。

2. 财产税的减免

州和地方财产税的减免类似于房贷利息扣除：如果对应计收益征税，这实在算不上什么优惠待遇。如果把自用房家庭看作将房子租给了自己——即应计收益税收的征收对象——那么他们就像其他房东一样，应该可以减免所有正常的业务开支，包括财产税和房贷利息。但是如果把房子看成纯粹的消费品，就像一片面包或一张马戏票那样，那么减免你这方面开销的消费税就没那么名正言顺了，因为无法扣除马戏票的消费税。结果就是，相对于把住房和马戏票视为同等消费品的情况，人们购买了过量的住房但只有少量的马戏票。因此这种对房主的优惠进一步加剧了由应计收益问题引起的扭曲。

3. 资本收益的豁免

最后一个普遍引用的税收优惠是对自用房中的资本所得税的实质性减免。资本收益是因你所持有商品的价格上涨而获得的收益。如果你拥有的股票价值从 20 000 美元涨到了 30 000 美元，那么你可以花费 10 000 美元即兴度假，而拥有的财富仍和股票价格上涨前一样。通常，你必须为股票以及其他大多数财产的资本收益缴税（因为只有当股票交易真实发生而不是价值上涨时才缴税，所以对资本收益的征税方式不同于其他各种收入）。对自用房来说，资本收益几乎不用缴税。因此，尽管人们认为房子的实际升值速度比不上股票，人们还是更喜欢投资房子，因为当不用缴纳资本所得税时，还是买房的收益要好些。

这种针对住房的税收优惠在通货膨胀时显得更有价值。当一切价格都在上涨时，拥有一套住房便显得尤为实惠：住房的收益不征税，并且当通胀推高了贷款利率时，房贷利率抵扣和应计收益免税使得政府承担了大部分的价格上涨。即使在非通胀时期，资本收益减免也是一笔相当大的税收支出，尽管其金额不能与应计收益减免的金额同日而语：2000 年的估计值是 200 亿美元。

4. 无报酬劳动的应计收益

还有另外一条税收法规的条款也鼓励人们购房而不是用于他处：对配偶劳动应计收益的减免。你不必为自己或配偶所做的家务劳动缴税，尽管你认为这些工作有价值。如果你住在一个公寓里，管理员负责清扫公寓的积雪，那么联邦政府会对大楼管理员的铲雪收入征税。但是如果你拥有一套房子并且自己动手铲雪，则你劳动的整个价值就不用缴税。

类似的，如果你雇佣了一个男管家，那么他必须为你支付给他的所有工资纳税。但是如果你嫁给了他，并且他仍然作你的管家，他就不会为你给的津贴、房间和伙食缴税，而你也不必为从他那里获得的服务的价值纳税（尽管结婚允许你放弃雇佣一个普通的男管家，并且作为替代把钱花在其他地方）。

这和住房有什么关系呢？人们通常并不会为了少纳税而随随便便地和他们的商业伙伴结婚；我几乎没听说为了省那么一点补牙税而和牙医结婚的人。该过程还表现为另外一种方式：人们会像配偶所做的那样互相为对方做更多的事情，因为这些劳动都是免税的。这会影响住房的供求，因为此类活动大多数是住房的互补品。

抚养孩子是符合这些描述的主要活动，并且通常妻子而不是丈夫承担了大部分家务。如果家庭必须为自己抚养孩子所花费的时间支付相应的工资和税款（而不是他们现在付给自己的无需缴税的薪水），那么抚养孩子的花费可能更高。这样人们在抚养孩子上投入的精力就会变少，而把更多的精力放在补牙以及其他活动上。他们也可能改变抚养孩子的方式——较少地使用自己的时间（因为这对他们而言太过昂贵）而更多地购买类似于保姆、日常护理和玩具的服务。大房子和漂亮的院子可以帮助你抚养你的孩子，从这个意义来说，房子是抚养孩子的辅助工具，如果你打算所有的时间都待在牙医办公室，而让你的孩子每周在托儿所待 150 个小时，那么一间精巧的工作室可能很适合你。由于使用大房子和漂亮花园所投入的劳动不用缴税，所得税法规再一次鼓励人们购买更多房产。

5. 资产的保护

尽管医疗救助规则不属于所得税法规的一部分，但其通过保护人们免遭资产公开而间接地鼓励人们投资房产。

假如你年迈并且需要家庭护理，如果此时你已经用尽了所有资产，那么联邦政府会根据医疗救助规则为你支付相应的费用。2003 年家庭护理每月的花费大约是 8 000 美元，所以大多数没有房子的人会用尽所有的积蓄，住进养老院依靠医疗救助。但是如果你拥有一套房子，并且老伴或孩子住在里面，那么房子仍然受保护——老伴和孩子可以继续住在那里并且可以继承房产，甚至医疗救助仍然会支付家庭护理的全部费用。

因此，如果你很可能需要医疗救助并且有配偶或孩子，那么对你而言，投资住房比投资其他资产更为有利。如果你把房子卖了 200 000 美元并用来投资股票或者债券，然后搬到公寓里，那么你年老之后将不得不搬进养老院，并且政府会间接地拿走 200 000 美元，到时你的继承人将一无所得。但是如果你保留住房然后直接去养老院，你的继承人将会得到 200 000 美元。云（Yun，2003）的实证研究表明，医疗救助实际上鼓励了此种类型的投资决策。

（在很多州，破产法起到类似的作用，但它们的影响可能不同。如果你破产了，你的债权人将拥有你所有的股票和债券以及其他不动产，但他们不能强制你搬出住房。所以你在房产上投资的钱越多，那么破产之后你能够保留的财产也就越多。很多州规定了能够在破产中享受保护的房产的价值上限，不过一些面积较大的州有很高的上限或者干脆就没有上限。但是这种破产后的保护可能让借方更不愿意接受房子作为抵押品，因此也可能不会增加自用住房的数量。）

6. 总结

尽管美国的法规中大部分的税收优惠都是针对自用住房，但也有少数针对出租屋（很多针对出租屋的条款在 1986 年税法修订时被删除）。那些最重要的税收优惠都在加速贬值，其中一些条款和被动损失有关，还有一些条款为低收入者居住的公寓提供担保。作为税收支出，这些条款的总价值大约为 120 亿美元。尽管出租屋的市场小于自用住房市场（自用住房的数量是出租屋数量的两倍，但自用住房的价值是出租屋价值的三倍多），但是针对自用住房的税收优惠还是要大得多。

总之，这些优惠意味着住房的税前回报率应该比其他资产低。（此处回报率是指所有股息或利息和资本收益之和。）我们没有任何关于边际回报率的直接数据，但是经济学家已经计算出了住房和其他资产的长期平均回报率。泰勒（Taylor，1998）研究发现，1960—1995年间，房产的年均回报率约为5%，而1975—1995年间非住房固定资产的回报率为13%，高中和大学教育的回报率分别为11%和8.5%左右。米尔斯（Mills，1989）对1985年之前的情况进行的研究也得出了类似的结果。如果将这些平均值作为边际值，那么从13.4万亿住房投资中拿出1万亿美元投资非住房固定资产，则美国每年的国民收入会增加400亿~800亿美元。

然而，如果10年后边际所得税下降，资本所得税和股息税大幅度减小，那么市场扭曲的程度可能会变小（以及与此有关的自用住房的相对价值）。

□ B. 影响

1. 对更好的住房的影响

这些税收优惠的影响是什么呢？第二次世界大战以来，当所得税第一次变得重要起来的时候，美国住房的存量开始增长并得到极大改善。1940年，45.3%的房屋单元缺乏完整的管道设施（冷、热水管，一个浴缸或一套淋浴设备，以及一个抽水马桶）；1990年，只有1.1%的房屋单元缺乏完整的管道设施。1940年，20.2%的家庭的住房比较拥挤，每间房居住的人数在2人以上；到1990年，只有4.9%的家庭的住房比较拥挤（U. S. Bureau of the Census，1999）。

到1999年，全美大部分的住房条件都很好。在居住一年左右的单元房中，81%有门廊、平顶屋、阳台或天井；32%拥有壁炉；30%拥有两个或两个以上的客厅或娱乐室，42%有两个或两个以上完整的浴室；53%有中央空调。自用住房的条件则更为优越：89%有门廊、平顶屋、阳台或天井；43%有可用的壁炉；41%拥有两个或两个以上的客厅或娱乐室；54%有两个或两个以上完整的浴室；60%有中央空调（U. S. Bureau of the Census，2001，tables 963，954；U. S. Bureau of the Census，2001a）。

美国居民的住房条件比其他富裕国家的大多数居民的住房条件都要好。美国中心城市居民的平均住房面积为496平方英尺，郊区居民的平均住房面积为570平方英尺。马德里的人均住房面积为260平方英尺，而东京的人均住房面积只有150平方英尺（Glaeser and Kahn，2003）。

新建的私人独栋住房的质量更高。在1999年建成的房子中，93%拥有两个或两个以上的浴室，62%拥有壁炉，84%有中央空调，34%有四个以上的卧室，51%的住房面积超过2 000平方英尺（U. S. Bureau of the Census，2001，table 938）。显然，所得税优惠并不是房屋存量的大幅且持续增长的唯一原因——收入增长、交通改善，以及诸如空调和电视的发明都有贡献——但税收优惠确实起到了作用。

2. 对市域扩张的影响

税收优惠对美国城市的分散化和密度降低也有贡献。这已通过几种不同的途径得以实现。

最明显的是对持有住宅土地的直接补贴。土地是你购买房产时的一部分，土地的租赁价值以及出自那块土地的资本收益都不用缴税，并且如果你将来进了养老院，土地还受到保护。因此，相对于其他商品，人们购买了过量的土地。因为人们购买了大量的土地，都市区的面积就变得越来越大而相应的城市密度就越来越小。福伊特和乔克（Voith and Gyourko，1998）推测，这种效应可能会减少城市密度，不过上限是15％。

不甚明显的是对汽车使用的补贴。我们和税法条款都把住房看作人类和汽车的住所。1999年时大多数自用住房都有车库或车棚（73％），另外还有24％的住房有街边临时停车位（U. S. Bureau of the Census，2002a）。自用住房从这些停车设施处获得的应计收益是不用交税的。这种税收优惠降低了拥有和驾驶一辆汽车——或多辆汽车的成本：自用住房中大概有60％的家庭拥有多于一辆的交通工具。如同我们在第3章和第4章所看到的那样，由于驾驶一辆车的实际成本小于社会边际成本，一旦你拥有一辆车，你就会忍不住过多地开它。因此，通过鼓励自用住房家庭拥有更多的车，税收条款实际上促进了城市的分散化趋势和有害于社会的驾驶行为。这个鼓励还不算小：粗略估计每年在车库和停车位的税收支出多于110亿美元，详见专栏13A。考虑这个因素，美国1999年包括公交和地铁的客运交通的总支出达205亿美元（U. S. Bureau of the Census，2001，table 1104）。

专栏 13A

车库补贴

根据1999年《美国住房调查》，4 990万自用住房家庭拥有车库或车棚，1 640万自用住房家庭拥有街边停车位（U. S. Bureau of the Census，2002a）。假定车库一年的花费为1 000美元，街边停车位每年的花费为500美元，我们可以估算出一年的应计收益约为581亿美元。如果边际税率为20％，这意味着每年116亿美元的税收支出。注意，这个数值可能被低估，因为它假定每个家庭只有一个停车位；实际上，大多数家庭都有不止一辆汽车。

当然，如果税收法规能够用最好的可能方法纠正实际问题，那么税收法规所助长的任何城市扩张将可以避免。我们已经注意到处于放任自由状态的住房市场的帕累托无效的几种原因。关于税收法规是否鼓励了过度的市域扩张这一问题，可以归结为税收法规是否在尽可能用最好的方式来纠正这些问题。

3. 更好或者更糟的家庭规模？

我注意到的一个问题是人们很难协商并落实生活在一起以享受住房的规模经济效益的协议，以致家庭规模太小了。然而，房主的税收优惠并不局限于家庭的大小。2000年，22.4％的自用住房家庭只有1口人，显然从这些家庭获得的税收优惠来看，并没有刻意排斥小家庭。一般来说，一个使得购房更为便宜的税收法规鼓励小家庭，而不是排斥它。和其他人一起生活的成本是隐私和自由的损失，好处是节省了花在住房上的钱。降低住房价格只能减少和他人一起居住的收益，而不会降低成本。因此，它加剧了小家庭的矛盾。1940—2000年间，只有一个人的小家庭比例从7.7％上升到25.8％（Woodward and Damon，2001）。当然，自己住是一种奢侈，因此收入的增加也是这一比例增加的原因。

另一方面，美国的税收法规并不是真正地对住房进行全方位补贴。租房者只得到了很少的补贴，而房子越大、财富越多的人得到的补贴越多。从某种程度上来说，税收法规降低了大家庭喜欢的住房类型的价格，它鼓励较大的家庭——一群人住在一起得到的补贴比分开住时得到的补贴大得多。

此外，对配偶服务应计收益的税收豁免也是一种激励人们结婚分享住房的手段。（我们并不能确定是区别对待的影响更大还是整体降价的影响更大。）

因此，税收法规可能会鼓励大家庭的形成，也可能不会。如果大家庭是住房政策的主要目标，那么尝试不同的方法可能效果更好，例如对单人住房的应计收益收税，或者随着家庭规模的增加逐渐减少应计收益的征税比例。

4. 为孩子们提供了更好的生活吗？

如果任由住房市场自由运作，则孩子的抚养可能会被一定程度地忽略。无论从理论上还是从实践上来说，税收优惠的好处都是显而易见的。无论是在家还是在外，拥有属于自己的空间都有利于孩子的成长，而税收法规让父母可以更轻松地为孩子提供这个空间。学校对孩子也很有帮助，而地方财产税的减免让孩子可以更容易地到更好的学校上学。除此之外，税收法规鼓励所有权，所有权可以促进稳定性，而稳定性则有利于孩子的发展。对配偶劳动应计收益的税收豁免也促进了对子女的养育活动。总之，税收法规是对可能发生的孩子抚养无效率问题的一个有益补充。

不过，你一定还会问，这些好处能否以更低的成本和适当的数量来提供呢。仅有三分之一的自用住房家庭和孩子住在一起（租房家庭中和孩子一起居住的比例大概也是如此）（U. S. Bureau of the Census，2002a）。即使是和孩子一起住的自用住房家庭也有很多与住房相关但与孩子福利关系不大的支出（例如，壁炉和大理石浴室装置）——但税收法规对这些支出的补贴力度与对那些直接有利于孩子福利的支出的补贴力度相同。一个税收法规如果限制对有孩子家庭的住房优惠，并且排除如壁炉和大理石浴室装置之类的物品，那么相比于现行的法规，它将能大幅降低抚养孩子的成本并提高效率。

5. 更好的社区？

能被察觉的税收优惠是传统的外部性问题。邻里也许会从额外的住房消费中获益。这些外部性不仅仅影响一两个近邻；在没有外部干扰的情况下，科斯定理可以解决这些问题。税收法规致力于解决的外部性不会明显影响社区的"健康、安全、福利或道德水平"。市政的用词——分区、健康以及住房——都是为解决那些问题而设计的。例如，在美国每一个人口稠密的地区，都要求装有室内管道，房东的税收优惠对改善此类设施帮助甚微。

那么税收法规如何缓和外部性问题呢？通过鼓励夫妻白天待在家里，税收法规可能让邻居们感到更安全或至少更舒适——有邻居在家会方便很多，这样 UPS（美国联合包裹服务公司）就可以把包裹丢下来。从某种程度上来说，人们愿意待在家里是因为家里有大大的后院以及家庭娱乐中心，税收法规可能会降低拥堵、空气污染以及传染病的蔓延。

但是所有这些目标也都可能通过其他途径来实现，并且可能更便宜、更高效。例如，可以通过给予零散的工作（更好的道路和交通定价也可以达到这一目的）或远程办公的人少量的税收减免来鼓励人们白天待在社区。交通拥堵和空气污染可以直接解决（第 3 章和第 4 章详细地讨论了这类问题）。为了提高稳定性，对搬家征税可能比现行的税收优惠效果更好：它将不鼓励房客和房东搬家，它不需要那些要搬家的人在搬家过程中消耗实际资源。

税收法规也有可能会加剧一些负外部性。前面已经提到它会加剧城市的扩张。一些过往的路人可能看到高楼大厦很享受，但其他人可能会觉得一片树林更有吸引力。有些人会认为房子之间距离越近，社区可能就越安全和和谐。也许解决邻里房子的外部性的最佳方法就是把他们置于共同拥有权之下，这样共同拥有就把外部性内部化了。我们经常看到这样的安排：即所谓的租房。

6. 更好的人？

另一个关于房主税收优惠的观点是它赋予了人们在社区中的利益关系。其他机制的存在赋予了人们在社会中的利益关系——例如股权。类似于统一税、消费税和增值税的观点是主张免除所有资本收益，因此支持者主张鼓励全民节约而不是对个别家庭特殊对待。这些改革可以赋予人们拥有资产的社会利益关系，而不是扭曲人们在住房和其他资产之间的选择。

在当地社区中的利益关系也可以通过其他方式来实现。社区可以征收亨利·乔治型的土地税，然后在任何他们选择的群体（例如选民）中分配收益或损失，因此这个群体就成为利益相关者。

更为一般的情况是，并不是拥有砖、砂浆、木材和管道才赋予了你在一个社区或一个社团的利益关系，而是被以小于完全弹性的方式提供的任何资产的所有权让你拥有了这种利益关系。如果你是一个偏僻小镇上唯一的钢琴老师，那么你的收入将取决于小镇的财富，而不是你为住房付出的努力。如果你在一个自己喜欢并且不得不离开时会感到很难过的地方租了一间公寓，并且你愿意为此公寓支付比其他任何地方更高的价格，只要对你而言社区的改善价值高于任何与你竞租这间公寓的人，你就会从社区的任何改善中有所得。房东确实关心自己的社区，但他们不是唯一的关心者。

7. 种族差异

由于少数族裔的人相对白人而言拥有房子的可能性更小，即便拥有也是比较廉价的房子，因此即使在收入恒定的情况下，房主税收优惠的受众也主要是白人。其中一些差异是由于房贷银行和地产经纪人的歧视而造成的。此外，艾伦（Ellen，2000）发现，一个一体化的社区里租房户越多，这个小区就越有可能持续地一体化。

减少或消除房主的税收优惠就如同两个已经被提出来以减少种族差距的不同项目一样。首先，消除或减少房主税收优惠的效果如同一个可以使混居社区更稳定的混居平衡项目。其次，由于净效益将不成比例地流向那些社区，它的效果将和一个让少数族裔社区相对更有吸引力的项目类似。我们在第12章曾看到，在封闭型城市模型中，这些项目增加了少数族裔的福利。因此，消除或减少房主税收优惠将比任何已知的、努力改善少数族裔社区的项目都更有效（考虑到优惠的规模）且更有力度。

Ⅳ. 租用及租赁的监管

我们已经看到，所得税法规被用于鼓励房主留下来并关心他们的社区。绝大多数关于出租屋的政府项目也有同样的目的。不过这些举措大都运作在州政府或地方政府层面，而不是在国家的层面上。

□ A. 租赁法

政府试图提高房客之间的稳定性以及给予他们社区中的利益的主要方式是通过法律来管理租契和收回出租屋。在大多数地区，一位房客租用公寓达到一定时间之后——一般为几周或几个月——就必须签订租契。一份租契是房东和房客签订的为期一年或更久的合同。在租契有效期内，房东不得提高租金或驱逐房客，除非他能向法院举证房客的恶劣行为。对房客而言，即使她搬了家或者因为不再喜欢该公寓或意识到房东对自己收取的房租太高而决定搬家，房客也必须按照租契的条款支付房租。房客唯一合法的可以不支付房租的办法是举证房东的恶劣行为——例如，拒不供暖或不提供一些必要的修葺工作。租契还为房客和房东之间的互动设定了一些基本的规则——例如，房东必须遵守相应的规则才能进入公寓。

因此，租契要求房客成为"小房东"。他们和房东一样，有一定权限掌控自己的家。在租契的有效期内，他们和社区存在利益关系——如果社区的条件改善了，他们完全可以享受这些好处而不用多交房租；如果社区条件变差了，他们将承受所有冲击而没有关于房租的任何减免。而且，在租契的有效期内，房客有很大的迁移成本（虽然房东起诉违约的房客并不经常成功，但他们有权利占有房客缴纳的保证金以及任何留下的家具）。租赁法没有将房客变得像房东那样稳定，也没有将房客像房东那样和社区利益捆绑在一起，但与放任不管相比，租赁法还是使房客稳定多了。

房客和房东可以就租契的许多条款进行谈判，这点和其他任何合约并无两样，但不同的法律对协议的内容限制不同。没有哪一个州会允许租契仅持续90秒，或允许房东可以在任何自认为高兴的时候进入房客的公寓并且给自己冲一杯咖啡。

如果没有租赁法，大多数房客和房东几乎肯定会达成某种形式的长期租契（就像法律没有覆盖的商用房客现在正在做的那样）。这是因为租契尽量避免套牢问题：对房客来说搜寻并搬到新公寓的成本很大，因此在房客还没有同意付出沉没成本且搬进公寓之前，房东能够强迫房客支付更高的房租。因此，无论合约上是否写明，租赁法主要影响租契的协议内容。

租赁法的存在还有一些其他的理由。不同的房客对公寓的爱护程度以及租用的时限都不同。房东愿意将房子租给好的房客而避免租给那些可能成为坏房客的人，但是他们分辨这两类人的能力很差，因为缺少昂贵的心理测试和广泛的背景调查。

一个为防止驱逐房客行为提供有力保障的长期租契对那些有可能会成为糟糕的房客而不是一个倾向于成为好房客的人更有价值。如果没有租赁法，一个精明的房东或许会得出这样的结论：要求签订此种协议的准房客可能会成为一个糟糕的房客，因而不愿意把房子租给她。准房客完全有理由要求长期而安全的合约，但是由于害怕这种要求会对自己不利而不愿提出这些要求。与此类似，房东也不敢提供高于平均安全水平的租契来给自己创造商机，因为这些租契会吸引大量糟糕的房客。从这个角度来说，在没有担忧的情况下租赁法有助于各方达成目标。

坏房客问题会在其他方面自己暴露出来。假设租契为短期，那么坏房客很快就会暴露他们自己的本来面目，这样坏房客会在每个租契结束时自行离开或被房东赶走；他们进入准房客队伍后的境况将会变得好些：一个新房东有可能会认为他们不是省油的灯，但是老房东确实知道他们的底细。这样搜寻新的公寓的人群中坏房客的比重就变大了，因此房东就会认为这些找房大军里的新房客是坏房客的可能性很大——结果就是对所有的新房客都收取高额租金。如果房东不那么快地清除坏房客，则好房客和坏房客都能因此获益。

这里有一个外部性因素在起作用：房东本来是想将坏房客赶出去，结果使得早就在准房客队伍里的每一个寻房者的境况都变得糟糕，因为驱赶事件使得整个准房客群体在房东心目中的印象变得更差，被认为平均质量更低。由于此时科斯定理无法抵消此类外部性，因此，强制延长租契合约期的租赁法将导致一种潜在的帕累托改进。博尔施-素帕（Borsch-Supan，1986）和休伯特（Hubert，1990，1995）对此有详细的介绍。

不过，租赁法也并非完美无瑕。公寓相对自用住房而言，最大的理论进步是它们"内部化了外部性"：如果房东控制了公寓楼里的每一件事，并且也收获所有的收益和承担所有的损失，那么他的工作会很有效率，并且能把房客们相互之间的抱怨降低到一个合理的水平。虽然让房客成了"小房东"，但租赁法破坏了这种单一的控制和所有权体系。

然而，如果科斯定理适用于出租房，那么这种所有权的分割就没有多大关系。无论初始产权被如何处置，谈判会实现所有潜在的帕累托改进。如果一位房客的狗打扰到另外一位房客，被打扰的房客可以付给狗的主人一笔钱让他把狗处理掉——但这仅当把狗处理掉这件事是一种潜在的帕累托改进之时。如果一位房客想往石膏墙上扔飞镖，或把散热片当作废旧金属卖掉，那么即使租赁法赋予房客这个权利，房东也可以付钱给房客阻止他们这么做，这说明这些活动将给建筑的长期价值造成的损害超过了建筑对房客的价值。即使有人愿意前来支付比当前房客更高的房租，强有力的租契对帕累托改进也没有明显的阻碍：现房客可以转租，或者房东可以付钱让现房客离开。

但是科斯定理并不总是有效，谈判和执行有时也很困难。狗可能会打扰上百位其他房客而不是一位，他们中的任何一个人都乐意让别人来解决这个问题，也很难保证那位已经收了钱的房客不在半夜将散热片偷偷运出去卖掉。而且很多可能有坏影响的行为比这些更微妙，并且超过了任何法庭的裁决范围：房客扫除面包屑以防止害虫滋生的勤奋程度，清理烤箱里油脂的频繁程度，他们在教导自己孩子不要玩弄电梯（或其他类似的东西）时态度的认真或强硬程度。

从某种意义上来说，租赁法授予房客做出这些决策的权利，同时使得房东难以影响房客的行为，这些行为让公寓更为混乱和不如本应有的那般值钱，而公寓原本不应该如此。如果房东收取更低的租金而拥有更多的控制权，则每个人的情况都会得到改善，但租赁法阻止了这一情形。

租赁法同样促使房东在租房给有所许诺的人时更加谨慎，因为驱逐房客非常困难。房东更不愿意将房子租给带孩子的人或者有精神病史的人，或者信用卡记录不良的人——或者经常被视为不良房客的少数群体。如果没有租赁法，房东也许愿意和这些有问题的房客签订短期合约以赌一把，这样房客就会得到一个证明自己的机会。然而，类似这样的小赌注都被租赁法所禁止，因此大量的房主会选择干脆不赌，而不是下法律要求的大赌注——长期租契。

租赁法的目标能否以某种代价更小的方式来实现呢？或许可能有。例如，稳定性可以通过房租补贴——或者一个所得税减免——来得到提升，在公寓（或者社区）租的时间越长减免比例越高，同时补贴的数额也会考虑到家庭中孩子的个数和年龄。如果房客被要求购买各种与小镇或社区的总资产价值有关的有价证券，那么房客在社区中就有了长期的利益关系。若这些政策不能达到效果，租赁法也就不能被完美施行。

□ B. 租金管控

1. 什么是租金管控

大多数的司法辖区要求双方签订租契并对其内容进行规定，其中一些辖区更进一步地对多次租赁同一个公寓的行为进行了规范，这就叫做租金管控。由于租金管控的很多动机和租赁法很像，并且有时租金管控看起来像一个非常长期的租契，因此你应当把租金管控看成是租赁法中强有力的一部分。在实践中，很难把租金管控从租赁法中分离出来。

相较于租契而言，租金管控在较长的时间内禁止变更租金，并且要求房客的租房时间比其曾打算的时间更长。租金管控赋予房客在社区中的一个真正的利益关系，这样（如同房主税收优惠一样）将有可能促进全民参与。

阿诺特（Arnott，1995，p.101）估计，一些形式的租金管控（柔性的）覆盖了美国租房群体的 10%～15%，这相当于美国 3%～4% 的公寓。加拿大和欧洲的租金管控要更普遍一些。

租金管控的形式多种多样。最著名的形式就是所谓的刚性租金管控（也称为第一代租金管控）。刚性租金管控就是一个简单的租金冻结：政府禁止某些或所有的房东涨租金。这种租金管控第二次世界大战期间在美国非常流行；二战后，只有纽约城的刚性租金管控持续了数年以上。欧洲的城市——例如伦敦——保留刚性租金管控的时间比北美城市要长得多。

柔性租金管控（第二代租金管控）就有很大的不同。这类管控一般允许租金上涨，但是规定了其上限，包括了一些出租单元但不是所有出租屋，还包含在某种情况下可以解除某些单元所有租金管控的条款。大多数的柔性租金管控允许租金随着通胀自然增长，并且允许房东在特定情况下申请涨房租。这些管控一般不包括只有极少数出租单元的楼房和新建的楼房（尽管没有人能够保证几年之后这些管控不会被加诸这些楼房之上）。当公寓空置或者新的房客搬进来之后，某些司法管辖区会暂时解除对该公寓的租金管控，其他地区会在租金达到一定水平后解除管控，有的地区干脆就没有解除管控的规定（Arnott，1995，p.102）。

2. 租金管控的目标

有时候租金管控追求的目标和租赁法没有联系。这些目标的出发点一直是保持某些社区的特征（记住，这也是很多排斥性的区域规划法背后的动机）。如果一个社区因为某些原因变得更有吸引力，那么居住在那里的居民的类型也会随之改变——雅皮士会代替艺术家，学生会代替年长的公民，移民会代替本地居民，墨守成规的人会代替热衷于创新的人。当然，原始居民的消费者剩余的损失是一个真实的损失，我之前在描述稳定性时作为证据的迁移的外部性也是如此，但有时候租金管控的支持者会更近一步：他们认为，让特定的群体或特定的一批人居住在特定的地方会让公众受益，因为他们对社区文化生活的贡献，因为他们为某些产业提供了廉价劳动力，或者因为当人口具有一定的多样性时每个人的情况都会改善。

这也许是真的，但租金管控并不是实现这些目标的唯一途径。例如，针对某些居民的租金补贴可以让当前人口待在原地，就像对不具备条件的房客征税一样。这样的补贴和税收比租金管控更有针对性，他们将迫使司法管辖区明确希望保护和伤害的对象。由于从这些特定公寓楼的房客身上获益的对象是公众，因此通过税收把成本加在公众身上，而不是通过租金管控把成本加在一些房东身上的做法就是涉及公平的考虑。（1969年凯恩（Kain）生动地阐述了这一观点。）

租金管控的另一个经常被经济学家而不是被公众提及的目标是限制房东的垄断势力。讨论"房东的垄断势力"可能听起来比较可笑，因为即使在一个中等城市也有数以千计的房东以及更多的只要有机会就可以轻松参与这项生意的人。不过请记住，我们所指的公寓单元是一个捆绑了商品、服务和品质的复杂组合。没有人会租这样的"公寓单元"：他们在寻找"战前乡村公寓里的一间低矮、灯光明亮的单人卧室"，或者"离南奥兰治不远，周围有一所好学校和公园的两人卧室"，或其他类似的特别描述。即使一座城市有成百上千的公寓，也很少正好是准房客正在寻找的那一处，并且即使只是寻找一处和理想条件接近的公寓，也可能需要做大量的工作。这就是房东获得垄断势力的根源。

设想一个准房客刚刚考察了某栋公寓。为简单起见，假设该房客还没有与那栋公寓签订租房协议，下一个最优的可选择单元房为房东自住屋。那么准房客签订租房协议的社会成本就是该公寓对房东而言的自用价值。为了实现一个最优的住房分配结果，那个价值就是房东要向准房客收取的租金。不过房东会索要更高的租金。

这是为什么呢？因为存在一个让他获益更多的机会，这恰恰是准房客想要的公寓，或足够接近她理想中的房子，因而她愿意花大价钱把它租下来而不是继续寻找可租房源。当然也可能不是这样。关键之处在于通过将要求的出租价格提高一点点，房东并不会失去将房屋租给这位准房客的所有机会。因此对房东来说，对她收取的租金不超过他的公寓的价值就没有任何意义——他可以通过不理睬她或告诉她已经租出去了来达到相同的目的。如果房东没有告诉她公寓已经被租出去了，他将会提出一个高于公寓的预判价值和社会成本的租金。换句话说，房东索要的房租太高了。有时准房客会继续找房源，如果房东和房客达成一个较低的房租对两者都有利。通过降低房东索要的房租，租金管控可以实现潜在的帕累托改进。

当然，多数情况下即使一位准房客改变了主意，房东也不会自己搬进公寓去住：他会继续等待其他房客。描绘房东等待未来房客的价值，以及如何将其与房客搬进公寓的社会成本进行比较是一个非常复杂的问题，不过阿诺特和伊格瑞施（Arnott and Igarishi，2000）已经解决了这个问题。这一复杂问题的结论和简单问题的结论一样：由于房东有垄断势力，他们的要价太高（结果是空置率太高）；更低的房租是一个潜在的帕累托改进。

不过垄断势力的论点仅仅支持了温和的租金管控，因为单个房东拥有的垄断势力实在太小。降低房客搜寻成本的措施——例如大量的房产在线目录并配有详细的信息和图片——可能会有类似的效果。

3. 租金管控的劣势

租金管控也具有租契的所有缺点，并且由于时间更长、强度更大，这些缺点更加突出，这对刚性管控以及管理不当的柔性管控尤其正确。确实，美国经济学家高度一致地认为租金管控有负面影响（Alston，Kearl and Vaughan，1992）。

a. 配置不当 租金管控最基础的问题是（像租契一样）它把公寓配给了错误的人。假设 Joe Jones 正住在一间每月 400 美元租金的公寓里，并且他的支付意愿为每月不超过 500 美元，而同时 Jane Doe 愿意每月花费 800 美元在这里生活。如果 Joe Jones 搬出去，Jane Doe 搬进公寓并且每月支付给 Joe Jones 500～800 美元之间的某一个数额（如果 Joe 仍然每月付给房东 400 美元），那么俩人的情况都将有所改善，这是一个帕累托改进。如果房东将 Joe 的房租提高到 700 美元每月，变相地让他搬出去以让 Jane 搬进来，这也是一个潜在的帕累托改进：房东每个月多收入 300 美元，Jane 的状况通过每个月 100 美元而有所改善，同时 Joe 的状况通过每个月 100 美元而变差。格莱泽和卢特默（Glaeser and Luttmer，2003）指出，若从纽约城的租金管控中消除这类分配不当，将产生一个每个出租屋单元一个月 200 美元左右的潜在的帕累托改进。租金管控让房客过于稳定（当稳定性的最佳数量正好是市场将要产生的数量时）。

像通常被描写的那样，租金管控法甚至多数第二代的法律都阻碍了大多数可以实现帕累托改进的科斯谈判。租金管控超过了一个简单、无伤大雅的财产权的重新分配。

不过，并不是所有租金管控条例都会产生如此严重的错配问题。在一些闲置房管控缺失的柔性租金管控条例中，房东可以付钱给 Joe 以让其离开，然后从 Jane 那里收取更高的租金，使得错配不至于成为一个多么严重的问题。

但是闲置房的管控缺失并不能消除分配不当，因为将 Joe 赶出去而让 Jane 搬进来是一种极其冒险且昂贵的手段。在闲置房管控缺失的情况下，房东有一个激励去骚扰 Joe 以逼他离开（例如，预扣供暖费、在其厨房窗口下放一个垃圾箱、马虎应付他的维修要求或者对其态度很粗鲁），而不是付钱让他离开。由于这个激励的存在，房客会群体坚持空置房管控缺失条例应包含反骚扰条例。由于证明你没做某事比证明你做了某事要困难得多，因此，付钱让 Joe 离开并不总是一个简单轻松的事情。

分配不当问题会随着时间而越发严重。租金管控自施行日起就试图控制公寓的分配。但时间越流逝，分配结果离最优分配就越远。随着年龄的增加，人们不断寻找新的同伴、发展新的兴趣和习惯、更换工作和爱好，直到死亡。过去的租金管控与新的租金管控相比存在着更多问题。

b. 质量 租金管控削弱了房东维护建筑物和公寓的激励，与此同时却没能提高房客维护建筑物和住房的激励或能力。这出现在两个方面。

首先，考虑短期维护问题，诸如打扫走廊、定期倾倒垃圾、当房客把自己锁在外面时让他们进去以及标注信箱的详细信息——这些活动涉及的利益都在当前房客的租期之内。因此，只要目前受租金管控约束的房客能签订相对合适的协议，就算房东没有很殷勤地提供这些服务，房客也不会搬走，并且即使他们确实搬走了，其他房客也会立刻填补他们的空缺。降低这些服务的质量不会明显地损害房东的利益。因此，你能预期到房东确实会这样做。

其次，考虑诸如更换电梯、升级窗户或培训新的管理员等类的维护活动——这类活动对后来的房客和当前的房客都有益处。在刚性租金管控下，未来房客所能支付的最大租金已经由租金管控法所规定，这个金额很低以至于出租房空置几乎不会成为一个问题。由于进行这些维护工作将既不能增加未来房客将支付的租金，也不会减少房东将遭遇的空置率，所以房东没有理由去做这些事情。弗兰克纳（Frankena，1975）费了好大的周折才证明，对于一个给定质量的公寓出租单元而言，刚性租金管控可能会增加房客支付的租金。

许多柔性租金管控试图缓和这两类维护缺失问题，但它们并非总能成功。空置房管控缺失使得房东能够对未来房客收取市场可以承受的价格，因此就强制房东承担所有影响未来房客的维护决策的后果。但空置房管控缺失并不解决涉及当前房客的维护问题。

另一方面，各种"直通"和"困难"条例被设计来处理当前和未来房客的维护问题。这就允许房东提高租金以"收回"维护、维修和改造工作的成本，这就使得房东收取的租金依赖于房东的花费和记录，但这些条例不能保证房东的花费正当且方式正确。首先，房东不能报销没有记录的开销——比如，为了保证锅炉安装正确而加班到很晚，或当有一个更为合格的陌生求职者出现时放弃聘用自己的表亲作为管理者。其次，在很多条例中，房东仅能报销平常房东都会遇到的维护成本，而不是他自己碰上的维护成本。这个过程很公平，并且是一个削减文案工作的好方法，但是无法提供缩减房东自己支出的激励。最后，也是最重要的一点是，房东从改善住房条件或维护工作中得到的收入不应取决于他的成本而应取决于其给房客带来的利益的多少（按净收益）。房东是因为提供利益而不是因为花费的成本而得到激励。如果租金管理"直通"条例不返还房东一定比例的成本作为利润或管理费（或承包商的回扣），那么房东仍然不会做有利于房客利益的改进工作。如果条例确实返还房东一定比例的回扣，则房东肯定会做有利的改进。

c. 数量 租金管控也通过改变建造或遗弃公寓的激励来影响公寓的供应量。这时刚性租金管控和柔性租金管控的不同点再次得以体现。

刚性租金管控直接减少了可提供的出租房的数量。一名房东能够收取的预期房租越低，他就越不愿意盖一座新的公寓楼，而越愿意放弃一座老房子。刚性租金管控妨碍了明显的帕累托改进：如果房客能够支付更高的房租，某些房客以及房东的状况就会变得更好，否则这些住房就要被遗弃或根本不被建造，但法律不允许他们这么做。像伦敦这种有着几十年刚性租金管控约束的城市，就经常只有非常少的私人出租房还空置着。

柔性租金管控条例中有很多条款是专门为缓解住房的建造和遗弃问题而设计的。由于建造和遗弃问题目标大、明显、易于观察且容易验证，相对于更细微的维护和修理决策而言，行政规则可能在修正这些决策上的效果要更好一些。

大部分柔性租金管控条例并不顾及新的建筑，因此，在一定程度上，从不对这些新建公寓施加管控的隐含承诺就是可信的，从而允许对简单的存在于双方间的帕累托改进进行分类，这种帕累托改进是建造行为涉及刚性管控的主要困难。类似的，刚性租金上涨条款旨在阻止任何房价上涨的建筑举动，如果不这样，就会吸引一些愿意出大价钱的房客，进而保持房价的上浮。但这并不意味着柔性管控能产生新建筑和遗弃住房的正确种类和比例。它们甚至可能促进了住房的太多新建和太少遗弃。

一个小例子有助于说明建造的意义。假设在租金管控之前，某城市有 100 名房客租住着 100 套公寓。每个房客愿意一个月支付 400 美元，并且也没有其他人愿意到该城市的公寓里居住。此后，该城市变得更具吸引力，又有了 100 个准房客。新房客愿意每月支付 800 美元租一套公寓，但是老房客仍然只愿意每月支付 400 美元。即使每月租金定在 600 美元，新公寓的建造也会中断。

如果没有租金管控，原来的老房客会离开或者搬回自家的住房，新房客会搬进来并支付每月 800 美元的房租。因为没有一个尚未租到公寓的人愿意支付每月 600 美元甚至更高的房租，因此就不会建造新的公寓。另外一种情况是，假设城市在新房客到达之前制定了柔性租金管控条例，规定已有公寓的租金上限为每月 400 美元，对新建住房则没有这一租金上限。于是，将为 100 位新房客建造租金超过每月 600 美元的 100 套新公寓，因为原来的老房客不会离开。

在这个例子中，柔性租金管控意味着将要建造更多而不是更少的公寓，但都是一些将不会被建造的公寓。就腾出地方给新房客而言，支付给原房客 400 美元让其离开比支付给承包商 600 美元让其建造新公寓楼更为划算。如果不新建住房，而是新房客从老房客那里以每月 500 美元的价格转租，那么每个人的状况都会得到改善。建造并不是生活的目标。

总之，租赁法和无论刚性还是柔性的租金管控，都针对住房市场中的实际问题，它们也会带来新的问题。问题不在于它们带来的问题是否比它们解决的问题更大，而在于对它们正尝试解决的问题而言，是否有更好的解决办法。

■ Ⅴ．住房金融

在第Ⅳ节中我们看到房客在很多时候被视为"小房东"：租契给予他们稳定和保护，租赁法让租契比在其他情形下更有效力，而在某些情况下租金管控甚至进一步强化了租契的作用。纯粹租赁的极端情况——生活在房东的随心所欲之中——对大多数人来说并没有吸引力，并且也有其他的社会成本。

本节中我们将看到，另一个极端——"纯所有权"的情况也是如此。大多数房东在某些方面很像"小房客"。房东们并没有像我们在第Ⅱ节中所描述的那样，完全拥有住房和社区中的利益关系，也没有房子的完全控制权。

□ A．理解房贷

为了理解为什么房东不能并且通常也不想完全控制房子，请回顾一下我们对住房的描述：住房捆绑了暖气、门窗、屋顶、车道和入学资格。上述描述并没有提及房产权的时间维度。当考虑到时间和不确定性时，就会发现房子是一个远比你以前的想象更加庞大和复杂的集合体。拥有一套住房意味着不仅今天你可以使用暖气和车道，而且今后的 50 年你都可以使用（如果你和这些设施都仍在周边存在的话）；不管晴天还是阴天，你都成年地拥有控制权。

如果把一所房子看成一个同期事物的捆绑，那么房主在决定捆绑的具体内容时具有一定的自主权。如果你不希望浴室里有按摩浴缸或不希望在屋前的草坪上有圣母玛利亚的雕像，你大可不必去采购它们。如果房子已自带了这些，你可以把它们摆在庭院里销售或处理掉。不过，你能处理多少捆绑之物是受到限制的，而且这样做是有成本的：比如很难不要楼房的第二层而只保留第一层和第三层，也很难只买电话线某一段。这仅仅是因为捆绑对我们的住房有利——但是我们总是很难弄明白哪些应该捆绑而哪些不该捆绑。

把住房看作一个暂时的捆绑仍然是成立的。假如我在偶数分钟里使用房子，而你在奇数分钟里使用房子，但是如此分割时间捆绑会造成巨大的问题（尽管度假村里的一些公寓和酒店的分时段管理与此差别不大）。无论户型如何，拥有一套房子的吸引力就是，在将其出售之前，它可以提高你的激励并且让你在社区中拥有更大的利益关系。

不过大多数人并不希望捆绑的太多——有时只是身不由己而已。卡普林（Caplin）和其同事（1997，p. xii）发现，如果早餐市场像房地产市场那样经营，人们会在吃早饭之前购买无期限的熏肉和鸡蛋供应（权），但是如果他们发现自己更喜欢谷类，就必须花费高额佣金把过量的熏肉和鸡蛋卖掉。

由于每套房子都提供永久的住房服务，因此房子很贵。大多数人借钱才能买得起房子。人们通过房贷——一个用房子做抵押品的贷款来借钱。如果房主拖欠贷款，债权人可以强制出售房子。大多数房主都有房贷——1999 年这一比例为 63%，其中 79% 的人 2000 年才搬进房子（U. S. Bureau of the Census，2001，table 960）——因此只有少数房子被"独立明晰"地拥有。

房贷有什么样的意思呢？至少有一点，它意味着房主必须遵守被包含在房贷合同中的规定。例如，根据"耗损条例"，房主有义务保证房屋得到良好的修葺；如果房主没有做到，债权人有权要求房主立刻还清所有贷款。房主还必须为房子购买灾害险并缴纳房产税。房贷通常还对转租有所限制，但这些限制一般是非强制性的。

房贷也意味着，房主不必承担许多不良事件的全部负担，或当这些不良事件发生时，也不必承担其行为的全部后果。假设你用 120 000 美元的房贷购买了一套价值 150 000 美元的房子，两周后房子的价值跌到 100 000 美元。如果继续还贷，那么你已经损失 50 000 美元。但是你可以通过放弃房贷而将损失降低到 30 000 美元。这样你会失去房子，这是一件糟糕的事情，但同时你也会解脱了债务，这是一件很好的事情。失去房子让你损失了 100 000 美元，但是解除债务却给了你 120 000 美元。

因此，选择违约使得房贷有时成了一种保险的政策。这是针对房子价值中任何足够大的损失的保险而不仅仅是针对自然灾害导致的损失的保险。如同所有保险政策一样，这就引发了道德风险问题。如果你已经打算通过放弃房子得到保险，那么新建一间小平顶屋或者努力抵制在附近选址一个有毒垃圾填埋场就都没有意义了。如果打算很快违约，那么任由油漆剥落和白蚁毁坏走廊对你而言也就没有关系了。包含在抵押合同里的一些规定，例如耗损条例，就是为了降低这类道德风险，但并不能消除这些风险。

因此，抵押意味着你不能控制房子的任何方面；不管你做什么你都不必承担责任；无论何种情况下你都没有不可推卸的社区利益关系。对其他人而言，房贷降低了房主税收优惠试图提高的有益的外部性，对你而言，房贷则不能为良好的内部管理提供有效率的激励。这是房贷政策必须解决的问题：房贷提供的保险越多，每个房主所具有的那种稳健的独立性（理想中的产权）就越少；但是房贷提供的保险越少，愿意买房的人就会越少。

潜在的购房者需要房贷有两个原因。第一个是明显的现金流问题：很难攒存足够的钱一次性付清房款。第二个原因更微妙：房子是有风险的投资。

卡普林和其同事（Caplin et al.，1997）给出了房子具有风险的三个原因。第一，房子的价格具有波动性：如果算上营业成本，在1975—1994年间，大都市里的普通房子每五年大约贬值20％，并且由于几乎没有人愿意购买千篇一律的房子，因此你拥有某类特定房子的风险就相当大。

第二，房价和收入相关：大都市的房价上升和工资增长之间的相关系数为0.23（Caplin et al.，1997）。在你最困难的时候——当你失业、当你的工资停滞或你的工资因为其他人正在失业而下降的时候房价可能会跌。

第三，一所房子之所以是一个风险型投资是因为很难多样化。通常情况下你希望存在风险并与你的收入挂钩的资产只占投资组合的一小部分；这样，即使出现变故也不至于损失太多。"不要把所有的鸡蛋放在同一个篮子里"是财务规划中的标准建议。但对大多数人来说，房子太贵了，拥有住房和多元化投资之间不可兼得。"在所有年龄段中，将房子作为家庭主要资产（非养老金）的平均比例是很高的，在年轻家庭中的比例超过90％，而在老年家庭中的比例也在85％之上……对大多数家庭来说，房子是资产组合中唯一重要的财产"（Caplin et al.，p. 80）。

□ B. 政府如何促进房贷

由于大多数房贷由一个看起来通常私有而有竞争力的市场所提供，你可能倾向于认为此时市场一定在风险和责任之间的最优权衡态运转。这个结论并不正确。自大萧条以来，政府一直积极参与房贷市场，并且即使没有政府的参与，私人房贷市场可能也不会达到帕累托最优。出现这种情况的主要原因是逆向选择，如同在租契和租赁法的约束下，租赁市场中的逆向选择一样。任何一位比其他借款人提供更宽松的贷款条件的个体借款人，将会吸引大量可能会违约或不认真维护自己财产的借款人。

政府参与房贷市场的历史就是一个缓慢而无情地朝着低风险和低责任推进的过程。

1. 政府介入之前

在1930年之前的岁月里，房贷短缺且规模很小——其专业术语为"漂浮式贷款"。贷款金额不得超过抵押资产价值的50％或60％，并且期限不超过5年。在贷款期间，借款人不用支付任何本金，他们只支付利息。大多数贷款人专注于特定区域，因为他们熟知那里的住房市场，了解风险，并且相信能够把握潜在借款人的特征。在5年期末，全部本金将到期，借款人通常会再融资——用新贷款还旧贷款，如此反复。

在这个过程中房主承担了太多的风险和责任。在买房前你就必须存很多钱并且建立良好的声誉，并且一旦贷款买房，大多数情况下你必须坚持下去。房子价值下降许多——至少50％——拖欠贷款开始有吸引力，房主不得不在5年内快速抽身。如果房子维护不善，那么再次融资时你必须花费现金。当进入再次融资阶段时，如果你很不走运，房产价值走低，你也需要花费大量现金。

2. 大萧条时期

大萧条终结了这个过程。随着住房需求的下降，房产价值一落千丈。当贷款到期时，由于房产价值太低，房主很难再融资。因为工资大幅下降，房主无法拿出现金，并且其中很多人已经失业。大量的人无法还贷，失去了自己的家园。随着借款人破产，贷款机构也受到牵连。由于贷款机构歇业或停止贷款，房产变得更不值钱，需求进一步下降，更多的房主无法还贷，这种恶性循环愈演愈烈。新建工程也被迫终止。房贷的恶性循环让几乎每个人的困难日子雪上加霜。

用于缓解房贷危机的主要新政是 1934 年成立的美国联邦房屋管理局。FHA 并不提供贷款，只确保每一笔房贷符合规范。但是它彻底改变了房贷市场。

它的主要做法是改变房贷的标准。FHA 不会为原先的任何贷款提供担保，相反它致力于推行一种新的房贷。FHA 型的房贷为长期贷款——起初为 20 年，后来延长到 30 年——房子的绝大部分成本都可用做抵押，初始比例可达 80%。FHA 型的房贷必须按月支付等额本金及利息，这样当贷款到期时，债务也就还清了。FHA 在每月的还贷中收取一定的费用以弥补其所提供的确认服务的成本，因此，FHA 的目的是收支平衡，而无需使用纳税人的钱。（大多数时候它确实做到了，有时甚至还有盈利。）FHA 的目标是让房贷市场长久运作。

刚开始时贷款人并不喜欢这种新型的房贷。住房市场仍然低迷，因为贷款人觉得 FHA 的关于当发生违约事件时它们会得到补偿的保证并不可信。因此，作为新政的措施，1938 年政府设立了另一个房屋计划，联邦国民抵押贷款协会（FNMA）——其更广为人知的名字是房利美。房利美最初的工作是购买所有来自贷款人的合格房贷。为了筹集资金，房利美向私人投资者出售票据和债券，并承诺到期归还。当买房者按月还贷后，房利美就有钱偿还投资者了。

这被称为创造了一个二级市场。如果没有房利美，当 XYZ 市第一国民银行给了 John Jones 一笔 20 年的 FHA 型的房贷时，那么它将不得不持有该贷款长达 20 年。虽然由于 FHA 担保了这笔贷款，银行不必担心违约，但是它不能把这笔已经借给 John Jones 的钱用于其他来到眼前的更可获利的投资机会。若利率上升，银行将遇到大麻烦：其存款人希望得到较高的利率，但它没有办法支付这些利息，因为它的资产组合除了以低利率折算的抵押物外别无其他。（这可能是 1938 年之前贷款机构不愿意签订 FHA 型贷款的另一个原因：在可调整利率的房贷之前，它们不想二十多年一直背负一个回报率仅相当于大萧条时期利率的文书。）然而，有了房利美，银行可以出售房贷，收回几乎相当于当初借给 Jones 的钱，而把房贷的风险转嫁给房利美。房利美的出现使得贷款机构愿意发放 FHA 贷款，并在第二次世界大战（以下简称二战）之后广泛流行。

在房利美出现之前，一些灵活的银行为什么不在二级市场售卖它的房贷以降低利率风险呢？答案很可能是逆向选择。如果你是全国唯一想出售房贷的银行，购买者自然会怀疑你的决策；出售房贷的意愿可能会传递出一种信息，即房贷的质量很差。

3. 二战及其后果

二战还把第二个政府项目带入了初级房贷市场。1944 年，退伍军人福利法案为政府开辟了一系列途径帮助遣返的军事人员。其中之一是退伍军人管理局（VA）的房贷担保。

与 FHA 的房贷保险不同，VA 担保的初衷并不是为了复苏住房市场；相反，它的首要目标是帮助退伍军人。VA 只担保房贷的一部分——开始时是 2 000 美元，后来很快涨到 4 000 美元，并且此后又上涨了多次。实际上，它为退伍军人提供首付，多数情况下退伍军人可以在没有首付的情况下担保买房。VA 房贷担保让很多人买房变得更加容易，但同时也减少了应该培养的房屋产权稳健的独立性。

二战以后，住房市场开始复苏，房贷——不仅仅是 FHA 和 VA 的房贷——与前面所写的大萧条之前的情形不同。FHA 和 VA 型房贷虽数量很大，但是有限制——例如，VA 只面向退伍军人，而 FHA 和 VA 这两个政府项目都被限制在价格低于中位数的房子上。但是传统市场（除了 FHA 和 VA 之外）并没有回到 20 世纪 20 年代的短期漂浮式房贷。相反，传统的放贷人还是采用类似 FHA 的分期付款贷款的办法。私人市场发挥了政府的作用——这才是真正的 FHA 革命。

这种情况为什么会发生呢？一个可能的答案是简单学习：也许之前谁也没想到过这种金额大、期限长的房贷，或者从未有人尝试过。但在一个有着数以万计的发放房贷的机构，并且其中大部分机构都在寻找某种边缘模式的国家中，这似乎太不可思议。最有可能的原因是逆向选择。即使假定滥用这种长期房贷的借款人的数量相对于整个市场来说乃是微不足道的，但对单个私人贷款机构来说则为数众多。于是，正如我们前面提到的那样，任何尝试 FHA 型贷款的单一贷款机构都会被拖垮，但诸如 FHA 或 VA 这样的大型机构可以采用此类房贷方式而不必担心被违约的借款人所拖垮。并且一旦 FHA 和 VA 开始运作，它们会吸收绝大多数让私人贷款机构忧虑的风险性借款人；因此私人贷款机构可以提供那种大多数借款人所偏好的大笔、长期且分期付款的房贷，而不必担心被风险性贷款人所拖累。例如，2000 年，只有 2.5% 的常规房贷被拖欠，但有 6.8% 的 VA 贷款和 9.1% 的 FHA 贷款被拖欠（U. S. Bureau of the Census, 2001, table 1187）。如此说来，FHA 和 VA 是一个潜在的帕累托改进。

4. 二级房贷市场的崛起

二战结束以来，美国房贷市场的主要发展是出现了蓬勃发展的二级市场。同时，这也得益于政府采取的一系列措施。1938 年的房利美标志着二级市场的开张。但直到 20 世纪 70 年代初，房利美是仅有的房贷的买方，并且几乎没有人再成为房利美的买家。

20 世纪 70 年代初，事情开始出现转机。此时制定的法律规定了如下几件事情：一是从房利美中分离出了政府国民房贷协会（GNMA 或 Ginnie Mae（吉利美））和联邦家庭房贷协会（FHLMA 或 Freddie Mac（房地美））这两个实体；二是赋予房利美和房地美从政府那里得到了以往房利美没有的更强的独立性，使得它们在很多方面如同私营公司一样；三是授权房利美和房地美购买（和销售）常规房贷。此次分离并不是一个重要的经济举措——吉利美成立的初衷即是专注于 FHA 和 VA 型房贷，而房利美则集中精力应对储蓄和贷款。独立性和授权允许所有这三个实体——它们被统称为政府资助企业或 GSE——开始发行抵押贷款支持债券，而当它们这样做了之后，市场纷纷效仿。

抵押贷款支持债券的运作过程如下：比方说，吉利美会购买大量的房贷，然后把它们整合在一起，再把资金池卖给私人投资者。吉利美向最终投资者支付所有的本金和利息；即使借款人违约，吉利美也保证能够按时支付。投资者面临两种类型的风险——利率可能变化以及借款人可能比预期的还款时间提前或滞后——但是不会面临违约风险。由于投资者买的是整个房贷池的一部分而不是单个房贷，从而降低了第一种风险。政府资助企业发行的抵押支持债券已经成为一项非常有利可图的业务。

一旦 GSE 开始发行抵押支持债券，就开发了一个新的市场。人们逐渐习惯买卖抵押贷款支持债券，并且学会了如何评估价值和分析什么人将购买该种证券。随着市场的开发，民营实体也开始发行抵押贷款支持债券，尤其像"巨型房贷"之类的国会已经明确规定 GSE 不得涉足的贷款。如今一个房贷机构持有几周以上短期贷款的情况已经很少见了。

于是，政府的一项举措再次引发私人效仿，因而可能是一个潜在的帕累托改进。（商业房贷证券的情况可能也与此类似，这是一个 20 世纪 80 年代晚期到 20 世纪 90 年代早期开发的市场。20 世纪 80 年代，当很多储蓄银行倒闭时，政府成立了一个名为重建信托公司的机构来处理它们的资产，其中包括大量商业房贷，这个强大的参与者克服了逆向选择问题，让市场得以重新运作。）

现在政府在私人市场的支配作用要弱得多。在 1999 年未偿还的房贷中，由 FHA 担保的贷款只有 14%，而由 VA 担保的贷款则只有 5%左右（U. S. Bureau of the Census，2001，table 960）。

5. 结果

自经济大萧条以来，美国人在强独立性方面已经走了很远，独立性被用来刻画房屋产权。现在，房主只需很少的首付，并且还款周期很长，这使他们在社区中的利益关系变少。同样，二级市场也削弱了放贷人在社区中保有的利益关系。当少数几个当地银行或储蓄机构持有某个社区大部分的房贷时，它们也就和社区就建立了利益关系，就有理由去游说保持和保护邻里关系。随着大量的房贷被担保或确保，并且随着大多数房贷被纳入巨大且匿名的资产池中，这个理由不再有强大的说服力。

房贷市场的演化从两个方面削弱了房产税收优惠的作用。第一，当逆向选择限制了房贷的供给，并且没有二级市场来降低放贷人的利率风险时，就会有观点认为需要优惠政策来抵消扭曲以阻止钱流向房贷市场。现如今再做出这种结论将比 1940 年，甚至 1970 年时要困难得多。第二，很多有关房屋产权外部收益的观点依赖于产权的"自由和明确"，或至少有赖于放贷人的监督和关注。较少的首付、更长的还款周期、更多的担保以及更加活跃的二级市场使得大量而集中的利益关系更加稀少。房主较以前更像今日的房客了（而很多地方强有力的租赁法使得房客更像房主）。让某人从房客变成房主的社会收益已经减少了。

联邦政府还间接通过 GSE 补贴房主和房屋产权；这是除税收优惠之外的补贴。虽然文件中没有写明联邦政府会担保 GSE 的债务，但其与政府过密的关系以及自身庞大的规模已经让投资者认为政府不会在 GSE 面临困境时坐视不理。因此，GSE 能够以较低的利率出售债券。帕斯摩尔（Passmore，2003）估计，这些较低的利率每年为 GSE 节省大约 1 200 亿～1 600 亿美元的利息成本。这些结余大部分有利于 GSE 股东的利益，但由于利率较低，房主每年也能节约大概 600 亿美元。虽然补贴导致的购房增加量就像房主投资的增长一样可能很小，但它仍会导致资金从那些没有政府担保的高回报率的投资里分流。

□ C. 政策的方向

有关房贷市场未来发展的建议中有很大一部分是建议进一步减少房主的风险。对很多房主来说拥有房子是有风险的，因为他们不能分散自己的投资。在大多数房主的财富中，占据了很大比例的房产被未来时刻只是很小一部分实物资产的财富所绑定，甚至当他们不在那里居住的时候也是如此。几乎没有人愿意以这种方式投资，因此直接的结果是房主的境况变得更差。

然而，投资组合的过度集中也会导致更多的间接困难。费舍尔（Fischel，1999）指出，这使得房主坚决反对任何可能会降低房产未来价值的提案。大多数自扫门前雪式（NIMBY）的争论都是针对那些对房产价值具有不确定性影响的提案。没有人能够明确知道 5 年或 10 年之后，街上的一所高中、隔壁的小客栈或者两个街区远处的一个花园公寓会对自己的房产价值产生什么影响。但是如果指望通过卖房子来资助我的老年生活，那么这部分财产的任何重大比例损失对我而言都是致命的——其坏处要比同等收益给我带来的好处大得多。我不愿接受增值 20% 和损失 20% 这种可能性各有一半的赌博。因此，投资组合过度集中会使房主极力反对任何可能改变现状的项目，而在他们持有更多元化的投资组合时往往不会这么做。他们和社区的利益关系——社区现在所代表着的——太过紧密。

已有两个方案被提议于解决这些问题。席勒和魏斯（Shiller and Weiss，1994）提出开发一个住房价格指数期货市场。这将允许投资者把赌注压在一个国家或一个地区的平均房价的变化上。房主可以利用这个市场进行对冲而不是赌博。当你买房之后，你可以（但不可随意地）同时打赌相关的平均房价会下降。那么如果房价下跌，并且你的房子和其余房子一起下跌，你也不会损失太多，因为你虽然在房子上亏损了，但是打赌却赢了。如果房价上涨，你也不会赚太多，因为你在房价上获利的同时打赌输了。

这样一个价格指数的妙处是，它使得在不降低保养、维护和理性投资激励的同时降低了拥有住房的风险。不足之处是它对 NIMBY 或纯粹的本地化价格波动一无所知。

住房合作作为另一项提议能够更好地解决后面几个问题，但同时也降低了激励。卡普林和其同事（Caplin et al.，1997，p. 6）对此做出了详细的解释。他们如此写道：

> 我们建议，住房的资金来源不仅是房贷，还有机构投资者，它们为房子提供股权资本来交换一部分最终出售价格……基本的金融交易是机构投资者用先行垫付的资金来交换一定比例房子的最终售价，同时两者之间没有其他的房贷支付。家庭拥有房子的控制权和永久使用权，而仅仅在其决定会损害投资者的利益（如对房子的维护不善）时受到处罚。

该项建议将明显减轻投资组合过度集中的问题及其直接和间接的影响。

合作购房的缺点是降低了房主对房子做微小改进以增加其长期价值的激励——如封闭车道，出席董事调整会议。（重要的改进可以通过和投资者的谈判来加以解决——或许比他们目前正在处理的方式要好，因为机构投资者会比一般的房主更专业。）合作购房减少了这些激励，但并没有完全消除这些激励。不过，在 21 世纪大部分时间里，这

城市经济学

些降低了的激励已成为房贷政策的标志。合作购房只是迈了另一步而已，而美国已在这条道路上行走了相当长的一段时间。

但是请注意，现在的所得税制度阻碍了伙伴关系并且使得投资组合过分集中。债务融资可以免税，而股权融资则不能免税。如果你借了 100 000 美元，那么你可以扣除为此支付的利息；但是如果你把 100 000 美元现值房子的股权转让出去，那么从联邦政府那里得不到任何优惠。

Ⅵ. 结论

在本章中我们已经看到了两个主要的问题：人们是否购买了足够的房子，以及他们获得住房的规则能否给他们提供一个成为好公民的正向激励。好公民的理念包括维护房产、帮助孩子成长和发展、参加社区活动、在一个地方落地生根等。

确实有一些不同的公共政策促进了产权和社区责任的发展：鼓励拥有和住房消费的所得税优惠，让房客更稳定并赋予他们在社区中的利益关系的租赁法及租金管控，此外还有一系列房贷市场中的措施，使得人们很容易成为名义上的但非事实上完整的房主。考虑到所有这些政策后，总体而言住房不会出现任何短缺，美国就是一个很好的例子：美国有太多的草坪，太多的壁炉，太多的电力线，太少的关于社区游泳池和电影院的使用，并且人们对社区里新土地的使用抱有太大的恐惧。在很多情况下，我们已经确定了更好的实现目标的方法，而这恰恰是住房政策所为之追求的。

我们看到所得税优惠鼓励了过度的城市扩张，因为它们鼓励使用土地和车库。租赁法的作用正好相反：如果它们让租赁市场更好地运行（例如，为无法自己做出可信承诺的房主提供担保），它们允许更多的人居住在密度较高的公寓楼里，从而减少了市域的扩张。但是如果它们像刚性租金管控那样把房主赶出市场，那么人们的居住地会更为分散。

房贷项目对市域扩张也有一个类似的综合性影响。毫无疑问，虽然只是以补贴部分草坪和车库方面的违约事件这种不起眼的手段，但 VA 型房贷担保仍然鼓励了过度的城市扩张。现金比担保带给退伍军人更多的好处，并且会留下更多绿地。如果你忽略了所得税优惠，房贷政策的主要推动力——建立长期、大规模的房贷市场和一个二级市场——就显然是一个潜在的帕累托改进，不过同时会加剧市域的扩张。房贷就像电视、冰箱、冷冻食品——都会使世界更加美好并出现更多的城市扩张。所得税优惠让我们最终得出以下结论：如果你已经拥有了太多的自用房产，那么减轻一些意在抑制房产需求的不必要的借贷约束只会使情况更为糟糕。但即使是在这种情况下，主要问题也发生在税收法规而不是房贷措施方面。

我们还没有解决的一个问题是，哪些人从我们已经颁布的住房政策中受益，而哪些人会受损。这是一个很难回答的问题：房产在国民财富中占据很大一部分，因此住房市场的变化会对整个经济产生重大影响，而要追踪所有这些后果将极为困难。例如，如果房主税收优惠被突然取消，这种情况对绝大多数明天将要缴纳较多税款的人来说就比较有利（Follain，Ling 和 McGill（1993）估计，在这种情况下，增加的钱中有 32% 来自

10%最富裕的房主）；但这并不是关键问题。

重要——并且确实困难——的问题是市场调整后哪些人的情况会变好，而哪些人的情况会变坏？工厂能得到更多的投资吗？能推动工人的工资上涨吗？如果可以，哪些工人的工资得以上涨？作为替代投资会转移到发展中国家吗？储蓄会下降吗？经济学家们试图努力回答这些问题，但目前还没有达成共识。1980年的正确结论未必在2010年时依然适用。

在下一章中，我将更深入地讨论这个问题：本章讨论的政策如何影响价格、质量以及穷人的住房数量。自19世纪西方的大城市出现以来，穷人的住房问题已经是公众和政府关注的一个主要问题。许多政策在设计时已经明确地把穷人考虑在内，当然它们的效果也要被检验。不过，除非你理解了我们已经在本章分析过的体量更大的项目，否则你将不能理解这些政策如何发挥作用。

问题

1. 假设美国商业性资本投资的边际回报率为：

$$r_b = 20 - (2/3)K_b$$

其中，K_b 是投资额，单位是万亿，r_b 是一个比例（即 $r_b=5$ 意味着回报率为5%）。住房投资的边际回报率为：

$$r_h = 11 - (1/2)K_h$$

可用于美国的投资总额设定为25万亿。

a. 对商业性领域的资本所得征收40%的税，而住房领域的所得免税。则投资商业领域的资本量有多少？投资住房领域的呢？商业投资的税前边际回报率是多少？住房投资呢？商业投资的税前平均回报率是多少？住房投资呢？商业投资的税后边际回报率是多少？住房投资呢？

b. 假设对住房投资的资本回报征收40%的税。则从住房投资流向商业投资的资金额有多少？

c. 由于资本存量错配而导致的每年（流走）的无谓损失有多少？

d. 如果市场上的资本是完全弹性供给的，并且税后回报率为6%，那么房主税收优惠的结果会有何不同？

2. 如果允许处于租金管控内公寓的房客们以任何他们愿意的条款将公寓转租给任何人，讨论其影响。这是否为一个帕累托改进？是否为一个潜在的帕累托改进？哪些人将会受益？哪些人将会受损？这是一个好的公共政策吗？为什么？有没有一种方法让得益者补贴受损者？如果允许免费转租，经济学家会对租金管控做出哪些批评？

3. 如果为每个租金管控的公寓建立一个"租金管理权"证书并颁发给那些优秀的房客，讨论这种做法的影响。这类证书是否可替代？哪些人会买这类证书？有哪些影响？这种市场该如何管制？证书的应计收益会不会算作持有者的收入，进而算到所得税项目里去？

4. 皮尔逊路上有十套房子。每套房子的价值为40万美元。每个房东都追求自己最终财富的自然对数值最大化。有提案给皮尔逊路修一条新的下水道。如果提案通过，下水道将由一帮工人免费建造。下水道建成后，9 套住房的价值将会上涨 1 万美元，而第 10 套房子则会因为意外的漫水而损失 8 万美元。没有人知道哪套房子是第 10 套，并且每个家庭成为第 10 套房子的概率相同。只有全体居民一致通过才能建造下水道。

    a. 建造下水道是一个潜在的帕累托改进吗？

    b. 假设每个房主免费拥有住房，并且没有额外的财产。这个提案会通过吗？

    c. 假设每个房主手上有 30 万美元的贷款，则这个提案能通过吗？

    d. 什么样的制度安排或市场机制能够提高集体决策水平？

参考文献

Aaronson，Daniel. 2000. "A Note on the Benefits of Homeownership." *Journal of Urban Economics* 47：356−369.

Alston，Richard M.，J. R. Kearl，and Michael B. Vaughan. 1992. "Is There a Consensus among Economists in the 1990s?" *American Economic Review* 82 (2)：203−209.

Arnott，Richard. 1995. "Time for Revisionism on Rent Control?" *Journal of Economic Perspectives* 9：99−120.

Arnott，Richard，and Masahiro Igarishi. 2000. "Rent Control, Mismatch Costs, and Search Efficiency." *Regional Science and Urban Economics* 30：249−288.

Boehm，Thomas P.，and Alan M. Schottman. 1999. "Does Home Ownership by Parents Have an Economic Impact on Children?" *Journal of Housing Economics* 8：217−222.

Borsch-Supan，Axel. 1986. "On the West German Tenants' Protection Legislation." *Journal of Institutional and Theoretical Economics* 142：380−404.

Caplin，Andrew，et al. 1997. *Housing Partnerships：A New Approach to a Market at a Crossroads*. Cambridge，MA：MIT Press.

DiPasquale，Denise，and William Wheaton. 1996. *Urban Economics and Real Estate Markets*. Englewood Cliffs，NJ：Prentice-Hall.

Ellen，Ingrid Gould. 2000. *Sharing America's Neighborhoods*. Cambridge，MA：Harvard University Press.

Fischel，William A. 1999. "Robert Nelson's 'Privatizing the Neighborhood,'" *George Mason Law Review* 7：881−903.

Follain，James R.，David C. Ling，and Gary A. McGill. 1993. "The Preferential Income Tax Treatment of Owner-Occupied Housing：Who Really Benefits?" *Housing Policy Debate* 4 (1)：1−24.

Frankena，Mark. 1995. "Alternative Models of Rent Control." *Urban Studies* 12：303−308.

Glaeser，Edward，and Matthew Kahn. 2003. "Sprawl and Urban Growth." National Bureau of Economic Research Working Paper 9733.

Glaeser，Edward，and Erzo Luttmer. 2003. "The Misallocation of Housing under Rent Control." *American Economic Review* 93 (4)：1027−1046.

Green Richard K.，and Michelle J. White. 1997. "Measuring the Benefits of Home-owning: Effects on Children. " *Journal of Urban Economics* 41: 441−461.

Guasch, J. L. , and R. Marshall. 1987. "A Theoretical and Empirical Analysis of the Length of Residency Discount in the Rental Housing Market. " *Journal of Urban Economics* 22: 291−311.

Harkness, Joseph, and Sandra Newman. 2002. "Homeownership for the Poor in Distressed Neighborhoods: Does This Make Sense?" Paper presented at conference, "Policies to Promote Affordable Housing," sponsored by the Federal Reserve Bank of New York and New York University School of Law, February 7.

Haurin, Donald, Tobey Parcel, and R. Jean Haurin. 2000. "The Impact of Home Ownership on Child Outcomes. " Social Science Research Network Electronic Paper Collection, http://papers. ssrn. com/paper. taf? abstract id 218969.

Hubert, Franz. 1990. "Tenure Security for Tenants. " Working paper, Freie Universitat Berlin.

——. 1995. "Contracting with Costly Tenants," *Regional Science and Urban Economics* 25: 631−654.

Kain, John. 1969. "An Alternative to Rent Control. " Policy Note 77−2, Department of City and Regional Planning, Harvard University.

Mills, Edwin S. 1989. "Social Returns to Housing and Other Fixed Capital. " *AREUEA Journal* 17 (Summer): 197−211.

Passmore, Wayne. 2003. "The GSE Implicit Subsidy and the Value of Government Ambiguity. " Working Paper 2003−64, Federal Reserve Board of Governors, Washington, DC. Accessed at www. federalreserve. gov/pubs/feds/2003/200364/200364pap. def.

Shiller, Robert J. , and Allan N. Weiss. 1994. "Home Equity Insurance. " Discussion Paper 1074, Cowles Foundation for Research in Economics, Yale University.

Taylor, Lori L. 1998. "Does the U. S. Still Overinvest in Housing?" *Economic Review* (Federal Reserve Bank of Dallas) 2:10−18.

Voith, Richard, and Joseph Gyourko. 1998. "The Tax Treatment of Housing: Its Effects on Bounded and Unbounded Communities. " Working paper, Federal Reserve Bank of Philadelphia and University of Pennsylvania.

U. S. Bureau of the Census. 1999. "Housing Then and Now: 50 Years of Decennial Censuses. " Accessed at www. census. gov.

——. 2001. *Statistical Abstract 2001*. Washington, DC: Government Printing Office.

——. 2002a. "American Housing Survey. " Accessed at www. census. gov/hhes/www/housing/ahs99/.

——. 2000b. *Statistical Abstract 2002*. Washington, DC: Government Printing Office.

——. 2004. *Statistical Abstract 2004*. Washington, DC: Government Printing Office.

U. S. Bureau of Economic Analysis. 2005. "National Economic Accounts: Fixed Asset Table." Accessed on February 11, 2005, at http://www. bea. gov/bea/dn/FA2004/TableView. asp.

Wang, Ko, et al. 1991. "The Impact of Rental Properties on the Value of Single-Family Residences." *Journal of Urban Economics* 30: 152−166.

Woodward, Jeanne, and Bonnie Damon. 2001. "Housing Characteristics: 2000." Accessed on September 22, 2002, at www. census. gov/prod/2000pubs/ckbr01−13. pdf.

Yun, Heesuk. 2003. "Empirical Investigation of Dissaving Near the End of Life." PhD diss. , Department of Economics, Columbia University.

第 14 章

住房和贫困者[①]

在第 13 章中，我们看到了一些住房政策是怎样被设计得改变了部分美国人的状态的——使他们成为更好的父母、更好的市民和更好的邻居。然而，同样的政策却没有对穷人产生一个直接的作用。为了使穷人也能成为更好的父母、更好的市民和更好的邻居，还需要设计不同的住房政策。这一章就讨论这一问题。

针对穷人特定的住房政策与我们已经考查过的政策有很多不同之处。首先，健康发挥了一个非常大的作用：想成为一位好邻居的部分因素就是不能传播疾病。在同一间住房里密切接触的人越多，各种各样的传染病——比如肺结核——的传播就越快，无论你住在哪里，疾病扩散的越快，你就越有可能感染这种疾病。所以，许多城市已经出台了关于室内自来水、通风以及光照的政策规定。在这些管制之前，贫困区的住房条件极差，对于一些最弱势群体包括妇女和儿童来说，后果十分严重。一个纽约的早期住房改革者 Jacob Riis 于 1890 年强调了这一点：

> 在贝厄德、帕克、马尔伯里和巴克斯特街合围之内的街区，……据住房委员会统计，在抽样调查的某一年份里大概有 155 名儿童去世……在收容所的隔壁，$59\frac{1}{2}$ 号合住宅子里，那一年有 14 人去世，其中 11 名儿童；在 61 号合住宅子里，有 11 人去世，其中 8 人还不足 5 岁。根据人口统计局的数据，1888 年，只有 39 人居住在 $59\frac{1}{2}$ 号里，其中 9 名儿童。同年，那座院子里死了 5 个小孩（Riis，1890，pp. 46-47）。

针对贫困者的住房政策的第二个不同之处是他们想要纠正的那些行为较第 13 章提

[①] 为了更好地理解本章，你将需要熟悉这些概念：庇古补贴、封闭和开放型城市案例。你能在词汇表里找到这些术语。

及的那些更为严重。在这里，成为一个好的市民通常意味着远离犯罪——不参加街区聚众活动。许多政策的制定是因为相信在不良的环境中成长的人更有可能成为一个小偷或者不干好事的人：

> 在这些多家合居的宅子里，众多的因素都可能导致罪恶。因为这些宅子是将死亡带给富人和穷人的流行病的温床，是塞满了我们的监狱和警局的贫民和罪犯的热土，那里年复一年地将4万多社会最底层的人抛向孤岛收容所和囚犯工厂，那里最近8年中出现了大约50万的乞讨者掠食我们的布施，那里保持着一支1万人的满员部队应对所有这些因素；因为上述这些，他们接触着道德残缺的家庭。这是他们最糟糕的错误（Riis，1890，p.23）。

针对贫穷者的住房政策的第三个不同之处是帮助穷人是一个具有自身特色的道德立场的目标，这与以效率为目标完全不同。2000年，贫穷的房客在房租上平均花费了64%的家庭收入（Raphael and Quigley，2004，table 3），这样说来，住房是穷人幸福生活的一个主要组成部分。在大多数的宗教传统和俗界习惯中，帮助穷人的行为本身是好的，即使这使得一些不贫穷的人在这个过程中有所损失。因此，评定这些政策需要我们更加关注谁得到了和谁失去了，而不只是判断获得者是否能够弥补失去者。

本章的第Ⅰ节讨论住房法规，这是最早的改善穷人生活的一种尝试。这些市政的规章制度要求购房者满足最低的标准。我们也会再次回顾租金管控，因为这些经常伴随着住房法规而运作。

第Ⅱ节讨论公共住房，它于1937年在美国创立。我们在讨论公共住房的成功的同时也会检查它的失败。

第Ⅲ节关注一些公共住房政策之后的其他的供应方项目，以及它们怎样解决公共住房带来的管理和激励问题。供应方住房项目是指这样的计划：试图直接影响那些拥有穷人使用的住房的人以及这些人将如何行为，而不是影响穷人如何与房主相处。

相比之下，需求方住房项目则试图直接影响穷人的行为方式，只能间接地影响房东的行为。这些区别是传统的，并不是十分精确。第Ⅳ节就是讨论需求方的活动。

第Ⅴ节我们将会关注这些项目（另外两个项目我们已经在本书的其他部分讨论过）如何影响公共住房中的非参与者。

我将试图绕开这两个已主导了许多关于穷人住房讨论的特征，我将不会将房东刻画成坏人，也不会将租房者描绘成猪。所有我感兴趣的只是安排一些激励使得所有类型的人们能够和谐相处。关于谁将被允许进入天堂的决定超越了本章讨论的范围。

Ⅰ. 住房法规和租金管控

当人们居住在糟糕的环境下时，监管是必要的应对方式——我们将使这些糟糕的环境不合法。政府应对穷人住房的历史源于住房法规。例如，1849年霍乱之后，禁止在纽约市主要地区的住房里养猪。根据伯罗斯和华莱士（Burrows and Wallace，1999，p.787）的研究，"那个夏天，警察将五六千头猪赶出了地下室和阁楼，有些时候还需要克服穷人房主的暴力抵抗……。"

今天，大多数城市拥有大量的法规多途径地管理住房。比如，在新泽西州的纽瓦克，家中的每一个房间（厨房除外）的长、宽、高都必须至少有7英寸，每一个住宿单元都必须包括至少一个150平方英尺以上的房间。旅馆的暂住客房必须至少有50平方英尺，永久客房必须至少有80平方英尺。每一个公寓楼必须有路边停车场，每一个旅馆必须每四个房间拥有一个街边停车位（和每6~8个房客配有一个厕所、一个淋浴器、一个洗脸池）。住宅必须有烟雾探测器，公共区域必须有各种有线的监控设备。芝加哥要求每个房间至少70平方英尺，窗户的面积至少要相当于地面面积的10%。

许多影响住房的规定并没有被贴上"住房法规"或者"住房维护法规"的标签，比如那些与消防安全、健康、结构稳固、水暖、电力有关的规定。分区也同样事关重大，经常难以区分出某一个特定的监管政策属于"分区"、"住房"、"大楼"或者"消防"。举例来说，大多数城市要求房主保持所有住房单元的最低温度。这些规定从与负外部性抗争的角度来看，创造了潜在的帕累托改进。比如，最低温度的监管是为了减少火灾的发生和减缓传染性疾病的蔓延。然而这样的监管有时却会失效，因为它们会被一些群体用作其他目的（正如我们在第8章所看到的那样）。

在这一章我想问的一个新问题是，这些监管对穷人的影响是什么？因为这些是市政的监管，而不是国家的所为，从长期来说它们不能够改变穷人生活的幸福度。如果芝加哥对穷人的监管比密尔沃基的更糟糕，很多穷人（不是全部）将会从芝加哥搬迁到密尔沃基，这样芝加哥的穷人就不会比密尔沃基生活得更糟糕。不完善的监管使工资上升，使地价下降，使得城市不能实现所有它们应有的经济规模。我们要再次发问这些监管是否为潜在的帕累托改进。

即使从短期看，即便我们只关注穷人的情况，也很难逃避这个问题。如果这些监管应该应对的外部性没有得到抑制，谁会有所损失？主要是穷人受损失。穷人有最大的风险从其他穷人（或者是病毒携带者）那里感染传染病，他们的住房有最大的风险因为火灾的蔓延而着火，有最大的风险因为火灾占据了整个公寓楼而遭遇消防队的延时反应，有最大的风险被落下的碎片伤害或者因其他住房的状况恶化而导致他们住房价值或衣物的损失。当吸入含铅涂料或者因为寒冷而不能入眠时，穷人的孩子也受到了伤害。如果不好的住房导致残暴的犯罪，那么穷人比富人更可能成为受害者。

这样，这个在第8章提及的关于监管的问题仍然与本章相关：他们创造了潜在的帕累托改进，能够发现做同样事情的更好的方式吗？

租金管控是另一个被经常用来救助穷人的监管制度。租金管控在一些时刻能够通过减少贫穷房客的租金和允许他们停留在他们本已无法支付的房子里来帮助特定的贫穷房客。这些救助直接来自于一部分房主的付出。

假如你能辨别这些特定的房客和特定的房主，弄清楚房客分别从房主那里获得了多少，然后你就可以完全破坏租金管控，强制每个房主支付给每个房客由租金管控转换的等量的钱。在这个方案下没有人的状况会变得更糟糕，一些人会变得更好，因为住房会得到更好的分配和维护，正如我们在第13章中看到的一样。这个新方案相比于租金管控是一个帕累托改进。

这将同样会因不公正而被指责。为什么是这部分特定的穷人获得钱，而不是其他人呢？为什么是这部分特定的房主承受救助穷人的压力，而不是其他富人呢？但是这个强制的转换方案（没有人能够想出更好的帮助穷人的方法）对于租金管控来说是帕累托优化。所以租金管控或许不是一个帮助穷人的好方法。

■ Ⅱ . 公共住房

另外一个明显应对人们居住在糟糕的住房境况下的方式是为他们建造好的住房，同样的，政府建造供水系统和下水道。这些事做起来比说起来更难。有时政府自己建造和运营住房，有时它们补助一些私人团队来做这件事。政府自己拥有并运营的住房被称为公共住房。

公共住房在美国从来没有成为一个大项目，或许以后也不会。广义上，现在接近百分之一的美国住宅是公共住房。如果从更严格的意义上和更符合人们对公共住房构想的角度来定义公共住房，这个数字将会减少一半。公共住房在美国的建设始于大萧条时期，止于 20 世纪 60 年代。因为联邦政府目前每年在发放补贴和一个等值翻新上的花费接近 30 亿美元（Quigley，2000，p.60），车库上的税收支出接近联邦预算在公共住房上花费的两倍。

在欧洲和一些亚洲国家（和地区）中，公共住房比美国更为流行。例如，几乎一半的香港居民居住在公共住房里。这些国家（和地区）运作各自公共住房的方式与美国存在很大差异。

在美国，每个城市的公共住房都由一个被称为当地住房协会（LHA）的独立实体运作。只有低收入的人可以成为公共住房的居住者，同时他们必须支付收入的 30％ 作为房租。房租的收入并不足以弥补这些项目的支出或者运作成本，所以 LHA 接受了一系列来自于不同层面的政府补贴。

□ A. 公共住房的好处

虽然美国的公共住房作为一项政策很多年来并不太流行，但是它完成了一些重要的目标。首先，许多穷人获得了比原先更好的住房和生活。住房协会提供了一些穷人们想要的东西，即便是最受困扰的 LHA 也有长长的等待者名单。公共住房有时能够使成年人变成更好的父母，同时通常能够改善居民的健康状况。

这些结论来自于一系列研究。威尔纳和他的同事们（Wilner，1962）指出 20 世纪 50 年代搬迁进入新住房的项目改善了居民的健康。柯里和耶伦维兹（Currie and Yelowitz，2000）发现在 20 世纪 90 年代初期，世事也是公平的，居住在公共住房里的家庭不太可能遭受过度拥挤的问题。住在公共住房里的儿童在学业上比该项目以外的同等条件的孩子表现得更好；尤其是男孩子更不可能在学校里表现落后。纽曼和哈克尼斯（Newman and Harkness，2002）关注了一个更长时间的研究——他们研究了 20 世纪 70 年代居住在公共住房里的青少年在二十多岁的时候是不是比那些没有居住在公共住房里的相似的孩子更成功。他们的答案在一定程度上是肯定的：在该项目里成长使他们更希望避免成为社会福利的需求者，更有可能去谋取一份好的工作，从而远离贫穷。

（值得注意的是，这些研究探索并回答了一个虽困难但正确的问题。没有研究维持着出自该项目的儿童在学校里的学习和赚钱方面比项目外的儿童做得更好的结论。他们并没有比其他孩子做得更好。但是他们没有做得更好的原因是他们来自于贫困并且存在很多问题的家庭。这个问题应该是这些居住在公共住房里的、来自贫穷和多问题家庭的孩子，是否比同样来自贫困和多问题家庭、但是没有居住在公共住房里的孩子表现得更为优秀，回答是肯定的，他们更优秀。）

类似于对房主的税收优惠，公共住房促进了稳定并产生了好市民。公共住房促进的这些特性的理论论据与关于租金管控的论据相似：因为公共住房的居民有一个好的待遇（很多人在排队等待就足以见证），如果他们离开将会有所损失，因此他们不太可能搬迁，而且更有可能参与改善他们的社区（因为一个更好的社区并不会增加他们的租金）。公共住房的住户事实上是很稳定的：1997 年只有 11％的人搬迁，相比之下，搬迁大概有 33％的一般房客和 20％的收入在 15 000 美元以下的家庭（National Association of Housing and Renewal Officials，2000；U. S. Bureau of the Census，1999，tables 30，31）。市民活动也进行得很少。

因此，公共住房类似于房主的税收优惠和租金管控：它解决了一些住房市场上实际存在的问题和扭曲。正如租金管控一样，它帮助了一些贫困人员。

□ B．问题

不过，正如房主的税收优惠和租金管控一样，公共住房也存在一些问题。我将会关注三个主要的关联领域：地点、质量和公平。

1．地点

如果政府要为穷人建造公寓，它必须把它们建造在一个地方。很难看出来政府如何选到正确的地点，相反却很容易看出它哪里选得不对。

在一个完美的土地市场上，一个利润最大化的公寓开发商被委任为穷人建房的住宅经营者，他会选择正确的地点：他会选择一个好的位置以获取房客交付的更高租金的方式来获得最大收益，并且通过支付土地的价格需要承受他的选址对其他人带来的不便性的成本。当 LHA 收取的租金和房客愿意支付的数量无关或关系很小时，这些想要把住房建造在正确地方的激励将会消失，正如美国的公共住房一样。

而且，回顾第 5 章那些出自于政府官员的决策，这些决策里有政府官员强烈的私人考虑而不是对公共福利的关心。政府官员在选择公共住房地址时，很少有激励去选择正确的地方，相反倒是有许多选择错误地点的激励。这是因为美国的选举是属地化的。居住在新西兰我可能会生活得更幸福、更有成就感，但是如果我是一名可靠的民主党的选民，那么民主党的候选人将会从通过公共住房资助我居住在新泽西州中有所收益。

美国公共住房的实际选址一直以来备受诟病，而且往往都比那些简单的理论模型所暗示的更糟糕，公共住房往往被不合比例地安排在东北和中西部（以及波多黎各）老旧的城市中。超过 12％的公共住房被安排在纽约城，另外的 7％被安排在波多黎各和芝加哥。1997 年（经过十多年的爆发性项目之后），纽瓦克（人口 273 000）与洛杉矶（人口 3 700 000）的公共住房单元的数量相当。在大都市范围内，公共住房主要集中在最贫穷、人口密度最高的少数族裔社区。我们有理由相信这些都是错误的选址。

为什么是错误的选址呢？就是我们已经在第 11 章仔细讨论过的都市内问题。就上下班交通（项目的住房不可能靠近它们的居民工作的地点）、儿童抚养、可能还有就业和商业发展而言，将公共住房安排在少数族裔社区的成本高昂。公共住房是少数族裔居住在错误的地方的一个主要原因。

至于都市间的问题，由于公共住房的居民正在享受因居住在那里而得到的住房补贴，这里说的是在芝加哥而不是在萨克拉门托得到补贴，所以，如果能够从萨克拉门托得到补贴，一部分人就可能会从芝加哥搬到萨克拉门托，那么受损地区的损失将会超过获利地区的收益。被芝加哥的居住绑定的公共住房补贴就扰乱了都市间的住房分布。他们本来可能在萨克拉门托更有成就，但是他们现在会因为补贴而居住在芝加哥。

为什么公共住房项目的选址如此不正常呢？这也许是因为最初公共住房是大萧条时期为了贫民区的拆迁，而不是为了改善穷人的居住条件而设立的项目。因此，公共住房的最初选址是因为在 20 世纪 30 年代贫民区就在这些地方，并不是因为这里将会是穷苦的人们在 21 世纪的佳园。

贫民区清拆的合法性是导致公共住房原始选址不合理的第二个原因。美国最高法院 1935 年的一项判决认为，公共住房或是贫民区的清拆并不是为了美国政府施行其土地征用权，因此这个项目被联邦直接运作就困难重重。此时贫民区的负面影响众人皆知。美国各州和城市似乎可以正当地利用手中的武装力量清拆贫民区，而且大多数州法院都会适时地批准这种行动。如果这些项目是为了改善穷人的生活，那么是不会出动警察力量的。因此，尽管联邦政府批准并且资助这些工程，但是只有地方政府才能启动它们。所以地方政府想让住房建在哪里，它们就得建在哪里。

想要看看地方政府控制的后果，可以想想是谁在住房工程中持续获利，或者至少短期内获利。第一类主要的受益人群是新居民，他们只需通过投票来回报他们的资助者。因此，那些代表着大量贫困人群的官员想建这些住房工程，并且他们想让房子建在自己的辖区内。而那些代表着富有地区，或是未开发地区的官员却看不上这些项目：他们没有理由用一些完全不了解的穷人来替代那些已经投票支持他们的选民。

另一类获利的人群就是那些急于给他们的财富解套的土地所有者。他们希望从 LHA 那里得到高于市场提供的价格。对于他们来说，贫民区清拆就好似一个极具吸引力的"金解套费"，当他们土地的价值因为城市郊区化而不断贬值时尤其如此。由于 LHA 花的是联邦政府而非自己的钱，当它们获取土地的时候并不需要精打细算，当它们从自己朋友的手中购买土地的时候尤其是这样。

来自有兴趣的土地所有者施加的压力基本与来自潜在租户的压力相同：压力集中在老旧城市的贫穷社区的住房项目。以纽瓦克为例，20 世纪 40 年代之前，它有好几项住房工程，而且每一项工程都得到了不同族群和党派的认同。然而新泽西郊外没有任何工程，大多数阳光地带城市也只有为数不多的项目。

种族问题也成为选址的问题之一，二战之后尤其如此。随着白人富足昌盛和黑人搬进城市，穷人和合法的黑人的比例逐渐上升。此时，因为非洲裔美国人比白人为住房支付的更多，获得的更少，对于他们而言公共住房尤其具有吸引力，因此黑人政治家利用住房项目来获得选民的支持。这些工程应该建在何处呢？很显然，在黑人社区。白人政治家并不想让这些工程建在白人社区——他们既不想激怒也不想替代那些已经投票支持他们的选民——黑人政治家也不想建在白人社区，他们只希望那些得到其帮助的人们能够投票支持他们，并且也不愿意卷入与白人同事的激烈的、漫长的斗争，因为这会让他们失去那些选民。

2. 质量

为穷人建造住房的政府必须精确决定应该建造什么样的房屋，也包括在哪里建房。公共住房项目一经设立，就几乎不可能探寻到一个该把住房建在哪里的好答案。对于居住在里面的人们来说，公共住房项目上政府在建造住房上花费的时间比房子的所值要多得多。

试想在贫民区清拆项目中你会建设什么类型的住房。你肯定不能建造质量特别糟糕的住房，因为你被指望着取缔差劲的房子。你也不会建造质量特别好的住房，因为你别指望中产阶级纳税人乐意为一部分穷人的质量高于他们自己住房的公共住房项目埋单。

答案自然是去寻找一些折中的住房类型——在收入分布地图上挑选一个相对较低但略高于贫困水平的区域，模仿收入在这一层次的人群的住房类型。不过这种自然折中的方案并不奏效，因为你找不到可模仿的房子。在这个水平上没有人居住在新式结构的住房里，而你却只能建造新式的住房。

为什么中低阶层的美国人没有居住在新式的住房里呢？我会在第Ⅴ节中详细地解释这个问题，当然基本观点是，那些不富裕的人们一般会购买旧房的原因就如购买旧车一样：旧房更加便宜。因为穷人和中低收入的人们可以用更便宜的价格购买到同等质量的二手住房，市场就不会修建这样的房子（正如市场不会生产新水，只是在一直不断地循环利用着水一样）。如果有人为穷人和低收入者修建了新的住房，他们并不会购买，因为他们可以在二手市场花更少的钱买到同等质量的住房。

（与新市场相比，穷人可以在二手市场更加便宜地购买他们的住房，这会使得穷人生活得更好；因此，我们应该为住房是耐用品而感到高兴。我们不应该为一些恶势力阻止为穷人修建新房而感到愧疚；我们更应该感到痛惜的是，我们的衣服非常耐穿以至于不可能每日都换新衣。如果住房像厕所里的手纸，用完就扔，穷人就会住在新房，这样所有人的生活状况都会越来越糟糕。）

因此，公共住房必须选择市场上从未提供过的质量，而且得完全不同于先前人们所见或所建的住房（因此没有人知道私人开发商投入了多少钱）。

为什么 LHA 不为因贫民区清拆而搬迁的居民租用已有的、质量合适的公寓呢？因为，在大萧条时期，公共住房被吹嘘成就业工程，而不仅仅是一种减少贫民区负面影响的工程。此外，寻找可供出租的已有住房比较困难，因为贫民区正在被拆毁。

因此，公共住房工程在启动之初就伴随着一些关于所建住房的质量的严重问题。在20世纪50年代一个新的目标——城市重建出现的时候，这些问题变得更为复杂。

20世纪40年代，一些大的城区土地所有者担忧矛头指向他们的城市密度降低和分散化趋势——随着他们的工人和消费者正在向更远的地方搬离，他们所持有的财产正在贬值。此外，在许多城市中，他们看到大迁徙正使这种趋势恶化，使得20世纪20年代的市中心变成了萧条的孤岛，被一大群黑色穷人隔离在自然选区之外。（从第11章看出，这种理解也许是对的。）那些发现自己深陷衰败之城的机构，诸如报纸、基础设施、商务大楼里的公司、保险公司、医院和大学，都是一种强大的政治力量，城市重建是它们试图反抗的首要项目。

城市重建项目应该使用联邦资金（以及柔性地方配套资金）来购买衰败的财产，拆卸之后，在这些土地上修建充满活力、用途广泛的漂亮建筑。这样城市就会重现生机，吸引中上阶层的人士到市中心购物、工作和生活。其次，为了聚集挑剔的民众，首先需要大量的联邦财政支持；然而，一旦得到挑剔的民众的认同，规模报酬递增效应将会发挥作用，闹市区的财产价值将得以恢复。如果投入足够的联邦资金，城市重建将会消除汽车、大迁徙和冰冻食物所带来的创伤。

同时，闹市区同样需要更好的高速公路的支持。人们知道任何没有高速公路的闹市区都将衰退为一潭死水。20 世纪 50 年代后期，联邦政府支付了大部分州际高速公路系统的建设费用。通往闹市区的高速公路必须经过萧条地带。高速公路的建设是瓦解那些衰败社区的另一个理由。

虽然那些闹市区的房地产的产权（和大多数的城市人才）并不被看好，然而，其他很多人仍视它为家园。那些不被看好的财产的主人更是信心满满——正如早期公共住房土地的拥有者，他们中的大多数认为被联邦政府资助的优惠房价恰恰是他们结束与某些社区的联系的好途径。就原理而言，那些居住在这些社区的人们也会得到现金的补偿，他们不会因为城市重建而使自己的状况变得糟糕。或者是在一个更加专制的政府下，他们可能已经被简单粗暴地赶到大街上，不得不乘船返回南部地区，或去波多黎各，或者定居到位于远郊的保留地（类似于南非的索韦托）。

然而，在 20 世纪 50 年代到 60 年代的美国，政治规则排除了这些可能性。唯一可行的替代方法是建造住房计划。在不威胁到白人社区和黑人政治家的前提下，住房项目的建设和城市重建计划的同时进行导致了很多流离失所的家庭。这个策略虽然为城市重建或同期的高速公路提供了免费的土地，同时也为新的住房建设提供了免费的土地——但没有对白人社区造成太大的损失。唯一的办法就是建造更高密度的住房：你可能通过推倒 100 英亩地面上的房子为城市重建获得 50 英亩的面积，然后在这 50 英亩的面积上为曾经居住在这 100 英亩上的人们建造足够的住房。这就意味着需要向高处延伸。

由于城市重建之前的大多数公共住房并不高（以三层为主），新的为穷人建造的高层建筑引进了一种之前市场上没有出现的新型住房。在此之前，高层公寓仅仅提供给中产阶级和富人——他们会权衡较低程度的私密性和为更便利的出入口、更满意的楼层位置、更好的视野景观，甚至因有令人愉悦的门卫而支付的昂贵的电梯和坚固结构的费用。高层公共住房的建筑师想要发明一种新的住房形式，他们必须容纳所有高层住房的缺点（包括严格受限制的电梯通道）和舍弃掉所有的优点。

这个离奇故事的结果是这种建筑结构几乎被所有人所排斥。那个时期很多城市的高层建筑已经日渐减少。位于圣路易斯的普鲁伊特-戈的住房计划在 1976 年第一个被淘汰，而纽瓦克、新奥尔良、波士顿、芝加哥和其他一些城市的高层建筑计划也已经被搁置。20 世纪 90 年代期间，联邦政府在住房计划上花费了数十亿美元想要替代已存在的公共住房单元，该项目被称为 HOPE Ⅵ 号（Housing Opportunities for People Everywhere，旨在给每个角落的人们提供住房机会）。在很多例子中，大量住房拆除后被新建的低层建筑和联排屋所代替，但是在许多已住人的公共住房单元中，这个趋势已经在下降。一般而言，被拆除的大都是最新而不是最老的建筑。当公共住房是一个促进就业的安排时，这一项目的代表作还大量存在，但是当公共住房作为城市重建的一部分时，这些代表作的大部分已经不在了。

甚至在许多城市开始抨击这个计划之前，经济学家就发现这些项目的建设和运营费用大大超过了居住在公共住房里的人们获得的价值。如果政府直接把这些钱给居住者而不是把这些钱花费在建设公共住房上，他们可能会感到更幸福。例如，梅奥和他的同事们（Mayo，1980）估计，政府在公共住房上花费 1 美元所带来的幸福程度和他们直接获得 50 美分现金的幸福程度是一样的。同一阶段的一些其他研究得到的结论是每 1 美元的建设费用相当于在 70～80 美分的现金（作为一个回顾，见 Olsen，2001）。这一损失来自于以下几个不同的原因：可能因为一些接受者就其自己的选择本来并不需要这么好的质量，而现在只能被迫居住在这样的房子里；还可能因为 LHA 没有明智地使用这笔钱；也可能因为 LHA 可以通过降低等级而不是通过新结构的方式更便宜地提供这一质量的房子。最后一个原因可能是最重要的损失来源。

3. 公平

公共住房从来不是一个像社会保障、FHA 型贷款保证、房主的税收优惠或者消防安全一样的权益性项目。在一个**权益性项目**里，每一个符合条件的人都可以得到服务。而公共住房，只有特别贫穷的人才能获得——精确的规则很复杂，会随地点改变，随时间而变化——但是这些人中只有一部分被允许通过评审。举例来说，如果你居住在一个没有公共住房的城市，无论你有多穷你也不能够住进公共住房。

国会将这个项目做得足够大以至于能为每个符合条件的人提供住房，但是这需要付出很大的代价。或者它已经限制了那些符合这个项目要求的合格者种类，以使其符合项目的规模，不过那需要很困难的选择，限制 LHA 的判断力和权利，减少受益群体的数量。或者，它会削减每个住房的建设费用。但是所有这些选择都是被禁止的。

由于公共住房的补贴是很大的——有很多人排队等候就足以见证——因此不得不考虑怎样公正地从这么多期待特殊对待的人中选出最符合条件的小部分人。这种不公平也使得我们的一个质疑很重要：公共住房究竟怎样影响了那些符合条件却没有被挑选出来的人。究竟是公共住房间接地帮助了那些居住在私人住房里的穷人，还是住房市场使得没有获得公共住房的不幸的穷人的生活更加艰辛而造成了不公平？回答这些问题需要一些仔细的分析，它们将在第 V 节中被讨论。

总之，美国的公共住房历程还存在很多需要改进之处（虽然住房计划像地狱这种流行观点确实有点夸张）。一些问题来自于特定的政策原因——比如当地的控制和新的建筑。其他一些原因对于公共住房概念来说更具有地方特色。

■ Ⅲ. 其他供应方的项目

直到 20 世纪 60 年代后期，政策制定者一直在寻找传统的公共住房的替代品。因为公共住房一直被视为一种失败，他们希望调整其中一些已经过时的政策目标，但是并不是全部政策体系。就住房运营的各个方面而言，这个时期建设的新项目都在寻找一些私人行动者而不是公共角色。贫民区的清拆也从议事日程中消失。这一时期的一致意见是住房项目的问题主要源于 LHA 如何操作和建筑师如何建造，而不是其他的深层次因素。新项目的重点并不是对于新的结构的政策制定进行修补，被考虑的因素包括新的建筑、使更多的人符合条件而不是获得服务、本地政府的影响力以及虽高但不过度的建筑质量。

大量的新项目被导入公众视线，每一个项目的命名都得到了法定的授权，以至于关于住房的讨论开始听上去像某一个州发行彩票的预言。这一时期发展的两个最大的供应方项目是236号和8号"更新和恢复"项目（和8号"存在"项目相区别）。1997年236号项目提供了448 000个新的住房单元，8号"更新和恢复"项目提供了895 000个住房单元。这两个项目加起来创造的住房数量多于公共住房项目，但是住在里面的人比较少，因为他们的居住者中老年人的比例较高。236号项目在1974年停止承担新的义务，但是这些年里它发展得很好——尼克松时代——见证了美国历史上联邦住房业务的最大扩张。

在这两个项目之下，私营单位获得了土地（大多数不是知名的土地）、借了钱、建造了大楼。私营单位要么是一个非营利公司，要么是一个有限股息的公司（一个每年分红的部分不超过股东投资的6％的公司）。政府补贴抵押贷款的提供，有限股息的代表者经常得到可转让的税收优惠：加速折旧和税收抵免。这些住房只租赁给低收入的房客，房客支付的房租可以不超过他们收入的30％——与公共住房的租金相同。政府建立了一个"公平市场租金"——它的设想是在这个范畴内公寓的质量也将计入成本——把公平市场租金和房客支付租金的差额支付给代表者。

由于代表者大多数只是确保存在利润，但是不能保证得到一个多大的利润，所以也不需要被房客挑挑拣拣，即使他们提供了更好的服务也不能收取更高的租金，所以，刚开始他们的激励似乎和LHA一样糟糕，从某种程度上来说的确是这样的。代表者有强大的激励直接或间接地将建设与运营合同授予关联公司及亲密的朋友，降低质量水平，引导绩效基金回笼到他们自己一方。所以这些项目总是会出现一些丑闻（这就是236号项目1974年停止新建楼宇的原因），与高层公共住房计划一样，近年来在这些项目名下建造的一些建筑也已经被否决和拆除了。

不过代表者并不像LHA那样垄断。他们不得不和LHA竞争，也不得不和其他代表者对抗以争取符合条件的房客，特别是最好的房客。这一竞争不需要白热化，因为在大多数城市中符合条件的房客的数量远远超过可提供补贴的候选者的数量，不过对于LHA和代表者来说都需要进行一定的核查。一个真正糟糕的大厦只会吸引最不受欢迎的房客。（与新进入者的竞争的这一导入，以及因此而产生的更多好建筑加速了20世纪70年代到80年代一些住房工程的停止，也导致LHA试图用自己的新建筑去代替它们。）

与LHA不同，非营利的代表者也经常进行高度的多样化经营，LHA通常被限制只能运作住房项目（虽然有时它们也运作城市重建计划）。许多非营利住房代表者开始时像教堂一样只进行单一经营，后来一部分成长为提供多种服务的多功能的社区发展公司：包括提供工作培训、娱乐、社会服务、儿童看护、超市等服务。这些扩展领域经常是高度竞争的，声誉十分重要。信仰者可以留意其他的教堂；慈善家可以关注其他的慈善机构；政府可以资助其他的供应商。一个低质量住房的声誉将会严重损坏住房代表者的其他努力，所以代表者拥有LHA所不具有的激励去选择好的位置来建造住房并进行妥善的维护。

最后的大的供应方项目起始于 1986 年，被称为低收入住房税收抵免（LIHTC）。进入新世纪前后这个项目共建设了接近 100 万个住房单元，这个数量还有望不断增长。每个州每年都获得了一定数量的美元抵免去从事这个新计划，抵免数量的多少取决于这个州人口的多少。各个州挑选项目和接受税收抵免的开发商。这个计划被免税债券所资助，这些债券的持有人得到相当于 70% 项目建造成本的税收抵免。这一典型项目在 LIHTC 的帮助下进行，同时也接受了其他方面的资助；资助方的来源通常相当多元。例如，大约 40% 的 LIHTC 的住房单元接受了 8 号项目的资助（Olsen，2001，p. 28）。只有那些家庭收入低于当地平均水平 60% 的房客可以居住在 LIHTC 的住房单元里，房主能够收取的最高租金不得超过收入上限的 30%。项目内的租金不会随收入而变化。正因为如此，只有 28% 的 LIHTC 项目里的家庭是住房和城市发展部定义的"极低收入"者——相反大约有 80% 在其他供应方项目里（Wallace，1995）。与所拥有的可用抵免相比，各个州通常拥有更多的想要建设 LIHTC 项目的开发商——正如奥尔森（Olsen，2001）指出的那样，这个项目提供的利润比它们应得的多。

近期一些供应方项目也同样关注了社区重建。这里补贴的意图已是提高周边财产的价值——使穷人成为更好的邻居。虽然纽约的大型当地供应方项目在 20 世纪 80 年代到 90 年代间都显然完成了这一目标（Ellen et al.，2003），但是其他城市的情景并不如此乐观。LIHTC 项目似乎确实增加了周边社区的房产价值，但是其他针对家庭的联邦住房计划可能有相反的影响（Ellen et al.，2003）。

Ⅳ. 需求方项目

需求方项目的基本理念是使穷人能够在并不是专门为他们建造的建筑里找到合适的住房，并且如果追求利润最大化的房主有足够的激励这么做，那么他们能够提供这样的住房。供应方项目给穷人提供了充足的房源；而需求方项目给他们提供了获取这些居所的办法。

美国为穷人所提供的主要的需求方项目通常是指 8 号现存住房项目（以下简称为"8 号项目"），这个项目于 1974 年启动，虽然比不上所有供应方项目的总和，但目前 8 号项目服务的家庭超过其他任何针对穷人的住房项目。（当前官方名称是住房选择优惠券计划。）

8 号项目在很多方面都是公共住房项目的后继者，它延续了大多数公共住房政策的决定。与国会所批准的资金能够供给的数量相比，8 号项目使更多的人有资格获得住房。LHA 经营着这个项目，挑选着幸运的租户。住房的质量必须满足联邦政府所规定的标准，不过不可能远优于许多选民消费的住房水平。

对于大多数 8 号项目的租户来讲，出租和挑选承租户的规则都类似于公共住房。该规则基于"公平市场租金"（FMR），这一租金与供应方建造的代表者得到的报酬一样。家庭必须自己寻找它们的居所。它们需付出其收入的 30% 来缴纳房租，而政府将弥补它们交纳的真实房租与公平市场租金之间的差价。如果一个家庭租住的公寓的房租低于公平市场租金，那么政府须补足到公平市场租金的水平；如果房租高于公平市场租金，那么家庭将自己支付高于 FMR 的那部分房租。因此，8 号现存住房项目就类似于 236 号项目，或者 8 号"更新与恢复"项目，但是它并没有任何资本代价。所以，从政府预算的角度来看，8 号项目对于每户家庭来说都是略为便宜的计划。

LHA 有固定数目的许可证需要发放，它们把这些许可证分发给正在排队等待的申请者。如果一名申请者接受了一份 8 号项目的许可证，她将有几个月的时间寻找符合条件的住房单元：住房的质量必须满足项目的标准，户主必须愿意以约定好的公平市场租金出租，填写必要的文件，提交给定期进行的审查。如果当前的住所符合条件，租户也可以继续留住在那里。尽管持证者常常并不能在约定的时间到来前找到质量满足要求而且他也愿意搬进去的住房——当然搬家并不免费，人们还是会有一大堆理由想要待在某个特定的区域，并且有时候房主并不愿意以公平市场租金出租符合条件的房子。当这种状况发生的时候（发生频率大概为三分之一），承租户的 8 号项目许可证就会被没收。

8 号项目与供应方住房项目相比有几个明显的优势。更便宜是很重要的一方面，在旧房子还适应工作需求的情况下就建造新房子是一种浪费行为。在 8 号项目中，只要符合住房标准的限制条款，房客就可以自由选择居所；他们可以不受 LHA 选址决定的限制就享受住房补助。房客可以通过搬出去或再也不搬进来的方式对房主施压，如果房主能够以使房客和监督者都喜欢的方式提供符合条件的住房，并且价格低于公平市场租金，那么房主将会获得利润（尽管他们也有强烈的激励试图欺骗或混淆监督者的视线，因为那时他们就可以直接获利，这并不像 LHA、非营利性组织和有限股息公司）。

尽管存在这些优势，8 号项目仍然有许多问题。一些分析者对 8 号项目的更深层次的希望是**横向公平**——人人待遇平等。尽管在理论上住房补贴项目可以做到横向公平，但是实际上 8 号项目并不能做到。受惠者的数量大大少于符合条件的家庭数目，因此尽管许多人应当成为 8 号项目的获利者，但是并没有参与其中。

另外，8 号项目是否在使穷人成为更好的市民、父母、邻居的中心任务上扮演重要角色，目前还不得而知。就文明程度的提高而言，8 号项目中的承租户都可以在社区中有重大利益和责任，因为在某种程度上而言，不管社区的状况改善还是变坏，他们所付的租金并没有变化。但是，如果社区的吸引力有一个显著的上升，将使社区单元的市场租金抬高到高于公平市场租金的程度，就会逼迫他们或者搬离，或者从自己口袋里掏出更多来支付房租。8 号项目中承租户的稳定性也不像公共住房项目中的居民那么高：尽管受惠者可以流动，但是他们的搬迁也许会富有挑战。目前没有任何证据表明 8 号项目中的承租户与公共住房的居民或未获补贴的房客相比是否为更好的市民。

至于 8 号项目是否有益于孩子，也是一个仁者见仁的问题。无论自然还是受控的试验研究，实验时随机挑选从公共住房项目转为 8 号项目的居民，结果都表明在孩子生活方面这两个项目间似乎没有差异。例如，尽管有些家庭"被受惠于"芝加哥麻烦不断的高层工程，但是它们孩子的成绩并未因此而受到影响（Jacob，2004）。

最广泛的证据来自于我们之前在第 12 章讨论过的搬迁机会（MTO）实验。在 MTO 项目中，有一实验小组定期都会采访 8 号项目的受惠者，将受到优惠的家庭的结果与未受到特殊支持却仍被允许留住在公共住房中的家庭的结果相比较。

在得到 8 号项目优惠的家庭中，女孩虽然更少因犯罪而被捕和出现行为问题，但是只有在被捕状况方面具有统计学的显著性。女孩的心理健康状况也得到改善。8 号项目住房中的男孩虽然较公共住房中的男孩有更多的行为问题和更多的犯罪被捕，然而这在统计学意义上差别并不明显。就学习成绩、高中毕业率、药物使用和怀孕方面而言，两者之间也没有统计学意义上的差异。整体来看，那些享受 8 号项目优惠的家庭中的女孩似乎表现更好（相对于中等标准）、成就更高，而男孩则表现更糟、成就更低，不过影响甚微（Kling, Ludwig, and Katz，2004；Kling and Liebman，2004）。因此，对于孩子来说，8 号项目与公共住房项目相比并没有更好，不过也没有更坏。当然，还是有一些证据表明，与未接受补贴的私人住房相比，公共住房家庭中的孩子的表现要更好一些，然而那些证据比较无力，而且可能已经过时了。

在使人们成为更好的邻居方面，我们还不清楚 8 号项目究竟如何影响了传播性疾病或财产的价值。然而，筛选似乎不能起到多大的积极作用，因为许多住房状况糟糕的家庭并没有参与这个项目，而那些参与此项目的人把大量的钱财用于其他方面。在联邦政府 20 世纪 70 年代施行的类似于 8 号项目的住房分配试验中，住房状况最糟糕的家庭最不可能参与试验；虽不排除，但绝不成比例，这些都是最贫穷的家庭。决定参与此项目的许多家庭已经住在符合标准的住房之中了，这些家庭中的大多数并没有住在只要稍加修补就能得到改善以达到质量标准的住房里，这些小修小补的平均支出仅为 60 美元（Allen, Fitts, and Glatt，1981，p. 29）

尽管现在运行中的 8 号项目与 20 世纪 70 年代以来的任何试验都不相同，然而并没有充分的证据来反驳这个结论，反而有一些支持它的证据。克鲁斯（Crews，1996）发现，相对于其他商品，参与补贴住房项目——所有类别，而不仅仅是 8 号项目——的人们平均而言比那些没有参与项目的人更渴望得到住房。

实施低收入住房项目的最后一个原因是确保所有人都有一定的最低生活能力，无论他们自己想不想要——例如，变得富有充实、有房可居、免遭疾病、毫无羞愧地参加社会活动。与住房有关的一些因素对于这些重要能力来说至关重要。然而，对于 8 号住房项目而言，由于它没有顾及到那些居住在最差房子里的人，所以并没有在确保人们的最低生活能力方面做多少事情，尽管此项目对所有寻求它的人而言都触手可及。在第 15 章中，我会更加深入地讨论关于无家可归的相关问题。

我们可以看到 8 号项目似乎缺少了一个好的低收入住房项目应有的很多特点。不过 8 号项目并不是需求方项目可以采取的唯一形式。8 号项目的失败是因为作为需求方项目缺少足够的地方特色，而美国公共住房的失败则是因为作为供应方项目太具有地方性。例如，欧洲的住房补贴项目就与 8 号项目有很大的差异（见 Howenstine，1986）。

一个可能的替代方法是将一笔固定金额的钱给予从一般意义上来说对这个社会有重大价值的人。这是一种简单的庇古补贴系统：对于一个有孩子的家庭，每平方英寸的窗户面积或者每平方英尺的楼面面积，一个月 10 美分；如果有室内水暖管，一个月 10 美元。计算大量公寓的特征相当复杂，但是，下面的工作将更为复杂：检查并确认一个很长列表的标准是否已被满足，以及调整正在被执行的租金的数目——这是 8 号项目所需要的信息。或许在住房建造好的时候这一信息就已经被搜集了，以后需要的就是偶尔据其进行细微的检查。补贴也会定期发放。

计算清楚究竟支付了什么和到底支付了多少会十分困难。不过美国政府在住房项目上为穷人支付了接近每年 300 亿美元的补贴，同时也对所有人的住房项目支付了超过 1 000 亿美元的费用（包括税收支出）。当然努力准确地解决和测量这些项目可能产生的结果是一个合理的目标。

庇古补贴并不和收入挂钩；一位百万富翁拥有的补贴和一个穷人是一样的。对于高收入阶层，庇古补贴是一个精心设计的对房主税收优惠政策的改进。对于低收入群体来说，它贡献了一批微小的从房子不同的相关方面进行的改进，即使这些微小的改进加起来也不能使整个屋子达到政府经常变化的高标准。

这一系统将收入放到决定税收的部分和一个收入维护系统。横向公平将得到体现——那些接受住房支付越多的人也就是那些给社会其他成员或他们的孩子提供越多利益的人——工作的激励也是如此。家庭成员将不再需要为他们的收入应对两种不同的税率，一种由房屋行政机构征收，另一种由国内税务局征收。它们一个有改善住房需要的理由，一个有重新分配收入的理由，两者并不是一回事。

奥尔森（Olsen，1981）提出了一个不甚激进的改革：无论一个家庭支付的租金是多少，一个固定数目的普遍小额补贴都加上一定比例的租金，直到一个最大数量。没有必须满足的（而不是任何地方法规都得执行）住房标准。较低收入的家庭将得到较多数目的补贴。这个改革可能达成比 8 号项目更多的横向公平，帮助到更多需要的人。即使是最穷和居住在最差劲的房子的人们都可以得到补贴来改善他们住房的质量，可见他们一定比在 8 号项目背景下做得更多。

是否增加租金会使住房变得更好呢——从对孩子和周边人的影响的角度看——这是一个更复杂的问题。这个系统易受房东和房客共谋关系的影响——房东提高房租，不是提供更好的服务和质量，而是背后返还给房客足够多的现金使双方都更富裕。同时，8 号项目的标准将被表述为强制接受者关注与住房绑定的相关内容，虽然他们现在这么做显然毫无意义。

▌Ⅴ．对未参与者的影响

虽然在这一章我已经讲了很多项目，但是大多数穷人和接近贫穷的人是居住在私人及由市场提供的房子里的。因此，我们需要弄清楚这些项目是怎样影响了那些并没有居住在公共住房或者没能获得租金补贴的人们。那些减少了未参加者的房租的项目看起来将比抬高了他们租金的项目更为公平。进一步说，我们在第 13 章里看到的房主的税收优惠是联邦政府对住房市场的最大干涉。我们应该探索他们是否影响了穷人，虽然只有极少数穷人从中直接获利。

两个问题都是关于一种住房类型的供给和需求的变化如何影响了市场上的其他类型的房子。如此这般的相互影响是复杂和难以解释的，不过我们需要去思考这些问题。首先，我将概述当经济学家们试图回答类似这样的问题时，他们如何思考住房和市场，然后我们将这个方法应用到房主的税收优惠、成长性控制、8 号项目和公共住房上。

□ A. 住房质量以及它们如何共处

当许多经济学家想要考虑市场上不同类型的房子是怎样共处的时候，他们使用简单化的方法来把住房的差别沿着一个维度展开：有些"更好"，有些"更差"，大家公认的一方好于另一方。这个简单化的方法建立在一些事实之上——几乎人人都会认为高楼大厦好于简陋的小屋，带暖气的房子通常也带有超过平均水平的供电系统。但是，这当然不能完全代表现实情况——有些人喜欢草地，当然也有些人讨厌草坪；有些人渴望阳光而另一些人想要安全。这就是我称之为简单化而不是事实描述的原因。

一个城市在任何时候都会有多种类型的住房，有的质量非常高，有的质量又很低，大多数在两者之间。有需要不同质量的住房的人，也会有相应住房的供应者。

1. 需求

在需求方面，每个家庭只想要一所房子，以利用规模经济优势并节省交通费用。现在，我要运用一个封闭型城市模型。每一个家庭在考虑到它们的偏好和不同质量的房子的价格的基础上，决定自己想要居住在何种质量的住房里。有多少人会选择在某一个质量程度的房子里居住不只是取决于具备这一质量程度的房子的价格，还取决于所有其他质量程度的房子的价格。当某一个质量程度的房子的价格上升时，处于这个质量档次的住房的需求量就会下降，处于其他质量档次的住房的需求量会上升。对质量程度相近的住房的影响程度大于对质量差异较大的住房的影响程度。相似质量的住房相互之间是替代品，不同质量的住房间的替代效果就较差。如果高档酒店特朗普大厦的价格上升，并不会有很多原先的熟客决定在廉价旅馆里过夜。

如果我们认为在短时间里每一种质量档次的住房供应是固定的，那么在这段时间里的价格都会进行调整以使得每种质量住房的供给与需求平衡：对每一种质量档次的住房而言，想要买的人的数量和住房的总量是相同的。这称作短期均衡。在短期均衡里，高质量住房的价格比低质量住房的价格高（没有人会愿意买一个质量又差价格又高的房子）。

富裕的人通常最后会购买更高质量的房子。有钱人偏好购买几乎每一件好的东西，住房的质量（特别按照我们的定义）是一个好东西。并不是每一个有钱的家庭都比每一个穷人家庭拥有更好的房子——因为一些人在乎住房，而有些人喜欢把钱花在其他方面——但是一般的趋势是富裕的人会有更好的住房。

如果某一种特定质量的住房的供应量增加，对于一个短期均衡（在一个封闭型城市里）会产生什么影响呢？首先，这一质量档次的住房价格会下降，因为只有吸引更多的家庭购买该质量的住房才能使供求相等。这些家庭来自哪里呢？来自那些质量状况在优、劣两个方向上最接近供应量增加的质量档次的住房的需求者。不过，这时那些质量相近的住房的供应量将会超过需求量，它们的价格也会下降。这些二次价格下降将会加剧对原先质量档次上更低价格的需求，这种影响将会像涟漪一样向整个池塘迅速扩散。质量相近的住房的价格下降将会吸引质量差距略大的住房需求者；质量差距略大的住房的价格将不得不下降以使得需求重新与供应相等；质量差距更大的住房的需求将会再一次比之前下降。这个循环将会自我重复，但是每一次都会有所减弱。这样，一种质量档次的房子的供应量上升将会导致所有质量状态的房子的价格下降，不过质量间的差距越大，这种影响力就越弱。如图14—1所示。

城市经济学

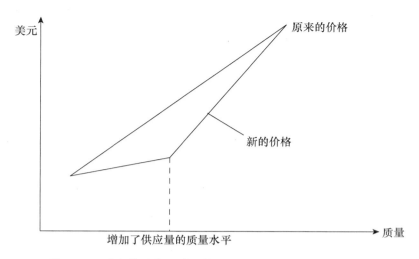

图 14—1　在短期均衡里增加某一特定质量的房屋供应的影响

需求方的分析给我们展示了一幅在比如几个月的短周期内发生的图景。但若从长期角度看，我们还必须考虑供应方的情况，以及那时供求双方的互相影响。

2. 供应

你可以用几种不同的方法在一段特定时间内建造一栋特定质量的房子。显然，你可以建造一栋那种质量的新房子。成本包括劳动力、材料、土地的费用，或者你可以对一个较低质量的房子进行改造——安装新空调，拆掉一些墙壁，用最新的装备重新装修厨房。在这种情况下，你的成本包括劳动力和材料，加上在低质量住房上的支出，与新建住房没有多大不同。事实证明，批量建造新住房使得新建质量较高的房子比翻新旧房子更便宜：例如，在一所建造的新住房里铺设新的电线比使它们弯曲穿过原先没有预留的老房子的旧墙裂缝要简单得多。在纽约市区，当股市上涨和高质量的住房需求激增时，"拆为平地"成为很普遍的现象：人们会选择购买中意的房子，或者彻底拆掉原来的房子重新建造，而不是改造旧房子。

但是在任何年份中，新建的和改造的住房的数量都很少——一般在可提供的住房单元总数的 1%～2% 之间（这是很难确定的，因为良好的记录不会被持续地更新）。其他两种处理和决策供应了剩下的 98% 的住房：维修和降级使用。

维修很容易理解。如果你现在有一个特定质量的房子，你想要在这一年内保持这个质量，你就得维护它，那就需要花钱。火炉可能会坏，树叶要从水沟里清理出去，车道必须被重新封闭，水槽需要固定，新的房客需要寻找和筛选，窗户要擦，整个外墙要被定期重新粉刷。基本的维修工作数不胜数，这基本由热力学第二定律所保证。应对自然环境挑战问题的一个方法是接受并打败它们。我称它为维护的策略。如果你这么做了，房子就会继续保持相同的质量。

但是你并不必接受所遇到的每一个挑战。有时，顺其自然，让房子破旧是最好的策略。（我们大都超过了 18 岁，都在一天天变老；为什么我们的房子要装修得更好呢？）如果你今年不维修房子，明年你的房子的质量将会变差。在这个意义上降级使用是一个被动的选择，而维修正好相反。

然而，降级使用也可变得更加积极。积极的降级使用的一个最好的例子是将一栋大房子细分成几个小公寓。你可以在维修上花一些钱，但不足以维持房子相同的质量。然而在另一种意义上，降级使用是颇费成本的：降级使用使你失去的是原先质量上收取更高价格的机会。

然后，每一年房子的主人和可建造的机会决定了下一个周期中提供何种质量档次的住房（或者干脆不提供住房）。他们可以建造、翻新、维修或者降级使用，以最大化自身的长期利益为导向。如果特定质量的住房的价格高于建造成本，那么更多的该种质量的住房将会被建造；如果价格高于稍微低质量的住房，那么该种质量的住房将会被维修；如果价格高于略高质量的住房，那么略高质量的住房将会被降级使用。

因为从平地新建住房通常比改造更便宜，又因为降级使用同样也比较便宜，在很多情况下提供中等或者偏低质量的住房的最便宜的方法是建造高质量的房子并且让它降级使用。假设你想要 5 年后获得一个中等质量的房子，现在的利率是 5%，高质量房子的成本是 200 000 美元，中等质量的房子的成本是 150 000 美元。所以建造一个 5 年后中等质量的房子你现在必须持有 117 529 美元，在年利率 5% 的情况下，5 年后将会增长至 150 000 美元。另一方面，如果你现在花费 200 000 美元，5 年后你将会拥有中等收入的房子，在这段时间里你将会拥有收取房租的机会（或者居住在这个房子里）。如果这 5 年租金的现值（或者居住在这个房子里）多于 82 471 美元（＝200 000－117 529），那么建造一个高质量的住房并且将它降级使用比直接建造一个中等质量的住房划算。你将不会看到有人建造中等质量的房子。另一方面，如果 5 年房租的现值少于 82 471 美元，两种质量的房子都会有人建造。

总之，如果这两种质量的房子的建造费用的差别很小，但是在房子从较高质量变低的降级过程中你能收取的租金数量又相当大，那么只有高质量的房子才会有人建造。通过降级来提供低质量住房将会比较便宜。更极端地说，如果每一种质量的住房的成本都一样——建造一个陋屋的成本和建造一栋高楼大厦的成本一样——那么人们只会建造高楼大厦；陋屋恰恰是原先的大厦。

3. 长期均衡

在一个长期均衡里，当供应方能够很好地适应需求方时，就会产生不同类型的房子，可能是新建，可能是降级使用，或者两者皆有。（就大多数情形而言，这里我们可以忽略翻新，因为它的影响很小；在大多数情况下新建更便宜。）显然，新建住房的质量要比降级使用的质量更高。

进一步的，如果在任何质量水平上都只有降级使用的房子，那么家庭使用这一质量的房子所支付的价格将会低于支付给新建住房的价格。否则，一些建造者将会降低由想要这一质量的家庭所支付的价格。

这个结果有一个重要的含义。如果不同的质量被充分紧密地联结在一起以致任意两个相似质量的房子间的建设成本的差异极小，那么由降级使用提供的房子的质量就不会超过新建房子的质量。

假设情况不是这样，一些只靠降级提供的房子的质量比新建房子的质量高。考虑到靠降级提供的质量的最低值，称这个质量为 D。一定存在某一种新建的、质量很接近于 D 但是比 D 低的房子，称这个质量为 B。由于质量间可以无限靠近，质量 B 和 D 是无限接近的，所以这两个质量的建筑成本也是无限靠近的。

既然住房事实上的建造质量是 B，消费者需要为 B 质量的住房支付的价格是质量 B 的建造成本。既然质量 D 的住房仅仅通过降级来提供，那么消费者为 D 质量的住房支付的价格就少于质量 D 的建造成本，这一成本接近于质量 B 的建造成本（无限接近于 B 的建造成本）。因此，消费者为 D 支付的价格少于 B 的建造成本，也就是少于消费者为质量 B 的住房支付的费用。这在一个均衡过程中是不可能达到的，无论是长期还是短期：消费者都不可能为质量较低的住房（B）支付比质量较高的住房（D）更多的费用。

因此，我们最初的设想——由降级使用供给的住房的质量优于新建住房的质量——可能并不正确。所有新建住房的质量必须优于只通过降级供给的住房的质量。

此时，从长期均衡来看，质量可以分为四类，如图 14—2 所示。能想象的最高质量的住房根本就没有；因为它们价格过于高昂，无人能负担得起，所以我们无需关注。下一个较低的区间是由新建（可能也有降级）提供的住房的质量；我们可以称其为"建造区间"。建造区间中最低的质量——真实建造的住房的最低质量——我们可以称其为"建造边界"。

图 14—2　从长期均衡来看住房是怎么供应的

下一个更低层次的区间代表仅由降级供给的房子的质量，我们可以称其为"使用区间"，而这一区间的最低质量可以称为"抛弃边界"。

最低层次的区间包含不会被供给的住房质量，因为这些房子太次了。为何真正劣质的住房不在我们周边？不少原因都可以用来加以说明——也许这不符合建筑和居所的法规；也许没人愿意拿出土地等资源来建造此等住房。你肯定不会购买一用就坏的铁铲，也不会买闻起来让人恶心的衣服，这并不是监管所为。市场不会（也不应该）使每一种物品只有单一的质量水平。

这一住房市场模型也有如下寓意，在一定的条件下，在建造区间内的住房价格（除去建造边界）将会完全由供方因素决定。其中重要的条件是无论新建了多少种质量的住房，每一种质量的住房的新建成本都是一样的；新建住房的供给数量是完全弹性的。奎格利（Quigley，1979）给出了一些支持这一观点的实证性证据。

如果情况就是这样，在建造区间中任何住房的市场价值必须与建造同等质量的住房的成本持平。（如果市场价值变低，没有人愿意建造那种类型的住房，那么该种质量的住房就不会在建造区间中；而如果市场价值变高，所有人都会建造它，供给就会超过需求。）一栋住房的市场价值——人们愿意支付的拥有它的价格——取决于它所能提供的服务的价格以及在老化到一个稍低的质量或更新到一个更高的质量之间的选择。这些选择的价值取决于其他质量住房的市场价值。由于其他质量都属于建造区间，它们的市场价值等于建造成本。所以，如果你能了解建造区间中每种质量的住房的建造成本，就能计算出这些质量的住房必需的服务价格。

在长期——一个长得足够解决所有建造中瓶颈问题的时间——家庭为建造区间中不同质量的住房支付的价格仅仅取决于建造成本（也许用更复杂的方法去计算）。市场需求也不会影响这些价格。当然，这一结果只能在长期才站得住脚。不过，如果新房的供应量非常有弹性，那么它在短期中也大致适用。

这一节针对开放型城市情形所讨论的大多数结论也适用于封闭型城市的情形，这是因为几乎不依赖于真实的需求结构。因此，即便在开放型城市情形中，住房的价格也随住房质量的提升而增加，而四类供给区间仍以同样的顺序排列，并且从长期看，只有供给才决定建造区间中住房的价格。

□ B. 房主的税收优惠

这样一个安排可以让我们描绘出诸如房主税收优惠、FHA、二级房贷市场等项目对穷人的影响。由于这些都是国家政策，一个封闭型城市的分析将会给出正确的答案。

对这一问题有一个非常流行的答案，就是这些项目给穷人很大的帮助，并且改善了他们住房的质量。我们必须得评价一下这一答案是否正确。有观点认为，当一个相当富足的家庭从一个地方搬到更好的居所时，就有一个不太富足的家庭搬进他们搬出的老屋子，也将会为另外一个更不太富足的家庭提供了居所；以此类推，直到最后。在住房链的末端，最贫穷的家庭也会住上更好一些的房子，那么所有人都会变得更好。我们注意到，这一观点并没有关注住房的价格，因此这些关于人们生活富裕的言论并不一定站得住脚。同时也注意到最佳结果的获得将伴随着越来越多的住房链末端的住房被舍弃。

有时我们把这一过程叫做筛选，但是筛选一词在过去几十年中以许多不同的、不精确的方式被使用过，因此我并不想把这个词用在这里。（格里格斯比等人（Grigsby et al.，1987）以及玮策和锡伯杜（Weicher and Thibodeau，1988）对这一专有名词的使用有更为细致的讨论。）

要分析这些想法，首先我们得分析市场供给固定的短期模型。支持住房所有权的政策会增加高质量住房的市场需求，降低较低质量住房的需求。对高质量住房需求的增加抬高了价格，在每一个质量层次都是如此，价格抬高的规模取决于与最初需求增加的质量水平处的距离，如图14—3a所示。对较低质量住房需求的减少压低了价格，在每一个质量层次都是如此，这一情形与前面有同样的趋势，不过在相反的方向上，如图14—3b所示。政策的整个短期影响就是这两类影响的总和，如图14—3c所示。

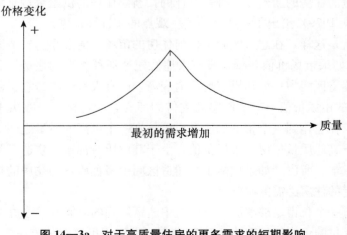

图14—3a 对于高质量住房的更多需求的短期影响

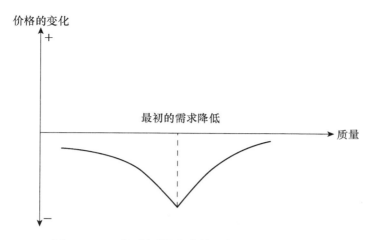

图 14—3b　对于低质量住房的更少需求的短期影响

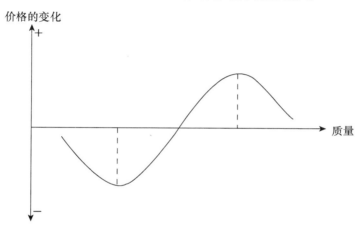

图 14—3c　家家户户拥有房产的政策的短期均衡影响

由于穷人所买房的质量更加接近于需求降低的区域而不是需求增加的区域，那么价格下降的影响对于他们而言要比涨价的影响更为强烈。如果最低质量处住房的价格降低，穷人的生活就会变得更好。然而，这种效果可能微乎其微，尤其是对于诸如房主税收优惠政策之类的项目，这些工程里的大多数直接受益人反而会购买高质量的住房。

从长期来看，当市场供应变化时，这一图形也会随之改变。所有这些工程都会增加建造区间中各个不同质量等级的住房的需求，但是影响的程度主要取决于住房需求的减少究竟来自于建造边界之上还是之下。

首先，假设该建造区间内的质量等级都会下降和上升。从长期看，价格不会改变（或改变很小）。因此这些项目的直接受益人的状况就会变好，而且我们在第 13 章对该影响的简单分析会也是正确的。由于价格不变，该区域内各处的住房需求也不会变，那么其他任何方面都不会改变。这些项目对于穷人毫无意义。

或者，假设市场需求的减少低于建造边界（但高于大多数穷人购买的房子的质量）并且需求的增加高于建造边界。与现行的房主税收优惠政策相比，这也许能更好地代表 FHA 保险或 VA 担保的影响。如果使用区间中的房价与固定供应量同样下跌，住房单元就不会降级到建造区间之外。使用区间中的较低房价会让建造区间和建造边界上的房主更渴望维修自己的住房，因为如果住房的质量受损，他们会损失更多。因此，整个使用区间中的住房价格就不得不上升，而且使用区间中住房的均价将反弹到没有实行该项目时的价格。

在这个例子中，政策对穷人的影响是模糊不清的。如果 FHA 和 VA 项目减少的对房子的需求类似于穷人对住房的消费，最初的影响将会很大，穷人的状况也会全面得以改善。但是，如果需求的减少靠近使用区间的上端，纯粹的需求效应将会很小，而供应效应将会明显，穷人将会被迫支付更高的价格，其生活水平也会随之下降。

总的来说，细致的分析并没有给出一个关于实施于美国的房产权政策已经对穷人有所影响的明确答案。这些研究可能有益、可能有害或者没有任何意义。答案取决于那些未知的和可能会经常变化的参数。我们能得到的最强的理论性结论就是，无论这些项目已经对穷人和他们所购买了住房产生了何种影响，这种影响都微乎其微。

□ C. 增长控制

增长控制是另一个为较为富裕的人设置的项目，这些较为富裕的人能够影响穷人支付的房租。我们在第 8 章看到郊区经常会被严格地分区，这使得建造新的住房更为困难和费钱。类似于城市发展边界和智慧增长的更新颖的观念也增加了新住房的成本。

如果说房主税收优惠政策增加了人们对新建的、高质量的住房的需求，那么增量控制政策的效应则是减少了此类住房的供应。这一差异十分重要。建造区间的住房价格由长期供应量而不是需求量决定，所以增量控制政策能够使高质量住房的价格提高，而房主税收优惠政策则做不到这一点。高质量住房价格的提高将会削弱降级供应住房的激励，从而导致所有质量的住房的价格提高。在这个模型里，增量控制政策伤害了穷人。

萨默维尔和梅耶（Somerville and Mayer，2003）提供了一些关于增量控制政策降低了住房的降级使用率且变得更适合于穷人的证据。马尔佩齐和格林（Malpezzi and Green，1996）估计，从相对未受管制的都市地区迁移至高度管制的地区后，会有四分之一的房客被增加了至少五分之一的房租，这些看起来很公平。拉斐尔和奎格利（Raphael and Quigley，2004）提供了一个关于这一主题的实证性文献的综述，虽然这些文献很少，但是所有的观点都指向同一个方向。

当然，这一结论在开放型城市模型中并不一定站得住脚。从长期看，对一个特定都市区的增量控制并不会对该区域中的穷人带来不利影响——他们中的一些人会选择搬迁到其他区域。然而，全国范围内的增量控制将会对所有的穷人带来不利。

□ D. 8 号项目

与房主税收优惠政策一样，8 号项目减少了对一些低质量住房的需求，提升了对一些高质量住房的需求。然而，这两者之间有两个主要区别。

首先，在 8 号项目中，这两种受影响的住房层次都可能属于使用区间之中；而且，从我们更早之前对 8 号项目的讨论中可以看出，它们之间的差异也许并不是特别大。大部分 8 号项目的受惠者居住的住房与大量其他低收入家庭居住的住房相差很小。

其次，8 号项目使得家庭变得更小——一是通过限制有资格接受资助的人数，二是通过给更小的家庭提供人均额度更高的资助，三是通过对愿意独立居住的人群提供足够的资助。斯奈和沃德弗格（Sinai and Waldfogel，2002）以及艾伦和奥弗莱厄蒂（Ellen and O'Flaherty，2004）运用不同的方法和数据得出了这一实证性结论。

由于这两个原因，8号项目可能推高了大量居住在私人住房里的低收入人群的房租水平。苏辛（Susin，2002）估计，8号项目使得低收入人群的房租平均上涨了16％。这里的"低收入"指的是最穷的三分之一的房客。根据苏辛的计算，低收入房客每年可从8号项目中获得58亿美元的联邦政府补助，却因为更高的房租而损失82亿美元。不过，由于他是研究8号项目的平均影响，因此苏辛并不能确定8号项目对租住私宅的不同类别的低收入人群的不同影响。我们的基本模型预测最贫穷的人将会有所得，而那些早已选择了与8号项目的质量要求相似的私人住房的房客却会有所失。如果这是真的，那么8号项目比苏辛的基本预测结果所喻示的情形更为公平，因为它使得未受补助的最贫穷的人们也得到了帮助。另一方面，如果这仅仅是计算平均影响的一种方式，对于未受到8号项目质量补助的房客来讲，这显得更加不公平，因为他们房租的上涨幅度远远超过平均的16％。

源于8号项目的这一问题正如当今美国存在的其他问题，当然这不一定适用于所有的需求端项目。例如，适用于所有穷人的项目并不会产生公平问题——但是可能最终会使大量的钱财流向房主，而穷人所获无几。举个例子，法国提高了住房补助，并且使得约半数房客获得资助，然而这也似乎增加了受助者所支付的房租（Laferrere and Le Blanc，2004）。因此，市场反应不容忽视！

□ E. 公共住房

由于公共住房项目仅仅集中在少数几个城市，兴建公共住房的决策由当地政府决定，因此必须根据开放型城市模型分析公共住房项目的市场影响。

在开放型城市模型中，公共住房不能改变私人市场上各种不同质量住房的价格。任何价格下降都会引起需求的流入，反之，价格的上升则会导致需求的流出。因此，那些没有获得公共住房的人们的状况较之以往并没有因公共住房项目的存在而变好或变坏；这些外部性影响并没有出现。

这时，就长期而言，如果房价保持不变，那么市场供给也会保持不变。如果家庭因为公共住房而舍弃私宅，那么这些私宅就会被越来越多地流入人口所租住。即便他们曾经居住的建筑被拆除，这种状况也会发生，因为拆除那些建筑的代价是使得其他房子沦落到取而代之地为下一个拆除对象的地步。因此，在一个开放型城市中，即便加上贫民区的清拆项目，就长期看公共住房项目根本不会减少低质量住房的数量。这里既不存在外部收益也没有外部成本。

公共住房使得其租户的状况变好（更稳定或更有公民意识）；但这只会增加一个城市中穷人的数量。

尽管就长期而言，开放型城市的故事听起来有点荒谬，但大量证据都支持它并反对其他的代替方案。亚诺（Vitaliano，1983）以及玮策和锡伯杜（Weicher and Thibodeau，1988）的研究都发现大都市中公共住房单元的供应没有影响低标准住房的出现率。斯奈和沃德弗格（Sinai and Waldfogel，2002）发现公共住房对于住房单元的总量几乎没有影响。不过，只有在开放型城市的假设下才能得出这些结论。

■ VI． 结论

作为最新的供应方项目的传统的公共住房，以及 8 号现存住房项目仅占了美国全部住房的约 5％。布兰科（Blank，1997，p. 109）估计，美国只有 22％的贫穷家庭受到了任何形式的住房项目的援助。几乎没有理由相信这些项目对过去 60 年来美国住房质量的令人吃惊的改善做出了多大贡献。那么为什么每个人都会如此关心住房市场的这些小污点呢？

一个原因是公众对住房的支持对于北方和中西部的大城市如何发展成现在的样子以及它们怎样走出该状态发挥了一个不成比例的作用。建立为城市发展担忧的联邦住房和城市发展部，以及该部门把大多数的预算都用在了我们在本章中所讨论的项目上，这些还是于世有益的。

另一个原因事关发展中国家的城市。用美国的标准，大多数生活在这些巨型城市里的人都是贫民且居住简陋。让他们住进更好的房子是 21 世纪的伟大工程之一，这一工程将花费十万亿乃至上百万亿美元。这些城市并不会完全复制美国的经验，但是一定的理念——对激励的需要、独立居室和固定收入的好处、项目被绑架用于服务其他目标的危险——或许是不可或缺的。

最后，低质量的房子对于居住在里面的人、他们的邻居以及他们的孩子来说影响巨大。我们有充分的理由持这样的看法。

问题

1. 考虑随后产生的效果，概括第二次世界大战后东北部和中西部城市实施主城区商业利益开发政策而不是城市复兴和提高建筑物高度的政策的原因。

2. 根据第 13 章对于抵押贷款和住房所有权的讨论，关于支持和反对补贴穷人住房所有权的项目的辩论到底争论的是什么？比如，考虑 8 号项目抵押支付凭证的使用以及其他任何你能想到的鼓励更多穷人拥有住房的方法。这些项目公平吗？他们是潜在的帕累托改进吗？

3. 在什么情况下政府应该补贴穷人轿车而不是住房？在什么情况下轿车所有权补贴能够代替住房补贴？它们分别有什么优点和缺点？利用第 8 章里关于分区以及第 11 章里关于空间错配的相关信息进行分析。

4. 在封闭型城市模型里，穷人支付的公共住房的市场租金的效应是什么？

参考文献

Allen, Garland E. , Jerry J. Fitts, and Evelyn S. Glatt. 1981. "The Experimental Housing Allowance Program." In Katherine L. Bradbury and Anthony Downs, eds. , *Do Housing Allowances Work*? pp. 1–32. Washington, DC: The Brookings Institution.

Blank, Rebecca. 1997. *It Takes a Nation: A New Agenda for Fighting Poverty.*

Princeton, NJ: Princeton University Press.

Burrows, Edwin G. , and Mike Wallace. 1999. *Gotham: A History of New York City to 1898*. New York: Oxford University Press.

Crews, Amy. 1996. "Do Housing Programs for Low-Income Households Improve Their Housing?" Occasional Paper no. 178, Metropolitan Studies Program, Syracuse University.

Currie, Janet, and Aaron Yelowitz. 2000. "Are Public Housing Projects Good for Kids?" *Journal of Public Economics* 75(1): 99−124.

Ellen, Ingrid Gould, et al. 2003. "Housing Production Subsidies and Neighborhood Revitalization: New York City's Ten-Year Capital Plan for Housing. " *Federal Reserve Bank of New York Economic Policy Review* 9(2): 71−86.

Ellen, Ingrid Gould, and Brendan O'Flaherty. 2004. "Do Housing and Social Programs Make Households Too Small?" Working paper, Department of Economics, Columbia University.

Grigsby, William, et al. 1987. *The Dynamics of Neighborhood Change and Decline*. New York: Pergamon Press.

Howenstine, Jay. 1986. *Housing Vouchers: A Comparative International Analysis*. New Brunswick, NJ: Rutgers University Center for Urban Policy Research.

Jacob, Brian. 2004. "Public Housing, Housing Vouchers, and Student Achievement: Evidence from Public Housing Demolitions in Chicago. " *American Economic Review* 94 (1): 233−258.

Kling, Jeffrey R. , and Jeffrey B. Liebman. 2004. "Experimental Analysis of Neighborhood Effects on Youth. " Working paper, Woodrow Wilson School, Princeton University. Accessed at www. wws. princeton. edu/~kling/mto/recent. html.

Kling, Jeffrey R. , Jens Ludwig, and Lawrence F. Katz. 2004. "Youth Criminal Behavior in the Moving to Opportunity Experiment. " Working paper, Woodrow Wilson School, Princeton University. Accessed at www. wws. princeton. edu/~kling/mto/recent. html.

Laferrere, Anne, and David Le Blanc. 2004. "How Do Housing Allowances Affect Rents? An Empirical Analysis of the French Case. " *Journal of Housing Economics* 13 (1): 36−67.

Malpezzi, Stephen, and Richard K. Green. 1996. "What Has Happened to the U. S. Housing Market?" *Urban Studies* 33(10): 1807−1820.

Mayo, Stephen K. , et al. 1980. "Housing Allowances and Other Rental Assistance Programs: A Comparison Based on the Housing Allowance Demand Experiment. " Cambridge, MA: Abt Associates.

National Association of Housing and Redevelopment Officials (NAHRO). 2000. "1997 Picture of Subsidized Households. " Accessed at www. nahro. org/reference/stats_picture1997. html.

Newman, Sandra, and Joseph M. Harkness. 2002. "The Long-Term Effects of

Housing Assistance on Self-Sufficiency. " *Journal of Policy Analysis and Management* 21: 21−44.

Olsen, Edgar. 1981. "Comment on Kain paper. " In Katherine L. Bradbury and Anthony Downs, eds. , *Do Housing Allowances Work*? pp. 366−374. Washington, DC: The Brookings Institution.

——. 2001. "Housing Programs for Low-Income Households. " National Bureau of Economic Research Working Paper 8208.

Quigley, John M. 1979. "What Have We Learned about Urban Housing Markets?" In Peter Mieszkowski and Mahlon Straszheim, eds. , *Current Issues in Urban Economics*. Baltimore: Johns Hopkins University Press.

——. 2000. "A Decent Home: Housing Policy in Perspective. " *Brookings-Wharton Papers on Urban Affairs* 1 (1): 53−88.

Raphael, Steven, and John M. Quigley. 2004. "Is Housing Unaffordable? Why Isn't It More Affordable?" *Journal of Economic Perspectives* 18(1): 191−214.

Riis, Jacob. 1890. *How the Other Half Lives: Studies among the Tenements of New York*. Repr. , New York: Hill and Wang, 1957.

Sinai, Todd, and Joel Waldfogel. 2002. "Do Low-Income Housing Subsidies Increase Housing Consumption?" National Bureau of Economic Research Working Paper 8709.

Somerville, C. Tsuriel, and Christopher Mayer. 2003. "Government Regulation and Changes in the Affordable Housing Stock. " *Federal Reserve Bank of New York Economic Policy Review* 9(2): 45−62.

Susin, Scott. 2002. "Rent Vouchers and the Price of Low-Income Housing. " *Journal of Public Economics* 83 (1): 109−152.

U. S. Bureau of the Census. 1999. *Statistical Abstract 1999*. Washington, DC: Government Printing Office.

Vitaliano, Don. 1983. "Public Housing and Slums. " *Urban Studies* 20: 173−183.

Wallace, James E. 1995. "Financing Affordable Housing in the United States. " *Housing Policy Debate* 6: 785−814.

Weicher, John, and Thomas Thibodeau. 1988. "Filtering and Housing Markets. " *Journal of Urban Economics* 23: 21−40.

Wilner, Daniel M. , et al. 1962. *The Housing Environment and Family Life: A Longitudinal Study of the Effects of Housing on Morbidity and Mental Health*. Baltimore: Johns Hopkins University Press.

城市经济学

第 15 章

无家可归问题[①]

从第 13 章开始，我们把住房作为研究对象，列出了一串住房的用途：遮风避雨，躲避窃贼和抢夺者，保护财产，准备餐饮和用餐之地，学习、独处、娱乐的地方，社交的场所，声誉的代表，保持个人清洁和卫生的必要之处，人们投票、上学、参政的社区基地。用途丰富多样并且不可替代，无法想象没有房子的生活会变成什么样。

然而，即便在发达国家中也有大量无家可归的人。我们相信虽然一些流浪者会通过某些创新的、打破传统的方法找到居所，但仍有许多人无法找到归处。本章主要讨论那些致使无家可归者和其他人失败的原因。

我们首先要考虑"无家可归"的定义。也许是因为住房包含了太多的特质，因此"无家可归"具有丰富的含义且已被用在很多方面。在本章第 I 节中，我会对"无家可归"不同的应用做一下梳理，并约定其在此处的含义。

在随后的两节中我们将会关注无家可归造成的一些问题，以及公众和慈善机构更加迫切地关注住房的缺乏而非牙膏或蔬菜的缺乏的原因。第 II 节将讨论为何无家可归对流浪者本身而言是一件坏事情，而第 III 节将关注这一现象为何对于当前有家可回的人而言也是不利的。第 IV 小节主要讨论政策选择。

I．何为无家可归？

在过去的世纪里无家可归对不同的人有着不同的意义，因此如果不仔细研究它的定

---

① 为了更好地学习本章内容，你需要熟悉以下概念：效率、外部性以及潜在的帕累托改进。你可以在词汇表中找到这些术语。

义，很难将这个话题讨论清楚。不同的定义强调了住房作为多种用途的集合体的不同方面；基本上，每一种定义都着重选择了住房的某几个方面，可以说如果你缺少那几个方面，你也是无家可归的人。

在美国，有这么一个最传统的观点，住房是人们根植家庭、立足社会的地方。根据这一传统观点，如果你飘摇无根，与家庭社会脱节，不管你如何拥有物质享受，你依旧是一个无家可归的人。1973 年，一位知名的社会学家写道："无家可归是一种与社会分离的状态，这种状态表现为逐渐缺失或弱化的社会归属感，而正是这种归属感把人们纳入一个相互联系的社会结构网络当中……如果一个人居住在贫民区，与世隔绝长达 40 年，他就可被认为是无家可归的人。该概念的本质已超越了居所的安排"（Bahr，1973，pp. 5，7）。

在这种传统观念下，无家可归的男人也会被称作流浪汉（20 世纪早期）、无业游民、被遗弃者（20 世纪晚期）。他们居住在户外或是城市荒废的地区即"贫民窟"——这些地方给过路客们提供便宜的住所、价格低廉的烈酒以及缺失家庭的归属感。无家可归的女性很少，几乎没有无家可归的家庭——如果你们以家庭的形式生活在一起，相互之间有充分的归属关系，那么即便家只是立交桥下的一间纸板箱，也不被认为是无家可归。

今天，美国的传统观察方式让人们相信在白天就可以轻而易举地判断出哪些是无家可归者。这是可能的，因为无家可归的含义并不是你在哪里睡觉，而是你与自身之外的世界的关系如何。例如，几年前，在一个地铁站台我被人抢了 5 美元，报警后警察随即问我抢劫者是否为一个无家可归的人——此人是否头发蓬乱、气味熏人、满嘴酒气，或有些眼神迟钝。（我说不是。）

关于**无家可归**一词的大量不同用法在英国显得尤为突出。英国传统观点中的住房强调的是人们占有居住空间的合法权利。无家可归是指那些没有权利占有他们睡觉及储藏财产的地方的人们。从 20 世纪 60 年代到 70 年代早期，英国关于无家可归的讨论绝大多数集中在非法占地修建临时居所的人（当时伦敦充斥着大量这样的人）身上。自从《1977 年无家可归者法》实行之后，英国人关注的重心转移到了"合宿家庭"——与其他家庭共享居住空间的家庭，他们的合宿归功于第一个家庭（经常扭曲）的善意。

与美国学者的研究通常针对生产（与社区相联系的）什么样的住房相比，英国更加关注人们在住房市场中到底做了些什么。在按照英国的传统用法使用这个单词时，你必须知道住房的需求者与供应者之间的相互关系，以此来判定他或她是否为无家可归者；而按照美国的传统用法，使用无家可归一词时并不需要这些信息。

今天（和大约自 1984 年开始）这个国家的学者和政府官员在应用无家可归一词时的理解几乎完全不同于任何一种传统用法，但又与每种传统用法有相似之处。一方面，与英国传统观点一样，它主要集中在人们在住房市场上的活动，而不管他们是否实现了与那些由住房衍生出的社会的其他部分之间的某种联系。另一方面，它与美国传统用法有点类似，把传统上流浪者们使用的、收留无家可归者的那些住房安排方式罗列出来。如果你居住的方式像一个流浪者，你就是无家可归的人。

具体来讲，按照现代的官方解释，无家可归者就是指那些要么居住在收容所，要么居住在并不适宜人类居住的地方的人。这一定义强调与住房相关的两个方面：诸如床、带锁的门、厕所等常规设施的物品使用权；以及融入合适的社区。如果你对基本的设施没有物品使用权，你就是无家可归的人——例如你可能会睡在地铁里。而即便你有这些基本的设施，如果你住在大量流浪者居住的地方——比如城市收容所或是带有宗教性质的贫民窟，你仍然属于无家可归的人。

在这三种定义中，对于使用而言哪一种最好呢？也许都不是。与其强调与住房相关的特定方面，还不如综合考虑住房的不同方面，同时区分那些缺少了住房含义中某些关键要素的不同人群。不同的人群面临不同的问题，相应地，不同的政策措施被用来解决这些问题。那些被亲戚从客厅赶出来的、带有小孩的家庭身处困境，而那些睡在高速公路下的纸板箱里的中年男人也有难处。如果将这些无家可归者的问题混在一起并假设他们是相同的一类，并不便于人们进行进一步的理性讨论。

没有人知道现今在美国有多少人缺失与住房相关的重要物品。每晚成千上万的人睡在那些可被统称为无家可归人的收容所的地方；还有差不多 100 000～500 000 人睡在一些像地铁站、废弃的建筑那样的非常规的地方。美国人口调查局估计 1990 年美国大概有 230 000 名无家可归的人，而 2000 年却高达 280 000 名。由于有些人仅仅维持几天或几周这种流浪的状态，一年中有过一些无家可归经历的人数要几倍于特定的某晚处于无家可归状态的人数。这些数字对于一个人口超过 2.8 亿的大国来说很小，但已几倍于20 世纪 60 年代和 70 年代。

▌Ⅱ．为何居无定所对无家可归者很糟糕

你会关心那些发生在这些少数人身上的事情吗？过去几十年花在无家可归者身上的精力和资源说明许多人确实关心这一问题，因此要开始分析那些试图解决不同种类的无家可归问题的政策，我们首先需要问一问为何无家可归很糟糕。各种不同类型的无家可归会导致两大类问题：一类是关于无家可归者自身的问题，一类是目前尚未成为无家可归的人的问题。在这一小节中，我们主要关注无家可归者的问题。

无家可归者遭遇的最明显的问题就是被暴露在恶劣天气之下所引起的问题。那些缺少基础庇护设施的人们更有可能遭受体温过低、冻疮以及其他因严寒引起的状况。乔爱尔（Johiel，1992）发现与慢性呼吸道感染的情况类似，皮肤感染和体温紊乱更易发生在那些露宿街头的人们身上。因此，即便你并没有因生病而受到及时的医疗救助，在恶劣天气中被迫在野外居住也是极其痛苦的。

对于那些露宿街头的人来说，缺少厨房设施和清洗空间是他们面临的另一问题。营养不良和食物污染，以及糟糕的卫生状况也使得传染性疾病肆意蔓延。赖特（Wright，1989）认为，大量的步行以及站着睡或坐着睡会导致动脉和静脉的疾病，尤其易发生在腿部。街头上流离失所的人也易遭受外在创伤，从意外事故到人身攻击都有可能发生。毕竟，对于居所和他们的财产来说，安全性是住房所能提供的主要功能。

无家可归同时也会引发、恶化或是导致身体出现类似精神疾病的状况。霍普（Hopper，1988）总结了相关的研究，那些研究发现大约三分之一出现在无家可归人身上的精神疾病都是发生在他们流落街头之后。

与露宿街头不同的是，留宿收容所的生理后果很大程度上与收容所的状况有关。有

些收容所几乎不提供生活空间、隐私保护、人身财产安全或是自主权——例如，有的收容所仅仅是由一排排简易床构成的军械库或是教堂的地下室。这样的一些收容所往往与一些疾病（比如肺结核）的传播有所关联。另一方面，许多收容所确实也提供了更好的措施来提升安全性、隐私性和卫生状况，这比那些仅仅是由简易床构成的军械库要好多了。这些收容所不会出现类似的健康及安全问题。

然而，对孩子们来说，即使是最安全、最卫生的收容所，也将中断孩子们的学习，将他们与朋友分开，扰乱他们的日常生活，并且常常将他们置身于其他同学的嘲笑之中。尽管跟其他备选方案相比，这可能是较好的选择，但进入或居住在收容所对孩子终究是不好的。

对于成年人来说也是一样。流落街头或者居住在收容所产生的社会和心理代价往往是很大的。例如，想找到一份好工作往往需要有机会洗个澡、一套干净的衣服、一个地址和一个可收到消息的电话号码。对于这些无家可归的人，这些要求并不是绝对不可能满足的（特别感谢那些为无家可归的人设计的独特的项目），但是他们中的所有人都面临着一个严重的困境——当那些雇主知道申请人的地址是一个无家可归的收容所时，会倾向于设想他或她相比其他人缺乏生产能力及可靠性。（可参看 2002 年格洛姆和约翰 (Glomm and John) 关于无家可归者对劳动力市场影响的讨论。）

无家可归对成年人的社会影响并不仅仅局限于劳动力市场。居住在街道和收容所的流浪者因难以被信任而无法融入一般的社区活动，用亚当·斯密的句子来说，就是"毫不羞愧地出现在公众面前"。道德败坏的耻辱往往会成为无家可归的人身上的标签（一部分原因是许多人将这两者混为一谈），这种耻辱给无家可归者造成了负担。

既然这些生理、心理和社会成本（除去那些由孩子承担的部分）由那些如果拥有像我们大多数人一样的钱便不会选择无家可归的人承担，那么对这一系列"无家可归的代价"问题的反应就是它们确实是极度贫困所需付出的代价。这种观点认为：极度贫困的人都在竭尽全力去抓住社会可以提供给他们的微薄机会，而无家可归所付出的可怕代价仅仅反映了极度贫困的人的生活是多么悲惨。

这个观点的政策含义是相当简单的，就是无家可归仅仅是极度贫困的一种反映。消除无家可归现象的最佳方式就是消除极端贫困的最好途径：用现金。无家可归的人生活状况糟糕是因为他们生活得不幸福，他们不幸福是因为他们没有钱，对于缺少钱的人来说，钱是最直接和有效的缓解剂。如果人们有钱，或者有挣钱的渠道，却选择流浪的生活，那么只能说他们作出了不幸的生活选择，不过——除非他们的选择对孩子和对那些没能获得补偿的人产生了影响——它还不是一个我们将要担忧的问题。有些人选择用有线电视观看世界摔跤联合大赛，另外一些人选择住在纸板箱中，但只要每一个群体都有机会作其他选择，他们的选择就不是一个问题。

另一种对无家可归现象的解释与上述观点相当相似，它认为：无家可归现象主要是由精神疾病和药物滥用所引起的。因此，无家可归的真正意义上的成本是精神疾病和药物滥用的成本。这种观点认为无家可归仅仅是精神疾病和药物滥用的一种指示器。解决无家可归的途径就是解决精神疾病和药物滥用问题。

注意，那两种关于无家可归问题的观点——看成是其他社会问题的征兆——也就意味着无家可归的精确定义并不重要。如果无家可归问题的本质在于极度贫困或者精神疾病，那么重要的任务是辨别并解决极度贫困或者精神疾病问题，而非找出谁是无家可归者。

然而，将无家可归现象看作是一种症状的观点还存在一些实证性的困难。大多数极度贫困、患有严重精神疾病或是严重药物滥用的人通常会得到安置。在一个普通的夜晚，美国可能有 50 万人（包括儿童）被所有的定义归为无家可归者，一般都少于 100 万人。但在 1999 年，有 1 270 万人处于极度贫困状态，他们的收入低于贫困线的一半（Dalaker and Proctor，2000，p. xii）。同年，1 480 万人服用违禁药品，其中有 1 240 万人是重度饮酒者（上一个月中在 5 个甚至更多场所饮酒至少 5 次），还有 1 030 万人使用了如此之多的酒精或者药物并长期使用，以至于政府给他们贴上"依赖"违禁药品或酒精或两者皆有的标签（U. S. Substance Abuse and Mental Health Services Administration，2001）。（贫困和药物滥用的数据都是依据户籍人口，其中不包括无家可归者、养老院居民和囚犯。）美国外科医生估计：约有 15％的成年人在一年中患有可诊断的精神疾病，其中有 2.6％的人患有"严重且持久的精神疾病"——2000 年大约有 500 万成年人（U. S. Department of Health and Human Services，1999）。无家可归者只占具有这些问题的人群的很小一部分。

除此之外，你能看到对于有关的人而言，几乎所有种类的无家可归在其自身都是糟糕的，而不只是极度贫困、精神疾病以及药物滥用这些表象。不过，这需要在一定程度上背离新古典经济学家对人们幸福感的理解方式（这也是我们贯穿本书的对幸福的理解方式）。这种背离是把人们的幸福感或多或少地与其自身的作为和能力——即看她如何处理好生活中最基础的事务，而非其满足自身欲望的能力——联系起来。这种方法由阿马蒂亚·森率先提出，他将其作为观察视角去研究发展中国家中极度贫困的人群——例如那些对自身只有极低的抱负感，或者认为她们自身不应该过得很好的妇女。人们的愿望会被带有压迫性的社会制度所扭曲，或者在发展过程中受制于系统性的变化，不管处于两种情况中的哪种，将其满意度作为幸福感的唯一衡量标准是没有说服力的。用旁观者对人类幸福感组成的理解来代替人们关于她自己究竟想要什么的思考显然是家长式的武断，不过许多关于住房和无家可归问题的其他分析方式也存在同样的问题。

在这方面，无家可归的问题在于那些大街上的无家可归者未能拥有基本的保护；他们的人身安全和财产安全不能得到保障，许多人都会面临严重的疾病以及过早死亡的危险，他们往往营养不良，并且常常羞于出现在公共场合或参加日常的社区活动。所有这些都常常被引用在经济发展的文献当中。基于上述观点，那些选择无家可归或者某种程度上欣然接受流浪的人甚至往往处于贫困的状态。无家可归对于无家可归的人来说是不利的，不管他们是否这样认为。

III. 为什么无家可归不利于其他人

罗列无家可归给其他人带来的不利影响从逻辑上来说几乎没有什么挑战。不同种类的无家可归者确实会对那些有家可回的人产生外部性影响。

大街上的无家可归者经常使得人们使用许多那些本应免费但因它们的密集使用而变得昂贵的资源。一张公园的长椅就是一个很好的例子。在一个愉快的春天的下午，一个休闲的人在长椅上坐了十分钟可能对任何其他人都不会造成损失，因为在这段相同的时间里并没有其他人愿意坐在那里。即使确实有其他人想在那个时候坐在那里，也有足够的替代方案，即坐到另外一张长椅上，这样所要花费的成本是微不足道的。因此，考虑到收入和支付成本，在正常的环境下提供免费的公园长椅是有意义的，就像不拥堵的道路往往是免费的一样。

但是一位每次都在长椅上扎营好几天的无家可归者与休闲的人是不同的，流浪者使得公园的长椅很拥挤，以致没有空间提供给其他人。相当数量的人无法坐在长椅上，这就出现了现实的损失。同样的道理也适用于交通终点站的长椅、走廊上的地面空间、洗手间的地板、人行道的空间，等等，当然还有地铁上的座位。所有这些使用都会给其他人造成损失。

可能有人会辩驳，使用这些长椅对于无家可归者会产生积极效用，因为公园长椅的潜在用户可以选择是否付钱让那些无家可归的人离开，也可以不做这一付钱的交易。但是即使这个结论是正确的（对于人行道、走廊这类设施这种结论可能并不正确，因为这会造成成千上万经过者的不便，对于公园长椅这个结论或许也不正确，因为休闲者没有确定的协商成本），它并不能改变这样一个事实：越多的无家可归者在公园长椅上扎营，愿意坐在这些长椅上的休闲者的状况就会变得越糟。

除了供不应求的医疗资源并非免费这一点以外，医疗护理的事例与公园长椅是相似的。不管是在急诊室，还是普通医院或精神病院的住院部，无家可归的人都使用了大比例的医疗护理资源。包括日常费用在内的会计成本很大，而且实际成本尤其是急诊室的治疗也可能花费巨大。如果我正在急诊室接受治疗，你就可能被迫等待治疗，如果你真的生病了，你等待的每分钟都会极其痛苦。预诊分类只能减少而不能完全消除等待所造成的时间成本。在美国，与排队等待急诊治疗相比，普通医院或精神病院里的排队住院现象并不常见，但是住院还是会带来看护时间、食物、洗衣、药品等方面的实际成本。

由于很大比例的无家可归者滥用药物或患有精神疾病，即使他们并非无家可归，这部分人群也将占用医疗服务中的很大一部分资源。虽然在前面部分我们可以看到无论居住在大街上还是收容所对无家可归者的健康都是不利的，但无家可归者自身尤其是居住在大街上的流浪者会增加医疗花费并非难以置信。他们也因为没有其他地方可去而需要在医院停留更长的时间。

无家可归者的其他外部性更加直接。在某种程度上，无家可归使人们更容易得传染病（对于低质量的收容所尤其如此），也使得非无家可归的正常生活者面临更大的感染机会。住在街道的无家可归者的不良卫生习惯会直接影响到在附近生活、工作或者旅游的人们的生活质量。

无家可归的外部性所造成的损失还无法被很好地测度，但是我们有足够的理由去相信这些损失确实存在。

IV．政策

你对无家可归不利影响的理解将决定你如何来测度它，以及打算采取何种政策来解决它。例如，如果你认为无家可归造成的最主要的问题是妨碍了公园、交通运输终点站、人行道上其他人的日常行程，这时你所关心的问题就是一个晚上（或者一整天更好）大街上的无家可归者和那些成天游荡的其他人有多少，而不是他们睡在哪里。从另一个方面看，如果你最担心的是无家可归对孩子们生长发育的影响，这时你将会关注收容所中的家庭数量。如果有证据显示逗留在收容所的时间长度与对孩子的损害成比例，那么你可能会更多地关注长期逗留在收容所的流浪儿童的比例。如果对孩子的长期伤害大部分在来到收容所的第一天就已经产生，孩子们今后待在收容所十天还是十个月就对其未来发展不会有太多不同的影响，这时你将希望了解一段时间内，比如说一年当中来过收容所的孩子的数量，而不是某个特殊夜晚在收容所逗留的孩子的数量。

应对无家可归问题的不同政策将会引出关于无家可归会产生哪些问题的不同观点。但关于无家可归会产生哪些问题似乎没有统一的看法，考虑各类政策的最佳方法是从不同观点出发并询问哪些政策缓解了某个特定观点所定义的无家可归所产生的问题。

□ A. 无家可归也是其他事情的表征

如果无家可归本身并不是一个问题，而只是一些类似极端贫穷、精神疾病、药物滥用一类基础情况的表征，就没必要制定直接缓解无家可归的政策。相反，应该直接针对这些基础情况制定相关政策。

如果真正的问题是极度贫穷，正如我们先前提及的，现金就是一种直接的解决方法。然而直接把现金给那些极度贫穷的人们会产生激励问题，因为很难甚至不可能分辨出哪些是虽自身很努力，却依旧处于极度贫困状态的人们。有时候那些混合了现金（或者食物）和工作或者工作机会（例如，参见 Jencks，1994；Dreze and Sen，1990）的政策能够缓和激励问题。缓解极度贫穷是一个困难和重要的问题，但这是一个涉及劳动经济学和公共经济学而非城市经济学的问题（可参见关于这一主题的其他著作）。即使是针对缓解极度贫穷的最成功的做法也会留有一些人无家可归——例如也许这些人更喜欢住在外面，也许这些人有足够的能力赚钱却不愿意做太多的工作。按照此观点来说，这样的无家可归目前并没有引发问题。

类似的，如果无家可归之所以糟糕是因为它是精神疾病的表征，那么你需要考虑采取的政策是防治和阻止精神疾病。恰如医生治疗其他类型的疾病所使用的方法在过去的半个世纪发生了巨大的变化，因此治疗精神疾病的方法也需要改变。最主要的改变是，对于大多数病人和隔离在私人疗养院的老年痴呆患者，从在精神病医院的长期封闭治疗改变为使用药物和门诊相结合的治疗。为预防梅毒而使用的抗生素降低了一些精神疾病发生的可能，同时因为人们更少饮酒，一些与酗酒有关的疾病也得到了控制。正如大多数的医学进步，这些改变是为了更好地治疗患者，但也有一些病人在这个转变中以及在新的治疗体系下康复缓慢。

我愿意花一大笔钱来避免患上精神疾病，所以我相信大多数其他人也会如此选择。我也愿意为我的家人和朋友花一大笔钱来预防精神疾病，我认为在这一点上我的想法并不特别。因此，很多更好的预防和治疗精神疾病的方法可能存在潜在的帕累托改进——如果他们努力工作且不胡乱挥霍。

但是，无论何种治疗方法，只要能运作良好，就会对精神疾病患者产生积极作用而不管他们是否无家可归，但是这些治疗方法对没有精神疾病的无家可归者并不起作用。因为正如我们所见到的，无家可归并不是精神疾病的一个非常好的表征，它也不是心理健康服务的最佳目标。无家可归与药物滥用的关系也存在上述相似的情况。有关药物滥用的政策将会在第 17 章详细讨论。

□ B. 无家可归本身就很糟糕

基于前一部分讨论的多种理由，无家可归本身就很糟糕，那么政策的目标就是让人们能够有房可住——以及让他们能够通过居所过上满意的生活。

有多种不同的通用策略能够使得人们有房可住。可以普遍减少那些极易导致人们无家可归的个人特征（极度贫穷、精神疾病、滥用药物），我称之为"个人特征政策"。或者你可以使大量的房子更便宜、更具吸引力，我称之为"住房政策"。你也可以使无家可归的生活缺乏吸引力，我称之为"强制性政策"。我们将依次思考这些政策。

1. 个人特征政策

如果极度贫穷、精神疾病或者滥用药物的人越来越少，那么无家可归的人也就会越来越少（很多人的状况就会得到改善）。所以个人特征政策事实上确实能起重要的作用。

这些政策的问题是在成本和效用方面。改变这些人的任何特征——"治愈"一些人的贫穷、精神疾病和药物滥用——是非常非常困难的。一些方案能起作用，但是很多方案并不起作用，同时那些起作用的方案往往花费巨大。

把这些方案服务于减少无家可归也是艰难的工作。正如我们已经看到的那样，拥有这些特征的非无家可归者的数量远远超过拥有这些特征的现实的无家可归者。在这个群体里，很难预测哪些人将会无家可归或者哪些人不会（见 O'Flaherty, 1996, pp. 242-243, 对各种预测体系运作效果的分析）。那些针对拥有这些特征的人实施的计划将不可避免地涉及许多并不是无家可归的人。（即使无家可归是当前的一种资格标准，这种情况也会发生。首先，人们随时会自行脱离无家可归的状态；第二，人们很容易在一个短时间里变成"现行无家可归"状态，如果这些策略确实有效，它们将会如此有吸引力以致一些人将乐意在一个短时间里变成无家可归者以获得进入资格。参见克拉格和奥弗莱厄蒂（Cragg and O'Flaherty, 1999）在纽约城实施类似政策的过程中观察到的一些证据。）

然而，即使个人特征政策花费巨大且很难区分出目标人群，这可能也是最有效地减少无家可归的方法。所以我们在对个人特征政策下结论之前，将对可供选择的一些政策进行检验分析。

在此之前，我们需要检测这样的主张：无家可归与个人问题结合得如此紧密以至于只有采取个人特征政策才能够减少这种现象——除非他们的生活首先走向正轨，否则就无法使用传统的住房措施。大量证据表明这个论断是错误的，首个证据便是大多数拥有这些特征的人们是传统意义上的有房户。

第二个反驳这一论断的证据是拥有这些特征的人中，无家可归者所占的比例在一段时间里发生了很大的变化。不管用何种无家可归的定义，20 世纪 80 年代到 90 年代的无家可归者（无论是住在大街上还是在收容所里）比 20 世纪 60 年代到 70 年代的无家可归者多——甚至多好几倍。但是在 20 世纪 70 年代早期和 90 年代之间，每天非法药物使用者的数量几乎没有改变（还可能略有下降），与此同时严重酗酒的人的数量大大减少了。极度贫穷的人的数量虽然有所增加，但是也没有无家可归者增加的数量多。

在无家可归者数量上升的时期，相关的患有精神疾病的人数大体没有改变。20 世纪 90 年代患有严重精神疾病并达到工作年龄的成年患者里，没有居住在相关医疗机构里的数量只比 70 年代早期略多了一点点。在州和县一级精神病医院的患者人数有所减少，但大多是高龄患者数量的减少。小于 65 岁的成年精神病患者很少住在精神病医院，大多在拘留所、监狱或者是私人疗养院。（更详细的讨论见 O'Flaherty，1996，chapters 12 and 13。）

因此，不能仅由自身的个人特征决定谁是无家可归或者多少人是无家可归的。其他政策也会对此产生影响。

2. 住房政策

如果能够轻易地得到免遭风雨、强盗、羞辱和疾病侵扰的保护，那么将有更多的人能够达到我们所关心的生活基本水平，即使他们有精神疾病或者滥用药物问题。这是制定应对无家可归问题的住房政策的基本前提。各种住房政策的不同之处在于如何使人们更易得到保护。

最直截了当地建立保护途径的方法是直接给予：在人们想要得到免费的基本保护和安全的地方建造收容所。这一直是美国处理无家可归问题的首要政策。（在英国和加拿大，这些设施通常被称为旅馆而不是收容所。）

收容所作为一项政策有两个严重的缺陷。首先，按照能力要素法的要求为无家可归者们提供所需的各种基本保护和安全保障是极其困难和昂贵的——比单从工程角度计算的支出要贵得多。应对恶劣天气的办法则简单和便宜：你的全部需要只是一个温暖、有地方睡觉的大房间。按照三分之二定律，房子越大，效果越好：使房子容纳双倍多的人并没有使墙、地板和天花板的费用变为双倍。

但是，只提供遮风避雨的廉价保护将在提供应对强盗、羞辱和疾病威胁的保护时付出代价。越多的人睡在一个大的收容所里，他们互相之间造成的危险就越大——危险来自于疾病的传染、普通的犯罪、简单的骚扰、善意的恶作剧、影响他人睡眠的喧闹。而且一个空间里居住的无家可归的人越多，这个地方就越容易被贴上耻辱的标签。这些困难中的大多数可以通过多花一点钱得到克服——为他们提供更小且更安全的房间、更多不同种类的设施、更多卫生间和浴室、更密集的清洁和健康检查。但如果你花费了更多资金，收容所便不再是廉价和简单的政策结果。

进一步看，只有巨额支出才能解决收容所里用来维持基本日常运作的强制性规定所遇到的困境。几乎所有的无家可归者的收容所都与他们的入住者之间设立一定的规则——禁止深夜喧闹的聚会、禁止偷窃、禁止攻击室友、禁止毒品销售、禁止长时间的洗澡。规则是有道理的，因为罚款无法执行于这些极其贫穷的无家可归者，因为对于大多数违规情况而言，第一次违规的边际外部成本比更多次违规的边际外部成本要大很多（这个准则已在第 8 章讨论过）。对于违反规则——或拒绝支付罚款的收容所入住者将会采取什么措施呢？最终的也是唯一的严重威胁就是驱赶。虽然驱赶剥夺了被驱赶者的基本权利，但是这对于保护收容所的其余入住者的基本权利是必要的。

提供收容所这一政策的第二个严重缺点是它们吸引了那些可能并非无家可归的人

们。由于满足基本生活的收容所需要保持安全、卫生、整洁的居住环境，如果没有比传统的住房条件更好，至少与传统的住房条件相当。那么，谁会愿意花钱去租住一个不比免费提供的收容所条件好多少的传统住房呢？这种吸引力的存在要求收容所拒绝接纳一些明显不满足条件的家庭住进来。这可以以一些更微妙的方式来运作：从牢狱释放出来的男人们不会有强烈的寻求住所的需求，男友们一与伴侣的关系出现问题就可能从同居处搬出来住进收容所，大家庭中的成员可能不太愿意夹杂着各种矛盾居住在一起。更为微妙——或者更为严重——的是来自于供应方市场的影响：房东可能越来越不愿意提供低质量的住房，因为他们在租金上无法与收容所竞争。

优质的收容所不可避免地会吸引那些如果没有收容所原本不是无家可归的人。筛查可能会在一定程度上缓解这一问题，但是由于证明其状况与事实不符的证据很难被察觉到，筛选可能会拒绝掉大部分真正需要的人们，或者通过了一部分本不需要的人们，或（更可能）两种情况都发生。这与我们讨论过的针对个人特征的政策实施所遇到的困难是一样的。

其他种类的住房政策甚至并不试图针对那些被视为无家可归的人。相反，他们试图建造对大部分穷人更有吸引力的传统住房，这么做也可以使得无家可归状态对于大多数无家可归者而言变得相对没多少吸引力。这些是在第 14 章讨论过的针对穷人的住房政策：建造规范宽松、类似于公共住房的供应方方案和类似于联邦 8 号项目的需求方方案。

宽松的建造规范通过在传统市场上提供廉价住房能够减少无家可归者。即使这些廉价房的质量不太好，它也可以通过扩大传统住房市场上可供选择的住房种类来减少无家可归现象。当然，这一政策也有成本：建筑规范的宽松可能导致负的外部性——比如火警频发、更严重的火灾或更迅速的疾病传播。规范上的较大改变会使得传统的住房在基本性能上并不比廉价运营的收容所更有优势。

供应方住房方案——为穷人建造更多的住房——在两个方向上发挥作用。一些本来将要无家可归的人以合适的价格租住了舒适整洁的公寓；同时，至少在短时间里，由于相对需求的减少，各类质量低劣的住房的价格会有所下降（随着需求的下降）。一些关于这两种影响程度的质疑相继而来。厄尔利（Early，1998）的一项研究表明，接受住房补贴的人们（供应方或需求方）中具有无家可归者的个人特征者只占极小比例。因而，如果未来的入住招募方式类似于过去那样，新的补贴住房将只能吸纳很少一部分真正无家可归的人。同时，在第 14 章我们看到供应方建造计划是昂贵的，需要用大大多于一美元的政府基金才能对受益人创造价值一美元的收益。

原先存在的需求方住房项目，即联邦 8 号项目也通过给没有住房的人安置住房的方式减少了无家可归者。至少从短期看，8 号项目理论上也通过减少对质量低劣住房的需求和增加对更高质量住房需求的方式，降低了低劣住房的售价。但是我们已经看到，从实证的角度看，即使这种影响确实存在，它也是微小的。早期调查发现，看起来似乎会成为无家可归的人在住房补贴项目中的参与度较低，这也使得人们对 8 号项目提出的防止无家可归现象的手段是否有效提出了质疑。

为什么许多无家可归的人拿不到 8 号项目的住房优惠券呢？一个原因是官僚主义带来的诸多麻烦：8 号项目的住房优惠券总是被一个官僚机构定量分配。那些认识到官僚机构很难协商的人就很少能通过努力成功地获得优惠券。许多无家可归者——由于患有精神疾病、接受教育有限或性格倾向独立且自负——很难与官僚机构打交道。

获取 8 号项目资格确认的相关规定为许多无家可归的人参与其中设置了另外一个障碍：参与者必须设法弄到一间公寓，这个公寓要满足项目的要求同时也要达到或低于公平市场租金的价格标准。许多房东都不愿意将房子租给那些他们怀疑患有精神疾病或者具有药物滥用行为的租客。如果他们能够从其他潜在租客中得到同样的租金，他们就不会将房子租给那些他们认为有不良行为的租客。由于公众经常将无家可归者与精神疾病患者或者药物滥用者联系起来，因此纽约市政府支付大量现金给那些愿意接纳离开收容所的家庭的房东们就不足为奇了，即使这些家庭持有 8 号项目的资格确认书也是如此。

当然，通过 8 号项目来减少无家可归现象所遇到的难题并不表明所有可能的从需求端出发的方案都会面临同样的挑战。曼苏尔和他的同事（Mansur，2002）认为：即使没有重大的调整，一个通常的 8 号项目也会减少加利福尼亚州城市里三分之一到一半的无家可归者（这一结果与早期的结论并不矛盾）。在第 14 章中我们研究过一些替代 8 号计划的方案，如一个通用的租金比例缩减或者通用的一次性付清。通过减少官僚程序、消除质量标准以及允许附加费用等方式给予无家可归者更多的帮助。当然，一些通用项目也会为有家可归的人提供更好的服务。

注意，这与我们先前考虑到的另一个似乎合理的住房政策和个人特征政策得出的结论相同：它们都为有家可归的人提供了更好的服务。为了评判这些政策，我们既要考虑有多少有家可归者被包含其中，又要考虑到这些额外增加的人造成的社会成本是什么。如果每个额外的有家可归者从中获利极大，或者如果产生相当大的外部性收益，那么服务于额外人的社会净成本就不会太大。

3. 强制性政策

当警察将那些睡在人行道上、交通枢纽以及大桥下面的无家可归者驱逐、逮捕或者没收他们的财产时，睡在这些地方的无家可归者就很少。因此强制性政策能够有效地减少某几类但不是全部的无家可归者（这些政策甚至会增加收容所里的人口）。

强制性政策使得无家可归者的状况更为糟糕，而不是有所改善，以至于我们在做一个把幸福感和需求满足感等同起来的标准经济分析时，几乎会自动地排除这类强制性政策作用下的无家可归的人群。但是能力要素法允许人们的幸福感和需求欲望相分离，我们必须想清楚这些政策是否能够提高一个人某些重要的生存能力要素，即使这些政策阻碍了她的欲望的满足。

在有些情况下可以很肯定地使用强制性手段：例如，为了保护那些拒绝躲避暴风雨或者冰雹的精神病患者。但在其他的时候，强制性政策存在严重的缺点。例如，它们会再次给无家可归者打上烙印；不放过他们每一个违法行为以致推动他们进一步脱离社会生活；通过拒绝给他们提供基本的警察保护和不鼓励他们向警察报案，使其处于更加不安全的生存环境；迫使他们到不起眼的角落和社会夹缝中生存，使他们的健康状况严重恶化；使他们变得偏执。究竟强制性政策是否使更多的无家可归者与社会上的其他群体（通过传统安置或者住进收容所的方式）建立了更加良好或者糟糕的关系是个实证性的问题，而这个问题几乎没有已知的答案。不同的政策在不同的时间和地点的影响不尽相同。

强制性政策也是有成本的。其中最明显的是警察的时间成本和资源成本：警察常常可以预防或者调查其他的违规行为，他们总是可以放松公众情绪或者更好地了解他们。许多警察十分反感此类强制性政策，要么是因为他们为无家可归的人感到难过，要么是因为他们不喜欢和无家可归者接触。为了让无家可归的人离开某一特定区域而设计的法律和程序必须统一强制执行，因而，当操场在傍晚被上了锁或者公共场所的长椅被拆除的时候，那些有家可归的人也失去了享用的权利。所以当无家可归的人被驱逐时，有家可归的人也承担了一些额外代价。

□ C. 无家可归对他人造成的损害

最后，我们需要考虑那些旨在减少无家可归现象的外部成本的政策，其他人要承担成本是因为无家可归者会阻挡他人去路、消耗过多公共资源或者传播疾病。我们已经做了很多必要的分析，因为减少外部性的根本方式是减少无家可归现象，因此应对外部性的最基本的工具就是上面提到的三类政策。任何减少无家可归现象的方法也减少了它的外部性。而我们这里需要做的就是当注意力集中在无家可归现象如何影响了其他人时，注意到一些差异。

一个差异存在于被关注的群体之间。除了传染病的传播，收容所里的无家可归者要比大街上流浪的无家可归者造成的有害外部性小得多。的确，居住在传统房子里的乞讨者要比居住在卫生还可以的收容所里的人产生的外部成本更大。因此，虽然提升无家可归者自己的基本生活能力或许并不那么重要，但使人们从大街上移居到收容所里的住房政策对于减少外部性还是重要的。

关于强制性政策的争论比原来只考虑无家可归者的幸福感时来得更为激烈。有条理的强制性政策可以减少无家可归的外部性效应，但是它们能否提升无家可归者的基本生活能力尚不明确。将一个无家可归的人从公园的长凳上赶走对其有好处也有坏处，但是对那些想要坐在长凳上休息的人们一定是有好处的（虽然对休闲者有好处并不意味就要这么做）。

■ V．结论

无家可归意味着很多不同的东西；单是文字解释就已经出现了大量不同的、不清晰的含义界定。从与无家可归相关的一些问题开始，然后界定与这些问题相关的群体，探讨解决这些问题的政策，比从充满感情色彩的文字开始，试图解读它"真实、深刻"的内涵，然后寻找源于这些内涵的政策更富有成效。

在关注无家可归的不同类型以及和它们相关的众多问题时，我们已经回顾了在本书的前面部分所涉及的几个话题：公共健康和外部效应，规则和公共秩序，建筑规范和住房市场，帮助低收入房客的项目。如果对这些问题没有一个很好的理解，就不能正确地理解无家可归以及与之相关的政策。但是在讨论无家可归的问题时有两个反复提及的话题并没有被深入讨论，即犯罪与安全以及药物滥用。我将会在接下来的两章里讨论这些话题。

问题

1. 如何定义和度量像中国和巴西这样的发展中国家中的无家可归现象？

2. 假如你可以识别一个庞大的个体样本群，这些个体样本小时候都在不同的家庭收容所里生活了不同时间，现在都已成人。你最想了解的是什么？你将会以怎样的方式找出这些人来？你得出的结论会有什么缺陷？

3. 在第 8 章里我讨论了埃利克森的建议，设置不同区域，在其内部允许或禁止某些街头行为。这一建议会如何影响针对无家可归现象提出的强制性政策？这一建议会如何影响无家可归现象造成的外部成本？这一建议会怎样影响无家可归者的幸福感？是否应该建立"任何事情都可以做"的区域？在最不受限制的区域内还将禁止什么？

参考文献

Bahr, Howard M. 1973. *Skid Row: An Introduction to Disaffiliation*. New York: Oxford University Press.

Cragg, Michael, and Brendan O'Flaherty. 1999. "Do Homeless Shelter Conditions Determine Shelter Population? The Case of the Dinkins Deluge." *Journal of Urban Economics* 46: 377-415.

Dalaker, Joseph, and Bernadette D. Proctor. 2000. "US Census Bureau, Current Population Reports." Series P60-210, *Poverty in the United States: 1999*. Washington, DC: U. S. Government Printing Office.

Dreze, Jean, and Amartya Sen. 1990. *The Political Economy of Hunger*. New York: Oxford University Press.

Early, Dirk W. 1998. "The Role of Subsidized Housing in Reducing Homelessness: An Empirical Investigation Using Micro-Data," *Journal of Policy Analysis and Management* 17: 687-696.

Glomm, Gerhard, and Andrew John. 2002. "Homelessness and Labor Markets." *Regional Science and Urban Economics* 32(5): 591-606.

Hopper, Kim. 1988. "More Than Passing Strange: Homelessness and Mental Illness in New York City." *American Ethnologist* 15: 155-167.

Jencks, Christopher. 1994. *The Homeless*. Cambridge, MA: Harvard University Press.

Johiel, R. 1992. "Health and Health Care of Homeless People." In M. J. Robertson and M. Greenblatt, eds., *Homelessness: A National Perspective*. New York: Plenum Press.

Mansur, E. T., et al. 2002. "Examining Policies to Reduce Homelessness Using a General Equilibrium Model of the Housing Market." *Journal of Urban Economics* 52 (2): 316-340.

O'Flaherty, Brendan. 1996. *Making Room: The Economics of Homelessness*. Cambridge, MA: Harvard University Press.

U. S. Department of Health and Human Services. 1999. *Mental Health：A Report of the Surgeon General*. Rockville，MD：Substance Abuse and Mental Health Services Administration.

U. S. Substance Abuse and Mental Health Services Administration，2001. "National Household Survey of Drug Abuse. " Accessed at www. samhsa. gov.

Wright，James D. 1989. *Address Unknown：The Homeless in America*. New York：Aldine de Gruyter.

城市经济学

第 16 章

犯　罪[①]

　　没有人曾经被一棵树强暴，被一朵蘑菇攻击，或者被一只绵羊抢劫。只有人类才会做这些事情，并且大多数情况下，上述事件发生时犯罪者与受害人为近距离接触。你不可能被电子邮件殴打，或者被传真谋杀（在电话中和在网络上实施诈骗之所以受到媒体的大量关注，恰因为它们相对于一般情形而言不过是一些特例）。如果你想要远离犯罪行为，那么可以独自一人去原始丛林中生活。我曾经在乔治·华盛顿国家森林公园中遇到一位守林人，他告诉我他从未把汽车钥匙从点火锁中拔下过。

　　正因为城市是许多人的相互聚集之地，因此它也是许多犯罪行为的发生地。我们已经看到城市里人们彼此间无意识的相互伤害——通过驾驶汽车、传播病菌、占着满员地铁的座位、建造外形丑陋的旅馆——不过他们之间也会故意伤害着彼此。你不可能找到一座没有犯罪威胁的城市，但是如果城市要繁荣昌盛，犯罪活动就必须被保持在可控的水平。

　　本章讨论的是有受害者的犯罪行为。之所以由此而展开，是因为害怕成为一名犯罪行为受害者的担忧使得人们无法充分享受城市生活所带来的好处，因此这些犯罪行为成为我们考察的起点。我们将要集中关注的这类严重的犯罪行为因为位列美国联邦调查局的犯罪索引榜，因而被称作"重罪"。一些更为重要但没有明显受害者的犯罪行为——包括麻醉品、酒精、枪支——将在下一章中予以讨论。

　　在本章的讨论中我也会省略掉那些犯罪者与受害者的临近性并不是特别重要的犯罪行为——类似于欺诈、挪用公款和违背反垄断规定的所谓"白领犯罪"。这些犯罪行为的涉案金额要远大于那些邻近性犯罪。戴维·安德森（David Anderson，1999，p.625）

---

　　① 为了更好地理解本章内容，您需要熟悉这些概念：科斯谈判、外部性、逃离衰落城区假设、帕累托改进、潜在的帕累托改进、市域扩张，还有转移。你能够在词汇表中找到这些术语。

估计，每年因职务舞弊（"利用职务之便挪用公家财产或资源以谋取个人财富"）、偷税以及骗取健康保险而转移的金钱总额（4 360亿美元）大约是入室行窃、家宅盗窃、个人扒窃、机动车偷窃等类涉案总额（335亿美元）的13倍。单是票据诈骗所转移的价值就比抢劫的案值还多。不过白领犯罪并非城市经济学特定的话题，它们或许更适合在金融学、产业组织以及健康经济学的研究中进行讨论。当游客们表露出对曼哈顿岛的害怕，或者当邻居们聚集在某户的客厅里商讨对犯罪行为"做点什么"时，他们所谈论的不大会是医疗保险诈骗。

重罪所引发的问题多种多样。它们本身就是罪恶——它们剥夺无辜的人们被权利所赋予的东西，而且做得如此低效率。它们可能会使一些人不愿意居住在城市里，使那些已经生活在城市里的人不愿意居住和工作在人口密度较大的繁华区域。为了避免犯罪行为可能造成的伤害，人们会对一些原本不会购买的商品和技能进行投资——空手道课程和德国的纯种杜宾犬、固定栓和联保汽车俱乐部、狼牙棒和自行车锁、私人保镖和报警器等。人们会自己驾车出行来代替乘坐公交，会打出租来代替步行，或者一到晚上就待在家里。当20世纪90年代美国多个城市的犯罪率下降的时候，人们的生活在许多方面都得到了改善。

犯罪行为以及为减少犯罪所付出的努力也会对种族关系产生影响，它们使得人们更难以和睦共处和富有成效地合作。少数族裔受到某些我们将在本章中讨论的犯罪种类侵害的比例会更高一些——特别是谋杀和抢劫——他们自己也会因为从事这类犯罪而被逮捕、定罪或监禁，这些比例也会更高。认为少数族裔更有犯罪倾向的偏见所产生的后果严重而深远，它通过使得许多白人更不愿意在少数族裔社区生活、工作或者探访，通过针对少数族裔融入白人社区、学校或聚集地设置的障碍，导致了种族和社会的隔离。这种偏见已经成为种族主义者的一种成见。而且可能会导致一些被少数族裔群体的成员认为不公平的政策的颁布。

为了减少犯罪威胁所付出的成功的努力自然有巨大的回报，那些改变人们面对犯罪威胁所作出反应的政策也是如此。本章的目的在于理清这些政策是什么，以及这些政策如何产生效果。

我首先将在本章的第Ⅰ节描述将占据我们本章注意力的犯罪行为——这些犯罪行为是什么，次数有多少，谁是实施者，受害者都是谁，它们在哪里发生，直接导致的成本是多少。在第Ⅱ节我们将会分析这些犯罪行为的间接成本，并且试图通过一些实证性数据来评估这些成本。

我们将在本章的剩余部分分析应对犯罪行为的策略。第Ⅲ节讨论采用警察方式的管治，第Ⅳ节是监禁，第Ⅴ节将通过帮助那些潜在的犯罪者不至于作恶的项目来关注犯罪的预防。

■ Ⅰ. 犯罪行为有哪些？

重罪是对受害者身体完整性以及单纯财产所有权的侵害行为的总称。在科斯理论中，很难想象一个可行的产权制度不赋予人们上述权利。尽管有时候一些行为人被免于起诉，但历史上几乎所有的社会都把这样的剥夺视为犯罪。总的来说，从西方或者现代的视角来看，我们今天所使用的重罪列表不会存在争议或偏见。（最显而易见的例外可能就是丈夫对妻子的婚后强奸和殴打，两者都普遍不被认可为犯罪；在有些社会中，人们认为妻子应当服从丈夫对其身体所要求的某些权利。）

重罪共有七宗。谋杀、强奸、抢劫以及剧烈袭击被称为暴力犯罪，因为侵犯者与受害者有身体上的接触，侵犯者伤害或者威胁伤害受害者（大多数受害者是男性）。扒窃、入室行窃以及机动车偷窃被称为财产型犯罪：违法者偷走受害者所拥有的贵重物品而没有对受害者进行身体伤害或者威胁进行身体伤害。

更确切地说，谋杀意味着夺走别人的生命。强奸是与性有关的袭击、威胁或占有（这是唯一一种以女性为主要受害者的暴力犯罪行为）。无论是既遂还是未遂，动手攻击对方就是袭击。有人向你猛扑过来、用拳猛击你、痛扁你、拿刀砍你或者朝你射击。酒吧里的大吵大嚷、报复性的殴打以及家庭暴力都是袭击，还未实施的威胁也算。（在袭击中没有人会从你身上偷任何东西。如果他们那样做了，或者试图那样做，那就是抢劫而不是袭击。）剧烈袭击是指使用武器进行的袭击（不管是已经实施了还是仅仅有所企图，也不管伤害是否已经造成）和造成严重伤害的袭击（不管是否使用了武器）。

另外四种重罪都包含从受害者身上夺走某些有价值的东西的企图。在抢劫中，犯罪分子威胁造成或实际造成了受害人的身体伤害。行凶抢劫和加油站的持枪抢劫都是抢劫。入室行窃是指未经授权地进入某人的房子或办公地点。机动车偷窃是指试图偷窃小汽车、货车或者公共汽车，无论成功与否都算。各种偷窃也都一样：当你从图书馆离开一会时，笔记本电脑就不见了；或者来你家作客的人离开时拿走了你的集邮品；商店里的扒窃也是一类偷窃。

有受害者的犯罪行为并不仅有这七种，但由于在其他的犯罪行为中，那些更为严重的纵火和绑架都较为少见；而最常见的犯罪行为如扒窃、涂鸦以及妨碍社会治安行为等造成的后果有限。因而，已被描述的这七种罪行是人们的主要担心。

所有这些犯罪行为都会发生在城镇里；一个不大地块上的人越多，犯罪行为就越可能出现。在城镇中，谋杀和机动车盗窃等发生的概率高于其他的犯罪行为，但是如果居住在城市中，你就更可能成为上述所有犯罪行为的受害者。

非洲裔美国人和拉美裔更可能成为这些犯罪行为的受害者，也更可能因为犯下这些罪行而被监禁。尽管相比入室行窃和袭击，上述结论更适用于谋杀和抢劫，但是这一论断对几乎所有的主要犯罪行为来说都能成立。即使穷人比富人更可能成为多数犯罪行为的受害者（偷窃和机动车盗窃除外），但是收入却无法解释受害者的种族差异（在被监禁者的种族差异上，收入也没有多大的解释力）。

所有这些犯罪行为的实施者大多为男性，其原因我们尚未可知。相较于其他人，那些拥有属于自己的住处，或者居住在独栋住宅里的家庭成为包括偷窃在内的财产型犯罪的受害者的可能性更小。既然拥有房产的目的之一就是保护财产，那么由于业主所有的独栋住宅能够提供更好的保护，这部分优势就能体现出来。偷窃上的差别颇令人费解，也许有着更大更好房子的人们不需要将那么贵重的东西放在他们的背包和钱包中，或把它们扔在汽车的后座上。也许他们花更多的时间待在家里，只有少部分时间会待在容易成为偷窃目标的公共场所。又或许拥有独栋住宅的人与那些没有的人相比有着不同的习惯和性情，所以即使生活在相同环境中，他们也不易成为受害者。有关偷窃的证据表明，更好的实体保护也许并非那些房屋所有者更少受到入室行窃或机动车盗窃的唯一原因。

另一方面，实施犯罪的方法和动机与避免犯罪的代价和方式一样各不相同。如果假设"犯罪"是一种动机和行为方式都单一的活动，就如同假设诸如从挖煤到看棒球比赛、从吃葡萄柚到写小说等所有的合法行为都有着相同的动机和行为方式一样地愚蠢。犯罪的动机有暴怒、色欲、贪婪、饕餮、炫耀（例如在高中同学面前）等；犯罪行为的受害者会失去生命、完整性、健康、手表以及现金；他们通过待在家中、离开过于开放的房间、购买凶猛的比特犬以及把他们的钱放在前侧口袋来躲避犯罪行为。酒吧间的打架斗殴不同于午夜时分的非法闯入，殴打妻子不同于飙车，暗杀毒贩对手也不同于偷同班同学的游戏机。

■ Ⅱ．减少犯罪威胁的好处

如果犯罪行为没有发生且一切照旧，犯罪行为受害者的状况就会更好一些，这就是他们被称为"受害者"的原因。人们会自己采取措施来避免成为受害者，政府也会为减少犯罪行为的发生数量而不惜重金采取行动。大多数关于犯罪的讨论都与政府行为的得或失相关。照例，我们也会寻求潜在的帕累托改进。

我们首先需要思考，即本节所要讨论的内容是：为什么减少犯罪行为是一件好事。不过我们有一点需要更为明确：因为受害者和潜在的受害者会改变他们的行为，所以相应的目标是减少犯罪行为的威胁，而非减少犯罪行为本身。

假设一个镇上的大多数人都害怕在晚上出门，只是因为那些出门的人经常会被抢劫。然后镇政府就安装了更明亮的街灯，增补了夜间巡逻的警察。犯罪行为的威胁就被减少了，一个人在夜晚出门被抢劫的可能性也就降低了。结果是，更多的人会在夜晚出去散步、看电影、在社区的餐馆吃饭。不过街上有更多的人或许就意味着更多的抢劫。假设很多人在夜晚外出，即便单个人被抢劫的可能性已经减少了，与安全性改善之前相比也会有更多的抢劫发生。那么提高安全性是一个失败吗？

当然不是。这个镇上所有守法公民的状况都会变好（抢劫者的状况可能也会变好，但这是另外一个话题）。他们有新的方式来度过自己的夜晚——在较低的遭劫可能性下在外面散步——不过如果愿意，他们仍然可以待在家里。有人能利用这一机会就表明人们的状况变得更好了。与一到晚上就待在家中相比，人们将愿意为这一新的机会支付费用，即便对新机会的使用会增加他们被抢劫的可能性。至关重要的是降低被抢劫的威胁，而不是实际发生的抢劫数。

如果换一种思维方式来分别思考提高安全性之后夜晚在街上散步的收益和成本，也可以得到同样的结论。收益就是从这个活动中所能够得到的享受——你愿意为在不会发生抢劫的晚上散步所支付的费用。考虑到你夜晚在街上散步被抢劫的可能性，这一成本就是你被抢劫的期望损失。只有当收益大于成本的时候你才会去散步，并且那些去散步的人得到的收益都大于成本。成本大于收益的人则会留在家中，这样就不会有任何损失。出去散步的人获得了更多的效用是因为他们被抢劫的可能性更小。所以总利益是大于总成本的（不考虑路灯照明和巡逻的成本）。

所以，我们可以把从减少犯罪威胁中获益的人分为两组：一组人不会改变他们的行为方式而另外一组人会改变他们的行为方式。前者之所以会获益是因为他们不太可能成为犯罪行为的受害者，这是减少犯罪威胁的直接收益。后者之所以会获益是因为他们选择进行更加冒险的活动，这是一种间接收益。在这一节里我们首先了解直接收益，然后再分析间接收益。

□ A. 直接收益

犯罪行为减少后的直接收益是很容易想明白的。大多数美国人这样看待死亡率稍微下降的价值：如果他们估价自己的生命大约在 500 万～1 000 万美元之间，那么比如，每 10 万名年轻黑人中被谋杀的人数减少 100 名——对年轻白人也是同样——对于每一位年轻黑人来说就等于增值了 5 000～10 000 美元。我们并不知道人们为了避免来自强奸和袭击的疼痛及苦楚、来自盗窃的恐惧以及来自被偷来的车所撞倒的伤害和死亡愿意支付多少费用，但那一定是个很大的数目。

谈及财产型犯罪时，受害者财产损失的金额不仅容易计算，而且容易被认可。入室行窃的受害者常常感觉他们被"侵犯"或者被"攻击"了，这是一种额外的损失，有人闯入你的屋子并且从你的梳妆台中偷走 200 美元要比你在股票市场上损失 200 美元令你感觉糟糕得多。

另一方面，减少财产犯罪会降低犯罪分子的收入，这对他们来说就是一种损失。这些损失是否会抵消减少犯罪所带来的收益呢？采用潜在的帕累托改进准则的一个简单且直接的应用将表明，损失和收益会相互抵消。但是一个更为深入的解释会得到不同的结论。

请记住，我从没认为潜在的帕累托改进准则在道德上有着任何特别令人信服的地方，它的价值是它指出了实现帕累托改进的方式。我们做着创造潜在的帕累托改进机会的事情是因为这能带来一个真实的帕累托改进，而且通常实际的帕累托改进在道义上是件好事。但是有时候实际的帕累托改进并无可能性，此时关于潜在的帕累托改进的论证就将无果而终。

具体一点说，假设安装一个视频监控摄像头可以阻止 X 先生从 Y 先生处偷走 10 000 美元。这个视频监控摄像头的花费是 4 美元；来自于 X 先生和 Y 先生分别缴纳的 2 美元税收。显然，潜在的帕累托改进准则会拒绝这个摄像头；它使用了实际的资源但仅仅是用来阻止一项转移。反对安装摄像头的论证需要借助实际的帕累托改进：如果没有安装摄像头，当 X 先生从 Y 先生那里偷走 10 000 美元之后，向 Y 先生支付了 10 001 美元，那么 X 先生此时的状况与为了阻止他偷窃而安装摄像头时他必须缴纳 2 美元税额相比就会多获得 1 美元的收益，而且 Y 先生此时也比他必须为摄像头缴纳 2 美元税的时候要多获得 1 美元的收益。没有摄像头并存在财产转移时的情形与装有摄像头的状况相比为帕累托占优。

但是，没人会认可这种反对安装摄像头的论证。通过这样的财产转移来实现不安装摄像头的帕累托改进显然并无可能。如果没有侦查和强制，偷钱的 X 先生不会归还这些钱，更别说还多给了一点。如果没有相应的实际的帕累托改进，只讲述潜在的帕累托改进的例子，无论如何都不可能令人信服。

事实上，正如在没有摄像头的例子中所看到的那样，犯罪分子的收益在一定程度上不可能被用来填补受害者的损失，因此这些收益就不应该被视为犯罪行为收益的一部分；受害者的损失也不应该被视为减少犯罪行为的成本。这个推理过程适用于分析罪犯可能从暴力犯罪中获得的任何反常乐趣，也适用于分析他们从盗窃和财产犯罪中获得的金钱收益。（在极少的特殊案例中，违法者被要求赔偿或者他们的收益要缴纳所得税，这一模糊不清的结论可能并不一定正确，不过那些特殊案例可以作为个案来考虑。）

□ B.　间接收益

犯罪威胁减少所带来的间接收益得以实现是因为潜在的受害者改变了他们的行为：他们做了之前不会做的事情，或者没有做原本会做的事。正如路灯和抢劫的事例所告诉我们的那样：这些改变了的行为可能会引发更多的犯罪，而且这些有可能额外发生的犯罪所导致的直接损失必须从因行为改变而带来的收益中扣除。

在研究间接影响的时候，经济学家往往把研究的重心放在人们因为惧怕犯罪而采取的行动上；犯罪威胁减少后人们就可以省掉花费在这些行动上的时间和资源。"花在门锁上的 20 美元是不能再被用于购买生活用品的 20 美元"（D. Anderson，1999，p. 616）。因为害怕被重罪所伤害，人们花钱雇佣保安（大约一年 180 亿美元），安装报警系统（65 亿美元），给商用计算机安装防火墙（47 亿美元），门锁、保险箱及保管库（44 亿美元），轻型武器和弹药（23 亿美元），监控摄像头，安全照明，防护栅栏和大门，诸如狼牙棒的非致命性武器，警犬，以及图书馆内的防窃设备。戴维·安德森（David Anderson，pp. 623-624）估计，美国人一年花费价值 900 亿美元的时间用于寻找合适的开启和关闭房子、汽车、办公室、健身房、自行车等的方式——以及寻找合适的钥匙。对安全的关注明显增加了门和窗的成本；前台接待员所做的大部分工作成为指导人们出去而不是帮助他们进来。

总体来看，这些项目的花费（根据安德森（Anderson）的数据是 1 300 亿美元）基本与谋杀（大约 900 亿美元）和财产类犯罪的损失（大约 400 亿美元）的总和一样。谋杀以外的暴力犯罪所带来的疼痛、痛苦和耻辱造成的损失相当大，几乎没人会怀疑这些行为造成的直接损失大于间接损失。不过间接损失也很大，以至于你会期待减少犯罪威胁的大部分收益能来自减少预防犯罪的措施所使用的资源。或者更明确地说，倘若大多数措施旨在阻止陌生人犯罪，那么减少陌生人犯罪威胁的绝大部分收益就来自于减少这些预防措施。

犯罪威胁减少的正面效应——让人们自由地开展新的活动——过去很少被研究并且更加难以量化，但这些影响都确实存在着。来自陌生人的犯罪威胁越少，人们就可以去越多的地方，在外面待得越久一些，工作得越晚一些，越多地以步行代替自己驾车或者乘坐出租车，约见更多的新面孔，在公园和公共场所玩得更开心一点，在越多的地方携带且使用一些诸如笔记本电脑之类的贵重物品，越加频繁地佩戴更多的昂贵首饰，让房屋更加通风，总之，总体上生活得更自由、更优雅、更富有成效且更轻松简单。

减少家庭暴力和密友犯罪行为的威胁同样会给人们提供一些新的宝贵机会。人们基于很多原因生活在一起——爱情、抚养小孩以及源于三分之二法则的规模经济性，这些大概是主要原因。而对于家庭暴力的担心会使得人们选择分开居住。与各自承担独立家庭的费用相比，一个女人和一个男人也许会从一起抚养他们的孩子中获得很多好处（孩子也会从中得到好处），但是如果没有安全保证来使得女人相信男人做出的永远不会再打她的承诺，他们就会分开居住。使更多、更大且更好的家庭得以存续，并且让人们可以居住在一起是减少家庭暴力威胁的巨大的间接收益。由于人们很珍视与他们共同生活的人（歌颂这个主题的歌曲有几百万首），这一间接收益也许会非常巨大。

需注意的一点是，在家庭暴力的例子中，当一对夫妇能够一起生活的时候，孩子同样也会受益；能够减少犯罪威胁的行动同时也创造了外部收益。其他的行为也有这样的效应：当人们选择步行而不是乘坐出租车的时候，他们缓解了交通拥堵；当人们把他们的窗户打开而不是安装一台空调的时候，他们改善了污染状况并且缓解了全球气候变暖的问题。

被最频繁列举的减少犯罪威胁的外部性是安全。在这一问题上成本总是与收益并存。例如，艾尔斯和莱维特（Ayres and Levitt，1998）说明了装有寻回系统（一种隐藏的定位设备，能够让警察在驾驶者不知情的情况下跟踪被偷窃的车）的机动车越多，没有安装寻回系统的车被偷的可能性就越小。一般而言，寻回系统总体上缓解了汽车失窃是因为潜在的盗贼并不知道哪辆车上有这个系统。虽然由于寻回系统无法从外部观察到，因而寻回系统的拥有者一点都没有改变他们成为窃车受害者的可能性，但是每多给三辆车装配寻回系统，每年还是能够减少一次汽车失窃事件。

另外一方面，可见的威慑物，比如有刺铁丝网、汽车防盗锁，以及显著放置的盗贼警报系统也许会把可能发生在我的房子或者汽车上的犯罪行为转移到你那里，如果我没有这些威慑物，你的状况会更好。在某条街道上行走的人越多，每个人就越安全，因为那里有目击者、缓冲者以及会叫来警察的人们。不过持有枪支的外部效应是一个有争议的话题，下一章我再对其进行阐述。

除了寻回系统等少数例子外，很少有数据能够说明这些效应的大小。这些效应可能会适得其反抑或相互抵消：如果汽车失窃的威胁减少，可能会使我不用去为自己的车购买一套寻回系统，这对其他驾驶员来说就是一件糟糕的事情；如果它们使我放弃购买汽车防盗锁，这对其他驾驶员来说又将会是一件有利的事情。所以安全设备外部性的净效应并不真正为我们所知。

不管对别人的影响如何，人们采取的多种预防措施都能成功地保护自己。当自助投币箱被采用的时候，纽约公共汽车上的抢劫就会停止；在费城出现的银行警卫阻止了那里的银行抢劫；位于俄勒冈州波特兰的家庭在其财产上粘贴标签以标记财产的标识数，被偷的可能性就会减少。（有关这方面的文献回顾参见 Cook（1986）。）从 2003 年初到 2004 年初，纽约的银行抢劫案下降了 31%，警察局将此归功于安装在出纳柜台前的防弹板、染色包、安全警卫以及显而易见的视频摄像头的大量使用（Wilson，2004）。

由于用于私人防护努力的资源在价值上可能超过了用于公共司法体系的资源（特别是当考虑到被公共体系用于无受害人的犯罪行为的资源时），而且这些资源会产生影响，因此受害者对预防措施做出的改变对潜在的罪犯行为有着主要的影响——其影响至少与管治和监禁的变化带来的影响一样大。

□ C. 对区位和市域扩张的影响

我们已经从个体犯罪行为的相关数据中知道居住在大都市是一个有风险的行为，而且居住在城市的中心区比居住在郊区更危险一些。那么降低犯罪威胁的间接利益可能就是使得更多的人居住在城市里，而且居住在城市里人口密度更大的区域。与犯罪行为作斗争就是与市域的扩张作斗争。

注意，我并不认为如果没有犯罪行为，就会减少市域的扩张，而且有些扩张还是无效的。犯罪行为不可避免，没有犯罪行为时的空间布局或许就与没有万有引力时的空间布局相似了。我也不认为如果成为犯罪行为受害者的可能性在某一地理范围内处处都一样，在这个区域就不会有太多的扩张，或者扩张就是不好的事情。这就好像与在其他地方相比，在城市里感染许多可传播的疾病的可能性和遇见一位专家级的钢琴调音师的可能性都比较高，可以有很多适当的理由认为城市会不可避免地更为危险。

一部分危险可能起因于受害者的行为。如果你担心你的配偶会偶尔揍你一顿，你大概不想让你住的地方离你最近的邻居有 2 英里远，离警察局有 30 英里远。如果你想要出去吃晚饭而不是在家里吃，你就增加了被入室行窃的可能性（因为你的房子没人照看）、被扒窃的可能性（因为某些人在饭馆的洗手间从你身上偷走钱包）、被抢劫的可能性（因为在回家的路上被袭击）以及机动车被偷窃的可能性（因为你把车停在靠近饭馆的街道上而不是停在你可控制的相对安全的车库里）。如果你饭后去酒吧而不是在自家檐下的走廊上喝啤酒，这就增加了遭受袭击的可能性。而且如果你居住在曼哈顿而不是居住在内布拉斯加州的农场上，你出去吃饭的可能性就更大。

罪犯的行为也会对危险性有所影响。如果他潜伏在旧金山的一条街道上而不是在乡村小道上尾随行人，或者在 80 号州际高速公路的分叉路上跃上一辆车，他就有更好的机会发现适合抢劫的人。如果他在找寻一栋房屋实施盗窃，会一直到找到一扇开着的窗户或者未锁的房门时才罢休。如果他是在每小时可以尝试撬开 50 扇门而不是 5 扇门的地方，那么他的状况会更好。城市里充满了财富——有商店、商业和富人；格莱泽和萨塞尔多特（Glaeser and Sacerdote, 1999）估计，拟下手目标有更大的吸引力可以在 1/6～1/3 的程度上解释城市里存在着更多犯罪现象的原因。在一座城市中，对一位陌生人实施犯罪后，他有更大的逃脱可能性。城市生活无需完全真实，大多数犯罪现象中普遍存在着许多曾经似乎可信的嫌疑犯。格莱泽和萨塞尔多特认为，在大城市中遭受逮捕的概率实际上比在其他地方要低一些，这可以从另一个角度来解释为何城市里有更多的犯罪。

最后，城市中居民和家庭的情形也各不相同。女性为主人的家庭在城市中更为普遍（房子更小，也更容易得到周边邻居的帮助），生长在这些家庭中的孩子更可能成为罪犯（或者成为犯罪行为的受害者，因为他们缺少保护他们的父亲）。

所以，城市中更高的犯罪率并不是城市自身问题的典型标记。你不可能既要享受城市生活带来的好处，又不愿接受城市生活可能带来的麻烦。

我的观点并非不切实际。假设存在一些能够减少犯罪威胁的计划，不管这些计划究竟是普遍适用还是只能专门针对城市。那么这些计划的其中一个好处就是允许更多的人来享受城市生活，以及减少与市域扩张相关的外部成本。此外，如果一项准备启动的、

城市经济学

旨在减少犯罪行为的计划虽是一个潜在的帕累托改进（或者在忽视罪犯损失的前提下是一种潜在的帕累托改进）但却无法实施，那么你就可以认为城市已经扩张过度了。（直接地说出旨在减少犯罪行为的计划是一个不错的主意，显然要比上面的那些表达更为明确。）

这是一个逃离衰落城区想法的复杂版本。要让这个逃离衰落城区的版本变得重要且有意义就必须符合两个条件：第一，虽有良好的减少犯罪行为的计划但还没有被实施。第二，犯罪威胁的水平和分布已经对在都市区居住和工作的人们产生了显著的影响。

与第一个问题相比，经济学家将更多的精力放在第二个问题的研究上。第一个条件属于犯罪学领域，尽管在下面的三个小节中我会对此作一些探讨，但我并不能给出一个内容丰富的答案。关于第二个问题，很多实证性研究的结论已经表明犯罪行为确实对逃离衰落城区现象有所影响，而且城市中心区的犯罪会使得原住居民迁出且工作岗位减少。例如，卡伦和莱维特（Cullen and Levitt，1999）发现在保持郊区的犯罪率不变的情况下，有关重罪行为报道的增加降低了城市中心区的人口数目；格鲁伯（Grubb，1982）以及桑普森和伍德里奇（Sampson and Wooldredge，1986）也得到了相似的结论。

然而，这些实证性研究所发现的犯罪对市域扩张的影响相当有限。例如，如果你使用卡伦和莱维特（Cullen and Levitt）在1999年得到的粗略结论来进行分析，那么一个超过25万人口的城市的公告犯罪率（每100 000个居民中有6 557个犯罪分子）降低到郊区郡县的公告犯罪率（每100 000个居民中有3 129个犯罪分子）时将会发生什么呢，答案并不令人吃惊——人口数增加了3.4%（FBI，2001）。而且没有人知道究竟是哪一项政策可以使得城市中心区的犯罪率有如此大的降低。

这些研究的主要难点在于它们用来测度犯罪的指标或许无法很好地反映犯罪如何影响了人们在何地居住和工作的决定。犯罪率有几个问题：首先，即使人们对被谋杀的担心程度要比丢失一台计算机大得多，犯罪率还是平等地看待所有的犯罪行为。根据警察部门的报告，扒窃占到了所有严重犯罪事件中的60%，入室行窃和机动车偷窃占到了另外的30%（因为扒窃是唯一一种富人比穷人更容易成为受害者的严重犯罪行为，所以卡伦和莱维特（Cullen and Levitt，1999）以及格鲁伯（Grubb，1982）发现的结论就不会令人吃惊：与穷人相比，富人对犯罪率更加敏感）。报案人报告案情时的偏好——人们更可能向警察报告严重的犯罪行为——虽然能部分缓和犯罪率测度的片面性，但是并没有彻底消除这个问题。其次，许多犯罪行为带来的威胁，特别是那些涉及暗示的威胁，与你居住在哪里似乎并无太大的关系。扒窃、入室行窃以及机动车偷窃问题发生的集中性也使得这一问题不至于那么尖锐（尽管集中性也制造了自己的问题）。最后，犯罪行为的威胁而不是实际的犯罪行为对市域的扩张的确有影响。有一个小镇上的每个人都在下午5点钟准时回家，拿着散弹猎枪整夜坐在窗户边；而另一个小镇的每户人家都一直开着大门和窗户，频繁地去隔壁串门。虽然这两个小镇的入室行窃率可能一样，但是第一个小镇的犯罪是一个比第二个小镇严重得多的问题。

因为犯罪率并不能准确地度量出我们想要衡量的东西——犯罪行为的威胁可以通过搬迁来避免——因此实证性研究大概就低估了犯罪行为的影响，并且可能也低估了减少犯罪行为可以引起的市域扩张减少的收益。不过，确实很难说清楚这个程度到底有多大。

III. 警察

因为降低犯罪的威胁能够获得许多收益，所以政府为减少犯罪威胁做了许多事情。在接下来的三个小节里我将审视这些工作，并且评论它们的效果和代价。

对纳税人来说，政府为降低犯罪行为所采取的最耗费成本的活动就是设置了警察。2000 年，州政府和地方政府一共花费了 570 多亿美元的资金来运营警察部门(U. S. Bureau of the Census，2003，table 443)。然而，这并不是一个多么巨大的数字：美国人在治安保护方面的花费与他们在吸烟上的花费一样多——民间在私人保护措施上花了更多的金钱。

□ A. 为什么要有警察?

我们为什么会有警察？即便今天，许多小市镇和农村地区也还没有警署，1800 年伦敦建立第一个警察局（更准确地说，在此前几年，东印度公司就建立了作为政府组成的一部分的安全武装）之前，还没有哪个地方设有警察。人们可以自己雇佣安全警卫和保镖，采取预防措施或是奖励抓获违法者的行为。今天我们看到一些私人的安全警卫和私营的奖励基金会，因此我们知道这样的机构有可取之处。（事实上，宣誓过效忠国家的警员经常在他们的休息时间或者退休以后去做私人的安全警卫，他们有时候穿着制服，而且在 19 世纪初期，纽约的警察们经常挣着大笔来自于民间的、因保护私人免受犯罪行为伤害而得到的奖励。）私人市场总有很多值得研究的内容：它们最小化了偷懒行为，强迫人们承担他们决策的大部分成本，鼓励创新，推动竞争。

不过，私人治安行为充满了外部性，而且正面的和负面的都有。我们已经讨论了两个私人治安的例子：寻回系统和汽车防盗锁。一个纯粹私人治安的体制会增加新的外部性：我的警卫员和德国的纯种杜宾犬能阻止原本想进入我邻居的房屋偷窃的窃贼（对窃贼而言此处的私人市场供给不足），但是却可能导致窃贼到两个街区之外的房屋里偷东西（因而那里有过度供给）。因为犯过一次罪的人很可能会再犯更多的罪，所以如果把偷过你东西的人关起来或者驱逐出去，其实就是在帮助许多潜在的未来受害者。

暴力和刑罚的问题甚至更为严重。如果我的保镖痛揍偷我东西的人，或者威胁要这样做，那么他们也就能痛殴我不喜欢的人，或者威胁要殴打那些我想要从他们那里讨回欠债的对象。或者他们可能会殴打我或者这样威胁我。除非一定的权威部门拥有绝对的合法约束力，否则任何契约都将没有价值，科斯谈判在这里将无济于事，安保市场上也是如此。

不过，反对无政府状态的人们会支持法庭和执行法庭判决的机构——一群狱卒和遵照法庭的要求围捕嫌疑人和罪犯的人。法庭和这类机构并不是我们今日所见的成熟的警察部门。那些围捕犯罪分子的人甚至被按人头支付酬劳，就像那些传票送达员和保释人所雇佣的赏金猎人（为奖金而搜捕罪犯的人）一样。

支持成熟的警察部门而不是支持一群赏金猎人的观点在很大程度上更切合实际，这些观点被应用在人口的流动性和匿名性都很大的稠密地区。只能等到法庭宣布定罪后才去找应该接受惩罚的人常常是一个坏策略；这给了犯罪分子大量的时间让他知道自己正处在麻烦之中，从而逃匿或者躲起来。当犯罪行为发生时或随后不久，就把嫌疑犯立即置于法院的控制之中，其花费常常要小得多而且更加有效。这就是逮捕行为的所为。那些逮捕嫌犯的人需要有能力自我裁定如何运用法律力量，因为捕捉行为的整个过程都是在法院开庭之前就会发生。

法院的运作同样需要信息，而且信息的成本往往都较昂贵。一旦一个案件已经发生，尤其是遇到暴力案件时，事件就很难受控，不管是受害者还是其他任何人都没有动机主动给法庭提供准确、有价值的信息。通过雇佣的方式让人提供信息是一件困难的事情，因为如果你能区分他们提供的信息是否有用，那么最初你就能做出判断而不必雇佣这些人。当他们提供的信息对法庭裁决是否应该惩罚某人至关重要时，法庭实际上已经将它的部分强制权授予了信息收集者。你不会根据被告是否被判有罪来给信息收集者支付报酬。

捕捉嫌犯和证据搜集的最好时机是在案件发生的不久之后，最佳地点是案发现场的附近。拘留都要基于证据。这些职能之间的相互关系意味着如果同一个人能够同时执行这两个任务或者执行这两个任务的人所在的组织间有很密切的关系——而非两个独立的公司，将对破案非常有利。

三种功能在发挥自己的作用时也常混在一起。由于个人安全的外部性和不可分割性（如果雇佣安全警卫，那么至少得雇佣一位完整的人），一伙邻居一起雇佣一项安全服务，或者一个城市的政府代表他们来做这些事常常会更有意义。纽约市在雇佣警察之前就雇佣过守卫者，那些人整夜到处巡逻，一旦发现火灾或者盗贼就发出信号。那些守卫者不具有法律强制权，直到现在成千上万的私人保安同样也没有法律强制权。但是在犯罪行为可能发生的地方步行或者开车巡逻给捕捉嫌犯和收集信息提供了很多有用的机会，并且有权力为法庭抓捕嫌犯和收集信息会使守卫者更为勇敢和有效。这就是我们要拥有在同一时间具有捕捉嫌犯者、信息收集者以及守卫者三种身份的警察的原因。

所以除了执行那些以私人市场为导向的守卫也能很好执行的任务以外，警员还具有法律强制权和自由裁量权。在第8章对规则的讨论中，我曾将这些权力称为"警察权"，接下来，我们来探究其中的原因。

这里我要强调一点，滥用警察权会带来危险。警察部门滥用职权有两种主要形式：贪污和暴力执法，这两种行为都经常出现在新闻里。一般而言，行使警察权力的职员受法律束缚和弱激励系统的管制。这些法律准则和弱激励系统的代价不菲——例如，在第8章中我们讨论过的无法"出售"分区问题就由其背后隐藏的巨大问题所致——但这还是比不存在警察权力滥用时的情形要好，因为庸君优于暴政。

□ B. 更多的警察能减少犯罪威胁吗？

想要减少犯罪威胁的最简单的策略就是雇佣更多的警察。如果因犯罪威胁的减少而得到的收益超过雇佣更多警力的成本，那么这样的政策就是一项潜在的帕累托改进。

不过，即使有了更多的警力是否就能减少犯罪行为呢？这样一个貌似简单的问题也没有一个明确的实证性结果——更不用说难度更大的问题：那就是因为更多的警察而减少的犯罪是否值得去花费这么多。

犯罪学家、社会学家以及经济学家已经对警力规模和重罪发生的数量之间的相互关系做了大量的研究。艾克和马奎尔（Eck and Maguire，2000，p.217）调查了许多这类研究，得出的结论是，"即使当我们在浏览最严谨的研究成果的时候，也没有发现与警力的增加可以带来暴力犯罪的减少相一致的证据。"一些研究表明更多的警察确实可以减少犯罪的发生，但是也有许多研究的结果与其相反，或者全然不是那么回事。

一些近期的研究表明，更多的警察确实可以与犯罪的减少之间存在关联，但是其中的两个研究（Marvell and Moody，1996，Corman and Mocan，2000）都只是针对纽约市的讨论，并且只发现了更多的警力与盗窃行为之间的这种关系。莱维特（Levitt，2002）发现暴力和财产型犯罪总量在边界统计的相关性上是显著的。这个问题还未有定论。

是否需要更多的警力来减少犯罪行为的争论类似于是否需要更小的班级（也就是需要更多的教师）来提高学习效率。虽然常识告诉我们一个道理——多多益善——但是数据似乎显示着不同的结果——多了也没啥用。在这两种情况下，统计方面的问题使得我们难以发现某种关系，而且人们对于周围的环境变化将不可避免地表现出来的复杂的补偿性反应也会阻碍我们发现这种关系。（警力与教师之间最大的区别大概在于，激进派认为更多的警力有意义而更多的教师没有意义，但是保守派的观点恰恰相反。）

这两个统计方面的问题使得我们很难得出拥有更多的警力就可以减少犯罪行为的结论。首先，更多的犯罪行为使得城市雇佣更多的警察。如果观察城市的某个截面数据，你就会发现高犯罪率与强大的警力并存——就好像医生周围总围着一堆病人一样。其次，测量一个警察部门的规模并非易事——不管什么时刻，执勤人员表上总有一些人在休病假、离岗度假或者被行政性停职，而其他人又在超负荷工作。许多城市都有着职能重叠的部门：例如在新泽西州的纽瓦克市，作为对纽瓦克警察的一种补充，港务局警察、新泽西交通警察、罗格斯大学的校园警察以及郡县警察都在城市的有关地区进行着巡逻。当你难以准确测量一个变量的时候，它的影响看起来就似乎比实际情况要小一些。（在极端情况下，假设你有一个能够很好地预测另外一个变量的变量——比如在一群人中，眼睛的数量可以很好地预测脚的数量。但是假设你用来测量眼睛数量的手段非常差劲——比如你测量的是捐献给配镜者俱乐部的眼镜的数量。尽管如果能够很好地测量眼睛的数量就可以很好地预测脚的数量，但你用其中戴某种特定眼镜的眼睛这个变量就不能很好地预测脚的数量。）

因为这些统计难题，每个人都应该对那些认为警力增强与重罪行为之间没有任何关系的研究持怀疑态度。然而，警力增加会减少重罪发生的理论表明，当警察部门扩张的时候只有犯罪分子会改变他们的行为。但这显然不是现实世界里的规律：当一个警察部门扩张的时候，许多非罪犯者也会开始改变自己的行为，而且他们的反应至少会部分地抵消罪犯的反应。正是因为这个原因，我们也有权利质疑那些认为增加警力会使犯罪行为大量减少的研究。

此处非犯罪者做出的三种反应之间有着一定的关联性。第一种就是警察部门做出的反应。警察部门不再把他们的全部精力集中在重罪行为上。警察们开始开具机动车违停罚单，当交通事故发生的时候去恢复秩序，在繁忙的十字路口或者交通灯损坏的地方指挥交通，以及监督游行和示威活动。他们也会把注意力放到那些无受害者的犯罪行为上面——不仅仅是那些非法的毒品犯罪行为，还包括赌博、卖淫、持有枪支、游荡以及其他违反"公共秩序"的犯罪行为。他们会确保星期日酒吧没有违反禁止周日交易的美国法律所作出的营业限制，以及在周六的晚上确保聚会的声音不会太大。1999 年每 6 个被捕的人中只有 1 个被控犯了重罪（Maguire and Pastore，2002，table 4.16）。更多警察局可能只是花费着更多的时间在与诸如卖淫之类的行为作斗争。

当然几乎所有的这些活动都有价值。当交通情况更好的时候行人和汽车司机能够从中获益，并且如果邻居们不因过于吵闹的聚会而烦恼，他们的状况也就会变得更好。而且控制无受害者的犯罪行为也有一些利益。减少重罪并不是生活的唯一目标。

我们也不必惊讶于警力增强与实际发生的重罪之间并不存在密切联系的第一个原因是，增加警员可能会鼓励市民从事更具风险的行为——选养那些更让人喜欢而没有攻击力的宠物狗，仅使用一把锁而不是原先的两把，炎热夏天的午后在一个非封闭的停车场上让自己的汽车车窗就这么开着，在昏暗之处独自行走，与一个经常酗酒的讨厌的男人多合住一个月。人们可能会用警察与犯罪行为斗争所做的努力来替代他们自己的努力。（如果这个情形发生，这也是一件好事。警察行为的目标就是减少犯罪威胁，而不是实际上已经发生了的犯罪行为。一些实证性研究选错了变量。）

更多的警力也许不能减少重罪发生的最后一个原因是增加的警察可能没有被很好地用起来。高级警长对增加的警察的反应可能就是降低对他们自己和他们负责监督的警察的要求；他们可能更愿意在周五的下午打打高尔夫球，不太愿意与那些在组织不便安排的时候硬要去休假的、不讨人喜欢的警察进行不愉快的对抗。警察在街上碰到的需要解决的问题越少，就可以花越长的时间来喝咖啡，或者在他们喜欢的店里与店主多聊一会。

警察部门并不是那种追求利润最大化的、受制于产品和资本两个市场的组织。它们不能并且也不应该这样，因为它们有着自由处置的强制力。这就意味着它们并不总是最优地使用着自己的资源。当然，在某种程度上规模更大的警力使得警察们能够过上更加快乐且压力更小的生活，并且对待他们的家人和同事更有一些人情味，从而更大的组织松弛度也是有好处的。

总之，尽管现有的证据还不能让人们确信扩大警察部门的平均规模会自动减少重罪的发生，但是这样确实有其他一些好处：增加了警察的服务；人们生活得更加自由且更少受限；警察们的生活也会更好，压力也更小。包括减少重罪发生的可能性在内的这些收益是否值得花费这些成本要因事而异。

□ C.　管治策略能够减少犯罪威胁吗？

警察的实际所为影响着重罪发生的数量。是警察在做什么，而不一定非得是警察有多少，是重要的。让我们相信警察确实在做事的主要理由是逮捕率——有时那是警察创造的——已被多次发现会影响重罪的发生数。更多的逮捕就会有更少的犯罪。这个关系首次被布鲁姆斯坦、纳金和科恩（Blumstein, Nagin, and Cohen，1978）所提及；卡梅隆（Cameron，1988）研究了大量的文献，几乎所有文献都证实了这种关联性；莱维特（Levitt，1995）的研究表明技术性统计主题的不同并没有削弱这种关系。

所以，可以非常肯定的是，在减少重罪行为的发生方面，警察能够做的一些事情要比其他事情有效得多。遗憾的是，至今还不能够准确地获知这些事情到底是什么。在20世纪90年代，不管警察做什么，犯罪行为似乎都会减少，即使这样，挑选出合适的管治策略也没有变得更为容易一些。

1. 定向巡逻

"定向巡逻"在某种程度上可以说是一种最好的策略。这个策略把警察资源集中在一个较小的地理区域，利用有关犯罪行为发生和报警的详细信息来决定在什么时间和什么地点要加大巡逻的力度。纽约市的警务统计系统（Compstat）启用于1994年，随后被许多城市效仿，这可能是最广为人知的定向巡逻的例子了。正如艾克和马奎尔（Eck and Maguire，2000，p. 230）所描述的那样，"在 Compstat 系统下，警察总部维护着各个辖区的统计文件，包括逮捕、报案、枪击事件，以及其他的信息。管辖区的指挥官被寄希望于时刻警惕他们辖区里犯罪方式的改变并对此作出回应。他们有责任常去警察总部汇报工作，在那里他们会被'盘问'关于减少犯罪行为的策略以及集中资源的决策。"Compstat 系统因此使得定向巡逻得以结合辖区指挥官及属下警察们所付出的巨大努力。

尽管 Compstat 系统从来没有被严格地评估过，但是大量的定向巡逻都已被发现是有效果的。例如，有人做过一个实验，从明尼阿波利斯市的110个"热点地区"中随机抽取55个让警察给予更多的关注。结果是在加强了对抽中的热点地区的巡逻后，被报案的犯罪行为显著减少了（Sherman and Weissbard，1995）。

甚至在没有刻意加强定向巡逻的时候，在某个区域偶然增加定向巡逻的强度也能减少犯罪行为的发生。1994年，在布宜诺斯艾利斯中心区的一个爆炸案发生以后，阿根廷政府安排警察保护国内的每一栋有犹太人和穆斯林人的大楼。在保护体系形成的街区，其汽车偷窃率降低了75%（DiTella and Schargrodsky，2004）。

然而，定向巡逻有两个潜在的缺点。第一，并不清楚它是否确实能减少犯罪行为；它可能只是把犯罪行为转移到了巡逻强度较小的地区。关于转移的实证性证据很少，但是理论认为不管发生多少转移，大体上都会少于总体上减少的犯罪行为，这意味着有一部分犯罪行为确实消失了。热点地区之所以热是因为这些地方是实施犯罪的绝佳之处；让犯罪分子离开这些地方使得他们不得不到不太理想的地方去犯罪。更为糟糕的地方意味着犯罪行为更无多少可图之利（或者更为费劲或者更少的满足），因此那些人多少会减少犯罪意愿。人为干扰也会不利于犯罪行为的发生。此外，如果那些将犯罪活动转移到其他地区的人被关进了监狱，就不会有人步他们的后尘，被转移的犯罪行为也会少于总体减少的犯罪。

定向巡逻的第二个缺点更为严重。实际发生的犯罪行为是警察不应该花费精力去关注的事情，并且他们越是专注于此，就越有可能背离真正的目标：减少犯罪行为的威胁，也越有可能从警察参与的其他有价值的活动处转向。如果定向巡逻消除了 X 地区的犯罪行为，却使得 Y 地区和 Z 地区更加危险，而 X 地区的大多数守法者本来就可以轻易避免罪行，反倒是 Y 地区和 Z 地区的人难以避开，尽管犯罪行为减少了，但是公众的状况倒可能变得更差。

2. 问题导向的管治

一个问题导向的管治策略更加关注社会危害而不是警察所持有的记录。在问题导向的管治中，警员从市民那里得知哪些与犯罪行为相关的问题在困扰着他们，然后努力去减少那些问题。例如，在一个研究案例中，泽西城的警察发现人们总是担忧街头斗殴和盗窃，然后他们找到了减少这两类事件的方法。其他几项研究也发现问题导向的管治缓解了他们关注的问题（Eck and Maguire，2000，pp. 243-244）。

经济学家可能对问题导向的管治的质疑是，警察到底如何判别哪些问题重要且亟须解决？交谈是一种低成本行为，而且他们也不会问市民解决一个特定的问题愿意支付多少钱。警察可能会发现他们所关注是那些被渲染过的问题，而不是解决后能获得最大收益的问题。对指导实际行动而言，有点信息总比一点也没有要好。

3. 社区管治

支撑社区管治的理论是如果公众给予警察更多的帮助，他们就可以更好地与犯罪行为作斗争。这显然是正确的；如果有无私的志愿者经常来我的办公室帮我批阅试卷，我也可以把自己的教授工作做得更好。实际问题需要考虑边际效用，即价值一美元的公众与犯罪行为斗争的努力是否比价值一美元的警察与犯罪行为斗争的努力更加有效。在许多情况下，你也许会这样认为——比如一个人人都要做的事情就是汇报正常生活情况下所获知的零碎的信息，或者一位大部分时间待在家中的老人就是用眼睛盯着街上发生的情况。这些都是社区警卫已经关注的机会。（参阅阿克洛夫和耶伦（Akerlof and Yellen，1994）关于为什么这些机会会被提及的详细解释。）

社区管治包含很多活动，其中一些已经经过了严格的评估，结果也不一而是。当你只关心实际的犯罪行为并用零成本来衡量市民们的努力时，一些社区管治有时会自发地起作用而另外一些则不起作用。在某个案例中，徒步巡逻（这会鼓励社区居民和警察之间的定期交流）减少了公共住宅区的女性受害率。20世纪70年代，注重培养警察与社区间关系的城市往往犯罪行为增长较少。在加利福尼亚州的奥克兰和亚拉巴马州的伯明翰，如果某个地方的警察经常与市民做面对面的交流，那么这个地方被报案的暴力犯罪就会有大幅度的降低。在其他城市，上门访问似乎也发挥了作用。

另一方面，对于波士顿、纽瓦克和另一个城市，经过认真设计的研究并没有发现徒步巡逻对这些地区的暴力犯罪或者财产型犯罪有任何影响，而且即使在刚刚提及的公共住宅区，男性成为受害者的概率也并没有降低。几个关于社区管治项目的研究表明其对被报案的犯罪行为并没有任何影响（Eck and Maguire，2000，p. 223）。（戴维·安德森（David Anderson，1999，p. 624）估计市民们每年花费在街区值守上的时间成本总共价值 655 000 000 美元。）

即使关于社区管治的结果有多种结论，其中许多项目，尤其是徒步巡逻在高犯罪率的社区仍然非常流行，所以即使实际的犯罪行为并没有发生任何改变，它们也有可能减少了犯罪行为的威胁。人们也许正过着更好的生活并且有着更多的机会。同样，这方面的证据也显得不足且缺乏一致性。在休斯敦，一线警署的状态以及旨在加强与社区联系的巡逻使得人们感觉到自己远离人为的犯罪。在芝加哥，公众认知的结果也是各种各样，而在纽瓦克，没有先兆的社区管治似乎减少了人们对犯罪行为的恐惧。

4. 零容忍管治

零容忍管治的目的在某些方面与社区管治相反，是使坏人害怕警察，而不是使好人喜欢警察。零容忍管治的目的在于通过对即使很轻微的违法行为也实施逮捕的方式，将罪犯，比如走到一辆汽车跟前用刮刀划坏它的挡风玻璃贴膜、乱扔垃圾、行乞、卖淫、吸毒、随地小便以及故意毁坏文物的人赶出公众空间。针对这些轻微犯罪的惩罚力度也在增加——不再是训斥和罚款，而是直接把其关进拘留所。

支撑零容忍管治的是有时被称作"破窗而入"的理论，该理论以威尔逊和凯琳（Wilson and Kelling，1982）一篇很有影响力的文章的标题来命名。一些人在自认为能够侥幸逃脱惩罚的地方实施犯罪，没有人足够关心犯罪或者没有人足够坚定地去阻止犯罪的社区往往会进入他们这些人的视野。他们并不通过查阅犯罪统计资料来确定在哪些社区犯罪；取而代之的是，他们通过观察人们对待公众空间的态度来加以判断。如果墙上布满了涂鸦，醉汉懒洋洋地躺卧在门廊上，那么潜在的罪犯就会觉得这里无人问津，他们自然会觉得在这里实施犯罪有一定的安全性。与居民的漠视一样，公共秩序的混乱也可能是导致严重型犯罪逍遥法外的因素。打压轻微犯罪的目的在于警告那些罪犯进行犯罪的风险已经提高了。

如同定向巡逻，零容忍管治在本质上以把犯罪活动从某个特定的社区驱逐出去为目的。要想达到减少犯罪活动总数的目的，就必须确保被驱逐而可能在别处发生的数量小于原本可能在原地出现的犯罪的数量，或者大多数社区可以同时降低对罪犯的吸引力。这二者看来都是可信的。如同定向巡逻，零容忍管治也可能会起作用，因为它可以关押那些原本会犯下严重罪行的人。例如，研究表明，在纽约市许多因为逃票而被监禁的人（跳过地铁的入闸机而不付钱）都曾因更严重的罪名被通缉过。另外一个可能支持零容忍管治的理论着眼于人们在认为警察无法保护他们时为获得保护和安全措施而做出的个人努力。以利亚·安德森认为当警方无法表明他们能够且愿意保护偏僻的少数族裔社区中的守法公民时，许多居民就会把私人报仇和个人名声作为保护自己的手段，并且拒绝与警方合作，因为这种合作让他们更危险，而不是更安全。"拥有令人畏惧的名声——以及让人信服的报仇欲望——对一般人远离发生在街道上的人与人之间的暴力行为相当重要……在警察没有影响力而个人需要对自己的安全负责时，这一准则就会出现……在服务于这一准则时，反复展示'勇气'和'感情'能建立并加强被用于防止受到侵害和不恭的可信的关于复仇的名声"（E. Anderson，1999，p. 10）。

零容忍管治对这些社区来说是一种信号，表明警察会保护每一个普通的居民，因此那些居民就没有必要积累关于私人复仇的名声，而是应该与警察进行有成效的合作，这样就不必担心报复。零容忍是一个广泛适合的社区管治。

一些证据支持了零容忍管治的有效性，但是这类证据并不多。当1994年零容忍管治被引入纽约市之后，很多犯罪活动都大幅减少，不过许多其他措施（像警务统计系统）也在同一时期被引进，同时采取完全不同措施的其他一些城市（像波士顿和圣地亚哥）也在减少犯罪活动上取得了同样的成功。科尔曼和莫坎（Corman and Mocan，2002）研究了纽约市1974—1999年的犯罪率，发现逮捕更多的轻类罪嫌犯会减少抢劫和机动车偷窃，这个结论给零容忍管治提供了一些支持。在两个更早期的研究中，瑞斯（Reiss，1985）发现在奥克兰的部分地区，警察抓捕和传唤轻类犯罪者后，盗窃和强奸的犯罪行为略有减少，而谢尔曼（Sherman，1990）并没有发现华盛顿特区的街头抢劫会因此显著收敛，但是从谢尔曼的数据来看，警察的活跃有为确实能让市民们感觉更加安全。

正如没有人知道零容忍管治的确切收益一样，也没有人知道它的成本。有一些成本可以被计算出来：警察用于维护公众秩序的抓捕行为所需要的时间；提供给拘留所里的轻罪犯人的食品和医疗护理的成本；尤其是轻罪犯人因为被逮捕而丧失的时间价值。其他的成本就更不确定了，但无疑会相当大。市民——尤其是少数族裔团体的成员——会认为警察越来越像占领军和骚扰者而抵制与他们的合作吗？一些人——比如年轻的黑人——会因为觉得自己无论犯不犯罪都可能被盘问、羞辱或遭逮捕而犯下更多的罪行吗？警察会认为自己正与社区处于对立状态，继而无视行为约束、更加滥用他们的权力吗？陪审团会继续相信警察吗？关于上面这些问题，我们连任何一个的答案都不知道。

5. 家庭暴力

尽管人们将大部分注意力集中在减少由陌生人实施的犯罪上，人们还是对防止家庭暴力的措施作出了很多重要改变，而且其中的大部分变化似乎都很成功。20 世纪 70 年代以前，大多数警察部门视"家庭纷争"为不幸事件，而不是严重的犯罪行为。警察主要关注家庭危机的调停、咨询和戒酒康复。由于害怕分裂别人的家庭，即使有足够的理由来实施，也不会鼓励拘押行为。除非同时申请离婚，否则一个女人得不到能够阻止她的丈夫继续向她施暴的法庭禁令。在紧急情况下并没有人可以得到这类禁令。已经授予的禁令只给予违例行为很轻的惩罚，而且执行起来仍很随意。

自家庭暴力被宣告为"违法"后，禁令就更容易被得到且被更严格地执行了。现在警察把家庭暴力事件视为严重的犯罪行为，就像其他的犯罪行为一样。当存在合理依据时，即使受害者决定撤回控告，许多警署仍会授权逮捕有关人员。一些警察局还设置了帮助警员学习和开发处理家庭暴力案件技能的特别部门。惯犯有时会被判处强制处理并受到监督。

从开始把家庭暴力定性为犯罪事件之后，全国范围内的配偶谋杀案就极大地减少了——1976—1999 年间，从 2 174 起下降到 836 起。酒精消费的减少、更加方便的离婚过程，以及已婚妇女更高的就业程度都对这个趋势有所贡献（后两个因素允许女人摆脱失败的婚姻，这样会伴随较少的伤痛），不过新的管治政策或许起了作用。

□ D. 警察的未来

总之，不管是对减少犯罪还是对减少犯罪威胁而言，并不是每一个关于使用警察进行管治的新看法、陈见抑或流行观点都是有效果的。但有一些确实有用——定向巡逻大概在起作用，以及主动与市民交流的努力，还有严肃对待家庭暴力的措施。在不久的将来，更多的好策略可能会发展起来。这是为什么呢？因为管治工作依赖于信息技术，而信息技术在最近几十年得到了迅速的发展。19 世纪 50 年代时，电报机使得大城市之间的协同管治成为可能，20 世纪 20 年代起，电话改变了警察了解犯罪活动的方式，到 20 世纪 50 年代，无线寻呼的个人巡逻车革命性地改变了警察如何回应犯罪活动以及上街巡逻的方式。

新技术同样也在显著影响着当前的安全保卫。有一些被个人所采用：例如寻回系统中的汽车追踪装置、更好的锁车系统、视频监控摄像头、信用卡、借记卡、直接存款以及 ATM 已经改变了人们使用现金的方式。公共部门正在使用计算机化的信息系统，比如警务统计系统，以及 DNA 检验。这些技术的一个优点是它们似乎限制了警察的行为，正如限制了公众的行为一样；它们并没有带来专制。DNA 检验给很多原本被定罪而事实上无辜的人带来了自由，此外，交通站点的监控摄像头也同时改善了警察和汽车司机的行为。

很多被引入到管治工作中的新技术有可能会失效，大多数新互联网企业也会失败，但总有一些会成功。在第 2 章第 I 节中我已经讨论过信息技术会让城市生活更有吸引力而不是降低其吸引力（信息技术使得面对面的交流更加容易实现）；另一个好处是它能对控制犯罪行为（以及控制那些应该被控制犯罪所管治的人）提供保障。

■ IV . 监禁

今天在几乎所有的发达国家中，犯有严重罪行的人都会被处以监禁。少量的国家（尤其是美国和中国）对一些犯下严重罪行的人会处以死刑，有时候针对不太严重的犯罪行为只是征收罚款或者处以社区服务性劳役的惩罚。（在美国，一个可能的例外是《梅根法案》，这一法案规定对儿童实施性侵犯的人会被终身佩戴电子脚镣并禁止接近儿童时常活动的场所。）不过大体上所有被抓起来的犯罪分子都会被处以监禁。

2000 年中期，在美国大约有 200 万人被监禁：约 120 万人在州监狱，60 万人在地方监狱，在联邦监狱和青少年监管所里还分别有 10 万人。大多数被宣判犯有重罪的人都会在州监狱服刑。地方监狱主要关押那些等待判决的犯人（包括那些犯下重罪而等待宣判的犯人），或者因轻罪等待简短审判的人。联邦监狱关押的是那些违反了联邦法律的犯人。当下联邦监狱中关押的大多数犯人都受到了毒品指控。

1980—2000 年，美国被监禁的成年人数量迅速增长——从大约 50 万（Maguire and Pastore，2002，table 6.1）增长到 190 万。其中禁毒法规起了很大作用，当然并不是全部的作用。1980 年时，因为违反禁毒法规而被监禁的人比较少（大约占到州监狱里犯人的 6％以及联邦政府里犯人的 25％），而后违反禁毒法规的人数迅速增长（到 1998 年已经占到州监狱里犯人的大约 21％，以及到 2000 年占到联邦监狱里犯人的 57％）。当然因暴力犯罪而被监禁的人数的增长仍然是主流：在州监狱里，2000 年因暴力犯罪被监禁的人数是 1980 年的 4 倍。同期，因为财产型犯罪而被监禁的人数大概只增长了一倍。

监禁是一个昂贵的措施。2001 年，美国政府用于惩戒的支出达到了大约 570 亿美元（基本等于管治的支出），而且因为监禁而造成的生产力损失成本大约 400 亿美元以上（用戴维·安德森（David Anderson，1999）所采用的每囚犯/年的成本和最新的犯人数量计算得出）。

这些损失的工资算起来的确是一笔大数目，可能会低估监禁犯人的成本。除了他们失去的收入，犯人还承受着三种额外的成本。第一，曾经蹲过监狱（不一定是拘留所）的经历会给他带来劳动力市场上的一个污点。弗里曼（Freeman，1992）以及纳金和沃德佛格（Nagin and Waldfogel，1998，1993）的研究表明监禁会降低一个人的工资并且使他更容易失业。第二，犯人的家庭失去了他们的支持。许多女性犯人的孩子从此就会无人抚养和关爱。第三，在监狱中——被监视，被迫去遵守命令，与朋友分离，并且被剥夺了隐私、尊严和异性间亲密的权利——比从事一份没有薪水的工作还要糟糕得多。即使没有收入方面的损失，我们中的大部分人也都愿意支付大量的钱财以避免在监狱里待一年。

监禁是一种非常费钱的处理犯罪问题的方式。但是我们所见的犯罪行为大都代价高昂，所以如此昂贵的处理方式也合情合理。这就是我们将在这一节所要讨论的问题。

□ A.　惩罚的短暂历史

和警察部门以及室内自来水一样，监狱是工业革命之后的发明。在 1800 年之前，罪犯在接受审讯之前都会被关押在拘留所中一小段时间，审讯结束之后要一直等到判决下达才能离开。即使著名的"监狱"，比如法国的巴士底狱在我们今天看来也就是看守所而已。判决通常都简单明了且很快被执行：流放（澳大利亚和佐治亚州最初就曾被辟为罪犯的流放地）、烙印、鞭打、捆绑以及罚款。不过，死刑也经常在可选择的惩罚之列：美国独立战争结束后不久，纽约市的死罪就包括侵入家宅和故意侵害（Burrows and Wallace，1999，p.366）。（这些行为的免责条款适用于政治犯，因为他们事实上往往是人质，也适用于债务人，因为他们也是相关债权人的抵押品。）

判决受到两种因素的驱动：制裁和威慑。**制裁**的含义是那些做错事的人应该遭受处分，而遭受怎样的处分则并非关键。（支持制裁的人认为，监狱生活的困苦甚至可以认为是一种收益，或者什么都不是，但不可以仅被作为一种付出。）**威慑**的含义是指通过惩罚那些做错事的人来使得更少的人做错事，从而促使人们拥有更好的人生；他们会遵守法律，因为他们害怕不守法会受到类似的惩罚。威慑关心的是惩罚的结果；制裁则不是。基于这两种目的，罚款、刑讯和偶尔采用的死刑都能达到更好的效果。对于政府部门来说，这些行为的代价较小，而对于罪犯来说，这些行为则令人害怕。当你花费较少的钱达成的刑罚与花费较多的钱造成的结果相同的时候，为什么要花费更多的钱呢？

现代监狱被发明出来是当一个新的目的变得越来越重要之时——**劳改**。19 世纪早期的改革者相信让犯人接受孤独的监禁会使得他们"感知自身行为的邪恶和愚蠢"，经历"悔恨交加的痛苦"，并且为他们自己的"未来改正"做好准备（Burrows and Wallace，1999，p.367，引自 Thomas Eddy）。于 1829 年在费城投入使用的东部州监狱是第一个推行这种新模式的监狱。那里的每一个犯人都在他们自己的牢房里或者毗邻的院子中各自工作，除了狱警和偶尔的来访者，他们基本看不到任何其他人。

一旦长期关押罪犯的想法根深蒂固，人们便意识到那些罪犯在被关押期将不会再犯下任何罪行，于是增加了一个支撑监禁的新依据——限制行为能力。罪犯一旦被关押在监狱中就不能犯罪了。关押的罪犯越多，在街道上实施犯罪的罪犯就会越少。

所以，随着时间的推移，关于惩罚一共演化出了四个不同的版本：制裁、威慑、劳改和限制行为能力。后三种都是通过结果——它如何影响日后的犯罪行为来证明惩罚的必要性。只有制裁是基于过去的犯罪事实来论证惩罚的正当性——这是法律制度实施惩罚的依据。就威慑来说，过去的犯罪就很重要，因为潜在的犯罪者会认为那些罪犯就是因为他们犯下的罪行正在被惩罚；就劳改和限制行为能力而言，过去的犯罪并无大碍，因为那只是对未来众多犯罪形式中某一种的一个预示。

□ B.　为什么要监禁?

这四种惩罚形式使得监禁成为处置犯罪分子的好方法,虽然并不意味着它们是最好的方式。我们已经了解了罚款、刑讯以及偶尔的死刑对确保制裁和实行威慑来说要更加合算得多。在这一节里我将会辨明监狱和法庭在劳改和限制行为能力方面也有可被批评之处。之后我们需要阐述监狱存在的原因。

为了搞清楚监狱和法庭在劳改和限制行为能力方面有哪些不足,请思考这些目标如何得以实现:第一,过去的犯罪行为不应该是决定谁将被处置的主要因素。相反,应该基于大量且翔实的个人信息挑选出一些人接受处置——年龄、性别、种族、学校记录、父母责任、家庭氛围、宗教取向、心理状况——就好像罪犯记录一样。理想的情况是在他们实施犯罪之前就把他们辨别且挑选出来;一直等到某个人被盗窃或者被谋杀了才采取行动似乎并不道德而且愚蠢。

此外,那些被限制行为能力的人应该被允许以他们力所能及的任何方式来追寻自己的目标和生活方式,只要他们不跟潜在的受害者扯上关系。否则,他们就被不必要地剥夺了非罪的机会,从而他们也就不能给这个世界带来什么本来可为的东西。因此,有效的犯罪能力限制可以在殖民地或者小岛上实现——否则除了没有人能够离开之外,其他意图在通常环境下都很难做到。那些意图在监狱中也无法得到实现。同样,类似的有效改造在监狱中也没有得到实现;正在接受劳改的犯人应该有追求个人生活和谋生之道的自由空间。

监禁的四个结局之间并不冲突。制裁和威慑可以通过实施代价较小的、对那些事实上有罪的人的刑讯和处决来实现;劳改和限制行为能力可以通过将可能实施犯罪的人流放到殖民地和边疆荒野来实现。2~3种手段能被混合使用。

不过,目前发达国家并没有如此这般地运行着。如果监狱完成的每一个目标都可以通过其他方式更好、更廉价地完成,为什么还有监狱呢?关于此疑问的最好回答不妨回顾先前关于警察部门为何无法有效运转的解释。那些能够行使自由处置权的人不应该被过分地激励。正如弗里德曼(Friedman, 1999)所认为的那样,因为监狱对于州政府和犯人来说都代价高昂,没有正当理由就把一个人关押起来对大家都没有好处。

如果一个政府只是因为不喜欢一些人而把他们关押很长时间,那么这个政府很快就会发现自己已变得窘迫不堪。如果一个州要通过威胁把许多人关进监狱的方式来讹诈他们的钱财,那么这个州很快就会发现自己声名狼藉。如果一个恶毒的人想要威胁他的邻居通过虚假的证词把他送进监狱来敲诈钱财,那么他会发现政府会出于自己省钱的目的而竭力戳穿他编织的谎言中的漏洞。

因为监禁是如此愚蠢且代价高昂,所以监狱给予政府以巨大的支撑来保留其市民的自由。拉瑞·尼文(Larry Niven, 1971)的一个题为"拼图人"的简短故事清楚地阐述了这一点。在故事中,作者对不远且现实的未来作出了几个大胆的猜想,到那时候法律允许从已经被处决的人身上摘取器官进行移植。这样的话他们的死亡将再也不是一种浪费。尽管如此,器官仍然会供不应求,政治系统也会高效地作出回应。这个故事讲述的是一个等待审讯和处决的犯人。在故事的结尾,我们知道了男主人公由于什么原因受到了死刑控告:"州政府将会证实传言中的沃伦·刘易斯·诺里斯的所为,在两年的时间里，总共故意开车闯了 6 个红灯。在同样的时间段里，沃伦·刘易斯·诺里斯至少超速了 10 次，有一次至少每小时超速了 15 英里。"①

□ C.　监禁减少了犯罪的威胁吗？

监狱，不管设施齐全或糟糕，都是现代发达国家用来关押那些被判有罪的犯人的地方。四个有关监禁的缘由中有三个都基于它能够减少未来的犯罪行为而论证了监禁的正当性，因此社会科学家们都曾试图弄清楚监禁究竟如何影响了犯罪行为。

几乎所有的研究都得出这样的结论：监狱里越多的囚犯意味着市面上越少的犯罪。典型的结论是，一些著名的研究发现，州监狱或者联邦监狱里的囚犯数量每上涨 10％，会导致暴力犯罪或者财产型犯罪的数量减少 1％～4％（作为一个回顾，见 Spelman，2000）。

然而，质询监狱里的在监犯人数如何影响犯罪行为这一问题与直接的政策效应间并没有什么关联性。没有人能够决定将会有多少人在监狱中。监狱里的犯人数——就像犯罪行为——是一个结果，它本身并不是原因。它取决于发生了多少犯罪行为、多少罪犯被逮捕并且被判有罪、他们被关押的时间以及什么时候能够通过假释。把监狱里的在监犯人数的规模作为一个因素，与很多这类研究一样，存在非常严重的逻辑问题。

因此，需要认真地解读这些研究的结论。它们并没有说把随机挑选出来的 1000 个老太太集中起来，把她们关进监狱里长达 10 年就能够显著减少犯罪行为的发生。可替代的结论表明，不管什么原因，监狱里在监犯人数 10％的增加通常都会降低 1％～4％的犯罪行为的发生。

发现了监狱里在监犯人数效应的这些研究也没有说清楚这些效应到底是来自于限制行为能力还是威慑作用（只有很少的证据能够证明目前的监狱确实会让人改过自新）。搞清楚这种效应的来源对制定政策有重要的启示作用。例如，如果监狱最初通过威慑而不是通过限制行为能力来运作，那么一项"三犯刑终身"的政策——第三次犯下重罪的结果就是终身监禁——看起来会更有吸引力。如果限制行为能力成为监狱运转采用的主要方式，"三犯刑终身"会使得监狱里满是老人，他们中的大多数人都有严重的身体问题，而且一般情况下，由于人一旦过了 40 岁并且疾病缠身，基本上不会实施犯罪，这就意味着将来花费大量的资源也只能阻止很少一部分未来犯罪行为的发生。但是如果威慑是监狱运转的主要方式，那么长期监禁的威胁将会减少许多当前的犯罪行为。

埃利希（Ehrlich，1981）、莱维特（Levitt，1995）以及凯斯勒和莱维特（Kessler and Levitt，1998）的研究在所有试图弄清楚哪种影响更大的研究中最为突出。他们都得出了这样的结论：威慑要比限制行为能力重要得多，对财产型犯罪和故意伤害罪来说更是如此。对盗窃和谋杀而言，尚没有哪一种的影响能绝对占上风。对于强奸来说，限制行为能力似乎比威慑的影响更加明显。

这些结论并不受把监狱里的在监犯人数看作一种因素的错误逻辑的影响，因为它们都出自非常接近于实际的管治。莱维特（Levitt，1995）研究了逮捕率对威慑作用和限

---

① 我很感谢赛斯·韦斯曼和戴维·弗里德曼（Seth Weissman and David Friedman，1999）分别带给我这个故事并让我感兴趣。

制行为能力的影响；凯斯勒和莱维特则关注于加大判决力度。注意，如果威慑的影响足够大，判决的刑期更长，理论上就能够通过减少犯罪行为而减少监狱里的在监犯人数。这种悖论的再次出现说明把监狱里的在监犯人数视为原因而不是结果的想法是非常愚蠢的。

□ D.　为什么不是仅仅考虑已被防止的犯罪？

诸如埃利希和莱维特等经济学家尝试计算了限制行为能力的影响，其结果不同于大多数人凭初步感觉而作出的天真估计，这种差别不容忽视。经济学家想要计算出如果某一个罪犯从街道上消失，实际上会因此减少多少犯罪行为，而不是（天真地以为）一个罪犯会犯下多少罪行。就一定程度而言，其他的罪犯或者潜在的罪犯会弥补某一个特定的罪犯将要而尚未实施的犯罪行为。这叫做**替代效应**。

替代效应提醒了我们经济学中的一个基本视角：为了理解一项政策的作用，你需要考察当人们调整他们的行为以完全符合这些政策的时候到底会发生什么；你不能仅关注首轮效应以及与之直接相关的人。就好像税收的负担并不一定由那些名字出现在支票上的人来承担一样，将一个人关押起来并不一定能避免他可能想去做的事，以及改变其他任何东西。

例如，如果你把某个特定快餐店的大多数雇员都关押起来，这个餐馆并不会停业，甚至几乎都不会改变它的运营方式。理由显而易见：快餐店的员工很容易被替换，因为很多人有着跟快餐店现在的员工一样的才能、素养和性格。另一方面，拘押一个才能很难复制的员工——例如某个室内设计师，他的品位受到了成百上千的顾客的青睐——将会使一个公司提高价格、降低质量、缩小规模或者歇业。一个员工的可替代性越高，当他或者她被限制行为能力的时候替代效应就越大。

一个看起来类似于公司的团伙的重罪行为也明显存在这样的替代效应。如果一个机动车偷窃团伙失去的成员只是平常负责让点火装置的电线短路而发动汽车的人，那么这个团伙可以很容易地替换他，因为其中涉及的技能很容易学会；这个团伙的活动因为这个成员的消失只会受到轻微的影响。如果失去一个不太容易被替换的成员——比如机动车偷窃团伙的地下拆车厂——将会对它的运行产生很大的影响。对于毒品销售的生意来说同样如此。

独自一人实施的犯罪行为又会造成怎样的影响呢？结果没什么两样。为了知道其中的缘由，此处需要借助于一张与埃利希（Ehrlich，1981，1996）和库克（Cook，1986）提出的"犯罪市场"相似的图形。他们使用一般的供需图来分析攻击者和受害者间的相互关系。

首先，考虑一项犯罪行为的数量，比如在某个特定区域发生的入室行窃的数量。入室盗窃的数量越大，潜在的受害者采取预防措施的力度就越大——安装警报系统、把贵重物品放在银行的保管箱里、经常去 ATM 机取钱而不是在身上揣着大量的现金、一到晚上就待在家里。（例如，巴特尔（Bartel，1975）的研究表明位于高犯罪率社区的公司更倾向于雇佣保安人员。）

图 16—1 大致显示了犯罪行为的数量与预防措施的规模之间的关系。我们称其为受害者的反应计划。

城市经济学

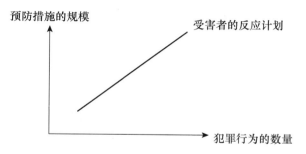

图 16—1　受害者的反应计划图

另一方面，预防措施的规模越大，入室行窃就会越少。更多的预防措施使得入室行窃更加危险，得到的收益更少，实施起来也更加费力。潜在的盗窃者就会把他们的注意力转移到相对更有吸引力的地方，而且实际的盗窃者也会减少他们入室行窃的次数。对于攻击者来说，预防措施的规模与他们实施的犯罪行为的数量间的关系如图 16—2 所示。我们称其为攻击者的反应计划。

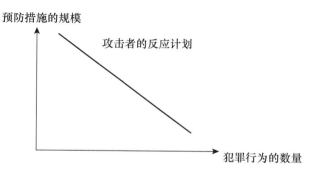

图 16—2　攻击者的反应计划图

随着时间的流逝，一个社区达到了这样的状态：攻击者和受害者的反应彼此兼容。也就是说，受害者实际采取预防措施的程度等于攻击者实施某种数量的犯罪行为而促使受害者采取相应预防措施的力度。这就是受害者和攻击者的反应计划直线相交的地方，如图 16—3 所示。我们把此时犯罪行为的数量和预防措施的规模的组合叫做均衡状态。

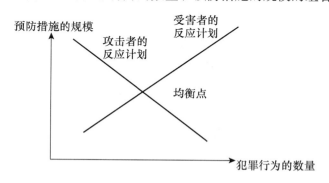

图 16—3　犯罪和预防措施的均衡

限制行为能力的影响主要取决于攻击者反应计划的状态。如果有大量的、远超均衡状态数的盗贼采用大体相同的技能和动机来实施入室行窃，那么预防措施的很小变化就会引发入室行窃次数的较大变化。（如果对单个盗贼来说入室的难度一如过去的大多数行窃一样并没有明显的增加，那么将会有一个类似的结论。）入室行窃的均衡数目将会处于这个小范围中的某个地方。限制更多的盗贼的能力并不会对入室行窃的数目或者预防措施的规模产生较大的影响。

借助于我们的图示可知，大量相似的潜在盗贼类似于如图16—4所反映的平坦的攻击者的反应计划。在任何水平的预防措施之下，限制能力都能减少固定数量的入室行窃次数，将攻击者反应曲线向下移动也能减少犯罪，但起到的作用有限。威慑的改变使得攻击者反应计划线向下移动，因而对减少犯罪行为的发生相当有效。

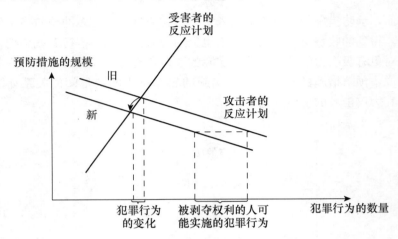

图16—4　平坦的攻击者反应计划下限制行为能力的影响

然而，如果本地盗贼和其他地方的盗贼间有较大的区别，以及盗贼并没有被预防措施太多地阻止，那么限制行为能力将会对均衡状态产生较大的影响。这种情形下的盗贼将难以被替换。限制行为能力的效果究竟会转化成犯罪行为的减少还是预防措施的减少将取决于受害者反应计划。但是如果潜在的受害者采取更少的预防措施，或者不太经常被入室行窃，他们的状况就会变好，在评估限制行为能力的社会价值时，受害者反应计划曲线的形状对此并没有影响。图16—5对此做出了解释。

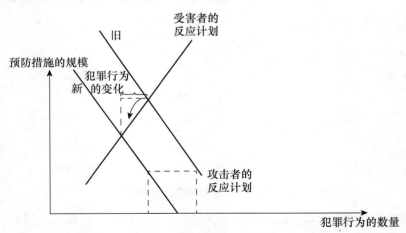

图16—5　陡峭的攻击者反应计划下限制行为能力的影响

在一般情况下，如果很多人离实施犯罪的边际只差那么一小步，或者罪犯们可以相当轻松地提高他们的努力程度，那么限制行为能力的净效应就不会很大。被关进监狱的人很容易被替代。你只能寄希望于限制行为能力对陌生人实施的犯罪行为以及不需要多少技能和天赋的犯罪行为有很大影响。密友间所犯罪行（常见的如强奸）或者采用特殊技能的犯罪行为（例如诈骗）中的替代效应并不大。但是抢劫和财产型犯罪可能有着较大的替代效应——这与莱维特的结论相符合。在这些例子中，限制行为能力可能对实际的犯罪行为只有很小的影响，或者说其更多的是对犯罪行为造成一种威胁。（专题 16A 则对限制行为能力的作用表达了不同的观点。）

专栏 16A

犯罪行为会传染吗？

关于罪犯之间如何相互影响的另一个故事认为罪犯之间的相互影响会增强而不是减少限制行为能力的作用。格莱泽、萨塞尔多特和施可曼（Glaeser, Sacerdote and Scheinkman, 1996）建立了一些模型，在这些模型中，犯罪行为就好像可以传染的疾病一样。有过犯罪行为的人会把犯罪传染给靠近他们的人。所以如果你把其中一个罪犯从这个团体中移走，他就不能再传染其他人，而且犯罪行为的下降程度会比他自己一个人所犯的罪行还要多。

但是我们所知道的监禁并没有把罪犯从所有团体中移走，它只是把他转移到了另外一个组织当中——拘留所、监狱或者青少年看守所。在这些组织中，犯罪行为会像它们在最初的组织中一样广泛地传播。从经验上来看，莱维特（Levitt, 1995）与格莱泽、萨塞尔多特和施可曼研究了相同的犯罪行为，前者发现限制行为能力的影响很小，后者则发现社会相互作用的影响很大。这与监狱、青少年看守所会传播而不是控制犯罪行为的判断相一致。

□ E.　小结

尽管限制行为能力的好处可能被有所夸大，但是扩大监狱里在监犯人数的政策仍是减少犯罪威胁的一种方式，部分源于它们能够阻止犯罪行为，部分因为它们限制了罪犯的犯罪能力。当然这样做的代价高昂。最费力的问题是，如何确定用作监禁的资源在减少犯罪行为方面的作用是否比用作管治或者其他减少犯罪行为活动方面的资源所起的作用大——而不仅仅是当前的资源投入是否值得。

Ⅴ．与犯罪有关的更优选择

警察和监狱通过使罪犯和潜在罪犯的状况变差来减少犯罪行为的威胁——这些手段包括限制行为能力，主要通过剥夺他们犯罪的机会（它一般会剥夺其他成百上千的人本来可以拥有的享受天真无邪乐趣的机会）；还包括威慑，主要通过使犯罪变得更没有诱人的机会。另外一种方式是，使得做犯罪以外的其他事情更有吸引力，从而潜在的犯罪分子就会自愿地放弃犯罪行为，这样他们的状况会变得更好。如果每个人都能在做合法的事情上获得非常多的乐趣，并且因此而忘记了实施犯罪，那么犯罪的威胁就会消失。

当然，随着这些正面的政策而不是那些负面的监狱和管治政策（它们有时候会被形象地称作"砖块和棍棒"）的实施，现行、潜在的罪犯和那些关心潜在罪犯的人的状况都会变好。但是潜在罪犯（甚至我们所有人都是潜在的罪犯）的幸福与否并不是判断一项政策好坏的唯一标准。虽然它对这一判断有所影响，但是纳税人的幸福感和遭到犯罪行为威胁的那些人的幸福感也有影响。同样，问题在于这些政策中的哪一些存在潜在的帕累托改进。

在这一节中，我们将区别两类不同的积极项目。一些项目使得其中大部分人的状况变得更好；而其他一些项目则针对一些特殊的个体。这种区别之所以重要是因为它们有着不同的替代效应，而且它们会引发不同的伦理问题。

□ A. 经济繁荣

在一般情况下，穷人比富人更可能会犯重罪，而且与萧条的宏观经济形势相比，人们在宏观经济繁荣的情况下更不愿意去实施大多数的重罪行为。1993 年，年龄介于 25～34 岁之间的男性高中辍学者有 12％被监禁，而与此相对的是，在同一年龄区间的一般男性中，只有 2.9％被监禁（Freeman，1996）。当使用义务教育法来检查这种因果关系的趋势时，罗克纳和莫雷蒂（Lochner and Moretti，2004）发现完整的高中教育会减少一个青年人犯罪的可能性，对于非洲裔美国人来说尤其如此。

就如监狱一样，经济繁荣也有威慑和限制行为能力的作用。威慑作用表现在你每年挣的钱越多，你这一年如果待在监狱中损失的钱也就越多，并且这种监禁对于声誉的玷污性惩罚可能会更为严重。限制行为能力的效应表现在你在工作和享受你挣的钱方面花费的时间越多，你可能实施犯罪的时间就越少。某种程度上当繁荣成为普遍现象时，替代效应也会随之消失——如果每个人的时间更少，那么取代你位置的边际潜在罪犯将需要更大的激励来实施犯罪。从这个意义上来说，繁荣带来的限制行为能力要比监禁带来的限制行为能力更加有效。

从另一方面看，许多犯罪行为，特别是暴力犯罪并不需要花费大量的时间来计划和实施。甚至财产型犯罪也是如此，格洛克（Grogger，2000）发现几乎所有靠非法活动牟取收入的年轻人也都有一份正常的工作，并且和那些没有从财产型犯罪中获取收入的年轻人相比，他们的工作时间基本一样。所以，经济繁荣虽然剥夺了每个人的一些能力，但是并没有剥夺太多。

从实证的角度看，通常并不容易发现繁荣对实际犯罪行为的影响。这就是为什么即使上涨的工资使得潜在的罪犯有较少的意向来实施犯罪，在许多例子（特别是盗窃和财产型犯罪）中受害者上涨的收入也使得他们更容易成为罪犯的目标。然而，近来的大量研究表明，经济繁荣能够减少实际的犯罪行为。例如，格洛克（Grogger，2000）发现年轻人的工资每上涨 10％，就会使得他们实施（或者承认实施）财产型犯罪的数量减少 10％。弗里曼（Freeman，1996）总结了大量关于繁荣如何影响犯罪行为的研究成果，并且认为在 20 世纪 70 年代到 80 年代期间，没有接受过良好教育的人得到的工资相对较少是那些年某些犯罪行为频发的主要因素。

尽管这些研究都关注实际发生的犯罪行为，但是仍然低估了经济繁荣的好处。为了了解这一点，我们先假设只有潜在罪犯的薪水上涨，而潜在目标并没有变得更为富有，因此也就没有更具吸引力。那么对潜在受害者来说犯罪行为的威胁就会降低，而且潜在受害者的状况就会变得更好一些。我们再假设增加潜在受害者的财富。他们财富的增加（此刻保持潜在罪犯的收入不变）即使会使得自己更可能成为犯罪行为的受害者，也会使他们的状况变得更好一些。如果对更可能成为受害者的担心超过了对工资增加的喜爱，他们就会把钱用于慈善（或者把钱烧掉）。所以即使实际上发生的犯罪行为逐渐增多，潜在受害者的状况也会变得更好。与之相关的是如果他们把新得的钱都用于慈善，犯罪行为的威胁就会降低吗？

作为一种与犯罪行为作斗争的工具，与经济繁荣相关联的政策是什么呢？没有人会反对繁荣；经济繁荣带来的好处远不止于减少犯罪。然而，有时候针对促进繁荣（或者针对特定人群的繁荣）的政策及计划的决定却有其他缺点。例如，扩张性的宏观政策可能会引发通货膨胀或者导致国际收支的逆差；一项所得税信贷措施可能会减少政府的收入，或者使其他的赋税上涨。对于这些决策而言，本小节的分析为支持繁荣提供了另外的理由。

犯罪行为（至少是财产型犯罪）与工资之间的关系也在一定程度上减少了作为对抗犯罪措施的较普遍的监禁的长期吸引力。监禁减少了囚犯被释放之后能够获得的薪水，使他们更有可能失业；反过来，低薪水和失业又会导致犯罪行为。所以，今天有更多的囚犯可能意味着未来他们被释放之后有更多的犯罪行为。这种影响的大小不得而知。从长期看，对少数罪犯的长期判刑可能比对很多罪犯的短期判刑要更有效一些。

□ B. 社会项目

许多项目都试图帮助个人过得更好，挣更多的薪水，更好地处理他们的情绪和人际关系。这些项目如经济繁荣一样，有很多好处——主要针对它们的目标人群——表面上绝对与犯罪行为八竿子都打不着。但是它们也会减少犯罪行为的威胁。

其中一些项目的作用几乎与繁荣一样——例如，职业训练和重返校园项目。它们的目标就是使其参与者更加成功，改变犯罪倾向。其他项目则类似于选择性的、非惩罚性的限制行为能力——例如午夜的篮球比赛。一些项目试图改变参与者的目的和态度——例如劝告、基于信仰的活动、再改造。那些不太看重犯罪行为能够带来的东西或者更为看重犯罪行为不能带来的东西（例如纯洁的良心）的人不太可能实施犯罪。入学前的教育项目和家庭咨询项目综合了第一种和第三种目的——目标是使参与者在成长过程中变得更为富裕且更有责任感。在众多可能影响犯罪的社会活动中，一些项目因为包括大范围的努力而比其他项目更为成功。

社会项目不同于一般意义上的经济繁荣，繁荣会使大部分人收益，而社会项目只试图提高参与者的利益，因而替代效应更大。它们类似于限制行为能力，而不是威慑。

多诺霍和西戈尔门（Donohue and Siegelman，1998）研究了大量的社会项目，就这些社会项目对犯罪行为的作用进行了严格的论证，提出了质疑，即任何项目涉及面的扩展是否也能起到类似于扩大监狱系统的作用：减少同样次数的实际犯罪行为，同时耗费更低的成本。他们总结道，丰富的学前项目和家庭教育都会对此产生影响："给定精确的目标……减少在监狱上的花销并且把省下来的钱用于加强学前教育，这样就会减少犯罪行为。"其他很多项目，特别是诸如就业训练团*一类强度更大且价格更高的项目更可能达到这个标准，而大多数代价较小的项目，像一般的职业培训和 20 世纪 80 年代兴起的提前教育等并没有能够达到这一标准。

不过，多诺霍和西戈尔门要求社会项目所达到的标准也实在太高了。[①] 他们认为社会项目的唯一好处是减少犯罪行为。当我们关注潜在的帕累托改进时，你需要考虑所有的收益，而不仅仅是那些属于你工作领域内的好处（在该领域之外的好处甚至可能会被认为是负的成本）。所以其他一些社会项目的扩展不仅是强化的学前干预，也可能是潜在的帕累托改进。

其中一些结论的含义还是让人们觉得困扰，或者与我们通常所认为的公平和公正相悖。考虑性别：男性犯的几乎都是重罪。1999 年因犯重罪而被逮捕的犯人中有 74% 是男性（Maguire and Pastore，2002，table 4.8）；如果避开盗窃，这个比例将超过 80%。从犯罪行为减少的角度看，把一个男孩放到强化的学前项目中，或者把一个年轻男性放到就业训练团中，与把一个女孩或者一个年轻女性放到强化的学前项目或就业训练团中相比，将会实现更大的预期收益。当一些项目的参与者都是男性的时候，它们存在潜在的帕累托改进；而当其中一些参与者是妇女的时候，这些项目就不存在帕累托改进了。我们应该在这些项目中否认女性的地位吗？对种族来说这也具有相似性：对于有些项目来说，当其中的参与者全部是少数族裔的时候，这些项目存在帕累托改进；但是如果其中有大量的成员是白人，这些项目就不存在帕累托改进了。

即使不采用诸如性别和种族之类令人生疑的分类标准来排除潜在的参与者，把参与者挑选出来参加旨在减少犯罪行为的社会项目也会令人不悦。没有任何人能够减少那些永远不会犯罪的人将要犯罪的可能性，因此，能用最有效的方式来排除这些人参加社会项目一般能产生最大的社会效益。社会项目显然会帮助它们的参与者，或者试图帮助他们。社会项目的目的是通过阻止犯罪来实现潜在的帕累托改进，它会帮助那些可能会犯罪的人而忽视那些不会犯罪的人。这听起来几乎就像勒索敲诈："帮助年轻的男性，因为如果你不帮助他们，他们就会抢你东西。"

尽管如此，请记住并没有强有力的常例能证明这些项目自身一定会产生潜在的帕累托改进。有益的伦理争议有助于产生实际的帕累托改进，发现潜在的帕累托改进也有用处，因为它们能够指明实际的帕累托改进之路。

实际的帕累托改进是如何与悬而未决的社会项目联系在一起的呢？具体而言，我们考虑一个一直存有疑云的社会项目：参与者从中有所收获，但是他们的所获要小于该项目为了保持正常运转而花费的纳税人的钱。还假设这个项目针对男孩时会减少犯罪行为，针对女孩时则不会（因为女性几乎不会犯罪，而且你不可能把犯罪率降到零以下），这个项目在减少犯罪行为方面足够有效，以至于仅针对男孩运行时就是一个潜在的帕累托改进，而针对女孩时则不会。

---

* 美国政府 1964 年为无业青年成立的就业培训机构。——译者注

① 这并不意味着对他们工作的批评，只是设立一个比最终得到的结论更完美的上限，通常是一种研究问题的有效的修饰手段。

你该如何把这个只针对男孩运行的项目转变成实际的帕累托改进呢？对此进行收费并且用这个收入来减少纳税人所承担的赋税。例如，假设你收取的费用足以使这个项目开始之后纳税人的状况与之前相比没有发生恶化：他们对这个项目进行支付，但是成本由他们享受到的、减少的犯罪威胁所抵消，钱从男性参与者中收取。参与者的状况与先前没有参与这一项目时相比境况也会变好，即使在他们为此支付了参与费之后仍然如此。（我们知晓这一点是因为已经假定一项只针对男性的项目是一个潜在的帕累托改进。）他们仍然是自愿参加的。纳税人和参与者的状况都会变得更好；非参与者的状况也没有变坏。

所以社会项目的收费可以使潜在的帕累托改进变成实际的帕累托改进。我们应该向他们收费吗？这要视情况而定。当直接从社会项目中获益的那类人可以被替换的时候——例如这个例子中的男性——对他们的参与进行收费似乎是非常公平的一件事。但是当参与者是那些因为某些原因应该被帮助的人——例如那些已经遭受了不公正待遇的少数族裔，或者因为灾难而贫穷不堪的人——那么事实上其中一种帮助他们的方式就是不对他们的参与收费。有很多很好的理由来帮助人们或者进行财富的再分配（这些大大超出了本书的讨论范围），但是与犯罪行为作斗争并不在此列。

□ C. 堕胎

另外一种减少犯罪威胁的方式就是阻止那些可能成为罪犯的人被生出来。这是限制行为能力的终极策略。多诺霍和莱维特（Donohue and Levitt，2001）认为在 20 世纪 70 年代早期堕胎合法化后，大多数没有出生的婴儿都是父母不想要的孩子。有证据表明那些父母不想要的孩子比父母想要的孩子将来更可能成为罪犯，而且这个假说也看似可信。20 世纪 70 年代父母不想要的婴儿出生率的减少应该使得 90 年代的犯罪行为减少，多诺霍和莱维特提供的一些实证性证据表明的确如此。然而，乔伊斯（Joyce，2001）通过另外一个实证性研究就一些技术问题对这个结论提出了质疑。

■ VI. 结论

程度严重的犯罪是一个大问题，不过它并未失控。人们的状况在很多方面因犯罪的威胁而变得糟糕。这类糟糕的其中之一就是城市规模更小和人口密度更低。犯罪如同幽灵一般还会扯上种族关系。总之，减少犯罪行为的方式非常具有价值。

我们越来越多地了解到哪些方式将会有用。一些具有攻击性的管治策略会有用，一些社会项目也同样有用。（虽然其中许多也没有用，但这就是生活的一般状态。）尽管与人为的干预有关，但 20 世纪 70 年代和 80 年代以来，重罪在总体上呈现逐渐减少的趋势。信息技术在与犯罪行为作斗争方面所提供的帮助要大于其对罪犯的帮助，至少对传统的重罪而言，邻近性依然至关重要。

我们在思考城市的时候不可能避开犯罪问题，而且在今天的美国，谈论犯罪行为也不可能不涉及枪支、酒精和违禁毒品，以及公众为控制或者根除它们的使用而付出的努力。这些将是下一章讨论的主题。

问题

1. 讨论下面的观点：联邦政府应该对主要办公大楼和体育馆的恐怖袭击险种进行补贴，因为对一栋大楼采取预警措施会使得另外一栋建筑更可能成为袭击的目标。这其中包含的外部效应是什么？关于恐怖分子动机的理论是什么？为什么政府不能对预警措施征税而要对它们进行补贴呢？政府也应该补贴其他形式的犯罪险种吗？应该区别对待一栋大楼的所有者们可能采取的不同反恐措施吗？

2. 给出一个"犯罪市场"的概念，判断下面列出的改革措施是否改变了受害者反应计划或者攻击者反应计划，或者对二者都有所改变，以及它们如何改变了犯罪行为和预警措施间的均衡：

a. 更高的抓捕率。

b. 更价廉、有效的盗贼警报系统。

c. 关于犯罪或恐怖主义威胁的更多宣传。

d. 针对社区犯罪的道德疑虑的减少。

e. 更多的死胡同和更容易让人迷路的街道模式。

f. 在人口中有更多的潜在罪犯。

3. 下了班的警察能被允许加入其管治的社区的兼职安保工作吗？他们能被允许在这段时间里穿着普通制服吗？如果他们不能够做安保工作，他们能被允许做非安保性工作吗？他们的兼职工作需要得到警察首脑部门的批准吗？

4. 你正在就有关安装盗贼警报的政策给当地警察局提供建议。可以被考虑的选择如下：

a. 允许安装盗贼警报系统并且对其作出优先级最高的回应。

b. 允许安装盗贼警报系统并且只是偶尔对其作出回应。

c. 允许安装盗贼警报系统并且只是在拥有者从未说过关于市长或者警察局局长的任何不敬之词的情况下才作出回应。

d. 只允许隐秘地安装盗贼警报系统。

e. 只允许安装广为人知的盗贼警报系统。

f. 对盗贼警报系统征税并且采用上述任意一种反应策略。

g. 设定多种不同的盗贼警报系统，对每一种系统采用不同的反应方式，并且对不同种类的系统征收不同的税额。

h. 使盗贼警报系统的安装违法。

i. 在有许可的情况下安装盗贼警报系统，固定许可证的数量，并且允许许可证的买卖。

j. 其他任何你能想到的建议，包括对以上选择的不同组合。

选择一项政策应该考虑哪些因素？你推荐哪项政策？为什么？

5. 约翰·史密斯和简·多伊互相喜欢并且开开心心地生活在一起。不幸的是，有时候简会酗酒，然后她就会发脾气并威胁要攻击约翰。

约翰愿意每天支付100美元以让自己能跟简住在一起。就算他们不住在一起，约翰也喜欢简。如果可以做一些对他没有成本的事以让简避免被伤害，他会去做。（嘿，我只是说他们彼此喜欢；他们并不在热恋。）约翰愿意支付5 000美元（包括医疗费）来避免简的某种暴力攻击。无论约翰还是简都是风险中性——这是一种偏好。（这意味着如果要对涉及金钱的不同赌博方式进行选择，他们总是偏爱那些具有最高收益期望的赌法。）

简喜欢约翰并且愿意一天支付 100 美元以便能跟他生活在一起。（但她不愿意放弃自己的任何钱财来避免其货币损失。）然而，当她有一天讲授城市经济学课程时教得很糟糕的话，她愿意花 15 美元买一瓶威士忌酒。一瓶威士忌的成本是 10 美元。她教学感到糟糕的概率是 3%。不管她什么时候喝下一瓶威士忌，她都会攻击约翰。她自己也深知这一点。

简和约翰每天早晨以没有前嫌的状态开始他们的一天。他们对于过去发生的事情没有留下任何记忆（尽管他们知晓未来事件的可能性）。对他们来说，每一个早晨都一样。每天早晨他们决定当天两人是否待在一起。

a. 假设他们不能在早晨交换钱财，或者作出共同的承诺。在不存在有关民事法律规定的前提下。他们会住在一起吗？

b. 假设政府对每瓶威士忌征收 6 美元的税。政府（从这对男女身上）得到的收入是多少？这个税收会引发一项帕累托改进吗？请解释原因。

c. 假设不对威士忌征税，但是有会对有关家庭暴力的报告作出回应的警署（简和约翰家的墙比较薄，邻居也好管闲事，所以一旦他们发生家庭暴力，警察局就会接到报告）并且会对施暴者进行惩罚。所以简知道当她决定是否购买一瓶威士忌的时候也就是她揍约翰一顿的时候，警察会出现并且对她处以 10 000 美元的罚款。（如果她在没有与约翰住在一起的时候买了威士忌酒，她虽然有施暴的倾向但是没有施暴的对象。）相对于问题 a 中的条件，警方的政策会导致一个帕累托改进吗？

d. 新上任了一位警官，她决定受害者应该有更多的权利。她重新设计了处理家庭暴力的程序。与在现场对简进行处罚不同，警察会发出一个传单，要求施暴者必须在第二天早晨法庭开门时前往缴纳罚款。法院也会询问约翰是否提出控告。如果他不指控，简就不需要支付任何东西。在法庭上会发生什么呢？如果简和约翰第二天早晨去法院，他们都特别期望发生什么吗？他们会住在一起吗？相对于当初警官的过时政策（问题 c），新的受害者权利政策会使得约翰的状况变好还是变坏？它使得简的状况变好了还是变坏了？

e. 第三位警长接管了这些并且决定停止对家庭暴力的投诉作出回应。他替代性地设立了一个叫做"婚姻"的制度，在其中家庭成员可以长时间互相接触、交换钱财以及互相赔偿。但是他们只能在一天的开始时交换钱财（就好像一场婚姻开始时的嫁妆交付），因为成员之间的承诺仍然不能被强制执行。简和约翰会利用这个新制度并且住在一起吗？相对于问题 a，婚姻是一项帕累托改进吗？在婚姻中，会发生多少次家庭暴力？相对于对威士忌征税（问题 b）或者严厉的强制措施（问题 c），在婚姻中谁的状况会变好？谁的状况会变差？会发生多少家庭暴力事件？

参考文献

Akerlof, George, and Janet Yellen. 1994. "Gang Behavior, Law Enforcement, and Community Values." In H. Aaron, T. Mann, and T. Taylor, eds., *Values and Public*

Policy. Washington, DC: Brookings Institution.

Anderson, David A. 1999. "The Aggregate Burden of Crime." *Journal of Law and Economics* 42: 611−642.

Anderson, Elijah. 1999. *Code of the Street: Decency, Violence, and the Moral Life of the Inner City*. New York: W. W. Norton.

Ayres, Ian, and Steven D. Levitt. 1998. "Positive Externalities from Unobservable Victim Precaution: An Empirical Analysis of LoJack." *Quarterly Journal of Economics* 113 (1): 43−77.

Bartel, Ann. 1975. "An Analysis of Firm Demand for Protection against Crime." *Journal of Legal Studies* 4: 443−478.

Blumstein, Alfred, Daniel Nagin, and Jacqueline Cohen, eds. 1978. *Deterrence and Incapacitation: Estimating the Effects of Criminal Sanctions on Crime Rates*. Washing-ton, DC: National Academy of Sciences.

Burrows, Edwin G. and Mike Wallace. 1999. *Gotham: A History of New York City to 1898*. New York: Oxford University Press.

Cameron, Samuel. 1988. "The Economics of Crime Deterrence: A Survey of Theory and Evidence." *Kyklos* 41: 301−323.

Cook, Philip. 1986. "The Demand and Supply of Criminal Opportunities." *Crime and Justice* 7: 1−27.

Corman, Hope, and Naci Mocan. 2000. "A Time-Series Analysis of Crime, Deterrence, and Drug Abuse in New York City." *American Economic Review* 90 (3): 584−604.

——. 2002. "Carrots, Sticks, and Broken Windows." National Bureau of Economic Research Working Paper 9061.

Cullen, Julie Berry, and Steven D. Levitt. 1999. "Crime, Urban Flight, and the Consequences for Cities." *Review of Economics and Statistics* 81: 159−169.

DiTella, Rafael, and Ernesto Schargrodsky. 2004. "Do Police Reduce Crime? Using the Allocation of Police Forces after a Terrorist Attack." *American Economic Review* 94 (1): 115−133.

Donohue, John J. III, and Steven D. Levitt. 2001. "The Impact of Legalized Abortion on Crime." *Quarterly Journal of Economics* 116: 379−420.

Donohue, John J. III, and Peter Siegelman. 1998. "Allocating Resources among Prisons and Social Programs in the Battle against Crime." *Journal of Legal Studies* 27: 1−43.

Eck, John E., and Edward R. Maguire. 2000. "Have Changes in Policing Reduced Violent Crime?" In Alfred Blumstein and Joel Wallman, eds., *The Crime Drop in America*, pp. 207−265. New York: Cambridge University Press.

Ehrlich, Isaac. 1981. "On the Usefulness of Controlling Individuals: An Economic Analysis of Rehabilitation, Incapacitation, and Deterrence." *American Economic Review* 71: 307−322.

——. 1996. "Crime, Punishment, and the Market for Offenses." *Journal of Economic Perspectives* 10: 43−68.

Federal Bureau of Investigation (FBI). 2001. "Crime in the United States: 2001." Accessed at www. fbi. gov/ucr/01cius. htm.

Freeman, Richard B. 1992. "Crime and the Employment of Disadvantaged Youth." In George Peterson and Wayne Vroman, eds. , *Urban Labor Markets and Job Opportunities*, pp. 201−237. Washington, DC: Urban Institute.

——. 1996. "Why Do So Many Young American Men Commit Crimes and What might We Do About It?" *Journal of Economic Perspectives* 10: 25−42.

Friedman, David. 1999. "Why Not Hang Them All: The Virtues of Inefficient Punishment." *Journal of Political Economy* 107: S259−S269.

Glaeser, Edward L. , and Bruce Sacerdote. 1999. "Why Is There More Crime in Cities?" *Journal of Political Economy* 107: S225−S258.

Glaeser, Edward L. , Bruce Sacerdote, and Jose Scheinkman. 1996. "Crime and Social Interactions." *Quarterly Journal of Economics* 111: 507−548.

Grogger, Jeffrey. 1998. "Market Wages and Youth Crime." *Journal of Labor Economics* 16: 759−791.

——. 2000. "An Economic Model of Recent Trends in Violence." In Alfred Blumstein and Joel Wallner, eds. , *The Crime Drop in America*, pp. 266−287. New York: Cambridge University Press.

Grubb, W. Norton. 1982. "The Flight to the Suburbs of Population and Employment, 1960−70." *Journal of Urban Economics* 11: 348−367.

Joyce, Ted. 2001. "Did Legalized Abortion Lower Crime?" National Bureau of Economic Research Working Paper 8319.

Kessler, Daniel, and Steven D. Levitt. 1998. "Using Sentence Enhancements to Distinguish between Deterrence and Incapacitation." National Bureau of Economics Working Paper 6484.

Levitt, Steven D. 1995. "Why Do Increased Arrest Rates Appear to Reduce Crime: Deterrence, Incapacitation, or Measurement Error?" National Bureau of Economics Working Paper 5268.

——. 2002. "Using Electoral Cycles in Police Hiring to Estimate the Effect of Police on Crime: Reply." *American Economic Review* 92 (4): 1244−1250.

Lochner, Lance, and Enrico Moretti. 2004. "The Effect of Education on Crime: Evidence from Prison Inmates, Arrests, and Self-Reports." *American Economic Review* 94 (1): 155−189.

Maguire, Kathleen, and Ann L. Pastore, eds. 2002. *Sourcebook of Criminal Justice Statistics* (online). Accessed at www. albany. edu/sourcebook.

Marvell, Thomas, and Carlisle Moody. 1996. "Specification Problems, Police Levels, and Crime Rates." *Criminology* 34(4): 609−646.

Nagin, Daniel, and Joel Waldfogel. 1993. "The Effect of Conviction on Income through the Life Cycle. " National Bureau of Economics Working Paper 4551.

——. 1995. "The Effects of Criminality and Conviction on the Labor Market Status of Young British Offenders. " *International Review of Law and Economics* 15 (1): 109–126.

Niven, Larry. 1971. "The Jigsaw Man. " In *All the Myriad Ways*. New York: Ballantine.

Reiss, Albert J. Jr. 1985. *Policing a City's Central District: The Oakland Story*. National Institute of Justice Research Report (April). Washington, DC: Government Printing Office.

Sampson, Robert J. , and Jacqueline Cohen. 1988. "Deterrent Effects of Police on Crime: A Replication and Theoretical Extension. " *Law and Society Review* 22: 163–189.

Sampson, Robert J. , and John D. Wooldredge. 1986. "Evidence That High Crime Rates Encourage Migration Away from Central Cities. " *Sociology and Social Research* 90: 310–314.

Sherman, Lawrence W. 1990. "Police Crackdowns: Initial and Residual Deterrence. " In Michael Tonry and Norval Morris, eds. , *Crime and Justice: A Review of Research*, vol. 12, pp. 1–48. Chicago: University of Chicago Press.

Sherman, Lawrence, and David Weissbard. 1995. "General Deterrent Effects of Police Patrol in Crime 'Hot Spots': A Randomized, Controlled Trial. " *Justice Quarterly* 12: 625–648.

Spelman, William. 2000. "The Limited Importance of Prison Expansion. " In Alfred Blumstein and Joel Wallman, eds. , *The Crime Drop in America*, pp. 97 – 129. New York: Cambridge University Press.

Wilson, James Q. , and George I. Kelling. 1982. "Broken Windows: Police and Neighborhood Safety. " *Atlantic Monthly* 249 (March): 29–38.

Wilson, Michael. 2004. "Kelly Reports a Sharp Decrease in Bank Robberies in the City. " *New York Times*, March 26, p. B2.

U. S. Bureau of the Census. 2003. *Statistical Abstract 2003*. Washington, DC: Government Printing Office.

第17章

麻醉品、枪支和酒精^①

在许多城市里，一些人使用麻醉品、枪支和酒精，另一些人则对他们的使用或拥有这些深感不安。例如，在19世纪后期的纽瓦克，最大的政治争论问题之一就是星期天的喝酒问题：德国裔美国人通常喜欢在做完礼拜后喝些啤酒放松一下，但新英格兰裔美国人则认为酒精会亵渎了安息日。这导致了很多人在一个小区域内联合起来讨论如何强化这些物品的使用与监管。

监管这些物品的一个目标就是减少犯罪。这就是我将这些内容放在一个章节中，以区别于其他诸如交通拥堵和污水等外部性问题的原因。司法机构耗费巨大的资源来监管这些物品：1999年违反涉及麻醉品、枪支和酒精的法律的案件就大约有240万起，几乎是重罪的两倍之多。由于麻醉品和武器而被关押的犯人要比财产性犯罪者多（Maguire and Pastore，2002，tables 4.6，6.38）。脱离了对这些物品监管的研究，你就无法认真思考城市中的犯罪问题。

我将麻醉品、枪支和酒精合在一起单独列为一章，还因为政府经常把这些本应直接监管的活动作为一种间接的被规制活动来加以关注。例如，交通事故和抢劫可以被现场观察和直接监管，但我们也有针对携带隐匿的武器以及酒后驾车的法律，即使这些活动还未造成伤害。事先关注这些物品比在它们已经造成伤害后再处理更具有现实意义，不过在技术瞬息万变之时这样的处理方式也会带来一些问题。

接下来的部分将是对麻醉品、枪支和酒精以及它们给其使用者带来的好处做一个简要介绍。如果没有人能从中获得任何好处，就不会有人使用这些物品，我们自然也就无需对其加以讨论。第Ⅱ节和第Ⅲ节是关于若不加控制地自由使用这些物品可能带来的社

---

① 为了更好地理解这一章，你应该熟悉这些概念：外部性、限制行为能力、庇古税、次优。你可以在词汇表中找到这些概念。

会成本。当然，如果没有人反对无节制地使用，我们也没有什么好讨论的。类似于时下流行的研究，此处我们要强调的也是这些物品和犯罪之间的关联性。最后，第IV节详细审视可用于处理与这些物品有关的问题的一些监管策略。

■ I．私人收益

人们使用麻醉品、枪支和酒精的原因各有不同。麻醉品作用于给大脑提供养分的血液，产生情绪和思维的变化。乙醇或酒精是一种抑制剂，它会减慢大脑和神经系统的反应。许多人陶醉于血液将酒精带到大脑时产生的感觉。这使他们得以放松并且感觉舒服，经常还会略微感到兴奋；这种感觉使得他们不致深陷烦恼，使其至少得以暂时地忘却；使他们去做一些通常不会做的事情或说一些通常不会说的话语。当血液中的酒精浓度足够高时，人们就会昏昏欲睡。

因为酒精使人们更为放松和更少感到压抑，因此经常作为一种社会润滑剂——使人们更容易相互了解并成为朋友。从某种程度上来说，城市建立在社会交往的基础上，酒精有助于城市的功能变得更好——如果你在曼哈顿交不到任何朋友，你的生活就没有意义。总的来说，适度饮酒的人（饮酒更多的人也可能）比滴酒不沾者赚的钱更多，因而这就证实了酒精是一种社会润滑剂的说法。巴比妥类药物也有类似的效果。

大麻（或麻烟）是一种能使人轻微中毒的温和的镇静剂。它似乎能增加一个人对外部世界开放的程度。和酒精一样，大麻有使人轻松的效果，可以促进放松、社交、饶舌、欢闹或内省反思。因此，如同以酒会友，社交圈子也会围绕着大麻而建。

海洛因是一种可以让人产生快感的镇静剂。19世纪时医生使用海洛因作为镇静剂和止痛药，它减轻了人们的焦虑、紧张和一般的不良情绪。海洛因本身并不能缓解疼痛，但它能减轻人们对于疼痛的焦虑和恐惧。使用了海洛因的人会变得昏昏欲睡并且感觉自己的四肢沉重。

相反，可卡因是一种兴奋剂。它能加快而非减缓中枢神经系统的活动。弗洛伊德（Freud）在1884—1887年间使用过不少可卡因，他曾报告说，可卡因能将心情差的他变得开朗，能给他一种享用美好晚餐的感觉，"以至于有一种无忧无虑的感觉"，但并没有减耗他用于运动或劳动的能量。可卡因能够对抗抑郁症，为人们提供更多的用于工作的活力和能力。它能减少饥饿感，提高反应力，让人感觉力量增强、心理承受能力增加。直到1903年，可卡因一直是可口可乐的一个主要成分。

安非他命，包括二亚甲基双氧苯丙胺（MDMA）（俗称摇头丸），以及甲基苯丙胺也都是兴奋剂，利他林被用于成人时也是兴奋剂。

有了枪支，人们不需要巨大的力量和技巧，也不必离目标很近，就可以造成（或威胁要造成）严重的身体伤害。枪支本身也很有趣。枪支被用于狩猎，保护持枪者免受动物和其他人的伤害。一年中至少有成百上千次，人们通常只是挥舞挥舞就能使用枪支抵挡攻击。射击比赛是一种流行的运动，收集枪支也是一个普遍的爱好。有些人也用枪支去犯罪。

人们使用麻醉品和枪支不仅仅是为了娱乐，有时也是为了工作。在美国20%左右的酒精由企业购买。许多工作需要人们携带枪支。咖啡因、尼古丁、安非他命、可卡因等兴奋剂帮助人们更长时间地保持清醒、注意力更集中。实际上，可卡因是1844年一名德国军医因帮助士兵抵抗疲劳而发明的。美国空军规定战斗机飞行员需要定期服用安非他命，以帮助他们保持警醒。

这些物品有时还可以促进健康。枪支的保护作用显然有益于人们的健康。适度饮酒的人（一天喝2~3杯葡萄酒）明显比戒酒或酗酒的人更不易患慢性心脏疾病。适量饮酒也可能降低中风的威胁。大麻作为一种草药已被使用了几千年，例如1653年卡尔佩珀的《草房》中就出现了大麻。大麻是一种止痛药、食欲刺激剂，与化疗结合使用时有助于止吐。海洛因是一种强效的止吐剂，正如所有的镇静剂一样，它能缓解疼痛、促进睡眠，也是促进健康的普遍方法。

因此，酒精、枪支和违禁药品为其使用者带来一些美妙的好处。每一种这些物品对其使用者而言都有各自的缺点，但这不足为奇：人们做的许多事情对所做的人而言也都有一种负面影响。如果你去游泳，你就可能会淹死，而且你在游泳时绝不可能读一本书。巧克力的味道很好，但它会使你变胖。在纸上写字是很方便，但纸张混乱地堆满房间可能会着火，你也会因此受到伤害。当人们做这些事情时，我们假设他们考虑了负面影响；对事情本身而言，不足之处并不是监管的理由。下一节将介绍监管的原因。

‖．犯罪

酒精、枪支和违禁药品都受到监管，对于加强或放松对这些物品管制的限度有着无休止的争议。在本节以及下一节中，我们来看一下监管背后的几种不同原因。

因为单个人有许多很好的理由获取这些物品，我们将寻找干涉一个似应不受干预的市场的原因。我们关注的那些问题是如果这些物品不受管制将会发生什么，而不是那些现在实际发生的事情。这两者之间的区别很大。举例来说，现在参与违禁麻醉品交易的人之间发生了很多暴力行为，因为暴力是他们解决争端的唯一方法。如果麻醉品是合法的，交易者就可以通过律师和法官去解决纠纷。伴随着麻醉品销售的暴力是监管（在这种情况下是禁止）的一个结果，因此这里我们将不去关注它。本节的问题是如果这些物品像白菜或书架一样被自由买卖，将会出现什么问题。

□ A．犯罪者的工具

有时犯罪分子使用枪支作案，谋杀案中尤其如此。大多数凶杀犯用枪犯罪，22％的抢劫案和23％的恶性攻击案也使用枪支（U. S. Bureau of Justice Statistics，table 66）。假设其他条件不变，家里有枪支使未成年人更容易去实施抢劫、入室盗窃及偷盗（Mocan and Tekin，2003）。罪犯也可以使用酒精和氟硝西泮，即所谓的迷奸药，在性侵妇女时减少她们的反抗。犯罪分子使用酒精、巴比妥类、可卡因和安非他命一类兴奋剂来帮助他们自己实施犯罪，让自己感觉更强壮、更勇敢，在道德上或生理上更放得开——也给自己找到了借口。

此时，犯罪分子越难获得这些物品，他们实施犯罪就越难，他们试图的犯罪就越少。犯罪的威胁也会下降。虽然很少有数据可被用来检测效果，但这种说法在逻辑上并非无懈可击。凡是使犯罪难度加大的事都能减少犯罪的威胁，如果每个人都要时刻将他左脚和右脚上的鞋带绑在一起，或者如果大气中只有2％的氧气而不是20％，那么几乎就没有任何犯罪行为发生了。这里的问题是监管这些物品减少的犯罪威胁是否足以弥补管制这些物品给消费者造成的损失。犯罪威胁的减少难以衡量，因为潜在的罪犯对监管有多种应对方式。例如，如果枪支难以获得，罪犯可以更加努力，无论如何都要得到枪支；或者用另外的武器来代替，像小刀或切割机；或者转而袭击一个更易被攻击的受害对象，诸如一位老妇，而不是一个更难被对付的加油站。

仅让有可能犯罪的人更难获得这些物品当然是一个很好的解决方法：在减少许多犯罪的同时还不会减少使用这些物品的人从中获得的益处。但这种方法带来了一个新的问题。如果你定义"罪犯"过窄，由于存在替代效应或者你可能会漏过一些真实的犯罪分子，你就无法在很大程度上减少犯罪，但是如果你定义"罪犯"过宽，你又会失去许多有益的用途。此外，限制犯罪可能性很低的人购买枪支，这一方法也不完全有效，因为人们可以窃取枪支。据报道，每年被偷盗的枪支约有50万支，实际上这一数字可能会更多。

□ B. 金钱动机

将范围缩小到麻醉品及酒精，通过减少使用者用于支撑其消费的货币量，监管可能减小实施犯罪的动机。这就是针对监管的经济冲击论。在目前的监管制度下，一些吸毒者通过大量的（非药品）犯罪得到支撑他们购买麻醉品的金钱。使罪犯难以得到麻醉品或酒精，就可能控制住源自这一原因的犯罪率。

然而，这样的结论依赖于几个前提，但没有一个前提具有逻辑必要性或较强的实证依据。我们可以认为监管（或禁止）相当于抬高了使用者购买麻醉品或酒精的价格。现在的问题是麻醉品和酒精的价格对违规获得的收入有什么影响？

关于监管的论据链上有四个环节（为了节约时间和空间，下面我用"麻醉品"替代"麻醉品和酒精"）：

（1）降低麻醉品价格将促使消费者购买更多的麻醉品。

（2）即使价格已经下降，由于消耗的麻醉品数量显著增加，麻醉品销售总金额也会上升。

（3）由于消费者在麻醉品上花费了更多的钱，他们必须要么减少对其他商品的消费，要么赚取更多的钱，或两者兼而有之。由于某些原因，麻醉品支出总额的增加并不会来自其他商品支出的减少。

（4）为了得到更多的钱，至少有部分消费者会更多地去抢劫或盗窃，而不是做更多合法的工作。

注意，如果上述四个环节中的任何一个环节站不住脚，整个论据链就将失败——且监管就无法减少犯罪。

环节（1）的成立几乎是显而易见的——需求曲线向下倾斜。你可能认为价格这种资本关注点对于非理性、冒险、滥用、成瘾等领域没有什么用，但是丰富的经验证据表明价格确实很重要。举个最极端的例子：撒布姆、波拉切克和斯皮尔斯（Sarbaum，

Polachek and Spears，1998）描述了一系列有关酒精瘾君子的实验。为了获得更多的酒，瘾君子不得不支付一个"价格"，从而减少对无酒精食品的摄入。更高的酒精价格使得瘾君子消费了更少的酒。

环节（2）更会被质疑。麻醉品的价格如何影响人们的购买量？酒精的数据是最好的回答，大多数研究表明购买的酒精数量可能不足以支撑环节（2）的成立。例如，库克和摩尔（Cook and Moore，2000）引用的研究结果表明，啤酒价格下降10％导致消费数量增加3.5％，葡萄酒价格下降10％导致购买量增加6.8％，烈性酒价格降低10％导致消费数量增加9.8％。其他许多研究也有类似的结果。这时，对于啤酒和葡萄酒而言，更低的价格致使花费的金额减少（例如，在消费总量方面啤酒价格下降10％导致了约6.5％的减少（10％减3.5％）），而对于烈性酒，更低的价格对于消费总量似乎没有影响。

荷兰殖民统治时期的印度尼西亚的鸦片研究（Van Ours，1995）、20世纪70年代初底特律的海洛因研究（Silverman and Spruill，1977）以及同时期洛杉矶加利福尼亚大学学生的大麻研究（Nisbit and Vakil，1972）发现，麻醉品价格的下降会减少它们花销的总额，结果或显著（海洛因）或微弱（大麻或鸦片）。最近有关几类麻醉品的入户调查数据（Saffer and Chaloupka，1995）得到了相反的结论，但他们得到的是关于人们是否使用违禁药品的直接结论，而不是人们到底使用了多少。

然而，为了得到所有使用者和潜在使用者的总体反应情况，我们应该考虑更为宽泛的人群。环节（3）和环节（4）说明了其中缘由。环节（3）表明我们仅对在其他商品上的减少量低于在麻醉品上的增加量的那一类总开销减少的人感兴趣。这时，我们最有可能感兴趣的是那些原本已对其他商品的消费达到最低限度，因而不太可能再有削减的重度使用者和麻醉品依赖者。环节（4）说明我们主要关心的是合法工资相当低的人，一旦考虑法律和监禁成本，大多数人合法工作的每小时收入比他们的犯罪所得更多。

因此，我们主要感兴趣的应该是穷人和麻醉品依赖者对于价格变动的反应。一个每个月吸食一次可卡因的股票经纪人可能不会因为可卡因的价格变化而增加消费，因而不论他做什么，他都不可能因为改变吸食频率而去抢劫加油站。环节（3）和环节（4）意味着只有穷人和麻醉品依赖者才是那些犯罪行为很可能受麻醉品或酒精消费的数量影响的人。所以当我们质问环节（2）时，这些都是我们应该关注的人。

提高麻醉品或酒精的价格会导致穷人和麻醉品使用依赖者减少他们的支出吗？你的第一反应是说"当然不是；别傻了。这些不幸的可怜人无法控制自己。他们将不惜一切代价维持他们的习惯。"然而，有关酒精瘾君子的实验告诫我们不要过快地下此定论。

麻醉品依赖者购买麻醉品的数量对价格的反应可能比你所陈述的第一反应更为敏感。其中的原因有两个，首先及最重要的事实是，过几年之后，麻醉品依赖者的数量会有所改变。提高了的价格使人们不太愿意去尝试麻醉品或酗酒、不急于提高剂量、更不愿意埋头走向任何可能让他们陷入依赖陷阱的路，而且更想寻求治疗并坚持治疗。其次，正如瘾君子实验所表明的那样，价格确实会影响酗酒者或潜在的吸毒者。这已在拥有固定酗酒人群的控制性实验，以及肝硬化死亡率与州酒精税之间的强相关中得到了证明（可见Cook and Moore，1993，pp.1642—1643，1649—1650）。（肝硬化是一种肝脏疾病，通常由于长期过度饮酒造成。）查卢普卡和韦克斯勒（Chaloupka and Wechsler，1995）发现，价格每下跌10％，大学中就会增加1.5％的饮酒狂欢者。

然而，尽管有这两个事项，在这个问题上可能第一反应最后还是正确的。大多数证据表明，虽然麻醉品依赖者对价格有所反应，但可能反应并不足以强烈到能支持环节（2）。大多数研究发现，价格变动下总消费量并没有太大的变化，因为数量变化抵消了价格变化，并没有任何证据表明麻醉品依赖者的消费比总消费的反应更为强烈。

因此，对于大多数用户而言环节（3）和环节（4）并不成立，但对于麻醉品依赖者而言环节（3）和环节（4）可能成立，环节（2）或许不成立。因此，麻醉品和酒精的监管可能无法通过减少使用者为了维持其消费而进行抢劫或偷盗的次数来减少犯罪。

一些证据支持这一结论。西尔弗曼和斯普鲁伊尔（Silverman and Spruill，1977）发现20世纪70年代初底特律的海洛因价格较高，财产型犯罪率增加，但非财产型犯罪率没有受到影响。布朗和西尔弗曼（Brown and Silverman，1980）在对纽约市的研究中也得到了类似的结果。

□ C. 使人邪恶

这些物品可能增加犯罪的另一种方式是无意地改变了使用者的性格，使得这些人更容易犯罪。（而对于有意的个性变化我们在"犯罪者的工具"中已做了考虑。）

特定的物品以不同的方式发挥作用，而且长期影响往往不同于短期影响。从短期来看，可卡因和安非他命这些兴奋剂可能直接助长人的侵略性，虽然暴力的发生可能不是因为人的侵略性，而是因为麻醉品会影响人们对社会信号的理解。另一方面，一些精神性治疗明确地致力于减少一些情境下人们的侵略性，使得使用者不太可能实施暴力犯罪。（利他林可以减少孩子的侵略性，却是一种用于成人的兴奋剂，所以可能会增加成人之间的侵略性。）海洛因、奥施康定以及其他一些强效镇静剂也可能通过其药理作用减少犯罪。昏昏欲睡或打瞌睡的人不会实施犯罪。从短期来看，大麻也是一种镇静剂，可能会减少暴力，但这方面的证据说辞不一且苍白贫乏。

酒精是一种镇静剂，即使它有时能抑制暴力倾向，但是一些证据还是表明它会通过药理变化作用于中枢神经系统而导致暴力。库克和摩尔（Cook and Moore，2000，p. 1652）曾这样描述它：

> 在酒精的影响下，一位家长可能会动怒而殴打一个恼人的孩子，朋友之间的争吵可能会上升为一场血腥搏斗，……球迷可能会因为一场不满意的比赛而发生暴动……饮酒可能会改变暴力行为的客观后果，因为酒精既用作麻醉剂又是一个借口。它可能……使人目光短浅，对紧张局面的反应变得思路狭窄。它也可能导致自我管理问题。

长期使用酒精、大麻和安非他命也可能改变神经系统，进而使人们更有可能从事暴力行为。长期使用可卡因会导致妄想症或精神病，同时伴有暴力行为。（有关暴力的药理学的更多详细信息请参阅费根和米切克等人（Fagan，1993；Miczek et al.，1994）的研究。）

枪支可以改变争端的性质，并导致两种不同的暴力。首先，如果愤怒、情绪化的一方或双方持有枪支，那么原本可以通过拳头或争吵解决的纠纷可能会演变为射杀。袭击可以变成一宗谋杀案。20世纪80年代后期谋杀率的上升很大程度上可以归结为更多青少年拥有了枪支。

其次，枪支会增加升级成射杀的纠纷的数量。这一机制被多诺霍和莱维特（Dono-hue and Levitt，1998）所描述。开始于试探的争斗就像战争一样，几乎都是误解造成的。失势的一方如果知道自己将会失败就会立即投降，无论最终解决方案如何他都会同意，这样可以节省自己以及获胜者双方的劳累、痛苦、费用以及战斗的危险。不开打是帕累托占优于开打的，所以如果人们知道谁将赢得一场战斗，这场争斗将永远不会发生。

当解决一场争端的唯一途径是用纯粹、独立的体力时——拳击、扭斗、踢打、手抓——大部分情况下争斗开始前就能显而易见谁是失败者：他是娇小较弱、不够强健的人。小体型的老翁打不过职业足球运动员。这就是他们之间永远不会发生争斗的原因。

但是小体型的老年男子可以枪击职业足球运动员。手枪给了大家平等的机会，就像1875 年一本手枪行业的小册子中所写的那样（引自 Bellesiles，2001，p. 28），"单纯的体力没那么重要，手枪使得软弱的人能够成功地抵御强者的残酷攻击。"有了手枪就难以简单预测争斗的胜利者，所以战斗开始前退让妥协的激励作用就变得很弱。枪支的可得性会引起本可以和平解决（虽然并不愉悦）的纠纷升级为战斗。如果争议双方都没有枪，事态就会变得好一些。

□ D. 使人们成为受害者

这些物品的可得性可以通过改变受害者（和潜在的受害者）的行为而影响实际的犯罪，对犯罪分子（和潜在的罪犯）行为的影响也是如此。酒精和海洛因是关于这种影响的简单例子：昏昏欲睡的醉酒者和打瞌睡的吸毒者很容易成为抢劫的目标。自行使用的约会迷魂药也与此相似，越脆弱的人可能越会招致强奸。

枪支却有相反的效果。抢劫、殴打或偷盗有枪的人往往是不明智的念想，因此有枪可以减少受伤。如果枪支越难获得，易受伤害的人就越多；如果酒精和海洛因越难获得，易受伤害的人就越少。一切都是平等的，易受伤害性会影响实际的犯罪。

然而就其本身而言，个体受伤害程度的增加或减少并不是监管这些物品的理由。记住，犯罪威胁是经济分析问题，而不是实际犯罪问题。所有不受监管的活动使得易受伤害者遭遇犯罪：外出使你更易被抢劫及入室盗窃，专注于工作使你更易被小偷光顾，出去约会使你更容易遭受约会强奸。通常的假设就是当你从事某项活动时，你就已经考虑到了危害可能降临于你，你做一件事得到的收益就是你面临的净危险。

当你易受攻击的程度影响到其他人而不只是你自己时，监管就成为一个问题。如果劫匪攻击醉鬼而不是清醒的市民，那么如果有更多的人喝多了，清醒市民的境况就能过得更好；政府应该鼓励酗酒。如果可见的武器显示能让窃贼转移到其他房屋，政府就应该阻止明显的武器显示。这是我们已经在第 16 章中讨论过的一个问题。

关于一个人的保护措施如何影响其他人安全的最具争议的观点是隐蔽的武器能让每个人都更加安全。约翰·洛特（John Lott，1998）强力推出了这一观点。洛特的论点是隐蔽武器的作用方式与第 16 章中寻回系统相同。罪犯不想遇到一个携带隐蔽武器的受害者。他们不能区分谁携带了隐蔽武器（如果他们能够分辨出来，我们也不会说是隐蔽携带了）；他们所知道的就是一个潜在受害者可能有隐蔽武器的大致可能性。这个可能性越高，对犯罪的吸引力就越小，每个守法的人面临的威胁也就越小。由于犯罪分子是根据自己的经验以及从所闻或小道消息中学到的经验来估计这个可能性，携带隐蔽武器的人越多，他们就要越频繁地估计这个可能性。这时，携带隐蔽武器就创造了一个正的外部性：总的来说，它使罪犯更多地担心常人会携有隐蔽武器，因此减少了他们试图犯罪的数量。

注意，洛特的论点也适用于可卡因和安非他命，以及隐蔽枪支。在一定程度上，犯罪分子不想攻击服用兴奋剂的人，但无法分辨哪些人服用了兴奋剂，那么服用兴奋剂的人越多，大家就越安全。

虽然洛特的论点对犯罪分子在遇到可能携带隐蔽武器者时（这些武器减少了他们试图犯罪的数量）有较高的顾虑这一点作出了简单的回应，但也存在另一种可能。他们的反应也可能升级：增加自己的装备，变得更有进攻性，射杀前先做好计划。在这种情况下，手无寸铁的守法市民增加隐蔽武器的结果可能会更为糟糕，他们可能更少受到攻击，但一旦被攻击，结果将更为可怕。

□ E. 限制行为能力

严格管制枪支、酒精和麻醉品可能会减少犯罪，但不是因为这些物品有什么坏处，而仅仅是因为它们给了刑事司法系统关押大量人口的一个借口，而这些人有可能会犯罪。假设警方大致知道许多实施犯罪的人会做什么事情（棒球帽向后戴，或听嘻哈音乐，或携带大麻），但是警察发现将单个罪犯与特定个体的犯罪行为联系起来还是一件困难的事情。这时，如果他们关押了大量棒球帽向后戴或听嘻哈音乐的人，"因为"他们携带了大麻，那么很多犯罪分子就失去了犯罪能力。警察甚至都不用监禁吸食大麻的人，只要他们"不是罪犯类型"。在替代性效应不是太大的时候，麻醉品法律或禁止携带隐蔽枪支的法律或许就是维持治安的一个有效工具。

一些证据支持这一推理。库茨尔姆科和莱维特（Kuziemko and Levitt，2001，abstract）发现"关押麻醉品违规者与关押其他类型的罪犯对于减少暴力型和财产型犯罪有相同的效果"。

这虽然有效，但代价高昂。一项监禁吸毒者的政策会因为吸毒者有可能犯罪而将其监禁具有四种成本。第一是监狱的运营会给纳税人带来直接成本。第二是被关在监狱里的囚犯的直接成本。在第 16 章中我们已经知道这些费用有可能很大。第三是威慑力下降的成本：如果人们认为不论是否犯重罪他们都将被监禁，合理的反应就是无论那样做对个人是否有利益和好处，他都会去实施严重的犯罪。第四种可能的成本是与刑事司法系统合作的公众的玩世不恭，以及与此相伴的怀疑态度，他们认为刑事司法系统只是虚伪地惩治可能犯罪的人，而不是他们实际犯下的罪行。也许对于这种玩世不恭的担忧是涉及麻醉品和枪支的法律很少明令禁止的合理论据。

□ F. 实证分析

我们已经确定了一系列有关麻醉品、枪支和酒精可能以这种或那种方式影响犯罪威胁的原因。虽然对于某些物品来说，这些论点也许有所冲突：海洛因让你昏昏欲睡，但也可能刺激你犯下财产类罪行；枪支可能会被盗而成为罪犯的一种工具，但隐蔽武器也可以震慑犯罪分子。要解决这些理论冲突需要数据和实证性分析。

遗憾的是，对人们争论最激烈的物品——枪支和违禁药品——做实证分析困难重重，并且目前尚无定论。研究者们仅对酒精达成了共识。目前的一致看法是酒精是暴力犯罪的一个重要原因。

例如，库克和摩尔（Cook and Moore，1993）发现，州的啤酒税较低以及人均酒精消费的较多会导致更多的强奸和抢劫，甚至可能导致更为严重的袭击。对于谋杀则没什么影响。查卢普卡和萨弗（Chaloupka and Saffer，1992）的结果与库克和摩尔的结论一样，不过他们发现对谋杀有所影响，对攻击则没有影响。相比之下，马科维茨（Markowitz，2000b）使用不同的技术和数据，发现较低的啤酒税会增加袭击的发生概率，但对强奸和抢劫却没有影响。在国际比较中，马科维茨（Markowitz，2000a）发现较低的酒精价格会导致更多的抢劫、强奸和袭击。对于更特殊的人群，格罗斯曼和马科维茨（Grossman and Markowitz）的结论是较低的酒精消费税会增加针对儿童的暴力行为（1999b）以及大学生之间的暴力和粗暴举动（1999a）。酒精消费也使青少年卷入更多的争斗之中（Markowitz，2000c）。沃瑟曼、瓦尼克和埃克伦德（Wasserman, Varnik and Eklund，1994）记录了苏联的酒精限制政策（1984－1988 年）是如何使暴力死亡率大幅下降的。

有关违禁药品的可比较性证据寥寥无几。价格和消费的信息显然更难取得。摩登（Model，1992 年）发现在大麻合法化的那些州中财产型犯罪更多，暴力型犯罪则较少。相比之下，马科维茨（Markowitz，2000b）发现合法化会导致更多的袭击和抢劫。查卢普卡和萨弗（Chaloupka and Saffer，1992）的结论也是合法化会增加暴力犯罪。合法化可能并不意味着一个好的使用导向，帕库拉和基尔默（Pacula and Kilmer，2003）发现，使用大麻会导致更多的财产型犯罪，但对暴力犯罪没有影响。

关于可卡因，马科维茨（Markowitz，2000b）发现更低的价格将导致更多的抢劫和袭击，但对青少年的斗殴则没有影响（2000c）。科尔曼和莫坎（Corman and Mocan，1996）观察了 20 世纪 80 年代纽约城的犯罪变化，其结论为麻醉品使用的增多（可能是可卡因）会导致更多的抢劫、入室盗窃和机动车偷盗。德·西蒙娜（De Simone，2001）也发现较低的可卡因价格会导致更多的谋杀、强奸和抢劫。莫坎和特肯（Mocan and Tekin，2003）也发现使用可卡因会导致更多的犯罪。因此，可卡因似乎与犯罪特别是抢劫相关，但我们应该谨慎解释这个结论。有些与可卡因相关的犯罪可能来自对它的监管而不是它的使用。例如，可卡因交易是抢劫的好目标，因为交易者带有大量的现金、贵重物品且没法向警方求助。在本节中我们要问的问题是如果一开始没有监管，适度增加监管是否会降低犯罪。马科维茨、科尔曼和莫坎则发问，如果一开始就处于高度监管状态，然后实施适度紧缩政策是否会减少犯罪。这两个问题的答案不必相同。尽管如此，药理学和有关的经验性证据都指向一个初步结论，即可卡因会引发犯罪。

我并不了解将海洛因和暴力犯罪联系起来的研究，也不清楚任何有关新出现的麻醉品（安非他命、巴比妥类、致幻剂）的犯罪研究。在这些相关性中药理学将很重要，不同的人会期待不同的结果。

最后，对于枪支，洛特（Lott，1998）聚焦于"不可随意支配的携带权法"。这是授权隐蔽武器的持枪许可的州法律，满足一些简单的标准就可以将许可证颁发给任何需要的人，通常要求没有犯罪记录，没有明显的精神病，而且已成年。他发现这些法律可以降低谋杀、强奸、严重袭击的发生率，但对抢劫和入室盗窃则没有明显的效果，而且会增加偷窃和汽车盗窃。这些法律在减少针对妇女的犯罪行为方面最为成功。

注意，这一结果并不意味着即使对于无犯罪记录、精神状况良好的成人而言，携带隐蔽武器也可以不受监管。监管枪支是因为它们要施加外部成本。洛特发现一些犯罪行为的减少是由于枪支所有者自己的行动减少了。这是枪支带来的部分私人利益，也已经成为枪支的需求因素。洛特并不是说如果买了枪你就不大可能成为一个犯罪受害者。而是他表明对于一些暴力型犯罪，你成为受害者可能性的减少程度要高于你成为受害者可能性的增加程度。洛特的结论是反对禁枪，而不是反对枪支管制。关于枪支管制问题他们并没有得出这样或那样的结论。

然而，洛特的方法受到了严重的质疑，因而经济学界通常不再接受他的结论。杜根（Duggan，2001）描述了洛特研究的两大问题。第一是统计问题，如何处理计算结果的可信度和不可任意支配的携带权法的时间变化。对杜根标识的问题的修正导致的结论是这些法律对暴力或财产型犯罪没有明显影响，实际上，这些法律更有可能在多方面增加而非减少犯罪行为。他表示不可任意支配的携带权法既没有增加枪支的持有人数，也没有使枪支所有者更愿意在外出时带上武器（如果他们这样做，那么拥有枪支者多的国家的犯罪率应该降低才对，但事实上并没有这样）。由于法律没有让人们做任何可以减少犯罪的事情，因而法律的实施并没有使犯罪率下降也就不足为奇了。

其次，杜根表明，与洛特的结果相反，更多的枪支会导致更多的谋杀案，没有使犯罪有其他方面的变化。枪支所有权人的增加高于谋杀数量的增加，因此二者之间可能存有因果关系；更多的谋杀与更多的枪支有关联的情形并不会出现，因为谋杀使人们因为害怕而武装了自己。撇开谋杀不谈，杜根的结论强烈地指向了监管：如果枪支所有者因为有枪而更安全，那么没有枪的人肯定就不太安全了。

当洛特和杜根强调在不可任意支配的法律面前有资格的人的枪支的可获得性所产生的影响时，警方的调查表明枪支许可法律的严格执行也会降低谋杀，也可能降低其他的暴力犯罪。20世纪90年代在堪萨斯城和印第安纳州波利斯的可控实验表明，当警察覆盖的地理区域较小，同时拦截和搜查非法持枪者时，凶杀和枪支犯罪率都大幅下降，尽管实际上没收的枪支很少（Eck and Maguire，2000，pp. 235—236）。然而，简单地增强警察执法或使人失去犯罪能力可能也会产生这样的效果，因此这不一定和枪支有关。

综上所述，实证性证据强烈支持监管酒精以控制犯罪。较弱但仍有相当令人信服的证据支持监管枪支和可卡因。对大麻的证据则较为复杂。基于犯罪的影响，没有证据支持监管海洛因或其他违禁药品。不过，使人失去犯罪能力会影响到禁毒，枪支监管也可能减少犯罪。

Ⅲ．其他社会成本

□ A．交通事故

现在的许多交通事故都与枪支、麻醉品和酒精有关，如果这些毒品都没有受到监管，那么肯定会发生更多的相关事故。在一个双重严格责任的世界里没有人能摆脱履行的约束，这些意外也就无需政府的干预。你会买一支枪或一罐啤酒，当且仅当你期望它带给你的快乐和保护性高于你预期它可能带给你或其他人的危害。但是正如我们在第3章中所看到的那样，机动车事故的实际处理系统远远没有这么理想：除了最琐碎的事故，大多数人都无力履行判决，保险没有很好地校准风险，生命的价值被过于低估，没有哪个州采用双重严格责任制。因此，司机们只有太小的激励以至于无法保持清醒的警觉。个人责任法下的枪杀事故裁决也有许多雷同之处。

但是这些毒品真的使交通事故更容易发生吗？如果确实是这样，若是这些毒品不受管制，产生的损害是否会更大？对于犯罪，现有的最佳证据是关于酒精的，证据表明酒精引起的交通事故是一个严重的问题，如果对酒精不加以管制，问题将会更严重。1999年，大约有16 000人死于汽车事故，其中至少有一个司机血液中含有高浓度酒精，这与死在杀人犯手中的受害者的数目相同（U.S. Bureau of the Census，2002，table 1099）。这些事故中，有一些无论如何都会发生（死于交通事故的42 000个人中几乎所有人都穿着内衣，但我们并不能将他们的死亡归咎于内衣）。更重要的是，许多研究一再显示较高的啤酒价格能够普遍减少交通死亡事故（而更高的内衣价格则不会有这一效果），提高最小饮酒年龄则会降低交通事故中青少年的死亡人数。（这些文献被总结在Cook and Moore，2000，pp. 1647–1649。）比如，萨弗和格罗斯曼（Saffer and Grossman，1987）的结果表明，20世纪70年代后期消除州和联邦的啤酒税会使15~24岁年龄段的青少年的交通事故死亡提高15%。

根据现行法规，枪杀事故并不像与酒精相关的交通事故那样普遍。每年枪杀事故造成大约1 000人死亡，约130 000人受伤（Cook et al.，1999）。（与此相反，每年有超过300万人在车祸中受伤，而且很大一部分与酒精有关。）如果不提供枪支，那么大多数枪杀案中的死亡和受伤就不会发生，不过我们关于事故和监管之间的关系却知之甚少。洛特（Lott，1998，pp. 110–112）发现，不可任意支配的携枪权利法会少量增加意外枪击死亡，所以在不受管制的状态下，死亡和受伤人数也有可能会更多。

我们对与违禁药品相关的事故知之甚少。目前这些事故较少，部分是由于禁毒总体上减少了麻醉品的使用。若要猜想在一个被监管的状态下将会发生什么最好还是去参考药理学原理。

由于巴比妥类药物在药理上类似于酒精，我们可以预期不受监管的巴比妥类药物会与不受管制的酒精一样，以相同的方式导致交通事故的发生。大麻也类似于酒精，但可能稍微安全些，因为大麻不会使驾驶员高估自己的能力。海洛因和其他安眠类药物可能在所有麻醉品中最安全，因为在这些药物的影响下，使用者很少有能力驾驶汽车。

类似于可卡因和安非他命的兴奋剂的问题较多。警察和高速公路部门早就鼓励司机使用兴奋剂——特别是咖啡因——将其作为一种安全措施。驾驶者昏昏欲睡是非常危险的，兴奋剂也可以改善人的反应力和协调性。但兴奋剂也可能让使用者超过从清醒和警觉变得具有侵略性和威胁性的限度。没有人知道全部的影响，尤其当你必须调整人们的驾驶风格和实际做法的时候尤其如此，进行大规模的实验并不见得是一个好主意。

□ B. 噪音和粗暴行为

有些情况下一些人喝酒后会变得嘈杂喧闹。酒精也是一种利尿剂，有时会引起呕吐。酒精的高消费之处往往是不愉悦的地方。即使在街道角落或公园小径的长椅上，一个喝得酩酊大醉的人也会扰乱路人，使人感到不安。

类似的影响也会出现在一些制品的违禁药品中，但由于禁令，我们难以确切地知道这方面的信息。海洛因和大麻虽可诱发比酒精更稳重的行为，但大麻产生的二手烟危害环境，对海洛因不了解的人在公共场所看到海洛因会感到不安。可卡因和安非他命可能会使人们变得胡言乱语。

然而这些外部性影响或许可以被低成本地缓解。在大多数情况下，城市中的分区和厚厚的墙壁就足够了。

□ C. 医疗费用

除了交通意外，酒精和违禁药品还会引起使用者的其他健康问题。如果每个人都支付他们所感知的所有（边际）健康成本，就没有理由监管医疗费用了，医疗费用只是人们选择使用这些毒品时所考虑的部分因素。但大多数人并不是以这种方式支付他们全部的医疗费用的；保险公司、慈善机构、政府负担了这个国家的大部分医疗费用，对于慢性疾病患者尤其如此。

伴随着酒精，在过度饮酒者中出现了许多慢性医疗问题，包括肝硬化、心脏疾病及一些癌症。一般来说，适度饮酒者比滴酒不沾者更健康，但这种关系可能会强化，因为戒酒者还包括部分以前重度饮酒后来由于健康原因而戒酒的人。

不受禁止的违禁药品的使用对慢性健康的影响还不得而知。可能与酒精的影响相同，而且侧重于过度使用者。

我们摄入的其他许多食物——例如红色的牛排和巧克力——也会带来医疗费用，但它们并不被监管。

□ D. 家庭中的外部性

枪支、酒精和违禁药品不受管制的很多成本都落在过度使用者的家庭中，特别是有儿童的家庭。我们已经看到酒精痴迷会引起家庭暴力（可卡因很可能也会这样），家庭成员就更有可能成为枪击事故的受害者。在本节中，我们将看看这些毒品可能会影响家庭成员特别是儿童的其他几种途径。

对儿童的伤害可以开始于他们出生之前。怀孕期间过量饮酒会造成胎儿的酒精综合征（FAS），包括精神发育迟滞、生长发育迟缓、多动症、器官异常以及不寻常的头部形状。FAS 是西方国家中智力低下的主要原因之一（NIAAA, 2001）。适度饮酒与胎儿损伤之间尚未发现有所关联，但医生一般建议怀孕妇女为谨慎起见杜绝饮酒。

违禁药品也会对子宫造成伤害，但伤害的程度尚不得而知。大麻会导致孕期较短，婴儿出生时的体重偏低，而且都伴有一系列并发症和成长问题。这是由于一般的大麻吸食与吸烟导致的问题的机理相似——减少了血液的携氧能力（House of Commons，2000）。

20世纪80年代，可卡因与大量严重的产期问题相关，但后来的研究表明，这些问题很多都毫无根据。例如，那时候记者关心的"毒瘾婴儿"浪潮并没有发生。尽管如此，可卡因还是带来了真实的问题：婴儿出生时的体重偏低（Kaestner, Joyce and Wehbeh，1996），出生时需要更长的留院治疗（Joyce et al.，1993），以及注意力、警觉性和运动技能发展方面的轻微问题（Zickler，1999）。

如果父母使用酒精或违禁药品，孩子出生后也很少得到良好的监督。查特吉和马科维茨（Chatterji and Markowitz，2000）表明，使用毒品或酒精的母亲所生的孩子更容易患行为问题。

酒精和违禁药品对家庭产生的影响主要在于当缺少监管时，很多家长会把钱都花在个人买醉上而忽略了自己的孩子。关于这个问题还没有直接的实证研究。尽管如此，经济理论仍然可以对其做出一些解释。

这里有一个合法关心问题。家长既可以把钱花在对孩子有利的商品和服务上（给孩子买食品和服装、玩具，带孩子去动物园，看巴尼的动画片），也可以把钱花在对自己有利的商品和服务上（麻醉品和酒精、美妙餐厅的晚餐、高尔夫俱乐部的会员卡、好书、按摩浴缸、舒适的座椅、赏鸟设备）。正如我在第10章中表达的关于教育的观点，在为孩子的商品所花的每一元钱中，父母并没有得到充分的收益（因为有些人是自私的，孩子们不可能分割科斯交易），但父母可以从为自己购买的商品中得到所花费的每一美元的充分收益。如果政府没有别的方式来处理这个问题，那么使父母们自用的商品更为昂贵或使这些商品更难获得的监管就自然是一个潜在的帕累托改进。

虽然这种关于监管的论点是合法的，但也是弱势的，因为很容易想到通过降低成本的方式来增加用于孩子的物品的开支——例如直接补贴这些物品。麻醉品和酒精代表现代成人娱乐花销的一小部分，而且在政府不予监管的情形下仍然只代表娱乐开销的一小部分（甚至可能更小）（见专栏17A）。难以获得麻醉品和酒精可能只会致使花在孩子身上的金额小幅增长，因为父母们可以用其他的成年人物品来加以代替（这些新的成年人物品诸如互联网、CNN和ESPN、地中海俱乐部，都能带给成年人很多乐趣，而且已经成为成年人支出的一部分，同时也不会严重地疏忽对儿童的照顾）。从另一方面来看，只对特定的成人用品进行监管，会导致成人用品分配支出的无谓损失。

使麻醉品和酒精更难获得也将影响没有抚养孩子义务的成年人（大多数成年人）。①

① 1999年大约有69％的成年人不必抚养孩子。18岁以上的人口有19 970万（U. S. Bureau of the Census，2000，table 53）。在那一年有2 500万对已婚夫妇（table 67）和150万对未婚夫妇与儿童一起生活（table 57）；这意味着有5 300万成年人。此外，950万儿童生活在只有男主人或女主人而没有配偶的单亲家庭中（table 67），但是这些成年人在未婚夫妇中已经计算过一次。因此，约有6 100万成年人与孩子一起居住。

□ E. 生产力

监管麻醉品和酒精（不包括枪支）的最古老和最流行的原因之一是它们会损害生产力。例如，1932 年，有关禁令的观点就写在这些条款中（Warburton，1932，pp.195-196，引自 Cook and Moore，2000）："如果禁令的确可以制止人们使用含酒精的饮料，那么禁令也可能以一些方式影响产业的效率……［A］酒精消费的减少……将与工作技能的提高相伴……消除酒宴能够消除旷工，周一尤其如此，还能消除不合格的工作汇报。无法过度饮酒可以减少人们的疾病以及缺勤，因此会有较长的平均工作寿命。"

虽然这种说法包含些许道理（稍后我们将探讨这些道理），但基本是错误的。这里存在两个问题。首先，前提可能就有缺陷。许多麻醉品早已被用于增强生产力，特别是可卡因和安非他命。美国人的工作日就是建立在另一种麻醉品——咖啡因的刺激性上。我们已经注意到工作场所中酒精的用处。酒精影响工资的实证证据较为复杂，而其他违禁药品的证据则不存在。[①]

第二个是哲学问题。生产力本身没有价值。如果一个人面对其劳动被赋予的合理价格而选择间断性工作或选择不做一个拼命工作的斯达汉诺夫式员工，那很好——这就是经济学家希望发生的事情。各尽所能的产出仅是奴隶经济的目标。电视、沙发、户外活动、书籍、性、孩子、体育——所有这些减少的生产力甚至超过了麻醉品和酒精的所为，因为做这些事情需要花费时间，在这些时间里人们就无法出售保险产品或挖掘原煤。一个运行良好的经济体在于它可以让人们实现自己的目标——看电视或谈恋爱，写诗或登高——而不是通过强迫他们去做别人也能做的工作而阻挠他们。坠入爱河也是煤炭开采的目标，与其并不背道相驰。

另一方面，虽然关于生产力的一般说法都不时兴，不过有关所得税的具体争议尚有一定成效。所得税部分取决于你工作了多久以及努力的程度。因为所得税无法让你意识到自己工作的全部价值，所以它会扭曲你在市场上工作或者追求市场外的自我目标之间的选择，而你在市场外的努力并不被征税。纠正这个问题的方式之一——为劳动和休闲创造平等环境——就是对人们在闲暇时间使用的商品（术语是"休闲补充"）征税。这是一个次优的解决办法。例如，假设你闲暇时唯一想做的事情是观赏 NBA 篮球赛。如果你的收入要缴付 30% 的所得税，在你闲着的时候无事可做，你在工作和休息之间的选择就会被扭曲为喜欢休息。但是，如果你不得不支付 NBA 球票高昂的税费，你的选择就不会被扭曲。增加 NBA 门票的征税额并适当降低所得税将是一个帕累托改进：你的情况会变得更好，因为你安排生活时不必再围绕着税收，政府也得到了相同的收益。

专栏 17A

成人如何花钱娱乐?

国家麻醉品控制政策办公室估计，1998 年美国人对违禁药品的花销约为 650 亿美

---

① 40 个州禁止已被判决的毒品犯罪分子享受福利待遇；对被判决的谋杀罪犯则没有禁止其享受福利待遇。这是有关生产力能力观的一个有趣的例子。

元，主要是可卡因（约合 390 亿美元）和海洛因（约合 120 亿美元）。路透社（Reuter，2001）认为 500 亿美元是一个更可信的数字。克莱曼（Kleiman，1992）估计，如果麻醉品完全不受监管，价格将下降 80%，萨弗和查卢普卡（Saffer and Chaloupka，1995）对弹性所做的有所高估的估计表明，这些麻醉品价格的下降将削减了 47% 的海洛因开支和 60% 的可卡因开支。1996 年白酒的零售额为 990 亿美元，但雇主只是有选择地记录了约 20% 的销售额（Cook and Moore，2000）。解除监管可能会削减 15%~20% 的开支。因此，在缺乏监管的情况下，消费者每年可能会在酒精和违禁药品上花费 1 000 亿~1 500 亿美元。如果有子女需要抚养，同样的人可能在酒精和麻醉品上花得少些，1 000 亿~1 500 亿美元中相当大的一部分是青少年的消费。

为了便于比较，表中简要列举了 1998 年成人消费的一些其他活动。

	开销（十亿美元）	来源
全方位服务的餐厅（非快餐）	111.80	1 275
邮寄的慈善捐款	68.2	1 289
烟草	57.3	1243
钓鱼[a]	34.6	1 275
女装店	34.8	427 428
报纸杂志	31.9	418
草坪和花园	30.2	425
观看野生动物	29.2	428
珠宝店	21.6	1 275
美容和理发店	20.9	1301
书籍和地图[b]	19.6	421
狩猎[a]	19.4	427 428
划船	19.1	428
国家体彩净额	14.1	518
唱片[a]	11.5	420 423
运动鞋[a]	9.7	426 427
总计	533.90	

a. 不包括 18 岁以下参与者的估计比例。

b. 排除少儿书籍贸易；小学、高中、大学教科书。

资料来源：美国统计局（U.S. Bureau of the Census）2002 年人口普查表中所列数字。

如果酒精和违禁药品是休闲的补充品——它们就与你的休息日相关——对这些毒品的征税或监管就如同对 NBA 门票的征税。这将是抵消所得税造成的扭曲的一种方式。但这样做却不是一个好方式。其原因类似于征税或监管这些毒品并不是纠正在孩子身上花费少的好办法。酒精和违禁药品只是人们休闲消遣的一小部分（例如，其他最重要的一种方式是抚养孩子）。让这些毒品抵消所得税导致的扭曲就像试图消除一个地区的蚊子时，只是从数千个池塘中选择两个池塘来将其填埋，而不是对每一个池塘都喷洒灭蚊药剂。这是不可能奏效的。

□ F. 自我约束

新古典经济学的主要假设是行为人的自利性，所以当有人做某件事，这表明他们从这件事中可得的利益大于他们所承担的成本。有了麻醉物和枪支，这个假设就成了未知数，不过政府时不时地在特定的时间阻止人们做自己想做的事，这样可以使他们过得更好。

人们为什么会做出与自己的最佳利益相悖的事呢？前人已经提出了各种不同的原因。原因之一关注的是我们的大脑如何传输信息（Bernheim and Rangel，2002）。人类不会认真思考他们所做出的每一个决定。如果你步行穿过树林，在路上看见一条蛇，你不会计算自己被咬的概率，回想自己的医疗保险规定，也不会考虑如果你住院了该如何安排自己的约会。你会直接跳离那条路。你的神经系统会自动做出这一决定，而不是用部分大脑进行详细的计算处理。

你的自动反应大多数时候会符合你的最佳利益。如果你的祖先没有良好的反应力——比如怕蛇和好食——他们就会灭亡，你也不会在这里模仿他们。但是有时自动反应让你做的事情并不符合你的最佳利益。经常会出现这样的情景：你遇到的刺激是你的祖先在数千年前的非洲大草原上遇不到的东西——比如麻醉品和枪支。在这些情况下，如果有人阻止你做自己想做的事，你的境况就会更好。

有时自动反应可以通过重复来训练。当我开始过马路时，我会先看左边；我不用思考什么（事实上我需要自己画一幅图来描述要做的事）。成瘾是另一个反复训练自动反应的例子。像尼古丁、咖啡因、酒精和海洛因一类的毒品往往会导致使用者大脑的物理变化，使他们渴望使用更多（就像看见一条蛇，我们大多数人都会跳开），即使他们知道这样过度使用对他们并不好。

自动反应体系狂乱运行的可能性对政策有什么意义呢？错误的决定对制定者而言并没有什么益处。与一个人在冷静、深思、审慎情况下所做的决定相反的自动反应肯定不会像普通决定那样带来消费者剩余。致力于防止人们做出错误决策的政府的活动将导致潜在的帕累托改进。

不过，并不是每一个自动反应的实例甚至上瘾都将遭到政府的禁止。大多数自动反应是有益的，甚至于说成瘾有害也只限于当潜在的活动有害之时。如果现在使用毒品的主要后果就是未来的继续使用，那么现在的使用并没有什么不好，未来的使用也没有什么不好。例如，咖啡因很容易上瘾，但这无伤大雅，因此我们不去监管或禁止。当确定要监管某样东西时，你需要指出其真正的伤害（我已经这样做了）；网瘾本身并不是一种伤害。

□ G. 自杀

即使自杀看起来是一种自愿的行为，避免自杀或许也是一个好主意。最起码自杀会产生外部性——导致幸存的亲戚朋友悲痛和内疚。许多自杀还是一个错误——这是源于被诱发或是自然生成的暂时的压力和化学失衡使判断失误。一些自由主义者可能不接受这些有助于政府制定政策以避免自杀的观点，但这些情况下的政策却相当有力。

实证性证据表明，自杀与酒精和枪支相关联。鲜为人知的是违禁药品如何影响自杀。在美国，自杀者的血液中常含有高浓度的酒精。在匈牙利（Skog and Elekes，

1993）和前苏联（Wasserman，Varnik and Eklund，1994），发现酒精消费与自杀之间存在很高的相关性（基于饮酒后很短的时间内的自杀）。在前苏联改革的最初几年，1985—1988 年间，戈尔巴乔夫总统曾发起诸多酒精限制令，使得男性自杀率下降了三分之一以上。

马科维茨和他的同事（Markowitz，2002）在一项认真的定量研究中发现酒精和违禁药品能引起美国大学生的自杀念头和企图（不只是自杀的学生倾向于喝酒）。查特吉等（Chatterji et al.，2003）得出的结论是酗酒不会导致自杀念头，不过，临床上的酒精使用障碍会导致年轻女性的自杀企图。

当酒精影响人们自杀意愿的时候，枪支却影响着人们自杀的能力。枪是一种廉价、方便、有效的自杀方式；大多数自杀的美国人都使用枪支。企图使用枪支的自杀比使用其他常用手段的自杀的成功率要高（Sloan et al.，1990；Kellerman et al.，1992）。在某一时刻决定自杀的人如果找不到自杀的方式，或试图自杀但失败之后，可能会改变他们的想法。越容易得到枪支——比如它就在自己家里——想自杀的人就越有可能去尝试并且自杀成功。

如果周围没有枪支，用枪自杀的人会找到其他的方式结束自己的生命吗？一些证据表明答案是否定的：在许多情况下，自杀的欲望似乎是短暂的，如果不迅速采取行动，自杀的念头有可能稍纵即逝。当英国将厨房烤箱的煤气转换成不那么致命的气体时，其他方式的自杀数量并没有增加。井田（Seiden，1978）调查曾经试图跳下金门大桥自杀而未果的人后来会做些什么事。20 年后，超过 90％的人仍然活着或者已经自然死亡。

目前尚没有严谨的研究能在枪支和自杀之间建立一种因果关系（在这里有关枪支所有权的完整数据是一个严重的绊脚石），不过由于开枪自杀比（各种类型的）他杀更多，某种形式的枪支监管的收益就可能很显著。

Ⅳ．管制

虽然被一个酒后驾车的司机碾压过去是件倒霉的事情，但被一个清醒的司机所撞也同样糟糕。路上有成千上万个醉鬼却没有发生事故，这比一个撞倒行人的清醒司机要强得多。同样，用镉谋杀与持枪谋杀一样糟糕，吵吵闹闹的可口可乐聚会与吵吵嚷嚷的大麻或酒精聚会一样糟糕，父母们忽视自己的孩子而把钱花在古董茶杯上，与忽视自己的孩子而导致代与代之间的感情破裂一样糟糕。因此，在一个理想的管制制度下，所有同等程度的糟糕行为应被以同样的方式对待。

我们通过观察一个理想的系统如何工作来开始有关酒精、枪支、麻醉品的规范分析。这种理想的系统并不是我们实际存在的系统或者甚至都不可能被设立，但是在解决如何实现目标指向的问题之前，最好要了解会出现什么结局。下一步，我们将着眼于这样一个理想系统实施的障碍。最后，我们将讨论有关的技术，因为在这一方面我们要找到一个理想系统与我们现有系统之间存在的最主要的差别，以及创造理想系统的最小的障碍。

□ A. 理想的管制

理想的管制很简单：你要对你造成的伤害付出代价，而非针对你使用的武器或摄取的毒品。那么（如果你没有犯任何错误）你会采取所有那些针对其他人的、预期带给你的好处大于预期给别人造成的伤害的行动。这里并没有什么新的内容。

相对于我们现在已有的管制系统而言，一个理想的管制系统的好处是显而易见的。最明显的是消费者可以从麻醉品、酒精和枪支中得到的好处——这些收益我已在第Ⅰ节中有所描述。其他的好处则更为微妙。例如，对于现在违禁的麻醉药品，质量和消费者保护将会有所改善。对于普通的合法商品，质量将由政府的检查、消费者的起诉权以及厂商对信誉的关注度来得以保障。对于违禁药品而言，前两个质量保障机制并不到位，而第三个总是难以施行，因为警方努力于制止卖家以正常的方式建立自己的信誉。如果人们只是由于他们的所作所为并不是他们摄入的毒品而得到惩处，那么违禁药品的质量就会得到改善，并且更具一致性及可靠性。这将减少医疗问题。

从理想的管制系统中能得到的另一个微妙的好处是，伴随麻醉品销售业务的暴力行为将会减少。普通商人销售合法产品的纠纷可以依靠法院和律师来加以解决；他们可以使用支票和接受信用卡；当他们被抢劫时，也可以去警察局报警。而销售麻醉品的商人则无法做到这些事。因此，他们必须培养坚韧的形象，聘请打手而非律师，还要会处理大量现金，这使得他们成为劫匪的首要目标。戈德斯坦和他的同事（Goldstein，1989）发现纽约市几乎所有"与麻醉品相关"的谋杀案都与麻醉品的交易相关，而不是与麻醉品的使用有关联。米隆（Miron，1999）认为造成已过去的20世纪中美国谋杀率变化的原因，基本都是人口年龄结构的改变以及政府追剿麻醉品和酒精力度的变化——政府越是追剿，商贩就越难像正常商人那样运作，业务就变得越恶劣。

在一个理想的管制计划下健康也会得到改善，来自艾滋病和肝炎病毒的传染机会也会减少。共用曾用于注射麻醉品的皮下注射针头是这两种疾病传播的一个主要途径。人们注射海洛因等违禁药品只是因为这些药品的价格过高而纯度又过低，通常手段的摄入量远远不够。人们共用针头是因为大多数州为了阻止非法使用麻醉品而禁止销售针头，除非你手握处方笺，因此针头就变得很昂贵。

合法麻醉品销售业务对社区造成的破坏性远远不及违禁麻醉品。其他销售小型、高价的娱乐物品——例如珠宝和相机——的业务就不会太多滋扰附近的社区。因为它们是合法经营，商人可以确保库存以及使用可见的安全设备。他们不会雇用童工，也不会配备枪支。合法麻醉品的销售业务将受到分区规划的管制，并且与它们的社区签订可被强制执行的合同。

从长期看，一个理想的管制制度的主要好处可能就是鼓励科技创新并引导它按社会所期望的方向发展。这适用于本章已讨论的所有物品。麻醉品、枪支和酒精都是19世纪或更早之前（从《圣经》的世纪看，本质上就是酒精和大麻）的技术产物，并且停滞在过去的一个世纪中，而我们见证了与其他技术密切相关的惊人进展——例如精神药品和军事武器。如果使用者要对使用这些物品造成的伤害负全责，他们就有强烈的激励去寻求新技术以生产伤害性较小的产品，研究人员也有强烈的动机去发明那些工艺。他们也会得到专利的保护。

城市经济学

□ B. 理想管制的困扰

遗憾的是，一个理想的管制制度可能无法被实行。当一些问题能被轻松解决的时候，另外一些问题却更大且更基础。因而，即使是那些基础性的问题，也可能需要一个更具社会建设性的方式才能得到缓解。

一个理想的管制体系的最简单的问题是，它并不具有那些禁毒和严格的枪支控制法律会产生的限制行为一类的收益。没有任何理由可以拘捕和监禁成千上万无法定罪的人，尽管他们被警察和检察官（或许是正确地）认为在不久的将来极有可能犯下严重的罪行。这个问题——如果这是一个问题的话——可以通过公开赞扬行为限制和诉讼的好处而得以直截了当的解决，但是要补偿那些被监禁的人。任何人都不该因为有可能是犯罪人群中的一员而遭受监禁。当然，如果政府对行为限制的补偿相对于犯罪威胁下降的收益而言太高，那么对行为限制不予补偿也会有很高的代价（无论他们被补偿与否，应该得到补偿的损失本身都是一个完整的成本—收益分析中的实际损失）。

第二个问题来自于一些错误的危害。理想的系统依赖于人们从自己的最佳利益出发的行为，但有时他们并不这样做。这个问题的一种应对方式是从传统的角度出发否认它是一个问题：至少从长期看，不论人们如何行动都是为自己的最佳利益而行事，至少到目前为止人们是如此理解的。

另一种应对方式是鼓励人们去寻找使其不易犯错的设备——帮助人们在盛怒之下以更加审慎和深思的判断方式去替代自己的自动反应。我们中的大多数人使用闹钟帮助对抗自己想睡懒觉的自动反应，医生使用麻醉药使患者在经历痛苦的手术时不至于尖叫和无法忍受。有些人把薯片和糖果清出家门以帮助自己抵制诱惑，其他人则选择加入减肥中心、戒烟中心及匿名戒酒互助社。一些能阻挡尼古丁、酒精、海洛因的效果或降低这些毒品带来的快意的化学品也发挥着作用。

这些机制让人们以家长式作风对待他们自己。它们仅能阻止那些处于审慎和深思状态下的个人在认识到自己在犯傻时做出的决定。各级政府应尽可能积极地激发这些机制。

理想管制的最普遍的问题是由于造成的危害实在太大，以至于正当的处罚可能过重。比如，一个司机（喝醉了或没醉）杀了一个人的"正当的"罚款数额大概是 500 万美元，假设所有这样的司机都要被逮捕。如果只有一半的司机被逮捕，那么罚款应该是约 1 000 万美元。但是如此庞大的处罚将无法被执行——人们遵从判案推断，陪审团也不会仅仅因为通常难以侦查而判定犯人巨额赔偿或判处被告长期监禁。即使确实判处了长期监禁，对于政府而言成本仍然很高。

这一问题能够通过将责任变换到无法逃脱的人身上来加以缓解，这是合法的处方麻醉药所遵循的相当不错的基本策略，药剂师、医生和制药公司对失误可能造成的危害要承担责任。这个策略一直很少适用于汽车，在该行业中汽车保险公司对司机造成的损伤承担责任。与处方麻醉药的不同之处在于，药剂师和医生对用于他们病人的药有更多的控制能力，而保险公司无法控制投保客户的驾驶行为。虽然在这两种情况下这一策略都无法完美运作，但是它可以给未来的自己一些保护而不必砸碎当前的自己享受汽车和处方麻醉药的机会。调酒师在为醉酒的顾客提供服务时承担的义务是这一类缓解过程如何运作的另一个例子。（注意，通过不让第三方对任何结果承担责任的方式来加以禁止只会走向相反的方向。）

例如，通过消遣及据有麻醉品，责任可被转移给制造商，虽然制造商通常几乎无法控制自己的产品如何被使用以及究竟被使用了多少。枪支可以像汽车一样投保。对心理有影响的麻醉品（包括酒精）能够通过处方来处理，通过药剂师和医生或者通过没有任何其他医疗责任的特殊的新从业人员来作为。或者也许可以建立类似于酒吧或酒店之类的场所来作为吸食麻醉品的场地（在前台留下你的车钥匙和信用卡），从而减少外部的滋扰。这也是寻找对麻醉品使用者造成的损害负责任的第三方的一种方式。

不过，我们并不能保证总能够为每一种可想到的武器和每一种可想起的麻醉品找到或制造出适当的第三方。当我们做不到时，肯定还有其他措施在后面排着队：庇古税、选择性禁止（不过要补偿受到伤害的人群）、一般性使用限制、替代品补贴。我们在第8章和第9章中用到的一些分析方法也可以直接用在这里。

□ C. 技术

美国麻醉品管制的主要缺点是没有人知道什么药品被允许和什么药品不被允许。当然大家都知道几种特定的麻醉品是被完全禁止的，有一些仅仅是处方药。缉毒局（DEA）有5张麻醉物列表——称为事项表——并且每张表都有不同的规则。列表Ⅰ中的麻醉品——包括可卡因、海洛因、大麻、摇头丸、其他甲基安非他命、甲基苯丙胺、裸盖菇素（蘑菇中提取的迷幻化学品）、五氯苯酚（PCP）及佩奥特掌——被完全禁止。列表Ⅱ中的麻醉品，像美沙酮、鸦片、吗啡、复方羟考酮和利他林只有在严格控制的环境中才能得到。其后三张数字更高的列表中的麻醉品的管制就较为松散，但仍受到诸多限制。

但是绝大多数现有的和潜在的麻醉品并不在任何一张列表上。以摇头丸（MDMA）为例，尽管它在1912年就被发明了，但是直到1985年才被编入列表；在其间的大部分时间里，缉毒局并没有注意到摇头丸。正在被开发或已经发明出来的任何一种麻醉品——或许从现在开始的20年后我们可能使用的主要的麻醉品——都不在任何一张列表上。

因此，从长期看将麻醉品划分定位到各个列表上的规则比目前具体什么药品在列表上要更为重要。将麻醉品列示到各张列表上是缉毒局的工作，工作标准则由法规确立。问题在于这些标准说的越含糊就越糟糕。

对于被列入表Ⅰ的严格禁止的药品而言，两个最重要的标准是"潜在的滥用"和"当前没有被作为医疗而使用"。虽然或许并没有一个更好的公共政策，不过医疗使用标准至少从表面上看还是相当清楚的。但是任何事物都存在"潜在的滥用"——我可以尝试硬将椅子塞进我的耳朵里——所以缉毒局也要试图对此行为进行分类。如果在大量特定条件中存在一种情况，或者如果存在一些未指定的情况，在该情况下某种麻醉品具有潜在的滥用性，缉毒局就可以执行上述标准。表明存在潜在滥用的三个最重要的条件为（U. S. Drug Enforcement Administration，2001，p. 2）：

1. 有证据表明，个体服用的麻醉品或其他毒品的量足以对他们的健康造成危害或对其他个人或他们社区的安全造成威胁；

2. 除了合法渠道外……该麻醉品还存在重大的转移通道；

3. 个人服用麻醉品……以他们自己的主观意愿而不是基于从管理这类麻醉品的法律特定许可角度给出的医疗意见。

关于这些条件的最被看好的解释是如果许多人很喜欢它而且有一些可能的不良后果，那么这种物品就有潜在的滥用性。对这一物品禁止的理由既不明确也不是一个很好的公共政策。

相反，对酒精的管制就很明确。但它非常严格：没有其他更好的东西可以取代酒精，并被允许成为一种可销售的产品。

总之，这种对酒精的需求和缉毒局的含糊态度强烈抑制了用于研究生产更健康、更安全、更少上瘾的酒精和目前流行的违禁麻醉品物的替代品的投资。即使当人们以果酱和生菜为生时，他们也会碰撞自己的汽车、虐待他们的配偶、抢劫加油站，而且相当忽视自己的家庭。如果你的产品遭受禁止的原因只是很少一些人在服用后会出现上述一些情况，或者少部分人过于依赖你的产品而改变了自己的生活，那么你投资于研究开发这种麻醉品就是相当愚蠢的。消遣及持有麻醉品本身并不违法；它们只是还有待于完善（或不受欢迎），或者它们将被禁止。你永远也不能证明一种麻醉品的完美。

当你设想如何处理 19 世纪的城市所面临的极端的外部性问题时，关于酒精和违禁药品的替代品的研究的缺乏就变得更加惊人和悲剧。我们在第 9 章中看到的最常出现和最成功的政府的回应之一是对有害性较低的物品进行补贴，以替代会造成负外部性的、难以由警察执行的活动。垃圾收集就是一个例子：我们很难找到并惩罚将垃圾倒在路边的人，因此人口稠密的城市提供免费的垃圾收集作为替代。20 世纪最深刻的教训之一就是警察难以管理麻醉品和酒精的使用，所以我们希望政府能够提供补贴来作为替代，而不是致力于试图有效地阻止使用者的行为。

当然替代物不必非是化学物品不可。人们使用酒精和违禁药品是为了改变他们的情绪，得到一种转变意识的状态，这并非只有化学物品才可以做到——锻炼身体、神情豁达、两性关系、饮食、娱乐、洗浴、按摩、旅游、艺术、消遣、庆典及游戏都可以是替代；滑雪、赛车和其他运动也可以达到这些效果。即使是儿童也欣赏摇篮、旋转木马、秋千和跷跷板带来的情绪变化和意识改变的体验（Brecher，1972，chapter 66）。曾经带给我们免费垃圾收取的同样的道理——一个重大的公共卫生政策——也将给我们提供过山车、视频游戏、蹦极及恐怖电影那样的补贴性效果。

在当前有关麻醉品和酒精康复的温和补贴中，显然存在一些与此类似的政策，对治疗海洛因成瘾的美沙酮维持方案的支持更是不温不火。不过，由于这些补贴被定向于药品依赖者，因此无论怎么温和，它们看起来依然是对药品依赖的一种鼓励。这就好像在城市收拾好你的垃圾之前，你已经被定性为非法倾倒垃圾。同时美沙酮和康复都没有多少吸引力。

即使一个能产生惊心动魄的过山车和精彩的康乐型麻醉品效果的全补贴计划并不符合规则——或许因为所得税早就是对工作的一个抑制——似乎也没有任何理由阻碍对更好的情绪改变和意识变化的化学方法的探寻。即使非化学的提议听起来挺诱人，但最有可能替代现有化学品的也是其他化学品。

这里就是模糊的、矛盾的，而且一般来说不可能满足缉毒局收费标准的地方。麻醉品和酒精政策上难以回答的问题是：一种只能是康乐或药用的麻醉品在被添加到列表Ⅰ或列表Ⅱ之前造成的危害有多大？是什么类型的危害？危害必须被提供什么样的证明？记住，我们将自己的大部分收入都花在收益只是消遣和拥有（例如汽车和几乎所有的房子）以及也会造成很大危害的物品上。因此，答案不应该是没有伤害。有了良好的辅助政策，像庇古税和第三方责任，答案就可以是相当大的伤害。但最重要的是有一个明确的、可执行的答案，这样研究才可以继续向着已知的目标前进。否则，我们将如酒精和大麻那样永远被糟糕的麻醉品所困扰。

是否也存在类似的适用于枪支的政策指导着技术的变革指向寻找危险性较小的方式来满足使用者的目标呢？也许有，但可能性很小。因为枪是合法的，枪支制造商不必面临麻醉品制造商那样的、改善产品的管制约束，主要问题一直是枪支制造商和他们的客户没有充足的激励去减少外部危害。此外，枪支不像麻醉品，它是长期有效的资产，今天你买的枪能够供你持续使用好几十年。这意味着技术进步的影响将会显现得更为缓慢。

尽管如此，技术或许可以发挥重要的作用。我们早就实行的补贴枪支替代品的方法之一是通过免费的警务服务条款。按照垃圾清理理论，非致命的个人防护方法——可以用于晕眩或麻痹、引起荨麻疹或腹泻的物品，或用记号笔标记受害者或使他们散发氨的气味——也是应该得到补贴的枪的替代品。还应该寻找并补贴传统狩猎的替代品。也许猎人可以尝试将微小的、个性化的无线电发射器植入动物体内，而不是杀害动物，那时猎人们可以就此证明他们的技能，甚至可以彼此竞争。

▌Ⅴ. 结论

枪支、酒精和麻醉品与汽车、水、垃圾、房子等我们在这本书中关注的物品并没那么大的差异。它们给使用者带来很多好处，也会造成很大的伤害。当人们彼此间居住得很近时，需要找到一种方法在减少伤害的同时，尽可能多地挖掘益处。这对汽车而言是正确的，对于可卡因也同样如此。

当然，如果管制酒精和麻醉品的人同时也监管汽车，他们将会禁止除了产于1938年的T型福特车外的所有汽车。而且他们还会要求任何新产的车辆要么是一辆救护车，要么能满足虽含糊不清但对乘客安全的要求高得令人难以置信的标准，此外污染控制也十分苛刻，以至于只有便秘的瘦马拉的大板车才能符合要求。他们还会遭到称颂1923年产的以取独而赢众的线条著称的斯蒂贝克车的合法倡导者群体的反对，坚持要让这种车回到大路上，因为它们比T型福特车更好。

另一方面，如果汽车被像枪支那样对待，我们将被争论所困扰，在两拨不同的人群中，一些人认为红绿灯违反了他们被宪法所赋予的权利，而且还阻碍了正在逃跑或逮捕罪犯的人，而他们的对手则希望限制救护车、警车的行驶和葬礼游行。

幸运的是，城市并没有通过这种方式管制汽车——或者自来水或下水道、垃圾或房屋。我们相信城市肯定存在一些问题，但还没有到喋喋不休地争论的地步，技术进步之门一直敞开着。城市的历史确实值得学习。

问题

1. 近来过山车尤其是新一代的过山车的安全性一直备受争议。自 1979 年以来，已有十几个人在过山车上遭受了严重的脑损伤，一个老年患者已经死亡。然而，一项医疗研究发现，即使是最离奇的过山车对大脑施加的重力最多也只是像"掉进一把舒适的椅子"那么大，远远小于撕裂脑组织或引起肿胀所需的力量。这一研究的批评者认为这一结论仅适用于正常、健康的个体，却没有提到过山车对先前进行过医疗的人的安全隐患。

应该允许过山车运营吗？为什么？如何对过山车进行监管？将适用什么样的责任规则？

2. 假设你正在为国会的一个专业委员会重新起草关于消遣及拥有麻醉品的法律。试描述麻醉品在被允许销售之前人们消遣或拥有它应满足的条件。为什么这些是合适的条件？使用什么标准来判断麻醉品是否符合这些条件？用什么手段来限制其销售？与消遣及拥有麻醉品相关的责任标准是什么？

3. "购买和逮捕"是警察部门用于抓捕麻醉品交易者的传统伎俩———一名卧底的警员冒充客户购买麻醉品，然后发出信号抓捕交易者。另一种战术"销售和逮捕"用得较少———卧底警察冒充一个交易者经销麻醉品，然后发出信号抓捕买方。比较这两种战术，谁承担着执法活动的负担？哪种战术更能有效地减少麻醉品的使用？要明确区分你的模型中麻醉品市场和麻醉品交易者的市场。

4. 在第 8 章中我讨论了当监管一项具有外部成本的活动时，规则比税收更好时的条件。麻醉品的消费和枪支的拥有都是具有外部成本的活动。使用第 8 章中的标准来确定在监管这两种活动时，征税和规则哪个是更好的工具。

5. 强制性汽车保险常常被建议为一个如何监管枪支的模型。然而我们在第 3 章中看到，目前的汽车保险尚有许多地方有待改进。如果对枪支需要强制保险，应该如何操作呢？类似于这样的一项政策有什么优点呢？它的缺点呢？

参考文献

Bellesiles, Michael A. 2001. "The Regulation of Firearms: An Historical Overview." Mimeo, Department of History, Emory University.

Bernheim, B. Douglas, and Antonio Rangel. 2002. "Addiction and Cue-Conditioned Cognitive Processes." National Bureau of Economic Research Working Paper 9329.

Brecher, Edward M. 1972. "The Consumers Union Report on Licit and Illicit Drugs." Available at www. druglibrary. org/schaffer/library/studies/cu/CU66. html.

Brown, G. , and L. P. Silverman. 1980. "The Retail Price of Heroin: Estimation and Applications." In Irving Leveson, ed. , *Quantitative Explorations in Drug Abuse Policy*. New York: Spectrum Publications.

Chaloupka, Frank J. , and Henry Saffer. 1992. "Alcohol, Illegal Drugs, Public Policy, and Crime." Paper presented at annual meeting of the Western Economic Association, San Francisco, July.

Chaloupka, Frank, and Henry Wechsler. 1995. "The Impact of Price, Availability, and Alcohol Control Policies on Binge Drinking in College." National Bureau of Economic Research Working Paper 5319.

Chatterji, Pinka, and Sara Markowitz. 2000. "The Impact of Maternal Alcohol and Illicit Drug Use on Children's Behavioral Problems: Evidence from the Children of the National Longitudinal Surveys." National Bureau of Economic Research Working Paper 7692.

Chatterji, Pinka, et al. 2003. "Alcohol Abuse and Suicide Attempts among Youth: Correlation or Causation?" National Bureau of Economic Research Working Paper 9638.

Cook, Philip J., and Michael J. Moore. 1993. "Economic Perspectives on Alcohol-Related Violence." In S. E. Martin, ed., *Alcohol-Related Violence: Interdisciplinary Perspectives and Research Directions*, NIH Publication 93−3496, pp. 193−212. Rockville, MD: National Institute on Alcohol Abuse and Alcoholism.

——. 2000. "Alcohol." In Anthony J. Culyer and Joseph P. Newhouse, eds., *Handbook of Health Economics*, vol. 1B, pp. 1629−1673. Amsterdam: Elsevier.

Cook, Philip J., et al. 1999. "The Medical Costs of Gunshot Wounds." *Journal of the American Medical Association* 282(5): 585−591.

Corman, Hope, and H. Naci Mocan. 1996. "A Time-Series Analysis of Crime and Drug Use in New York City." National Bureau of Economic Research Working Paper 5463.

DeSimone, Jeffrey. 2001. "The Effect of Cocaine Prices on Crime." Economic Inquiry 39(4): 627−643.

Donohue, John, and Steven D. Levitt. 1998. "Guns, Violence, and the Efficiency of Illegal Markets." *American Economic Review Papers and Proceedings* 88: 463−467.

Duggan, Mark. 2001. "More Guns, More Crime." *Journal of Political Economy* 109: 1086−1114.

Eck, John E., and Edward R. Maguire. 2000. "Have Changes in Policing Reduced Violent Crime?" In Alfred Blumstein and Joel Wallman, eds., *The Crime Drop in America*, pp. 207−265. New York: Cambridge University Press.

Fagan, Jeffrey. 1993. "Interactions among Drugs, Alcohol, and Violence." *Health Affairs* 12, no. 4 (Winter): 65−79.

Goldstein, Paul J., et al. 1989. "Crack and Homicide in New York City." *Contemporary Drug Problems* 16: 651−687.

Grossman, Michael, and Sara Markowitz. 1999a. "Alcohol Regulation and Violence on College Campuses." National Bureau of Economic Research Working Paper 7129. Also published in Grossman and Hsieh 2001.

——. 1999b. "Alcohol Regulation and Violence towards Children." National Bureau of Economic Research Working Paper 6359.

Grossman, Michael, and Chee-Ruey Hsieh. 2001. *Economic Analysis of Substance*

城市经济学

Use and Abuse: *The Experience of Developed Countries and Lessons for Developing Countries*. Cheltenham, UK, and Northampton, MA: Edward Elgar.

House of Commons. 2000. "Cannabis." Research Paper 00/74.

Joyce, Theodore, Andrew D. Racine, and Naci Mocan. 1993. "The Consequences and Costs of Maternal Substance Abuse in New York City." National Bureau of Economic Research Working Paper 3987.

Kaestner, Robert, Theodore Joyce, and Hassan Wehbeh. 1996. "The Effect of Maternal Drug Use on Birth Weight: Measurement Error in Binary Variables." National Bureau of Economic Research Working Paper 5434.

Kellerman, Arthur L., et al. 1992. "Suicide in the Home in Relationship to Gun Ownership." *New England Journal of Medicine* 327 (August 13): 467−472.

Kleiman, Mark. 1992. *Against Excess: Drug Policy for Results*. Champaign, IL: Basic Books.

Kuziemko, Ilyana, and Steven D. Levitt. 2001. "An Empirical Analysis of Imprisoning Drug Offenders." National Bureau of Economic Research Working Paper 8489.

Lott, John R. 1998. *More Guns, Less Crime: Understanding Crime and Gun Control Laws*. Chicago: University of Chicago Press.

Maguire, Kathleen, and Ann L. Pastore, eds. 2002. *Sourcebook of Criminal Justice Statistics* (online). Accessed at www. albany. edu/sourcebook.

Markowitz, Sara. 2000a. "Criminal Violence and Alcohol Beverage Control: Evidence from an International Sample." National Bureau of Economic Research Working Paper 7481. Also published in Grossman and Hsieh 2001.

——. 2000b. "An Economic Analysis of Alcohol, Drugs, and Violent Crime in the National Crime Victimization Survey." National Bureau of Economic Research Working Paper 7982.

——. 2000c. "The Role of Alcohol and Drug Consumption in Determining Physical Fights and Weapon Carrying among Teenagers." National Bureau of Economic Research Working Paper 7500.

Markowitz, Sara, et al. 2002. "Substance Abuse and Suicidal Behavior among Adults." National Bureau of Economic Research Working Paper 8810.

Miczek, K. A., et al. 1994. "Alcohol, Drugs of Abuse, Aggression, and Violence." In Albert J. Reiss and Jerry A. Roth, eds., *Understanding and Preventing Violence*, vol. 3. Washington, DC: National Academy Press.

Miron, Jeffrey A. 1999. "Violence and the U. S. Prohibition of Drugs and Alcohol." National Bureau of Economic Research Working Paper 6950.

Mocan, H. Naci, and Erdal Tekin. 2003. "Guns, Drugs, and Juvenile Crime: Evidence from a Panel of Siblings and Twins." National Bureau of Economic Research Working Paper 9824.

Model, K. 1992. "Crime, Violence, and Drug Policy." Unpublished paper, Harvard University; cited in Saffer and Chaloupka, 1995.

National Institute on Alcohol Abuse and Alcoholism (NIAAA). 2001. "Fetal Alcohol Syndrome." Alcohol Alert #13. Available at www. niaaa. gov.

Nisbet, C. , and F. Vakil. 1972. "Some Estimates of the Price and Expenditure Elasticities of Demand for Marijuana among UCLA Students." *Review of Economics and Statistics* 54: 473—475.

Pacula, Rosalie Liccardo, and Beau Kilmer. 2003. "Marijuana and Crime: Is There a Connection beyond Prohibition?" National Bureau of Economic Research Working Paper 10046.

Reuter, Peter. 2001. "The Mismeasurement of Illegal Drug Markets: The Implications of Its Irrelevance." in S. Pozo, ed. , *The Underground Economy*. Kalamazoo, MI: W. E. Upjohn Institute.

Saffer, Henry, and Frank Chaloupka. 1995. "The Demand for Illicit Drugs." National Bureau of Economic Research Working Paper 5238.

Saffer, Henry, and Michael Grossman. 1987. "Beer Taxes, the Legal Drinking Age, and Youth Motor Vehicle Fatalities." *Journal of Legal Studies* 16: 351—374.

Sarbaum, Jeffrey K. , Solomon W. Polachek, and Norman E. Spears. 1998. "The Effects of Price Changes on Alcohol Consumption in Alcohol-Experienced Rats." National Bureau of Economic Research Working Paper 6443. Also published in Frank Chaloupka et al. , eds. , *The Economic Analysis of Substance Use and Abuse*. Chicago: University of Chicago Press, 1999.

Seiden, Richard H. 1978. "Where Are They Now? A Follow-up Study of Suicide Attempters from the Golden Gate Bridge." Suicide and Life Threatening Behavior 8 (4). Also accessed at http://members. tripod. com/cfasggb/Suicide/Where_Are_They_Now. htm.

Silverman, L. P. , and N. L. Spruill. 1977. "Urban Crime and the Price of Heroin. " Journal of Urban Economics 4(1): 80—103.

Skog, O. -J. , and Z. Elekes. 1993. "Alcohol and the 1950—1990 Hungarian Suicide Trend: Is there a Causal Connection?" *Acta Sociologica* 36: 33—46.

Sloan, John Henry, et al. 1990. "Firearm Regulations and Rates of Suicide: A Comparison of Two Metropolitan Areas." *The New England Journal of Medicine* 6: 369—373.

U. S. Bureau of the Census. 2000. *Statistical Abstract 2000*. Washington, DC: Government Printing Office.

——. 2002. *Statistical Abstract 2002*. Washington, DC: Government Printing Office.

U. S. Bureau of Justice Statistics. 2005. "National Criminal Victimization Survey. " Accessed on February 21, 2005, at www. ojp. usdoj. gov/bjs/abstract/cvusst. htm.

U. S. Drug Enforcement Administration. 2001. "Formal Scheduling." Accessed on

城市经济学

August 7，2001，at www. usdoj. gov/dea/concern/abuse/chap1/control/formal. htm.

Van Ours，J. 1995. "The Price Elasticity of Hard Drugs：The Case of Opium in the Dutch East Indies，1923—1938. " *Journal of Political Economy* 103：261－279.

Warburton，Clark. 1932. *The Economic Results of Prohibition*. New York：Columbia University Press.

Wasserman，D. ，A. Varnik，and G. Eklund. 1994. "Male Suicides and Alcohol Consumption in the Former USSR. " *Acta Psychiatrica Scandinavica* 89：306－313.

Zickler，Patrick. 1999. "NIDA Studies Clarify Developmental Effects of Prenatal Cocaine Exposure. " In NIDA Notes 14. Rockville，MD：National Institute on Drug Abuse. Available at www. nida. gov.

第17章 麻醉品、枪支和酒精

第18章

城市经济的发展[①]

城市发展这一时行的概念似乎能给每个人带来一些好处。谁能够否认越富的人过得越好呢？经济繁荣能够减少犯罪的发生，增加教育的投入，促进少数民族的发展，提供更好的房子和更清洁的环境，以及减少贫困。由于规模报酬递增，更多的工作岗位意味着新的专业机会，可以避免垄断，寻找最佳配对，建立更大更好的公共设施，而这些成本将由更广泛的基础来承担。重点发展老城市的中心地区可以遏制城市的扩张而不牺牲增长的收益——同时，也可以增加贫民和少数族裔的就业机会。

发展使得城市更美好。纽约是一个伟大的城市，因为它建立了伊利运河，在金融、法律、广告、娱乐方面有着举足轻重的地位——并不是因为它有效地定价了水权或区划。正如我已经所做的那样，对城市生活机制的集中关注似乎使我们忽略了关键问题——就好比我们只关注汽车挡风玻璃上的雨刮器而忽略了汽车发动机。与其他政策的结果相比，一个英明的决策可以给城市的发展和人们的生活带来巨大的好处。水涨众船高，但绝非仅是那些漏水的船只。

本章中我们将审视城市发展的政策，将从两个层面进行分析。在本章的第一部分，我们将从一个特定城市的公务人员或者土地所有者的视角，在假设其他城市的政策保持不变的情况下，分析不同的政策如何影响了该城市的人们和物价。在本章的第二部分，我们将采用全国或全球的视角。当很多城市都在实施追求经济发展的战略时又会是什么景象呢，是最优化经济还是走其他道路？它们是否会相互抵消，或者创造一些剩余收益——或者弊害——甚至会导致泡沫呢？国家或州政府采取什么样的政策可以让城市间

---

① 为了从本章中学习更多内容，你需要熟悉以下概念：平均成本、封闭型城市模型、无谓损失、外部性、规模报酬递增、区位化经济、边际成本、开放型城市模型、帕累托最优、潜在的帕累托改进和城市化经济。你能够在词汇表中找到这些术语。

的经济发展竞争更有利于大多数公众呢？

"经济发展"一词有多个不同的含义，我需要在一开始就界定一下它在我们将讨论的内容中的含义。有时经济发展意味着针对贫穷国家的研究——究竟是什么使得它们贫困，实行什么政策可以让它们更富裕。为什么印度从来没有发展纺织制造业？中国是否应该减少外国直接投资？当关注于这类经济发展时，自然会提问这样的问题。这些经济发展的内容本身并不是我们的目标。虽然这些问题非常重要，但是并不在本书的研究范畴之内。

本书将讨论经济发展的另一个范畴，市政厅的工作人员将更熟悉这个范畴。此处，经济发展指的是一个特定城市所采取的、旨在增加市场活动的政策和活动——比如增加就业机会。这一层面上经济发展讨论的问题包括：城市愿意花多少钱来补贴体育场馆的建设，以及贫民区是否该被拆除，取而代之以高档的商店。

经济发展（发展中国家的情形）与经济发展（美国城市的情形）相互之间具有相似性。二者都集中关注自己的地盘，一般都忽视许多居住在那些地方的人们若离开去别的地方可能会过得更好的可能性（与印度尼西亚和巴西这样的大国相比，这更适用于美国的城市）。美国城市的模式通常是鼓励外来移民，但发展中国家却不是这样。

它们使用的一些策略也是相同的。2008年北京奥运会可能（或不可能）促进中国的经济发展（发展中国家的版本），同样，1996年的奥运会也可能（或不可能）促进亚特兰大的经济发展（美国城市的版本）。但发展中国家也会采用许多不同于美国的策略：例如提高农业生产率、建水电站或者征收关税以及管制外汇。而美国城市就不会采取这些策略，因此也从来不讨论这些话题。泰国有一个货币政策，纽约就没有。

发展中国家也在考虑这类加强法律法规建设的措施，开发市场经济制度，减少腐败和裙带关系，增加政府的问责度。一些学者甚至区分了增长——收入的增加有多快——和发展——经济增长的社会和政治的支撑有多好。上述这些问题在美国城市版本的经济发展中几乎都不曾被探讨过，尽管它们没有理由不应该被讨论。人们不应该想当然地认为所有发展中国家的文化都很落后，而美国所有城市的文化都很先进。

从根本上说，美国城市与发展中国家这两个主题间的差异巨大：美国城市正试图成型一些世界上更为多产和小型的不动产，并且使它们更有价值；而发展中国家正试图改善大量居民的生活和他们的居住水平。但人们的想象力相当丰富，即便是任意两个随机选择的主题，也可以找到一些相同之处——对于发展中国家与美国城市的经济发展，二者最重要的分享理念是良好和细致的管理的帮助。但不管怎样，经济的发展（发展中国家的版本）与经济的发展（美国城市的版本）之间有所不同，这就是本章的主题。

▊ Ⅰ．单个城市的经济发展

□ A．为什么要关注城市的经济发展？

1．每个人都能获益吗？

为什么更多的市场活动在一个城市中进行将比它们以通常的现代（发达）经济的方式运作得更好呢？其实，我已经在本书里讨论过的市场、政府或家庭方面出现的任何一个问题都可以导致一个城市中市场活动的减少——比如说高额的税收或阻塞的下水道、不恰当的公交系统或不佳的社会治安、过度严格的分区或功能失调的学校。当这类问题发生时，回答很明显：想方设法解决问题。因此，从这个意义上说，整本书都与经济发展有关。

然而，有些问题却是无法解决的，或者有些问题需要政治上的改革且无法短期内见到成效。比如说，以财产税代替土地税，就几乎一定可以作为当地政府可以预期的将来的长期资金来源。对于那些规模报酬递增的企业，从糖果店到电力传输公司，更愿意以接近平均成本而非边际成本的标准来给它们的商品定价。在这样的环境中，市场活动的任何增加通常会带来广泛的外部收益。

一栋只能开张在城里的新办公大楼给城市带来了工作人员，他们别无其他选择地会去糖果店买汽水。他们支付的汽水的价格和边际成本之间的差额就是一项外部收益。大楼所需支付的财产税也是如此，如果办公大楼耗费的电力和天然气以平均成本计价，这也将产生另一项外部收益。注意，这些外部收益并不是从在办公大楼内部进行的任何特定活动中产生，而是产生于普遍的活动之中。

新的市场活动还可以带来我在第2章中讨论过的城市化经济和区位化经济。这些收益大多数是外部收益，比如说知识和大多数创新、通过专业化生产带来的低价格、更高效的排队、更少的垄断势力。城市化收益来源于任何活动，同时又会影响其他的任何活动，而区位化只影响到同行业内的公司。

工作机会也可以带来外部收益。如果有更多的就业，就意味着更少的人正在接受社会福利和失业保险，政府支出的减少就是一种外部收益。（如果任何）对受雇者而言被支付了多于使得他们愿意做这份工作的期望最低收入，这一情形也是一种外部收益；如果那些工人们原本要失业，工作机会的增加所带来的外部收益就更加明显。[1]

工作机会也可以减少某些类型的犯罪的实施。比如，拉斐尔和温特-艾姆（Raphael and Winter-Ebmer，2001）发现，诸如赢得防务合同一类的积极的经济发展事件会减少一个州的财产性犯罪，而诸如天然气价格上升一类的消极的经济发展事件会增加财产性犯罪。较高的男子失业率也会增加强奸性犯罪。

然而，当一个城市里更多的市场活动的外部收益常常被真实反映的时候，有时也会被高估。首先，记住在大多数情况下，只有一部分二次支出才被作为收益，而不是全部支出。例如，花费在汽水上的支出不全是外部收益，只有价格和边际成本之间的差额才是。特别是，只有当员工在别的地方挣不到更高的工资，或者他们获得的工资超过了其休闲时获得的价值时，这种情形下的工作才是收益。保罗·科朗（Paul Courant）在其关于经济发展的一篇名作中（1994，p.869）提供了一个很好的例子，说明了为什么工作不能被当作收益："（假如）当地决定在一个地下并无金矿的地方掀起淘金热，地方政府就要走出去并在开放市场上购买黄金，并支付运输和埋藏黄金的费用。那时黄金肯定值得人们去挖掘，但最终人们的全部收获就只能是黄金本身的价值，而运输、掩埋以及

---

[1] 生产苏打水的边际成本是现实世界中的真实成本，它代表那些可以被用于其他有价值的使用的资源。类似地，一个工人通过做另一份工作或者在家里照料孩子所实现的价值也是真实成本。苏打水销售和工作创造只有在超额价格或者超额支付的情况下才被视为经济效益，其他的都不是。

挖掘黄金的费用就被永远损失了。"

其次，市场活动在出现正外部收益的时候也会产生负外部收益，比如说污染、拥堵、暴雨之水漫溢和事故。警察、消防、垃圾清理服务通常的收费都低于边际成本，高峰时段的公共交通系统也是这样。这些服务的价格与边际成本之间的差值就是一种负外部收益。

最后，人们通常认为土地价格的增长是发展带来的好处。就像我在第 6 章中强调的那样，这个过程并不正确。特定地点使用的土地数量并没有改变，而只有当某些事物的数量发生变化时，潜在的帕累托改进才会发生。无论土地所有者从更高的价格中获得了什么，承租人都将有所损失，此外一切照旧。

2. 谁获利了？

在开放型城市模型的经济发展中这个问题的答案很简单：仅仅是土地所有者。但是这个答案通常并不能令经济发展的拥护者们满意。然而，开放城市模型的标准替代模式封闭型城市模型则完全不适合于分析发展问题，因为它预设了并无发展状态。

中间模式——一个城市中更好的机会能够吸引移民，但移民的速度不会快到立即抵消这些机会的程度的模式——给出了相应的答案。在中间模式中，除了土地所有者之外的人们都将暂时获利，但是随着时间的推移，这些效益会渐渐转移到土地所有者手里，它们会逐渐消失。自然，在任何模式中承租人都不会获利。比如说，那些没有不动产的退休者，在任何模式的经济发展过程中几乎都是大输家。

简单的供需曲线图可以说明这些问题。首先，我们考虑劳动力市场。假设经济的顺利发展（或由于运气好）增加了对一个特定城市的劳动力需求。一家汽车制造工厂的开业，或是城里的一所大学得到了一笔巨额的联邦补助金来进行陶瓷研究，或是当地的一家公司获得了治愈关节炎药物的专利，这使得图 18—1 中劳动力的需求从 D 点上升到 D^* 点：不论工资水平如何，这个城市的公司都要雇佣更多工人。

这种需求量的变化能否使工人们获利取决于供给弹性。从短期来看，比如说 1～2 年没有太多的工人能移民到这个城市，因此供给相对无弹性，如图 18—1a 所示。工资上涨，但是就业并没有大幅度上升。工人——原本就在这个城市生活的工人们——的状况变好。这是典型的封闭型城市模型的情况。

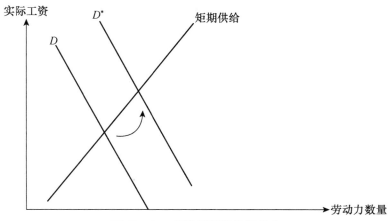

图 18—1a 经济发展的短期效应

但是随着时间的推移，如果这座城市的工资高于其他城市，则越来越多的工人会迁移过来。因此，从长期来看，劳动力供给曲线几乎是水平的，如图18—1b所示。虽然就业率提高了，但是工资仍保持不变，城里工人的生活并没有因此而更加富裕。

另一方面，无论是长期还是短期，土地供给市场是缺乏弹性的，如图18—2所示。在新工厂周边的10英里之内已没有任何多余的土地，因此，由于人们被就业机会（或是因为他们知道这个城市非常宜居）所吸引，对土地的需求从 d 点上升至 d^*，土地价格便会上升，但土地数量仍保持不变。结果土地的所有者受益，土地的消费者受损。

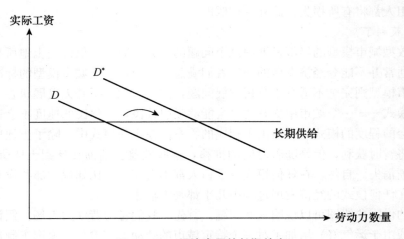

图18—1b　经济发展的长期效应

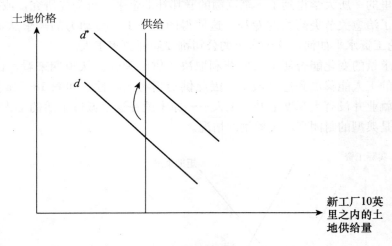

图18—2　土地市场对经济发展的反应

此时，谁能从发展中获利最终是一个劳动力供给弹性的实证性问题。很多研究已经被展开，在某些方面也已达成共识。从长期（5～10年）来看，增长大幅度提升了房价；从短期来看，增长提高了人们的工资且减少了失业。住房价格大幅度增加：在大都市区，劳动力需求每增加1％（比如说由于制造商得到一个新的防务合同，或是外资企业新建了一些大型工厂），住房的价格将增加0.5％～1％。巴尔提克（Bartik，1991）

基于大量的调查研究证实了这个观点。

人们的主要分歧是经济发展是否确实能长期影响就业或工资——或者说迁移是否消除了工人的所有短期获利而使其转移到土地所有者手中。布兰查德和卡茨（Blanchard and Katz，1992）根据 1950—1990 年间的州一级层面的数据得出的结论是，5～7 年之后，经济的发展将不再对失业有所影响，大约 10 年之后，经济发展也不再影响工资。新的防务合同或新的外资工厂造成的低失业率影响被吸引的新移民相抵消。迁移消除了发展所刺激的低失业率。

巴尔提克（Bartik，1991）指出，尽管影响相当小，经济发展还是会对人们的失业和工资造成永久性影响。他使用 1972—1986 年间 25 个大都市区的数据得出了这样的结论："假设一些经济发展政策使得一个大都市区净增加了 100 份工作机会……从长期看，这 100 份工作中的 6～7 个属于原本失业的当地居民，16 个属于原本没有劳动力的当地居民，其他的 77～78 份工作到了移民者手里。"他还发现，虽然并没有统计学意义上的显著性，但经济发展对于工资也只有很小的长期影响。

巴尔提克的这个研究结果与开放型城市模型也是一致的。他指出经济发展的为期一年的影响将永久改变当地的居民群体。短暂的经济发展让人们永久地掌握了不同的技能、拥有了不同的观念。他说（p.76）："由于经济的快速发展，该地区一些原本会失业的人将在短期内获得工作机会。此外，一些人将更换较好的工作。这些人的短期工作经验会改变他们的个人价值、技能、自信和声誉。"这被称为"滞后效应"——临时的事件产生了滞后的、永久的影响。

除了布兰查德和卡茨（以及其他研究）证明其不成立之外，我们还有两个理由怀疑巴尔提克的结论：第一，巴尔提克的分析表明了更高的平均就业增加意味着更低的平均失业率。布兰查德和卡茨试图证实这两者之间的关系，但是并未有所获。第二，从理论上看，巴尔提克指出，如果在经济繁荣期就业可以带来长期利益，那么这意味着工人们为了长期利益仍会愿意接受较低工资的工作。因此，如果确实存在长期利益，那么这仅仅是对工人在短期繁荣期所做投资的偿还。

此时，移民显然抵消了不足 10 年内的工人从经济发展中获得的大多数（按照巴尔提克的结果）或全部（布兰查德和卡茨）收益。人们真的那么愿意收拾行李、举家搬迁或离开他们的亲人，仅仅是为了多赚一点点钱或是能更快地找到一份工作吗？马斯顿（Marston，1985）发现移民潮的人数或许会多到足够有人愿意这样做。他发现在一个 4 年的阶段内，大都市区人口中的 13.9％ 在不同地区间迁移，这还没有包括国外的移民。由于经济发展政策使得一年提升 1％ 的就业率已属罕见（若确实存在的话），而正常范围的移民潮的小小波动就足够抵消所有的经济发展政策所带来的影响。任何时候总有很多人想离开家乡，并且很多人也不会特别介意这样做——想过自己生活的年轻人、希望从失败的感情或创伤中恢复的人、新来的移民，以及不喜欢当地气候的人。这就再一次说明，在考虑大量个案的情况下，这些反思的结果并不明显。

最后，要注意的是，所有这些研究所讨论的都是大都市区域或州一级层面的问题——人们要想离开这么大的地域有很高的成本。这些研究并没有关注居住在某一个特定的社区或一个特定的行政管辖区里的工人改变工作单位的影响。因为这些研究认为，小区域内的"迁移"相当容易——人们只需要改变自己的上下班交通方式，或者移到另一个并不妨碍你时常看望亲戚朋友的地方——工人们的短期利益会变少，适应时间会更快，如果存在长期利益，它也会变少。虽然有些空间错配的文献的结论与此矛盾，但巴尔提克还是找到了一些证据（见第 11 章）来证明这种看法。

然而，即便发展带来的大部分收益落到了土地所有者的手中，仍有很多理由证明我们确实需要通过发展活动来实现潜在的帕累托改进。大多数土地所有者也是普通人，并且他们的收益是需要缴税的，这部分税收至少在短期内可以帮助其他人。但是，一些支持并非潜在的帕累托改进的发展活动的观点——例如这些活动是一种帮助穷人的好方式——的证据并不充分。

3. 少数族裔或少数族裔社区有所不同吗？

很多理论都论证了这样一个命题：经济发展给少数族裔比白人更多的好处——换句话说，即便经济发展对白人从业者没有什么效果，但对于少数族裔来说却是很好的策略。一些其他的理论却得出了与此相反的结论，不过双方的论据都缺乏依据。

其中一个支持上述命题的、基于巴尔提克观点的论据是，繁荣时期的就业可以改变人的境况。也许少数族裔比白人得到了更多的改善，或者更多的少数族裔较白人得到了改善。比如说，如果他们更缺乏自信，或被自己的负面形象深深困扰，那么工作经历则可以让他们克服这些不足。如果一般失业率居高并且快速下降，那么更多的少数族裔将会得以改善——事实就是如此。

人们迁移的速度也很重要。一些证据表明，少数族裔特别是非洲裔美国人比白人迁移得更慢（Krieg，1990；Raphael and Riker，1999）。如果由于某种原因经济发展给少数族裔带来的好处比白人更多，则缓慢的迁移将使他们有更长的受益时间，并使土地所有者的收益减少。若缓慢迁移对少数族裔产生了一个积极的影响，那么发展带来的好处就仅限于少数族裔。例如，倘若经济发展创造了更多的就业机会，并支付了超过市场出清的工资，只有白人不想做这些工作时，缓慢迁移才能使少数族裔工人获益。由于小型企业的大多数客户都是少数族裔，因此白人很难得到小企业的工作机会。但是目前尚不清楚其他类型的工作是否也有同样的影响。

因此，我们需要转向实证研究，这里的问题同样复杂。巴尔提克（Bartik，1991，1993），弗雷和斯皮尔（Frey and Speare，1988），邦德和霍尔茨（Bound and Holzer，1993），弗里曼（Freeman，1991）发现相比欧洲裔美国人，创造就业的项目更多地增加了非洲裔美国人的就业。而其他研究结论则与此相反（Ihlanfeldt and Sjoquist，1991）或有所不同（Ihlanfeldt，1992）。皮特斯和费雪（Peters and Fisher，2002）的研究发现大多数居住在都市企业园区之外的人在该园区内工作，而大多数园区内居民则在园区外工作。这些研究者中并无人试图纠正上涨的房租的影响。而关于拉美裔和亚洲裔美国人的研究则几乎没有。最适当的结论是，非洲裔美国工人在大都市地区经济增长中的获利略多于欧洲裔美国人，但从长期看二者都不会获益太多。

4. 老的中心城市有什么不同吗？

关于这个问题并没有一些有说服力的实证性论据。相比于年代较短和人口不太稠密的都市区的部分区域而言，老的中心城市的发展会带来更多的外部效应，关于这一点有很多原因。由于老中心城区的基础设施使用量减少，导致服务能力过剩，因此基础设施的价格远高于边际成本。人们能够乘坐公共交通工具去工作，使公共交通的社会成本比自驾汽车上班的社会成本要低。公共交通也能为那些更贫困的人提供就业机会，否则他们会因无所事事而只会领取福利金或失业保险。人口密集地区也可能带来区位化经济和城市化经济（虽然区位化经济近期最有名的例子是加利福尼亚州的硅谷，但即便按照美国的标准，硅谷的发展也不需要密集的人口密度）。

另一方面，在老城市的中心地区，道路可能更狭窄、更拥挤，污染和事故的危险会更大，一些基础设施可能过时或朽坏，高峰时期公共交通的社会成本可能很高；新工作机会可能位于离工人们的居住地更远的地方。要想出一个有效的规则来全方位保障中心城市发展的净收益几乎是不可能的。

也有一些理由认为从中期（5～10年）看土地所有者会获得较少的利益。中心城区是公共住房和其他类型的补贴性住房最大的聚集地区。当这类住房的条件越有吸引力时，租房者将越不会面对高额的房租。这同样适用于那些租住低价房的住户，这些住户更多的居住在市中心。另一方面，在边远郊区和新市区，越来越多的人拥有了自己的土地。

5. 关于效益的小结

经济发展通常会带来外部净收益，有时在老城中心区会有更大的收益。非洲裔美国人也可能会获得更多的短期利益。从长期来看，发展带来的多数收益都集中到土地所有者手里，但这并没有造成多大的损害。不同的发展项目会带来不同的收益，但运作非潜在的帕累托改进的发展项目并没有意义。

□ B. 怎么做？

从最基础的层面看，任何有价值的项目都有利于经济发展。比如说，如果城里一辆新购置的消防车的服务价值高于购买及运营它的税收，并且让周边的居住和业务经营更有吸引力，那么它就能带来更多具有相伴而生的正外部和负外部效应的投资和迁移。

不过，通常的经济发展（美国城市的层面上）会受到更多的政策限制。这些政策通常带来大量的正外部效应，任何增加市场活动的措施都能带来这种效应。消防车则不属于这一类，因为它的大部分好处——更快的抑制火灾、更低的保险费率以及更自由地建造更易燃的建筑物——并不属于我们常见的每一条促进市场活动的政策。相反，建立一个棒球场通常被看成是一个经济发展项目，因为在这个地区，任何让相同人群消费相同数额的政策都会带来与这个项目差不多同样的收益。

这并不是一个又好又快的划分。棒球场的拥护者理所当然地认为棒球迷的享受是基于消费者剩余。然而这样的观点听起来却鲜为人知，它假设体育场拥护者认为大多数收益来自于市场活动的刺激。与此相反，消防车的拥护者则强调好的消防车有刺激效用，虽然他们通常并不这样做。自然，"大多数"并不是一个精确的词。

这一划分有两点好处：首先，这样似乎大致符合普通人的用语。其次，它可以让我们在本章关注我们之前还没有探讨过的新的成本和收益，而不是重提之前早已谈论过的内容。不过，在集中关注市场活动的增多带来的好处时，我们仍然不要忘记更为传统的成本和收益，即便它们已经仅仅成为背景。

把这一点记在脑海里，现在我们来看看通常人们认为能较为突出地促进经济发展的几种方式：

1. 普遍征税

如果只降低税收而其他保持不变，城市将会更令人满意并吸引到更多的人口和商业。这会导致发展的外部性。降低税收自然也会带来其他好处，就像一辆性能良好的消防车：带来更少的负担和更小的基本损失。

实证研究有力地支持了这个观点。很多经济学家已经研究了税收对当地商业和经济发展的影响，还有一些经济学家试图总结这些研究结果（Bartik，1991；Phillips and Goss，1995；Wasylenko，1997）。他们一致认为，大都市区在其他因素保持不变的情况下，如果居民和企业支付的税收减少 10%，该园区内的市场活动（就业、投资、新企业的开张，等等）的增加将在 1%～5% 之间。税收在大都市区域范围内的影响更大——如果大都市区域内某一个城镇将税率削减 10% 而周边其他城镇的税率保持不变，它的所得将比大家的税率都削减 10% 时的状态更多。许多新的市场活动会从都市区内的周边地区移向这个城镇。相比于都市区外部远处的变化，这种本地近距离的变化产生了许多微小的外部收益。

要注意的是，当我们探讨税收对当地商业的影响时，我并不是说在所有或者大部分商业行动中税收都是决定性的因素。无论佛罗里达州税收减免多少，佛蒙特州的滑雪胜地也不会移到彭萨科拉。我的意思是，当其他因素相似时，税收就起着至关重要的作用：公司决定在哪里建立新厂，企业是否需要聘请一个兼职的记账员，一个店老板正在考虑究竟是现在退休还是再经营一年。税收只会影响少部分选民的选择，并不会影响大多数人，更不会影响选举结果，计量经济学的研究已经证明税收具有这样的影响，前提是税收的运用不影响大多数经营者的决策。

此外，由于税收而改变决策的经营者可能并没有意识到这一点。公司在两个地点间进行新工厂的选址时可能会将包括税收的两栏长长的成本进行加总比较，最后选择使总成本最小的选址。他没有理由扪心自问如果某个城市的税收水平更低他的决策是否会有所不同。店老板考虑何时退休与当地所得税水平降低后顾客会在该店里增加多少消费也没有关联性。

基于以上这些原因，自我反思并不是一个评估税收对于当地商业影响的有效方式。关于经营者自省的调查更为糟糕，因为这类研究的最大缺点就是他们忽略了已经关门和从未开张的企业。

虽然降低税收确实促进了经济发展，不过大规模减税未必是促进城市发展的最好或者甚至并不算上乘的策略。税收用于公共服务，因此从长期看，削减税收的唯一途径就是减少公共服务。即便是最费钱的公共服务仍然是一笔开支，能带来经济发展的外部效应。何况大部分公共设施的支出并不是浪费：优质的学校、舒心的路况、良好的治安管理以及排水系统，这些都能吸引企业和居民。公共服务比税收更难以测度，但是公共服务的实证研究结论与税收的实证研究结论相似：虽然对经济发展的影响并不大，但在公共服务上的更多开支可以给经济发展带来确切的、可测度的、正面的影响（参考 Bartik，1991；Fisher，1997）。

此外，我们不要忘了很多公共服务带来的好处远不止更多的就业机会。比如说，当

城市经济学

一个长期住在城市的居民黄昏时分在公园散步时就可以享受到更好的警方保护，即便她的居住和消费方式并没有改变。

当然，有时反对减税的理由也并不准确。税收用于支付公共服务的开支，而税率对经济的发展至关重要。当税率的降低无法刺激经济发展的时候，税率降低 10% 就会使税收减少 10%。因为我们知道税率的降低可能会促进经济的发展，因此反对减税的争论也不再像最初那样强烈了。不过，就像我们已经看到的那样，税率的降低对经济发展的影响并不大，因此，对税率和税收一般性的严格区分并不重要。

这个关于税收对经济发展的影响的一般性结论有一个可能的例外——位于一个大都市区内部的本地业务。对一个单独的大都市区的研究结果显示，不同行政管辖区之间的税率差异对应于一个大得多的可变的经济发展的差异；很多研究表明，事实上税率降低 10% 会增加超过 10% 的工作机会或投资。如果情况果真如此，那么行政管辖区就可以通过削减税率来获得更多的收入，以提供更多的服务。

不过，我们有理由质疑这些结果。这一原因或许不一定能使税收转换为经济发展：如果行政机关有更好的管理，或对经营活动更为友好，那么会同时拥有更低的税负（要么因为他们良好的管理，要么因为他们更大的征税基础）和更多的工作机会。税率可能只是一个更大的、我们尚未观察到的一个可视化暗示——并且或许更为昂贵——的物体。

我们还要注意的是，那个一般性观察中提到的影响是长期影响——如果税率在一个足够长的时间内固定在一个新的低利率上将会增加多少商业活动。调整的过程就是渐进的，因为许多关于税收的决策并非定期做出。通常的估计是每年年初的商业活动与当年年末的 9% 的差异（若其他条件保持不变）被抵消了（Bartik，1991；Helms，1985）。

因此，地方政府势必立即从降低税率中失去税收，仅在未来可能重新获得这些收入。也有研究表明，即使从长期看，增加的商业活动可以弥补降低的税率，政府短期内也会有损失，但政府长期所获得的税收并无必要弥补短期的损失。（这方面的更多内容请参阅专栏 18A。）

最后，大部分研究只关注特定类型的经营活动——主要是制造业的投资或者新企业的开办。因为降低税率不会产生更多的土地，一些可测度的活动会替代另一些活动。因此，制造业活动的可度量的增加可能会提升经营活动的净增加。

当然，我们所做的贯穿全书的成本—收益分析都会要求我们降低税率，因为高税率使得净收入几乎为零。即便税收阻碍的经营活动并不能促进经济发展，高税率也会导致大量的无谓损失。关于工作和经营活动增加的探讨对于标准的分析并无用处。

专栏 18A

什么时候减税才合算?

假设 G 代表由于减税引起的经济增长所带来的长期的年度新增税收，L 代表由于减税并没有刺激经营扩张而造成的年度税收损失。那么标准的问题是减税带来的收益是否会超过损失：

$$G>L \tag{1}$$

如果政府能够在不减少公共服务的前提下降低税率，那么需要决定的现实问题就是收益的现值是否大于损失的现值。假设 r 代表利率，a 代表同步税率（约等于 0.09，即现在的经营活动水平和每年最终消失的经营活动之间的差异率）。由于损失是立刻发生的，损失的现值是

$$L/r$$

因此，第 t 年的实际收益是

$$G(1-e^{-at})$$

而收益的现值是

$$(G/r)(a/[a+r])$$

因此，当且仅当收益的现值超过损失的现值时，

$$G(a/[a+r])>L$$

这是一个比（1）更为严格的条件。例如，如果 $r=0.045$，当税率降低 10% 时，如果能新增 15% 或更多的经营活动，城市税收的现值才会增加。

有意思的是，标准分析所导致的产生潜在的帕累托改进的方法是：征收土地税，这也是一个有利于经济发展的方法。土地税不会阻碍商业活动，阻碍商业活动的是因状况改善、工资收入、物品使用以及人们可控范围内的一些事情而征收的税款。如果所有行政管辖区域仅仅依赖于土地税，经济的发展将不受税率的影响。奥茨和施瓦布（Oates and Schwab, 1997）发现，当宾夕法尼亚的城镇将财产税由建筑物转向土地时，随之出现了可观的经济发展。

2. 税收减免

通过普遍降低税率来促进经济发展的一大缺点是很多受益者并不改变他们的行为。另一个缺点是除非你是一个经济学家或统计学家，否则一般减税的影响将很难被察觉。如果普遍减税，政客们就不能指望任何工作职位和建筑物说那是他们创造的了。

这些问题指向了同样的解决方案：仅在它们能够带来不同结果的地方实施这些措施。这样通过一如原先已经做过的那样给企业减税，资金就没有被浪费，政客们就可以因切实的成就而不是一厚叠不知所云的数据感到自豪。这样有针对性地减税也有另一个优势——政府可以重点对一些能带来最大的正外部效应的经营活动实行最大程度的税收减免。

有针对性地减税因而成为一个流行（但有争议）的经济开发工具。有针对性地减税最主要的方法就是所谓的**税收减免**。在一项税收减免中，针对一个特定的时间段，政府同意对一些财产征收比通常较低的财产税——通常是新建的建筑或重新修缮的建筑。

a. 为什么要管理好税收减免工作呢？ 如果管理减税工作的人能够辨明哪些决策与税收有关，并且有促使他们运用信息做出正确行动的激励，那么税收减免就会恰如人意

的运作。同样，如果警察知道某人将于何时犯罪，那么预防性的扣押就可以有效地打击犯罪行为，他基于此信息的行为就是可信的。仅仅针对即将发生事故的司机实施限速规定和醉驾法规也显然是一个更为复杂的系统，前提是信息和激励能使其可行。在以上所有三种情况下针对性方案并不那么有效——事实上也许比没有采取整治方案的效果更差——如果信息或激励没有极高的质量，就会出现这种情形。

我们有两条理由说明针对性减税（或针对性预防犯罪，或针对性交通法案的实施）如果执行不当，结果会比不实行时更糟糕。第一是由于无谓损失的考量：税额减半并不会使得无谓损失也减半。税收就像暴风雨一般：当水沟和下水道早已满溢的时候，哪怕一点点从天而降的霏霏细雨的危害也要大于相同雨量汇集成倾盆大雨时的后果。一个针对性减税造成的净收入的任何损失都需要对其他纳税人征收更高的税——造成更多的无谓损失。

除非准确地选择减税的对象和减税的规模，不然减税很可能会增加无谓损失而不是减少。如果减税额太少，这些减税对象就不太会改变他们的行为，无谓损失就不会得到直接的缓和。然而，其他纳税人将不得不支付更高的税额来弥补对减税人的补贴。因为其他纳税人的纳税起征于一个较高的规模，他们的无谓损失远多于减税对象获得的补贴。

如果税收减少的幅度很大，那么来自于减税的最终减免额会远低于其他纳税人的纳税额，其他纳税人不得不看着他们的应税额在不由自主地上涨。其他纳税人缴纳的更高的税额所造成的无谓损失可能多于减税所减少的无谓损失。专栏18B说明了这些结果。

因此，一个周密设计的减税系统要比正常征税更好，但是如果一个减税体系并不完善，即使减税的对象很少，也会比正常征税的结果糟糕。减税系统的设计就像街头卖艺者表演吞剑一样：如果你做得好，会赢得喝彩，但如果你犯了哪怕一点点错误，结果还不如不去尝试的好。

一项不完善的减税体系会比正常征税更糟糕的另一个理由是它会导致寻租。如果一些企业具备获得其他公司所得不到的、可以为之带来税费减免的某些特性，那么这些企业就会为了获得这些特性而投入资源以谋求税费的减免。从某种程度上说，这种减免只不过是将税赋从一个纳税人转移到另一人身上，寻求税收减免的代价就是资源的浪费：如果各个企业都可以按相同的方式获得减税而不用花费资源，谁的处境都不会变得糟糕。寻租一词指的就是企业以花费资源为代价去寻求一份"租金"——一些大于为获得某种特权所付出的代价的补偿。

寻租是否会发生和以什么形式发生取决于如何获得减税。如果减税是随机的或者依据一些固定的标准，那么寻租就全然不会发生。不过随机性减税会违背减税的针对性。即使减税的标准并不会被潜在的减税对象所改变，它们也能够被制定减税标准的代理人所修改。例如，新泽西州的减税法自1961年被首次采用以来，大约每隔5～10年修订一次。这种可变性表明，通过游说可以获得对个别公司有利的政策。游说是典型的寻租活动，因为它耗费了资源，如业主、律师、宣传人员的时间，等等，而这些资源本来可以被直接用于生产过程。

减税也可能引起其他形式的寻租行为，不过这更紧密地取决于减税所值的确切标准。当我们考虑那些标准的时候，就要考虑它们可能导致的寻租行为。

b. 有针对性的减税可以被管理好吗？ 我们之前讨论过两个原因——不均衡的无谓损失和寻租——为什么非有效的有目标的减税比什么都不做还要差呢。我们面临的问题因而转化为如何把有针对性的减税管理好：决策者具有多少相关信息呢？

决策者有几种可能的信息来源。首先，他们可以要求经营者告诉其需要多少税款的减免。但这种做法的关键问题是，经营者们可能没有理由诚实地回答问题，而且很多理由会被夸大。并且，你需要询问的人的数量会很多。比如说，土地是一个重要的成本，为了确定某块土地的相关价格，你需要算出下一个报价最高的竞标者意愿出价多少，也就是要查明谁是下一个最高出价者。就业增长的数据显示，大都市区之外的企业新产生的业务仅仅占就业增长的一小部分。这意味着，你不能将自己的注意力只集中在已经表明要搬迁进来的企业，还要关注那些一般意义上有可能扩张或收缩业务的现有企业，并且还有那些想开张的未来创业者们。

其次，决策者可以考察公司从事的业务种类和据此做出针对性的减税决策。比如，密歇根州允许对制造业企业减税，但不允许他们从事商业活动（不过，商业性减税在1978—1988年间曾实施过，但是密歇根州的商业企业可以从增税融资中获益）。该理论认为，制造业企业比商业公司更为灵活，可以用对半熟练工人支付高于市场出清的工资的方式带来更多的正外部收益。但是，人们并不知道不同类型的经营活动对税收激励政策的敏感性究竟如何，也不知道他们通常能带来何种外部性。总之，经济学家对经营作为一个总体所产生的影响很难达成共识。

巴尔提克（Bartik，1991，pp. 216-247）在他关于税收效应的总结中，花费许多笔墨试图推翻税收对于不同种类企业的敏感性，但是其观点并不明晰。制造业确实比一般企业的税收敏感度要高，但在大企业与小企业，或者高技术企业和其他企业间的比较中并没有相关的发现。在制造业中，制塑业、印刷业、出版业以及电子元器件业对于税收并不敏感，而何种产业更敏感则不得而知。专栏18B的数字实例显示了获得减税的各公司的分布和平均水平差不多，由于我们尚不清楚离散的情况，更加可靠的结论是，当地决策者有关各种类型公司是否应该减税的有效信息太少。（即使是密歇根州的制造业分布也令人质疑；与此相反，纽瓦克的官员认为制造业工厂造成了污染，产生了负的外部效应，因此新泽西州不愿意让它们入驻，因此，它们既不自由，也不令人满意。）

延续期的长短是决策者可以作为依据来决定哪些公司可以减税的另一部分信息。在很多州中，只有新建的工程和大规模修复的建筑可以享受减税。该理论认为，在建筑刚开始被规划的阶段，对其规模和高度的限定要比建筑建成之后容易得多。给已有的四层建筑加盖第五层花费的成本，要大于建造之初就选择建造五层楼而非四层的成本差。给一栋使用中的大楼全面覆盖以太网的成本，要大于给一栋新大楼覆盖以太网与不覆盖以太网之间的成本差。因此，在建筑建成之前，对建筑的改进和扩大的成本要低于建成之后再做改变的成本。因为就业和市场活动的多个方面与建筑物的结构有关，放松对结构限制的影响会传递至就业和市场活动。如果你原本雇佣5位员工，现在需要雇佣6人，若大楼已经建成，你就需要分割办公室或者改造内部结构，这样的成本会很高。但是如果大楼还在规划阶段，这就要容易得多。你可以将原本5人的办公室重新设计成6人办

城市经济学

公室，或者稍微扩大这座建筑的面积。一般来说，引导公司在建造时考虑新的结构要比劝说它让其他公司来改造它的建筑更为有效。

这并不意味着现有结构的公司所做的决策就与税收不相关。工资税影响一个公司雇佣员工的数量，其他税种可能会对是否继续从事已有事业或者搬去其他地方工作的决策有影响。大楼也可能处于被放弃的边缘。

专栏 18B

自学读物

假设有四家企业：两家商业公司，两家制造业企业。纳税之前（即如果纳税额为0），位于我们小城市的其中一家商业公司的收益为19美元，另一家商业公司和其中一家制造业企业的收益为8美元，另一家制造业企业的收益为4美元。（对利润最大化的企业而言，位于我们零税率的小城里的企业的利润与位于另一处最适宜比较的小城里的企业的利润是不同的。）如图18B—1所示，我们的小城可以区分制造业企业和商业公司，但不能区分同类型企业。

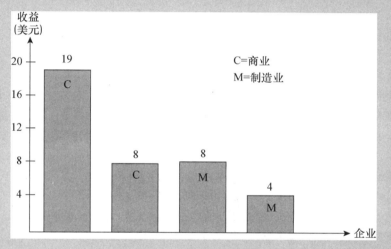

图18B—1　不征税情形下的收益

从四家企业中总共征税22.50美元。

因为制造业企业对税收敏感，市政厅决定对其实行减税政策。制造税的减少在哪个区间内时，无谓损失会比正常税收时少呢？在哪个范围内会产生更多的无谓损失呢？

第一步：寻找能得到所需的22.50美元税收的正常纳税额。首先，看有多少企业在运营。只有当税收少于4美元时全部四家企业才会都选择我们这个小城市，且总税收将少于16美元。因此，如果正常税收超过16美元，至少有一家公司——第二家制造业企业——将不会运营。如果有三家企业来到我们这个小城，为达到22.50美元的总税收，每家企业将要纳税7.50美元。由于剩下的三家企业都有8美元或更多的收益，这时的正常税收政策就是可行的。

当每一家正在运营的企业需纳税7.50美元时，第二家制造业企业将不会在我们这个小城开张。造成的损失是4美元，如图18B—2所示。

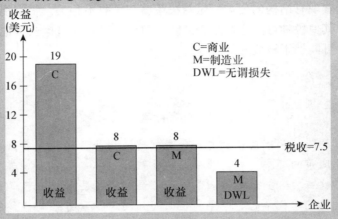

图18B—2　正常的税额

第二步：找到的制造税的减税范围如此之小以至于根本不会改变无谓损失。我们的小城计划对制造业企业从7.50美元开始减税。当制造业税逐渐降低的时候，在某点就会出现下列两种情况中的一种：要么第二家制造业企业会进来，要么因为商业税如此之高以至于第二家商业公司会离开。当制造业税减至4美元时，第二家制造业企业会进入。在此之前，制造业税每下跌一美元，每一家商业公司的纳税额就会增加0.50美元进行弥补。因此，当制造业税的减少超过1美元时——即纳税额少于6.50美元时——商业公司的税额将超过8美元，第二家商业公司就会离开。

第三步：总结制造业税超过4美元时的情况并计算无谓损失。如果制造业税是6.50美元或者更多，那么什么都不会发生——此时税收的减少只是从商业公司到制造业企业之间的转移。无谓损失仍然是4美元。

如果制造税在4～6.50美元之间，只有一家商业公司和一家制造业企业会实际运营。无谓损失为12美元：4美元来自于停止运营的制造业企业，8美元来自停止运营的商业公司。这样的减税比正常税收的效果还要差。

第四步：找出制造业税为4美元或更低时的情况。在这个范围内，两家制造业企业都会开工。问题是第二家商业公司是否会运营。如果制造业税是4美元，那么制造业企业将总共贡献8美元税额，商业公司每家将纳税7.25（＝(22.50－8)/2）美元。第二家商业公司会运营，无谓损失为零。这种情况在减税中颇为常见。

由于现在制造业企业和商业公司的数量相同，在此范围内商业税的增加和制造业税的减少就会相同。当商业税的增加超过8美元时，第二家商业公司就会关门。当制造业税为4美元时，比商业税多0.75美元。因此，当制造业税低于3.25美元时，第二家商业公司会关门，无谓损失会增加到8美元——多于正常税收时的无谓损失。

图18B—3总结了作为制造业税收的函数的无谓损失。只有当税额在3.25美元和4美元之间时，总的无谓损失将小于正常税收情况下的损失。

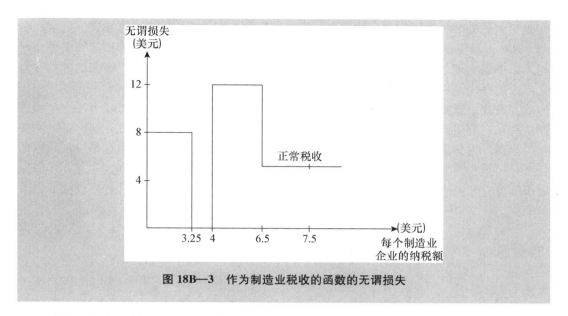

图 18B—3　作为制造业税收的函数的无谓损失

　　不过，在有些情况下，对新建造的建筑物的减税也可能导致明显的无谓损失。举例来说，想象一个衰退城市的写字楼市场，假设现有的写字楼都是同质的，大楼所有者所收到的租金刚好抵偿其运行成本和税收。如果一项减税或者其他的补贴导致了一栋新的写字楼的建造，若新大楼被租用或一些旧大楼被废弃，那么承租人支付的租金将会下降——因为需求曲线的斜率是向下的，你只能通过降低租金来把更大的办公空间租出去。但是如果租金下降，所有的旧大楼将被废弃。因此，在均衡状态下，新建造的大楼空间必须与废弃的老空间相抵消——否则租金就会下降。若新大楼完全替代了旧大楼，就没有人能从中获益。对新建造的大楼的减税就纯粹是浪费。更多的细节请参阅专栏 18C。

　　新资本的可展性再大也不能保证为新的建造计划而制定的减税政策能找到最正确的减税对象或者它所花出去的成本将小于自己获得的收益。但这也有发生的可能——最终被归结为实证性问题。

　　为新大楼的建造和旧大楼的重大修复计划专门减税也会导致两种寻租行为。犒赏新建筑会减少维修的激励：你使你的大楼折损得越快，你就会越频繁地去维修它（或推倒重来），并能由此获得减税。

　　从另一方面来说，伴随着停车场和几乎空空如也的空间，对新建工程的减税政策能导致试图寻租的业主拖延工期。原因非同一般：一旦你的建筑落成，你就永远失去了获得减税资格的机会，或者享受更多优惠的期盼。减税政策经常变化，具有一定程度的随意性，政府的偏爱和优先次序更是经常改变。即使现在新大楼的建造有利可图，但是如果业主观望一段时间，当规则改变、参与者变化或者业主的政治地位提高时，可能会有更大的收益。因此，若减税政策随时间变化，那么建筑物的建设和维护的时间也会受到影响。

　　最后，地点也是经常影响减税政策的信息之一。很多州规定只能在"荒芜的"、"需要开发的"或者一些类似的地区才能实施减税政策。人们关于地点选择的基本分歧主要在于究竟是依据外部效益，还是依据对税收的敏感度：在这类地区的建造比其他地区会产生更大的外部收益。作为一种常用的隐喻，最早的新建筑被称为"跨越式"开发。劳赫（Rauch，1993）表明，私有产业园的开发商给早期承租人以租金折扣，吸引更多承租人以达到实现"临界规模"经济性的程度。早期进入这些地区的人们带来的外部收益是巨大的——他们让人们相信开发商是可靠的，并且保证了后来的进入者不再孤单——因此开发商愿意给他们一定的补偿。关于减税地点选择的理论认为，市政当局也应当按照这些私有开发商的方式去做。

当然，发掘那些有潜力的聚集经济项目和寻找那些有前途的合适地点是一项艰巨的任务——至少与发现征税敏感点一样困难。虽然成功的开发商能够做到这一点，但是只有少部分开发商有这样的能力或运气获得成功；这也是只有少数成功的开发商如此富有的原因。

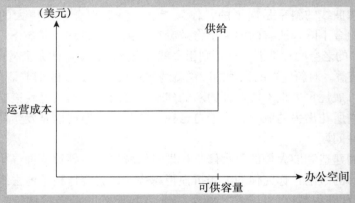

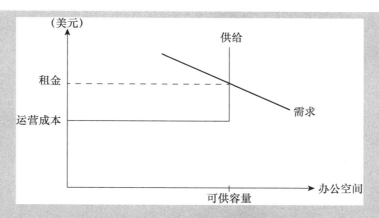

图 18C—2　建造者期望发生的情况

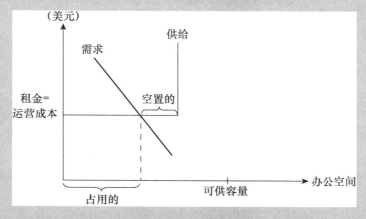

图 18C—3　短期情形

　　长此以往，空置的空间将被废弃，城市的办公容量将会降低。这种情况将持续到办公容量下降到被运营成本那一点的需求所决定的水平，如图 18C—4 所示。

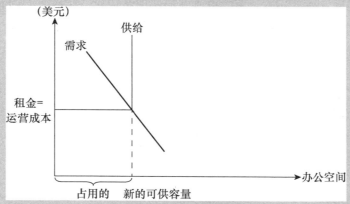

图 18C—4　供给调整后的情形

　　图 18C—4 解释了前文所述的情况。这种情形并非特例——这在衰退城市中是很常见的事情。

c. 关于减税的小结 虽然减税能够带来潜在的帕累托改进，但是信息和激励因素可能会让减税政策不能有效地执行，这样会造成弊大于利。注意，我还没有探讨决策者是否能利用正确的信息。

从实证的角度看，极少有经济学家已经发现减税政策利大于弊。詹姆斯·怀特（James White，1988）通过观察纽约州北部的一个小城市发现，那些提供了更多减税政策的城市的总资本偏少，而且财产税的税率更高：减税替代了其所刺激的更多的投资。（怀特试图证明陷入经济困境的城镇倾向于采取大规模的减税政策。）沃斯默（Wassmer，1992）借助密歇根州的数据发现，商业税的减少增加了商业性投资，但是减少了制造业和一般房屋的价值，导致正常的财产税的税率上升。制造业税的减少也降低了一般房屋的价值，不过它们确实鼓励了制造业投资并且没有影响正常的财产税。安德森和沃斯默（Anderson and Wassmer，2000，pp.143－146）发现，1983年后的制造业减税降低了制造性财产的价值，加重了当地的贫困程度，抬高了财产税的税率（1977年前的结果更为乐观些）。甚至1983年之前商业性减税的效果也是如此。

更为间接的研究结论是，安德森和沃斯默（Anderson and Wassmer，1995）发现，减税并不像劳赫证明的那样，开发商能吸引早期的进入者。在某一年进行减税使得城市下一年更倾向于继续减税而不是相反，并且减税力度还要逐年增加。

有替代减税的办法吗？正如我们之前讨论过的那样，土地税可以解决减税试图解决的所有问题。奥弗莱厄蒂（O'Flaherty，2000）描述了一个基本的替代性方案：出售不对改建征税的建造权。这里的含义是禁止对私有土地的初期减税。例如，新泽西州的法律在1961—1967年间规定了这一禁令。在一项税收敏感的开发中财产可以先出售给一位公共代理人，此时除了土地税外的其他税种都可免缴，然后再卖给最终开发商。在第一次销售时，公共代理人将支付包含正常税额的现存财产的价值，在第二次销售时，公共代理人将获得在其上建造的任何建筑都被减税的已有财产的价值。

一份房产在正常税收下的价值和同样的房产在具有减税建造的选择时的价值是不同的，它们之间的差异取决于现行的减税政策。这就是租金，该租金将导致寻租行为。它也是一个潜在税收收入流失的度量，是其他纳税人损失的主要根源。对纳税人而言，通常总会试图从减税中得到一定的效益，这一替代性办法也会伴随着一系列问题。因此，它在被执行之前必须加以仔细的考量。

3. 其他具体有效的激励措施

减税并不是政府提供针对性激励的唯一方法。用减税之外的方式——或者在减税的同时——政府有时还会直接或通过工业收入债券或增加税收来给政府融资以进行基础设施建设（例如修建高速公路出口）、建造特殊的免费铁路工程、补贴私人工厂的建造。因为措施的种类繁多，因而人们对这些激励性措施的研究甚少。它们提供了许多同样的机会并且像减税那样实行着——如果这些措施被敏锐且无私的管理者执行着，那么将会十分有效，但事实并非如此。

在这些激励措施中，**税收增量融资**（TIF）或许最值得关注，既因为这种方式受到学者的注意，也因为它提供补贴的方式十分深奥。税收增量融资围绕着一些原本私人化建造的自然改进过程，因为其只能使单个或少数财产获益。在税收增量融资下，政府（或一些政府代理）通过发行债券为建筑物的建造融资，推动改进进程。这种改进在一个或多个方面提升了价值，增加了市场活力，这些提升和增加通常会导致更高的税收（尽管这种改进也可能导致别处的低税收）。在税收增量融资状态下，来自获益地区的纳税与这些地区在改进发生之前所支付的税额一样，当地的业主付给政府的税额并不比以往多。

然而，财产仍然按通常税率缴税的假定维持不变。所有者必须将原本交给财政的税收用于支付政府为建筑物的建造改进而发行的债券，这其实是一种财政戏法。将我原本打算交付的 100 美元税额支出在类似于某种自我支付的抵押时，就相当于给我减税 100 美元。税收增量融资就恰如一个想象（也许是虚幻）的减税方式。

例如，假设一个写字楼的所有者打算借钱在大楼附近修建一个停车场所供其房客使用。这将增加她财产的价值（至少因为它现在有了一个停车场），同时也增加了她通常意义上的财产税。

假设城市管理当局鼓励这种建造行为，可以使用减税或者税收增量融资中的其中之一来达到目的。在可能的减税措施中，直接减免停车场所和其带来的大楼价值增量部分的财产税最为慷慨——至少直到偿清停车场所的贷款之日。换句话说，最慷慨的减税措施是在停车场所修建之前就减免了财产税。业主以原来的数额交税，市政也以当初的水平收税，业主通过还掉她的借款来支付停车场所的费用。

在税收增量融资的情况下，城市代替大楼业主来借钱支付停车场所的费用，业主的税额上升。不过，业主支付的增加的税款被用于支付贷款。因此，业主支付的钱和她的最大减税额相同：原本的税额加上贷款。市政当局得到的净收入和在通常减税情况下的所得相同：原本的税额（市政当局从大楼业主那里收到了增量税，不过增量税又支付了贷款，二者数额相等，互相抵消）。这也就是我说税收增量融资恰好相当于减税的一个迂回的原因。

（并不是所有的税收增量融资都用于开发商正常活动下的私人化建造。有时税收增量融资被用于正常税收融资所支持的项目——一条道路、交通红绿灯或者下水道——但是城市认为其难以负担。在这种情况下，税收增量融资比减税的效果差，因为对开发商而言的改进的价值少于城市建造的成本。）

此时毫无疑问，TIF 的实证研究结果与减税的实证研究结果相同。达尔迪亚（Dardia，1998）发现，在 20 世纪 80 年代的加利福尼亚，实行税收增量融资的小范围地区的发展速度要大于没有实行的地区，但这种发展带来的收益还不够抵消由此导致的收入的减少。安德森和沃斯默（Anderson and Wassmer，2000，pp.142-143）发现，实行税收增量融资的地区既增加了商业财产的价值，也提高了财产税，同时使得贫困程度略微改善。

4. 联系

"联系"是指一些努力与特定的结果之间的关系，这些努力与特定的经济发展激励相联系，那些结果被视为所取得的合意的经济发展。一个联系的标准例子是，某公司签订减税协议时里面涉及的条件是该公司必须雇佣其周边地区的贫困劳动力。联系常常被提及，但很少被实施。

关于联系有两个观点。第一个也是常常被提及的观点是：如果政府打算将钱扔在无用的减税上，那么穷人也应当被考虑进去。第二个观点是，联系常被用来确保经济发展实现了其预期的目标。

我们难以见到联系能够比直接补贴给期望的一方时做得更好的情形。如果你的目标是使来自某个社区的贫民能得到好的工作（假设住房价格不会提高到足以抵消因就业的改善而带来的收益），与其在特定的场合补贴特定的公司以特定的工作机会，还不如更直接地给贫民以工资补贴。比如，当我饥饿难忍时，我宁愿你直接给我几美元买东西吃，而不是等着你花费大笔资金让某人建造一个腌菜厂以有条件供我吃一点泡菜。

5. 减少管制

许多州和地方的政府强调管制，尤其是环境管制，这使得许多企业增加了开办的成本。放松一些管制就等于减税：因为它可以鼓励这些企业搬进本地或者扩大营业规模，当它们这样做的同时也带来了经济发展的外部收益。

不过，就像税收一样，环境管制尤其是稳健型管制就像一枚硬币那样具有两面性。放松管制会吸引一部分企业而排斥另一部分企业。例如，洗衣店不可能开在垃圾焚化炉旁边。环境问题也可能间接影响大量的企业：一个污染严重的城市将不得不支付更高的工资才能留住工人做工，因此，如果部分企业被允许制造大量污染，所有其他企业都将面临更高的人工成本。

在实证研究中，鲜有证据表明严格的环境管制会阻碍经济发展。许多研究的确证明了严格的环境管制对经济发展的结果有负面影响，但大多数研究发现这种影响很小。例如，莱文森（Levinson，1996）发现，当州政府的管制大幅度增强时——在他的研究中这种影响将会传导到其他 10～15 个州——将会在 5 年内使每个州平均损失 500 份初创型制造业企业的工作机会。这个研究也着重关注了工作的类型——例如制造业——或者新办工厂。因此，这种管制无法解释其他类型的市场活动，因为环境可能变得更好，或者他们减少了土地和制造业劳动力就业的竞争。谭恩瓦尔德（Tannenwald，1997）较全面地回顾了许多这类研究。

当然，这些研究并不能说明糟糕的管制不会抑制经济发展，或者如意的管制不能极大地刺激经济发展。它们能够说明的只是这样一个国家中的州政府在一定范围内的管制变化不会对经济发展产生太大的影响。

6. 都市企业和特许工业区

都市企业和特许工业区将我上述谈及的内容结合了起来，集中到一个又小又贫穷的地理园区，通常只是大城市中的一小块区域。这里各种税率都偏低，管制也较松，并且存在各种联系。政府当局有权划定这些区域的边界，并且有时还有权进行修改。不过，一旦划定边界，界内所有符合条件的企业都可以从中获益。这些工业区通常也没有预算约束：州或国家级政府等更大的实体而非该工业区的其他纳税人会补偿此地的低税收。众所周知，美国的都市企业和特许工业区通常设于少数族裔居住区。

词组**都市企业园区**和这个概念起源于玛格丽特·撒切尔首相执政时期的英国，并于20 世纪 80 年代传到美国。到 20 世纪 90 年代初期，大多数州都启动了都市企业园区项目，自 1996 年后，联邦政府开始称之为"都市特区"。一段时间后，重点逐渐由撒切尔热衷的放松管制转向了克林顿时期的联系和社会服务。州政府的项目在许多重要细节上有较多差异。

支撑企业园区的理论是，贫穷和少数族裔社区经营活动的外部效应要多于其他社区。（换句话说，将经营活动从最多产的地区挪开就相当于制造了无谓损失。）我们早已知道了其中的原因——工作岗位会被失业人员和原本工作效率不高的人员填满，外部规模经济性将产生，基础设施能够被更有效地使用。但在关于空间错配的讨论中（第 11

章），我们也看到了将人们迁移出这些社区的好处，而非将工作机会迁移进来。

因为都市企业园区代表了我们之前已经讨论的项目，包含了对一个较小地理区域的限制，因此我们的分析差不多早已做完了。较低的税收将增加发生在该园区的市场活动（和减少了园区外的市场活动），市场活动增多的确切程度取决于税收减少的形式。管制的放松将帮助一些产业，同时也抑制另外一些产业。既然园区内的土地数量是一定的，简单的事实就是一些用途的扩大将迫使另外一些用途收缩。经营性扩张会推高用于盖房的土地的价格，从而进一步提高了房价。

房价的上升还有另一个原因：如果更好的工作机会（或者更好的购物条件、更加舒适的环境）使某园区对于生活而言更具有吸引力，更多的人将会去那里居住，房价就会一直上涨，直到住在园区里的人们并不比住在大都市区或者世界其他地方的、受过同等训练的人住得更满意为止。因为搬进或者迁出一个城市的某个小区要比跨州、跨都市区的搬迁来得更快，巴尔提克（Bartik，1991）以及布兰查德和卡茨（Blanchard and Katz，1992）的研究表明，所有滞后效应都很小，几乎所有出自该园区的收益或许最终都流入到土地所有者手中。

企业园区的实证研究结果令人震惊：其已经产生的影响要比大都市内税收差异的有关研究的期待结果小得多。一些研究表明园区会刺激一些商业活动，但是效果并不明显。帕普克（Papke，1993，1994）发现，印第安纳州的都市企业园区的存量投资增多，失业率下降，不过单位资本的收入并没有改善。阿尔姆和哈特（Alm and Hart，1998）发现科罗拉多州的结果更为复杂。恩格博格和格林鲍姆（Engberg and Greenbaum，1997）发现对于全国范围内中度贫困带上的城市而言影响并不大。班纳和伊翰菲尔德（Bollinger and Ihlanfeldt，2003）在人口调查中发现，亚特兰大的都市区的工作增长更快，因为这里的企业园区降低了财产税。另一方面，更多的研究并没有发现存在正面的影响：博内特和博加特（Boarnet and Bogart，1996）研究的新泽西州，道尔（Dowall，1996）研究的加利福尼亚州，波都（Bondonio，1998）研究的5个州，恩格博格和格林鲍姆（Engberg and Greenbaum，1997）研究的几个贫困型城市，格林鲍姆和恩格博格（Greenbaum and Engberg，2004）研究的6个州，皮特斯和费雪（Peters and Fisher，2003）研究的13个州。[①] 那些研究的结果都表明，企业园区对于经营活动似乎只有很小的影响甚至几乎没有影响，这也与格林鲍姆和恩格博格（Greenbaum and Engberg，2002）的研究结果一致，他们发现企业园区对于住房市场也只有很小的影响或者几乎没有影响。

为什么企业园区的设立通常并没有减税的效果大呢？一种可能的解释是，许多园区都激发了这一类搅和——以新的资本内容取代旧的资本存量，一如我之前所讨论的有关衰落城市中的减税和办公楼宇问题。格林鲍姆和恩格博格（Greenbaum and Engberg，2004）写道："由于许多园区补贴与新的雇佣数量及新投资的数额相关，因此新的建造将比现存建筑得到更多的总补贴。"这个解释同他们的发现相一致，他们观察到企业园

---

① 更为确切地说，博内特和博加特发现新泽西的企业园区并没有为它们所在的城市增加就业。平均而言，每个企业园区覆盖了它们所在城市的三分之一，然而博内特和博加特并没有园区内的就业数据。这些结论可能与以下三个不同的结果有关：园区与市内其他区域的就业保持不变；园区的就业增长以其他区域的就业降低为代价；园区内的就业下降而其他区域的就业增长。格林鲍姆和恩格博格（Greenbaum and Engberg，2004）发现园区并没有影响附近区域的就业情况（或该园区内的就业），因此综合这两项研究，只给第一种结果以微弱的支持。

区使得新的经营活动开张于内，或者导致外部企业的进入并且迅速成长，不过这也会抑制已有经营活动的发展；其结果就是经营活动的总量不受影响。即使已有的经营活动符合条件，也无法从税收减免和补贴中获益：道尔（Dowall，1996）调查了位于加利福尼亚州的园区内的企业，发现 48% 的企业没有使用提供给它们的激励条件。这也许因为这些激励措施被贴上了适用于新企业和打算上马新项目的企业的标签。和减税一样，企业园区的真正目的或许是使并不经意的旁观者能感觉到生活在此园区里的人们的状况得到了改善，而不是为了使他们生活得更好。

7. 运动场和竞技场

专项运动是一个虽然规模很小却吸引了人们广泛关注的产业。1996 年，一支足球队的年均毛收入为 7 500 万美元，棒球队的年均毛收入是 6 500 万美元，篮球队的年均毛收入是 5 500 万美元，曲棍球队的年均毛收入是 3 000 万美元（Noll and Zimbalist，1997，p. 86）。1997 年，医院的平均年收入是 6 300 万美元（U. S. Bureau of the Census，2000，table 1303）。1997 年，这四种主要专项运动的收入大约是 60 亿美元，少于美国人花费在书本上的四分之一，差不多是他们花费在高质量的唱片或者运动鞋上的金额的二分之一（2000 Statistical Abstract，tables 421，423，426）。

我之所以描述这个看似很小的产业是因为，许多人认为吸引并保持主要的联赛体育特许权对于推动经济的发展作用巨大。近年来大约 72 亿美元被直接或间接投资于这些竞技项目（Siegfried and Zimbalist，2000），这笔钱大多数源自公众。与此同时，70 亿美元投资于 10 年或更长期间并不算多——1999 年公共性实体仅花在新建供水设施上的费用就超过了 70 亿美元，而南部的家庭花费在房车上的钱超过了 80 亿美元（2000 Statistical Abstract，tables 1191，1200）。但是，花费在体育场和竞技场上的 70 亿美元比花费在大众供水设施和南部房车上的钱更值得关注。

关于体育特许权促进经济发展的理论有两种不同的说法，其中一种是关于地域，另一种是关于一定地域上中心城市和郊区间市场行为的不同定位。我会依次解释这两种情况。

地域理论认为体育场（或竞技场——当同时包含两者时将统一以"体育场"一词来代替）使都市地区发展得更快。从这一观点看，获取一个新的特许权将导致某个区域市场活动和就业的同期增长，只要特许权存在，这种增长就可以一直持续下去。这种增长是由于人们在门票以及衍生产品和服务上的花费，这些支出也带来了工作机会。

这种推理具有严重的缺陷。球队只有通过从该区域外部带入财源——一笔原本不会流入该区域的钱——并且使得该笔原本在外流动的钱留在本区域，才能给该区域的经济发展创造外部性。如果棒球队不在本地比赛，原本会去观看棒球赛的当地球迷将去打保龄球，因此从需求的角度看这些并无不同——那里也有大量的球迷。对任何并不是本城的外来游客也一样——无论是在没有棒球比赛的情况下也要去俱乐部上班的售票员，还是你将带去享受当地美味的来访的堂兄弟。真正带给该区域外来收入的是网络直播的收入、来访球队和记者的花费，以及只因为这支棒球队而来此地的游客。

另一方面，一旦球队从该区域内或区域外赚了钱，它们将比通常的企业更多地将钱花费在区域外。球队的大多数收入流入了运动员、教练、经理以及所有者的腰包——但这些人并不会常年居住在该区域。运动员和教练在赛季中的近一半时间都在路上，赛季结束后又经常住在其他地方。运动员存了很多钱并将这些钱投资到世界各地的市场。他们所支付的巨额所得税最终归了华盛顿而非留在当地。受惠的当地居民愿意把钱用在娱乐上，而职业运动队更可能把钱花费在该区域之外。酒吧调酒师、保龄球道维修工和服务生与专业运动员的生活方式并不一样。

因此，没有理由认为一个棒球队能给某区域的经济发展带来任何外部性。此外，旨在吸引和维持球队的任何公共补贴都必须从现有纳税人的更高的纳税款中筹钱——而高税率又会给经济发展带来负面影响。

严格的实证研究大致证明了这一点，这也是常识性推理。正如齐格弗里德和津巴利斯特（Siegfried and Zimbalist，2000，p.103）所总结的那样："经济学的实证研究领域很难提供与实际一致的结果。不过，对于体育场和竞技场经济效应的相互独立的研究都一致表明，运动设施的建设和经济发展没有任何统计学上的关系。"例如，巴德（Baade，1994）发现，1958—1987年间，在36个有主要联赛体育运动队的大都市区域和12个没有运动队的参照区域内，个人收入的增长率是相同的。沃登（Walden，1997）总结出，当其他条件不变时，拥有一个主要的加盟球队的城市的经济会使增长减缓。巴德和桑德森（Baade and Sanderson，1997）研究发现，在1958—1993年间，城市增加新的球队并不会使经济活动和就业实现明显的净增长。而对科茨和汉弗莱斯（Coates and Humphreys，1999）而言，新建体育场和新的球队会减少东道主社区的平均资本收入。

就有关区域内外流动的研究而言，实证的结果比理论的观点更为有力。体育场的支持者经常宣称一条刺激经济发展的不同路径：拥有一个特许权使一个城镇变成了一个"大加盟体"，它会产生免费的广告效应，使得有潜在投资欲望的雇主喜爱这个地方，它提升了一个美好的形象。不过，如果这些影响有任何显著之处，实证结果就会有所不同。

关于运动特许权的另一个看法是，它是恢复中心城区活力的关键。球队也许在都市区范围内没有作用，但是它们可以重新定位中心城区的投资，并促进那里的发展。体育场吸引大批人流来到闹市区。大量的游客刺激了餐馆、酒吧、零售摊点的投资。娱乐和零售机会使得该地区吸引了大量公司，并为高收入家庭提供了享受工作和城市便利的富有生气的中心城区。

另一方面，体育场占用了大面积的土地——而这些土地原本也可用于吸引顾客的其他活动。体育场经常被空置，因此它并不促进市面上的经济活动，结果反而令人扫兴。大量人流同时进出体育场也会造成堵塞——比在商业区的一簇商店接待相同的人流量时还要拥堵。（近期中心城区出现大量体育场的一个合理解释是，住在郊区的人发现体育场的运营所带来的不适如此之大以至于他们的选举倾向性得以采纳。）

建造体育场馆也相当于实现中心城区繁荣的迂回方法。如果你想要餐馆，为什么不给它以补贴呢？如果你想要创造工作岗位，为什么不补贴就业机会呢？（事实上，如果你希望让体育场吸引人群，与其提供无论球队是否吸引观众都相同的资金补贴，为什么不直接在票价上实行补贴呢？）

在某种程度上，体育场是否会帮助中心城区的复兴是一个实证性问题，答案或许是否定的。罗森特伯（Rosentraub，1997）发现，设有体育场的城市中心区的人口比没有体育场的城市中心区的人口下降的更多，而工作机会减少的速度大致相同。奥地利和罗森特伯（Austrian and Rosentraub，1997）通过观察克利夫兰市，在一个初步的比较中得出的结论是，城市中心区的工作比你想象的要多1 000份，但是每份工作都需要公共投资 231 000 美元，这也许是最有名的城市复兴故事。因为这些工作也可能位于克利夫兰都市区的任何一处，无论怎样，这种投资都不是促使中心城区复兴的最佳方法。

如果体育场对经济发展只有很小的作用或几乎无益，这是否意味着公共补贴是一个坏主意呢？不一定。球队也许会带来其他的外部收益：他们会成为人们谈论的焦点、成为报纸报道的对象、成为球迷追捧的偶像。（这里也会有一些消费者剩余——人们在球赛上的花费也许少于他们的最高预期。但是研究（Alexander，Kern and Neill，2000）表明，入场券需求的价格弹性非常大，所有者会通过大量的歧视性价格安排来尽其所能地多得到剩余，因此消费者剩余就可能很少。）有关体育场为什么如此受欢迎的更多内容参见专栏 18D。

所有这些外部收益都值得质疑：老板不愿意看到他们的员工坐在饮水机前谈论昨晚的球赛；报纸可以报道 200 英里之外的球赛，也可报道流感，而如果报道流感，则我们所有人的状况都将变好；崇拜你从未见过的人，他们在很远的地方长大并且常年居住在其他地方，他们的工作地点离你很近，不过与一年有几百天相比很少有几次现身，几乎待不满完整的赛季——这种崇拜是难以理解的。唯一值得探讨的体育场问题是关于这些外部效应的规模和其实现程度，而非其关于经济发展的作用。[1] 这些问题都难以回答。由于本章内容是关于经济发展而非体育运动，因此我不再赘述。

---

[1] 关于体育场消费外部性的证据微弱和相互冲突。卡利诺和库尔森（Carlino and Coulson，2004）发现全国的足球联赛球队具有高额收益——当一支球队搬到一个城镇后，当地的房租上涨而工资下降。约翰逊、格鲁斯和怀特海（Johnson, Groothuis and Whitehead, 2001）在他们的调查中则发现，在匹兹堡，人们不愿意花大价钱使曲棍球队待在当地。这两项研究结果的差异可能在于方法不同，或在于人们对曲棍球和足球的价值判断不同。

8. 经济发展工具的总结

经济学家们并不知道刺激经济发展的妙方，其他人也不知道，唯一的区别是经济学家知道自己并不知道。但我们确实知道是什么阻碍了经济发展：又糟糕又花钱的公共服务、古怪苛刻的管制政策、高税率、腐败、犯罪和道德冲突、效率低下和反复无常的执法、没收性的征用。

对经济发展工具的这些回顾告诉我们，政府不能做一些即使从其他方面看有所不足，也不能指望通过运作良好的经济发展项目来加以弥补的事情——因为并不存在如此的一个自身就是优秀的经济发展项目。

我们已经在这一节有关经济发展政策的识别中遇到了困难，与传统的以成本—收益为基础的如意或非满意的政策不同的是，更加强调一般性建议。Ⅰ.A 部分表明，由于许多市场的运行并不完美，因此经济发展的外部性就是现实的存在，只是并不明显，从长期看尤其如此。Ⅰ.B 部分表明，在不同的政策背景下，经济发展的外部性的规模相差无几。随之而来的就是，经济发展的外部性的规模差别不足以经常被用于在不同的政策间进行选择。将经济发展放在本书的最后一章是我的一个有意的安排。

这一分析的一个显然结论是经济发展——作为一个名词已经被用于美国——并不是一个改善穷人生活的好办法。这些项目的收益一般并不针对穷人，而且通常收益还不大。"帮扶贫困地区"也不是一个帮助穷人的好办法，因为最佳的方法是让穷人离开贫困地区（几乎多数阅读本书的人都是被广泛认可的富人，我们从自己的祖先处得到的一份礼物就是离开了原先的家园或南部的农村，当然我们自己并没有亲自这样做）。

这并不是说贫困无法避免。享用巧克力冰淇淋派就一些目的来说是很好的事情，但是要洗地毯就不好了。巧克力冰淇淋派和洗地毯之间的关系就像经济发展和缓解贫困间的关系一样。

这并不意味着地毯不能被清洗。洗地毯就像缓解贫困一样，是一个独立的话题。有许多很好的政策可以缓解贫困——过去的两个世纪里世界范围内的脱贫活动证明了这一点——不过没有一种政治观点可以左右这些美好的方法。（也有许多坏的念头，不过也没有哪种能够代表所有）。在美国经济发展政策的体系下关注这些缓解贫困的好政策是毫无意义的，就像要去面包店洗地毯一样。

那么伊利运河和其他经济发展的奇迹又如何解释呢？伊利运河之所以好只是因为它是一个潜在的帕累托改进，但并不是因为它给纽约城带来了许多工作机会。伊利运河大大地减少了来往于中西部（包括美国和加拿大）之间的运输货物的费用，为世界上的很多人创造了良好的收益。

如果纽约州的领袖者只考虑到当时纽约州人的短期收益，他们可能不会推进这个项目。那些往往在公众的质疑中发挥作用的经济发展理念的积极作用就是，它将那些原本并不在那里、甚至永远不会成为决策权的一部分的人们的关注进行了具体介绍。经济发展消除了狭隘思想。因此，它使政府官员在错误的前提下作出了正确的决策，这也是不错的结果。不过，基于正确的前提来作出正确的决策效果会更好。

Ⅱ. 多城市的经济发展

在第Ⅰ节我们探讨过一个城市或州的政府应该采取何种英明的决策来促进经济发展——我们只是讨论了对生活在某个管辖区域内而不是别处的居民负责的政府，我们没有涉及 A 城市的政策对 B 城市有何影响。当然，这类影响确实存在：当北卡罗来纳州的经济发展政策吸引了来自新泽西州的制药厂的时候，新泽西州的发展就受到了影响。当一家洛杉矶的电影公司打算扩大其规模时，纽约的电影制造商揽到的生意就不及以前多。

这些相互作用涉及一个能同时影响北卡罗来纳州和新泽西州，或洛杉矶和纽约的仁政的政府。本节中我们将探讨上一级政府的决策：它该如何看待新泽西州居民和纽约州居民的损失？是否该鼓励下一级政府采用更激进的经济发展政策？它将阻止还是采取中立态度？中立又意味着什么？当我们在这一节讨论上一级政府的时候，将会既关注联邦政府和州及城市的关系，也关注其和州政府及市政府的关系。

这些类似的问题非常值得讨论，有些人认为要由联邦来掌控经济发展活动。执此观点的人认为北卡罗来纳州占有了新泽西州的工作机会与任何其他种类的偷窃并无多少不同：北卡罗来纳州正在产生一个负的外部效应，所以应该阻止它们那样做。另一部分人认为北卡罗来纳州和新泽西州是正常竞争，可以促进国家的强大；如果更多的州政府和当地政府更大幅度地强调创新、降低税率、生产高价值的公共物品，在它们之间就越难进行业务渗透，我们大家的状况都将会变好。这部分人反对联邦政府掌控经济发展活动。

当然，所有这些关于竞争性的讨论都给经济发展行为是（和不是）什么做了清晰的定义。我们在第Ⅰ节中知道，很难确定什么样的活动可以促进经济发展，这里现在也继续存在着同样的问题。如果你希望通过提供更吸引人的减税政策来阻止城市间经营活动的竞争，那么你是否也希望通过提供更好的治安保护、更快的许可批准、更低的税率来阻止它们间的竞争呢？

因为行政管辖区之间的竞争是一个棘手的问题，所以我们采用本书前面已经涉及的方法来讨论这个问题——先通过一些假设条件将问题简单化，对这些简单问题得到一些理想的结果，然后除去这些假设条件研究原来的问题。

□ A. 婚姻市场

观察城市与企业间关系的一种方式是将它们和婚姻市场作比较。一如婚姻将男人和女人联系在一起，地点将城市和企业联系起来。不同的企业会给不同的城市带来不同的成本和收益，不同的城市也会给不同的企业带来不同的机遇和问题。在婚姻中，最重要的是将相爱的她和他聚在一起；在经济学中，你必须知道造船厂不可能落户于俄克拉何马城，屠宰场也不会在曼哈顿岛的中城。

我们假设（现在）每个城市最多只能容纳一个企业，而一个企业最多只能落户在一个城市。一些城市可能没有任何企业——如鬼城，这些城市永远不会存在——而一些企业可能没法落户于任何一个城市——这些企业就从未开张过。这就酷似有些男人或女人一辈子都单身。注意，在这个范式中，收益和成本是普遍的——城市得到的好处包括经济发展的收益、传统的外部性（正的和负的）、甚至像声誉那样的无形资产；公司得到的收益包括通常的地理位置及气候条件的优势，还包括其他任何独特的收益，例如公司总裁可以有机会去看望外孙。不过，我要撇开这些成本和收益，以及城市对公司的征税和给公司的补贴——我想分别探讨税收和补贴，这些是交易的产出，而不是对交易过程的投入。

在一个婚姻市场上，如果男人和女人自己商量终身大事会出现怎样的情形呢？在我将简短讨论的某些情况下，结果将会是帕累托最优。男人和女人相互间将会以一种最大化总收益的方式结合。而任何其他方式的结合都会由于某一方喜欢上另一个伴侣而破裂。这种婚姻市场理论最早的提出者是芝加哥大学的经济学家和诺贝尔经济学奖得主加里·贝克尔（Gary Becker，1981）。

在贝克尔的婚姻理论中，当婚姻一方在第三者眼里比在配偶眼里的价值更高时，婚姻便会破裂。这种婚姻破裂会增加总收益。只有当总收益尽可能地大时，婚姻才无再次破裂的可能。

这种均衡是有效率的，不过它让很多人心碎。当伊索尔特和特里斯坦在一起时，马克会心如刀绞，他必须找到另一个并不合适的配偶。这就是被称为政府干预的一个外部性吗？并不是——因为特里斯坦必须为因他的打击而导致的马克的心碎进行补偿。但他并没有支付给马克而给了伊索尔特。马克愿意为伊索尔特做的越多，特里斯坦就必须为她做的更多以使她离开马克。记住效率最重要的一点是，导致伤害的人必须付出代价，而不是为此受苦的人得到补偿。这就像一场拍卖：得标者支付给拍卖者而非输了标的人，但是他所支付的代价取决于他赢得的部分对输家的伤害的程度。被抛弃而无回报的相爱者所体会的痛苦是真实且巨大的，但这并不是需要政府干预的原因。

同样，如果北卡罗来纳州赢得了一个从新泽西州迁来的制药厂，或者当菲尼克斯从圣路易赢来了一支足球队，联邦政府就没有需要进行干预的理由。当在新地点办厂比在原地点能带来更多的总收益时，企业就会搬迁。从竞争中胜出的城市就需要为给对方城市造成的损失支付一笔费用——但是这笔费用其实是付给企业，而不是给失去机会的城市（参见专栏18E）。

然而，只有辖区间涉及企业的竞争情形确实类似于贝克尔描述的婚姻市场时，联邦政府不必干涉的结论才有价值。（还会出现的一个类似问题是，在西方国家中求爱和婚恋究竟是否真的像贝克尔所描述的婚姻市场那般，不过由于本章并不是关于婚姻的讨论，我们不妨忽略这一问题。）我们做一个假设——每个城市最多吸引到一个企业——其实这并不是十分必要：我们可以想象一批地点而不是一堆城市，通过城市中的某一个地点实现了收益，所做的决策也代表了那个地点所在的城市的利益。

不过，另外两个假设就很重要了。第一个是城市和企业确实知道而且努力争取每一个可能的彼此相配所带来的真实收益。我们称之为完美代理假设——尤其是城市政府作为他们市民的代理，完美、无私且学识渊博。本章的最后一部分将给出质疑这种假设的可信理由。第二个假设是为了达成交易，城市和企业都愿意支付给彼此使交易得以发生的任意数额的金钱。我们称之为完全灵活性假设。因为城市的政府需要依据法律行事，而且政府在许多情况下不会为它们的前任承担责任，所以我们也有理由怀疑完全灵活性假设是否可行。

不过，即使其中之一甚至两个都不成立，我也不想立刻检验这两个假设的正确性，以及其对婚姻市场的影响。同时，在后面讨论联邦政府的政策时我仍认为这两个假设成立。这样做我们才能知道这两个假设对制定政策是多么重要。

专栏 18E

自学读物

假设有两座城市——普林斯顿和卡姆登，两家公司——Campbell Soup 和 Johnson and Johnson (J&J)。每家公司都计划建造一个单独的工厂，而每座城市都只有建造一个工厂的空间。两个城市评估的每家公司的收益如下（扣除了税收和其他特殊支付）：

	Campbell	J&J
普林斯顿的评估	4 美元	7 美元
卡姆登的评估	3 美元	5 美元

两家公司对自己可以从两座城市获取的利润的评估如下：

	Campbell 的评估	J&J 的评估
普林斯顿	10 美元	9 美元
卡姆登	5 美元	3 美元

找到公司和城市之间的均衡组合。（均衡组合是指没有其他组合能够改变双方的优势。）为维持这样的组合需要支付多少？

第一步：找到使总收益最大化的组合。共有两种组合：

普林斯顿和 Campbell，卡姆登和 J&J

以及

普林斯顿和 J&J，卡姆登和 Campbell。

为简单起见，不妨称第一组为 Campbell 组合，第二组为 J&J 组合。普林斯顿是每个组合中的第一座城市，一旦我们知道了哪家公司在普林斯顿，其他信息就都明了了。

我们可以通过构画一个表达对于每一个可能的配对双方总收益的图表来总结有关偏好的信息。

	Campbell	J&J
普林斯顿	4＋10＝14	7＋9＝16
卡姆登	3＋5＝8	5＋3＝8

此时，在 Campbell 组合下的总收益等于主纵列数字（从上至下）之和：14＋8＝22。J&J 组合下的总收益是另一纵列（从上至下）之和：16＋8＝24。

第二步：说明 Campbell 组合并非均衡状态。假设我们试图运作 Campbell 组合。普林斯顿就会赶到 J&J 公司说："你为什么不搬到我这里来，我可以摆脱 Campbell。现在我只能得到 4 美元收益而你只有 3 美元。如果我俩走到一起，你将得到 7 美元而我是 9 美元。我们双方的状况都会变得更好。"

Campbell 和卡姆登会联合抵制这宗交易吗？简而言之，答案是不会。普林斯顿和 J&J 公司从 Campbell 组合替换为 J&J 组合中一共多获益 9 美元。但卡姆登和 Campbell 在这一替换中加起来的损失是 7 美元，因而只愿意支付 7 美元来阻止这宗交易。所以他们无法停止这一过程。

第三步：找到为维持均衡组合将要采取的税收或补贴措施的范围。有两种可能会破坏 J&J 组合的平衡：要么是普林斯顿和 Campbell 试图走到一起，要么是卡姆登和 J&J 组合到一块。必须设立一个惩罚制度来防止这两种破坏。

普林斯顿和 Campbell 如果走到一起，会实现 14 美元的总收益。因此，仅当普林斯顿和 Campbell 一起达到至少 14 美元的收益时，J&J 组合才会均衡。假设 p 代表普林斯顿的净收益——组合的内在价值加上它收到的税款或减去它支付的补贴——假设 c 代表卡姆登的净收益。此时 Campbell 的净收益就是（$8-c$），与此同时在 J&J 组合中普林斯顿和 Campbell 实现的收益为

$$8-c+p$$

因此均衡时的条件为：

$$8-c+p \geqslant 14$$

或者

$$p-c \geqslant 6$$

同样地，如果卡姆登和 J&J 公司走到一起它们将实现收益 8 美元。卡姆登的净收益是 c，而 J&J 的净收益为（$16-p$）。因此，均衡的另一个条件是

$$c+16-p \geqslant 8$$

或者

$$p-c \leqslant 8$$

此外，卡姆登的收益不能超过 8 美元，普林斯顿的收益不能超过 16 美元。这是因为我们排除了公司的负收益（它们恰好关闭）。这些条件一并考虑时就给出了使得组合均衡的普林斯顿和卡姆登结对时的收益。如图 18E—1 所示。

这一图形中的平行四边形给出了导致均衡的净收益组合。若想知道税收和补贴的影响，只需要从普林斯顿的收益中减去 5 美元，从卡姆登的收益中减去 3 美元。除非我们知道更多有关谈判或其他决策者已经做出的选择，否则我们并不能更加精确地计算究竟支出了多少。

第四步：如果公司和城市总是从区间的中点平均划分收益，结果将会怎样？这是一个简单的关于讨价还价的假设，这一谈判使得我们能够更加明确地比较不同的政策。

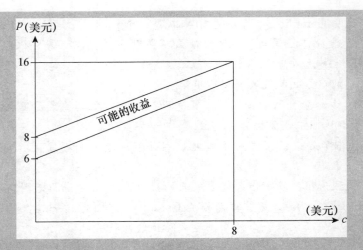

图 18E—1 均衡组合下的可能的净收益

分割收益的不同结果与平行四边形的中间点有关。卡姆登的收益在 0 和 8 美元之间，因此分割余额使得卡姆登获得了 4 美元收益。而 Campbell 也获得 4 美元。这意味着 Campbell 要支付卡姆登 1 美元税额。当卡姆登的收益等于 4 美元时，普林斯顿的收益在 10 美元和 12 美元之间。分割余额的不同结果是给普林斯顿带来了 11 美元，它从 J&J 公司征收了 6 美元税款。J&J 公司的收益是 5 美元。

□ B. 完美代理和完全灵活性

完美代理和完全灵活性假设的明显政策影响是，联邦政府不应当干预州与城市间有关经济发展的竞争。没有联邦（或州）政府干预的结果将总是帕累托最优的，因此联邦的介入不会让结果更好。当病人在其他方面完全健康时，治疗或许会比疾病本身更为糟糕。不过，还是值得了解政府干预会妨碍经济发展的一些细节。

1. 帮助贫困地区

确实有一些人认为，联邦政府应该关注有大量穷人和失业者的地区的经济发展，而不是那些已经富裕的地区。（例如，巴尔提克（Bartik，1991）及安德森和沃斯默（Anderson and Wassmer，2000）已经支持了这一观点。）这个观点认为贫穷地区经济发展的外部性更大——正如我们在第 I 节 A 部分所见的，那是正确的观点。诸如美国城市开发行动基金和部分经济发展管理项目一类的一些联邦项目就是这样运行的。许多州对其贫困地区也有相似的项目。

不过，如果相对于富裕地区而言贫穷地区从经济发展中的收益更多，它们就应该愿意对更多的企业招商。根据完美代理和完全灵活性，贫困地区的任何更多的收益早已被组合进了交易过程之中。补贴贫困城市的企业只是让贫困城市在其吸引企业方面和富裕城市相比有更多的相似性。这给予其他城市的企业一个更有利的谈判地位。它或许也能帮助贫困的城市，或许不可能，但也可能由于企业选错了地点而带来无谓损失。

这是为什么呢？我们首先来看一个一般性补贴：在一个贫困的城市中，联邦政府给每个企业同样的补贴，一个一般性的补贴并不会改变该地区的区位模式。一个在联邦给予补贴之前就已最大化了总收益的城市和公司的组合，仍然可以在具有补贴的情况下最大化总收益。任何包含了贫困城市的组合系统确实再一次最大化了收益，以至于每一个组合系统的可观的总收益被大量的补贴所增加；贫困地区的企业排名仍然保持不变。贫困城市企业的情况依旧不变。

然而，掌控了收益在城市和企业间分配的威胁和还价会发生变化，在贫困的城市里，每个人都希望得到更多，以至于我们希望城市和那些城市里的企业都能获得收益——我们没有理由认为城市要获得所有的补贴。在其他城市中，企业处于谈判的有利位置，因为它们关于离开这里去往贫困城市的威胁更为可信。因此，非贫困城市里的企业能获得那些城市的高收益。一个有关受补贴影响的例子参见专栏 18F。

（因为企业获益是多方面的，股票所有者通常关注较富裕的地区，对贫困地区企业的补贴最终会使富裕地区的获益多于贫困地区；参见杜邦和马丁（Dupont and Martin，2003）。）

专栏 18F

自学读物

我们从另一个角度审阅专栏 18E 中的例子。这一次，当联邦政府给任何位于卡姆登的公司一个 G 美元的补贴，将发生什么呢？

第一步：修改总收益表并找出均衡组合。如果任何一家位于卡姆登的公司从联邦政府获得了 G 美元补贴，总收益表看起来是这样的：

	Campbell	J&J
普林斯顿	14	16
卡姆登	8+G	8+G

因此，代表 Campbell 组合的主纵列上的总收益为（$22+G$），代表 J&J 组合的另一个纵列上的总收益为（$24+G$）。无论政府补贴是大是小，拥有最大总收益的组合都没有改变。

第二步：找出城市收益的平行四边形。和之前一样，考虑 J&J 组合的两种挑战。如果普林斯顿和 Campbell 组合在一起，它们的总收益仍为 14 美元。普林斯顿的收益是 p，而 Campbell 的收益是（$8+G-c$），因此一种均衡的条件是

$$8+G-c+p \geqslant 14$$

或者

$$p-c \geqslant 6-G$$

如果卡姆登和 J&J 组合到一起，它们可以实现总收益（$8+G$）。卡姆登的收益是 c，而 J&J 的收益是（$16-p$）。因此，均衡条件为

$$16-p+c \geqslant 8+G$$

或者

$$p-c \leqslant 8-G$$

此外，普林斯顿的收益不能超过 16 美元，而卡姆登的收益不能超过（8+G）。图 18F—1 表示了这一结果的平行四边形。

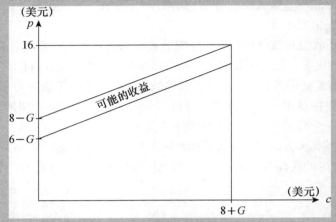

图 18F—1　有联邦补贴时均衡组合下的净收益

第三步：如果公司和城市在谈判范围内平均分配收益，结果将会怎样呢？卡姆登的收益在 0 和（8+G）之间，因此，随着余额的分割，卡姆登得到（4+G/2）。补贴的一半到了卡姆登那里，另一半归了 Campbell。当卡姆登的收益为（4+G/2）时，普林斯顿的收益在

$$6+c-G=6+4+G/2-G=10-G/2$$

和

$$8+c-G=8+4+G/2-G=12-G/2$$

之间。余额分割后普林斯顿获得的收益为（11-G/2），而 J&J 的收益为（5+G/2）。因此，J&J 通过威胁会搬到卡姆登而获得了一半补贴，普林斯顿则损失了一半。

除了一般性补贴外，联邦政府还提供一个特别补贴——仅定向补贴特定类别的企业（例如，新成立的公司或高科技企业）。这种补贴对区位模式的影响不大。如果补贴没有充分大到足以改变区位模式，它的影响就仅是改变了这类企业在现有组合中的谈判地位。特定类别的公司从它们现在的合作伙伴中能够得到更多，而其他伙伴——给特定类别的企业提供优惠的城市——则失去了这些。因为一个未足够大到能够改变区位的补贴并不会使得贫困城市发生任何事情，贫困的城市也不可能得到什么。

如果特定的补贴足够大，它就能够改变区位模式。自然，这也意味着一个无谓损失，因为没有补贴的模式已经最大化了总收益。随着贫困的城市得到一般性补贴，由于它的公司现在已经被补贴着，故该公司并不能享有全额补贴。搬入的企业也会获利——还有那些没有搬走的企业——它的收入来自贫困城市和联邦政府的支付。一旦区位模式发生变化，额外补贴就不一定会影响非贫困城市（除非该市还保有特定受补助的企业）。总之，如果联邦政府希望帮助城市发展，经济发展补贴就不是一项良策。

2. 工业收益债券

从州和地方政府的公债券中所得的利息无需缴纳联邦的收入税，这就使得州和地方政府有可能以比普通企业更低的利率来融资。在某些境况下（对这一境况的精确表述需要另外的知识），州和市可以贷款建立工厂并通过工厂获利。州政府和市政府用来建厂的公债券称为**工业收益债券**。一些企业通过这种迂回的方式让联邦政府降低它们的利息支出。

如果这种政策对工业区位有影响，它就会导致因企业搬到不应去的地方而带来的无谓损失。如果该政策对工业区位没有影响，它就恰如补贴了企业，这会损害那些不被允许使用工业收益债券的行政区的利益。由于工业收益债券甚至可以在富裕的州和城市中使用，因此我们没有理由认为这种政策帮助了贫困的城市。不过该政策还是使每个城市可以扶持自己城里的企业，并且看上去并不需要政府支出什么。尽管这种做法几乎无据可循，但是非常流行。

但是不采用这种联邦政策也会出现另一个问题：如何定义不能采用该政策的活动呢？你不能仅仅说："用于经济发展目的的基金不予免税"，因为你几乎不可能说清楚什么是经济发展的活动。你如何看待在新办公大楼对面建造的警察署的房子？或者如何说清楚一个建有造纸厂的城镇的完善的下水道系统？

体育馆的历史在这方面对我们还是有所启发的。1986年，由于市政府使用工业收益债券建造了体育馆，人们担心会出现隐性联邦补贴问题。当该市准备动用门票收入来偿付至少10％的债券时，美国国会取消了对体育馆债券的免税政策。该市立即减少了对运动队其他形式的补贴，并不再使用门票收入偿付体育馆债券。因此，针对体育馆的隐性联邦补贴得以继续。

因此，只要"通常的"州和市的债券仍旧免税，终结针对一些经济发展项目的隐性联邦补贴或许就是一件困难的事情。不过，并没有理由能说服我们为什么这些债券需要免税。这一问题可以参考齐默尔曼（Zimmerman，1991）的一个更详细的分析。

□ C. 不完美代理和不完全灵活性

任何关于对州和当地经济发展进行更高层次的干预的言论都必须从否定完美代理和完美灵活性假设开始。在以下的部分中，我们将试图弄明白这些假设能否带来明确的政策建议。

首先考察不完美代理，该假设认为城市官员并不总在最大程度上维护市民的利益。许多势力或许导致政府官员误入歧途：冷漠、腐败、渴望博得媒体关注、懒惰。他们或许对规模大的、时兴的或新办的企业非常慷慨；但是对于规模小的、不起眼的和老的企业就很强硬——或者并不那么慷慨；这方面还没有具体的实证研究。不过，人们已经发现，那些为大型制造业企业赢得竞争优势的国家比失败的国家要做得更好（Greenstone and Moretti，2003）；这就表明城市官员在当下的法律环境下还是负责任的。

如果一个城市的官员错判了特定企业将带来的收益，他们自己的市民并不是受损的唯一一方。这些城市的出价更高，即使没有成功，也会导致其他城市损失很多来留住这些自己竞标得到的企业。如果那些城市的高价竞标成功，它们就创造了一个无效的配对。例如，在卡姆登和普林斯顿的例子中（见专栏18E和18F），如果卡姆登的官员高估了所有企业 1 美元，区位将不会改变，卡姆登将和以前一样，但是普林斯顿需要降低税收 1 美元。如果卡姆登只高估了 J&J 公司 3 美元，这会使得有效的系统配对转而成为非有效的。

既然当城市官员们不称职时每个人都会有损失，因此就需要一些上级政府的干预。这就像迟早会派上用场的婚姻市场：因为我们相信人们在他们自己的婚姻生活中并非总是幸福无比，因此政府对能进入婚姻殿堂的人做了许多限制。你不能同表兄妹、未成年人、狗或者已婚人士结婚，即使你已经深陷爱河而另一方也要和你结婚。许多州还设立了等待期，包括结婚和离婚，而有些地方则需要验血。即使政府不想干预婚姻市场，它们也必须阻止那些在其看来不恰当的行为。

上级政府会采取哪些措施来防止下级政府的重大错误呢？有些措施很明显：反腐败法律、公共信息披露以及等待期；一般而言，为了防止政府对有些企业或个人过于慷慨而对有些又过于苛刻，需要实施正当程序。大多数是州法加上市规，而非联邦法律加上州立法规。但这些法令并不能防止所有的错误，有些实际上还阻止了一些有益的行为。但总的来说，这些法令所阻止的大多是有害的行为而非有益的行动（因此它最终还是以经验为依据）。一些怪人确实认为同他们的狗或者表兄妹结婚幸福无比，而另一方也会这样幸福。

上级政府采取的另一个方式就是限制城市官员的灵活性。不完全灵活性成了不完美代理的一个结果，这是改善问题的一种方式。因此，税款在一定程度上就需要被正常地征收，不能随意地给予一次性补贴，立法要针对阶层而不是个人。（再一次说明，这些通常是州法加上市规。）许多针对灵活性的限制可能被足够聪明且守法的设想所颠覆，但这个足够聪明且守法的设想的代价昂贵，当然，非常严苛而非灵活的法律同样也需付出代价。

缺乏灵活性自然是一个问题。只有当城市可以提供合适的机会和降低身价，并承诺在一些小范围内转移或征税，经济发展的婚配市场才能造就一个城市和企业的最佳配置。如果被均质性和普遍性所限制，城市就无法做到这些。由于灵活性缺失所造成的偏见将难以言表。

如此看来，我们面临着一个两难的抉择：上级政府要么不去管束城市官员，让他们按自己的意志做出大量的错误决策，要么动用规则约束这些官员，防止他们犯错误。然而，在现实中，我们并没有这么鲜明的非此即彼的选择。

改善在因自由行使权力而犯错和因执行统一规则而犯错两者间做出选择的方法之一，就是大规模提高法规的质量。如果执行统一的法规意味着一个城市必须对每家公司收取平均份额的经常性费用，而不顾及每家公司的成本和带给城市的收益，那么这样一套统一的法规就会导致效率非常低下。一家超市如果对进来的每位顾客收取相同的价格，而不管他们离开时的情形，生意就很难做。它的经理很快就会被主顾和潜在的顾客撇在一旁了。

但是执行统一的法规并不必然意味着收取同样的一般性费用，任何超过运营一个超市成本的部分并不意味着要对每一个购物者收取同样的价格。一个城市从土地税中获得的越多，它对企业和家庭征收的正常税收就会越少。如果企业和与企业相关的人员为他们使用的服务和他们造成的负外部效应支付了边际成本，以及如果他们（包括雇员）因为创造了正外性效应而受到补贴，那么在企业和政府之间就不会有太多的涉及随意和幕后交易的关系。规则可以根据边际成本和边际效益合理地调整，并仍然保持其一致性。在超市管理中，为特定的对象单独定价是比向每一位顾客都收取相同的价格更为合理的选择。与单个人的随意争吵并非最好的选择。

边际成本定价和边际效益补贴对经济发展还有两点好处：它们可以为正常运营的企业提供更好的激励；企业一旦开张，不必等到足够大或者足够有名以至于引起政府官员的重视就会有所收益，它们会影响所有的企业。也许上级政府能采取的最有成效的干预方式就是允许、鼓励或要求下级政府建立良好的税收和补贴体系。例如，拥堵收费，这些系统在 50 年甚至 20 年前在技术上尚不可行，但是如今信息技术的长足进步已经使得一切成为可能。

III．结论

经济发展对城市而言是一个值得追求的目标。虽然外部效益难以衡量，而且不像人们想象的那样大，但是经济发展的外部性确实存在。虽然经济发展并不是解决贫困问题的一条通畅之道，但是很多其他有价值的活动也不是足以向贫困开战的坦途。城市通常采用的经济开发工具并非真正有效，有些甚至还会适得其反，但仍有一些政策要比其他政策好——大多数好的政策可以在不参照经济发展效果的情形下加以识别。

至于上级政府应该限制还是鼓励城市的经济发展活动这一话题，人们并没有多少特别激烈的争论。我们无法阻止不同行政区之间对工作机会的相互争夺，就像无力阻止第三者破坏热恋者（甚至夫妻间）的感情。即使在地理可选择的基础上，鼓励经济发展活动也没有什么值得称颂。上级政府应当帮助下级政府建立更好的税收系统，那种承载更小的无谓损失的系统，但是你不需要研究经济发展也可以得出这个结论。

最后，经济发展很大程度上就像是睡觉。睡眠虽然可以带来很多益处，但也不是灵丹妙药。进一步说，追求目标最理想的方式或许就是不去细想目标是什么：如果你保有健康、活力和不喝太多的咖啡（以及不沉迷于一本这一类的书籍），自然而然就会入睡。但是如果你总想着究竟如何才能入睡并为此而苦恼，你就一直无法真正睡着。

问题

1. 使用专栏 18E 和 18F 里的例子，如果 J&J 公司选址在卡姆登，就给该公司一份特定的补贴。

a. 补贴要多大才能使得 J&J 公司搬迁去卡姆登？并将此数额称为关键值。

b. 如果补贴少于关键值，试画出达到均衡时的收益平行四边形。

c. 找出中间点，当补贴增加时谁会获益，谁会受损，谁不受影响？

d. 假设补贴大于关键值，画出达到均衡时的收益区域。（提示：这时不存在平行四边形。）普林斯顿的收益不能超过 14 美元，在图中画出此线，注意，这条界线高于卡姆登所能达到的收益。

e. 找出中间点，当补贴增加时谁会获益，谁会受损，谁不受影响？

2. 在同样的例子里（没有联邦补贴），假如J&J公司位于卡姆登，普林斯顿所获得的收益将如何随卡姆登享有的收益而变化？在诱使J&J公司离开卡姆登的情形下，试讨论普林斯顿正在造成的一个将被修正的外部成本。

3. 假设2016年夏季奥运会在芝加哥召开，试描述如何做出与此相关的一系列成本—收益分析。谁将获益，谁会受损，数额是多少？获益方能补偿受损方吗？

4. 罗得岛的匡塞特能挑战法律吗？即使匡塞特离开美国加入联合国，这个问题仍旧会引发激烈的争论。一群经营者提议让大麻在匡塞特这一自由港合法化（一出此境将被禁止）。"这将有利于企业和匡塞特"，他们说，"游客将来自世界各地，他们将住在我们的酒店，在我们的餐馆吃饭；他们将在我们的商店里购买零食和纪念品；他们将用水用电，还会交付各种税。"

a. 考虑以下三种市场：大麻（以不变的边际成本生产），匡塞特纪念品（以不变的边际成本生产且在竞争性市场上出售）和电力（在一个被管制的垄断状态下生产，以大于边际成本的平均成本出售）。在每个市场中，指出法律认可下的获胜方（如果有）和受损方（如果有）。在何种市场中，获胜方所得的收益足够弥补受损方的损失？

b. 假定下列数值。在合法化之前，匡塞特大麻的价格和边际成本是10匡塞特币，合法化之后，它将值5匡塞特币。匡塞特的大麻年需求是：

$$m = 1\,000 - 50p_m - 200p_L,$$

此处，m 是以克表示的大麻的需求量，p_m 是以匡塞特币计价的每克大麻的价格，p_L 是以匡塞特币计价的匡塞特每公顷土地的价格。匡塞特的土地数量是5 000公顷。匡塞特每年的土地需求是：

$$L = 10\,000 - 200p_m - 3\,000p_L.$$

谁将从大麻的合法化中受益？能受益多少？

c. 如果美国政府不使大麻合法化，它将每年支付给匡塞特2 500匡塞特币。此时匡塞特政府会接受这个方案吗？为什么？如果它接受了这一方案，这笔钱应当怎样花？

5. 如果本章内容是关于发展中国家的城市而非美国的城市，情况将有怎样的不同呢？

参考文献

Alexander, Donald L., William Kern, and Jon Neill. 2000. "Valuing the Consumption Benefits from Professional Sports Franchises." *Journal of Urban Economics*, 48(2): 321-337.

Alm, James, and Julie Ann Hart. 1998. "Enterprise Zones and Economic Development in Colorado." Paper presented at the Allied Social Sciences Associations annual meeting, Chicago.

Anderson, John E., and Robert W. Wassmer. 1995. "The Decision to 'Bid for Business': Municipal Behavior in Granting Tax Abatements." *Regional Science and Urban Economics*, 25: 739-757.

——. 2000. *Bidding for Business: The Efficacy of Local Economic Development Incentives in a Metropolitan Area*. Kalamazoo, MI: W. E. Upjohn Institute for Employment Research.

Austrian, Ziona, and Mark S. Rosentraub. 1997. "Cleveland's Gateway to the Future." In Roger Noll and Andrew Zimbalist, eds., *Sports, Jobs, and Taxes: The Economic Impact of Sports Teams and Stadiums*, pp. 355−384. Washington, DC: Brookings Institution.

Baade, Robert. 1994. "Stadiums, Professional Sports, and Economic Development: Assessing the Reality." Heartland Institute Policy Study, April 4.

Baade, Robert, and Allen Sanderson. 1997. "The Employment Effects of Teams and Sports Facilities." In Roger Noll and Andrew Zimbalist, eds., *Sports, Jobs, and Taxes: The Economic Impact of Sports Teams and Stadiums*, pp. 92−118. Washington, DC: Brookings Institution.

Bartik, Timothy. 1991. *Who Benefits from State and Local Economic Development Policies*. Kalamazoo, MI: W. E. Upjohn Institute for Employment Research.

——. 1993. "Economic Development and Black Economic Success." Upjohn Institute Technical Report 93−001, Kalamazoo, MI.

Becker, Gary S. 1981. *A Treatise on the Family*. Cambridge, MA: Harvard University Press.

Blanchard, Olivier Jean, and Lawrence F. Katz. 1992. "Regional Evolutions." *Brookings Papers on Economic Activity* 1: 1−61.

Boarnet, Marlon G., and William T. Bogart. 1996. "Enterprise Zones and Employment: Evidence from New Jersey." *Journal of Urban Economics* 40: 198−215.

Bollinger, Christopher R., and Keith R. Ihlanfeldt. 2003. "The Intra-Urban Spatial Distribution of Employment: Which Government Interventions Make a Difference?" *Journal of Urban Economics* 53: 396−412.

Bondonio, Daniele. 1998. "States' Enterprise Zone Policies and Local Employment: What Lessons Can Be Learned?" Paper presented at the Association for Public Policy and Management Annual Research Conference, New York.

Bound, John, and Harry Holzer. 1993. "Industrial Shifts, Skills Levels, and the Labor Market for Black and White Males." *Review of Economics and Statistics* 75 (3): 1258−1264.

Carlino, Gerald, and N. Edward Coulson. 2004. "Compensating Differentials and the Social Benefits of the NFL." *Journal of Urban Economics* 56 (1): 25−50.

Coates, Dennis, and Brad Humphreys. 1999. "The Growth Effect of Sports Franchises, Stadia, and Arenas." *Journal of Policy Analysis and Management* 14: 601−624.

Courant, Paul N. 1994. "How Would You Know a Good Economic Development Policy If You Tripped Over One? Hint: Don't Just Count Jobs." *National Tax Journal* 47: 863−881.

Dardia, Michael. 1998. *Subsidizing Redevelopment in California*. San Francisco: Public Policy Institute of California.

Dowall, David E. 1996. "An Evaluation of California's Enterprise Zone Programs." *Economic Development Quarterly* 10: 352−368.

Dupont, Vincent, and Philippe Martin. 2003. "Subsidies to Poor Regions and Inequalities: Some Unpleasant Arithmetic." Centre for Economic Policy Research, CEPR Discussion Paper no. 4107, London.

Engberg, John, and Robert Greenbaum. 1997. "The Impact of State Enterprise Zones on Urban Housing Markets." Paper presented at the American Real Estate and Urban Economics annual midyear meetings, Washington, DC.

Fisher, Ronald. 1997. "The Effects of State and Local Public Services on Economic Development." *New England Economic Review*, March/April: 53−77.

Freeman, Richard. 1991. "Employment and Earnings of Disadvantaged Young Men in a Labor Shortage Economy." In Christopher Jencks and Peter Peterson, eds., *The Urban Underclass*, pp. 103−121. Washington, DC: Brookings Institution.

Frey, William, and Alden Speare, Jr. 1988. *Regional and Metropolitan Growth and Decline in the United States*. New York: Russell Sage Foundation.

Greenbaum, Robert, and John Engberg. 2002. "An Evaluation of State Enterprise Zone Policies: Measuring the Impact on Urban Housing Market Outcomes." In F. S. Redburn and T. F. Burns, eds., *Public Policies for Distressed Communities Revisited*. Latham, MD: Lexington Books.

——. 2004. "The Impact of State Enterprise Zones on Urban Manufacturing Establishments." *Journal of Policy Analysis and Management* 23 (2): 315−340.

Greenstone, Michael, and Enrico Moretti. 2003. "Bidding for Industrial Plants: Does Winning a 'Million Dollar Plant' Increase Welfare?" National Bureau of Economic Research Working Paper 9844.

Helms, L. Jay. 1985. "The Effect of State and Local Taxes on Economic Growth: A Time-Series Cross-Section Approach." *Review of Economics and Statistics* 67: 574−582.

Ihlanfeldt, Keith. 1992. *Job Accessibility and the Employment and School Enrollment of Teenagers*. Kalamazoo, MI: Upjohn Institute for Employment Research.

Ihlanfeldt, Keith, and David Sjoquist. 1991. "The Effect of Job Access on Black and White Youth Unemployment." *Urban Studies* 28: 255−265.

Johnson, B., P. Groothuis, and J. Whitehead. 2001. "The Value of Public Goods Generated by a Major League Sports Team: The CVM Approach." *Journal of Sports Economics* 2: 6−21.

Krieg, Randall. 1990. "Does Migration Function to Reduce Earnings Differentials by Race and Gender?" *Annals of Regional Science* 24 (3): 211−221.

Levinson, Arik. 1996. "Environmental Regulations and Manufacturers' Location Choices: Evidence from the Census of Manufacturers." Unpublished paper, University of Wisconsin.

城市经济学

Marston, Stephen T. 1985. "Two Views of the Geographic Distribution of Unemployment." *Quarterly Journal of Economics* 100: 57-79.

Noll, Roger, and Andrew Zimbalist. 1997. "The Economic Impact of Sports Teams and Facilities." In Noll and Zimbalist, eds., *Sports, Jobs, and Taxes: The Economic Impact of Sports Teams and Stadiums*, pp. 55-91. Washington, DC: Brookings Institution.

Oates, Wallace E., and Robert M. Schwab. 1997. "The Impact of Urban Local Taxation: The Pittsburgh Experience." *National Tax Journal* 50: 1-21.

O'Flaherty, Brendan. 2000. "Newark's Non-Renaissance and Beyond." Unpublished paper, Department of Economics, Columbia University.

Papke, Leslie. 1993. "What Do We Know about Enterprise Zones?" In James M. Poterba, ed., *Tax Policy and the Economy*. Cambridge, MA: MIT Press.

——. 1994. "Tax Policy and the Economy: Evidence from the Indiana Enterprise Zone Program." *Journal of Public Economics* 54: 37-49.

Peters, Alan H., and Peter S. Fisher. 2002. *State Enterprise Zones: Do They Work?* Kalamazoo, MI: W. E. Upjohn Institute for Employment Research.

Phillips, Joseph, and Ernest Goss. 1995. "The Effect of State and Local Taxes on Economic Development: A Meta-Analysis." *Southern Economic Journal* 62: 320-333.

Raphael, Steven, and David A. Riker. 1999. "Geographic Mobility, Race, and Wage Differentials." *Journal of Urban Economics* 45 (1): 17-46.

Raphael, Steven, and Rudolf Winter-Ebmer. 2001. "Identifying the Effect of Unemployment on Crime." *Journal of Law and Economics* 44: 259-283.

Rauch, James. 1993. "Does History Matter Only When It Matters Little? The Case of City-Industry Location." *Quarterly Journal of Economics* 108: 843-867.

Rosentraub, Mark. 1997. "Stadiums and Urban Space." In Noll and Zimbalist, eds., *Sports, Jobs, and Taxes: The Economic Impact of Sports Teams and Stadiums*, pp. 175-207. Washington, DC: Brookings Institution.

Siegfried, John, and Andrew Zimbalist. 2000. "The Economics of Sports Facilities and Their Communities." *Journal of Economic Perspectives* 14 (Summer): 95-114.

Tannenwald, Robert. 1997. "State Regulatory Policy and Economic Development." *New England Economic Review*, March/April: 83-99.

U. S. Bureau of the Census. 2000. *Statistical Abstract 2000*. Washington, DC: Government Printing Office.

Walden, Michael. 1997. "Don't Play Ball." *Carolina Journal*, October/November: 23.

Wassmer, Robert W. 1992. "Property Tax Abatement and the Simultaneous Determination of Local Fiscal Variables in a Metropolitan Area." *Land Economics* 68: 263-282.

Wasylenko, Michael. 1997. "Taxation and Economic Development: The State of the Economic Literature." *New England Economic Review*, Federal Reserve Bank of

Boston, March/April: 37-52.

White, James. 1988. "Property Tax Exemptions for New Development: A Test." Working Paper 88/15, Hamilton College, Clinton, New York.

Zimmerman, Dennis. 1991. *The Private Use of Tax-Exempt Bonds: Controlling Public Subsidies of Private Activities*. Washington, DC: Urban Institute Press.

城市经济学

结　语

　　或许有关 2001 年纽约城"9·11"事件的最令人震惊的事实并不是曾经发生在世贸大厦遗址上对生命的涂炭和令人触目惊心的恐怖,而是此事对大多数人的生活并没有造成多大的影响。在短短数周内,几乎所有人(自然不仅是原来在世贸中心工作的人、他们的直系亲属和救援人员)又都回到了原先的轨道——上班或上学、煲电话粥、锻炼、看电视以及规划着如何追求成功。生活曾经有所不同——一些地铁线路停运了,通勤变得拥挤,旗帜到处飘扬,悲伤和损失几乎出现在所有谈话中。不过,数千人的意外死亡以及由钢筋、玻璃和混凝土构成的价值数十亿美元的世贸大厦的剧烈崩塌丝毫没有阻止我们这些大多数纽约人的正常生活。

　　这是因为城市的生命力非常顽强。火灾、洪水、地震、爆炸等几乎不会对城市造成太大的永久性损害。唐纳德·戴维斯(Don Davis)和戴维·温斯坦(David Weinstein)的研究表明,日本从二战的大规模轰炸中恢复——当年它的受损程度大致是"9·11"事件的 10～60 倍——大约用了 10 年时间。(具有讽刺意味的是,该文章完成于 2001 年 9 月 10 日。)1918 年流感大暴发造成的死亡人数是"9·11"事件中死亡人数的 8 倍,但这也几乎没有中断城市的发展。

　　本书开始于一场微小的撞车事故——我自己的一场小车祸,以一个硕大的撞机事件收尾——"9·11"事件。这两个故事在一定程度上都反映了城市的运作:宾厄姆顿(Binghamton)使得那场车祸对我们的生活没有任何实质性的影响(车祸 36 小时后我的车速就已达到每小时 100 公里),而纽约给予受害者以抚慰并且仍旧保持稳步前行。城市是一个卓越的组织,对我们的生活至关重要。在本书中,我们已经看到了城市在如何运行,并且我们一直设法去理解如何让城市变得更好。

参考文献

Davis，Donald R.，and David E. Weinstein. 2002. "Bones，Bombs，and Break Points：The Geography of Economic Activity." *American Economic Review* 92（3）：1269-1289. *

---

* 本书所附"人名索引"请读者登录 www. crup. com. cn 查找本书后下载参考。

词汇表

A

advance disposal fee（ADF）

提前处置费（ADF）。对可能成为固体废弃物的物体（例如包装物）所征收的一个税种。

adverse selection

逆向选择。一个保险业术语，针对下列问题发生之时：一个潜在的投保人购买保险的意愿是他或她为相对的风险规避者的信号。经济学家常以这一术语来更为一般地描述这样一种情况：相比较于 A 没有与 B 建立合作关系的意愿时的情形，当 A 有意愿与 B 合作时，就表明这桩交易对 B 而言将不会有多大价值。格劳乔·马克斯（Groucho Marx）对愿意接受他为成员的任何俱乐部的邀请的拒绝，就是一个逆向选择的例子。

agglomeration economies

集聚经济。更多活动的邻近性会更有利于生产。

antitrust

反垄断。旨在打破垄断状况、防止垄断形成或者减轻垄断负效应的法律行为。

average cost

平均成本。生产一定数量产出的总成本除以产出数量的商，若售价等于平均成本，则收支刚好平衡。

B

bottleneck

瓶颈。一个特定情形，此时在一个特别时间段内希望使用某设施的人数超过该设施的实际容纳能力。

bubble

泡沫。资产的价格高于其收益的资本化价值时的情形。

C

capacity

能力。衡量设施即时最大容量的指标。例如：地铁车厢的座位数，自来水管的直径，停车场的车位数，以及供水系统在某一刻的最大储水量。

capital gain

资本性收益。购买一项诸如房产或者股票的投资品的价格与他或她出售这项投资品的价格之差。

capitalized value

资本化价值。预期未来扩展的收益流的资本化价值是在市场上获取这部分收益流的所有权所需要付出的现金，通常亦称现值。如果收益流的所有权在法律上附属于某项资产的所有权，则称此收益流"被资本化进了"那笔资产的价值。

central business district (CBD)

中央商务区（CBD）。一个城市中办公与商业开发最密集的地区，其土地的租金也最高。

centralization

集中化。一个族群的成员相对其他族群的成员而言，如果普遍居住得更为接近城市的中心区（中央商务区），则认为这一族群是集中化的。

certainty drought price

确定性干旱价格。在水库干涸时引进一单位水的价格，或者水库干涸时所放弃的单位效用价值，取二者中较小的值。

closed-city case

封闭型城市模型。在一个特定的城市中，其居民与企业数固定不变。

Coase theorem

科斯定理。在财产权明确且交易成本为零的前提下，谈判可以产生效率。无论将财产权赋予谁，只要不存在交易成本，最终结果都一样。

come-as-you-please system

随意到来系统。一个用以处置瓶颈问题的系统，在这样的系统中使用者在下列情形下到达：时间随意、无差异收费和允许排队。

comparative advantage

比较优势。决定人员或国家在不同的活动中有效配置的关键因素是行为主体从事一种活动（相对于另一活动）的相对能力，而非绝对能力。

congestion pricing

拥堵收费。一种通行费或公共交通费用的收费系统，在该系统中，使用者支付的费用取决于他施加给其他使用者的成本。在动态拥堵收费系统里，通行费或价格的变化非常迅速，每分钟或者数分钟变化一次。在静态拥堵收费系统中，价格或通行费的变化则较慢，可能一天变化一到两次。（若无关于动态或静态收费的特别说明，所提到的拥堵收费均指动态。）

consumer surplus

消费者剩余。消费者愿意为一个商品组合支付的最高价格——如果他们被迫一次一件地从精于商道且毫不让价的供应者处购买——与实际支付价格之间的差。

D

deadweight loss

无谓损失。从诸如营业税等的某些政策中获得的总收益与总损失之间的差异。是过度负担的同义词。

demand-side housing programs

需求方住房项目。试图直接影响穷人行为而不是房屋供应者行为的项目。参见供应方住房项目。

demand smoothing

需求平稳。规模经济之所以会产生是因为经营规模越大，需求和提供之间的间隔期就越短。

density gradient

密度梯度。以离核心区的距离为自变量的、表示每平方米居民数的函数曲线图。

deposit/refund

存款/退款（系统）。在这一系统中，买家在购买商品（例如一瓶苏打水）时支付一定的押金，当买家或任何其他人把瓶子交回来时，押金将被退回。

deterrence

威慑。一种观点：惩罚那些犯错的人以降低犯错的吸引力，从而帮助人们生活得更好。

diminishing marginal returns

边际报酬递减。在保持其他投入不变的情况下，随着某个投入的增多，单位投入增加的边际产出逐渐减少。

discrimination

歧视。在某一方面，比如对某一族群成员的不当的偏好或区别对待。

displacement cost

移位成本。因生活或者经商地点远离城市核心区所遭受的损失。

dynamic congestion pricing

动态拥堵收费系统。参见拥堵收费系统。

E

economic compulsion

经济冲击论。这种观点认为：违禁药品的使用将使得吸毒者为了支付毒资而盗窃或抢劫，因此药品使用的监管可以降低犯罪（使吸毒者无法获得毒品）。

economies of scale

规模经济。若一项经济活动的成本增长倍数小于产出增长倍数，则称其具有规模经济。

efficiency

效率。考虑潜在的帕累托改进。

elasticity

弹性。若价格或成本的较小变化（百分比）引起了需求的较大变化（百分比），则需求富有弹性。若价格或者成本的较大变化（百分比）仅引起了需求的较小变化（百分比），则需求就缺乏弹性。若价格或者成本的变化对需求的变化完全没有影响，则需求完全无弹性。若在某个特定价格或者成本时需求任意大，但在任何其他价格，哪怕只是价格的极少增加，需求都将变为零，则需求为完全弹性。

eminent domain

国家最高支配权。政府有权以自由市场交易的价格占有不动产，所有者不得反对政府的决定。

entitlement program

权益性项目。每个满足资格的人都可以得到的服务项目。公众住房项目不是权益性项目，因为很多满足资格的人没有得到住房。

equilibrium

均衡。在确信其他人行为方式的前提下，每个参与者都尽力做到最好的情形。

excess burden

过度负担。税收无效的程度。无谓损失的同义词。

ex post opportunism

事后机会主义。在合同的一方作出具体投资行为后，另一方能改变其需求并利用了已做投资的一方。

external cost（benefit）

外部成本（收益）。不被是否采取行动的决策人直接承担的成本。例如，如果我决定晚上播放嘈杂的音乐而你住在我的隔壁，你将要承担失眠的代价，但是你无法决定是否播放嘈杂的音乐。

externalities

外部性。外部成本或收益。

F

factor substitution

要素替代。当一种要素的价格上升时，企业或者家庭降低该要素的使用，更多地投入其他要素，以最小成本实现同样产出量的决定。

fixed cost

固定成本。在开始经营前就已发生了的成本，该成本不随经营数量的变化而变化。学习如何成为一名钢琴调音师的支出就是固定成本：这是个人所付出的成本，不管你调试了一百万架钢琴还是一架钢琴，这个成本并无变化。它类似于经常费用。

flight-from-blight hypothesis

逃离衰落城区假设。因为城市中心区域的负外部性太过集中，因此美国城市的人口过于稀少。

fungible

可替代的。可被出售和购买的，可交换的。

G

gregariousness

群集性。公共汽车或者地铁扎堆前来的趋势。

H

horizontal equity

横向公平。同类人待遇平等。

I

imputed income

应计收益。以非现金的形式所得到的，因而不会出现在工资单里的收益。

incapacitation

限制行为能力。监狱减少了犯罪，因为罪犯被监禁从而无法犯罪。

inclusionary zoning

包含性分区。对享有市场利率的住房开发商的一种要求：留出一定比例的房屋以补贴性价格卖给低收入的买者。

increasing returns to scale

规模报酬递增。产出增加的倍数大于投入增加的倍数。

index of dissimilarity

相异指数。关于两组间差异程度的测度。具体而言，一个组（族群）内的成员不得不迁移的最小部分，以使得在每个社区中都有相同比例的两组成员。

index of isolation

隔离指数。对一组成员相对于其他所有组成员间分居程度的测度。具体而言，该组成员生活在同一社区内的平均比例，也就是该组成员成为其邻居的概率。

industrial revenue bonds

工业收益债券。被州或地方政府销售的免税债券，用于支付私有工厂或者办公大楼的建设。私人业主从支付这一开支中获益——因为免税只需承担较低的利率。

inefficient taxation

低效的税收。税收的负担相对于收益来说过大，相关的无谓损失也过多。

inelastic demand（supply）

无弹性需求（供给）。参见弹性。

J

judgment-proof

无力履行判决。一个人无力履行判决是指其无法支付对其所做的判决。最常见的原因是没有能力支付。如果法庭命令你支付 500 万美元，但是你的全部家当才 1.36 美元，你就是无力履行判决者。

L

land rent

土地租金。使用某块土地一年所需的费用。

localization economies

区位化经济。一个行业内的规模经济，在一个城市中的某一行业的产量越大，其成本就越小。

location theory

区位理论。研究各种经营活动如何在不同区域分配以及地租如何确定的理论。

lock-in

锁定。在做了某项投资之后，一些人的备选交易机会被严重受限的情形。

M

marginal cost

边际成本。做某件事时完成最后一个单位的成本。如果你做了 15 个面包，边际成本就是做 15 个面包的总成本与做 14 个面包的总成本的差额。

metropolitan area

都市区。都市区指的是一个拥有大量人口的核心区，以及那些与之毗邻的、与核心区有着高度经济和社会关联的社区。

monocentric city model

单中心城市模式。所有的生产都集中在城市的某一个区域，所有的工人从外面的住所通勤至该区域来上班的城市模式。

monopoly

垄断。一个产业内只有一个卖家，因此该公司就有了市场势力。

moral hazard

道德危机。因为投保人更可能做出对保险对象不利的行为而使得保险公司有亏损的可能性。例如，如果我买了汽车保险，因为是保险公司而不是我将要支付事故修理费，因此我会毫无顾忌地开车。经济学家一般化了这个术语：任何合同——不仅仅指保险合同——使得一方可能做出伤害另一方的行为时就产生了道德危机。例如，经济学家认为当职业运动员做空自己团队的时候就存在道德危机问题。

mortgage

抵押贷款。一笔诸如大楼、房屋、船只的较大价值的标的物的贷款，需要用抵押品来担保。如果借款人无力及时偿还这笔贷款，贷款人就有权力占有抵押品。

N

natural monopoly

自然垄断。特指某一类行业，如果它按其最小单位成本生产其产出，则其需求相对于规模报酬递增所需要达到的量而言会很小。此时只有一家企业能提供其产品。

O

open-city case

开放型城市模型。在一个特定的城市中，其居民与企业数可以自由改变。迁移无成本，同类型的人和企业的状况与其他城市的状况无异。

overhead

经常费用。运营一个工厂每天必须承担的成本，与产量的多少无关。

P

Pareto improvement

帕累托改进。一种在没有任何人的状况变差的基础上使得一部分人状况变好的改进。

Pigouvian subsidies

庇古补贴。一种数值上等于私人成本和社会成本间的差异、旨在纠正外部性的补贴。

Pigouvian taxes

庇古税。一种数值上等于私人成本和社会成本间的差异、旨在纠正外部性的税收。

police powers

监管权。政府基于其自由裁量权，为促进健康、安全、道德和一般福利而设置的一项权利。

potential Pareto improvement

潜在的帕累托改进。一种使得状况变好的人的收益大于状况未改变的人的损失的改进。具体而言，胜利者可以补偿所有失败者的损失（从而失败者因这种改进和补偿其自身的状况并没有变差），因此在这种状况下他们都好于原先没有这种改进时的状况。

present value

现值。参见资本化价值。

progressive

累进。一个用以描述下列情形的术语：政府出台的政策对穷人的帮助力度大于对富人，或者其对穷人的伤害程度小于对富人。

public good

公共产品。具有非竞争性（你的消费不会减少我的消费）和非排他性（如果我消费了，你也同样可以消费）的产品。例如清洁的空气、全球变暖、国防以及各类知识。

R

racial covenant

种族公约。一种禁止财产的所有者将其财产销售或者出租给少数族裔（在有些案例中，指犹太人）的规定。

redlining

剔除红线。不合理地拒绝贷款给特定的社区（一般指少数族裔居住或者正在迁入的社区）。

regressive

累减。一个用以描述下列情形的术语：政府出台的政策对富人的帮助力度比对穷人的大，或者其对富人的伤害程度比对穷人的小。

rehabilitation

劳改。一种观点：通过监禁的方式可以改变犯人的习性并使其不愿意再次犯罪。

rent control

租金管控。一项规约业主和租户在形成新租约或者续租时就房租达成一致，同时规定无法续租条件的法律。刚性租金管控几乎完全禁止租金上涨，柔性租金管控允许租金在特定条件下的一定范围内增长。

rent gradient

租金梯度。以离核心区的距离为自变量的、表示每平方米租金的函数曲线图。

rent-seeking

寻租。花费实际资源来获得转移支付的行为。此处的"租金"不是指人们为了使用房屋或土地而需要支付的钱，它大致是指消费者剩余或者生产者剩余。

replacement effect

替代效应。在一个罪犯被监禁期间，别的罪犯或者潜在的罪犯将替补他可能犯下的罪行的程度。

reserved power doctrine

保留权力学说。具有监管权者没有强制执行的权利。"立法者不能廉价出售国家的监管权"。

retribution

制裁。一种观点：对那些做错事的人应该进行处罚，无论那些处罚会带来怎样的后果。

S

schedule delay costs

时延成本。无法在最需要的时间段使用某些设施时的成本。

school sending district

学区。一片连通的地理区域（居民不用离开该区域就能从区域内的任意一点走到另一点），该区域内的所有同龄儿童就读于同一所公立学校。

second-best

次优。一个设置非最优价格的策略，其出现是由于相关市场中的价格不在最优水平且不可改变。

segregation

分居。不同的种族或族群分开居住的现象。

spatial mismatch hypothesis

空间错配假说。一种观点：少数族裔在劳动力市场上表现不佳是因为他们被迫生活在难以获得工作机会的区域。

specific investment

专用性投资。一种投资，由一方当事人针对某个合同所为，该投资对关系之外的人作用很小，甚至完全没有作用。

sprawl

市域扩张。形容一种低人口密度、高土地密集且以自驾车为导向的发展方式。

static congestion pricing

静态拥堵收费系统。参照拥堵收费系统。

subsidence

下沉。因为地表下的水和矿物被挪走而发生的地表沉降。

sunk costs

沉没成本。已经发生的成本（发生的原因有很多种，与现在无关）。

supply-side housing programs

供应方住房项目。一个试图直接影响那些拥有穷人使用的住房的所有者，以及这些人将如何行为的项目。参见需求方住房项目。

T

tax abatement

税收减免。为刺激经济发展而在特定时间内对特定纳税人的特定目的给予减税的安排。

tax increment financing (TIF)

税收增量融资（TIF）。政府通过发行债券来支付对私人设施的改进，改进会增加来自私人设施方面的税收，而税收的增加部分通常用来偿还债券。

tort law

民事侵害法。处理除了违反合同外的错误行为的相关法律，受制于民事处罚而非刑事处罚。

transfer

转移。一项行动使得一些人或者一些群体的状况变好的程度恰好等于使得另一些人或者一些群体的状况变坏的程度。例如：我从你的钱包里拿走了 5 美元钞票。在试图判断某个改变是否为潜在的帕累托改进时，转移往往会被忽略。

two-thirds rule

三分之二法则。在最花钱的投入主要是容器、产出是容器中容积的活动中，产出变为原来的 x 倍时，成本只是原来的 $x^{(2/3)}$ 倍。

U

urban enterprise zone

都市企业园区。城市里一块比较小且通常也比较贫穷的区域，该区域内的税负比较低，管制比较放松，通常需要一些组合性服务机构。

urban growth boundary (UGB)

城市发展边界（UGB）。一个都市外围的边界线，城市只能在边界线内扩张。

urbanization economies

城市化经济。在一个规模更大的城市里生产将变得更为容易。

utilization ratio

利用率。使用设施（如地铁）的人数与其最大容量之间的比例。

V

variable cost

可变成本。随着产量变化而变化的生产成本。与固定成本相反。

Z

zoning

分区。把一个郡或者一个县规划为几大区域的一个划分，规定哪些活动在特定的区域被禁止而哪些活动被允许。分区一般适用于处理体积庞大、难以移动、持久延续的对象。

译后记

这部译作交稿之时，内心依旧忐忑不安。

《城市经济学》是一本富有特色的书，以至于主译者之一四年前在美国哥伦比亚大学的课堂上修学这门课时就被它深深吸引，产生了要将其翻译成中文的冲动（确实，至今我们没有发现类似写法的、有关城市发展和人们城市化生活的书）。

然后我就和作者联系，探讨把此书介绍给中文读者的可能性。作者表达了他的担心：他不熟悉中国，不知道此书是否对中文读者有所帮助。后来，我邀请奥弗莱厄蒂先生来到中国，我陪同他实地考察了中国的城市，尤其是江苏的一些城市（特别是南京市下关区和苏州市中新工业园区），向他介绍了中国城市的近代演化及 30 多年的改革开放。最终，他赞成并积极协助了我们的翻译工作。

在得到中国人民大学出版社的肯定之后，我组织东南大学经济管理学院、外国语学院、法学院等院系的部分研究生和老师以讨论班的形式对这本书进行了研读和讨论，各自按分工主读一部分章节、汇报体会，然后进行讨论，最后由两位主译者在美国哥伦比亚大学，在作者的近旁完成了全书的通译。全书最后由我通校。

因此，此书的中文版是集体努力的成果。先后参加讨论班、贡献自己对该书的理解、参与翻译工作的有王迟、赵昇娜、王芳芳、陈玟洁、汤继龙、金刚、段美娟、崔耀丹、孙文婷、李鹏、樊琦、周海波等，我对他们的创造性工作深表谢意；感谢王贤梅博士生为本书翻译风格的一致性所作出的努力；感谢我供职的东南大学（尤其是外事办公室、建筑学院、经管学院等）给予翻译工作的支持和创造的工作条件；感谢南京市下关区人民政府、苏州工业园区的有关部门、国家开发银行苏州分行，以及东南大学苏州研究院等对作者的调研所给予的支持和方便；感谢时任东南大学校长助理的谢建明教授（现任南京艺术学院副院长）在作者来华调研时参与了有关的接待和探讨。还要感谢此处虽未提及但对该书的翻译工作提供了帮助的许多好心人。当然，尤其要感谢中国人民大学出版社的高晓斐先生和王美玲女士，没有他们的精心组织和高效工作，结果将无法想象。

不过，虽然众人对此书的翻译工作有所贡献，但作为校译者，我将对全书的翻译工作质量承担全部责任。由于本人水平有限，虽努力工作并与作者保持密切沟通，错译和不当之处仍在所难免，恳请大家批评帮助，以便我们今后加以改进。

翻译英文版学术著作在过去 17 年中是我生活的一部分。23 年前我曾因 Ⅲ 期结肠癌做了手术，当时并不知道能否从与病魔的抗争中胜出以延续自己的生命。为了给学生寻找一个可依托的学术平台，我北上南下寻访名师，中国人民大学出版社的梁晶女士让我主持翻译《求势于人》，出版后效果还符合预期，继而 2000 年让我翻译拉丰、梯若尔的名著《电信竞争》（该书中文版后获中国图书奖），然后一发不可收，组译了"产业经济学译丛"的诸书。5 年前曾想以《现代产业组织》（第四版）的中译本收山，但《城市经济学》一书还是让我按捺不住。我绝不可能是一个翻译家，只是组织了一个有理想、肯努力的团队，用自己的责任和心血去对待这项要对学生和后人负责的工作罢了。

我想美国近现代城市化的历程或许是中国今后几十年新型城镇化的一个参考。为了完成数亿中国人史无前例的城市化生活转型，知道这一段历程将有益于人们做出顺应时代潮流的明智选择。

愿本书能给读者以帮助或启迪。

胡汉辉
2015 年国庆

译后记

451

经济科学译丛

序号	书名	作者	Author	单价	出版年份	ISBN
47	克鲁格曼《微观经济学(第二版)》学习手册	伊丽莎白·索耶·凯利	Elizabeth Sawyer Kelly	58.00	2013	978-7-300-17002-2
48	克鲁格曼《宏观经济学(第二版)》学习手册	伊丽莎白·索耶·凯利	Elizabeth Sawyer Kelly	36.00	2013	978-7-300-17024-4
49	管理经济学(第四版)	方博亮等	Ivan Png	80.00	2013	978-7-300-17000-8
50	微观经济学原理(第五版)	巴德、帕金	Bade,Parkin	65.00	2013	978-7-300-16930-9
51	宏观经济学原理(第五版)	巴德、帕金	Bade,Parkin	63.00	2013	978-7-300-16929-3
52	环境经济学	彼得·伯克等	Peter Berck	55.00	2013	978-7-300-16538-7
53	高级微观经济理论	杰弗里·杰里	Geoffrey A. Jehle	69.00	2012	978-7-300-16613-1
54	多恩布什《宏观经济学(第十版)》学习指导	鲁迪格·多恩布什等	Rudiger Dornbusch	29.00	2012	978-7-300-16030-6
55	高级宏观经济学导论:增长与经济周期(第二版)	彼得·伯奇·索伦森等	Peter Birch Sørensen	95.00	2012	978-7-300-15871-6
56	宏观经济学:政策与实践	弗雷德里克·S·米什金	Frederic S. Mishkin	69.00	2012	978-7-300-16443-4
57	宏观经济学(第二版)	保罗·克鲁格曼	Paul Krugman	45.00	2012	978-7-300-15029-1
58	微观经济学(第二版)	保罗·克鲁格曼	Paul Krugman	69.80	2012	978-7-300-14835-9
59	微观经济学(第十一版)	埃德温·曼斯费尔德	Edwin Mansfield	88.00	2012	978-7-300-15050-5
60	《计量经济学基础》(第五版)学生习题解答手册	达摩达尔·N·古扎拉蒂等	Damodar N. Gujarati	23.00	2012	978-7-300-15091-8
61	国际宏观经济学	罗伯特·C·芬斯特拉等	Feenstra,Taylor	64.00	2011	978-7-300-14795-6
62	卫生经济学(第六版)	舍曼·富兰德等	Sherman Folland	79.00	2011	978-7-300-14645-4
63	宏观经济学(第七版)	安德鲁·B·亚伯等	Andrew B. Abel	78.00	2011	978-7-300-14223-4
64	现代劳动经济学:理论与公共政策(第十版)	罗纳德·G·伊兰伯格等	Ronald G. Ehrenberg	69.00	2011	978-7-300-14482-5
65	宏观经济学(第七版)	N·格里高利·曼昆	N. Gregory Mankiw	65.00	2011	978-7-300-14018-6
66	环境与自然资源经济学(第八版)	汤姆·蒂坦伯格等	Tom Tietenberg	69.00	2011	978-7-300-14810-0
67	宏观经济学:理论与政策(第九版)	理查德·T·弗罗恩	Richard T. Froyen	55.00	2011	978-7-300-14108-4
68	经济学原理(第四版)	威廉·博伊斯等	William Boyes	59.00	2011	978-7-300-13518-2
69	计量经济学基础(第五版)(上下册)	达摩达尔·N·古扎拉蒂	Damodar N. Gujarati	99.00	2011	978-7-300-13693-6
70	计量经济分析(第六版)(上下册)	威廉·H·格林	William H. Greene	128.00	2011	978-7-300-12779-8
71	国际经济学:理论与政策(第八版)(上册国际贸易部分)	保罗·R·克鲁格曼等	Paul R. Krugman	36.00	2011	978-7-300-13102-3
72	国际经济学:理论与政策(第八版)(下册国际金融部分)	保罗·R·克鲁格曼等	Paul R. Krugman	49.00	2011	978-7-300-13101-6
73	国际贸易	罗伯特·C·芬斯特拉等	Robert C. Feenstra	49.00	2011	978-7-300-13704-9
74	经济增长(第二版)	戴维·N·韦尔	David N. Weil	63.00	2011	978-7-300-12778-1
75	投资科学	戴维·G·卢恩伯格	David G. Luenberger	58.00	2011	978-7-300-14747-5
76	宏观经济学(第十版)	鲁迪格·多恩布什等	Rudiger Dornbusch	60.00	2010	978-7-300-11528-3
77	宏观经济学(第三版)	斯蒂芬·D·威廉森	Stephen D. Williamson	65.00	2010	978-7-300-11133-9
78	计量经济学导论(第四版)	杰弗里·M·伍德里奇	Jeffrey M. Wooldridge	95.00	2010	978-7-300-12319-6
79	货币金融学(第九版)	弗雷德里克·S·米什金等	Frederic S. Mishkin	79.00	2010	978-7-300-12926-6
80	金融学(第二版)	兹维·博迪等	Zvi Bodie	59.00	2010	978-7-300-11134-6
81	国际经济学(第三版)	W·查尔斯·索耶等	W. Charles Sawyer	58.00	2010	978-7-300-12150-5
82	博弈论	朱·弗登博格等	Drew Fudenberg	68.00	2010	978-7-300-11785-0
83	投资学精要(第七版)(上下册)	兹维·博迪等	Zvi Bodie	99.00	2010	978-7-300-12417-9
84	财政学(第八版)	哈维·S·罗森等	Harvey S. Rosen	63.00	2009	978-7-300-11092-9

经济科学译库

序号	书名	作者	Author	单价	出版年份	ISBN
1	克鲁格曼经济学原理(第二版)	保罗·克鲁格曼等	Paul Krugman	65.00	2013	978-7-300-17409-9
2	国际经济学(第13版)	罗伯特·J·凯伯等	Robert J. Carbaugh	68.00	2013	978-7-300-16931-6
3	货币政策:目标、机构、策略和工具	彼得·博芬格	Peter Bofinger	55.00	2013	978-7-300-17166-1
4	MBA 微观经济学(第二版)	理查德·B·麦肯齐等	Richard B. McKenzie	55.00	2013	978-7-300-17003-9

经济科学译库

序号	书名	作者	Author	单价	出版年份	ISBN
5	激励理论:动机与信息经济学	唐纳德·E·坎贝尔	Donald E. Campbell	69.80	2013	978 - 7 - 300 - 17025 - 1
6	微观经济学:价格理论观点(第八版)	斯蒂文·E·兰德斯博格	Steven E. Landsburg	78.00	2013	978 - 7 - 300 - 15885 - 3
7	经济数学与金融数学	迈克尔·哈里森等	Michael Harrison	65.00	2012	978 - 7 - 300 - 16689 - 6
8	策略博弈(第三版)	阿维纳什·迪克西特等	Avinash Dixit	72.00	2012	978 - 7 - 300 - 16033 - 7
9	高级宏观经济学基础	本·J·海德拉等	Ben J. Heijdra	78.00	2012	978 - 7 - 300 - 14836 - 6
10	行为经济学	尼克·威尔金森	Nick Wilkinson	58.00	2012	978 - 7 - 300 - 16150 - 1
11	金融风险管理师考试手册(第六版)	菲利普·乔瑞	Philippe Jorion	168.00	2012	978 - 7 - 300 - 14837 - 3
12	服务经济学	简·欧文·詹森	Jan Owen Jansson	42.00	2012	978 - 7 - 300 - 15886 - 0
13	统计学:在经济和管理中的应用(第八版)	杰拉德·凯勒	Gerald Keller	98.00	2012	978 - 7 - 300 - 16609 - 4
14	面板数据分析(第二版)	萧政	Cheng Hsiao	45.00	2012	978 - 7 - 300 - 16708 - 4
15	中级微观经济学:理论与应用(第10版)	沃尔特·尼科尔森等	Walter Nicholson	85.00	2012	978 - 7 - 300 - 16400 - 7
16	经济学中的数学	卡尔·P·西蒙等	Carl P. Simon	65.00	2012	978 - 7 - 300 - 16449 - 6
17	社会网络分析:方法与应用	斯坦利·沃瑟曼等	Stanley Wasserman	78.00	2012	978 - 7 - 300 - 15030 - 7
18	用 Stata 学计量经济学	克里斯托弗·F·鲍姆	Christopher F. Baum	65.00	2012	978 - 7 - 300 - 16293 - 5
19	美国经济史(第10版)	加里·沃尔顿等	Gary M. Walton	78.00	2011	978 - 7 - 300 - 14529 - 7
20	增长经济学	菲利普·阿格因	Philippe Aghion	58.00	2011	978 - 7 - 300 - 14208 - 1
21	经济地理学:区域和国家一体化	皮埃尔-菲利普·库姆斯等	Pierre - Philippe Combes	42.00	2011	978 - 7 - 300 - 13702 - 5
22	社会与经济网络	马修·O·杰克逊	Matthew O. Jackson	58.00	2011	978 - 7 - 300 - 13707 - 0
23	环境经济学	查尔斯·D·科尔斯塔德	Charles D. Kolstad	53.00	2011	978 - 7 - 300 - 13173 - 3
24	空间经济学——城市、区域与国际贸易	保罗·克鲁格曼等	Paul Krugman	42.00	2011	978 - 7 - 300 - 13037 - 8
25	国际贸易理论:对偶和一般均衡方法	阿维纳什·迪克西特等	Avinash Dixit	45.00	2011	978 - 7 - 300 - 13098 - 9
26	契约经济学:理论和应用	埃里克·布鲁索等	Eric Brousseau	68.00	2011	978 - 7 - 300 - 13223 - 5
27	反垄断与管制经济学(第四版)	W·基普·维斯库斯等	W. Kip Viscusi	89.00	2010	978 - 7 - 300 - 12615 - 9
28	拍卖理论	维佳·克里斯纳等	Vijay Krishna	42.00	2010	978 - 7 - 300 - 12664 - 7
29	计量经济学指南(第五版)	皮特·肯尼迪	Peter Kennedy	65.00	2010	978 - 7 - 300 - 12333 - 2
30	管理者宏观经济学	迈克尔·K·伊万斯等	Michael K. Evans	68.00	2010	978 - 7 - 300 - 12262 - 5
31	利息与价格——货币政策理论基础	迈克尔·伍德福德	Michael Woodford	68.00	2010	978 - 7 - 300 - 11661 - 7
32	理解资本主义:竞争、统制与变革(第三版)	塞缪尔·鲍尔斯等	Samuel Bowles	66.00	2010	978 - 7 - 300 - 11596 - 2
33	递归宏观经济理论(第二版)	萨金特等	Thomas J. Sargent	79.00	2010	978 - 7 - 300 - 11595 - 5
34	剑桥美国经济史(第一卷):殖民地时期	斯坦利·L·恩格尔曼等	Stanley L. Engerman	48.00	2008	978 - 7 - 300 - 08254 - 7
35	剑桥美国经济史(第二卷):漫长的19世纪	斯坦利·L·恩格尔曼等	Stanley L. Engerman	88.00	2008	978 - 7 - 300 - 09394 - 9
36	剑桥美国经济史(第三卷):20世纪	斯坦利·L·恩格尔曼等	Stanley L. Engerman	98.00	2008	978 - 7 - 300 - 09395 - 6
37	横截面与面板数据的经济计量分析	J. M. 伍德里奇	Jeffrey M. Wooldridge	68.00	2007	978 - 7 - 300 - 08090 - 1

金融学译丛

序号	书名	作者	Author	单价	出版年份	ISBN
1	投资学基础(第三版)	戈登·J·亚历山大等	Gordon J. Alexander	79.00	2015	978 - 7 - 300 - 20274 - 7
2	金融风险管理(第二版)	彼德·F·克里斯托弗森	Peter F. Christoffersen	46.00	2015	978 - 7 - 300 - 21210 - 4
3	风险管理与保险管理(第十二版)	乔治·E·瑞达等	George E. Rejda	95.00	2015	978 - 7 - 300 - 21486 - 3
4	个人理财(第五版)	杰夫·马杜拉	Jeff Madura	69.00	2015	978 - 7 - 300 - 20583 - 0
5	企业价值评估	罗伯特·A·G·蒙克斯等	Robert A. G. Monks	58.00	2015	978 - 7 - 300 - 20582 - 3
6	基于Excel的金融学原理(第二版)	西蒙·本尼卡	Simon Benninga	79.00	2014	978 - 7 - 300 - 18899 - 7
7	金融工程学原理(第二版)	萨利赫·N·内夫特奇	Salih N. Neftci	88.00	2014	978 - 7 - 300 - 19348 - 9
8	投资学导论(第十版)	赫伯特·B·梅奥	Herbert B. Mayo	69.00	2014	978 - 7 - 300 - 18971 - 0
9	国际金融市场导论(第六版)	斯蒂芬·瓦尔德斯等	Stephen Valdez	59.80	2014	978 - 7 - 300 - 18896 - 6

金融学译丛						
序号	书名	作者	Author	单价	出版年份	ISBN
10	金融数学:金融工程引论(第二版)	马雷克·凯宾斯基等	Marek Capinski	42.00	2014	978 - 7 - 300 - 17650 - 5
11	财务管理(第二版)	雷蒙德·布鲁克斯	Raymond Brooks	69.00	2014	978 - 7 - 300 - 19085 - 3
12	期货与期权市场导论(第七版)	约翰·C·赫尔	John C. Hull	69.00	2014	978 - 7 - 300 - 18994 - 2
13	固定收益证券手册(第七版)	弗兰克·J·法博齐	Frank J. Fabozzi	188.00	2014	978 - 7 - 300 - 17001 - 5
14	国际金融:理论与实务	皮特·塞尔居	Piet Sercu	88.00	2014	978 - 7 - 300 - 18413 - 5
15	金融市场与金融机构(第7版)	弗雷德里克·S·米什金 斯坦利·G·埃金斯	Frederic S. Mishkin Stanley G. Eakins	79.00	2013	978 - 7 - 300 - 18129 - 5
16	货币、银行和金融体系	R·格伦·哈伯德等	R. Glenn Hubbard	75.00	2013	978 - 7 - 300 - 17856 - 1
17	并购创造价值(第二版)	萨德·苏达斯纳	Sudi Sudarsanam	89.00	2013	978 - 7 - 300 - 17473 - 0
18	个人理财——理财技能培养方法(第三版)	杰克·R·卡普尔等	Jack R. Kapoor	66.00	2013	978 - 7 - 300 - 16687 - 2
19	国际财务管理	吉尔特·贝克特	Geert Bekaert	95.00	2012	978 - 7 - 300 - 16031 - 3
20	金融理论与公司政策(第四版)	托马斯·科普兰等	Thomas Copeland	69.00	2012	978 - 7 - 300 - 15822 - 8
21	应用公司财务(第三版)	阿斯沃思·达摩达兰	Aswath Damodaran	88.00	2012	978 - 7 - 300 - 16034 - 4
22	资本市场:机构与工具(第四版)	弗兰克·J·法博齐	Frank J. Fabozzi	85.00	2011	978 - 7 - 300 - 13828 - 2
23	衍生品市场(第二版)	罗伯特·L·麦克唐纳	Robert L. McDonald	98.00	2011	978 - 7 - 300 - 13130 - 6
24	债券市场:分析与策略(第七版)	弗兰克·J·法博齐	Frank J. Fabozzi	89.00	2011	978 - 7 - 300 - 13081 - 1
25	跨国金融原理(第三版)	迈克尔·H·莫菲特等	Michael H. Moffett	78.00	2011	978 - 7 - 300 - 12781 - 1
26	风险管理与保险原理(第十版)	乔治·E·瑞达	George E. Rejda	95.00	2010	978 - 7 - 300 - 12739 - 2
27	兼并、收购和公司重组(第四版)	帕特里克·A·高根	Patrick A. Gaughan	69.00	2010	978 - 7 - 300 - 12465 - 0
28	个人理财(第四版)	阿瑟·J·基翁	Athur J. Keown	79.00	2010	978 - 7 - 300 - 11787 - 4
29	统计与金融	戴维·鲁珀特	David Ruppert	48.00	2010	978 - 7 - 300 - 11547 - 4
30	国际投资(第六版)	布鲁诺·索尔尼克等	Bruno Solnik	62.00	2010	978 - 7 - 300 - 11289 - 3
31	财务报表分析(第三版)	马丁·弗里德森	Martin Fridson	35.00	2010	978 - 7 - 300 - 11290 - 9

图书在版编目（CIP）数据

城市经济学/（美）奥弗莱厄蒂著；谢呈阳，胡肖然，胡汉辉译. —北京：中国人民大学出版社，2015.10

（经济科学译丛）

ISBN 978-7-300-22067-3

Ⅰ.①城… Ⅱ.①奥… ②谢… ③胡… ④胡… Ⅲ.①城市经济学-高等学校-教材 Ⅳ.①F290

中国版本图书馆 CIP 数据核字（2015）第 248038 号

经济科学译丛

城市经济学

（美）布伦丹·奥弗莱厄蒂　著

谢呈阳　胡肖然　胡汉辉　译

胡汉辉　校

Chengshi Jingjixue

出版发行	中国人民大学出版社		
社　　址	北京中关村大街 31 号	**邮政编码**	100080
电　　话	010 - 62511242（总编室）		010 - 62511770（质管部）
	010 - 82501766（邮购部）		010 - 62514148（门市部）
	010 - 62515195（发行公司）		010 - 62515275（盗版举报）
网　　址	http://www.crup.com.cn		
	http://www.ttrnet.com（人大教研网）		
经　　销	新华书店		
印　　刷	涿州市星河印刷有限公司		
规　　格	185 mm×260 mm　16 开本	**版　　次**	2015 年 10 月第 1 版
印　　张	29.5 插页 2	**印　　次**	2015 年 10 月第 1 次印刷
字　　数	682 000	**定　　价**	69.80 元